현대사회와 미디어

2018년 개정판

편집자 일러두기

• 2018년 개정판은 전체 14장으로 구성했고, 서문과 1, 2, 3, 4, 6, 7, 8, 9, 10, 11, 13장을 새로 집필했습니다. 이전 판에 실린 12장도 이미지를 업데이트했습니다.
• 2014년 개정판 출간 이후 변화된 미디어 현상을 반영하고, 최신 사례를 넣었습니다.

현대사회와 미디어

2018년 개정판

한균태 · 홍원식 · 이인희 · 이종혁 · 채영길 · 이기형 · 이두황
이훈 · 이정교 · 박종민 · 이상원 · 정낙원 · 홍지아 · 임병국

대한민국, 서울, 커뮤니케이션북스, 2018

현대사회와 미디어
2018년 개정판

지은이 한균태·홍원식·이인희·이종혁·채영길·이기형·이두황
　　　　이훈·이정교·박종민·이상원·정낙원·홍지아·임병국
펴낸이 박영률

초판 1쇄 펴낸날 2006년 9월 1일
2011년 개정판 1쇄 펴낸날 2011년 2월 11일
2014년 개정판 1쇄 펴낸날 2014년 3월 12일
2018년 개정판 4쇄 펴낸날 2024년 3월 4일

커뮤니케이션북스(주)
출판등록 2007년 8월 17일 제313-2007-000166호
02880 서울시 성북구 성북로 5-11 (성북동1가 35-38)
전화 (02) 7474 001, 팩스 (02) 736 5047
commbooks@eeel.net
www.commbooks.com

CommunicationBooks, Inc.
5-11, Seongbuk-ro, Seongbuk-gu,
Seoul, 02880, KOREA
phone 82 2 7474 001, fax 82 2 736 5047

ISBN 979-11-288-1130-2 93300
　　　 979-11-288-1131-9 93300 (큰글씨책)
　　　 979-11-288-1132-6 95300 (PDF 전자책)

책값은 뒤표지에 표시되어 있습니다.

2018년 개정판 서문

주지하다시피 디지털 기술의 등장은 미디어 환경을 급격히 변화시켰다. 흔히 미디어 빅뱅이라고 표현할 정도로, 미디어 플랫폼과 채널은 가히 폭발적으로 늘어났다. 더욱이 인공지능(AI)과 가상현실(VR)로 대표되는 4차 산업혁명의 시대를 맞아 미디어 지형은 앞으로 양적, 질적으로 계속 진화할 것으로 보인다. 이처럼 커뮤니케이션 관련 테크놀로지가 빠른 속도로 진화하면서 사회 또한 급속히 변화하고 있다.

이 점에서 이전과 질적으로 전혀 다르게 변모할 사회현상을 이해하기 위해서는 융합적 커뮤니케이션 미디어의 역할과 기능을 파악하는 것이 필수라 하겠다. 물론 앞으로 어떠한 방향과 규모로 사회변혁이 일어날지 아무도 정확히 모른다. 다만, 한 가지 분명한 사실은 오늘날 각종 디지털 플랫폼과 채널을 스마트하게 이용하기 위해서는 미디어 분야에서 벌어지고 있는 다양하고 복잡한 현상에 대한 개념적 이해가 매우 중요하지 않을 수 없다는 것이다.

이에 따라 2018년 개정판에서는 디지털 기술에 바탕을 둔 미디어 환경에서 지난 3년여 사이에 감지되고 있는 새로운 현상들과 사회적 추이를 정확하게 파악하는 데 주력했다. 왜냐하면 미디어 융합을 주도하고 있는 디지털과 모바일 기술의 진화에 따른 새로운 미디어 환경에 대한 이해는 4차 산업혁명과 함께 판이하게 달라질 새로운 사회 환경 대비에 많은 도움을 줄 수 있기 때문이다.

한편, IPTV나 UHD TV를 비롯한 방송의 디지털화, 팟캐스트와 SNS, 인터넷, 그리고 스마트폰으로 대변되는 융합 미디어의 등장으로 매일매일 엄청난 양의 정보가 쏟아지고 있다. 주로 온라인에 기반한 새로운 디지털 기술은 전통적인 대중매체가 갖고 있던 획일적이고 일방향적 커뮤니케이션의 한계를 극복할 뿐만 아니라 예전보다 훨씬 다양하고도 적극적인 의사소통을 가능케 하는 장점이 있다.

그렇지만 디지털 커뮤니케이션 테크놀로지는 이전까지 우리가 전혀 경험하지 못했던 새로운 사회현상을 야기하고 있다. 대표적으로 인터넷이나 SNS의 개인정보 유출은 물론 신상 털기, 막말이나 욕설의 난무뿐 아니라 게임 중독과 주의력 분산, 사이버테러, 페이크 뉴스 등이다. 이러한 현상들은 우리가 정말 진지하게 고민해야 할 심각한 사회적 이슈를 던져준다. 그럼에도 앞서 언급했던 사회적 폐해 현상은 좀처럼 개선되지 못하고 있는 형편이다.

이러한 사실을 고려해 보면, 건전한 사회 발전을 위해 새롭게 등장한 디지털 커뮤니케이션 미디어를 올바르게 사용할 수 있는 개인의 이용 능력(media literacy)은 점점 더 중요해질 것이다. 실상 이제는 일상생활 속으로 깊숙이 파고든 모바일 미디어, SNS나 인터넷은 사적 공간인 동시에 공적 공간이라는 점에서 젊은이들의 바람직한 이용을 위한 미디어교육이 예전보다 훨씬 더 중요해졌다.

더욱이 정보사회, 네트워크 사회, 모바일 사회, 스마트 사회 등으로 일컬어지는 새로운 사회환경을 감안하면, 미디어 이용능력은 모든 사람들에게 핵심적인 생존 기술(skill)의 하나가 될 것이다. 아울러 구성원들의 참여의식 고취로 사회문화적 커뮤니케이션 과정에서 미디어 이용자들에게 많은 책무가 부여된다는 사실도 직시해야 한다. 2016년 촛불 시민혁명은 사회 구성원들이 커뮤니케이션 과정에서 미디어를 올바르게 이해하고 적절하게 이용하는 능력을 시민 스스로 발휘할 수 있어야 한다는 점을 더욱 각인시켜 주었다.

이에 따라 이번 개정판에서도 집필자들은 하나같이 하루가 다르게 새로워지고 있는 디지털 커뮤니케이션 환경 속에서 일반 공중이 일상생활에서 미디어를 가치 있고 풍요롭게 이용할 수 있는 기본 능력을 키울 수 있게 하는 데 초점을 맞추었다. 아울러 전체적으로 통계 현황이나 도표, 그림 등을 최신 자료로 교체했고 새로운 테크놀로지와 관련된 내용들을 보강했다. 그래서 독자들은 날로 진화하고 있는 커뮤니케이션 미디어에 대한 사회적 트렌드를 비교적 정확히 파악할 수 있을 것이다. 또한 새로운 미디어의 적합한 이용을 위한 개념적 이해도 제고할 수 있을 것으로 기대한다. 그리고 2014년 개정판 이후 일어난 새로운 미디어 환경과 사회 변화와의 관계를 짚어보고 깊게 고민해 볼 수 있는 내용들을 추가했다. 각 장별로 수정 내지는 보완한 내용을 간략히 정리하면 다음과 같다.

1부 '커뮤니케이션 미디어의 이해'에서 1장 '커뮤니케이션 미디어의 정의와 특성'은 4번째 절인 '미디어 환경의 변화'를 '미디어 산업의 변화'와 '뉴미디어 발전과 사회 변화'로 구분해 기존 내용을 보강했다. 특히 급변하는 미디어 환경과 사회 변화의 관계를 미디어 기술결정론을 중심으로 설명해 보고, 이를 통해 뉴미디어의 중요성에 대한 이해를 제고하도록 했다. 2장 '미디어의 이론과 효과'에서는 '미디어 효과이론의 발전과정'에 대한 설명을 추가해 개별 이론을 접하기 전에 거시적 이해를 돕고자 했다. 또한 아직까지 충분한 논의가 이루어지지 않은 영역이지만 시대적 변화를 감안해 '디지털 시대의 효과 이론'에 대한 설명을 통해 새로운 미디어가 갖는 경향성에 대한 이해를 돕고자 했다. 그리고 3장 '정보사회의 새로운 패러다임'에서는 기술발전에 따른 커뮤니케이션 패러다임의 변화에 초점을 맞추어 정보사회와 정보의 개념을 다루었으며, 주요 쟁점과 관련해 정보격차, 디지털 통합, 감시사회 등을 짚어 보았다.

2부 '커뮤니케이션 미디어의 유형과 내용'에서 4장은 인쇄 미디어와 관련된 최근 현상(가짜뉴스 확산 등)과 새로운 연구 사례를 추가했으며, 신문을 포함한 미디어 이용현황을 최근 데이터로 수정했고, 그리고 콘텐츠 유료화 사례도 미국, 독일, 프랑스를 포함했다. 5장 방송 미디어는 양 지상파방송의 장기간 노조파업으로 사회문제로까지 대두된 방송의 공공성 개념을 좀 더 짚어보았고, 방송과 통일 정책의 내용을 보완했다. 6장에서는 영화라는 매우 복합적인 '텍스트' 속에서 구현되는 문법과 의미화의 명과 암을 통해 보다 상세하게 살펴보았다. 7장 '디지털 미디어와 인터넷'에서는 푹, 티빙, 유튜브와 넷플릭스와 같은 OTT 서비스를 예로 들면서 새로운 방송 미디어플랫폼에 대한 이해를 높이려 했으며, 최근 각광받고 있는 인스타그램 소개와 함께 미래의 소셜 미디어의 방향성을 예측해 보았다. 8장 '모바일 기술'은 모바일 애플리케이션이 사회적 트렌드가 되고 있다는 점을 주목해 '모바일 미디어'로 바꾸고 모바일 현안과 관련된 내용을 보강했다. 이밖에 광고, PR의 장에서는 여러 이론적 개념들을 보완했고, 주요 시장 현황과 전망 등에 대한 최근 산업 관련 자료와 함께 새로운 사례들이 추가되었다.

3부 '커뮤니케이션 미디어의 현대적 쟁점'에서 11장의 엔터테인먼트와 미디어 시장에 관한 현황을 최근 데이터로 수정했고, 다각화 전략의 정의를 보다 명쾌하게 내렸으며, 또한 미디어 산업의 변화와 관련해 디지털 기반 플랫폼 생태계의 확장을 추가했다. 13장에서는 2016년 세상을 떠들썩하게 만들었던 강남역 여성 살인 사건을 기점으로 새로운 사회적 화두로 등장한 페미니즘과 여성혐오에 대한 논의와 함께 다양한 문제의식을 추가했다. 마지막 14장에서는 퍼블리시티권과 관련해 최근 하급심 판례들이 실정법이 존재하지 않는다는 이유로 인정하지 않은 판례들이 많아서 삭제되었다.

이번 개정판을 내는 데 방학 중임에도 기꺼이 시간을 할애해 내용 보완과 수정에 참여한 12명 집필자(새로운 1명 포함)들의 노고에 깊은 감사를 보낸다. 집필자들은 최근 동향자료나 보조 그림, 도표 등을 찾고 또한 달라진 미디어 환경을 비판적 시각으로 접근하고자 짧은 시간에 많은 고생을 했다. 미디어 분야는 워낙 빨리 변하기 때문에 이를 따라잡기 위해 진작 개정판을 냈어야 했는데도, 게으름 탓에 뒤늦게 그것도 부랴부랴 손을 대게 되어 독자에게 죄송할 따름이다. 항상 느끼는 것이지만 이번에도 시간 부족에 따른 아쉬움이 또다시 남는다. 그렇지만 집필자들의 노고로 달라진 미디어와 사회 환경을 보다 신선한 시각에서 서로 연결해 볼 수 있는 기회를 독자에게 제공했다고 생각한다. 그렇기 때문에 디지털 미디어 환경의 모습과 함께 관련된 사회 변화를 새로운 관점에서 바라볼 수 있기를 기대해 본다.

끝으로 학교 보직을 핑계로 망설였던 필자에게 두 번째 개정판을 내도록 강하게(?) 독려해 준 전정욱 주간에 먼저 특별한 감사를 보낸다. 전 주간의 끈질긴 설득이 아니었다면 두 번째 개정판이 햇빛을 못 볼 뻔했기 때문이다. 아울러 편집과 교정 과정에서 궂은일을 도맡아 해 준 이정란 선생을 포함한 편집진과 성원해 준 커뮤니케이션북스 박영률 사장에게도 심심한 감사를 드린다.

2018년 5월
한균태

차례

1부

커뮤니케이션 미디어의 이해

01
커뮤니케이션 미디어의 정의와 특성

학습목표

우리의 일상생활에서 커뮤니케이션(소통)은 가장 기본적인 활동이다. 즉, 매일매일 우리는 스스로에게는 물론 대인, 집단, 조직 등의 여러 상황에서 생각이나 감정을 다른 사람들에게 전달하고자 커뮤니케이션을 한다. 또한 현대사회에서 우리는 직접 경험보다는 매스미디어를 통해 '사회 현실에 대한 모습'이나 중요한 각종 정보를 제공받고 있다. 이 때문에 많은 학자들은 매스미디어가 여론이나 문화를 형성하는 데 매우 중요한 힘을 발휘한다고 제안해 왔다. 하지만 이제 커뮤니케이션 기술의 발달로 인해 이 제안은 어느 정도 진부한 표현이 되었다. 왜냐하면 최근 등장한 소셜 미디어를 비롯한 다양한 디지털 커뮤니케이션 미디어는 메시지 전달 속도나 범위, 파급효과 측면에서 전통적인 매스미디어보다도 훨씬 더 큰 위력을 느끼게 하기 때문이다.

따라서 1장에서는 기본적인 이해를 요구하는 인간 커뮤니케이션의 정의와 유형을 시작으로 매스 커뮤니케이션과의 유사점과 차이점, 커뮤니케이션 미디어의 범주, 특성과 기능, 미디어 환경의 변화와 함축적인 의미 등을 파악하는 데 학습목표를 두었다. 아울러 이 장은 디지털 미디어 환경에서 퍼스널 미디어와 구분이 모호해지는 매스미디어의 모습을 파악하는 데 중점을 두었다. 요약하면, 이 장에서는 아래와 같은 몇 가지 주제에 바탕을 두어 새로운 미디어 환경에서 각 주제에 어떻게 접근해야 할 것인지를 학습하게 될 것이다.

첫째, 커뮤니케이션의 정의와 유형 및 기본 구성요소를 알 수 있다.
둘째, 커뮤니케이션의 정의와 특징을 알아본다.
셋째, 커뮤니케이션 미디어의 범위, 특성 및 기능을 안다.
넷째, 미디어 환경의 변화와 함의를 안다.

1. 매스 커뮤니케이션의 본질

앞서 잠깐 언급했듯이 디지털 커뮤니케이션 기술의 발달로 인간 커뮤니케이션과 매스 커뮤니케이션과의 구분은 모호해졌다. 또한 커뮤니케이션 미디어 간 경계가 허물어진 지도 꽤 되었다. 그럼에도 매스 커뮤니케이션은 근본적으로 다른 유형과 차이점이 있다. 이 점에서, 커뮤니케이션의 정의와 함께 여러 유형들을 살펴봄으로써 매스 커뮤니케이션의 본질을 이해해 보자.

1) 커뮤니케이션 과정

간단히 커뮤니케이션(communication)은 인간의 가장 기본적인 활동으로 송신자와 수신자 간에 상징(symbol)을 통해 정보를 교환하는 과정이라 말할 수 있다. 그렇지만 단순히 메시지의 일방적 전송에 그치는 것이 아니라 상호 의미를 공유하고 서로를 이해하고 교감을 구축하는 방식으로 상호작용하는 일련의 활동 혹은 과정이라는 사실을 기억할 필요가 있다. 따라서 커뮤니케이션은 시공간적으로 고정된 실체가 아니라, 참여자들이 서로 의미나 가치들을 전송하고 경험을 공유하기 위해서 이용되는 역동적 과정이라는 것을 알아둘 필요가 있다(Baran & Davis, 2003).

오늘날 디지털 기술의 발달로 미디어 환경이 크게 바뀌고 있지만, 커뮤니케이션 과정은 예전과 마찬가지로 기본 요소들을 가지고 있다. 매스 커뮤니케이션 연구의 창시자로 일컬어지고 있는 슈람(Schramm, 1982)이 제안한 소위 SMCR(Source-Message-Channel-Receiver) 모델에 입각하면, 어떠한 커뮤니케이션 상황이든 간에 기본적으로 6가지 요소, 즉 송신자, 메시지, 부호화, 채널, 수신자, 해독이 포함된다.

송신자는 한 명, 여러 명, 혹은 조직이 될 수 있다. 송신자는 의도적이든 아니든 개인이나 집단 혹은 조직에 메시지, 즉 커뮤니케이션 내용을 전송하려는 생각을 가지고 있다.

송신자는 메시지를 부호화(encoding)해서 수신자에게 보낸다. 부호화란 메시지를 유통될 수 있는 형식으로 전환하는 것을 말한다. 즉, 메시지를 인간의 감각기관으로 인지할 수 있게 송신자가 생각과 아이디어를

출처: ≪뉴시스≫(2006. 7. 5)

그림 1-1 역동적 커뮤니케이션 과정

만드는 과정이다. 송신자가 개인이면 부호화는 개인의 머릿속에서 일어나며, 조직이면 조직 구성원들에 의해 이루어진다.

　부호화 과정이 끝나면 메시지는 개인, 집단 혹은 조직 수신자에게 언어 혹은 비언어로 전달된다. 간혹 메시지는 당초에 의도되지 않은 다른 수신자에게도 도달될 수 있다. 의도된 수신자 외 다른 사람들이 메시지를 받게 되더라도 커뮤니케이션은 일어날 수 있다. 특히 최근 인터넷과 스마트폰에 기반을 둔 SNS(Social Networking Service) 미디어 환경에서는 의도되지 않은 수신자에게 메시지들이 전달되는 경우가 허다하다.

　송수신 과정에서 메시지 전달수단인 채널이 필요하다. 실상 모든 커뮤니케이션은 중재 여부에 관계없이 채널을 통해 일어난다. 채널은 한 곳에서 다른 곳으로 메시지를 전달하기 위해 이용되는 전송체계(transmission system)로, 메시지의 모든 특징을 전달하는 통로를 말한다. 전송 장치는 메시지를 실제로 배포하는 데 관련된 물리적인 활동을 수행한다. 예컨대 길거리에서 한 남자가 자신에게 다가와 크게 소리를 쳤을 때 채널은 그 남자의 목소리 파장이 성대로부터 움직이게 하는 공기다. 자신의 친구가 전화를 할 때 2가지 채널이 작동한다. 하나는 전화기가 진동하게 만드는 공기이며, 또 다른 하나는 전기적 충격이 너에게 가게 만드는 유선 혹은 무선이다.

그런데 채널과 유사한 의미로 사용되는 커뮤니케이션 용어에 미디어(media)가 있다. 미디어는 메시지의 전달 수단이라는 점에서 채널과 유사하다고 볼 수 있지만, 언어적 혹은 비언어적 코드를 모두 전달할 수 있다는 점에서 차이가 있다. 신문이나 텔레비전처럼 대규모의 사람들에게 메시지를 전달하는 기술, 즉 대중매체(mass media)에 국한해 미디어라는 용어를 사용하는 경향이 있지만, 채널과 미디어는 분명히 다른 의미를 갖고 있다.

하여튼 채널을 통해 전송된 메시지들은 수신되기 전에 해독(decoding)되어야 한다. 예컨대 우리는 다른 사람과 소통할 때 자신의 생각이나 아이디어를 소리로 전환시켜 채널을 통해 전달하면 수신자는 청각 신경기관을 통해 머릿속에서 의미 있는 것으로 인지할 수 있는 기호(signs)로 전환해 해독을 하게 된다. 이처럼 해독은 수신자가 송신자의 생각과 아이디어를 인지하는 과정을 말한다.

면대면(face-to-face) 커뮤니케이션에서 해독은 생물학적으로 이뤄진다. 즉, 인간의 두뇌가 해독 장치다. 전화와 같은 도구가 이용되면 생물학적 과정을 뛰어넘는 단계가 있다. 전화선을 따라 보내진 전기적 충격들은 두뇌에서 그 메시지를 해독하기 전에 소리 파장으로 해독되어야 한다. 실상 모든 미디어는 이러한 종류의 해독을 요구한다. 내가 CD로 음악을 듣기 위해서는 CD플레이어가 디스크에 담겨진 전기적 충격들을 해독해야만 한다. 이와 비슷하게, 텔레비전 수상기는 공중 혹은 케이블이나 위성에서 전송되는 전기적 충격들을 프로그램으로 전환시키는 해독장치다.

이러한 송신자 위주의 일방적 접근을 강조한 기계적 모델은 정보의 전송에 치우쳐 있기 때문에 커뮤니케이션이 공동의 의미를 창조하는 상호 활동이라는 사실을 이해하면 다른 요소를 고려해 보아야 한다. 즉, 앞서 언급한 요소 외에 피드백(feedback)이 있다. 커뮤니케이션 과정에서 수신자가 송신자에게 받은 메시지에 대해 반응을 다시 보낸다면 추가로 피드백이 일어난다. 피드백은 대인 커뮤니케이션 과정을 지속시키는 요인이지만, 중재되었을 때에는 즉각 일어나지 않는 경우가 종종 발생한다. 예컨대 친구 이메일(e-mail)을 받고 며칠 후에 답장을 했다면 지연된 피드백이 일어난다. 반면 전통적 매스 커뮤니케이션에서 대체로 피드백은 즉각적이고 직접적으로 일어나지 않는다. 물론 요즘과 같이 인터넷 혹은 SNS 기술이 발달해 수용자가 방송을 듣거나 본 순간 이메일, 블로그, 개인 홈페이지, 소셜 미디어 등을 통해 피드백을 바로 보낼 수 있다. 그럴지라도 다른 유형의 인간 커뮤니케이션 상황에서보다는 송신자에 보내는 피드백이 지연될 수밖에 없다.

한편, 모든 커뮤니케이션에 존재하는 잡음(noise)을 언급할 필요가 있다. 잡음이란 메시지의 송수신을 방해하거나 간섭하는 것을 의미한다. 대체로 잡음은 세 가지로 구분해 볼 수 있다(Wilson, 1989). 첫째, 잡음은 커뮤니케이션 과정에서 일어나는 외부의 물리적 혹은 기계적 간섭을 의미한다. 예컨대 자동차 안에서 DMB를 보다가 터널을 지나면 신호가 끊기는 잡음이 이에 해당된다. 둘째, 의미적(semantic) 잡음으로 수신자가 지식이나 정보 부족으로 메시지의 세부 내용이나 전문 용어를 제대로 이해하지 못하거나 명확하게 해석하지 못할 때 발생한다. 끝으로 심리적(psychological) 잡음은 1950년대에 개발되었던 일관성(consistency) 이론에서 온 개념으로, 커뮤니케이션 과정에서 오해로 이끌 수 있는 내부 요인들을 말한다. 즉, 수용자는 자신에게 해를 줄 수 있는 정보로부터 스스로를 보호하기 위해서 선택적으로 노출하고, 지각하고, 기억하려고 할 때 심리적 잡음이 발생하게 된다.

2) 커뮤니케이션의 유형

우리의 일상생활에서 커뮤니케이션은 다양한 형식으로 나타날 수 있다. 그렇지만 가장 간단하게는 커뮤니케이션 과정에 참여하는 사람들의 수에 의해서 구분해 볼 수 있다(Williams, 1987).

첫 번째, 한 개인만이 참여하는 가장 기본적인 유형인 인간 내 커뮤니케이션(intrapersonal communication)을 들 수 있다. 즉, 혼자서 생각하고 고백하고 반성할 때 우리는 자신에게 내적으로 커뮤니케이션하는 것이다. 예컨대 한 개인이 하루에 일어났던 일을 상기하면서 일기로 쓰거나 혹은 샤워를 하면서 흥겨워 노래를 부르거나 혹은 자신 스스로에게 '말하는 것'을 포함한다.

두 번째 유형은 대인 커뮤니케이션(interpersonal communication)으로, 대체로 두 명 정도가 참여해 서로 목소리, 얼굴 표정, 손짓, 발짓 등을 이용해 의사소통하는 것을 포함한다. 예를 들면, 친구와 점심식사를 하면서 얼굴을 맞대고 대화를 하거나 전화로 얘기를 주고받는 것이다. 일반적으로 대인 커뮤니케이션에서는 명백하게 파악할 수 있는 발신자 혹은 수신자가 없다. 오히려 지속적인 상호작용을 통해 2명의 참여자가 수시로 메시지들을 암호화하고 또한 해독함으로써 의미를 창조하고 공유한다.

세 번째 유형으로는 일반적으로 3명 이상이 의사소통을 하는 집단 커뮤니케이션(group communication)을 들 수 있다. 그러나 집단 상황에서 일어나는 모든 커뮤니케이션이 언급되지는 않는다. 예를 들면, 강의가 시작되기 전 두 명의 학생이 강의실에서 서로 대화하면 대인 커뮤니케이션에 참여하는 것이다. 집단 커뮤니케이션은 참여하는 사람들의 숫자에 따라 소집단과 대집단으로 구분해 볼 수 있다.

소집단(small-group) 커뮤니케이션은 보통 12명보다 적은 사람들이 포함되며, 개인들을 뛰어넘어 집단 역동성이 중요한 상황 속으로 대인 커뮤니케이션을 확장하는 것이다(Straubhaar & LaRose, 2003). 예컨대 여름 바캉스 계획을 짜기 위해 5명의 친구들이 모여서 논의한 경우를 생각해 보라. 휴가 장소와 일정에 대한 계획을 준비하면서 구성원들 사이에서 여러 가지 형식의 상호작용이 활발히 일어날 것이다.

대집단(large-group) 커뮤니케이션은 간혹 공공(public) 커뮤니케이션이라고도 불리는데, 전형적으로 12명 이상에서 수백 명이 참여하는 상황을 포함한다. 그래서 이러한 상황은 단지 몇 명만이 주도적 혹은 적극적으로 커뮤니케이션에 참여하도록 제한한다. 예를 들면, 교수가 대형 강의실에서 강의를 하는 경우 또는 대통령 후보가 길거리 집회에서 모인 수많은 군중에게 연설하거나 혹은 몇 백 명의 관람객이 보는 가운데 열리는 콘서트나 연극 등이 대집단 커뮤니케이션에 포함될 수 있다. 매스 커뮤니케이션과는 달리 대집단 커뮤니케이션은 메시지에 대한 수신자들로부터의 즉각적인 피드백이 수시로 일어날 수 있다.

네 번째 유형으로 기업이나 관공서와 같은 공식적으로 구조화된 조직에서 일어나는 조직 커뮤니케이션(organizational communication)이 있다. 예컨대 회사 임원이 명령체계를 통해 부하들에게 메시지를 보낼 때 조직 커뮤니케이션의 형식을 갖게 된다. 이 경우 면대면으로부터 대집단에 이르기까지 여러 형태의 커뮤니케이션이 하부적으로 일어날 수 있다. 이러한 환경에서 조직 내에서의 개인의 위치와 기능은 커뮤니케이션의 내용과 구조에 영향을 미칠 수 있다.

위에서 언급한 인간 커뮤니케이션의 여러 양식들은 정보를 전달하기 위해서 기계적 혹은 전자적 매체의 이용을 포함시킬 수 있다. 이처럼 어떤 수단이 이용될 때 커뮤니케이션은 중재되었다고 말한다. 예를 들면, 내가 종이에 자신이 평소 생각한 의견을 메모 형식으로 정리하는 것은 기계적인 매체를 포함하는 중재된(mediated) 인간 내 커뮤니케이션이다. 컴퓨터를 이용해 자신의 생각을 정리하는 것은 전자적으로 중재된 인간 내 커뮤니케이션 형식이다. 대인 커뮤니케이션 역시 연필이나 펜, 전화, 혹은 컴퓨터와 같은 장치의 도움을 받을 수 있다. 그래서 친구에게 고맙다는 생각을 편지로 쓰거나 인터넷으로 이메일을 보내거나 혹은 휴대전화로 이야기를 하거나 문자메시지를 보낼 때 중재된 대인 커뮤니케이션에 참여하게 된다.

또한 휴가 계획을 세우려는 소집단 커뮤니케이션의 경우 전화나 이메일로 상호작용을 할 수도 있다. 대집단 커뮤니케이션에서도 교수는 강단이 아니라 사이버에서 강의를 할 수 있다. 특히 최근 개발된 새로운 커뮤니케이션 기술들은 중재된 커뮤니케이션을 훨씬 흔하게 만들고 있다. 예컨대, 화상회의(teleconferencing)는 위성을 통해 2군데 이상의 다른 지점에서 이용자집단이나 조직구성원들이 서로 동시에 정보를 교환하거나 상호작용할 수 있게 해 준다. 이럴 때 중재된 다점 대 다점(multipoint-to-multipoint) 커뮤니케이션이 일어난다. 또한 회사의 사장 혹은 임원이 홈페이지, 블로그, 이메일 등 인터넷 시스템을 이용해 많은 부하 직원들과 의견이나 정보를 신속하게 교환할 수도 있다.

마지막으로, 소수의 송신자들이 멀리 떨어져 있는 수많은 사람에게 정보를 전달하기 위해서 대중매체를 이용하는 매스 커뮤니케이션

(mass communication)이 있다. 앞서 언급했듯이, 매스 커뮤니케이션은 메시지가 단일 발신자(source)로부터 수천 명 혹은 수천만 명에게 도달되므로 즉각적인 피드백이 일어나기 어렵다. 이러한 예로 전통적인 신문, 라디오, 텔레비전, 영화, 그리고 잡지 등을 들 수 있다. 물론 휴대전화나 인터넷이 발달한 오늘날과 같은 커뮤니케이션 상황에서는 앞의 정의가 적절치 않을 수 있다. 예컨대, 인터넷이나 스마트폰으로 수용자들이 즉각적인 피드백을 보낼 경우 신문이나 텔레비전을 여전히 전통적인 대중매체의 형식으로 간주해야 하는가 하는 질문을 던질 수 있다(이러한 질문에 대한 답은 차차 이 책을 통해 얻기로 한다).

위와 같이 단순히 참여자들의 수에 의거해 커뮤니케이션의 유형을 분류하는 것에는 한계가 있다. 예를 들어, 작은 농촌마을에서 특정 케이블 채널을 통한 매스 커뮤니케이션은 10명 안팎의 시청자들을 가질 수 있는 반면 해변 축제행사와 같은 대집단 커뮤니케이션은 수백 명 이상이 참여할 수도 있다. 이에 따라 또 다른 방식으로 커뮤니케이션 유형을 분류해 볼 필요가 있다. 대체로 이러한 분류들은 커뮤니케이션 기술의 발전에 근거하고 있다(Straubhaar & LaRose, 1996).

그 하나는 커뮤니케이션의 방향성(directionality)에 의해 분류된다. 즉, 송신자로부터 수신자에게 배타적으로 정보가 유통되면 일방향(one-way) 커뮤니케이션이 일어난다. 반면 참여 당사자들 서로가 적극적인 역할을 담당하면 양방향(two-way) 커뮤니케이션이 일어난다. 대인 커뮤니케이션은 참여자들이 즉각 반응하고 또한 적극 관여하기 때문에 전형적으로 양방향 성격을 띤다. 또한 최근 국내에서 급속하게 확산되고 있는 인터넷 서비스도 매스 커뮤니케이션 과정을 띠고 있지만, 양방향의 형태를 지니고 있다.

또 다른 하나는 상호작용성(interactivity)의 정도로 분류하는 것이다. 종종 우리는 상호작용적 케이블TV, 상호작용적 전화, 상호작용적 인터넷 서비스, 상호작용적 게임이라는 말을 한다. 그러나 '상호작용적'이라는 용어가 무엇을 의미하는지 꼭 집어서 말하기는 힘들다. 가끔 '상호작용적'은 '양방향'과 유사한 의미로 이용되기도 하지만, 현재까지 개발된 시스템 중 서로 끊임없이 말을 주고받는 두 사람 간의 대화와 같은 방식

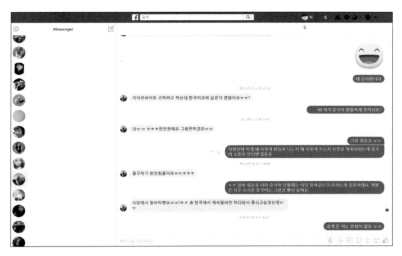

그림 1-2 상호작용 커뮤니케이션의 대표적인 예인 채팅(www.facebook.com)과 이메일(www.daum.net)

으로 진정한 양방향 커뮤니케이션이 일어나는 경우는 드물다.

　　이러한 의미에서 본다면, 온라인 게임이나 상거래 혹은 인터넷 메신저 시스템들은 가장 근접한 상호작용적 커뮤니케이션이라 볼 수 있다. 이 경우 정보교환의 과정은 이용자의 반응에 따라 지속적으로 수정된다. 아마도 진정한 의미에서 상호작용성은 영국 수학자이며 컴퓨터 개척자인 앨런 튜링(Alan Turing)의 이름을 딴 튜링 검사(Turing test)를 통과하는 시스템이 될 것이다. 이 검사를 통과하기 위해서는 정보 시스템이 기계보다는 인간과 상호작용하고 있다는 사실을 이용자들에게 확신시킬 수 있어야 한다(Straubhaar & LaRose, 1996). 이 점에서 '상호작용적'이라는 용어는 송신자가 수신자로부터 실시간(real-time) 피드백을 받고 이를 지속적으로 수정하는 상황을 언급하는 것이다. 이에 따라 현재 인터넷이나 스마트폰과 태블릿PC를 통해 이루어지는 이메일, 채팅, 게임과 쇼핑 등이 상호작용적이라고 볼 수 있다.

3) 매스 커뮤니케이션의 특징

매스 커뮤니케이션을 설명하는 데 많은 종류의 모델들이 이용되고 있다. 하지만, 가장 광범하게 이용되는 모델 중 하나가 미국의 정치학자 라스웰(Lasswell, 1948)의 것이다. 라스웰의 모델은 상당히 단순하고 제한적이라고 볼 수 있다. 예를 들면, 피드백이나 잡음과 같이 매스 커뮤니케이션 과정을 이해하는 데 필요한 몇 가지 기본 요인들이 빠져 있다. 그럼에도 아래의 모델은 효과 혹은 영향을 강조하는 매스 커뮤니케이션 과정을 간편하게 기술하는 장점이 있다(Baran, 2004).

- 누가(Who)?: 송신자(Sender/Source)
- 무엇을 말하는가(Says What)?: 메시지
- 어떠한 채널을 통하는가(In Which Channel)?: 채널/매체
- 누구에게(To Whom)?: 수신자(Receiver)
- 어떠한 효과를 가지는가(With What Effect)?: 영향(Impact)

위의 모델에 근거하면, 송신자가 어떤 **효과**를 만들어내기 위해서 수많은 익명의 수신자들에게 매스미디어를 통해 메시지를 전달할 때 매스 커뮤니케이션은 발생한다고 압축할 수 있다. 즉, 미디어 조직이 거대한 수용자와 커뮤니케이션을 하기 위해 미디어로서 기술을 사용할 때 매스 커뮤니케이션이 일어난다고 말할 수 있다. 예를 들면, 일간신문(조직)의 기자들은 독자들(거대한 수용자)에게 도달하기 위해서 인쇄시설과 종이 혹은 인터넷(기술과 매체)을 이용한다. 방송에서도 PD나 기자들이 시청자들과 커뮤니케이션을 하기 위해서 다양한 시청각 기술과 장치들, 인터넷 등을 이용한다.

그러나 최근 커뮤니케이션 테크놀로지의 급속한 발달로 인해 매스

미디어 환경은 급격하게 변하고 있기 때문에 위와 같은 매스 커뮤니케이션에 대한 정의들이 적절치 않은 경우가 있다. 예를 들면, 내가 대형 포털 사이트에 있는 게시판 혹은 블로그나 다양한 소셜 미디어(social media)를 통해 특별한 주제에 대해 글을 올렸다고 가정해 보자. 이 경우 거대한 익명의 수용자와 분명히 커뮤니케이션을 하는 것이지만, 나는 신문사나 방송사와 같은 전통적인 미디어 조직이 아니다. 인터넷 방송, 온라인 게임이나 많은 웹 사이트를 즐겨 찾는 사람들도 지상파 방송의 시청자들의 수와 비교해 보면 대중 수용자는 아니라고 생각될 수 있다.

이 점에서 매스 커뮤니케이션을 이해하는 한 가지 방법으로 다른 형식의 커뮤니케이션과의 유사성과 차이점을 살펴볼 필요가 있다. 먼저 유사성으로는 매스 커뮤니케이션 과정이 아니더라도 커뮤니케이션이 매체(혹은 채널)를 통해 일어날 수 있다는 점을 들 수 있다. 소집단들은 인터넷(대화방)을 통해 의견이나 정보를 교환할 수 있으며, 다국적 기업들은 위성을 통해 연결된 비디오 시설들에 의해 여러 국가에서 근무하는 종사자들과 연결될 수 있다. 다시 말해서, 중재된 형식의 대인, 집단, 조직 커뮤니케이션에 사용된 채널들은 가끔 매스 커뮤니케이션에서 사용되는 채널들과 동일하거나 유사하다. 또 다른 유사성은 커뮤니케이션 과정에 사용하는 용어에 있다. 다른 형식의 커뮤니케이션 과정과 마찬가지로, 우리는 송신자, 암호화, 전송장치, 채널, 해독, 수신자와 피드백 등과 같은 용어를 이용해 매스 커뮤니케이션을 표현할 수 있다.

반면에 몇 가지 차이점들이 있다. 가장 중요한 차이점들은 메시지의 송신자, 전송장치, 그리고 피드백이 일어나는 방식과 관련된다.

첫째, 송신에서의 차이를 들 수 있다. 인간 커뮤니케이션의 형식에서는 개인(들)이 메시지의 송신자이다. 하지만 매스 커뮤니케이션에서는 불가능하지는 않더라도 한 개인이 송신자가 되기는 극히 어렵다. 매스 커뮤니케이션에서 송신자는 각자가 전문화된 일을 담당하는 개인들의 집합이다. 그래서 매스 커뮤니케이션에서 송신자는 한 개인이 아니라 협업이 요구되는 조직이다.

이러한 차이를 이해하기 위해서 뉴스를 진행하는 앵커를 생각해 보자. 만약 그 앵커가 스튜디오 안에서 너에게 그날 방송될 뉴스를 말하고 네가 물어본다면, 대인 커뮤니케이션이 일어난다. 이 경우 그 앵커는 송신자가 된다. 또한 너의 친구가 비디오카메라로 그 대화 장면을 찍은 뒤 너의 동생과 함께 비디오테이프를 본다면, 이것은 중재된 대인 커뮤니케이션의 예에 속하며 앵커는 여전히 송신자가 된다.

그러나 TV수상기를 통해 일반 시청자들에게 전달하려 한다면, 뉴스 진행자인 앵커 뒤에는 그의 멘트를 창조하는 여러 하부 조직 혹은 팀이 있어야 한다. 이 때문에 메시지를 전달하는 앵커만을 송신자라고 생각할 수 없다. 다시 말해, 앵커뿐 아니라 뉴스 제작에 참여하는 일선 취재기자와 데스크, PD, 카메라기자, 조명감독 등 다양한 종사자들이 송신자 범주에 속한다. 더욱이 국제 뉴스의 일부는 전 세계의 주요 신문사, 방송사 혹은 통신사들로부터 공급받는다. 그래서 뉴스 앵커는 방송사 조직의 송신자들을 가장 잘 대표하는 사람일 뿐이다.

둘째, 전송에서의 차이를 들 수 있다. 대인, 집단, 그리고 조직 커뮤니케이션에서는 전형적으로 한 개인 혹은 몇 명의 송신자가 메시지를 전송하는 데 책임을 갖게 된다. 그러나 매스 커뮤니케이션에서 전송은 한 개인 내지는 여러 명의 사람들에 의해 완성되기에는 훨씬 복잡하다. 왜냐하면 매스 커뮤니케이션의 전송은 여러 지점으로 내용을 분배하고 전시하는 것을 포함하기 때문이다. 그래서 한 명 혹은 소수의 사람 대신 일단의 하부조직들이 일반적으로 전송 과정에 참여한다. 물론 최근 기술 발달로 한 명이나 소수가 방송국이나 홈쇼핑 사이트를 운영하는 것이 가능해졌기 때문에 이러한 구분이 오늘날에는 큰 의미는 없다고 볼 수도 있다. 하지만 전문성 측면에서 본다면 상당한 차이를 발견할 수 있다.

앞서 제시한 방송뉴스 앵커의 예를 다시 한 번 생각해 보자. 무대로 마련한 데스크에 앉아 뉴스 대본을 읽으면 성대를 통해 마이크로 단어들이 나가게 되며, 공기와 전기 파장은 채널이 된다. 이것은 중재된 대인 커뮤니케이션과 전혀 다를 바 없는 것처럼 보일 수 있지만, 단지 시작일 뿐이다. 예컨대, KBS의 〈뉴스 9〉의 경우 앵커의 메시지를 전송하는 것은 일련의 후속적인 단계들을 포함한다. 첫 번째로, 뉴스는 전국에 있는 지방 방송사들에게 보내지기 위해서 송신소로 전송된다. 그 자체가 복잡한 조직인 지방사들은 송신소로부터 그 뉴스프로그램을 중계 받아 지역의 가정에 다시 전송한다. 이와 동시에 케이블 방송사들은 공중으로부터 신호를 받아 다시 케이블을 통해 각 가입 가정에 전송한다. 그 결과 전국 가정에서 〈뉴스 9〉을 동시에 시청할 수 있게 된다.

물론 매스 커뮤니케이션에 참여하는 제작사 혹은 배급사들을 위해 개인들이 일을 한다. 그렇지만 중재된 대인 커뮤니케이션과는 달리 매스 커뮤니케이션은 메시지의 창조와 전송은 한 개인 혹은 소수에 의해서 이루어질 수 없다. 즉, 미디어 기업 내에서 함께 일하는 많은 종사자들에 의한 의사 결정과 활동의 결과이며 또한 다른 회사 조직 및 구성원들과 상호작용을 한 결과일 수 있다.

셋째, 피드백과 관련된다. 피드백의 형식과 관련해 두 가지로 언급될 수 있다. ① 즉각적인가 혹은 지연되는가, ② 초기 메시지 창조자에게 직접 가는가, 아니면 창조자가 아닌 다른 사람들에게 가는가. 이러한 관점에서 본다면, 다른 형식과 달리 대체로 매스 커뮤니케이션 과정에서는 피드백이 즉각적으로 일어나지 않으며, 초기 메시지 창조자에게 직접 가지 않는 경우도 많다.

물론 오늘날 인터넷을 비롯한 새로운 디지털 커뮤니케이션 기술의 발달로 인해 매스 커뮤니케이션 과정이라 할지라도 즉각적인 피드백이 일어나며 또한 원래의 메시지 창조자에게 직접 전송되고 있다. 이 때문에 매스 커뮤니케이션과 다른 형식들 간의 차이를 구분하기가 점점 어려워지고 있다. 다음에서 언급되는 디지털 미디어의 융합 유형들을 보면 정말 미디어 간 차이가 거의 사라지고 있음을 이해할 수 있다.

2. 커뮤니케이션 미디어의 유형, 범위와 특성

좀 과장되게 말하면, 커뮤니케이션 미디어는 인류 역사가 시작되면서 함께 생겨났다고 할 수 있다. 왜냐하면 사회적 동물인 인간은 태어나면서부터 자신의 생각이나 감정을 다른 사람에게 전달하려는 욕구를 가졌기 때문이다. 애초에 비언어적 수단과 함께 말을 시작으로 문자, 인쇄 미디어, 전자 미디어, 그리고 디지털 미디어에 이르기까지 생존과 사회생활을 위한 필수 요건으로 커뮤니케이션 미디어는 계속 진화해 왔다. 더욱이 21세기 정보사회에 들어와 디지털 기술의 발달로 융합과 통합이 이루어지면서 커뮤니케이션 미디어의 범위가 매우 다원적으로 발달하고 있다. 즉, 오늘날 커뮤니케이션 미디어는 전통적인 매스미디어의 기능뿐 아니라 통신(telecommunication), 인터넷 등 다양한 형식의 상호작용적 커뮤니케이션 과정과 표현을 가능케 해주는 범주를 모두 포함하고 있다. 물론 매스 커뮤니케이션 과정의 독특한 특성과 기능을 가진 전통적 미디어가 여전히 존재하고 있지만, 오늘날의 복합적인 미디어 환경을 감안하면 매스미디어라는 용어보다는 커뮤니케이션 미디어가 더 적절하다고 여겨진다.

1) 커뮤니케이션 미디어의 중요성

주지하다시피 21세기 정보사회에 들어오면서 매스미디어를 포함한 커뮤니케이션 미디어는 일상생활에서 빼놓을 수 없는 필수 도구가 되었다. 물고기가 물 없인 못 살 듯이, 현대인들도 커뮤니케이션 미디어 없이 정보사회를 살아가기가 힘든 실정이다. 그래서 매스 커뮤니케이션의 과정을 어떻게 바라보려고 하든 간에 우리 생활의 대부분은 다양한 커뮤니케이션 미디어와의 상호작용에 소비되고 있다. 이러한 사실은 우리가 매일 접하는 커뮤니케이션 미디어가 어느 정도 보급되고 이용되고 있는지를 보면 쉽게 인정할 수 있을 것이다.

최근 주요 미디어의 국내 보급 현황과 이용 행태를 살펴보자. 매체 이용시간을 비교해 보면 TV(하루 평균 3시간 15분), 인터넷(1시간 1분), 신문 등 인쇄매체(42분) 순으로 나타나 TV가 가정에서 여전히 가장 보편적이고 필수 매체로 자리 잡고 있음을 알 수 있다. 실상 TV는 가구당 평균 수상기 대수가 이미 1대를 넘어선 지 오래이며, 디지털 TV의 보급률도 83.3%(2015년 기준)에 달하고 있다. 전체 가구 수 대비 방송도달률은 99.9%에 이르고 있는데, 케이블 서비스 가입률은 66.3%, 스카이라이프(직접위성방송)가 3.8%, 그리고 IPTV가 26.2%로, 유료 가입을 통한 TV 시청이 보편화되어 있다고 하겠다. 이는 2015년 기준 뉴미디어 보급 현황을 보면 쉽게 이해할 수 있다.[1] 전체 유료방송 가입 가구자 수는 2818

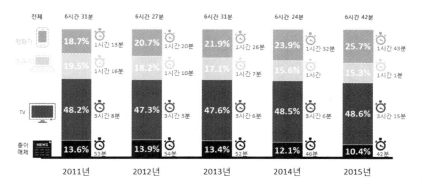

| | 전체 | 6시간 31분 | 6시간 27분 | 6시간 31분 | 6시간 24분 | 6시간 42분 |

출처: KISDI, 『미디어 보유와 이용행태 변화』

그림 1-3 플랫폼별 일일
평균 이용 시간

만 명으로 지속적으로 증가하고 있으며, 이 중 케이블TV(종합유선방송)
가 1373만(이 중 디지털 가입은 755만)으로 가장 많고, 2001년에 개국한
직접위성방송(Direct Broadcasting by Satellite, DBS)인 스카이라이프가
약 310만, 그리고 2009년 1월 3개 통신사들이 출범한 IPTV(internet
protocol TV)가 1178만 명의 가입자 수를 보이고 있다.

  TV 보급과 함께 사라질 것으로 보았던 라디오 역시 다양한 디지털
미디어의 등장에도 불구하고 생존하고 있다. 이는 무엇보다 자가 교통수
단의 발달로 이제 차 안에서 청취하는 경우가 크게 늘고 디지털 기술과의
접목을 통해 음질이 크게 개선되었기 때문이다. 즉, 교통 상황을 비롯해
다양한 일상생활 정보와 함께 질 좋은 음악방송에 접하기 위해서 라디오
가 이용되고 있기 때문이다. KISDI의 『2015 방송매체 이용행태』 자료를
보면, 조사 대상자의 8.9%가 주 5일 이상 정기적으로 라디오를 청취하고
있었는데, 가장 많은 비율인 64.3%(중복 응답)가 이동 중 차 안에서 듣는
다고 했다. 반면, 지난 몇 세기 동안 각국의 민주주의 발달에 많은 기여를
해 온 신문은 최근 포털 사이트를 비롯한 다양한 온라인 미디어가 등장하
면서 점차 이용률과 그 영향력이 쇠퇴해 위기 상황에 처해 있다. 한국언
론재단의 『2016 언론수용자 의식조사』 결과에 따르면, 유료 신문 구독률

---

1) KISDI(2016). 『방송시장 경쟁상황 평가보고서』.

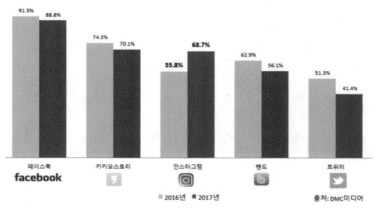

출처: DMC 미디어

출처: DMC 미디어

■ 2016년 ■ 2017년

그림 1-4 소셜미디어별
가입자 비율
(2016~2017)

출처: DMC 미디어, 『2017 소셜미디어 이용행태 조사』

은 2015년 기준 14.3%여서 지난 10년간 55.0%포인트나 떨어진 것으로
나타났다. 또한 무가지를 포함해 주당 1개 이상의 신문을 읽는 열독률은
10년 전에 비해 59.8%포인트가 감소한 25.4%로 나타났다. 이는 젊은 세
대들이 신문을 거의 읽지 않는다는 사실을 단적으로 보여 주는데, 한국
신문의 미래는 정말 암울한 실정이다.

　반면, 인터넷은 전체 가구의 75%가 넘는 컴퓨터의 보급과 함께 스마
트폰을 포함한 모바일 기술의 급속한 발달로 이용률이 가파르게 확산되
면서 이제는 전체 미디어 이용을 주도하는 단계에 이르렀다. 일례로 한국
인터넷진흥원의 『2016 인터넷이용실태조사』 결과를 보면, 2016년 기준
우리나라 인터넷 접속률은 99.2%로 지난 2000년 49.8%와 비교하면 비약
적인 성장을 이룩했다. 접속 방법에서도 모바일 미디어의 급속한 성장에
힘입어, 거의 모든 가정에서 무선인터넷 접속이 가능한 상황이다. 해당
조사에 따르면, 우리나라 만 3세 이상의 인구 중 88.3%가 인터넷을 이용
하고 있는 이용자인 것으로, 즉 거의 모든 인구가 인터넷을 일상적으로
사용하고 있다고 할 수 있겠다. 특히 스마트폰을 이용한 인터넷 이용이
급격히 늘어나서, 전체 이용자의 스마트폰 이용률은 83.6%인 것으로 나
타났다. 이용목적을 살펴보면, 전체 이용자의 91.6%(중복응답)가 이메일

과 SNS 등 통신목적으로 이용하고 있으며, 여가활동을 위해서 이용하는 비율과 자료 및 정보 획득을 목적으로 이용하는 비율도 각각 89.1%로 오락과 정보의 양 면에서 모두 활발하게 이용되고 있다.

한편 최근 가장 중요한 디지털 커뮤니케이션 미디어의 하나로 자리 잡은 스마트폰과 SNS(social networking services)를 살펴보자. 2009년 애플의 아이폰 등장과 함께 우리에게 선보이기 시작한 스마트폰의 보급은 미국에 비해 다소 늦었지만 지난 3년 사이에 폭발적으로 증가하면서 2013년 초에 3200만 대를 상회하는 것으로 추정되고 있다. 이처럼 스마트폰의 급속한 확산에 힘입어 페이스북, 트위터, 인스타그램, 밴드, 카카오스토리 등 소셜 미디어 이용도 급격하게 늘어났다. 대표적인 6개 SNS의 국내 가입자만 합하더라도(중복 포함) 1억 명은 훨씬 넘을 것으로 추산되고 있다. 이제 한국에서 SNS는 인간관계를 상상할 수 없을 정도로 확장시키면서 오프라인의 삶을 크게 변화시키고 있다. 또한 기존 올드미디어와는 전혀 다른 차원의 정보 전파력과 파급력으로 정치를 비롯한 사회각 영역에서 엄청난 영향력을 발휘하고 있다.

이 밖에 우리는 길거리를 걸어가거나 버스 혹은 지하철을 타더라도 옥외광고나 디지털 전광판을 비롯한 다양한 형식의 미디어를 만나게 된다. 따라서 우리는 잠자는 시간을 제외한 대부분을 커뮤니케이션 미디어를 통한 정보 교환 활동에 관여한다고 해도 과언이 아니다.

우리의 일상생활에서 커뮤니케이션 미디어의 중요성을 인식하는 한 가지 방법은 어느 날 아침에 일어났더니 갑자기 미디어가 사라진 상황을 상상해 보는 것이다. 예컨대 신문, 텔레비전, 라디오, 잡지, 책, 음반, 인터넷, 유튜브, 카카오톡 등 일상적으로 접했던 커뮤니케이션 미디어가 없다면 우리의 일상생활은 어떻게 변할까? 무엇보다도 우리는 지식 습득뿐 아니라 자신의 여가활동이나 취미활동을 개발하는 데 스스로 많은 시간을 소비해야 할 것이다. 예컨대 혼자서 노래를 부르거나 친구와 운동을 하면서 우리 자신을 즐겁게 해야 할 것이다. 또한 무슨 일이 일어났는지 알기 위해 정치나 시사 문제에 대해 만나 정보를 교환하고 토론을 벌이며 회의나 강의에 참석해야만 할 것이다. 이처럼 다른 사람들과 상호작용하는 데 많은 시간을 사용함으로써 우리 주변 세상과 정치에 대한 지식과 정보를 습득하고 또한 오락 활동을 해야 할 것이다. 따라서 늘 아무런 생각 없이 접했던 커뮤니케이션 미디어가 없다면, 우리의 일상생활 모습은 지금과는 크게 다를 것이며 아마도 수세기 전과 유사할 것이다.

그러나 오늘날 현대사회에서 커뮤니케이션 미디어가 중요하다는 점은 우리의 사적 및 공적 영역에 걸쳐 만연하고 있다는 사실만으로는 부족하다. 오히려 '현실의 사회적 구성(social construction of reality)'이라는 측면에서 생각해 볼 필요가 있다(O'Sullivan et al., 2003). 오늘날 커뮤니케이션, 특히 매스미디어는 정치적으로 민감한 주요 문제나 사회적 쟁점들에 대해 의제 설정을 통해 우리의 현실 인식을 형성케 해 주고, 또한 특정한 방향으로 여론을 이끄는 강력한 제도나 힘으로 작용하고 있다. 그렇지만 미디어는 넓은 세상에서 일어나는 사건들에 대한 관련 정보와 이미지를 단순하게 거울처럼 중립적이고 객관적으로만 제공하지 않는다. 그보다 여과 과정(gatekeeping)을 통해 특정 정보와 이미지를 선택 혹은 배제할 뿐 아니라 의제 설정(agenda setting)을 통해 특정 이슈를 강조하거나 약화시키고, 또한 틀짓기(framing)를 통해 사회 현실을 바라보는 관점들을 제공하고 있다. 즉 미디어는 기업 조직의 정책, 혹은 개별 종사자의 가치나 신념, 이념적 틀(frame), 그리고 문화적 원칙 등에 따라 우리가 지각하고 인지하는 세상 모습을 재구성하는 것이다. 따라서 현대사회에서 커뮤니케이션 미디어는 우리 주변의 현실 세계를 표현하는 방식에 엄청난 힘을 발휘하고 있기에 그 중요성이 더 있다고 하겠다.

2) 커뮤니케이션 미디어의 융합 유형

1990년대 중반 이후 디지털화가 가속되면서 매스미디어인지 개인 미디어인지, 그 구분이 어려워진 융합형 미디어가 등장하기 시작했다. 즉 이제는 음성, 영상, 데이터 등을 동일한 디지털 포맷으로 가공, 전송할 수 있는 인프라가 구축되었기 때문에 포털 사이트나 앱으로 커뮤니케이션, 정보검색, 게임, 음악 감상, 뉴스 서비스 등이 복합적으로 가능하게 되었다. 특히 모바일 기술의 발달에 따라 스마트폰, 태블릿PC 등 최신 융합형 미디어는 이동 중에도 전화(소통), 컴퓨터, 인터넷 기능 외에 방송 서비스를 함께 이용할 수 있게 되었다.

　이러한 디지털 융합(digital convergence)은 다음과 같이 몇 가지 형태로 분류해 볼 수 있다. 첫째, 콘텐츠 측면에서 바라보는 시각인 미디어 융합을 들 수 있다. 즉, 정보통신기술(ICT)의 발전에 따라 동일하거나 비슷한 콘텐츠가 여러 미디어에서 공통으로 활용되는 융합 형태를 말한다. 그동안 미디어 산업 분야에서 자주 등장했던 OSMU(one-source mult-use) 전략을 극대화할 수 있는 형태이기도 하다. 즉, 지상파TV에서 제작된 콘텐츠가 케이블, DMB, DBS, IPTV, OTT(over the top) 서비스 등 여러 미디어에서 활용돼 수익 창구를 다원화할 수 있으며 결국 시너지 효과를 기대할 수 있을 것이다.

　둘째, 통신 산업 차원에서 보는 시각으로 네트워크 융합이 있다. 이 유형은 디지털 전송 기술의 발달에 따라 하나의 서비스가 여러 네트워크를 통해 동시에 전달될 수 있는 변화를 말한다. 예컨대 과거와 달리 KBS의 〈뉴스 9〉은 지상파뿐만 아니라 케이블, 인터넷, 위성 등 모든 네트워크를 통해 TV수상기, 스마트폰, 태블릿PC, 컴퓨터 등 다양한 수신기기에 동시 전송될 수 있게 되었다. 이제 이용자들은 동일 콘텐츠를 다양한 디지털 미디어(플랫폼)에서 동시에 볼 수 있게 되었다. 더욱이 클라우드 컴퓨팅(cloud computing) 서비스로 이동하면서도 끊김 없이(seamless) 볼 수 있는 소위 N스크린 서비스도 가능해졌다.

　셋째, 주로 정보통신 산업 관점에서 상품과 서비스 중심으로 보는 기기 융합이다. 즉, 하나의 복합기기 안에 기존에 개별적으로 분리되었던 여러 다른 종류의 정보 기기를 결합, 통합적 기능을 제공하는 것이다. 이러한 대표적 예로는 프린터, 팩스, 스캐너, 복사 등 각 분야의 기능들이 결합된 사무용 복합기나 전화(통신), 사진, TV, MP3, 인터넷, 내비게이션 등 다양한 기능을 묶는 스마트폰이나 태블릿PC, 차량용 모바일 단말기 등을 들 수 있다.

　마지막으로 거시 경제적 시각에서 볼 수 있는 산업 간 융합이다. 이제는 기술적 융합에 따라 한 기업이 콘텐츠(미디어), 컴퓨터(정보기술), 커뮤니케이션(방송 및 통신) 등 관련 분야에서 통합적으로 사업을 시작할 수 있게 된 것이다. 일례로, 통신 업체(IPTV)나 신문사들(종합편성채널)이 사업 다각화를 위해 방송 산업에 진출했으며, 가전과 단말기 사업자들 역시 스마트TV나 태블릿PC의 제조에만 그치는 것이 아니라 콘텐츠나 플랫폼 사업에 적극 투자하고 있다. 또한 인터넷 소프트웨어 기업인 구글이 2012년 스마트폰 제조업체인 모토롤라를 인수한 것이나 컴퓨터 제조 업체인 애플이 스마트폰 사업과 함께 전용 앱 시장에 뛰어든 것도 전형적인 산업융합에 해당된다. 이처럼 디지털 기술로 인해 미디어 시스템 간의 경계가 붕괴되면서 새로운 산업적 가치사슬이 속속 생겨나고 있다.

3) 커뮤니케이션 미디어의 범위와 주요 특성

과거 아날로그 시대에서 매스미디어의 범위를 한정한다면, 일반적으로 신문, 잡지, 서적 등의 인쇄 미디어와 TV, 라디오 등의 전자 미디어, 그리고 영화를 생각했다. 이들 미디어는 대체로 거대한 자본력을 가진 기업 조직에 의해 운영되었으며, 제작된 메시지는 수많은 일반 공중에 전송하려는 공통된 목적을 가지고 있었다. 하지만 21세기에 들어와 디지털 기술혁명과 정보통신기술의 급속한 발달로 멀티미디어 융합과 통합 현상이 활발하게 전개되면서 미디어 시스템 간의 구분뿐 아니라 미디어 산업 간 경계도 완전히 허물어졌다. 예컨대 사적 소통 수단으로 출발한 SNS의 경우 수십만 명의 팔로어를 가진 진중권, 김미화, 공지영 등 폴리테이너 혹은 소셜테이너들의 글은 막강한 영향력을 행사하며 여론 형성에 큰 역할을 하기 때문에 개인 미디어인 동시에 매스미디어가 되고 있는 실정이다. 다시 말해 디지털 융합현상으로 인해 과거처럼 매스미디어에 대한 정의 자체가 큰 의미가 없게 되었으며 매스(mass)의 범위를 구분하기가 어렵게 되었다.

그럼에도 전통적인 매스미디어는 여전히 존재하고 있기 때문에 이들의 개별적 차이를 알아보기 위해서 주된 특성을 간략히 살펴보자. 대체로 수용자의 이용 선택은 각 미디어의 특성들과 연관되었다(Jeffres, 1986). 각 미디어는 특정한 호소 유형들로 특화될 수 있는 질 혹은 속성들을 가지고 있다. 예컨대 인쇄 미디어는 엄격히 시각에 호소한다. 그래서 잡지나 신문은 색깔, 사진, 헤드라인, 그림, 활자 등을 통해서 우리의 눈을 사로잡으려고 고안된다. 라디오에 의해서 전달되는 메시지들은 소리에만 의존하는 반면에 텔레비전과 영화를 포함한 영상 매체는 시각과 소리 모두에 바탕을 둔다. 그래서 라디오는 음악과 소리 효과를 가지고 귀에 호소하는 반면에 텔레비전과 영화는 음악과 언어가 수반되는 영상물을 가지고 눈과 귀에 호소한다. 하지만 지금은 호소 유형에 의한 분류는 거의 무의미해졌다. 예컨대 인터넷으로 보는 라디오가 되었고, 인터넷신문도 소리와 동영상이 추가될 수 있다.

인쇄 미디어와 전자 미디어를 구분하는 주요 특성 중 하나는 가장 최근까지도 보존의 영구성이었다. 인쇄 미디어의 메시지들은 저장될 수 있지만, 전자 미디어로 전달되는 메시지들은 순간적으로 소비되었다. 전형적으로, 전자 미디어의 메시지들은 오디오 혹은 비디오 레코더가 없다면 다시 보거나 들을 수 없었다. 이와는 대조적으로 인쇄 미디어는 제목, 헤드라인과 캡션 등에 의해서 검색될 수 있기 때문에 구체적으로 어떤 내용을 읽을 것인지와 언제 읽을 것인지를 결정할 수 있었다. 물론 지금 디지털 시대에서는 전자적 메시지도 수용자들이 인터넷이나 스마트폰, 태블릿PC 등 디지털 기기를 통해 언제든지 편한 시간에, 심지어 이동하면서 검색을 할 수가 있으며, 자신의 노트북이나 PC에 자료 파일로, 혹은 휴대용 USB 등에 저장해 보존할 수 있게 되었다.

두 번째 특성은 도달 범위, 즉 한 미디어가 메시지를 광범위하게 전달할 것인가 혹은 협소하게 전달할 것인가이다. 이 요소 역시 보내지는 메시지의 유형에 영향을 미치며 또한 미디어를 분배하는 데 이용되는 수단의 영향을 받는다. 전통적인 미디어는 여전히 전국을 상대로 하고 있다. 예컨대, 지상파TV나 라디오는 가장 많은 수용자에게 지속적으로 도달하려는 전략에 바탕을 두고 있다. 물론 지방 방송사들은 지역이나 지방 주민을 겨냥한 프로그램들을 제작하기도 하지만, 대부분 전국의 모든 계층에 호소하고 있다. 신문은 전국지와 지방지 간에 도달 범위에서 분명한 차이가 있다. 인터넷이 발달하면서 지방 신문이나 지방 라디오방송사도 전국뿐 아니라 세계 외지에 도달할 수 있는 잠재력을 가질 수 있더라도, 주 타깃층은 역시 해당 지역의 주민들이다. 책, 영화와 잡지의 경우 미디어 특성상 많은 잠재적 소비자들(예컨대, 교육을 덜 받거나 가난한 사람들)을 배제할 수 있을지라도 수익 극대화를 위해 역시 전국 수용자를 대상으로 하려는 경향이 유지되고 있다.

그러나 본격적인 멀티미디어, 멀티채널 시대의 도래와 함께 수용자들이 세분화되면서 케이블TV, 혹은 DBS(직접위성방송)나 IPTV 등 뉴미디어는 틈새시장을 겨냥해 좀 더 협소한 범위에 도달하기 위해서 콘텐츠를 전문화하려는 경향이 높은 편이다. 인터넷은 기술적 문맹이나 언어, 특히 영어를 극복하지 못한 사람들이 접근하기가 쉽지 않다. 그렇지만 기술특성상 전국뿐 아니라 전 세계가 도달 범위에 해당되기 때문에 목표수용자(target market)의 폭을 크게 확장하고 있다.

세 번째 특성은 분배 방식이다. 기본적으로 거대하고 다양한 수용자에게 도달하는 데 두 가지 방식이 있다. 대량으로 제작될 수 있는 메시지들은 한 번 혹은 몇 번에 걸쳐 제공될 수 있다. 인쇄 미디어(책, 잡지, 신문)는 전형적으로 동일 내용의 복제품을 생산한다. 대조적으로, 라디오와 텔레비전은 많은 사람들에게 도달하려고 하지만 메시지를 결코 복제하지 않아왔다. 그러나 디지털 기술의 발달과 함께 오디오, 비디오, 텍스트가 결합한 하이퍼미디어의 등장으로 이러한 분배 방식의 구분도 힘들게 되었다. 즉, 동일한 내용도 디지털 기술을 통해 미디어에 따라 여러 방식과 형태로 다양하고 다원적으로 복제될 수 있게 되었다.

네 번째 특성으로, 소비자가 미디어를 결정할 때 고려하는 메시지 포맷을 들 수 있다. 한 미디어의 토픽이나 테마들은 어느 정도 수용 가능성에 따라 변할 수 있을지라도, 시간이 흐르면서 재등장하는 경향이 있는 기본적인 내용 구조를 가진다. 예를 들면, 서적에는 픽션, 논픽션, 전기, 과학픽션, 그리고 참고서 등이 있다. 영화에는 공포, 코미디, 미스터리, 액션과 모험, 멜로 등이 있다. 잡지는 일반적인 시사문제로부터 스포츠, 바둑, 자동차 등에 이르기까지 특별한 관심과 주제별로 다양한 유형들이 있다. 텔레비전도 역시 멜로드라마, 시트콤, 역사극, 게임 쇼, 뉴스, 대담과 토론, 다큐멘터리, 버라이어티 쇼 등이 있다.

미디어에서 제공되는 토픽과 테마들은 매우 다양하지만 어떤 경우에는 동일한 테마들이 여러 미디어에 걸쳐 반복되기도 한다. 이러한 스핀오프(spin-off) 현상은 특별한 테마가 대중적 인기를 얻으면 발생하며, 결

그림 1-5 〈라바〉 애니메이션(위), 뮤지컬(좌), 게임(우)

과적으로 커다란 상업적 성공을 거두게 된다. 예컨대, 〈스타워즈(Star Wars)〉는 영화를 가지고 막대한 수익을 내자 책이나 텔레비전 시리즈물로 파생해 추가적으로 큰돈을 벌었다. 또한 최근 이용률이 급속히 늘어나고 있는 인터넷 소설이나 웹툰(web cartoon)도 인기를 끌면 책으로 발간되고 영화 혹은 TV 드라마로 각색되기도 한다.

이제는 융합 현상으로 앞서 언급한 몇 가지 기준에 의거해 미디어별로 차별적 특성을 찾아보기 힘들게 되었다. 그렇지만 전통적 매스미디어는 물론 뉴미디어에도 한 가지 공통된 점이 있다. 즉, 다양한 형식에도 불구하고 자본주의 사회에서 미디어 산업은 중요한 비즈니스라는 점이다. 모든 매스미디어는 시간 혹은 지면(space) 혹은 공간(포털 사이트 혹은 SNS)을 통해 수익을 낸다. 텔레비전과 같은 전자 미디어는 소비자에게 도달하기를 희망하는 광고주에게 시간을 판다. 이와 비슷하게, 신문이나 잡지와 같은 인쇄 미디어는 광고주에게 지면을 판매한다. 또한 포털 사이트를 비롯한 인터넷에서 등장하고 있는 다양한 사이트들도 수익을 창출하는 하나의 방법으로 광고주들에게 공간을 팔고 있다. 대체로 수용자가 많을수록 미디어 기업은 광고주에게 더 많은 돈을 요구할 수 있다. 한마디로, 매스미디어는 비즈니스를 계속 하기 위해, 즉 생존 경쟁을 위해 광고주에게 수용자를 전달해야만 한다.

3. 매스미디어 사회적 기능

오늘날 디지털시대에서 개인 미디어와 매스미디어의 구분이 애매하긴 하지만, 전통적으로 매스미디어만의 기능과 역할은 여전히 존재하고 있다. 특히 개인미디어가 매스미디어로 바뀌는 순간 공공성과 공익성 측면에서 사회적 책임이 뒤따른다는 점에서 매스미디어의 중요한 사회적 기능을 살펴볼 필요가 있다. 라이트(Wright, 1974)는 어떠한 사회에서든 매스미디어는 기본적으로 아래와 같은 네 가지 기능을 수행해야 한다고 말하고 있다.

첫째, 사회에서 어떠한 일들이 일어나고 있는지를 추적하는 환경 감시(surveillance of environment) 기능이다. 일반적으로 언론 매체는 부동산시세나 자연재해로부터 북한 핵문제나 군사도발, 혹은 급변하는 국제정세에 이르기까지 사회구성원들의 일상생활에 직·간접적으로 영향을 미칠 수 있는 중요한 사건들에 대한 정보를 미리 알려준다. 이러한 예고 감시 기능을 통해 공중에게 경각심을 불러일으킴으로써 환경 변화에 대처하는 데 많은 도움을 준다. 최근에 이러한 사회 감시의 강력한 수단으로 인터넷과 소셜 미디어가 급부상하고 있다. 이는 인터넷 혹은 SNS 이용자들은 미디어가 제공하는 정보를 소극적으로 기다리기보다 관심 있는 정보를 적극적으로 찾아 나서기 때문이다. 이뿐만 아니라 정보 전달 속도가 전통적 미디어와는 비교할 수 없을 정도로 파격적이기 때문이다. 이 때문에 인터넷이나 소셜 미디어는 사회 환경을 감시 혹은 감독하는 데서 전통적 언론 매체보다 훨씬 더 강력한 힘을 발휘하고 있는 실정이다.

그렇지만 역기능도 만만치 않다. 튀니지 재스민혁명을 비롯한 국제적 대형 사건 보도는 특정 국가나 사회체제의 안정에 커다란 위협으로 작용할 수 있다. 폭력적 혹은 위협적 사건이나 사고를 지나치게 무분별하게 보도하면 사회구성원들에게 과다한 심리적 긴장감이나 불안감을 조성하고 공포심을 유발할 수 있다. 예컨대, 과다(도)한 에이즈 실태나 성범죄 사건 보도는 자칫 공공시설의 두려움과 심각한 치안불신 등을 초래할 수 있다. 이 때문에 기자나 앵커는 기사를 작성하거나 뉴스를 전달할 때 너무 자극적이고 과장되고 심지어 극단적 표현을 하지 않도록 가급적 자제해야 한다.

둘째, 여러 사건들을 연결하고 해석하며, 또한 우리에게 어떠한 의미를 주는지를 알려주는 해석(interpretation) 혹은 상관 조정(correlation) 기능이다. 실상 정보는 가공 과정을 거치지 않는 한 유용 가치가 크지 않다. 매스미디어, 특히 언론매체는 우리 사회의 쟁점들에 대해 단순한 사실정보뿐 아니라 문제의 원인과 대응(해결) 방안을 제공함으로써 정보를 가치 있는 것으로 만든다. 예컨대, 한미 FTA 발효에 대한 신문 사설이나 칼럼 혹은 뉴스 논평은 우리 경제에 미칠 영향을 다각적으로 이해하는 데 많은 도움을 준다. 또한 우리는 〈PD수첩〉, 〈그것이 알고 싶다〉, 〈추적 60분〉 등과 같은 시사프로그램을 통해 주요 사건이 왜 일어나게 되었는지에 대한 상세한 배경과 이유를 파악할 수 있다. 한편 〈오마이뉴스〉와 같은 진보적 인터넷신문은 같은 사건이라도 기존 주류 언론매체와는 또 다른 각도와 시각에서 해석하고 설명해 준다. 이처럼 매스미디어는 정치적, 사회적, 경제적으로 민감한 문제들과 주요 사건들을 특정 방식으로 평가하고 의미를 부여해 현실 지각에 대한 틀(frame)을 만들어 준다. 하지만 상관 조정 기능이 긍정적으로만 작용하지는 않는다. 관료화된 기득권층의 정보원에만 의존하면 사건이나 쟁점에 대한 해석 혹은 분석이 제한적이어서 사회 순응적 시각이 확산될 뿐이다. 또한 미디어의 주장이나 의견에 전적으로 의존하면 비판적 혹은 분석적 사고능력이 저하될 수도 있는 역기능도 존재한다.

그림 1-6 〈추적 60분〉   출처: KBS 홈페이지

셋째, 한 세대에서 다음 세대로 가치들을 전승하는 가치전수(value trans- mission) 혹은 사회화(socialization) 기능이다. 실상 매스미디어의 가장 중요한 기능 중 하나는 후세대에 문화유산을 전달함으로써 궁극적으로 사회와 국가의 정체성을 유지시키는 데 있다. 인류학자들은 미디어가 등장하기 전에는 인간이 자녀들에게 자신의 생각을 전수하기 위해 언어를 사용했다는 것을 관찰했다. 그러나 매스미디어가 등장한 이래로 그러한 기능을 대체하고 있다. 즉, 매스미디어는 이야기꾼, 교사 그리고 부모 역할까지도 담당하고 있다. 이러한 기능은 교육적 혹은 정보 전달의 목적을 가진 미디어에만 국한되는 것이 아니다. 예컨대 텔레비전의 시트콤이나 역사극, 그리고 심지어 스포츠 중계도 어린이나 청소년들에게 사회 규범과 관습, 가족관, 문화적 전통, 충성심, 우애, 민족자긍심 등과 같이 사회(체제)를 유지하는 데 필요한 가치, 윤리와 도덕 등의 교훈을 가르치고 사회에 적응시키는 중요한 역할을 발휘하고 있다. 그러나 이러한 기능이 지나치면 구성원들로 하여금 대중사회를 지탱하는 비인간적 요소로만 여기게 할 수 있으며 문화적 동질성에 빠져들게 해 다양성을 위축시

그림 1-7 오락 기능 하는 예능 프로그램 〈개그 콘서트〉

킬 수 있다.

　마지막으로, 우리를 즐겁게 해 주고 일상생활에 활력을 불어넣어 주는 오락(entertainment) 기능이다. 일반적으로, 시사교양이나 잡지 형태(maga- zine-style)와 같은 정보프로그램은 예외일지라도, 우리가 즐겨보는 대부분의 TV프로그램들은 오락에 바탕을 두고 있다. 일간신문 역시 스포츠나 연예 면을 통해 오락을 제공해 딱딱한 뉴스와 논평을 보완하고 있다. 이 밖에 라디오, TV, 영화 등 전통적 매스미디어는 기본적으로 오락 중심적이다. 최근에는 젊은 세대들이 많은 시간을 할애하는 인터넷 역시 게임을 비롯한 다양한 형식의 오락을 제공하고 있다. 그렇지만 미디어 오락에만 전적으로 의존할 경우 스스로 즐거움을 찾아내려는 능동적 노력을 포기하게 돼 문화적 순응주의가 심화될 수 있다. 또한 새로운 미디어가 급격하게 늘어나고 경쟁이 치열해지면서 수용자의 흥미를 사로잡을 수 있는 상업화된 오락물의 비중이 날로 심화돼 문화적 식민화 등이 발생될 수 있는 부작용에 대한 사회적 비판도 만만치 않다. 즉, 대중적 취향과 인기에 영합하는 선정적이고 자극적인 저급한 내용이 만연되어 문화수준을 전반적으로 하락시킬 뿐만 아니라 고급문화에 대한 관심을 더

그림 1-8 MBC 예능프로그램 〈무한도전〉

출처: MBC 홈페이지

욱 떨어뜨리고 있다는 것이다. 더욱이 감수성이 예민한 청소년들은 학습능력을 떨어뜨리고 모방범죄를 부추긴다는 지적도 받고 있다. 특히 최근에는 온라인 게임의 폭력성뿐 아니라 게임중독의 폐해가 날로 심각해지면서 사회문제로까지 부각되고 있는 실정이다.

4. 미디어 환경의 변화

커뮤니케이션 기술의 급속한 발달로 미디어 환경은 하루가 다르게 바뀌고 있다. 1990년대 초만 하더라도 매스미디어란 거대한 조직들이 광범위하고 이질적인 불특정 수용자들을 위해 유사한 메시지들을 창조하는 수단으로 여겼다. 이러한 미디어에 대한 전통적인 개념은 21세기에 들어 더이상 매스 커뮤니케이션 과정을 이해하는 데 적절치 않다. 왜냐하면 오늘날 많은 매스미디어는 커뮤니케이션 테크놀로지의 발달로 개인 매체와혼합되거나 융합된 형식을 띠고 있기 때문이다. 현재 새로운 디지털 미디어 환경은 일반 이용자들이 메시지를 처리하는 방식을 비롯해 라이프스타일과 여가 소비 방식뿐 아니라 미디어 산업, 법규와 제도 등에 커다란 영향을 미치고 있다. 따라서 현재 미디어 환경이 어떻게 변하고 있는지 살펴볼 필요가 있다.

1) 미디어 산업의 변화

바란(Baran, 2004)은 크게 5가지 측면에서 미디어 산업의 변화 흐름을 설명하고 있다. 즉, 소유의 집중(concentration)과 복합기업화(conglomeration), 과잉상업주의화(hyper-commercialism), 세계화(globalization), 수용자 세분화(frag- mentation), 미디어 융합(convergence) 현상이다.

우선 소유집중과 복합기업화로, 방송 및 통신 기술의 발달과 경쟁 심화에서 비롯된 것이다. 이러한 현상은 이미 1990년대 초반부터 미국과 영국을 중심으로 한 신자유주의 물결과 함께 규제 완화 추세에 힘입어 전 세계에 불어닥치기 시작했다. 일례로 미국은, 30여 년 전만 해도 50개 미디어 기업이 전체 소비되는 미디어 소비의 90%를 차지했지만, 지난 30여 년에 걸쳐 인수와 합병(M&A)이 활발하게 전개된 결과 현재는 컴캐스트(Comcast), 타임워너(Time-Warner), 월트디즈니(Walt Disney), 머독의 뉴스코퍼레이션(News Corps.), 비아콤(Viacom), 그리고 CBS 등 6개의 거대한 소수 초국적(transnational) 혹은 다국적(multinational) 복합 미디어 기업들이 미국뿐만 아니라 세계 미디어 시장을 지배하기에 이르렀다. 우리도 2009년 「미디어법」 통과를 계기로 신문사와 출판사의 방송사업 진출 허용, 1인 지분 소유 확대 등 소유 규제가 대폭 완화되면서 케이블 분야에선 집중 현상이 벌어지고 있으며, 가장 최근에는 방송과 통신 시장의 융합과 경쟁이 가속화됨에 따라 케이블방송사와 통신회사 간에도 활발한 인수 합병의 논의가 진행되고 있다.

그러나 미디어 산업에서 수익을 우선시하는 복합 기업에 의한 과점(oligopoly) 현상이 여론의 다양성 측면에서 미치게 될 잠재적 영향력은 매우 클 수 있다. 우선 소수 거대 기업들은 수용자의 권익보다는 회사의 수익 요구에 훨씬 더 관여할 것으로 여겨진다. 이에 따라 여론의 다양성이 심각하게 제한될 수 있으며, 결과적으로 정보와 의견의 자유로운 유통을 통한 민주주의 발전에 해가 될 수 있다. 아울러 언론의 자유는 수용자의 알 권리를 위해서라기보다 소유주의 자유를 의미할 위험도 내재해 있다. 따라서 우리는 소유 집중과 복합기업화 현상이 심화될수록 우리 사회에 미칠 부작용에 대해 진지하게 고민해 보아야 할 것이다.

두 번째로, 앞의 현상과 밀접하게 관련되는 세계화다. 물론 세계화는 미국을 비롯한 선진국들이 주도한 자유무역경제 추세에 의해서도 중요한 영향을 받았다. 하지만 정보통신기술과 미디어 기술의 발전으로 예전과는 비교할 수 없는 수많은 매체와 채널의 등장이 세계화를 부추긴 측면이 더 강하다. 즉, 거대 초국적 복합기업들이 경쟁적 환경에서 규모의 경제 및 범위의 경제에 의한 시너지효과를 통해 최대한의 이익을 창출하기 위해 전 세계를 단일 시장으로 만들 필요에 기인한 것이다.

세계화가 매스 커뮤니케이션 과정에 미치는 잠재적 영향은 무엇보다 표현의 다양성이나 각국 고유문화의 유지에 대한 이슈와 관련된다. 특히, 거대 복합기업들의 수중에 들어간 개별 로컬 미디어 회사들은 콘텐츠를 제작하는 데 수익 극대화라는 최대의 목표를 달성하기 위해 모기업의 영향을 받지 않을 수 없다. 이에 따라 궁극적으로 해당 국가의 소비자들에게 어떠한 부정적 결과가 초래될 것인가라는 물음이 제기되고 있다. 이와 관련해 의견은 양분되어 있다. 세계화를 찬성하는 사람들은 초국적 기업들이 세계화를 통해 수익을 창출해 지역별이나 국가별로 독특한 민속 문화와 전통 및 사회적 가치와 관습들을 존속하는 데 재투자할 것이라고 주장한다. 한편 더욱 분화되고 있는 수용자에 도달하기 위한 기업의 경제적 생존과 관련해 세계화를 강조하고 있다. 아울러 그들은 추가적인 이유로 새로이 자본주의 체제로 편입되고 있는 사회주의 국가들의 경제적 영향력이 증가하고 있는 점과 세계의 경제 체제들이 FTA를 통해 점점 더 연계되고 있다는 사실로 인해 세계화가 필연적이라는 사실도 언급하고 있다.

그러나 비판적인 견해를 가지고 있는 사람들은 경제적 종속과 함께 문화 식민지화에 심각한 우려를 나타내고 있다. 즉, 미국을 비롯한 서구 선진국들의 경제적 지배력이 문화 분야에까지 파급되어 전 세계적으로 미디어 제품의 동질화 혹은 표준화 현상이 심화되면서 결국 자국의 고유한 문화를 사라지게 만들 것이라고 주장한다. 최근의 한류를 통해 우리가 더 이상 세계화의 일방적 수용자가 아니라 능동적 전달자 역할도 하고 있다는 점에서, 미디어 산업의 세계화를 우려하는 이러한 비판에 대해서 국내 미디어 업계의 관심도 한층 높아지고 있다.

세 번째, 과잉(다)상업주의화를 들 수 있다. 최근 들어 매체 환경의 급격한 변화와 함께 경쟁 매체의 종류와 수는 날로 늘어나고 있지만 광고 시장은 상대적으로 한정되어 있다. 이 때문에 광고 수입을 확보하기 위한 지나친 상업주의화가 초래하고 있는 사회적 폐단은 심각한 수준에까지 이르고 있다. 예컨대 수용자의 관심이나 인기를 끌 수 있는 자극적 혹은 선정적 내용에만 초점을 맞춘 과다한 상업화 경향은 청소년들의 정신건강이나 행동에 상당한 악영향을 미치고 있다. 또한 드라마의 간접광고처럼 각종 미디어에서 상업적 내용과 비상업적 내용의 혼재가 크게 늘어나는 현상은 많은 사람들에게 혼란과 고통을 주기도 한다. 하지만 상업주의를 옹호하는 사람들은 오늘날 경쟁적 미디어 시장의 경제적 현실을 단적으로 보여 주는 것으로 기업 생존을 위해 불가피하다고 주장하기도 한다.

현재 다양한 미디어 분배망들(outlets)이나 플랫폼 사업자들이 등장하고 있고 또한 경쟁적 시장 환경 속에서 수용자들은 점점 세분화되어 가는 추세에 있으며 그들의 취향은 더욱 까다로워지고 있다. 다시 말해, 미디어 시장이 예전과는 비교할 수 없을 정도로 경쟁적으로 변모한 것이다. 이 때문에 미디어 기업들은 생존하기 위해서 날로 늘어나는 제작 및 마케팅 비용을 어떻게 하든 보상받기 위해 상업주의화에 몰두할 것으로 보인다. 더욱이 전 세계가 점점 더 자본주의 시장경제에 바탕을 둔 글로벌 통합 시장이 되어가고 있는 추세에 비추어 볼 때, 세계화는 수용자를 안정적으로 확보하고 광고주의 지원을 늘리기 위해 미디어를 더욱더 상업적으로 만들 것이다.

일반적으로, 소유하고 있는 다양한 매체나 채널을 통해 더 많은 광고를 판매하고 또한 새로운 수준 높은 기술을 이용, 상업 광고를 콘텐츠와 결합하는 방법들을 추가로 개발하는 것은 미디어 기업들의 가장 공통적인 전략이다. 이것은 미디어 비평가인 로버트 맥체스니(Robert McChesney)가 말하는 과다상업주의화로 이끌게 된다. 맥체스니는 "집중화된 미디어 통제는 거대한 미디어 회사들로 하여금 소비자의 실력행사에 대한 커다란 두려움 없이 자신의 배급망을 더욱더 상업화시킬 수 있게 한다"(1999, pp. 34~35)고 주장했다. 따라서 세계 미디어 시장에서 지속적으로 벌어지고 있는 합병과 인수를 통한 복합기업화 추세를 감안하면 과다상업주의화는 전 지구적으로 확산되고 계속될 것으로 전망된다.

네 번째, 미디어의 세계화와는 대조적으로 매스 커뮤니케이션 과정에서 수용자의 성격을 더욱 협소하게 정의할 필요가 있는 세분화 현상이 현저해지고 있는 점도 간과할 수 없다. 전형적으로 매스미디어는 최대한의 수용자에게 도달할 수 있는 내용을 만들기 위해 노력했다. 이러한 노력의 밑바탕에는 글로벌 대중 시장(mass market)의 목표를 달성하기 위해서 소비자의 취향과 견해를 동질화하려는 전략이 있었다. 즉, 가장 많은 사람들에게 호소될 수 있는 제품으로 소비를 촉진하려는 미디어 회사들의 계산이 다분히 깔려 있는 것이다.

그러나 오늘날 커뮤니케이션 기술의 발달에 따라 전문성이나 특정 계층의 취향과 관심에 호소하려는 수많은 전문 매체와 채널이 등장하면서 이용자는 예전과 비교할 수 없을 만큼 많은 선택권을 가지게 되었다. 기술의 발전 속도를 감안하면, 앞으로 이용자들은 더욱 분화될 것이며 그 층도 더욱 협소하게 정의될 수밖에 없다. 이 때문에 이제 미디어의 내용은 더 이상 거대한 규모에만 바탕을 두어 경쟁할 수 없게 되었다. 바꾸어 말하면, 미디어 기업이라면 규모의 경제를 추구하는 거대화만 고집할 수 없다. 즉, 동시에 몇 가지 중요한 특성에서 비슷한 소규모 수용자 집단을 목표로 한 세분화에도 각별히 신경을 써야 한다. 실상 최근에 특정 수용자층을 겨냥한 맞춤형 콘텐츠가 특정 광고주들에게 더 매력적이라는 사실이 모바일 광고 시장에서 입증되고 있다. 이제 SNS를 비롯한 소셜 미디어와 다양한 뉴미디어의 출현과 함께 수용자가 세분화되면서 광고주들을 끌어들이기 위해 각 미디어사업자들은 보다 특정한 집단에 호소할 수 있는 내용물을 창조해야 한다. 이러한 세분화(segmentation)가 부각되는 현상은 하부 집단들(subgroups)에 전념하는 협송(narrowcasting), 틈새 마케팅(niche marketing), 혹은 표적화(targeting)라는 개념으로 알려지고 있다(Baran, 2004).

일반적으로, 수용자 계층의 세분화에는 인구통계학적 특성들이 이용되어 왔다. 그렇지만 본격적인 다매체, 다채널 시대에 전통적인 인구통계학적 특성에만 의거해 시장 세분화를 분석할 수 없다. 즉 직업, 소득수준이나 재산수준 등을 고려한 사회적 지위(계층) 변수와 라이프스타일을 함께 고려한 사이코그래픽스(psychographics)도 활용해 더욱 잘게 나뉘는 여가에 관한 관심과 흥미에 대해 한층 더 정교하게 초점을 맞추어야 할 것이다. 그래서 새로 등장하는 미디어, 특히 모바일 미디어는 취향과 기호를 동질화하기보다는 세분화된 특정 집단에 호소하려는 경향을 강화해야 한다. 이처럼 수용자가 취향 공중(taste public)으로 변해 갈수록, 즉 특정 형식의 미디어 내용에 대한 관심에 의해 묶이는 집단으로 분화될수록 한 사회의 구성원들을 묶어 주는 통일되고 획일적이었던 대중문화에는 많은 변화가 일어날 것으로 전망된다.

　마지막으로, 기술적 융합으로 미디어 간의 경계가 사라지고 있다는 사실을 지적해야 할 것이다. 모두가 알다시피, 이제는 미디어의 형식에 관계없이 디지털 전송이 가능해졌다. 예컨대 모든 신문사들과 방송사들이 인터넷으로 오프라인 내용을 전송할 수 있게 된 것도 디지털 기술의 발달에 기인하고 있다. 특히 최근에 개인 휴대전화를 통해, 혹은 차량 안에서 DMB(Digital Multimedia Broadcasting)를 시청하거나, 스마트폰이나 태블릿PC를 이용, 각종 앱을 다운받거나, 인터넷으로 방송을 즐길 수 있는 IPTV(Internet Protocol Television), N스크린 혹은 OTT 서비스가 가능해진 것이나, 인터넷과 방송을 동시에 이용할 수 있는 스마트TV의 출현도 역시 디지털 기술 덕분이다.

　순수한 기술적 발전 이외에도 미디어 간의 전통적인 경계가 사라지고 있는 이유 중 하나가 집중화 현상이다. 예컨대 어떤 미디어 기업이 신문, 온라인 서비스, 텔레비전 방송사, 출판사, 잡지사, 그리고 영화사 등을 다각적으로 소유하고 있다면, 가능한 한 많은 전송 매체와 채널을 이용해 동일한 제작물을 최대한 활용해 최고의 수익을 창출하려는 강한 동기를 가지게 될 것이다. 이것은 소비자의 수가 늘어나면서 한 제품의 생산단가가 급속히 감소하는 규모의 경제(economy of scale)와 함께 범위의 경제(economy of scope)를 통한 시너지(synergy) 효과를 노리기 위해서다. 실상 단일 주제나 아이디어로 다양한 창구를 통해 수익 극대화를 노릴 수 있는 'One-Source, Multi-Use(OSMU)' 효과는 전통적 매스미디어와 인터넷을 포함한 텔레커뮤니케이션 산업에서 빈번히 단행되고 있는 여러 합병과 인수의 추동력으로 작용하고 있다. 특히 최근 디지털 및 모바일 기술의 급속한 발달과 함께 다양한 플랫폼이 생성될 수 있게 되면서 동일한 주제나 내용이라도 기기별로 응용한 맞춤형 제작, 즉 'Adaptive Source Multi Devices(ASMD)' 전략도 요구되고 있다. 한편 미디어 간 경쟁이 날로 심화되고 있는 현실에서 거대한 전체 수용자에게 도달하기가 점차 어렵다는 사실을 알고 있는 기업들로선 수익을 창출하기 위해 여러 미디어를 통해 세분화된 수용자 구성 요인들에게 다각적으로 도달하려고 힘쓰기 때문이다.

이처럼 디지털 및 모바일 기술 발달로 인해 정보와 엔터테인먼트를 제공하는 공급원이 미디어 융합과 분산이 동시에 이루어지면서 다변화되고 있는 미디어 환경은 수용자에게 콘텐츠를 개별적으로 결합하는 힘, 선택하는 힘, 거부하는 힘 등을 더 많이 부여할 수 있게 되었다. 그렇지만 소수 복합기업들의 소유 집중과 미디어의 혼합은 매스 커뮤니케이션 과정에서 힘의 균형을 기업 쪽으로 기울게 하면서 수용자 구성원에게 불리하게 작용할 수 있는 문제점 역시 남아 있다.

결과적으로, 위의 현상들은 매스 커뮤니케이션 과정에 참여하는 모든 당사자들에게 자신의 입장을 비판적으로 생각하게 만든다. 미디어 종사자들은 사회적 책임과 직업윤리의 이슈에 직면하게 된다. 반면 수용자 구성원들은 커뮤니케이션 기술을 올바르게 이용하려는 책임과 의무 및 미디어 이용 능력(media literacy)의 이슈에 부딪치게 된다.

2) 뉴미디어의 발전과 사회 변화

2000년대 이후 가속화되는 디지털 기술의 발전은 이전까지 볼 수 없었던 미디어 플랫폼과 채널을 폭발적으로 증가시키고 있다. IPTV와 디지털 케이블과 같은 방송의 디지털화, 팟캐스트와 SNS, 그리고 스마트폰으로 대표되는 융합 미디어의 등장은 이전과 비교할 수 없을 정도로 다양하고 많은 양의 정보가 생산되고 유통되는 동력이 되고 있다.

새로운 미디어 서비스의 등장은 기존 미디어 환경을 급격히 변화시키고 있다. 일례로, 온라인 동영상 서비스인 넷플릭스(Netflix)의 등장은 미국에서 기존의 비디오 대여업체인 블록버스터를 사라지게 만들었을 뿐만 아니라, 많은 가구에서 더 이상 케이블방송을 시청하지 않는 코드커팅(cord-cutting) 현상까지 확산시키고 있다. 바로 몇 년 전까지만 해도 지상파방송과 케이블방송이 서로 경쟁하던 상황에서 넷플릭스로 대표되는 OTT 서비스의 등장은 전 세계의 방송 영상 시장 판도를 완전히 바꾸어 놓았다. 넷플릭스는 현재 세계 190개국의 1억1700만 가입자를 확보해 가히 전 세계적 방송 영상 사업자로 성장했을 뿐만 아니라, 기존 미디어 시장의 CNPD(Content-Network-Platform-Device)의 구분을 무의미하게 만드는 새로운 산업적 흐름을 만들어 냈다. 이러한 넷플릭스의 예가 보여 주듯이 미디어 기술의 발전과 새로운 미디어 서비스의 등장은 우리의 예상을 뛰어넘는 미디어 산업의 전반적 변화를 발생시키고 있다.

　　최근 나타나고 있는 이러한 시장 변화의 특징은 크게 세 가지로 요약해 볼 수 있다. 먼저 가장 큰 특징은 인터넷 기반 플랫폼의 성장이 가속화되는 것이다. 인터넷 기반 플랫폼은 기존 미디어 플랫폼과 달리 시장 규모의 성장에 따라 추가비용이 증가하지 않는 한계비용 제로의 특징을 보인다. 둘째, 기존 미디어 시장 구분 체계인 CNPD 영역이 해체되는 경향을 보이며, 이에 따라 미디어 시장이 탈중개화(disintermediation)되고 있다. 넷플릭스의 예에서 볼 수 있듯이, 콘텐츠 공급자가 자신의 독자적 플랫폼을 통해 직접적으로 사용자에 연결됨에 따라서, 기존 중개의 역할을 담당하던 미디어의 게이트키핑과 같은 역할이 축소되고 미디어 자체의 사회적 효용이 감소하고 있다. 셋째로 사용자 관여의 확대와 이를 활용한 데이터 분석의 중요성이 강조되고 있는 점이다. 넷플릭스가 빠르게 성장한 배경에는 사용자들의 프로필과 이용 행태 데이터를 기반으로 새로운 영상을 추천하는 알고리즘 시스템이 작용하고 있다. 넷플릭스뿐만 아니라 유튜브와 페이스북 등 최근 시장을 주도하는 미디어 서비스들은 공통적으로 사용자들의 관여를 증가시키기 위해 매우 정교한 콘텐츠 제공 알고리즘 시스템을 갖고 있다는 공통점이 있다.

　　한편, 새로운 미디어 서비스의 등장은 기존 미디어 산업 구도의 변화뿐만 아니라 우리가 뉴스를 이용하는 행태에도 급격한 변화를 만들어 내

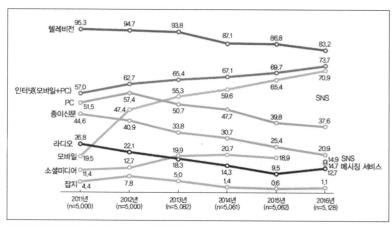

텔레비전 95.3 94.7 93.8 87.1 86.8 83.2
73.7
인터넷(모바일+PC) 57.0 62.7 65.4 67.1 69.7 70.9
SNS
PC 51.5 57.4 55.3 59.6 65.4
종이신문 44.6 47.4 50.7 47.7 39.8 37.6
40.9 33.8 30.7 25.4
라디오 26.8 22.1 19.9 20.7 18.9 20.9 SNS
모바일 19.5 12.7 18.3 14.3 9.5 14.9
소셜미디어 11.4 5.0 1.4 0.6 14.7 메시징 서비스
잡지 4.4 7.8 1.1 12.7

2011년 (n=5,000) 2012년 (n=5,000) 2013년 (n=5,082) 2014년 (n=5,061) 2015년 (n=5,062) 2016년 (n=5,128)

그림 1-9 국내 미디어별 뉴스이용률 추이

출처: 한국언론진흥재단 『2016 신문산업실태조사』

고 있다. 앞서 강조했듯이, 뉴스는 우리가 사회를 이해하고 공동체적 의
사결정을 하는 데 중요한 영향을 주는 미디어의 핵심 영역으로서 커다란
의미를 갖고 있다. 그런데 그림 1-9에서 볼 수 있듯이, 미디어 환경 변화
에 따라서 우리가 뉴스를 접하는 방식에도 커다란 변화가 진행되고 있다.
신문과 방송을 통해 뉴스를 이용하는 비율은 빠르게 감소하는 반면, 모
바일 매체와 소셜 미디어를 통해 뉴스를 접하는 비율은 크게 증가했다.
특히 종이신문의 뉴스 영향력은 놀라울 만큼 빠르게 감소했다. 이를 단
적으로 보여 주는 대표적 예가 바로 뉴욕타임스라 할 수 있는데, 뉴욕타
임스는 1993년에 11억 달러에 사들였던 《보스턴글로브》 등 유력지가
포함된 그룹 내 뉴잉글랜드 파트를 2013년에 단돈 7000만 달러에 매각
한 것이다. 종이신문의 영향력 감소의 다른 한편으로, 온라인 미디어를
기반으로 하는 뉴스캐스트와 스타트업 뉴스 기업들은 속속 새롭게 등장
해 시장영향력을 넓히고 있다. 해외의 버즈피드, 허핑턴포스트와 쿼츠,
국내에서도 슬로우뉴스, 뉴스트리, 팟빵 등 스타트업 뉴스 미디어들이
기존 미디어에 못지않은 뉴스영향력을 미치고 있다. 기존 신문이나 방송
과 같은 매스미디어의 성격과 달리 스타트업 뉴스 미디어들은 개별 이용
자의 특성에 맞게 취향과 정치적 성향에 따라 다양하게 분화되는 특성을
보이고 있다.

다양하게 분화되는 스타트업 뉴스 미디어와 같이, 주로 인터넷을 기반으로 하는 이러한 새로운 미디어 서비스와 기술은 기존의 매스미디어가 갖고 있던 획일적이고 일방향적인 커뮤니케이션의 한계에서 벗어나 이전보다 훨씬 다양하고 적극적인 의사소통을 가능케 하고 있다. 하지만 다른 한편으로, 새로운 미디어의 등장은 이전까지 우리가 경험하지 못했던 새로운 우려와 불안을 만들어 내고 있기도 하다. 대표적으로, 온라인 중독과 주의력 분산, 사이버위협(Cyberbullying), 페이크뉴스, 사생활 침해, 온라인 성희롱 증가 등은 새로운 미디어가 등장함에 따라 우리 사회에 적지 않은 우려를 낳고 있는 문제들이다. 또한 소셜 미디어를 통한 뉴스 소비 증가와 새로운 스타트업 뉴스 서비스들이 등장하면서 사실 확인이 되지 않는 가짜뉴스의 범람, 중요한 의제는 다루지 않고 귀여운 고양이 사진에만 주목하게 만드는 식의 뉴스 연성화 등의 문제도 나타나고 있으며, 이러한 부작용에 대한 사회적 불안과 걱정도 증가하고 있다.

새로운 미디어가 나타나면서 이에 대한 불안과 걱정을 가졌던 것이 최근에만 경험하게 된 새로운 현상이라고 할 수는 없다. 영화가 처음 등장했을 때는 사람들이 더 이상 글을 읽지 않을 것이라고 걱정하고, TV가 등장했을 때도 사람들이 소파에 기대어 포테이토칩만 먹게 될 것이라는 우려가 있었으며, 심지어 신문, 책과 같은 인쇄매체가 많아지자 당시 종교계에서는 손으로 쓴 글이 아닌 인쇄된 글은 수많은 사람들의 마음을 더럽힐 것이라는 우려가 있기도 했다.

왜 새로운 미디어가 등장할 때마다 이러한 우려가 나타나는 것일까? 아마도 이것은 커뮤니케이션의 본질과 관련되어 있을 것이다. 즉, 커뮤니케이션은 단순히 신호를 교환하는 과정이 아니라 의미를 만드는 활동이고, 바로 의미를 만든다는 것은 그 사회의 권력 관계와 밀접하게 연관되어 있는 것이다. 이런 의미에서 매클루언(McLuhan)과 같은 미디어기술 결정론자들은 한 시대의 문화와 사상은 그 시대의 커뮤니케이션 기술에 의해 결정된다고 주장하기도 했다. 그 예로, 미디어기술 결정론자들은 문자의 등장이 감정적이고 집단적이던 원시문화에 변화를 가져왔고, 인쇄매체의 등장이 권위적이고 폐쇄적인 중세문화를 민주주의에 기반을 둔 근대 문화로 바꾸었다고 주장한다.

이렇게 새로운 커뮤니케이션 미디어의 등장은 기존의 질서와 사회 권력 관계에 변화를 발생시키기 때문에, 기존 질서와 권력 관계에 익숙한 많은 사람들에게 걱정과 불안으로 다가오는 것은 일면 당연한 점이 있다. 인쇄매체의 등장이 단순히 중세 권력을 붕괴시키고 근대 사상을 태동하게 했던 것처럼, 일정한 시간이 지나면 커뮤니케이션 미디어의 변화는 기존 권력 관계의 변화뿐만 아니라 우리의 생각에도 많은 영향을 가져오기 때문에 매클루언은 미디어는 단순한 전달 통로가 아니라 '미디어가 곧 메시지'라고 설명한다.

최근의 미디어 변화에 의해서 나타나는 새로운 사회 변화를 흔히 정보사회, 디지털 사회, 네트워크 사회, 사이버 사회, 모바일 사회, 스마트 사회, 4차 산업혁명 등의 이름으로 부르고 있다. 이러한 이름들은 우리 사회가 새로운 커뮤니케이션 미디어의 등장과 함께 이전과 질적으로 차별되는 새로운 사회 환경으로 접어들고 있음을 짐작케 한다. 실제로 2016년의 촛불시위 과정에서 확인되었듯이 경제, 정치, 문화 등 다양한 영역에서 우리 사회의 변화가 다양하게 목격되고 있다. 하지만 다른 한편으로 이렇게 다양한 명칭이 보여 주듯이, 과연 현재의 변화가 어떤 방향으로 진행될 것인지 또는 이전 사회와 구분되는 본질적 차이점은 무엇인지는 여전히 모호하거나 충분히 합의되지 못한 부분이 많다. 앞서 설명한 미디어 기술결정론을 포함한 미디어와 커뮤니케이션에 대한 이해는 우리가 앞으로 변화되는 다양하고 복잡한 사회 현상을 이해하는 데 도움이 될 것이다.

요약

우리는 1장에서 커뮤니케이션의 여러 형식들과 기본 개념들을 배웠다. 커뮤니케이션은 어떠한 형식이든 참여자들 사이에 의미 공유를 통해 교감을 구축하는 것으로, 그 과정이 적절히 기능하기 위해서는 몇 가지 기본적인 요소들이 중요하다. 이러한 요소들에는 송신자, 메시지, 부호화, 채널, 수신자, 그리고 해독 등이 있다. 아울러 커뮤니케이션 과정에는 피드백, 상징, 다양한 소음(잡음) 등의 요소들도 가지고 있다.

이 책의 초점이 되고 있는 매스 커뮤니케이션은 대중매체와 수용자 사이에 이루어지는 보다 복잡한 형식의 커뮤니케이션이다. 매스 커뮤니케이션은 다른 형식들과 비교해 볼 때 독특한 차이들이 있다. 그러나 디지털 기술의 발달에 따른 융합과 쌍방향성으로 인해 송신자와 수신자 간 차이를 비롯해 메시지 형식과 전달 범위와 유형에서도 점차 분별하기가 어려워지고 있다.

매스미디어는 매스 커뮤니케이션에서 이용되는 채널이다. 디지털 기술로 인해 개인미디어와 매스미디어의 구분이 모호해졌지만, 분명한 차이는 있다. 주지하다시피, 매스미디어는 정보와 오락을 매일 제공해 우리의 일상생활에 지대한 영향을 미치면서 사회에서 주요 기능과 역할을 발휘하고 있다. 이 외에도 매스미디어는 하나의 산업으로서 중요한 비중을 차지하고 있다. 21세기에 들어와 커뮤니케이션 기술의 급속한 발달과 함께 급격히 변하고 있는 미디어 환경은 매스 커뮤니케이션의 성격을 크게 변모시키고 있으며, 나아가 거시적인 사회 변화를 발생시키고 있다. 따라서 매스커뮤니케이션 과정에 참여하는 전문 종사자나 수용자들 모두가 변화하는 미디어 환경과 사회 속에서 자신의 책임과 의무를 인식할 때만이 매스미디어가 올바른 역할과 기능을 발휘할 수 있을 것이다.

주요 용어

커뮤니케이션 미디어	매스 커뮤니케이션	매스미디어
인간 내 커뮤니케이션	대인 커뮤니케이션	집단 커뮤니케이션
조직 커뮤니케이션	매개 커뮤니케이션	상호작용성
현실의 사회적 구성	환경 감시 기능	상관 조정 기능
문화 전수 기능	오락 기능	역기능
소유집중	복합기업화	세계화
과다상업주의화	틈새 마케팅	디지털 기술
소셜 미디어	융합	규모의 경제
범위의 경제	시너지효과	OSMU 전략

연습문제

1. 커뮤니케이션이란 무엇이며 기본적으로 어떠한 요인들로 구성되는가?

2. 커뮤니케이션을 역동적 과정이라고 말하는 것은 무엇을 의미하는가?

3. 커뮤니케이션의 유형별 차이는 무엇인가?

4. 매스 커뮤니케이션이란 무엇이며, 다른 형식과 비교해 어떠한 유사점과 차이점들을 가지고 있는가?

5. 커뮤니케이션 과정에서 디지털 기술이 미친 중요한 영향은 무엇인가?

6. 디지털 융합의 유형과 주요 특성은 무엇인가?

7. 매스미디어 현실의 사회적 구성은 어떠한 의미를 가지고 있는가?

8. 일반적으로 매스미디어는 어떠한 기능들을 발휘하고 있는가?

9. 전통적 미디어와 디지털 미디어와의 주요 차이점은 어디에 있는가?

10. 현재 매스미디어 환경은 어떻게 변하고 있으며, 결과적으로 우리 사회에 어떠한 영향을 미칠 것인가?

심화토론문제

1. 현대사회에서 커뮤니케이션 미디어가 없다면 우리의 일상생활은 어떻게 변할 것인가?

2. 매스미디어를 포함, 커뮤니케이션 미디어는 우리 사회가 발전하는 데 제 역할을 하고 있는가? 만약 그렇지 않다면 우리는 어떠한 행동을 할 수 있는가?

3. 자신은 매스미디어에 의해서 어떠한 영향을 받았다고 생각하는가? 또한 다른 사람들에게 미치는 영향은 어느 정도라고 여기는가?

4. 정보화시대에 커뮤니케이션 미디어가 올바른 역할을 발휘하기 위해 소비자인 우리와 전문 종사자들은 각각 어떠한 역할을 해야 하는가?

5. 새로운 형식의 디지털 커뮤니케이션 기술은 어떠한 잠재력을 가지고
   있으며 이와 동시에 제기되는 위협은 무엇인가?

참고문헌

정보통신정책연구원, 『2016 방송시장 경쟁상황 평가보고서』

정보통신정책연구원, 『2015 방송매체 이용행태』

한국언론진흥재단, 『2016 언론수용자 의식조사』

한국언론진흥재단, 『2016 신문산업실태조사』

한국인터넷진흥원, 『2016 인터넷이용실태조사』

DMC미디어, 『2017 소셜미디어 이용행태 조사』

Baran, S. J.(2004), *Introduction to mass communication : Media literacy and culture*, New York : McGraw Hill.

Baran, S. J. & Davis, D. K.(2003), *Mass communication theory : Foundations, ferment and future*, Belmont, CA : Wadsworth.

Croteau, D. & Hoynes, W.(2000), *Media Society : Industries, images, and audiences*, Thousand Oaks, CA : Pine Forge Press.

Jeffres, L. W.(1986), *Mass media : Processes and effects*, Prospect Heights, IL : Waveland Press.

Lasswell, H. D.(1948), The structure and function of communication in society, in L. Bryson,(ed.), *The communication of ideas*. New York : Harper.

McChesney, R. W.(1999), Rich media poor democracy. Urbana IL : University of Illinois Press.

O'Sullivan, T., Dutton, B., & Rayner, P.(2003), *Studying the media*, New York : Harper & Row.

Schramm, W.(1982), *Men, women, messages and media*, New York : Harper & Row.

Straubhaar, J. & LaRose, R.(2004), *Media now*, Belmont, CA : Wadsworth.

Straubhaar, J. & LaRose, R.(1996), *Communications media in the information society*, Belmont, CA : Wadsworth.

Williams, F.(1987), *Technology and communication behavior*, Belmont, CA : Wadsworth.

Wilson, S. R.(1989), *Mass media/Mass culture*, New York : Random House.

Wright, C.(1974), Functional analysis and mass communications revisited. in Blumler, J. & Katz, E.(eds.), *The uses of mass communications*, Beverly Hills : Sage.

02
매스미디어의 이론과 효과

학습목표

우리가 매스미디어에 많은 관심을 갖는 이유는 분명 매스미디어가 우리의 삶에 많은 영향을 미치고 있다고 믿기 때문이다. 미성년자들은 폭력적인 영화를 보지 못하게 등급제를 실시해야 한다든지, 뮤직비디오에 나오는 선정적인 장면을 삭제해야 한다든지 하는 주장들은 매스미디어의 내용에 우리가 많은 영향을 받고 있다는 가정에서 출발하는 것이다.

우리의 삶에 매스미디어가 분명 큰 영향을 주고 있지만, 우리가 매스미디어에서 전달하는 정보에 의해 로봇처럼 조정될 것이라고 믿는 사람은 많지 않을 것이다. 매스미디어의 영향을 논할 때 더욱 중요한 것은 우리가 어떠한 영향을 어느 정도 받고 있는가를 정확히 이해하는 것이다. 하지만 우리가 실제로 얼마나 매스미디어의 영향을 받고 있는지 정확하게 파악하기는 쉽지 않은 일이다. 매스미디어에 대한 학문적 관심이 시작된 이래 매스미디어에 의해 어떠한 영향을 얼마만큼 받고 있는지 파악하려는 노력은 끊임없이 지속되어 왔다. 특히 영화, 라디오, TV, 인터넷 등 새로운 미디어가 등장할 때마다 그 미디어가 갖는 사회적인 영향에 대한 관심 또한 어김없이 계속되었다. 이 장에서는 지금까지 커뮤니케이션학에서 제시된 매스미디어 효과에 대한 다양한 이론들을 소개하고, 각 이론들이 매스미디어 효과에 어떻게 접근했는지 살펴본다. 이 장에서는 다음과 같은 내용에 중점을 두어 학습을 해야 한다.

첫째, 1900년대 초부터 현재까지 이어지고 있는 매스미디어 효과 이론의 역사적인 발전에 대한 지식을 갖춘다.

둘째, 특히 1970년대 이후 등장하고 있는 매스미디어 효과 이론의 새로운 경향성을 이해한다.

셋째, 과연 신문, 방송, 영화, 인터넷 등 매스미디어는 어떠한 방식으로 우리의 삶에 영향을 미치고 있는지 이해한다.

1. 매스미디어 효과 이론의 발전 과정

흔히 커뮤니케이션 연구가 곧 미디어 효과에 대한 연구(Katz, 2001)라고 할 정도로 미디어 효과는 커뮤니케이션이라는 학문의 핵심이라 할 수 있다. 길게 보면 고대 그리스에서 시작된 수사학에서 그 뿌리를 찾을 수 있겠지만, 현대 학문으로서 미디어 효과에 대한 관심은 매스미디어의 존재가 본격적으로 대중에게 인식되기 시작한 1930년대 즈음부터 발전하기 시작했다. 그 이후 지금까지 미디어 효과 이론에 대한 논의는 잘 정리된 하나의 흐름 속 일관된 논의를 해 왔다기보다는, 때로는 대립적인 패러다임으로 부딪치고 상호 이질적 관심을 갖고 논쟁하며 축적되었다고 할 수 있다. 커뮤니케이션 연구자들은 이렇게 다양한 미디어 효과 이론을 흔히 3단계 발전 과정으로 구분하고 있다. 이러한 구분의 기준이 되는 가장 핵심 축은 역시 미디어 효과의 크기에 대한 관점이라 할 수 있다.

3단계 발전 과정 설명에 따르면, 가장 먼저 1930년대 커뮤니케이션 연구 가장 초기에 나타난 '마법의 탄환 이론' 또는 '피하주사 모델'은 미디어 효과를 송신자에서 수신자에게 전달되는 기계적 전송(mechanical transmission) 과정으로 단순화해 이해하고, 매스미디어는 대중에게 직접적이며 강력한 효과를 지니고 있다고 설명했다. 하지만 이러한 직접적이고 강력한 미디어 효과에 대한 관점은 오래지 않아 두 번째 단계 이론이라 할 수 있는 제한 효과 이론에 주도권을 넘겨주었다. 라자스펠드(Lazarsfeld)와 클래퍼(Klapper) 등으로 대표되는 제한 효과 이론 주창자들은 미디어 효과 측정을 위해 경험적 연구방법을 도입해 실제 미디어 수용자들이 정작 미디어로부터 태도나 행동의 변화와 같은 영향을 받는 경우는 거의 없다는 것을 확인했다. 1970년대부터 지금까지 이어지고 있는 세 번째 단계에서는 연구자들의 연구 방법이 한층 정교해지면서 미디어 효과에 대한 이해가 단순히 태도와 행동 변화 이상으로 확장되게 되었다. 이 결과 인지적 측면, 사회적 차원, 그리고 장기적이며 지속적인 측면을 고려하면 미디어 효과는 사실은 꽤나 강력한 것이라는 결론에 도달하게 된다.

이번 챕터에서는 미디어 효과 이론의 역사를 3단계 발전으로 이해하는 관점에 기반해, 미디어 효과이론의 시기를 초기 강효과 이론, 제한 효과 이론, 그리고 효과 이론의 확장에 따른 강효과 이론의 시기로 구분하고, 각 단계를 대표하는 연구들과 효과 이론들에 대해 학습해 본다.

2. 매스미디어 효과 이론의 출발점

20세기 초 사회학에서 시작된 매스미디어 효과에 대한 관심은 오랜 커뮤니케이션학의 전통 속에서 많은 이론적 조정과 변화를 보여 왔다. 초기 사회학자들의 주장은 매스미디어의 효과가 개인의 태도와 행동을 직접 조정할 정도로 강력하다는 것이었다. 하지만 이러한 주장은 매스미디어 효과 연구에 엄밀한 사회과학방법론이 도입되기 시작하자 오래지 않아 이론적 설득력을 잃게 되었다. 그 대신 자리를 잡은 것이 매스미디어는 사람들의 태도와 행동을 바꾸는 데 오직 제한적인 효과를 지니고 있다는 견해다. 제한 효과 모델에서는 개인의 태도와 행동에 영향을 미치는 요인을 매스미디어에서 찾기보다는 개인의 심리적 특성과 주변 사람들과의 관계로 설명하려 했다.

1) 대중사회의 등장과 마법의 탄환 이론

1900년대 초에 근대적 의미의 커뮤니케이션학이 시작된 것은 당시 사회에서 본격적으로 등장하기 시작한 매스미디어의 강력한 효과에 대한 막연한 두려움 때문이었다고 할 수 있다. 19세기 말에서 20세기 초의 기간 동안 미국을 비롯한 서구 사회에는 전통적 농업사회로부터 대도시를 중심으로 인구가 이동하며 산업사회로 급격한 전환이 이루어지고 있었다. 농업사회의 가족을 중심으로 한 전통적 사회관계는 점차 사라지고 도시 생활에서 발생하는 비인격적 계약관계가 새로운 사회관계를 형성하는 가운데, 개인들은 달라진 환경 속에서 상당한 무력감과 불안감을 겪게 되었다. 이러한 현대사회 속에서 사회를 구성하는 불특정다수인 대중의 불안정성과 불안감을 강조하는 것이 바로 대중사회(mass society) 이론이다. 대중사회 이론을 주장하는 사회학자들은 매스미디어에 대해서도 이러한 대중의 불안정성과 연결 지어 설명하려 했다.

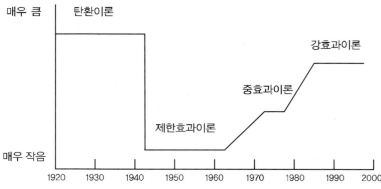

그림 2-1 이론별 매스컴 효과의 크기

출처: Severin, W. & Tankard, J. (2001). *Communication theories: origins, methods, and uses in mass media.*

　　대중사회의 속성에 대한 두려움이 커지는 가운데, 1938년 오손 웰스가 라디오 드라마로 방송한 〈세계전쟁(War of the Worlds)〉이 큰 사회적 혼란을 발생시킨 사례와 선전선동(propaganda)의 힘을 바탕으로 인기를 얻어가는 히틀러와 파시즘의 등장은 매스미디어에 대한 두려움을 한층 자극하는 것이었다. 1900년대 초반의 대중 사회 이론에 입각한 연구자들은 전신, 라디오, 필름, 대중신문 등 당시 막 등장하기 시작한 매스미디어들이 엄청난 위력을 갖고 있어서 대중의 태도나 행동양식을 쉽게 변화시킬 것이라고 생각했다. 흔히 '마법의 탄환 이론(the magic bullet theory)'이라고 불리는 이러한 효과 모델은 이전에는 미처 경험하지 못했던 새로운 매스미디어들을 접하게 되면서 발생한 과장된 두려움과 전통 사회와 많은 면에서 차이를 지니는 대중사회(mass society)에 대한 불신의 반영이라고 할 수 있다. 이들의 견해에 따르면, 대중사회 속 개인들은 전통적 사회관계에서 분리되어 무기력한 존재이기 때문에, 매스미디어의 메시지에 쉽게 주목하게 되고 이에 쉽게 현혹된다는 것이다. 즉, 매스미디어의 메시지는 마치 목표물을 파괴시키는 총알과 같이, 사람들의 마음을 현혹시키는 강력한 위력을 갖고 있다고 주장했다. 이러한 견해를 미디어 효과의 '피하주사 모델(hypodermic needle model)'이라고도 한다. 약을 먹을 때는 그 효과가 천천히 나타나지만 주사를 맞을 때는 그 효과가 강력하게 나타나듯이, 매스미디어의 효과는 직접적이고 빠르게 나타난다는 것이다. 대중사회 이론에 기반을 둔 이러한 주장들은 매스미디어의 효과에 많은 관심을 가져왔지만 그 효과가 경험적으로 입증된 것은 아니었다. 그러한 면에서 마법의 탄환 이론과 같은 견해들은 과학적인 설명이라기보다는 새로운 사회에 대한 불안 속에서 발생한 심리적 반응이라 할 수 있다. 이러한 견해들은 보다 과학적인 방법론을 채용한 연구들이 등장하면서, 차츰 설명력을 잃게 되었다.

2) 과학적 효과 연구의 등장

매스미디어에 대한 학문적 관심이 등장하기 시작한 것은 20세기 초 존 듀이(John Dewey)와 로버트 팍(Robert Park) 같은 시카고학파의 학자들을 비롯한 다양한 사상가들의 근대사회에 대한 논의에서부터 찾을 수 있다. 이들은 당시의 사회 모습을 이전까지의 전통사회와 구별되는 대중사회(mass society)로 규정하고, 대중사회의 가장 큰 특징 중 하나를 바로 강력한 효과를 가진 매스미디어의 등장으로 설명한 것이다.

하지만 매스미디어의 효과에 대해 본격적인 과학적 연구가 시작된 것은 1940년대 이후라고 할 수 있다. 라자스펠드(Lazarsfeld)와 라스웰(Lasswell), 르윈(Lewin), 호블랜드(Hovland) 등 흔히 언론학의 설립자(founding fathers)라고 불리는 학자들이 등장한 것이 바로 이 시기다. 탄환 이론의 등장이 세계대전과 경제공황 등 사회적 혼란 속에서 매스미디어가 갖는 위력에 대한 사회학적인 고찰의 결과였다면, 1940년대 이후 본격적인 매스미디어 효과 이론의 등장은 심리학 연구에 기반을 둔 과학적 방법의 성과였다. 실제로 당시 커뮤니케이션학을 주도하던 올포트(Allport), 호블랜드, 카츠(Katz), 르윈, 오스굿(Osgood), 뉴콤(Newcomb) 등은 모두 심리학을 전공한 연구자들이었으며, 이들은 '태도', '동기', '인성' 등과 같은 심리학적 개념들을 매스미디어 연구에 그대로 적용해 커뮤니케이션학에 새로운 흐름을 만들어 내었다.

이러한 1940년대 이후 매스미디어 연구자들이 미디어의 효과를 연구하는 데 실험 연구와 서베이 연구(survey research)와 같은 과학적 방법을 사용하기 시작하면서 '마법의 탄환 이론'이 가정하는 것과 같은 매스미디어의 '즉각적이며 강력한 효과'라는 것은 실재하지 않으며, 미디어 수용자들 또한 탄환 이론이 가정하듯이 수동적이며 고립된 존재가 아니라는 것을 밝혀 주는 새로운 연구 결과들이 등장했다. '제한 효과 모델(the limited effect model)'이라 불리는 이러한 연구들은 매스미디어의 직접적인 효과에 의해 수용자들의 태도나 행동이 급격히 변화하는 경우는 많지 않으며, 오히려 수용자들의 동기, 욕구, 대인 관계 등 개인적 특성(individual difference)에 의해 매스미디어의 효과가 차별적으로 발생한다는 견해를 제시했다.

'제한 효과 모델'은 1960년대 후반까지 매스미디어 연구의 주류를 형성했지만, 1970년대에 이르러 '의제 설정 이론(agenda setting theory)', '문화 계발 효과 이론(cultivation effect theory)', '침묵의 나선 이론(the spiral of silence)' 등과 같은 새로운 미디어 효과 이론들이 차츰 등장하면서 매스미디어의 강력한 효과 모델이 재조명되기 시작했다. '제한 효과 모델'에서는 매스미디어의 효과를 수용자의 태도와 행동의 변화로 정의하고 매스미디어에 노출된 수용자들이 어떠한 변화를 보이는가에 초점을 맞춘 반면, 1970년대 이후 새롭게 등장한 효과 이론들은 매스미디어가 갖는 인지적 효과(cognitive effect)에 보다 많은 관심을 기울였다(김우룡, 1992; 차배근, 2001). 미디어의 효과를 사람들의 태도와 행동의 변화에서만 살펴보는 것은 미디어의 효과를 지나치게 좁은 개념으로 정의하는 것이라고 비판하고, 사람들이 세상을 인식하는 데 매스미디어가 미치는 영향도 미디어의 효과로 살펴보아야 한다고 제시한 것이다. 1970년대 이후 미디어의 인지적 효과에 대한 연구가 활발해지면서, 매스미디어 효과를 강효과 측면에서 살펴보는 경향이 점차 강화되었다. 특히 최근의 연구들은 매스미디어의 효과를 개인이 아닌 사회의 인식이라는 측면에서 살펴보면서 매스미디어의 강력한 효과를 더욱 강조하는 추세다.

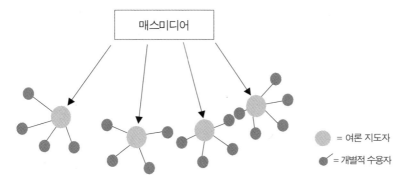

매스미디어

= 여론 지도자

= 개별적 수용자

그림 2-2 2단계 흐름 모델

3. 제한 효과 이론의 등장

매스미디어의 연구에 심리학적 개념이 유입되면서 자연스레 연구의 초점은 점차 매스미디어의 '사회적 영향'에서 '개인에 대한 영향'으로 이동했다. 즉 미디어의 효과를 연구하기 위해 더 이상 '사회'라는 거대한 집단을 관찰하기보다는, 그 사회를 구성하는 한 명의 '개인'이나 소규모 집단 등 작은 단위의 관찰 대상에 주목한 것이다. 자연스레 매스미디어가 갖는 획일적인 효과보다는 수용자 개인의 특성에 따라 각기 다르게 발생하는 효과의 차별성이 연구의 주요 결과로 제시되었다. 또한 수용자 개인은 매스미디어에 의해서 직접적으로 영향을 받기보다는 자신의 주변 사람들에게서 더 큰 영향을 받는다는 연구 결과가 속속 제시되었다(김우룡, 1992; 차배근, 2001).

1) 라자스펠드의 선거 연구와 2단계 흐름 모델

라자스펠드(Lazarsfeld)와 그의 동료들은 루스벨트(Roosevelt)와 윌키(Willkie)가 경합한 1944년과 트루먼(Truman)과 듀이(Dewey)가 경합한 1948년의 미 대통령 선거 기간의 연구를 통해, 수용자들이 자신의 표를 누구에게 던질 것인가를 결정하는 데 매스미디어의 영향을 받기보다는 자신의 가족이나 동료들의 영향을 훨씬 많이 받는다는 것을 밝혀냈다. 자신이 속한 가족, 직장 동료 등과 같은 소규모 집단 속에서 형성되는 집단의 '규범'과 집단 속에서 발생하는 정신적인 '압력(peer pressure)'이 수용자 개인의 지지 후보를 결정하는 데 가장 큰 영향을 준다는 것을 밝혀냈다. 다만 그 소규모 집단 내에서는 '여론 지도자(opinion leader)'의 역할을 수행하는 사람들이 있는데, 그들의 주요한 특성 중 하나가 바로 매스미디어 이용 시간이 다른 구성원들보다 높다는 것이다. 즉, 여론 지도자들은 매스미디어를 통해 보다 많은 정보를 습득하고 이를 다른 구성원들에게 전달하는 역할을 수행하고 있다고 생각할 수 있다(Lazarsfeld, Berelson, & Gaudet, 1948). 이와 같이 매스미디어의 영향이 '여론 지도자'를 거쳐 간접적으로 수용자 개인들에게 전달된다고 주장하는 것이 '2단계 흐름 모델(two-step flow model)'이다. '2단계 흐름 모델'이 주장하는 바와 같이 매스미디어는 결국 개인의 태도나 의사를 결정하는 데 커다란 영향을 주지 못하며, 단지 수용자 개인이 필요를 느낄 때 수용자에 의해 이용되는 수동적 기능만을 수행한다는 '제한 효과 이론'이 1940~1960년대 후반까지 매스미디어 효과 연구의 주류를 형성했다(브라이언트, 2005).

매스미디어의 메시지가 직접적이며 즉각적인 효과를 발휘한다는 피하 주사 이론의 견해와는 달리 라자스펠드의 선거 연구는 유권자들이 선거 캠페인 기간 동안 매스미디어 메시지에 의해 지지 후보를 바꾸는 경우는 거의 없다는 것을 확인했다. 라자스펠드는 이러한 결과를 선택적 인지(selective perception) 경향으로 설명했다. 즉, 유권자들은 자신의 주변 사람들과의 관계 속에서 형성된 일정한 태도를 지니고 있고, 이미 형성된 태도의 일관성을 보호하기 위해 미디어에서 전달하는 메시지를 선별적으로 받아들이게 된다는 것이다. 결국 매스미디어는 유권자의 태도를 강화시키는 제한적인 효과만 갖고 있을 뿐이지, 유권자의 기존 태도를 바꾸거나 투표 행위를 바꾸는 효과를 갖지는 않는다고 설명했다(Katz & Lazarsfeld, 1955).

2) 선택적 지각과 준거집단

심리학에 기반을 둔 일련의 실증 연구들이 라자스펠드의 연구와 같이 매스미디어가 사람들의 태도와 행동에 제한적인 효과만 갖는다는 결과를 보여 주었다. 대표적으로, 호블랜드(Hovland)는 2차 세계대전 기간의 군대 연구를 통해, 영화를 통한 정보 전달이 병사들의 지식 습득에는 효과적이지만 태도와 행동을 변화시키지는 않는다는 것을 보여 주었다. 이러한 연구들은 사람들이 매스미디어가 전해 주는 정보에 의해서 태도나 행동을 변화시키지 않는 이유를 개인의 심리적 요인으로부터 설명하는 경향을 보였다. 심리학의 인지 부조화(cognitive dissonance) 이론은 이러한 과정을 잘 설명해 준다. 인지 부조화 이론의 대표적인 학자인 페스팅거(Festinger, 1957)에 따르면, 사람들은 자신들의 태도와 행동, 그리고 지각을 조화롭게 유지하려는 경향을 갖고 있다고 한다. 그렇기 때문에 자신이 갖고 있는 태도와 반대되는 행동을 하게 되거나 자신의 태도와 잘 맞지 않는 새로운 소식을 접하게 되면 인지 부조화, 즉 마음의 불편함을 갖게 된다는 것이다. 이러한 심리적 부조화를 피하기 위해, 사람들은 새로운 정보를 접할 때 선택적 노출, 선택적 주목, 선택적 기억의 기제를 작동해 인지한다고 설명한다. 자신의 기존 태도를 유지한 채 새로운 정보에 대한 선택적 지각과정을 통해서 인지 부조화를 막는 것이다.

셰리프(Sherif)의 자동 운동 효과(Auto-kinetic effect)에 대한 실험 역시 매스미디어의 효과가 제한적인 이유를 설명해 주었다. 셰리프는 우리가 갖는 태도에 신념과 규범이 많은 영향을 주고 있음을 설명했는데, 이러한 신념과 규범은 개인이 소속되어 있는 준거집단(reference group)을 통해 형성하고 있음을 보여 준 것이었다. 그는 실험을 통해 깜깜한 실험실에서 점멸하고 있는 불빛이 잔상 효과에 의해 마치 움직이는 듯이 여겨질 때, 집단 속에서 만들어진 판단이 개인의 준거를 형성해 그 불빛의 이동 거리를 판단하는 준거로 작동하게 되는 것을 보여 주었다. 또한 집단을 통해 한번 형성된 규범은 개인들이 소속집단을 떠나 혼자인 경우에도 여전히 개인의 판단에 강력한 영향력을 갖고 있음을 확인했다. 이러한 실험의 결과는 매스미디어에 의해 전달되는 정보가 그대로 개인들에게 영향을 주기보다는, 준거집단 속에서 만들어진 신념과 규범에 의해 제한적으로 영향을 주게 되는 과정을 설명해 주는 것이었다.

3) 제한 효과 이론에 대한 비판

초기의 '마법의 탄환 이론'이 수용자들이 갖는 개별적 차이와 능동적인 면을 무시하고 매스미디어의 획일적 효과를 강조했다면, 제한 효과 이론은 수용자들 간의 개별적 차이에 주목하고 이 차이에 의해서 미디어의 메시지를 선택적으로 받아들이고(selective perception) 이용한다는 점에 비중을 두었다. 하지만 제한 효과 이론에 기반을 둔 매스미디어 효과 연구들은 비교적 짧은 기간에 발생하는 급격한 '태도'나 '행동'의 변화만을 미디어의 효과라고 전제한 상태에서 매스미디어의 효과를 살펴보았고, 그 결과 매스미디어는 제한적인 효과만을 갖는다고 결론지었다. 라자스펠드의 선거 연구는 그 과정에서 매스미디어 정보가 2단계의 유통 과정을 통해 개인들에게 전달되고 있다고 제시했고, 페스팅거의 인지부조화 이론이나 셰리프의 자기 운동 효과 실험 등은 사람들이 매스미디어의 정보를 접하기 이전에 이미 잘 짜여진 선유 경향을 갖고 있기 때문에 매스미디어를 통해 새로운 메시지를 접하더라도 기존의 태도나 행동을 변화하기보다는 이를 선택적으로 받아들이고 있다는 근거가 되었다.

이러한 제한 효과 이론은 초기의 강효과 이론과 달리 실험과 설문조사 등 사회과학의 방법을 본격적으로 활용해 그 결과를 제시했다는 점에서 큰 의의를 지녔으며, 오랜 기간 매스미디어의 효과를 보여 주는 '과학적인' 이론으로 여겨졌다. 하지만 제한 효과 이론은 매스미디어의 효과를 단기간에 발생하는 태도와 행동의 변화로만 규정해 장기간에 걸쳐 서서히 발생하는 미디어의 영향력에 대해서는 별로 주목하지 않았다. 또한 매스미디어가 가져오는 인지적 영향력에 대해서도 충분한 관심을 보이지 않았다. 우리는 매스미디어를 통해 미디어 메시지가 의도하는 '태도'나 '행동'의 변화를 가질 수도 있지만, 때로는 몰랐던 것을 새롭게 알게 되기도 하고 이를 통해 무엇이 중요한 것인지 판단하게 되기도 한다. 또한 때로는 매스미디어에 노출됨으로써 '의도 되지 않은 변화' 또는 잘 보이지는 않지만 '장기적인 변화'를 경험할 수도 있으며, 경우에 따라서는 매스미디어가 우리의 변화를 가로막거나, 우리가 갖고 있던 기존의 '태도'나 '행동 양식'을 강화하기도 한다. 이처럼 매스미디어의 영향은 다양한 형태로 작용할 수 있다는 점을 제한 효과 모델에서는 간과했던 것이다. 1970년대

표 2-1 일일 평균 매체 이용시간 (단위: 분)

매체	전체 응답자 평균
신문	7.3
TV	142.2
라디오	22.6
인터넷(고정형 단말기)	54.5
인터넷(이동형 단말기)	68.1

출처: 『2016 언론재단 언론수용자 의식조사』 (재구성)

이후의 연구들은 다양한 관점에서 매스미디어의 효과를 새롭게 정의하고, 이를 통해 매스미디어의 효과를 재조명하기 시작했다.

4. 효과 이론의 확장

매퀘일(McQuail)은 매스미디어의 효과라는 것은 우리의 태도나 행동을 변화시키는 힘뿐만 아니라 기존의 태도나 행동양식을 유지시키거나 또는 강화(reinforcement)시키는 힘도 포함한다고 지적한다(McQuail, 2001). 제한 효과 모델의 시기를 지나, 1970년대의 매스커뮤니케이션 연구는 '미디어의 효과'에 대한 정의를 이전 연구에 비해 훨씬 넓은 의미로 파악하기 시작했다. 특히 우리의 태도나 행동 양식이 아닌 우리의 주변 세계를 이해하고 지각하는 과정, 즉 인지(認知)에 대한 매스미디어의 영향에 주목하기 시작한 것이다.

자주 인용되는 코헨(Cohen, 1963)의 표현을 옮기자면, 매스미디어는 "사람들에게 무슨 생각을 하라고(what to think) 말하는 데는 비록 성공적이지 않았지만, 무엇에 대해 생각하라고(what to think about) 말하는 데는 매우 성공적이었다 (p. 13)"는 것이다. 이전의 제한 효과 이론에서는 수용자의 태도와 행동의 변화에만 초점을 맞추었기 때문에 매스미디어가 제한된 효과만을 지닌다고 결론지었지만, 수용자의 인지에 대한 매스미디어의 영향에 주목한다면 매스미디어가 갖는 효과는 '제한 효과 모델'이 주장하는 것보다는 훨씬 '강력한 효과'일 것이라는 주장이 대두된 것이다.

1970년대에 이르러서는 이렇게 기존의 제한 효과 모델의 연구 결론을 뒤엎는 다양한 연구 결과들이 알려지기 시작했다. 거브너(Gerbner)와 그의 동료들이 주장하는 '문화 계발 효과(Cultivation effect)', 매콤과 쇼(McCombs & Shaw)의 '의제 설정 이론(Agenda setting theory)', 데이비슨(Davison)의 제3자 효과 이론(Third Person Effect) 등은 제한 효과 이론이 살펴보지 못한 새로운 방향에서 매스미디어의 효과를 발견하는 이론들이다. 이러한 연구들을 바탕으로 매스미디어의 효과는 전통적인 태도와 행동의 변화로부터 다양한 관점으로 확장되었으며, 효과 연구에 대한 새로운 관심을 만들어 내는 데 성공했다.

1) 문화 계발 효과(cultivation effect)

최근 통계에 의하면 우리는 매일 평균 약 5시간 주요 매스미디어를 이용하고 있다고 한다. 우리가 매일 평균 8시간가량 수면하는 것을 제외하고는 가장 많이 그리고 지속적으로 하는 일이 바로 매스미디어 이용이다. 특히 그중에서도 가장 큰 부분을 차지하고 있는 것이 TV 시청이다. 일일 평균 TV 시청 시간이 150분이라고 할 때, 우리가 20세가 될 때까지의 총 TV 시청시간은 109만5000분(약 760일)이 된다(표 2-1 참조).

이렇게 많은 시간 동안 TV에 노출되는 우리는 과연 TV에서 비쳐지는 세상의 모습을 어떻게 받아들이고 있을까? '문화 계발 효과 이론'에 따르면, 우리는 오랜 시간 지속적으로 TV를 통해 세상의 모습을 지켜봄으로써 마치 TV 속의 세상 모습이 실제 우리가 살아가는 세상 그대로의 모습인 양 받아들이는 경향이 있다고 한다. 이런 면에서 TV는 단순한 정보를 전달하는 미디어가 아니라 사회화의 한 요인이자 문화적인 권력기관이라 할 수 있다. TV에서 세상의 모습을 어떻게 보여 주는가에 따라서 우리에게 인식되는 세상의 모습은 매우 달라질 수 있기 때문이다.

문화 계발 효과(cultivation effects) 이론은 매스미디어의 효과와 관련해 가장 많이 인용되는 중요한 이론 중 하나다. 미국 펜실베이아대학교의 조지 거브너(George Gerbner)와 그의 동료들에 의해 '문화 계발 효과(cultivation effects)'라고 이름 지어진 이 이론에 따르면 텔레비전은 우리

생활에서 가장 중요한 일부분이 되었으며 세상에 대한 정보와 지식을 전달하는 데 다른 어떤 기관보다 강력한 영향력을 갖고 있다고 한다 (Gerbner, 1976).

　보통의 시청자들은 평균 하루 3~4시간 TV를 시청하며, 중시청자 (heavy viewer)는 그 이상의 시간을 TV에 할애한다. 수용자들의 TV 중시 청(heavy viewing)은 TV에서 보이는 세계가 실제 우리의 현실과 다름에 도 불구하고 이를 마치 실제 현실인 양 인식하게 만든다는 것이다. '문화 계발 이론'에서 제시하고 있는 이러한 견해는 거브너 이전에도 제기된 바 있었지만, 거브너는 미디어가 갖고 있는 이러한 인지적 효과(cognitive effects)를 광범한 데이터를 이용해 경험적으로 보여 줌으로써 이전 학자들이 제시했던 것보다 더욱 설득력 있는 이론으로 만들어 냈다.

　거브너는 문화 계발 효과 분석을 위한 첫 번째 단계로, 텔레비전에서 비춰지는 세상의 모습이 과연 어떠한가를 내용분석(Content analysis) 방법을 통해 조사했다. 내용분석이란 매스미디어의 내용을 표본 추출해 정해진 분석단위에 따라서 표본 추출된 내용을 분류하는 것이다. 거브너와 그의 동료들은 황금 시간대와 낮 시간대 방영되는 TV 프로그램들 중 수주 분량의 프로그램을 표본 추출해 이를 꼼꼼히 분석해 보았다. 내용 분석의 결과로 확인할 수 있었던 것은 텔레비전에서 비쳐진 세상은 결코 우리가 실제 생활에서 경험하는 현실과 똑같지 않다는 것이었다. 몇 가지 예를 들자면, TV에서 비쳐진 세상에서는 남성의 비율이 현실과 비교해 월등히 높다든지, TV에서 등장하는 사람들의 직업을 조사해 보니 경찰과 기타 범죄와 관련된 직업을 갖고 있는 사람들의 비율이 턱없이 높다든지 하는 차이를 확인할 수 있었다. 그중에서도 거브너와 그의 동료들이 가장 주목한 것은 TV에서 보여지는 세상은 매우 폭력적인 세상이라는 것이다. 그들의 내용분석에 따르면, 모든 프로그램들 중 약 70~80%의 프로그램 은 최소 한 건 이상의 폭력적인 장면을 포함하고 있는 것으로 밝혀졌다.

　두 번째 단계로 일일 TV 시청 시간의 차이에 따라서 수용자를 중시 청자와 경시청자 두 개의 그룹으로 나누어 두 그룹의 세상에 대한 인식의 차이를 비교했다. 설문 조사를 통해 중시청자와 경시청자를 비교해본 결과, 중시청자들과 경시청자들의 세상에 대한 인식은 큰 차이를 나타내고

그림 2-3 거브너와 그의 동료들은 TV에서 보여지는 세상이 결코 현실과 똑같지 않으며 매우 폭력적이라는 점에 주목했다. 사진은 blog.naver.com/saxellos에서.

있었다. 중시청자들은 실제 현실보다는 TV 속에서 비쳐진 세상의 모습에 근접한 응답을 한 것이다. 예를 들어 "얼마나 많은 비율의 남성이 경찰이나 기타 치안 업무와 관련된 직업에 종사하고 있을 것 같습니까?"라는 질문을 던졌을 때, 실제 정확한 답은 '1%'지만 중시청자들은 '10%'가 맞는 답이라고 대답했다. 또, "당신이 일주일 안에 범죄에 연루될 가능성은 얼마나 되는가"라고 묻는 질문에도, 중시청자들은 실제 현실보다 훨씬 과장된 위험을 느끼고 있었다. 즉 거브너와 그의 동료들은 TV 속에서 비쳐지는 폭력적인 세상의 모습에 익숙해진 중시청자들은 실제보다 훨씬 무서운 세상(scary world)이라고 인식하고 있다는 것을 보여 주었다. 거브너와 그의 동료들은 TV에서 보여지는 세상이 결코 현실과 똑같지 않으며 매우 폭력적이라는 점에 주목했다.

2) 의제 설정(Agenda setting theory)

우리는 매스미디어에서 반복해 자주 다루거나, 많은 시간과 공간을 할애해 다루는 문제들을 이 사회의 중요한 문제라고 여기는 경향이 있다. 이를 흔히 매스미디어의 '의제 설정(Agenda-setting theory) 효과'라고 부르는데, 매스미디어는 공중이 이 사회의 무수히 많은 문제들 중에서 과연 무슨 문제에 더 많은 관심을 기울여야 하는지 결정하는 데 커다란 영향을 미친다는 것을 의미한다. 의제 설정 효과에 대한 최초의 체계적인 연구를 시도한 매콤과 쇼(McCombs & Shaw)의 설명에 따르면, 우리는 제한된 인식 역량을 갖고 있기 때문에 이 사회의 수많은 문제들을 인식하는 데 동시에 모든 문제들에 대해 동일한 정도의 관심을 기울이는 대신에 각 이슈들 중요도/우선순위에 따라 관심을 기울이는 정도를 달리하고 있다고 한다(McCombs & Shaw, 1972). 즉, 중요한 문제에는 더 많은 주의를 쏟고 덜 중요한 문제에는 작은 관심만을 갖는다는 것이다. 그런데 우리가 사회의 수많은 각 이슈들의 중요성을 인식하는 데 매스미디어의 영향을 크게 받고 있다는 것이다. 즉, 매스미디어에서 자주 다루는 문제에 대해서는 우리 사회의 중요한 문제로 인식하고 좀 더 많은 관심을 기울이며, 매스미디어에서 다루지 않는 문제는 중요하지 않은 문제라고 간주해 버리는 경향이 있다고 한다. 요약하자면, 매스미디어는 공중이 관심을 기울여야 하는 문제, 즉 의제를 설정하는 효과를 지닌다는 것이 '의제 설정 이론'의 요점이다(Rogers & Dearing, 1988).

미국의 저명한 저널리스트였던 월터 리프먼(Walter Lippmann)은 우리의 머릿속 세상(pictures in our heads)은 현실의 모습과 항상 일치하지 않는다고 지적한 바 있다(Lippmann, 1922). 우리가 갖고 있는 인식 능력의 한계와 매스미디어의 영향 때문에 우리가 머릿속에 그리고 있는 세상의 모습은 결코 현실 그대로의 모습과 동일할 수 없다는 것이다. 만약 매스미디어에서 다루는 주요 문제들이 현실 속에서 벌어지는 실제 중요한 문제들과 정확하게 일치하고 있다면, 우리는 매스미디어의 '의제 설정 효과'를 확인할 수 없을 것이다. 그러나 우리가 조금만 관심을 기울여 보면 현실 속의 실제 중요한 문제와 매스미디어에서 반복해서 다루는 중요한 문제들이 항상 비례하지 않는다는 것을 쉽게 확인할 수 있다. 일례로,

1980년대 후반 미국의 연방정부에서는 '마약과의 전쟁'을 선포한 바 있다. 그 기간 미국의 매스미디어에서는 '마약' 관련 범죄를 집중적으로 보도했고, 그 결과 대다수 미국인들은 '마약'이 미국이 당면한 가장 큰 문제라고 인식하게 되었다. 하지만 1980년대 이후 미국에서는 실제 '마약' 관련 범죄가 점차 줄어들고 있는 상황이었다. 즉 '마약' 문제의 위중함이 점차 감소하고 있던 현실과 달리 매스미디어의 '마약' 문제에 대한 주목은 공중으로 하여금 '마약'을 중요한 문제로 인식하도록 만든다는 사실을 확인할 수 있다.

최근 매콤과 그의 동료들은 매스미디어가 공중에게 단지 이슈의 중요성만을 인식시키는 것이 아니라 이슈가 갖고 있는 특정 속성의 중요성 또한 인식시킨다는 가설을 주장했다. 흔히 '의제 설정의 2단계(second level agenda-setting)'라고 불리는 이 가설에 따르면, 우리가 인식하는 모든 이슈들은 다양한 세부 속성을 갖고 있고, 그중 어떠한 속성을 매스미디어가 부각하는가에 따라 우리에게 매우 다르게 평가되곤 한다. 우리는 매스미디어에서 강조하는 속성을 해당 이슈의 가장 중요한 속성이라고 생각하는 경향이 있다고 한다. 다시 말하면, 어떠한 이슈에 대해 매스미디어에서 강조하는 속성이 곧 공중이 그 이슈에 대해 중요하게 여기는 속성으로 전이된다는 것을 의미한다(McCombs, Lopez-Escobar, Llamas, 2000).

예를 들어, 요즘 국내에서 점차 문제가 되고 있는 '저출산'이라는 하나의 이슈 내에는 다양한 하위 이슈들이 포함되어 있다. '인구 노령화', '여성의 사회 진출 확대', '양육비와 사교육비의 증가', '보육 시설 부족' 등 수많은 하위 이슈들, 즉 속성이 포함되어 있는 것이다. 우리가 익히 경험한 바와 같이, 이 중 어떠한 속성이 매스미디어에 의해 집중 보도되는가에 따라서 공중의 '저출산 문제'에 관한 인식과 '저출산 문제'의 원인과 해결책에 대한 정서적 태도는 급격히 변동되는 것이다.

'의제 설정 이론'이 2단계까지 확장됨에 따라 '의제 설정 이론'의 범위는 단순히 의제의 중요성뿐만 아니라 의제를 받아들이는 수용자들의 정서적 반응이나 태도에 대한 매스미디어의 영향까지 포괄하게 되었다. 최근에 점차 주목 받고 있는 '프레이밍 이론'에서 주장하는 것과 같이 '2단계

의제 설정 이론'은 매스미디어는 수용자들이 무엇을 생각할 것인가를 알려줄 뿐만 아니라 그것을 어떻게 생각할 것인가 알려주는 효과를 지니고 있다고 제시한다.

3) 제3자 효과 이론(Third Person Effect)

혹시 여러분들이 TV에서 폭력적인 장면이나 성적인 노출이 있어서는 안된다고 생각하고 있다면, 그 이유는 무엇인가? 여러분들 자신이 TV의 폭력이나 성적인 노출을 접할 때 많은 영향을 받고 있기 때문인가 아니면 여러분 자신은 그렇지 않지만 다른 사람들이 많은 영향을 받을 것이라고 생각하기 때문인가? 실제 이러한 질문을 통해 미디어 효과를 조사해 보면, 많은 사람들은 자신들이 TV에서 받는 영향과 다른 사람들이 TV에서 받는 영향에 대해서 매우 다른 평가를 하고 있음을 알 수 있다.

제3자 효과 이론은 매스미디어 효과에 대한 사람들의 믿음에 대한 이론이다. 이러한 믿음에는 커다란 불일치가 존재하고 있다. 제3자 효과 이론을 연구하는 학자들은 대부분 사람들은 자신들에게 미치는 미디어의 영향력보다 다른 사람들에게 미치는 미디어의 영향력이 더 크다고 인식하고 있다고 지적한다. 제3자 효과 이론은 사회학자인 데이비슨(Davison)이 처음 제시했다. 데이비슨에 따르면, 사람들은 미디어 메시지의 영향력을 평가할 때 자기 자신(1st person) 또는 바로 자신의 주변사람(2nd Person)에게 미치는 영향력보다 타인(3rd Person)에게 더 크게 영향을 미치는 것으로 평가하고 있다는 것이다(Davison, 1983). 제3자 효과 가설이 처음 제시된 이후 많은 후속 연구들이 다양한 이슈들에서 이러한 경향이 존재하고 있음을 확인했다. 광고효과를 평가할 때 자신에게 미치는 영향보다 타인에게 미치는 영향이 크다고 지각하는 경향이 있으며, TV 폭력이나 음란물의 영향력에 대한 판단에서도 제3자 효과가 존재하고 있음을 보여 주었다.

그렇다면 왜 이런 3자 효과가 발생하는 것일까? 제3자 효과는 면밀히 살펴보면, 제1자에게 미치는 영향에 대한 과소평가와 제3자 영향에 대한 과대평가가 작용하고 있는 것으로 나누어 볼 수 있다. 먼저 우리 자신에 미치는 영향에 대한 과소평가는 인간의 본성으로 설명될 수 있다. 즉,

우리가 갖고 있는 가장 기본적인 본성 중 하나가 바로 우리 자신을 다른 사람보다 더 좋게 보려는 성향이라는 것이다. 미디어로부터 잘 휘둘린다는 것을 인정하는 것은 자신에 대한 부정적 평가를 내리는 것이므로, 우리 마음속에서 이를 부정하려는 속성이 나타나게 된다는 것이다. 또한 우리는 자기 자신과 타인의 차이를 강조하며, 자신의 행위에 대해서는 동기를 중심으로 설명하지만 타인의 행동에 대해서는 인지적 영향을 강조한다는 것이다. 즉, 자신의 행위에 대해서는 충분한 이유를 찾을 수 있지만, 타인의 행위에 대해서는 미디어의 영향으로 인한 결과로 해석하려는 경향을 보인다는 것이다. 이러한 차이는 자신이 소속되어 있는 집단과 그렇지 않은 집단을 평가할 때도 작용된다. 자신이 속한 가치 집단에 대해서는 자신의 연장선상에서 미디어의 효과를 과소평가하는 경향이 나타나고, 그렇지 않은 집단에 대해서는 미디어의 영향을 많이 받는 것으로 평가하게 된다.

오늘날 우리 삶의 많은 의사 결정은 다른 사람들의 생각에 영향을 받아가며 이루어지고 있다. 그렇기 때문에 많은 사람들의 생각이 모여 만들어지는 여론은 우리들의 사회적 행동에 중요한 의미를 갖게 된다. 아동 청소년을 대상으로 하는 광고물을 규제할 것인가, TV에 나오는 뮤직비디오를 더 엄격하게 심의해야 하는가 등 사회적 문제들을 결정하는 데에서도 우리는 여론의 영향을 받을 수밖에 없다. 제3자 효과 이론을 통해 우리는 여론이 형성되는 과정에서 매스미디어의 효과가 강력하게 작동할 수 있는 이유를 새롭게 발견하게 된다. 즉, 매스미디어의 영향력이 직접적으로 우리의 태도와 행동을 변화시키는 것이 아니라 매스미디어가 타인에게 많은 영향력을 준다는 믿음이 또 다른 형태의 매스미디어 효과임을 보여 주고 있다.

5. 강효과 이론

최근의 매스미디어 효과 이론은 이전 효과 연구들에 비해서 매스미디어의 강력한 효과에 더욱 주목하는 경향이다. 이는 이전의 효과 연구들이

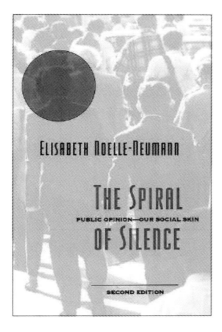

그림 2-4 노엘레노이만과 『침묵의 나선』

주로 개인의 심리적 변인들에 주목하고 있던 것과 달리 매스미디어가 사회의 커다란 범주 속에서 집단적인 역학 과정에 어떻게 작용하고 있는가를 살펴보기 시작하며 나타나는 경향성이라 할 수 있다. 대표적으로 노엘레노이만(Noelle-Neumann)의 '침묵의 나선 이론', 그리고 최근 주목받고 있는 '프레이밍 이론' 등이 매스미디어의 강력한 효과를 보여 주는 이론들이다. 이러한 이론들은 매스미디어가 개인에게 미치는 인지적 영향을 넘어 사회적 차원에서 우리의 집단적 지각과 의사 결정 과정에 영향을 미치고 있음을 주장하고 있다.

1) 침묵의 나선 이론(The Spiral of Silence)

우리는 흔히 선거의 후보자들이 선거전에서 서로 자기가 월등한 차이로 앞서 나가고 주장하는 모습을 볼 수 있다. 후보자들은 무슨 효과를 기대하고 자신의 우세를 주장하는 것일까? 노엘레노이만(Noelle-Neumann)이 제시한 '침묵의 나선 이론'에서 우리는 그 해답을 찾을 수 있다. 독일의 커뮤니케이션학자인 노엘레노이만은 여론 형성과정에서 매스미디어가

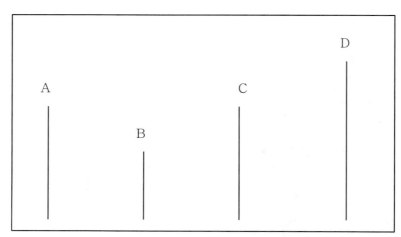

그림 2-5 아시의 선분 길이 평가 실험

강력한 영향력을 갖고 있다고 강조한다. 매스미디어의 영향력은 다수의 의견을 더욱 강력한 다수의 의견으로 확대 강화하는 한편 소수의 의견은 더욱 열세의 의견으로 위축되게 하는 결과를 가져온다고 주장한다 (Noelle-Noemann, 1974).

노엘레노이만에 따르면, 우리는 본능적으로 사회적 존재이기 때문에 고립되는 것에 대한 두려움(fear of isolation)을 갖고 있다고 한다. 고립에 대한 두려움은 우리가 주변 상황에 대해 관심을 기울이게 하는 원동력이라고 할 수 있다. 즉 우리는 우리의 주변 사람들로부터 소외되지 않기 위해 늘 주변 사람들이 어떻게 생각하고 있는지 관심을 기울이며, 일종의 '준통계적 감각(quasi-statistical sense)'을 지니고 있어서 우리의 주변에서 어떤 의견이 다수의 의견인지 어떤 의견이 소수의 의견인지 감지할 수 있다고 한다. 우리는 또한 고립되는 것을 두려워하기 때문에 자신의 생각이 다수의 의견과 일치하고 있을 때는 적극적으로 자신의 의견을 표현하지만, 자신의 생각이 소수 의견이면 침묵을 지키게 된다는 것이다. 결국 이러한 과정은 다수의 의견을 더욱 강력한 다수의 의견으로, 소수의 의견을 점점 더 열세의 의견으로 만드는 결과를 낳게 되는 것이다.

노엘레노이만의 이러한 주장은 솔로몬 아시(Solomon Asch)의 실험 연구 결과에 바탕을 두고 있다. 아시는 사람들은 매우 분명한 사실에서도 자신의 의견이 자신이 속한 집단 의견과 다르면 집단의 압력에 순응하게 된다는 것을 실험 연구에서 보여 주었다. 실험 연구에서 실험 대상자들에게 여러 개의 선분들 중 길이가 같은 두 개의 선분을 찾도록 했다. 선분의 길이가 명백히 차이가 나므로 쉽게 같은 길이의 선분을 찾을 수 있는 것이지만, 아시가 실시한 실험 결과에 따르면 실험 대상자가 대답을 하기 전에 같은 집단에 있는 다른 응답자들이 일부러 틀리게 대답하는 경우 실험 대상자 중 70% 이상이 집단 압력에 따라 틀린 대답을 하는 것으로 나타났다. 즉, 아시의 실험 결과는 집단 압력에 의해 우리들의 의사 결정이 크게 영향을 받는다는 것을 보여 준 것이라 할 수 있다.

노엘레노이만은 '침묵의 나선 이론'을 통해 아시의 연구 결과가 단순히 소규모 집단에서만 적용되는 것이 아니라 다수의 구성원으로 이루어진 큰 규모의 사회에도 같은 방식으로 적용될 수 있다고 주장하는 것이다. 소규모 집단에서 집단 내의 압력이 우리 사회와 같이 거대한 집단에서도 적용될 수 있는 것은 바로 매스미디어가 있기 때문이다. 노엘레노이만에 따르면, TV와 같은 매스미디어는 '편재성(ubiquity)', '누적성(accumulation)', '공명성(consonance)'과 같은 특성을 지니고 있기 때문에 소규모 집단에서 집단 압력과 같은 위력을 지닐 수 있다고 말한다. 편재성이란 우리가 언제 어디서나 매스미디어를 접하고 있다는 것이고, 누적성이란 매스미디어를 통해 동일한 메시지에 반복적으로 노출되고 있다는 것을 말하며, 공명성이란 각기 다른 매스미디어에서 동일한 메시지에 노출되는 것을 말한다. 이러한 요인들이 바로 매스미디어에서 표출되는 의견을 우리가 지배적인 의견으로 받아들이게 만드는 힘이 되는 것이다. 결국 매스미디어는 단순히 여론을 전달해 줄 뿐만 아니라 여론을 형성하는 효과를 지니고 있는 것이다(Noelle-Neumann, 1984).

2) 프레이밍 이론(Framing Theory)

최근 매스미디어의 효과와 관련해 가장 주목받고 있는 이론 중 하나가 프레이밍(framing) 이론이다. 우리는 아침에 일어나 저녁에 잠자리에 들 때까지 많은 판단을 내려야 한다. 어떤 옷을 입을까, 무슨 드라마를 볼 것인가와 같은 일상적 판단을 포함해 때로는 누굴 대통령으로 뽑을 것인가와 같은 사회적으로 중요한 판단을 내리고 있다. 이러한 판단을 결정하는 데 우리는 스스로가 합리적인 판단을 내리고 있는 것일까? 이러한 질문을 던지는 것이 바로 프레이밍 이론이다.

흔히 '틀짓기 효과'라고 번역되는 프레이밍 효과라는 것은 말 그대로 매스미디어가 어떤 사건에 대한 정보를 전달해 줄 때 단순히 객관적인 정보만을 전해 주는 것이 아니라 수용자가 사건에 대한 의미를 이해하는 틀을 함께 형성한다는 것이다. 즉, 매스미디어는 수용자에게 정보를 전달하는 과정에서 의도하든 또는 의도하지 않든 인식의 프레임을 형성하는 역할을 수행하고 있다는 것이다(Entman, 1993).

우리는 우리가 이전에 접하지 못했던 새로운 정보를 받아들일 때, 새로운 정보를 처리하기 위해 기존에 갖고 있던 지식 중에 관련된 정보를 활성화해 이를 연결시킴으로써 새로운 정보를 받아들이는 것이다. 이렇게 우리가 새로운 사건이나 이슈에 대한 정보를 처리하기 위해 활성화되는 기존의 정보 체계를 스키마(schema)라고 부른다. 같은 정보라도 그 정보가 처리되는 스키마의 차이에 따라서 수용자는 매우 다른 의미를 가질 수 있다는 말이다. 예를 들면 트버스키(Tversky)와 카네만(Khaneman)은 한 실험 연구에서 실험 참여자들에게 다음과 같은 상황을 부여했다. "600명의 주민이 살고 있는 한 마을에 새로운 질병이 발생해 모두 사망할 위기에 놓여 있다." 그리고 한편의 실험 참여자들에게는 "우리가 A정책을 채택하면 200명을 살릴 수 있지만, B정책을 선택하면 600명을 살릴 수 있는 가능성은 1/3이고 600명이 죽을 가능성은 2/3이다"라는 상황을 추가로 부여하고, 또 다른 한편의 실험 참여자들에게는 "우리가 A정책을 채택하면 400명이 죽게 되지만, B정책을 채택하면 600명 모두를 살릴 수 있는 가능성은 1/3이고 600명이 죽을 가능성은 2/3이다"라고 상황을 제시했다. 물론 수학적으로 A정책을 채택하는 것과 B정책을 채택하는 것의 차이는 전혀 없다. 하지만 이런 상황을 부여 받은 실험 참여자들 중에서 전자는 A정책을 선택하는 비율이 75%였고, 반대로 후자는 B정책을 선택한 비율이 75%까지 올라갔다. 같은 정보지만, 200명을 살릴 수 있는 것을 강조하는 것과 400명이 죽는 것을 강조하는 것에 따라서 응답자들의 반응이 크게 엇갈리는 것을 확인할 수 있다.

프레이밍 이론에서는 매스미디어에서 사건이나 이슈에 대한 정보를 전달할 때 그중에 어떠한 세부 사항을 포함하고, 강조하고 또는 누락하는가에 따라서 수용자들이 그 사건이나 이슈의 의미를 파악하는 데 큰 차이가 있다고 말한다. 특히 수용자들이 어떠한 사회적 문제가 발생했을 때 그 문제 발생의 원인을 파악하고 해결 방법을 찾는 것에 매스미디어의 프레임이 결정적 역할을 하고 있다고 주장한다. 일례로 아이엔거(Iyengar, 1991)의 연구에 따르면 뉴스미디어가 경제, 범죄, 빈곤 등의 문제를 보도하는 데 보도의 프레임이 해당 문제와 관련된 개별적 사건에 초점을 두고 있는 경우(episodic frame)와 프레임이 해당 문제의 정황에 초점을 두고 있는 경우(thematic frame), 수용자의 반응은 다르게 나타난다고 말한다. 전자는 수용자들이 문제의 원인과 해결의 책임을 특정 개인이나 단체의 것으로 간주하는 반면, 후자는 그 책임을 사회 구조적인 것으로 인식하게 한다는 것이다.

6. 디지털 시대의 효과 이론

디지털 기술의 등장은 미디어 환경을 급격히 변화시키고 있다. 흔히 미디어 빅뱅이라고 표현할 정도로, 디지털 기술을 기반으로 수많은 미디어 플랫폼이 새롭게 등장하고, 이전과 비교할 수 없을 정도로 많은 미디어 채널들이 새롭게 나타나고 경쟁하고 있다. 이와 같은 미디어 환경의 급격한 변화는 미디어 효과 이론에 대해서도 기존과는 다른 새로운 이해를 요구하고 있다.

디지털 기반 미디어의 효과에 대한 연구는 인터넷이 활성화되기 이전인 1980년대부터 이미 시작되었으나, 당시 디지털 미디어에 대한 연구는 미디어 효과에 대한 일반적 이해를 추구하기보다는 컴퓨터 기반 미디어를 통한 의사소통이 일반적인 면대면 커뮤니케이션과 어떠한 차이를 갖는가에 좀 더 주목한 바 있다. 이러한 연구들은 컴퓨터를 통한 의사소통의 특징을 '익명성'과 '비언어적 의사소통의 제한(limited non-verbal communication)'으로 파악하고, 이러한 익명성과 영상 기술의 제한이 10

대 이용자와 같은 계층에서는 인터넷과 같은 소통 공간을 안전한 곳으로 인식하게 하고 오히려 더 적극적인 자기표현(self-expression)을 유도한다는 설명을 하기도 했다.

하지만 2000년대 이후 이른바 웹 2.0의 흐름과 함께 등장한 각종 소셜 미디어의 등장은 익명성과 비언어적 의사소통의 제한이라는 개념으로 설명될 수 없는 새로운 미디어 현상들을 만들어 냈으며, 이는 기존 뉴미디어를 통한 자기표현 이론뿐만 아니라 매스미디어의 정보원과 수용자라는 이원적 개념을 송두리째 흔들고 있다. 대중이 미디어를 통해 단순히 정보를 소비하는 대상이 아니라 정보를 생산하고 재매개하는 적극적인 생산자 역할을 동시에 수행하며, 미디어 효과의 방향성을 생산자에서 소비자로 전달되는 일방향적으로 이해할 수 없게 만들고 있다. 카스텔스(Castells)와 같은 학자는 이러한 새로운 유형의 커뮤니케이션 흐름을 매스셀프커뮤니케이션(mass self-communication)이라 지칭하고, 이전과 같이 다수의 대중에게 정보를 전달하지만 이용자들이 자기의 관심사를 직접 생산해 자신이 전달하는(self-generated, self-directed, self-focused) 특징을 지니고 있다고 설명한다.

이러한 매스셀프커뮤니케이션 시대의 미디어 효과가 과연 어떻게 나타날 것인가에 대해서는 아직까지 충분히 이론화가 진행되었다고 보기 어렵다. 현재까지는 이전 매스커뮤니케이션 시대와 어떻게 차별화될 것인가에 좀 더 주목하는 정도의 연구가 활발하게 진행되고 있다고 할 수 있다. 하지만 그럼에도, 여러 연구에서 미디어 효과의 새로운 흐름에 대해 파악되는 몇 가지 공통 경향성은 있다. 그 첫 번째는 미디어 효과의 선택성(selectivity)이 크게 증가하고 있다는 것이다. 모든 사람들이 동시에 같은 미디어를 이용하는 시대에서 이용자의 취향과 필요에 따라 미디어 이용의 성향이 매우 달라지고 있기 때문에, 어떤 미디어를 이용하는가에 따라서 해당 미디어의 효과가 차별적으로 나타나는 경향을 보인다. 두 번째는 미디어 효과가 간접적(indirect) 성향을 갖는다는 점이다. TV나 신문의 내용이 직접적으로 수용자에게 영향을 주기보다는, 이러한 내용들이 인터넷 기반의 뉴미디어를 통해 재해석되거나 재매개되면서 그 효과는 원래 정보원의 의도와 별개로 변화되거나 조정되는 경우가 나타나는 것이다. 세 번째는 미디어 효과가 상호적(transactional)이라는 점이다. 미디어의 효과가 정보원에게서 수용자에게 전달되는 일방향적인 것이 아니라, 실시간으로 빈번히 일어나는 피드백으로 정보의 생산자도 정보원 전달 과정에서 스스로의 변화를 겪는 상호적인 변화가 자주 발생한다는 것이다. 끝으로, 이러한 특징들이 새로운 시대의 미디어 효과를 제한적인 것처럼 보이게도 하지만, 반면 이러한 미디어 효과가 예측적(predictive)이라는 측면에서 강력한 효과를 갖고 있다고 설명한다. 즉 특정 미디어 이용자들의 적극적인 상호 의사소통은 종종 태도와 행동에서도 적극적인 연대를 만들어 낸다는 점에서 특정 미디어의 이용은 다분히 예측적 경향도 갖고 있다는 것이다.

아직까지 이러한 설명들이 특정 이론으로 지칭할 수 있을 만큼 충분히 축적되거나 일반화되지는 않았지만, 최근 소셜 미디어에 대한 다양한 연구와 뉴미디어 채택과 활용에 대한 연구들이 활발히 진행되고 있기 때문에 머지않은 시기에 우리는 현재의 미디어 환경에 맞는 새로운 미디어 효과 이론들을 접하게 될 가능성이 높다.

요약

이 장에서 우리는 매스미디어의 효과에 대한 대표적인 이론들을 살펴보았다. 커뮤니케이션학의 역사는 곧 매스미디어의 효과에 대한 이론의 역사라 할 수 있을 정도로 매스미디어가 수용자들에게 미치는 영향에 대한 관심이 지속적으로 발전해 왔다. 그림 2-1에서 보이는 것처럼 '마법의 탄환 이론', '제한 효과 이론' 그리고 '중효과 이론', '강효과 이론'까지 시기별로 매스미디어의 효과를 바라보는 관점은 변화해 왔다. 이렇게 매스미디어의 효과를 설명하는 이론이 변화하는 배경에는 앞에서 설명한 것과 같이 '효과'를 정의하는 관점이 변화했다는 점 외에도, 새로운 매스미디어의 등장이 많은 영향을 주었다. 1960년대 이전 사회의 중심적인 매스미디어는 라디오와 신문이었지만, 1960년대 이후부터 핵심 매스미디어로 TV가 주목을 받기 시작하며 매스미디어의 효과 연구에도 변화가 생겨난 것이다.

TV 시대가 도래하기 이전, 매스미디어 연구를 주도하는 흐름은 제한 효과 이론이었다. 라자스펠드의 서베이 연구 결과는 유권자들이 마음을 결정하는 데 미디어의 영향은 거의 없는 것으로 설명했다. 매스미디어의 메시지는 수용자들에게 선택적으로 노출(selective exposure)되고, 간접적인 '2단계 흐름'을 통해서 영향을 미친다는 결론을 제시했다. 1970년대 이후에는 이러한 제한 효과 이론을 벗어나 다양한 방식으로 작용하는 매스미디어의 효과를 재조명하기 시작했다. 예전의 '탄환 이론'에서와 같이 매스미디어의 강력한 효과를 주장하면서도, 탄환 이론과 다른 점은 매스미디어의 강력한 효과를 경험적으로 입증할 만한 과학적 근거를 제시하고 있다는 점이다. 대표적으로 거브너의 문화 계발 이론, 매콤과 쇼의 의제 설정 이론, 노엘레노이만의 침묵의 나선 이론, 그리고 최근의 프레이밍 이론 등은 축적된 연구 자료를 토대로 매스미디어는 수용자의 선택적 지각을 넘어서는 강력한 효과를 지니고 있다고 설명하고 있다.

최근 디지털 미디어의 빅뱅을 맞이하여, 매스미디어 효과에 대한 새로운 설명들도 조금씩 나타나고 있다. 최근 소셜 미디어를 포함한 각종 미디어의 등장은 기존의 생산자/소비자로 구분된 이론적 틀을 흔들고 있다. 기존의 틀로 쉽게 설명되지 않는 새로운 미디어 효과에 대한 이론들은 아직 일반화되지 않았지만, 미디어 효과의 선택성, 간접성, 상호성, 예측성이 증가하고 있다는 새로운 특징적 경향은 확인되고 있다.

주요 용어

마법의 탄환 이론	제한 효과 이론	2단계 흐름 모델
선택적 지각	준거집단	문화 계발 효과
의제 설정	제3자 효과	침묵의 나선 이론
고립에 대한 두려움	아시의 선분 실험	편재성
누적성	공명성	프레이밍
스키마	틀짓기 효과	재매개

연습문제

1. 2단계 흐름 모델이란 무엇인가?
2. 문화 계발 효과 이론에서 말하는 '중시청자'란 어떤 사람인가?
3. 의제 설정 이론에서 말하는 '의제'와 '속성'은 무엇인가?
4. 프레이밍 이론에서 말하는 뉴스 '프레임'은 무엇인가?
5. 침묵의 나선 이론에서 말하는 매스미디어의 특성 세 가지는 무엇인가?
6. 스키마란 무엇인가?
7. 아이엔거의 연구에서 밝혀진 주제 중심 프레임과 사례 중심 프레임의 차이는 무엇인가?
8. 소셜 미디어를 포함한 디지털 미디어 효과의 특징들은 무엇인가?

심화토론문제

1. 제한 효과 모델에서 매스미디어의 영향력이 제한적으로 작용한다고 주장하는 이유는 무엇인가?
2. 의제 설정 이론과 프레이밍 이론의 유사점과 차이점은 무엇인가?
3. TV 폭력 이외에 문화 계발 효과가 적용될 수 있는 예를 찾아보자.
4. 인터넷 여론의 형성 과정에서 발생하는 매스미디어의 '침묵의 나선 효과'의 예를 찾아보자.

참고문헌

김우룡(1992), 『커뮤니케이션 기본이론』, 나남출판.
맥퀘일(2002), 『매스커뮤니케이션 이론』, 양승찬·김은미·도준호 공역, 나남출판.
브라이언트(2005), 『미디어 효과의 기초』, 배현석 역, 한울 아카데미.
세버린·탠커드(2002), 『현대 매스커뮤니케이션 개론』, 김홍규 외 공역, 나남출판.
차배근(2001), 『매스커뮤니케이션 효과이론』, 나남출판.
Castells M. (2007). Communication, power and counter-power in the

network society. *International Journal of Communication.* 1, 238-266

Cohen, B. (1963), *The press and foreign policy.* Princeton, NJ: Princeton Univ.

Davison, W. (1983), *The third-person effect in communication,* Public Opinion Quarterly, 47, 1-15.

Entman, R. (1993), Framing: Towards clarification of a fractured paradigm, *Journal of Communication 43,* 51-58.

Festinger, L. (1957), *A theory of cognitive dissonance,* Stanford, CA: Stanford Univ.

Gerbner, G. & Gross, L. (1976), Living with television: The violence profile, *Journal of Communication 26,* 76.

Iyengar, S. (1991), *Is anyone responsible?: How television frames political issues,* Chicago: Univ. of Chicago Press.

Kahneman, D., & Tversky, A. (1972), Subject probability: A judgment of representativeness, *Cognitive Psychology 3,* 430-451.

Katz, E. (2001). Media effects. In N.J. Smelser & P.B., Baltes (Eds.), *International encyclopedia of the social & behavioral sciences* (pp. 9472-9479). Oxford: Elservier.

Katz, D. & Lazarsfeld, P. (1955), *Personal Influence,* New York: Free Press.

Lazarsfeld, P., Berelson, B., & Gaudet, H. (1948), *The people's choice,* New York: New York Univ.

Lippmann, W. (1922), *Public opinion,* New York: Macmillan.

McCombs, M., & Shaw, D. (1972), The Agenda-Setting Function of Mass Media, *Public Opinion Quarterly 36 (Summer),* 176-187.

McCombs, M., Lopez-Escobar, E., & Llamas, J. (2000), Setting the agenda of attributes in the 1996 Spanish general election. *Journal of Communication 50,* 77-92.

Noelle-Neumann, E. (1974). The spiral of silence: A theory of public opinion. *Journal of Communication 24,* 43-51.

Noelle-Neumann, E. (1984), *The spiral of silence: Public opinion-Our social skin,* Chicago: University of Chicago Press.

Rogers, E. & Dearing, J. (1988), Agenda-setting research: Where has it been? Where is it going? In: Anderson, J.A. (Ed.), *Communication yearbook 11* (555-594), Newbury Park, CA: Sage.

Severin, W. & Tankard, J. (2001), *Communication theories: origins, methods, and uses in mass media,* New york: Longman.

03
정보사회의 패러다임

학습목표

정보사회는 인류가 수렵사회, 농경사회를 거쳐 산업혁명의 결과로 도래한 공업사회가 종결되고, 정보를 중심으로 새로운 산업 구조를 갖춘 사회로 묘사되어 왔다. 정보사회를 둘러싼 논의는 정보 기술의 발달 덕택에 인류가 누리는 편리한 삶을 그리는 방향과 이에 대해 신중론을 제기하는 방향에서 함께 이뤄진다. 정보사회에 대한 이해는 용어의 탄생과 정확한 의미, 정보사회 현상의 이해, 쟁점과 전망 등을 골고루 살펴봄으로써 체계적으로 갖춰질 수 있다. 정보사회에 보다 진전된 21세기의 사회 현상으로 최근 인공지능, 나노기술, 로봇기술, 사물인터넷(IoT, Internet of Things) 등이 산업을 주도하고 인류의 생활 패턴을 바꾸는 시대를 일컬어 '제4차 산업혁명' 또는 '소사이어티 5.0'과 같은 용어들이 등장했다.
이 장에서는 다음과 같은 학습목표를 설정한다.

첫째, 정보사회라는 용어는 어디서 유래하고 있나.
둘째, 정보사회의 정의는 무엇인가.
셋째, 정보사회를 특징짓는 대표적인 4개 요소는 무엇인가.
넷째, 정보화로 인한 커뮤니케이션 패러다임은 어떻게 발전하고 있나.
다섯째, 정보화를 둘러싼 사회적 쟁점은 어떤 것들이 있나.

1. 정보사회의 유래

정보사회(information society)라는 용어의 기원에 대해서는 확실하게 정해진 바가 없다. 새로운 첨단 정보통신 기술의 혜택이 인간의 삶과 커뮤니케이션을 편리하게 해주는 뉴미디어 사회를 의미하는 이 말도 그 유래를 찾아보면 50여 년 전까지 거슬러 올라간다.

미국에서는 1962년 프리츠 매클럽(Fritz Machlup)이 지식산업(knowledge industry)의 구조를 분석한 연구가 정보사회라는 명칭을 직접 사용하지는 않았지만 최초라고 볼 수 있다(Machlup, 1962). 일본은 유지로 하야시(Yujiro Hayashi)가 1969년 출판한 책 제목에서 '정보화 사회' 용어를 맨 처음 사용한 것으로 알려져 있다(Hayashi, 1969). 어느 쪽이 정보사회 용어를 사용한 최초라고 주장하든 정보사회에 대한 관심은 1960년대부터 컴퓨터 기술이 산업현장에 도입되면서 발생하기 시작한 노동구조의 변화를 이해하려는 노력에서, 또 새로운 정보통신 기술이 인류에게 안겨줄 편리함을 예측하고 알리려는 시도에서 비롯된 것이라고 말할 수 있다. 당시 미국은 2차 산업에 종사하는 노동인구보다 3차 산업에 종사하는 노동인구의 비중이 점차 증가하고 있었고, 사회학자들은 이를 미국 경제의 구조적 변화와 도약기로 해석하고자 했다. 일본은 컴퓨터와 통신 기술의 첨단화에 초점을 두고 이로 인해 편리해지는 사무실, 가정 등 일상생활의 변화를 역설했다.

따라서 정보사회에 대한 논의는 재택근무, 사무자동화, 홈오토메이션 등과 같이 인류에게 유토피아의 꿈을 실현시켜주는 새로운 세계의 도래를 주장하는 낙관론이 있는 반면(Toffler, 1980), 정보통신 기술의 도입이 사회 · 정치적으로 개인을 통제하고 효율적으로 관리하는 수단으로 사용되어 왔거나, 기술개발을 상품화하고 그 이윤을 지속적으로 창출하기 위해 끊임없이 노력하는 기업자본주의의 논리에 유도된 것이라는 신중론도 함께 있어 왔다(Giddens, 1985; Schiller, 1981). 낙관론이든 신중론이든 정보통신 기술의 발달은 분명 인류의 삶에 커다란 변화를 가져왔고, 그 변화의 물결은 오늘까지도 우리 모두의 생활 곳곳에 영향을 미치고 있음은 두말할 필요가 없을 것이다. 오늘날 우리가 사용하는 정보사회라는 용어는 이처럼 역사가 꽤 오래된 것이다.

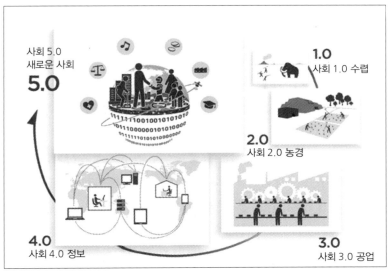

출처: http://www8.cao.go.jp/cstp/society5_0/index.html

그림 3-1 사회 5.0으로의 진화

　　2016년 세계경제포럼(World Economic Forum)은 최첨단의 정보통신 기술에 의해 변화하는 산업구조를 일컬어 '제4차 산업혁명'이라는 용어를 탄생시켰다. 4차 산업혁명은 정보사회가 진화한 형태로 이해할 수 있다. 인공지능, 사물인터넷, 클라우드컴퓨팅, 빅데이터, 모바일 등 지능형 정보기술이 각종 산업과 서비스에 융합되고, 3D 프린팅, 로봇공학, 생명공학, 나노기술과 결합하여 우리의 일상생활에 편리한 혜택을 안겨 주고 있다. 이와 같은 맥락에서 일본은 수렵사회, 농경사회, 공업사회, 정보사회에 이어 인류사회의 다섯 번째 단계로서 '소사이어티 5.0'으로 지칭하고 다가오는 사회변화에 대비하고 있다(일본 내각부 과학기술정책자료집, 2017).

2. 정보사회와 정보의 개념

정보사회란 무엇을 말하는지 한마디로 설명해 보라고 하면 대답하기 쉽지 않다. 왜냐하면 이 용어가 과학적 연구와 검증의 결과로 탄생된 이론적 용어라기보다는 사회 현상을 관찰하고 논의해 온 학자들이 편의상 붙인 개념이기 때문이다. 관점에 따라서, 학자에 따라서, 시대에 따라서 새로운 용어가 만들어지기도 하는데, 흔히 일컫는 '지식정보 사회', '스마트미디어 사회', '4차 산업혁명', '소사이어티 5.0'이라는 말도 이와 유사한 맥락에서 나타났다. 1960년대부터 논의되어 온 정보사회라는 용어에 다소 식상해지면서 이를 대신할 새 용어를 개발한 것이다. 그러나 '지식'이라는 말을 앞에 붙인 것도 이미 1962년에 프리츠 매클럽이 사용했던 용어이고 보면 그다지 새로울 것도 없는 조어라고 말할 수 있다. 정보사회 이론의 대표적 학자 대니얼 벨(Daniel Bell)도 당시의 산업구조 변화를 가리켜 막연히 '후기산업사회(post-industrial society)'로 이름 지었다가 후에 정보사회로 명명하였다(Bell, 1979). 그러나 다수의 학자들은 이처럼 인류의 역사를 시대별로 농경사회-산업사회-정보사회로 간단하게 구분할 수 있을까 하는 데 이의를 제기했다. 그 이유는 정보사회가 농업사회와 산업사회가 종결되고, 그 뒤를 잇는 새로운 사회라는 구분법으로 볼 것이 아니라, 인류가 지구상에 존재한 때부터 이미 정보를 주고받으며 경제활동을 해 온 정보사회였다고 봐야 할 것이기 때문이다.

여러 가지 관점에서 정보사회를 정의할 수 있겠으나, 가장 편리한 방법으로는 '사회 구성원 대부분이 정보를 생산, 가공 또는 처리, 유통, 이용함으로써 경제활동을 유지하는 사회'라고 말할 수 있다. 여기에 주의를 기울여야 할 점은 '사회 구성원 대부분'은 어느 정도를 말하며, '정보'는 구체적으로 어느 범위까지 포함되며, '생산, 가공 또는 처리, 유통, 이용' 각각의 정의는 어떠하며, '경제 활동'의 범위는 어디까지이며 등이 이론적으로 명확히 단정될 수 없다는 사실이다. 정보사회 이론가들이 흔히 받는 비판 중 하나는 사회 현상을 타당성 있게 분석하는 데 필요한 조작적 정의가 결여되어 있다는 점이다. 다만 학자들이 공통적으로 인정하는 정보사회의 핵심 현상은 상품(commodity)으로서 정보의 가치 증가, 정보기술의 확산, 미디어와 의사소통 방법의 증가,

정보산업에 종사하는 노동력의 증가, 전문 지식의 고부가가치 등이다 (Schement & Lievrouw, 1987). 이와 같은 현상으로 인해 산업구조에 변화가 생기고 인간의 생활패턴, 의사소통 방식, 여가생활 등 전반에 걸쳐 예전과는 다른 커다란 변화가 일어나고 있다는 사실은 틀림없다.

오늘날의 기술 수준과 사회문화 현상을 고려하여 정보사회를 보다 적절히 묘사한다면, '인터넷이 상용화된 1995년 이후, 급속히 발전한 디지털 기술의 덕택으로 이뤄진 컴퓨터-통신-영상 매체 간의 융합과 이전까지는 정보생산 단계에서 제외되어 있었던 개인의 정보 생산-가공-이용 능력의 폭발적 증대로 사회 구성원의 정보활동이 전 방위로 보편화되면서 이를 기반으로 사회 전 분야에서 경제활동의 구조적 변화가 생성되고 결과적으로 새로운 패러다임이 사회를 주도하는 시스템'이라고 말할 수 있을 것이다.

그렇다면 정보란 무엇인가? 정보의 개념은 정보사회를 보는 관점에 따라 다양하게 정의할 수 있다. 첫째, 정보 이론적 관점에서 정보는 일종의 신호(signal) 또는 데이터라고 볼 수 있다. 정보를 형식적, 양적 측면에서 관찰하며, 데이터가 많을수록 불확실성을 감소시켜 주는 역할을 한다고 보는 것이다. 따라서 정보사회에서는 사회적 불확실성을 줄이기 위해 대량으로 정보를 생산, 가공, 전달하고 해석하는 체계를 갖추게 된다. 정보의 내용이나 의미는 중요하지 않으므로, 많은 양의 데이터가 생산되고 이용되는 사회라면 정보사회라고 보는 것이다. 둘째, 정보사회론적 관점에서는 정보 또는 지식이 사회의 주된 재화로 등장했다고 본다. 정보는 상품으로서 가치를 지니며 부의 축적을 목적으로 생산하고 판매하는 경제활동 수단이 되기도 한다. 정보를 중심으로 하는 산업체계가 구축됨에 따라 제조업보다는 지식 생산 부문이 경제에서 더 큰 비중을 차지하게 되며, 이와 함께 농경사회와 산업사회는 서서히 쇠퇴하는 현상을 보인다고 주장한다. 셋째, 정치경제학적 관점에서는 정보의 생산과 분배에 관심을 두며, 그 과정에서 권력과 경제력에 따라 발생하는 정보 이용의 격차를 고민하고 문제를 해결하고자 한다. 정보의 빈익빈, 부익부 현상, 도시와 지방의 정보 인프라 격차와 같은 문제도 이에 해당한다. 따라서 건강한 정보사회가 되려면 정보를 사회적으로 어떻게 골고루 분배할 것인가를 고민해야 한다.

정보의 개념을 간략하게 정리해 보면 다음과 같다.

- 정보는 불확실성을 감소시켜 주는 데이터다.
- 정보는 생산자로부터 수신자에게 전달된 모든 형태의 콘텐츠를 말한다.
- 정보는 재화적 가치를 지니며, 따라서 교환, 유통, 판매할 수 있다.
- 정보는 구성원들의 정치적, 경제적 능력에 따라 사회적 분배에 차이가 발생한다.

따라서 정보는 이익을 추구하는 목적의 유무에 따라 무료 정보를 비롯하여 유료 정보까지 다양한 유형을 지니는데, 상대적으로 낮은 비용으로 무한 생산이 가능하며, 사용기간에 따라 감가상각이 발생하지 않고, 저장을 통해 장기간 보존할 수 있다는 특성을 가진다.

3. 정보기술 발달과 사회적 특징

1) 인터넷: 개인 소통과 네트워크

인터넷이 가져온 가장 큰 변화는 정보 이용자 개인이 아이디(ID)라고 하는 인터넷 주소를 통해 미디어를 접한다는 사실이다. 텔레비전과 같은 대중매체는 아무리 그 대상을 줄여도 1인이 될 수는 없다. 동일한 내용의 프로그램이 텔레비전 수상기를 통해 획일적으로 모든 시청자들에게 뿌려지기 때문이다. 대상으로 하는 미디어 수용자가 불특정 다수(mass)이기 때문에 텔레비전을 매스미디어라고 부른다. 그러나 인터넷에 접속된 한 대의 개인용 컴퓨터(PC) 앞에서 이용자 한 명이 자신이 원하는 정보를 찾아가고, 찾은 정보를 활용하고, 다른 이용자에게 도움 될 만한 정보를 인터넷에 올리는 일련의 행위가 이뤄지는 환경을 볼 때, 인터넷은 매스미디어라기보다는 '퍼스널미디어'가 되었다. 오히려 매스미디어의 기능을 모두 흡수하고 추가적으로 퍼스널미디어의 기능을 무제한으로 확장 가능하게 된 미디어인 것이다.

퍼스널미디어로서 인터넷은 역시 텔레비전이 갖지 못한 쌍방향 커뮤니케이션을 가능하게 하는 특징이 돋보인다. 종래의 단방향적인 매스커뮤니케이션 모델로는 더 이상 인터넷 커뮤니케이션을 설명할 수 없게 되었다. 정보이용자는 인터넷을 통해 정보생산자에게 즉각적으로 피드백을 보낼 수 있을 뿐만 아니라 상시적으로 온라인에 연결 상태로 있으면서 상대방의 얼굴까지도 보면서 자유롭게 의사소통할 수 있을 정도다. 인터넷은 쌍방향인 동시에 인간의 면대면 대화 환경에 가장 근접한 정보기술을 반영한 미디어인 것이다. 아울러 인터넷상에서는 불특정 다수의 존재가 사라지고 오히려 개인의 존재가 살아난다. 즉, 어떠한 이용자가 현재 온라인에 접속되어 있는지, 컴퓨터의 주소와 위치까지도 파악할 수 있을 정도로 구체적인 이용 현황을 알 수 있다. 인터넷을 이용한다는 것은 마치 거미줄과 같이 수없이 많은 정보의 네트워크에서 하나의 접점에 위치한 자신의 존재를 알리면서 끊임없이 다른 접점들과 정보를 주고받는 접속 상태를 유지하는 시스템에 비유할 수 있을 것이다.

인터넷의 쌍방향성은 여러 가지 눈에 띄는 사회 변화를 일으켰다. 어디서든 즉각적으로 쌍방향으로 연결되는 인터넷은 정보통신 기술 발전의 한없는 편리함을 약속해 줄 정도이다. 트위터, 페이스북, 인스타그램, 카카오톡, 밴드와 같은 새로운 문화가 등장했고, 정치·문화적으로도 쌍방향 통신의 영향력이 막강해지는 시대를 열었다. 그 대신 지금까지 위력을 발휘해 온 인쇄매체와 방송이 점차 영향력을 잃어가고 있는 상황을 우리는 목격하고 있다. 쌍방향화를 통해 가능하게 된 다양한 커뮤니케이션 형식은 매스 커뮤니케이션 과정에서 소외되어 왔던 수용자의 자아 속에 존재하는 능동성과 참여정신을 자극하여 유례없이 민주적, 수평적, 개방적인 사회관계를 형성하게 되었다.

인터넷의 핵심 정보구조는 하이퍼텍스트(hypertext)에 기반을 두고 있다. 하이퍼텍스트란 종이에 인쇄된 텍스트와 달리 컴퓨터 모니터에 비쳐지도록 컴퓨터 언어를 사용해 작성된 이른바 '디지털 텍스트'다. 한 장의 하이퍼텍스트 자체는 복잡하고 무수한 명령어(태그, tag)로 묶여진 HTML(Hypertext Markup Language) 문서에 불과하지만, 브라우저(browser)를 통해 모니터 화면에 구동될 때는 글자, 그래픽, 사진, 동영상 등 무제한의 정보 플랫폼(platform)을 응용할 수 있다. 그뿐만 아니라 하

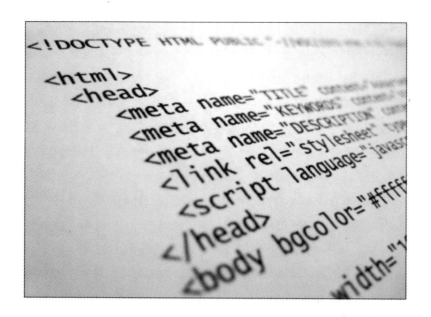

그림 3-2 HTML

이퍼텍스트는 그 속에 담긴 내용을 읽는 데 텍스트의 순서와 관계없이 하이퍼링크(hyperlink)를 따라 이용자가 원하는 부분을 마음대로 찾아갈 수 있도록 만들어진 복합다층 정보구조를 갖고 있다. 우리가 책을 읽을 때 습관적으로 줄을 긋고 메모를 쓰거나 접착메모지를 달아 부연설명을 적는 등의 행위를 디지털화한 것으로 상상하면 이해하기 쉬울 것이다.

하이퍼텍스트는 인터넷의 멀티미디어화를 가능하게 했다. 멀티미디어화는 인터넷이 기존의 인쇄 미디어와 전파 미디어, 온라인 미디어 등을 모두 흡수하여 하나의 단일 미디어 안에서 이들을 접할 수 있게 만들었다. 하이퍼텍스트는 HTML이라는 컴퓨터 언어로 만들어진 한 장의 텍스트에 불과하지만, 태그라고 불리는 언어명령에 따라 연결되는 콘텐츠의 형태는 텍스트, 그래픽, 사진, 동영상뿐만 아니라 게시판, 이메일, 다른 사이트와의 링크 등 무궁무진하게 담을 수 있는 복합 콘텐츠의 형태를 띠게 되었다.

인터넷 공간에 이용자가 몰리자 인터넷은 하나의 상업적 공간으로도 성장했다. 인터넷광고, 인터넷PR, 온라인쇼핑, 온라인교육 등과 같은 다양한 형태의 온라인 상업(transaction)이 급속도로 확산됨에 따라 관련 기업들은 인터넷을 새로운 이윤을 추구하는 공간으로 만들기 위해 치열하게 경쟁하고 있다. 온라인 상업은 e비즈니스(e-business) 분야를 창출하여 경영학에서도 중요한 비중을 차지하게 되었고, 이에 따른 경영 모델 역시 20세기 산업사회의 지배적인 세계관으로 존재해 왔던 '대량생산 대량소비'주의를 탈피하고 있다. 즉, 소비자 중심의 맞춤형 소량생산 방식과 고객 한 사람 한 사람까지 사전사후 관리가 가능한 데이터베이스 마케팅 등과 같은 새로운 방식들이 하루가 다르게 속속 탄생하고 있다. 커뮤니케이션뿐만 아니라 경영에서도 대중(mass)의 시대는 가고 개인화(individualization)의 시대가 뿌리내린 것이다.

2010년 스마트 미디어가 등장한 이래 인터넷은 더욱 진화하여 모바일과 네트워킹에서 첨단 수준에까지 이르렀다. 이제는 사물에 인터넷 기능이 장착되어 모바일 미디어로 일상생활에서 사용하는 전자 기기들을 원격으로 작동시키는 일도 가능하게 되었다. 이를 '사물인터넷(internet of things)'이라고 부른다.

이제 인터넷은 편리한 의사소통을 위한 뉴미디어로서만 존재가치가 있는 것이 아니라, 인간이 현대 일상의 정치·경제·사회·문화적 생활을 영위하는 데 없어서는 안 되는 필수불가결한 생활공간으로 자리 잡았고, 지구 위에서 누리는 물리적 공간뿐만 아니라 온라인상의 가상공간까지도 삶의 영역이 확장된 공간 속에서 살도록 요구하고 있다.

2) 디지털: 새로운 기술 논리

디지털(digital)은 쉽게 말해 수학의 이진법을 말한다. 정보사회를 실현하는 데 디지털이 기여한 공로는 이전까지 부피가 크고 서로 섞이지 않던 아날로그 형식의 정보를 0과 1이라는 수의 조합으로 변형시켜 정보 형식의 통일을 이룩한 것이다. 원래 디지털은 컴퓨터의 영역에 속한 정보 형식이었다. 아날로그는 음악과 영상을 대표하는 정보 형식이었다. 전화와 같은 통신조차도 아날로그 방식에 의존해 있었다. 그러나 차츰 아날로그를 디지털로 변환하는 기술이 발전하면서 통신, 음악, 영상도 디지털 정보 형식으로 옷을 바꿔 입게 된 것이다. 그 결과 모든 정보는 아무리 부피가 크다고 할지라도 압축할 수 있게 되고, 미디어의 종류가 다르다고 할

지라도 정보 형식은 디지털 형식의 한 가지로 통일되었으므로 미디어 간 통합 또는 융합(convergence)도 가능하게 되었다.

미디어 융합이 불가능했더라면 오늘날처럼 정보를 편리하게 사용하는 일도 불가능했을지 모른다. 컴퓨터 작업을 하고, 네트워크로 통신을 하고, 동영상이나 사진을 보거나 음악을 듣는 일을 예전처럼 컴퓨터, 전화, 텔레비전, 사진기, 음향기기 등을 통해 모두 따로따로 해야 했을 것이기 때문이다. 디지털 덕분에 PC 하나로 이 모든 활동이 가능하게 되었다. 그래서 PC를 멀티미디어라고도 부른다. 멀티미디어란 하나의 정보기기 안에 여러 형태의 미디어가 복합적으로 내장되어 있는 미디어로 볼 수도 있고, 하나의 미디어 안에 여러 형태의 정보 양식(텍스트, 그래픽, 사진, 동영상 등)을 사용할 수 있도록 상호 호환적인 응용프로그램이 내장되어 있는 미디어라고도 말할 수 있다.

이제 거의 모든 정보기기와 콘텐츠가 디지털 형식으로 통일되고 있다. 디지털은 텍스트는 물론 음성, 영상까지도 PC에 의해 제작되고 가공, 유통, 이용할 수 있게 한다. 또한 원본을 복사하더라도 복사본의 품질이 떨어지지 않으므로 완벽한 정보 복제가 가능하고 정보의 대량생산을 손쉽게 한다. 지상파 디지털방송, 디지털 멀티미디어 방송(DMB, Digital Multimedia Broad- casting)의 실시는 영상 미디어의 디지털화가 이미 일반화되고 있

그림 3-4 유비쿼터스 홍보 만화

음을 보여주고 있다. 사진 또한 디지털 카메라의 보급 확산과 성능의 고도화로 필름 카메라는 자취를 감추었다.

또 다른 예로, 모든 미디어 분야가 디지털로 바뀌고 있는 가운데 아날로그 미디어의 상징인 영화관도 예외가 아니다. 즉 디지털 영화관의 등장이다. 필름을 돌려 상영할 때 화면이 떨리거나 튀는 현상도 없어지고, 특히 해상도 800만 화소 정도의 초정밀 영상으로 상영된다면 현재의 필름영화의 수명은 끝나고 말 것이다. 디지털 영화관은 필름을 프린트하는 비용과 폐기하는 데 드는 비용이 필요 없게 되며 위성과 컴퓨터를 통한 동시 개봉도 가능해진다. 그뿐만 아니라 최초에 제작된 깨끗한 화질로 무한 재생이 가능하다.

디지털화된 정보는 그 형식이 동일하기 때문에 저장하여 휴대하기도 편리하다. 최근 정보저장매체의 기술도 급진전하여 1981년 최초로 등장한 PC의 플로피디스크 시대 이래 현재는 CD(Compact Disc)나 USB(Universal

Serial Bus)와 같은 저장매체에 대용량의 정보를 담아 언제든지 간편하게 휴대하고 컴퓨터가 있는 곳에서는 자유롭게 이용할 수 있게 되었다.

디지털은 유비쿼터스(ubiquitous) 기술을 가능하게 한다. 유비쿼터스란 이용자가 컴퓨터나 네트워크를 의식하지 않고 장소에 관계없이 자유롭게 네트워크에 접속할 수 있는 기술적 환경을 가리킨다. 이것은 단일 컴퓨터에 어떠한 새로운 기능을 추가하는 것이 아니라 주변의 일상생활 용품에 컴퓨터와 네트워크 기능을 갖추도록 해서 이용자가 어디에 가든 필요할 때 즉시 네트워킹이 되도록 하는 미디어 환경을 뜻하는 말이다. 예를 들어, 안경에 메모리와 네트워크 장치가 있어서 내가 본 장면을 디지털 카메라처럼 촬영한 뒤, 메모리칩을 빼서 자동차에 내장된 비디오나 사무실 PC에 꽂으면 촬영한 장면을 곧바로 볼 수 있고, 다운로드해 둔 음악을 이 장면과 합성 편집하여 하나의 뮤직비디오로 만든 뒤, 수영장에 가서 휴식을 취할 때 그것을 보고 싶으면 휴대전화로 '내 PC'에 접속하여 파일을 불러오는 것이 가능한 게 유비쿼터스이다.

즉, 유비쿼터스는 1980년대 이후 30여 년간 누려온 '1인 1대의 컴퓨터'라는 PC의 시대를 종식시키고, 개인의 모든 생활용품이 컴퓨터화 및 네트워크화되어 '언제 어디 가도 컴퓨터와 통하는' 시대를 여는 것을 의미한다. 따라서 유비쿼터스는 미디어의 하드웨어적 호환성보다는 저장매체와 네트워킹의 고도화, 그리고 소프트웨어적 호환성의 실현이 그 성공의 관건이 된다.

유비쿼터스는 모바일 기술을 기반으로 스마트 미디어로 발전했다. 스마트 미디어는 편리함과 효율성을 추구하는 시대적 필요성과 기술의 진보와 혁신이 결합해 탄생했다. 군이 키보드를 두드리지 않아도 되고 화면이 크지 않아도 되는, 휴대하기 간편한 미디어는 없을까? 스마트 미디어의 기반은 PDA(Personal Digital Assistant, 개인용 휴대 단말기)와 터치스크린(touch screen)에 있다. 펜이나 손가락으로 직접 평판을 터치하여 기기를 조작하므로 키보드가 필요 없게 되었다. 화면이 작더라도 두 손가락으로 보고 싶은 부분을 확대하면 크게 볼 수 있기 때문에 불편 없이 이용할 수 있다. 휴대의 필요성은 모바일과 결합되게 했다. 이제 인간은 직관적으로 이용할 수 있는 미디어를 원하고, 자신의 분신처럼 손끝에서 한순간도 뗄 수 없는 '만능 비서'를 두고 살게 되었다.

스마트 미디어의 첫 번째 특성은 하드웨어로서 미디어와 소프트웨어인 애플리케이션(application, 줄여서 '앱')의 분리다. 지금까지는 미디어가 구동하기 위해서는 전용 소프트웨어가 포함되어야 했다. 그러나 스마트 미디어에서는 이용자가 애플리케이션 스토어(application store)에서 자신에게 필요한 앱을 얼마든지 설치하면서 맞춤형 미디어를 실현할수 있다. 이 앱의 종류에 따라 개인마다 이용하는 콘텐츠도 달라진다. 즉같은 기기를 사용한다 하더라도 이용자는 각자 전혀 다른 용도로 스마트미디어를 사용하는 셈이 된다.

두 번째 특성은 클라우드 컴퓨팅(cloud computing)의 도입이다. 컴퓨터의 저장 공간을 하드웨어에 한정시키지 않고 인터넷상의 서버에 저장 또는 보관하면서 편리하게 이용할 수 있는 환경을 말한다. 구름처럼무형의 존재로 언제 어디서나 이용 가능하다는 의미를 지닌 클라우드는지금까지 플로피 디스크, 하드 디스크, USB 등 저장 매체의 제약에서 탈피하는 컴퓨터 이용 환경의 혁신을 가져왔다.

스마트 미디어에서 뉴스 이용은 앱을 통해 이뤄진다. 언론사, 방송사에서 제공하는 뉴스 앱을 개인의 취향에 따라 카테고리로 분류하고 국내와 세계 뉴스를 한눈에 접할 수 있다.

3) 개인화: 인간의 존재 의미

개인화는 앞서 논의한 인터넷과 디지털 미디어의 확산 결과로 나타나는사회문화적 현상이다. 요즘은 1인 미디어가 보편화된 환경 속에서 대중매체를 통해 접하는 획일적인 정보를 거부하고 이용자 자신이 원하고 필요로 하는 정보를 스스로 찾아서 지식으로 활용하는 일이 일반화되어 있다. 대중사회에서는 남과 똑같은 상품을 사용하고 문화적 동일성을 추구하도록 노력했으나, 정보사회에서는 남과 차별적이고 스스로 찾아서 얻음으로써 만족하는 문화적 개별성과 능동성이 두드러지게 되었다.

개인이 제작하고 관리하던 인터넷 홈페이지는 블로그의 등장으로제작과 관리가 훨씬 간편해졌을 뿐만 아니라 보다 전문적이고 심층적인콘텐츠에 집중하여 블로그 방문자를 접할 수 있게 되었다. 이와 같은 온

그림 3-5 블로그의 '자아
노출'

출처: blog. naver. com/finkfox55

라인 커뮤니케이션을 통한 대인관계의 확장은 현대인들이 인간관계를
맺어가는 방식과 기준에 예전에 없던 새로운 사회영역을 탄생시키기도
한다. 블로그의 등장은 정보사회를 살아가는 현대인의 사회적 네트워크
를 무한정 확대시킬 뿐만 아니라, 누구에게 요구받지 않아도 적극적으로
자신의 생각과 일상을 블로그를 통해 노출시키는 '자아노출' 현상까지도
가져오고 있다.

이메일, 온라인 커뮤니티, 인스턴트 메신저(instant messenger) 등이
보편화되면서 사람들은 서로 얼굴을 마주하고 대화를 나누는 일은 적어
지고, 대신 인터넷으로 연락을 주고받는 일이 늘어났다. 이모티콘, 축약
어와 같은 통신언어를 통한 대화를 기반으로 만들어지는 이러한 가상적
인간관계(virtual human relationship)는 실제 생활에서도 일상 언어의 파
괴를 자연스럽게 받아들인다. 더욱 중요한 것은 이러한 관계가 인간성 중
심으로 형성된다기보다는 동일한 가치, 사고방식, 목적 등 지극히 기능적
인 요소에 의해 만들어지고 유지된다는 것이다. 또한 인터넷상에서 이용자
는 자신의 실제 이름보다는 ID를 가지고 활동하기 때문에, 하나의 개체로
서 아이덴티티(identity)가 복수로 존재한다는 사실도 주목할 필요가 있다.

이용하는 사이트마다 ID가 다르기 때문에 상대방으로부터 기대되는 역할도 다르므로 한 사람이 서로 이질적인 성격의 역할을 보이기도 한다. 즉 온라인에서 인격의 이중성 또는 다중성의 문제이다. 가령 어떤 사람은 물리적 공간에서는 매우 소심하고 내성적인 성격을 가지고 있으나, 온라인게임을 할 때는 매우 공격적이고 활발한 태도를 보이며 그 사이트에 소속된 회원을 이끌고 가는 지도자형으로 추앙받는 일도 흔히 있다.

현대와 같은 정보사회에서는 새로운 형태의 인간관계와 일상생활이 생겨날 수밖에 없다. 대규모 집단보다는 소규모 집단이 중요한 위치를 차지하고, 전통적인 커뮤니티와 지역 기반의 커뮤니티의 의미는 줄어들어 오히려 온라인 커뮤니티에서의 활동이 더욱 큰 의미를 가지게 된다. 이로 인해 지역적 폐쇄성이 무너지는 동시에 집단 간 유대감을 유지하는 근원은 지리적으로 가까운 면대면 커뮤니케이션보다 문화적 상징과 관심, 이해의 공유가 더 중요해지게 된다. 결과적으로 이전까지 튼튼하게 유지되어 온 사회적 결속력이 해체되는 현상까지도 생긴다. 집단보다는 개인이 중요하기 때문에 집단행동에 대해 거부반응을 보이기도 한다.

상업적 관점에서 개인화는 맞춤형 정보(customized information)를 의미한다. 인터넷 포털 사이트는 이용자의 개인화에 초점을 맞춘 서비스를 제공한다. 이용자가 로그인하면 "○○님 안녕하세요. 어느 사이트부터 먼저 갈까요?"라고 인사하는 등 개인의 행동패턴을 분석하고 인지하는 서비스까지 가능한 시대가 되었다. 포털 사이트의 사회적 영향력이 점점 강해지면서, 이는 사생활 침해와 개인정보 유출 등 프라이버시 침해의 위험요소가 될 수 있다. 기술적으로는 인터넷 기술이 개인의 정보뿐만 아니라 그 주변 인물에 대한 분석을 통해 한 개인에 대한 더 많은 정보를 파악할 수 있는 수준에까지 도달해 있다. 이렇게 되면 인간이 생활하는 주된 공간으로서 가상공간이 진짜인지, 실제 공간이 진짜인지 구분하기 힘들어지는 날도 머지않을 것이다.

개인화는 사회의 다원화와 분권화를 가져왔다. 대중사회에서 사람들은 매스미디어에 의해 조작되고 강요된 상징에 의해 지배되어 왔다. 사람들은 미디어를 통해 보이는 다양한 상징과 메시지가 어떠한 의도를 갖고 어떠한 과정으로 만들어졌는지, 그것이 어떠한 의미를 지니는지 무관

그림 3-6 인터넷 토론방 아고라

출처: 다음

심하게 된다. 그러나 인터넷은 사람들로 하여금 각종 정보에 접근하는 것을 쉽게 했고, 특별한 통제가 가해지지 않는 한 누구나 원하는 정보에 쉽게 접근할 수 있게 해주었다. 결과적으로 개인의 주체성이 향상되고, 사회의 모든 분야에서 시민으로서의 참여가 가능하게 되었다. 따라서 정보사회에서는 인터넷이 시민참여의 공간으로 열린 토론과 여론형성에 긍정적인 역할을 수행할 수 있다.

이미 선진국에서는 대중민주주의를 벗어나 참여민주주의로 전환하는 것을 시도하는 경우도 있다. 지역주민의 현안에 대한 투표나 대표자 선거 또는 토론 등을 비롯한 각종 정치행위에도 변화를 가져옴에 따라 여론형성의 새로운 가능성을 보여주고 있다.

4) 새로운 패러다임: 변화하는 세계관

패러다임(paradigm)이란 쉽게 말해 어떤 한 시대 사람들의 견해나 사고를 지배하고 있는 이론적 틀이나 과학적 인식, 이론, 관습, 개념의 집합체를 의미한다(Kuhn, 1970). 가령 현대 과학의 패러다임은 연역적 사고방식을 기초로 한 실증주의 또는 경험주의에 뿌리를 두고 있다고 말할 수 있다. 그리하여 우리는 주변의 모든 사회과학적 현상을 실증주의의 틀에 적용하여 문제를 풀고 답을 얻고자 하는 것이다.

정보사회와 관련하여 패러다임의 논의는 우선 인터넷 등장에 따른 매스 커뮤니케이션의 위축으로 20세기를 지배해온 매스 커뮤니케이션의 패러다임이 더 이상 정보사회적 현상을 설명하고 답을 줄 수 없기에 이르렀다는 점부터 인식할 필요가 있다. 매스 커뮤니케이션의 패러다임이란 흔히 'S-M-C-R' 모델로 일컬어지는 것으로 정보생산자(source)는 메시지(message)를 미디어(channel)를 통해 수용자(receiver)에게 전달한다는 의미를 담고 있다. 이것은 정보흐름의 단방향성, 정보내용의 획일성, 정보생산자의 독점적 우월성, 수용자의 수동성, 제한된 피드백 등을 전제로 정보생산자가 의도한 대로 수용자에게 어떠한 설득적 효과를 얻을 수 있다는 미디어의 기능주의에 초점을 둔 인식이었다. 이러한 과학적 인식 속에 지금까지 매스미디어 연구가 수행되어 왔다.

그러나 인터넷 커뮤니케이션은 'S-M-C-R' 모델로는 더 이상 문제를 해결할 수 없는 상황에까지 이르게 했다. 매스 커뮤니케이션의 각 요소의 속성이 인터넷 환경에서 어떻게 변화했는지 살펴보면, 우선 정보생산자 S는 종래에는 개인이 아닌 소수의 기업으로서 정부의 허가를 받은 언론사 또는 언론사에 소속된 기자에 해당한다. S는 정부의 허가 요건을 충족시키기 위한 자본금, 인력, 기계설비 등을 갖춘 언론기업이거나 엄격한 시험을 거쳐 언론기업 입사시험을 통과한 전문 인력인 셈이다. 우리가 흔히 '뉴스'라고 부르는 메시지는 오직 이들에 의해서 취재되고 보도될 때에만 뉴스가 될 수 있었다. 그러나 인터넷 커뮤니케이션에서는 일반인이라도 누구든지 S의 기능을 수행할 수 있게 되었다. 개인이 인터넷신문 사이트를 개설하여 뉴스를 올릴 수 있고, 기업형태로 언론사닷컴과 같은 사이트를 운영할 수 있다. 과거에는 S가 되는 진입장벽이 제한되어 있었으나 현

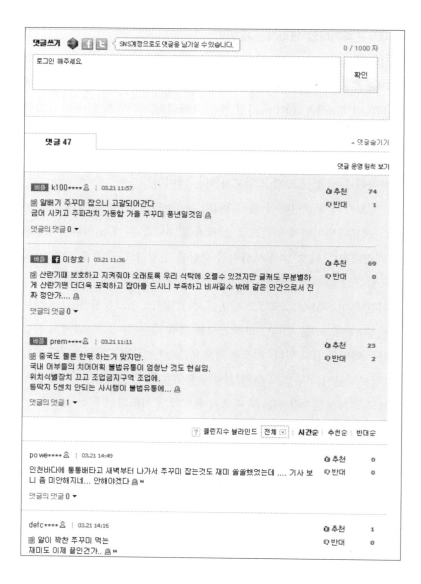

그림 3-7 인터넷 댓글

재는 완전히 열려 있는 것이다. 그 결과 지금까지 S가 누렸던 뉴스생산의 독점적 권한과 우월성은 서서히 붕괴되면서 뉴스생산의 보편화가 실현되기에 이르렀다.

매스 커뮤니케이션 시대의 M, 즉 메시지는 획일적이고 고정적이다. 제작된 메시지는 수백만 명의 수용자를 향해 전달되고 오류가 있어도 수정하기란 거의 불가능하다. 사후의 피드백을 통해 오류를 정정할 수 있을 뿐이다. 또한 메시지의 제작에 수용자의 참여는 배제되어 있다. 특권을 가진 S만이 메시지 제작 권한을 가지는 것이었다. 그러나 인터넷 커뮤니케이션에서 메시지는 다양성, 다원성, 유동성을 가진다. 일단 생산된 메시지도 언제든지 수정을 가할 수 있다. 따라서 별도의 '정정보도' 없이 인터넷에 올려진 기사를 즉시 정정하면 된다. 인터넷의 즉시성(immediacy)은 메시지를 마치 액체처럼 유동적이고 가변적인 성질의 존재로 변화시켰다고 할 수 있다. 메시지 생산에는 모든 인터넷 이용자가 참여할 수 있다. 인터넷에서 뉴스란 인터넷신문 사이트에 실린 기사 항목 1개만을 의미하는 것이 아니라, 그 기사에 붙여진 댓글, 관련 게시판에 담긴 수많은 의견들이 모두 합쳐져서 사실을 전달하는 다원성 또는 복합성의 성질을 띤다. 결국 그 뉴스의 해석은 독자가 판단할 몫으로 남는 것이며, 해석의 방향이나 위력 또한 예측이 불가능하다.

통상적으로 C는 채널, 즉 미디어를 지칭한다. 매스 커뮤니케이션에서는 신문, 잡지, 라디오, 텔레비전의 4대 매스미디어가 인쇄매체와 전파매체의 특성에 따라 뚜렷하고 독특한 차별적 위치를 차지하고 있었다. 대학교육에서도 신문 전공과 방송 전공은 구분이 명확하게 되어 있었다. 그러나 인터넷 커뮤니케이션에서 C는 인터넷 또는 인터넷과 연동되는 모바일 미디어로 통일된다. 모든 콘텐츠는 모니터를 통해 보게 되므로 '인터넷신문', '인터넷잡지', '인터넷라디오', '인터넷TV'와 같은 구별이 사실상 아무런 의미가 없게 된다. 통틀어서 인터넷 콘텐츠인 것이다.

콘텐츠는 하이퍼텍스트 형태로 제작되기 때문에 텍스트, 그래픽, 사진, 동영상이 한꺼번에 제시되는 멀티미디어 콘텐츠다. 하나의 사이트에서 텍스트와 그래픽, 사진과 동영상을 동시에 제공하게 될 때 어떻게 인터넷신문인지 인터넷방송인지 구분할 수 있겠는가. 매스커뮤니케이션의 패러다임으로 설명할 수 없는 부분은 바로 콘텐츠의 성격 변화에서 당면하게 되는 것이다.

R는 수용자로 일컬어진다. 매스 커뮤니케이션에서 수용자는 전달되는 메시지를 수동적으로 받아들이기만 하는 존재로 여겨져 왔다. 단방향적이고 획일적인 메시지에 대한 선택권조차 없을뿐더러, 최소한으로 텔레비전을 끈다거나 보지 않는 방법밖에는 태도의 표시가 극히 제한되어

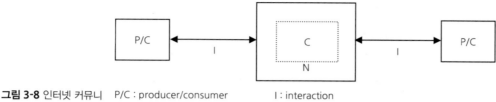

그림 3-8 인터넷 커뮤니
케이션 모델

P/C : producer/consumer
C : contents

I : interaction
N : network

있었다. 또한 수용자는 메시지 생산자가 의도하는 방향대로 해석하기를
알게 모르게 강요받아 왔다. 현대인이 일상적으로 노출되는 광고는 수용
자를 설득하여 상품 구매로 이끄는 매스 커뮤니케이션의 속성을 가장 단
적으로 드러내는 자본주의의 대표적인 무기이다.

인터넷 커뮤니케이션 환경에서는 수용자라는 용어 자체가 부적절하
여 사용할 수 없을 때가 많다. 인터넷에서는 수용자의 성격이 더 이상 수
동적이 아니기 때문이다. 대신 능동적인 존재로서 인터넷 이용자(user)
라고 부르기도 하고, 인터넷을 이용하고 사회에 참여하는 시민이라는 뜻
의 네티즌(netizen)이라는 조어를 만들기도 하고, 외래어를 우리말로 바
꿔 '누리꾼'이라는 말을 쓰기도 한다. 인터넷 이용자의 참여와 능동성은
블로그 또는 페이스북과 트위터 이용 현상을 보아도 쉽게 이해할 수 있
다. 자신의 신변잡기에 대한 일들을 휴대전화 카메라 또는 디지털 카메라
로 촬영한 사진과 함께 낱낱이 게재하고 다른 사람이 사이트를 방문하여
사진을 자신의 사이트로 복사해 가거나 남긴 댓글을 축적하면서 보람을
느끼는 '자아노출'의 적극성은 인터넷 커뮤니케이션 시대의 사회상을 가
장 함축적으로 보여 주는 현상이라고 할 수 있다.

이상에서 매스 커뮤니케이션에서 만들어진 S-M-C-R 모델은 인터넷
커뮤니케이션 환경에서는 설명력을 잃고 만다는 사실을 알 수 있었다. 그
렇다면 인터넷 커뮤니케이션 환경에서 어떠한 모델로 설명할 수 있을까
그림 3-8을 보면서 생각해 보자.

우선 정보생산자와 이용자는 동일한 사람이 될 수 있다. 일반인은 누
구나 정보를 생산하고 또 다른 사람이 생산한 정보를 이용할 수 있기 때
문에 동일한 주체인 것이다. 생산자를 프로듀서(producer)로 명명하고

이용자를 컨슈머(consumer)로 명명한다면 두 개체는 사실상 동일한 존재이므로 P/C라고 부를 수 있을 것이다. N은 네트워크(network), 즉 인터넷을 비롯하여 P/C에 접속되는 모든 형태의 온라인·오프라인 네트워크 미디어를 통칭한다. N 속에는 C, 즉 콘텐츠(content)가 존재한다. P/C는 N과 접속된 상태에서 끊임없는 상호작용(I, interaction)을 통해 C를 주고받을 수 있게 되는 것이다. 여기서 콘텐츠의 흐름은 두 개의 P/C 사이에 항상 쌍방향이며, N 속에 담기는 C는 상대방과 공유 가능할 뿐만 아니라 멀티미디어 정보 형식을 띤다. P/C는 스스로 콘텐츠를 생산할 수도 있고, 상대방에 의해 생산된 콘텐츠를 자유롭게 이용할 수도 있게 된다.

4. 정보사회의 쟁점

정보사회는 산업사회가 종결되고 어느 시점부터 새롭게 시작하는 신세계의 개념은 아니다. 다만 현대사회의 산업구조 안에서 농업, 공업, 서비스업, 정보산업의 계층이 다양하게 분포해 있으며 그중 정보산업의 비중이 크게 차지하는 사회인 것이다. 정보산업은 농업이나 공업, 서비스업에도 밀접하게 관련이 있으며, 다른 산업 부문과 명백하게 구분되는 성질의 산업이 아니라는 점에서 다원적인 관찰을 필요로 한다.

정보사회가 진전될수록 기술적 한계는 손쉽게 극복될 수 있으나, 사회·문화적 문제는 기술발전의 부차적 현상으로 항상 발생하게 되며 정책을 수립하는 기관은 이를 해결하지 않으면 안 되는 처지에 놓여 있다. 현재 당면한 문제들 중 정보격차, 디지털 통합, 저작권과 정보 공유, 콘텐츠와 정보 접근 등을 중심으로 살펴보기로 한다.

1) 정보격차

정보격차란 정보를 소유함에 있어 빈익빈 부익부 현상이 나타나는 것을 말한다. 정보격차는 크게 경제적 요인과 지리적 요인에 의해 발생한다고 볼 수 있다. 첫째, 경제적 요인에서 볼 때, 소비자가 상품으로서 정보와 정보기술을 습득하기 위해서는 구매력을 필요로 한다. 소득이 높은 사람들은 새로운 정보 상품과 기기를 손쉽게 구입할 수 있는 반면, 소득이 낮은 사람들은 신기술의 도입과 새로운 정보 습득이 늦어지거나 소외되기도 한다. 이처럼 소득 수준의 차이로 정보 능력에서 사회적 불평등이 발생하는 현상을 정보격차로 부른다.

둘째, 정보격차를 초래하는 지리적 요인으로 도시와 농촌 사이의 정보통신 기반 시설의 격차를 들 수 있다. 서울과 수도권 중심으로 정보통신 정책이 우선시되는 한국의 상황에서 농촌은 상대적으로 정보통신 기반 시설이 낙후되는 경향이 있다. 소비자가 사는 지역에 따라 정보 접근이 유리하거나 불리하게 된다면, 이는 또 다른 사회적 불평등을 확대하는 결과가 되는 것이다.

2) 디지털 통합

사회적 통합은 종교, 인종, 국적 등을 초월하여 구성원들을 하나의 사회적 커뮤니티(community) 안으로 포용하는 것을 뜻한다. 이는 유럽연합(EU)이 표방하고 있는 정책인데 다양한 국가의 국민들이 사회공동체의 발전에 참여하는 데 불이익이나 차별 또는 불평등이 없도록 장애물을 없애거나 인센티브를 제공함으로써 장려하는 취지의 제도다. 마찬가지로 디지털 통합(inclusion)이란 정보화를 추진하는 데서 발생하는 정보격차에 의한 소수집단 또는 소외계층의 불이익을 최소화하고 정보화의 혜택을 골고루 받을 수 있게 하는 취지라고 해석할 수 있다. 다시 말해 정보격차를 해결하려는 노력으로, 지금까지는 정보격차 또는 디지털 디바이드를 주제로 격차와 불평등을 부각하는 관점에서 정보사회의 문제를 다루고자 노력해 왔으나, 궁극적으로 필요한 것이 정보사회 안에서 모든 구성원들의 자유롭고 평등한 정보접근과 혜택을 보장하는 것이라면 디지털 통합을 위한 정책을 표방하는 것이 보다 합리적인 대안이 될 수 있을 것이다.

3) 저작권과 정보 공유

저작권은 정보의 유통과 관련하여 쟁점이 되어 왔다. 정보사회에서 정보란 곧 권력과 부(富)를 의미하는데, 전통적으로 공공재산이라고 할 수 있는 정보가 상업화되어 가고 있다. 과거에는 공공도서관에서 자유롭게 열람하고, 복사해서 이용할 수 있었던 정보가 상업화·디지털화되면서 개인적인 복사와 인쇄, 열람이 쉽지 않은 추세이다. 이러한 정보의 상업화는 정보사회의 새로운 불평등인 정보 불평등을 조장함으로써 현대 사회의 빈부격차를 더욱 고착화시킬 수도 있는 것이다.

P2P 공유 사이트의 논란은 수백만 명의 인터넷 이용자들이 음악과 영화, 디지털 정보를 무상으로 다운로드함으로써 저작권을 침해받아 크게 손해를 입고 있다는 음반·영화산업의 주장과 정보 공유의 자유를 근거로 이에 반대하고 있는 P2P 업체와 이용자들의 주장이 마찰을 빚은 것이다. 대체로 법원은 저작권을 보호하는 방향으로 손을 들어주고 있다.

미국에서는 크리에이티브코먼스(Creative Commons)라고 일컫는 정보 공유운동이 세계로 퍼져가고 있다. 크리에이티브코먼스는 콘텐츠 저작자가 제한적으로 저작권을 주장함으로써 일정 부분은 이용자들이 자유롭게 정보에 접근하여 활용할 수 있도록 자발적으로 콘텐츠에 표시하는 일종의 제한적 정보저작권 행사를 가리킨다. 무료 소프트웨어, 온라인 강의록, 책, 사진, 자료 등 모든 형태의 콘텐츠에 제작자가 독점적 저작권을 주장하는 대신 공공의 이익에 부합하는 목적에 합당하게 사용될 수 있도록 접근의 자유를 보장하는 것이다(자세한 내용은 http://creativecommons.org/about/licenses/ 사이트 참조). 이와 유사한 정보 공유운동이 우리나라에서도 진행되고 있으나, 공유의 법률적 의미가 자칫 왜곡되어 인터넷에 올라 있는 모든 정보는 정당한 절차 없이 자유롭게 유통시킬 수 있다는 주장이 있는 반면, 저작권 침해가 발생되지 않도록 이를 제한하는 법원의 판결 사이에 사회적 갈등이 형성되기도 한다.

4) 콘텐츠와 정보 접근

디지털 콘텐츠는 보존의 영구성을 특징으로 하고 있으나 오히려 인터넷에 올랐다가 사라지면 콘텐츠 전체가 상실되고 마는 정보의 일시성 문제는 심각하게 인식되고 있지 않다. 인터넷 초창기 문화 웹진, 인터넷 독립언론 등을 비롯하여 개인 홈페이지, 동호회나 단체 홈페이지에 존재했던 가치 있는 정보들이 사라지고 있는 것이다. 웹사이트가 사라지거나 운영

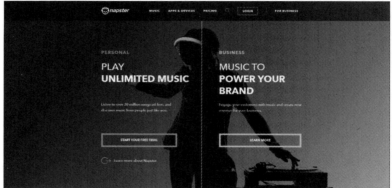

그림 3-9 P2P 공유 사이트의 논란을 일으킨 소리바다와 냅스터 홈페이지

이 중단될 경우 여러 사람에 의해 함께 생산되었던 정보 자체가 사라져버리고 있는 현실이다. 이러한 정보는 보존대책만 마련된다면 누구든지 이용할 수 있는 공공재산으로 전환 가능한 것이다. 이는 사회적으로는 부의 손실이고, 개인에게는 정보에 대한 다양한 접근을 제약하는 요인이 될 수 있다.

사실 인터넷 공간은 연예·오락·게임·음란물 등과 관련된 정보에 편중되어 있는 현실이다. 정보편중 현상은 정보의 생산과 수요를 특정 분야에만 집중시킴으로써 사이버공간의 전체적인 질을 떨어뜨리는 요인이 되고 있다. 오히려 이 사회의 다양한 문제를 해결하는 데 필요한 고급 정보는 실제 사이버공간에 많지 않을 뿐만 아니라 찾아내기도 쉽지 않은 현실이다. 또한 고급 정보는 돈을 지불해야만 접근할 수 있게 구조화되어

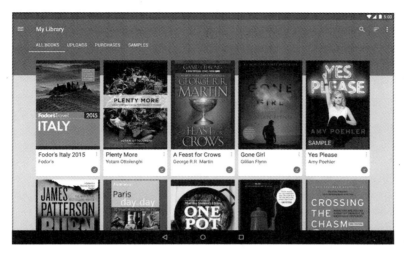

그림 3-10 구글 북스

가고 있다. 정보의 편중 현상은 사이버공간에서 정보를 이용하는 일부 계
층의 욕구만을 충족시켜 줌으로써 결과적으로는 지식 네트워크로서의
인터넷 기능을 사장시킨다는 지적을 받기도 한다. 이러한 문제를 해결하
기 위해서는 사라져 가는 가치 있는 정보들은 복원해 내고, 현존하는 가
치 있는 지식 정보들을 공공화해 누구든지 자유롭게 열람할 수 있도록 하
는 장치가 필요할 것이다.

5) 감시사회

정보기술이 소비자의 생활 속으로 도입되면서 정보기기를 사용하는 개
인의 모든 일상 활동은 기록으로 남게 된다. 신용카드 거래를 비롯하여
주민등록번호와 같은 일련번호를 개인 고유의 번호로 사용하는 소비자
들은 편리함을 장점으로 내세우는 정책의 이면에 소비자 개인정보를 정
보망을 통해 자발적으로 내줌으로써 기업이나 정부가 개인을 감시할 수
있는 데이터를 제공하는 셈이다. 인터넷 쇼핑, 전자상거래, CCTV 등과
같은 기술의 진보는 소비자를 점점 데이터 단위로 낱낱이 파악할 수 있는
대상으로 만들어 놓았다.

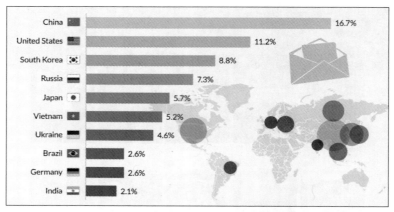

China 🇨🇳 16.7%
United States 🇺🇸 11.2%
South Korea 🇰🇷 8.8%
Russia 🇷🇺 7.3%
Japan 🇯🇵 5.7%
Vietnam 🇻🇳 5.2%
Ukraine 🇺🇦 4.6%
Brazil 🇧🇷 2.6%
Germany 🇩🇪 2.6%
India 🇮🇳 2.1%

그림 3-11 세계 스팸메일 발신지 순위

출처 : :https://www.statista.com/chart/3396/china-tops-global-spam-mail-rankings/

5. 정보사회의 전망

정보사회의 진전은 대중 미디어를 약화시키고 1인 미디어가 부각되는 결과를 가져왔다. 따라서 현재 블로그 또는 미니홈페이지로 대표되는 1인 미디어의 진화가 더욱 가속화되고 첨단화될 것이다. 모바일 네트워크를 포함하여 멀티미디어 방송까지 가능한 첨단지능형 블로그로 진화할 것이며, 이와 같은 블로그들이 마치 우주 속의 수많은 별들처럼 저마다 빛을 발하며 인터넷 속에 존재할 것이다. 블로그는 자기표현의 결정체로 네트워크상에서 타인들과 공유하는 개인의 정체성을 나타내는 것이기도 하다. 인터넷은 이들 블로그를 네트워크로 접속시켜 주고 원하는 곳으로 이동시켜 주는 도로망의 역할을 보다 충실하게 수행하게 될 것이다.

경제 분야에서는 소매유통업에서 인터넷 소매업(e-tailing)이 부흥하고 있다. 과거에는 벤처기업들이 인터넷 소매시장을 주도했으나, 최근에는 대형 오프라인 유통업체나 소매업체가 온라인 마케팅을 적극적으로 도입함으로써 시장을 주도하고 있다. 인터넷 사업만을 전문적으로 하던 업체들도 오프라인 영업과 온라인 영업을 결합시킨 형태가 다수를 차지하고 있다. 이들은 정보사회의 시장구조를 변화시키고 소비자 경제의 방향을 이끌어 가는 힘을 가지고 있다.

한편, 전통적인 온라인 기업들은 한 가지 업종뿐만 아니라 타 분야까지 진출하는 경향을 보이고 있다. 예를 들어 구글은 대형 출판사와 유명 대학도서관 등과 협력하여 서적 내용까지도 검색하는 서비스를 준비하고 있다. 아마존닷컴은 대표적인 판매 상품인 서적 매출 외에도 소형 가전의 판매까지 확장하였다. 이처럼 사업 영역의 확장으로 기업의 생존력을 증가시키고 수익성을 창출하려는 시도가 이뤄지고 있는 것은 정보사회의 대표적인 특성인 경영의 유연성(flexibility)을 최대한 활용하는 전략이 사회적으로 확장되고 있음을 의미한다.

한편 정보사회의 역기능이라고 할 수 있는 바이러스와 스팸의 고도화는 정보사회의 양면성을 나타내는 단면이다. 애드웨어, 스파이웨어, 바이러스, 스팸메일 등은 정보사회의 그림자처럼 은밀한 방법으로 사회에 악영향을 끼치고 있다. 애드웨어는 사용자도 모르는 사이에 이용자의 컴퓨터 하드디스크에 상주하며 컴퓨터의 성능을 저하시키고, 추적이나 해킹의 수단으로도 사용되어 개인정보 보호에도 위험한 프로그램이다. 바이러스도 단순하게 이메일의 첨부파일을 통해 감염되던 기존 방식과 달리 이제는 감염 경로 자체를 이용자가 인식하지 못할 정도로 지능화하였다. 또한 송수신된 이메일의 대부분을 차지하는 스팸메일도 온라인 공해에 해당한다. 앞으로는 이와 같은 문제를 근본적으로 해결할 수 있는 보완 대책이 마련되어야 할 것이다.

온라인에 대한 신뢰의 문제에서, 온라인 사기(피싱, phishing)라는 새로운 형태의 개인정보 유출 문제가 대두하고 있다. 피싱(Phishing)은 개인정보를 뜻하는 프라이빗 데이터(private data)와 낚시를 뜻하는 피싱(fishing)의 합성어로, 낚시하듯이 개인정보를 몰래 빼내는 것을 일컫는다. 이것은 불특정 다수를 대상으로 신용카드나 은행계좌 정보에 문제가 발생해 수정이 필요하다는 등의 거짓 이메일을 발송하여 카드정보나 계좌정보 등의 개인정보를 빼내 불법적으로 이용하는 범죄 행위다. 금융 기관들은 이러한 피해를 막기 위해 고객에게 피싱 사기에 대한 주의를 환기시키는 이메일을 발송하거나 대응책을 마련하고 있다.

이처럼 정보사회는 혜택과 피해를 동시에 포함하는 이중적 양상을 띠고 있다. 정보사회에서도 불평등 현상은 물론 범죄까지도 존재하는 것

그림 3-12 소셜 미디어
의 종류(2017년 기준)

FredCavazza.net

이다. 정보화에 대한 낙관론적인 견해는 물질적 풍요의 면에서 거대한 부를 지니고 삶의 질이 높은 사회, 개인주의, 민주주의, 평등의 가치가 실현되는 사회를 지향한다. 한편 비관론적인 견해는 대규모 구조적 실업, 정보기술의 숙련 여부에 따른 새로운 계급체계의 고착화, 정보기술을 이용한 사회적 감시와 통제, 불평등과 정보 범죄의 증가 등을 지적한다. 정보화는 각 나라의 역사적, 문화적, 사회적 조건에 따라 다양한 모습으로 발전할 수 있다. 정보화가 보다 인간 중심적이고 민주적으로 구체화되기 위해서는 사회구성원들이 자발적으로 참여하는, 디지털 기술과 인터넷을 통한 사회 통합 운동을 적극적으로 추진해야 할 것이다.

6. 정보사회의 진화

1) 소셜 미디어의 등장

디지털 기술의 발전과 고도화의 덕택에 미디어는 단순한 정보 전달 수단에서 이용자 참여형으로 진화하면서 새로운 블로깅과 네트워킹을 실현하는 개념으로 소셜 미디어(social media)라는 용어가 쓰이게 되었다. 소셜 미디어의 등장에는 웹2.0 시대를 거치면서 참여와 공유가 강조되는 UCC(User Created Content), 정보 개방을 중시하는 블로그, 소통을 강조하는 소셜네트워크서비스(Social Network Service) 등이 중요한 토대가 되었다. 이들을 통틀어 소셜 미디어라고 부르게 되었으며, 이용자들 간의 커뮤니케이션 도구로서 개방성, 확장성을 통해 다른 사람들과의 소통과 인간관계를 형성해 가는 네트워크를 중요시하면서 지속적으로 발전해 왔다.

소셜 미디어란 사람들의 사회생활에서 인간관계가 형성되는 공간을 인터넷 공간으로 확대한 것으로, 이용자들이 자신의 생각과 의견, 경험 등을 서로 공유하기 위해 사용하는 쌍방향 커뮤니케이션 도구 또는 플랫폼을 의미한다.

소셜 미디어에는 여러 유형들이 있다. 첫째, 자신의 의견이나 아이디어를 게재하고 논의하는 표현 도구(블로그, 위키피디어, 트위터, 페이스북), 둘째, 비디오, 음악, 이미지 등을 공유하는 도구(유튜브, 슬라이드셰어, 인스타그램), 셋째, 모바일네트워크, 온라인네트워크 등을 구축하는 네트워킹 도구(링크드인), 넷째 소셜 게임 포털과 같은 놀이 도구(메이플스토리, 포고) 등으로 분류할 수 있다.

2) 소셜 미디어의 영향

소셜 미디어 이용이 활성화되면 커뮤니케이션의 특성이 일방적, 폐쇄적 메시지 전달에서 개방형 대화와 정보 공유의 방향으로 진화하면서 투명성, 개방성 문화가 확산된다. 언론 미디어, 기업, 정치 등의 분야에서 정보력으로 무장한 이용자들은 사회 전반에 대한 감시자가 되는 동시에 이슈의 확대 재생산자로서도 자리매김하게 된다. 특히 기업은, 고객 문의나 요구 사항에 정중하고 솔직한 태도로 신속하게 대응하지 않으면 소비자의 신뢰를 잃게 될 수도 있기 때문에, 소셜 미디어를 가장 적극적으로 마케팅 수단으로 활용하는 노력을 기울이고 있다.

소셜 미디어는 이용자들이 네트워크 안에서 사회적 상호작용을 통해 가상의 군중 효과를 발생시킬 수 있다. 정보의 자유로운 흐름이 촉진되어 정보의 습득과 확산 면에서 이용자 파워가 향상되는 효과를 가져온다. 따라서 소셜 미디어 이용자들은 조직 없이 조직된 상태를 유지하며 언론, 지식산업, 경제 등의 분야에 커다란 압력을 행사하고 변화를 유도할 수도 있게 된다. 결과적으로 소셜 미디어 안에서 다양한 공적담론이 표출되고 수용되며 이용자의 사회적 영향력도 증가한다.

소셜 미디어의 또 다른 영향력은 개인과 네트워크 간의 융합이 촉진되는 면에서 찾을 수 있다. 개인 미디어를 넘어 다양한 범위의 사람들과 연결되면서 개인화와 사회화의 융합을 촉진하는 것이다. 이들은 일상적 경험을 공유하거나 사회적 이슈와 논의를 주고받으면서 사적공간과 공적공간의 구분이 모호해지는 경우가 생기게 된다. 개인들은 네트워크를 통한 협력과 노력으로 새로운 지식을 창조하는 데 기여하는 이른바 '집단지성'이라는 수준까지 도달한다. 즉, 분절적으로 존재하는 지식들 간의 소통과 상호협력(정보 생산, 확산, 오류 검증, 지식 수준으로 승화) 과정을 통해 새로운 아이디어가 창출되는 효과를 가져올 수 있는 것이다.

3) 소셜 미디어와 정보사회

초창기 정보사회 개념의 탄생은 PC와 같은 정보처리 기기의 급속한 발전 덕택에 정보와 지식을 다루는 산업이 확산되는 사회를 염두에 둔 것이었다. 정보기기의 발달, 정보산업에 종사하는 인력의 증가, 정보경제를 통한 이윤과 소득 향상이 정보사회를 진단하는 축이 되었다. 특히 디지털 기술의 발달은 정보사회를 더욱 빠른 속도로 촉진시키는 중심 역할을 해 왔다.

1980년대 초 PC의 등장은 정보혁명이라고 불릴 정도로 사회를 유지하는 체계와 인간의 사고방식을 바꿔놓았다. 아날로그와 디지털 기술이 융합되면서 정보사회의 진전은 더욱 급속도로 이뤄졌고, PC 등장 후 15년이 지나는 1995년에는 인터넷이 탄생하면서 정보사회를 거의 완성시키는 수준에 이르게 되었다. 이로써 사실상 20세기를 지배해 온 정보 유통의 패러다임이었던 매스 커뮤니케이션은 그 위력을 잃기 시작했다. 이제부터는 '네트워크 커뮤니케이션'의 시대가 열리게 된 것이다. 정보의 소비자에 불과했던 이용자들은 차츰 정보를 직접 생산하고 유통할 수 있는 환경에 놓이면서 새로운 네트워크가 가져오는 혜택을 최대한으로 활용해 왔다. 인터넷은 개인의 커뮤니케이션뿐만 아니라 개인과 집단, 언론, 기업, 문화 등 사회의 전반에 걸쳐 이전 시대와는 전혀 다른 양상으로 인간의 생존 수단으로까지 자리 잡아 왔다.

인터넷 등장 후 15년이 되는 2010년에 접어들면서는 '스마트 미디어'가 사회를 주도하고 있다. 스마트 미디어의 가장 큰 특징은 온라인 기반의 인터넷으로 구축된 정보 네트워크가 무선 기반의 모바일 미디어로 진화했다는 점이다. 즉, 온라인에 의존하지 않는 모바일 미디어를 수단으로 하여 인터넷을 이용하고 나아가 일상생활, 경제와 문화 활동 등 다양한 분야에서까지 정보를 생산, 공유, 유통할 수 있는 유비쿼터스 환경까지 실현하는 단계에 이른 것이다. 스마트 미디어를 통해 새롭고 다양한 인간관계 확산이 가능해졌기 때문에 이를 두고 소셜 미디어라고 부르기도 한다.

기술적으로는 상용화 수준에 벌써 도달했지만 사회적 수용 속도가 늦어 시장 확대에 고충을 겪던 전자책 시장도 소셜 미디어 등장으로 새로운 가능성이 열리고 있으며, 인쇄 신문의 쇠락에 반등할 수 있는 새로운 뉴스 공급 체계도 꾸준히 실험되고 있는 상황이다. 소셜 미디어의 또 다른 특징은 지금까지 비교적 전문가 영역에 있던 영상 콘텐츠까지도 이제는 개인이 손쉽게 촬영, 편집, 제작하여 이를 네트워크상에 유통함으로써 다른 이용자들과 공유할 수 있는 환경이 열렸다는 점이다. 20세기 교육의 목표가 텍스트 중심의 글을 읽고 쓸 줄 아는 리터러시의 향상이었다면, 21세기 교육은 문자의 리터러시에서 한걸음 나아가 영상(사진, 동영상, 이미지까지 포함)에 대한 리터러시를 높이는 것에 목표를 둬야 할 만큼 영상 콘텐츠가 보편화된 상황에 이르렀다. 컴퓨터와 영상 기술의 발전, 무선 네트워크의 고도화, 개인의 정보 활동 수준 향상 등이 어우러져 현대사회는 말 그대로 첨단 정보사회의 정점에 있다고 해도 과언이 아닐 것이다.

요약

이 장에서는 정보사회에 대한 이해를 높이기 위해 정보사회적 현상들을 간략히 살펴보았다. 우선 정보사회의 용어가 어디서 유래하였는지, 정보사회의 정의를 어떻게 내려야 하는지, 정보사회를 특징짓는 4개 요소가 무엇인지 알아보았다. 현대 정보사회의 특징을 대표하는 4개 요소를 ① 인터넷, ② 디지털, ③ 개인화, ④ 새로운 패러다임으로 나누어 알아보았다. 결과적으로 사회의 정보화로 인해 매스 커뮤니케이션의 영향력은 위축되고, 대신 인터넷 커뮤니케이션의 위력이 증대하고 있음을 알 수 있었다. 인터넷 커뮤니케이션은 네트워크상에서 정보와 콘텐츠가 쌍방향적으로 흐르는 것이 핵심적 특징임을 모델을 통해서 제시해 보았다. 아울러 보다 이상적인 정보사회를 실현하기 위한 쟁점으로 사회적 통합, 정보공유, 콘텐츠 등에 관한 사항들도 살펴보았다. 정보사회는 양면성을 가지고 있기 때문에, 보다 살기 좋은 정보사회를 실현하는 것은 궁극적으로 인간의 손에 달려 있다. 따라서 역기능을 최소한으로 줄이고 순기능을 최대한 살려서 디지털 기술을 통한 사회적 통합을 이루는 길이 사회구성원들의 중요한 과제로 놓여 있다. 정보미디어 기술은 1980년대 이래로 PC, 인터넷, 소셜 미디어의 단계로 발전해 오면서 정보사회의 발전도 가속시켜 왔다. 특히 최근 등장한 스마트 미디어의 등장을 중심으로 소셜 미디어의 개념과 영향에 관해서도 정보사회 진화 과정의 한 축으로 보고 파악해 보았다.

주요 용어

정보	지식산업	낙관론
신중론	인터넷	쌍방향
하이퍼텍스트	멀티미디어	e비즈니스
디지털	미디어 융합	유비쿼터스
블로그	SMCR 모델	패러다임
저작권	정보 공유	크리에이티브코먼스

소셜 미디어   집단지성   스마트 미디어

애플리케이션   클라우드컴퓨팅

연습문제

1. 정보사회라는 용어가 처음 등장한 것은 언제인가?

2. 상품으로서의 정보는 어떠한 것들이 있는가?

3. 블로그의 특징은 무엇인가?

4. 하이퍼텍스트란 무엇인가?

5. 하이퍼텍스트가 멀티미디어인 이유를 설명하라.

6. 디지털의 특징은 무엇인가?

7. 미디어 융합이란 무엇을 말하는가?

8. 유비쿼터스 컴퓨터란 무엇을 말하는가?

9. S-M-C-R 모델을 설명하라.

10. 크리에이티브코먼스란 무엇인가?

11. 정보사회의 긍정적 현상과 부정적 현상을 설명하라.

12. 소셜 미디어란 무엇인가?

13. 소셜 미디어는 정보사회에서 어떤 의미를 가지는가?

심화토론문제

1. 정보사회에 대한 낙관론과 비관론에 어떤 견해들이 있는지 조사하여 토론해 보자.

2. 여러 가지 관점에서 정보사회의 정의를 내려보고, 어떤 것이 가장 설득력이 있는지, 그 이유는 무엇인지 논의해 보자.

3. 정보사회의 특징을 나타내는 요인들을 나열해 보고 각각 속성에 따라 분류해 보자.

4. 정보사회의 저작권 보호와 정보공유 주장의 상반된 입장에 대해 각각

정당성과 논리적 모순을 찾아 토론해 보자.

5. 인터넷 커뮤니케이션 현상을 가장 잘 나타낼 수 있는 모델을 만들고, 그 모델을 적용하여 정보사회 현상을 설명하는 데 얼마나 일반화할 수 있는지 토론해 보자.

6. 정보사회로 인한 사회적 문제점들을 예시하고, 그 해결책을 토론해 보자.

7. 소셜 미디어가 개인, 집단, 조직(기업), 사회에 획기적인 변화를 이끌 어 낸 사례를 찾아 토론해 보자.

참고문헌

Bell, D.(1979), The social framework of the information society. In M. L. Dertouzous & J. Moses(Eds.), *The computer age : A twenty-year view*(pp.163-211), Cambridge, MA : MIT Press.

Giddens, A.(1985), *The nation state and violence : Volume two of a contemporary critique of historical materialism,* Cambridge : Polity.

Hayashi, Y.(1969), 『情報化社会 : ハードの社会からソフトの社会』, 東京 : 講談社.

Kuhn, T.(1970), *The structure of scientific revolutions,* (2nd ed.). Chicago : University of Chicago Press.

Machlup, F.(1962), *The production and distribution of knowledge in the United States,* Princeton, NJ : Princeton University Press.

Schement, J. R., & Lievrouw(Eds.)(1987), *Competing visions, complex realities : Social aspects of the information society,* Norwood, NJ : Ablex.

Schiller, H.(1981), *Who knows : Information in the age of the Fortune 500,* Norwood, NJ : Ablex.

Toffler, A.(1980), The third wave. New York : Collins.

일본 내각부 (2017). 과학기술정책자료집,
http://www8.cao.go.jp/cstp/society5_0/index.html

2부

커뮤니케이션 미디어의
유형과 내용

04
인쇄 미디어

학습목표

TV, 인터넷, 소셜 미디어, 모바일 미디어 등 뉴미디어의 등장으로 신문과 잡지로 대표되는 인쇄 미디어에 대한 관심이 줄고 있다. 신문과 잡지의 위기가 지속되면서 미래에 대한 우려가 커지는 실정이다. 실제 구독률, 열독률, 신뢰도 측면에서 인쇄 미디어는 고전을 면치 못하고 있다. 많은 수용자가 종이에서 인터넷으로 옮겨가고 있다. 하지만 이들이 인터넷에서 찾는 정보와 뉴스 대부분은 여전히 신문과 잡지가 제공한 콘텐츠다. 인쇄 미디어의 위기는 어떻게 보면 과장된 것일 수도 있다. 종이 신문과 잡지는 외면당하지만, 신문과 잡지의 콘텐츠는 인기를 끌고 있기 때문이다.

인쇄 미디어의 역사를 상징하는 구텐베르크의 금속활자 발명은 인류 문명의 발달에 큰 영향을 미쳤다. 지식의 대중화를 바탕으로 이성과 합리를 중요시하는 근대적 사고방식을 앞당겼다. 지금도 인쇄 미디어의 사회적 영향력은 막강하다. 중요한 뉴스와 정보를 우리 사회에 선택적으로 전달해 사회적 이슈로 만들고 있다. 신문과 잡지는 우리 사회에 어떤 이슈가 논의되어야 하며, 어떻게 해석되어야 하며, 얼마나 중요하게 간주되어야 하는지를 알려 준다. 인쇄 미디어에 대한 이해와 학습이 필요한 이유다. 구체적으로 이 장에서는 다음과 같은 내용을 학습한다.

첫째, 인쇄 미디어의 역사적 발전 과정에 대해 이해한다.
둘째, 인쇄 미디어의 특징을 저널리즘 관점에서 살펴본다.
셋째, 인쇄 미디어의 사회적 영향력과 역할에 대해 관련 이론을 바탕으로 정리해 본다.
넷째, 인쇄 미디어의 위기 상황을 진단하고, 해법을 모색해 본다.

1. 인쇄 미디어의 발달

종이에 글자를 찍어 다량으로 보급하는 인쇄 미디어의 출현과 발달은 인류 역사 발전에 큰 영향을 미쳤다. 영국의 철학자 베이컨(Fransis Bacon)은 세상을 바꾼 중요한 발명품으로 인쇄술, 총포, 나침반 세 가지를 꼽았다. 미국의 시사주간지 ≪라이프(Life)≫는 구텐베르크의 금속활자 발명을 지난 1000년 동안 가장 중요한 발명으로 선정하기도 하였다.

인쇄술 발명 이전에도 책은 존재했다. 원시 형태의 책은 BC 3000년쯤 이집트 파피루스에 갈대 줄기로 만든 펜으로 숯 물을 찍어 글자를 적고 두루마기식으로 보관하던 것에서 시작한다. BC 220년쯤 양피지(양의 가죽을 펴서 표백해 말린 것) 발명과 105년쯤 중국 채륜의 종이 발명이 책의 발달을 촉진하였다.

인쇄술의 출발은 목판인쇄에서 비롯했다. 나무판에 문자 그림을 새기고 표면에 잉크와 같은 성분을 묻혀 종이에 찍는 방식이었다. 세계에서 가장 오래된 목판본은 우리나라 통일신라시대에 간행된 불교 경전인『무구정광대다라니경』이다. 1966년 불국사 석가탑 사리함에서 발견된 이 목판본은 석가탑(통일신라 경덕왕, 751년 조성)이 건축되기 전에 간행된 것으로 알려졌다. 목판 인쇄술에 이어 발명된 금속활자 인쇄술은 글자 하나하나를 이동식 모형으로 만들어 책에 맞춰 틀에 조합해 넣으면 쉽게 복제가 가능하도록 했다. 매번 책 한 페이지에 해당하는 목판을 제작할 때에 비해 빠르고 효율적이었다. 세계에서 가장 오래된 금속활자본도 고려시대(1377년)에 간행된『직지심체요절』이다. 불교 경전에 실린 내용에서 좋은 구절만 선택해 편집한 책이다.

세계적으로 금속활자 인쇄술 발명가로 유명한 사람은 독일의 구텐베르크(Johannes Gutenberg)다. 구텐베르크는 조폐국에서 일한 아버지 덕분에 금화 제조법을 알고 있었고, 이 기법을 인쇄술에 응용한 것으로 추정된다. 구텐베르크의 업적 가운데 최고로 꼽히는 것은 1455년쯤 완성된『구텐베르크의 성경(Getenberg's Bible)』이다. 2권 1227쪽 분량으로 180질이 제작된 것으로 알려졌다. 이후 성경 인쇄본의 보급은 당시 지식과 교육을 독점하던 성직자와 수도원의 힘을 약화시키는 계기가 되었다.

출처: 『현대 PR의 이론과 실제』

그림 4-1 활판인쇄로 찍은 최초의 인쇄물을 검토하는 요한 구텐베르크

　유럽 역사를 뒤바꿔 놓은 종교개혁도 구텐베르크의 인쇄술과 밀접한 관련을 맺고 있다. 종교개혁은 교황청의 면죄부 판매에 마르틴 루터(Martin Luther)가 1517년 '95개조 반박문'을 발표하면서 시작됐다. 반박문은 구텐베르크의 인쇄술을 이용해 신속하게 대량 배포되면서 큰 반향을 불러 일으켰다.

　이처럼 구텐베르크의 인쇄술은 오늘날 인터넷이나 빅데이터 못지않은 혁명적 변화를 가져왔다. 구텐베르크 이전에는 책 1권이 2달 넘게 걸려 필사(筆寫)되었다. 인쇄술 이후에는 일주일에 책 500권이 인쇄될 정도로 정보의 대폭발이 발생한 것이다.

　미디어 이론가 매클루언(Marshall McLuhan)은 1962년 『구텐베르크의 은하계(The Gutenberg Galaxy: The Making of Typographic Man)』라는 책에서 구텐베르크가 당시 사회에 미친 영향을 논의하였다(조맹기, 2006). 대량 인쇄는 읽을거리를 풍부하게 하고, 인간은 오감(五感) 가운데 시각(視覺)을 가장 잦게 사용하게 되었다. 시각에 의존하는 묵독(黙讀)이란 독서 행위와 함께 공동체를 벗어나는 사적 생활과 사고가 생긴 것이다. 특히 인쇄된 글의 선후를 순서대로 이해하는 선형적 사고를 바탕으로 이성적 논리적 판단이 중요시되었다. 이런 변화가 이후 르네상스, 과학혁명,

그림 4-2 프랑스 스트라스부르의 구텐베르크광장에 있는 구텐베르크동상　출처: 두산백과. doopedia.co.kr

그림 4-3 구텐베르크 성경　출처:http://www.socialstudiesforkids.com/articles/worldhistory/gutenbergbible.htm

산업혁명 등에 영향을 미쳤다는 것이다(임상원·이윤진, 2002). 이처럼 인쇄 미디어의 발달은 중세와 근대를 거쳐 인간의 역사 발전에 큰 역할을 했다. 인쇄 미디어를 대표하는 신문과 잡지의 국내외 역사를 살펴보자.

1) 신문의 역사

(1) 외국 신문의 역사

인류 역사상 첫 신문 형태는 로마시대 발간된 '악타 디우르나(Acta Diurna)'에서 찾는다. 카이사르(Gaius Julius Caesar)와 같은 집권자가 대중에게 정책을 알리기 위해 발간한 관보(官報)이다. 로마 광장에 나붙었으며, 필사본이 제국 각지로 전달되었다. 여기에는 원로원(元老院) 회의록인 '악타 세나투스(Acta Senatus)' 내용과 함께 민회(民會)의 결정 사항, 검투사 경기 결과, 유명인의 경조사, 주요 인사 사항 등이 실렸다. 오늘날 정치, 스포츠, 인물 등의 내용인 셈이다.

동양에서는 한나라 시대부터 ≪저보(邸報)≫라는 관보가 존재하였다. 여기에는 왕의 정책 결정과 주요 관료의 인사 사항 등이 주로 포함되었다. 이 소식은 지방 제후로부터 파견된 소위 특파원들을 통해 전국적으로 퍼졌다. 저보는 당나라와 송나라 시대에도 주요 관영 뉴스 미디어의 기능을 하였다. 이후 송나라 후기의 ≪조보(朝報)≫와 청나라 시기 ≪경보(京報)≫가 그 뒤를 이었다.

로마시대 이후 유럽의 귀족들은 편지 형식으로 오가는 서한신문(書翰新聞)을 통해 뉴스를 전달받았다. 중세 이후 르네상스, 종교개혁, 과학혁명, 신대륙 발견 등은 유럽인의 뉴스에 대한 관심을 높였다. 귀족뿐 아니라 도시 상인이나 대학 등에서도 뉴스를 수집하였다. 특히 독일 푸거(Fugger) 가문의 ≪푸거 차이퉁겐(Fugger Zeitungen)≫이 유명하였다. 이후 인쇄술이 발달하자 서한신문이나 필사신문 가운데 재미있는 내용을 선택해 싣는 인쇄물도 나타났다. 이와 같이 부정기적으로 인쇄되어 나오는 신문을 '플루크블라트(Flugblatt)'라고 불렀다.

근대 신문은 17세기에 나타났다. 1609년 독일에서 세계 최초로 정기적으로 발행된 신문 ≪렐라치온(Relation)≫과 ≪아비소(Aviso)≫가 나왔다. 이어 네덜란드, 영국, 프랑스 등에서도 신문이 발행되었다. 대부분 국

그림 4-4 ≪뉴욕 월드≫의 만화 〈옐로 키드〉   출처: http://yellowjournalismblog.wordpress.com/2013/03/07/the-yellow-kid-2

왕의 허가를 받아 발행되는 주간신문 형태였다. 세계 최초의 일간신문은 1660년 독일에서 발행된 ≪라이프치거 차이퉁겐(Leipziger Zeitungen)≫이다. 이후 18세기부터는 각국에서 일간지가 발행되었다. 영국에서는 최초의 일간지 ≪데일리 쿠란트(Daily Courant)≫가 1702년 창간되었고, ≪더 타임스(The Times)≫의 전신인 ≪데일리 유니버설 레지스터(Daily Universal Register)≫가 1785년 시작되었다. 프랑스 최초의 일간신문은 ≪주르날 드 파리(Le Journal de Paris)≫로 1777년 창간되었다. 미국에서는 1690년 창간된 ≪퍼블릭 오커런시스(The Public Occurrences)≫가 최초 신문이지만 곧 발행이 중지되었다. 따라서 1704년 창간된 ≪보스턴 뉴스 레터(Boston News Letter)≫를 최초 주간신문으로 꼽는다. 미국의 최초 일간신문은 1783년 창간된 ≪펜실베이니아 이브닝 포스트(Pennsylvania Evening Post)≫다.

유럽에서 근대 신문이 나타난 시기에 이론적으로 주목해야 할 것은 밀턴(John Milton)의 『아레오파지티카(Areopagitica)』였다. 1644년 발행된 팸플릿으로 언론출판의 자유를 주장한 고전이다. 당시 영국은 프랑스나 독일보다 의회 정치가 일찍 발달되었다. 의회를 양분했던 토리당과 휘그당은 자신들의 기관지를 통해 정치 논쟁을 벌였고, 이 가운데 언론의 자유에 대한 고민이 일찍 시작되었다. 밀턴은 『아레오파지티카(Areopagitica)』에서 '사상의 공개시장(open market place of ideas)'과 '자동조정 작용(self-righting process)'을 언급하며, 언론 검열 폐지를 주장하였다. 이에 따르면 진리는 사상의 시장에서 거짓과 자유롭게 경쟁해야 하며, 이 과정에서 진리는 어떤 권력자의 개입이 없어도 승리한다. 이처럼 자유 시장과 자동 조정 기능이 있기 때문에 어떤 의견이든 자유롭게 발표되어야 하며 외부의 개입은 필요없다고 주장한다. 밀턴의 주장은 언론출판의 자유에 대한 토론을 촉발했으며, 결국 1695년 특허검열법이 폐지되었다. 이는 영국 역사상 처음으로 언론의 자유를 공식적으로 확인한 사건이며, 언론의 4이론 가운데 '자유주의이론(libertarian theory)'의 근간이 되었다(Siebert, Peterson, & Schramm, 1963).

19세기 신문 산업은 대중화 시대를 맞았다. 교육과 문자 해독력의 증가로 신문을 찾는 수요가 대폭 증가했으며, 신문의 가격은 대폭 내렸다. 프랑스의 ≪라 프레스(La Presse)≫, 미국의 ≪뉴욕 선(New York Sun)≫, 영국의 ≪데일리 텔레그래프(Daily Telegraph)≫ 등 대중신문이 등장한 것이다. 벤저민 데이(Benjamin Day)의 ≪뉴욕 선≫은 1833년 거리에서 1센트에 살 수 있는 신문으로 시작해 2년 만에 발행 부수 1만5000부를 기록하였다. 당시 미국 일간신문 가운데 최고의 보급률이었다(Stephens, 2007). 내용면에서는 범죄 뉴스와 인간적 흥밋거리를 섞어 독자 확보에 성공했으나, '옐로 저널리즘(yellow journalism)'으로 비판받기도 하였다. 퓰리처(Joseph Pulitzer)의 ≪뉴욕 월드(New York World)≫와 허스트(William Randolph Hearst)의 ≪뉴욕 저널(New York Journal)≫이 선정적이고 자극적인 소재를 찾아 보도하고 신문 값을 낮추는 출혈 경쟁을 벌인 것이다. 연재만화 〈옐로 키드(yellow kid)〉의 작가를 빼가며 선정성 경쟁을 벌여 '옐로 저널리즘'이란 용어가 붙었다.

이와 같은 신문의 행태에 대한 비판으로 언론의 사회 책임 이론이 나타났다. 언론이 중요한 사안을 객관적이고 공정하게 알리기보다 자신의 이익을 위해 작은 이야기를 과장하고 선정적 보도를 일삼는다는 비판이 나온 것이다. 미국은 허친스(Maynard Hutchins)를 위원장으로 하는 언론대책특별위원회를 구성하고 언론 현황에 대한 조사를 벌였다. 그 결과 1947년 '자유롭고 책임 있는 언론에 대한 허친스위원회의 보고서 (Hutchins Commission Report on a Free and Responsible Press)'가 발표되었다. 언론은 정부 규제를 받지 않는 자유를 가져야 함과 동시에 사회 공익을 추구할 의무도 있다는 것이다. 구체적으로 언론은 정확하고 공정한 보도로 사회가 지향할 가치를 제시하고 다양한 의견이 교환될 기회를 제공해야 한다는 것이다. 이후 신문의 사회적 역할에 대해 언론의 자유와 사회 공익에의 기여가 함께 논의되고 있다.

현재 미국에는 다양한 신문들을 여러 지역에 소유한 '신문 체인 (newspaper chain)'이 많다. 대표적으로 게이트하우스미디어(GateHouse Media), 가넷(Gannett), 디지털퍼스트미디어(Digital First Media) 등을 들 수 있다. 또 루퍼트 머독(Rupert Murdoch)이 운영하는 '뉴스 코퍼레이션(News Corporation)'은 미국, 영국, 홍콩, 호주 등에 신문과 방송을 가지고 있는 다국적 미디어 기업이다.

(2) 국내 신문의 역사

우리나라에도 근대 신문 이전에 ≪조보(朝報)≫나 ≪기별(奇別)≫로 불린 관보가 조선 전기 무렵부터 존재하였다. 이 소식지는 왕의 동정이나 관료의 인사 등 승정원의 발표 내용을 주로 담았다. 각 관청의 기별서리(奇別書吏)의 필사를 통해 서울과 지방의 양반층에 전달되었다. 조보는 우리나라 최초 신문인 ≪한성순보(漢城旬報)≫ 이후까지 존재하다 1895년 승정원의 공사청(公事廳) 폐지와 함께 없어졌다.

우리나라 최초의 근대적 신문인 ≪한성순보≫는 1883년 10월 31일 창간되었다. 정부 기구인 박문국(博文局)을 통해 발간된 관보였다. 개화파들이 국민에게 외국의 상황과 국제 정세를 알리고 개화사상을 보급하려는 목적에서 비롯되었다. 이 시기는 일본과의 수호통상조약(1876년)을 시작으로 미국(1882), 영국(1883), 독일(1883), 러시아(1884) 등과 연쇄적으로 국교를 맺는 기간이었다. ≪한성순보≫는 열흘마다 발행되다가 이듬해인 1884년 갑신정변으로 발행이 중단되었다. 1886년 ≪한성순보≫를 계승한 ≪한성주보(漢城周報)≫가 창간되어 매주 발행되다 1년 6

개월 만에 폐간되었다.

우리나라 최초의 민간신문은 1896년 4월 7일 창간된 ≪독립신문(獨立新聞)≫이다. 개화파 서재필(徐載弼)이 갑신정변 실패로 미국으로 망명하였다가 돌아와 창간하였다. 독립신문은 정치 개혁, 구습 타파, 민중 계몽, 자주 독립 등을 외쳤으며, 영문판 ≪인디펜던트(The Independent)≫를 통해 외국인에게 조선의 실정을 알렸다. 한글 전용과 싼 구독료 정책으로 신문의 대중화를 촉진하고 민간신문 제작에 영향을 미쳤다.

이후 국민 계몽을 강조하고 일본 제국주의에 저항하는 민간신문들이 연달아 등장하였다. ≪매일신문≫, ≪뎨국신문≫, ≪황성신문(皇城新聞)≫ 등 3개의 일간지가 1898년 같은 해에 창간되어 ≪언론계(言論界)≫가 형성되었다. 독립협회와 만민공동회 등에서 개혁운동이 벌였고, 국민의 정보 욕구가 증대된 사회적 분위기 때문이었다. 당시 신문들은 항일 논조로 정간이나 폐간되는 사례도 적지 않았다. 1905년 ≪황성신문≫ 장지

그림 4-6 《황성신문》
의 논설, '시일야방성
대곡'

연(張志淵)은 을사늑약을 반대하는 논설 '시일야방성대곡(是日也放聲大
哭)'으로 신문 정간과 함께 체포되기도 하였다. 1904년 영국인 배설(裴說,
Ernest Thomas Bethell)이 창간한 《대한매일신보(大韓每日申報)》 역
시 외국인 치외법권의 이점을 이용해 강력한 항일 논조를 폈다. 하지만
배설이 사망한 이듬해 1910년 《대한매일신보》 통감부 소유로 넘어갔
고, 한일합방 체결 후엔 《매일신보(每日申報)》로 이름이 바뀌었다. 이
때부터는 총독부 기관지로 전락하여 35년 동안 일제의 식민 통치를 옹호
하였다.

일제 강점기인 1920년에는 《조선일보》, 《동아일보》, 《시사신
문》 등 3대 민간신문이 창간되었다. 3·1운동 후 일제가 통치 방식을 소
위 '문화정치'로 바꾸면서 신문 발행을 허용하였기 때문이다. 일제 강점기
유명한 필화 사건은 1936년 《동아일보》의 '일장기 말소 사건'이었다. 베
를린올림픽대회 마라톤에서 우승한 손기정(孫基禎)의 사진을 보도하면
서 유니폼에 그려진 일장기를 없애 버린 것이다. 이 때문에 《동아일보》
는 무기 정간을 당하였다. 1940년 8월엔 《조선일보》와 《동아일보》 모
두 총독부의 강요로 강제 폐간당하고 말았다.

8·15 광복 이후 미군정은 언론 자유를 보장하며 신문 창간을 허가
제에서 등록제로 바꾸었다. 누구든지 신문 발행이 가능해지면서 《조선

인민보》, 《해방일보》, 《민중일보》, 《자유신문》 등 각종 정기간행물이 봇물 터지듯 쏟아졌다. 언론은 좌익과 우익으로 나뉘었고, 언론사에 대한 테러와 기자의 구속도 이어졌다. 이에 미군정은 다시 신문 발행을 허가제로 환원시키고 언론을 규제하기 시작하였다.

난립했던 신문사들은 1961년 박정희 정권 하에서 강제로 정리되었다. 당시 국가재건최고회의가 4개항의 '포고 제11호'를 공표하고, 시설 기준을 갖추지 않았다는 이유로 일간 신문 76개와 통신 205개사를 폐간한 것이다. 조석간으로 발행되던 복간제(複刊制)가 단간제(單刊制)로 바뀐 것도 이때 일이다. 이에 따라 《조선일보》와 《한국일보》는 조간, 《경향신문》과 《동아일보》, 《서울신문》 등은 석간으로 자리 잡았다. 1972년 10월 비상계엄 선포 후 신문은 정부 검열을 받으며 발행하게 되었다. 이에 반발한 기자들은 언론자유수호운동으로 대응했다. 해임된 기자들이 만든 '동아자유언론수호투쟁위원회'와 '조선자유언론수호투쟁위원회'도 등장했다. 1980년 8월 전두환 정권 아래에서는 전국 언론사의 종업원 대량 해직, 지방 주재 기자 폐지, 정기간행물 172종 등록 취소, 신문 방송 통신의 통폐합 등이 강행되었다. 또 보도 지침을 통해 일상적인 언론 보도 통제가 시행되었다. 한편, 1987년 6·29 선언은 언론의 모습도 크게 변화시켰다. 언론기본법 폐지, 지방주재 기자 부활, 프레스카드 폐지, 신문 증면 자율화 등이 실행되었다. 이후 신문 창간이 늘었다. 해직 기자 중심의 《한겨레》가 등장하였고, 재벌과 종교단체가 소유한 신문사도 등장했다. 이후 1988년 서울올림픽 등 국제 행사를 계기로 신문은 지면 수를 늘리고 컬러 지면 비율도 늘려 갔다. 또 가로짜기, 오피니언 지면 확대, 지면 배치 변화 등 신문은 끊임없이 지면 개선을 시도하였다. 한편으로는 뉴미디어를 적극 활용한 정보 데이터베이스 개발, 인터넷 신문 제작, 뉴스 전광판, 유선방송 진출 등이 진행되었다. 2011년에는 신문사들이 뉴스·교양·드라마·오락 등 모든 장르를 방송할 수 있는 케이블 종합 편성 채널을 시작하였다.

우리나라에서 발행되는 일간지는 189개로 집계된다(2015년 기준, 한국언론진흥재단, 2016a). 유형별로는 전국 종합 일간지 28개, 지역 종합 일간지 109개, 경제 일간지 15개, 스포츠 일간지 6개, 외국어 일간지 3

개, 기타 전문 일간지 26개, 무료 일간지 2개 등으로 나타난다. 이 가운데 100인 이상 사업체는 36곳(20.3%)에 불과하다. 유형별로 100인 이상 사업체는 전국 종합 일간지 11곳, 지역 종합 일간지 12곳, 경제 일간지 11곳, 스포츠 일간지 1곳, 기타 전문 일간지 1곳으로 집계된다. 일간지 전체의 절반가량(48.0%)은 10~49인 사업체에 해당하며, 나머지 4분의 1 가량(24.3%)은 50~99인 사업체에 속한다. 매우 영세한 9인 미만의 일간지도 7.4%로 집계된다. 일간지의 매출액 규모를 살펴보면, 전체의 36곳(20.3%)이 100억 원 이상의 매출액을 기록했다. 유형별로는 전국 종합 일간지 11곳, 지역 종합일간지 10곳, 경제 일간지 11곳, 스포츠 일간지 2곳, 기타 전문 일간지 2곳 등으로 나타났다. 일간지의 절반가량(49.7%)은 10억~100억 원의 매출액을 기록했고, 나머지(30.0%)는 10억 원 미만의 매출액을 보였다.

2) 잡지의 역사

잡지는 시사, 문화, 과학 등 여러 가지 주제를 다루는 정기간행물로, 발행 주기에 따라 주간, 월간, 계간 등으로 나뉜다. 주제와 독자에 따라 대중지(大衆誌, mass magazine), 일반전문지(一般專門誌, class magazine), 특수지(特殊誌, specialized magazine) 등으로 구분할 수도 있다. 대중지는 일반 뉴스와 이슈, 가벼운 읽을거리, 사진, 만화 등을 다루며 남녀노소 불문하고 모든 사람이 독자로 간주된다. 일반 전문지는 사회문화 관련 주제에 깊은 관심을 가진 특정 집단을 독자로 한다. 권위지(quality magazine)나 사상지(思想誌) 등이 속한다. 특수지는 교수·의사·종교인 등을 대상으로 하며, 주제도 이들의 직업과 관련된 특수한 것들이다. 과학 기술 잡지, 산업지, 종교지 등이 사례다.

세계 최초의 잡지는 ≪르 주르날 데스 샤방(Le Journal des Savants)≫으로 1665년 프랑스에서 창간되었다. 과학 분야를 중심으로 논문을 싣고 저서를 요약 게재한 주간지였다. 이후 프랑스에서는 '저널(journal)'에 해당하는 '주르날'이 붙은 다양한 잡지들이 발행되었다. 대부분은 과학에 대한 논의를 목적으로 하였다. 뉴턴(Isaac Newton)과 같은 당시 유명한 과학자들이 적극적으로 논문 활동을 펼쳤다. 이처럼 과학 분야 잡지가 번성하

그림 4-7 국내 잡지들

게 된 데에는 출판물에 정치 논의를 금지했던 당시 상황이 영향을 미쳤다.

현재의 '매거진(magazine)'은 프랑스어 '마가쟁(magasin)'에서 유래된 것으로, 본래 창고라는 의미를 가지고 있었다. 이 단어는 1731년 영국의 에드워드 케이브(Edward Cave)가 발간한 ≪젠틀맨스 매거진(Gentleman's Magazine)≫ 이후 잡지를 의미하게 되었다. 한 권에 다양한 내용을 담아낸다는 뜻으로 사용되었다. 당시 영국의 잡지들은 학자나 오피니언 리더들이 자신의 의견을 공개적으로 표현하는 창구로 사용되었다. 예를 들어 1704년 대니얼 디포(Daniel Defoe)가 창간한 ≪더 리뷰(The Review)≫는 발행인의 영국 교회에 비판적 의견을 그대로 실었다. 자신의 정치적 주장을 알리고 대중의 지지를 얻으려는 의도에서 창간된 것이다.

근대적 잡지의 발전은 19세기 말 미국에서 나타났다. 남북전쟁 이후 20여 년간 다양한 잡지가 창간되었다. 1880년대까지의 잡지는 글을 읽을 줄 아는 상류층만 대상으로 하였으며 가격도 비쌌다. 서민들은 잡지 대신

대중 신문을 이용하였다. 1883년 미국의 ≪매클루어스(McClure's)≫는 가격 인하로 잡지의 대중화를 선도하였다. 이 잡지는 주로 대기업의 비리를 밝혀내는 '폭로 저널리즘(muckraking journalism)'으로 인기를 끌었다.

이후 잡지는 과학, 지리, 여행, 패션, 가정 등 특정 분야에 특성화된 형태로 다양하게 창간되었다. ≪파퓰러 사이언스 먼슬리(Popular Science Monthly)≫, ≪사이언티픽 아메리칸(Scientific American)≫, ≪내셔널 지오그래픽(National Geographic)≫, ≪글래스 오브 패션(Glass of Fashion)≫, ≪홈 아트(Home Art)≫, ≪레이디스 월드(Ladie's World)≫, ≪베이비 후드(Baby hood)≫ 등이 사례다. 세계대전 이후 미국의 ≪타임(Time)≫과 ≪리더스 다이제스트(Reader's Digest)≫ 등은 외국어로 된 해외판을 내놓으며 전 세계에 독자들을 갖게 되었다. 하지만 방송 매체의 발달로 잡지 업계는 광고 감소와 함께 경영난을 겪기 시작하였다. 인터넷 미디어의 발달과 확산은 잡지 업계를 더욱 위축시켰다.

우리나라 잡지 업계 현황은 다음과 같다. 한국ABC협회(2017년 4월 발표)에 따르면, 인증 받은 잡지 167개사가 모두 176만3906부를 발행하였다. 잡지사 한 곳당 평균 발행 부수는 1만562부였다. 이 가운데 발행 부수 1만 부가 넘는 잡지는 모두 35개사였다. 이 순위 안에는 ≪음식과 사람≫, ≪여행스케치≫, ≪시사인≫, ≪월간조선≫, ≪한겨레21≫, ≪신동아≫, ≪이코노미스트≫ 등 다양한 잡지가 포함되었다. 소유 구조 측면에서는 신문사 출판국에서 직접 출판하거나 신문사 계열 법인에서 출판하는 것이 대부분이다. ≪주간동아≫, ≪한겨레21≫, ≪주간한국≫, ≪주간경향≫, ≪신동아≫, ≪르몽드 디플로마티크≫ 등은 신문사 출판국에서 직접 발행한다. 신문사 계열 법인이 발행하는 잡지에는 ≪주간조선≫, ≪월간조선≫, ≪뉴스위크(Newsweek)한국판≫, ≪월간중앙≫ 등이다. 신문사와 관계없는 독립 잡지 가운데 시사 종합지로는 ≪시사저널≫과 ≪시사인≫ 등이 있다.

한국언론진흥재단(2015)은 2014년 잡지 발행이 확인된 2509개 사업체를 대상으로 광범한 조사를 실시하였다. 분야별 잡지사를 분류하면, 문학·문화예술·종교 잡지(22.84%), 시사·경제·지역·산업 잡지(19.81%), 사보·기관지·회보 잡지(15.98%), 여성·생활환경·건강의

학 잡지(15.15%), 농수축 · 건설 · 환경 · 과학 · 기술 잡지(9.25%), 교육
학습 · 학술학회 · 법률고시 잡지(8.21%), 스포츠 · 취미레저 · 교통관광
잡지(6.26%), 아동 · 청소년 · 연예 잡지(2.51%) 순으로 나타났다. 잡지
사의 평균 매출액은 5억4800만 원이었으며, 잡지 3종 이상을 발행하는
사업체는 약 41억 원의 매출액을 보였다. 잡지 산업 종사자는 잡지사 평
균 7.3명으로 집계되었으며, 3종 이상을 발행하는 잡지사는 평균 24.6명
으로 나타났다.

2. 인쇄 미디어의 특징

신문과 잡지로 대표되는 인쇄 미디어는 구텐베르크의 인쇄술 발명 이후
대중에게 새로운 정보를 전달하고 지식을 갖게 하는 중요한 역할을 해 왔
다. 인쇄 미디어의 내용은 대체로 다양한 분야의 뉴스로 채워져 왔다고
할 수 있다. 따라서 인쇄 미디어의 특징은 저널리즘 원칙과 매우 밀접하
게 관련되어 있다. 저널리즘 측면에서 인쇄 미디어의 특징을 살펴보자.

1) 인쇄 미디어의 소재

신문과 잡지 등 대부분의 인쇄 미디어는 새롭고 중요하고 흥미로운 소식
을 전달한다. 정치, 경제, 사회, 문화 등 다양한 분야의 '뉴스'를 전달하는
셈이다. 뉴스에 대해 한가지로 정의하기는 어렵다. 영국의 ≪더 선(The
Sun)≫ 편집국장 찰스 다나(Charles A. Dana)는 "개가 사람을 물면 기사
가 되지 않지만, 사람이 개를 물면 기사가 된다"고 했다. 흔히 볼 수 없는
새롭고 특이한 현상이 뉴스라는 관점이다. 실제 신문과 잡지는 우리가 주
위에서 좀처럼 관찰하기 어려운 일들을 소재로 다룬다.

'무엇이 뉴스인가'는 '어떤 사건이 뉴스로서의 가치가 있는가'에 답하
면서 풀어볼 수 있다. 미주리그룹(The Missouri group, 2005)은 뉴스가 갖
춰야 할 6가지 특성을 제시하였다. 영향성(impact), 갈등(conflict), 새로움
(novelty), 저명성(prominence), 근접성(proximity), 시의성(timeliness)
등이다. 정부 정책에 반대하는 대규모 집회는 이런 측면에서 뉴스로서의

가치가 높다. 집회가 대중의 인식을 바꾸거나 정책의 철회를 유발할 정도로 강한 영향성을 가질 수 있으며, 정부와 집회 참가자 사이의 갈등도 있으며, 집회 참가자의 요구 사항은 새로운 내용에 해당한다. 또 이 집회에 유명 연예인이 참가했다면 저명성을 갖추게 되고, 집회 장소가 서울 시청 앞이라면 물리적으로 가까운 근접성도 갖추게 된다. 방금 끝난 집회라면 시의성도 높다. 이와 같은 개념들은 뉴스가치 기준에 해당되며, 어떤 사건이 뉴스가 될 수 있는지에 대한 척도가 된다. 고영신(2007)도 뉴스가치 기준으로 영향성, 저명성, 갈등성, 희귀성, 부정성, 인간적 흥미성, 관련성, 유행성, 시의성, 근접성 등을 제시하였다. 최근 이종혁 등(2012)은 뉴스가치(news value) 관련 개념들을 종합해 다음과 같이 10가지로 제시하였다.

(1) 참신성

참신성(novelty)은 새로움을 뜻한다. 이전에 볼 수 없었던 사건이 처음 발생한 경우는 참신성이 매우 높다. 어떤 시험에서 만점자가 사상 처음 나타났거나 어느 지역 강수량이 관측 사상 가장 많았다면 이 경우에 속한다. 그 밖에 통계적으로 자주 볼 수 없는 사건이 발생했을 때에도 참신성이 있다고 할 수 있다. 두 번째 만점자가 나타났거나, 강수량이 역대 두 번째로 기록된 경우에도 흔히 볼 수 없는 사건으로 뉴스가치를 가질 수 있다. 이런 사건들에 대해 뉴스 미디어는 '사상 처음이다' 또는 '이례적이다'라는 의미 부여를 해 뉴스가치가 있음을 강조한다.

(2) 근접성

근접성(proximity)은 발생한 사건이 시간적 공간적으로 얼마나 가까운지를 측정하는 개념이다. 오늘 아침 발생한 집회가 3일 전 발생한 집회에 비해 높은 뉴스가치를 갖는다. 하지만 오래전 발생한 사건이라도 확인된 시점이 최근이거나 요즘 사건들과 관련이 있다면 근접성은 확보된다. 선행 연구에서 자주 언급되는 시의성은 시간적 차원의 근접성이라고 할 수 있다. 또 서울에서 발생한 사건이 미국 뉴욕에서 발생한 것보다 높은 뉴스가치를 가진다. 물론 미국 뉴스 미디어에게는 반대 경우가 될 것이다. 공간적 차원의 근접성 문제이다. 시간적 공간적 근접성 이외에 심리적 근접성도 있다. 미국에서 한국 교포가 유명 대학의 총장이 됐다면, 거리는 멀지만 같은 한국인라는 심리적 근접성 때문에 뉴스거리가 된다.

(3) 영향성

영향성(impact)은 사건이 얼마나 많은 사람들에게 얼마나 강력한 영향을 미치는지와 관련된 개념이다. 정부의 새로운 정책이 늘 뉴스로 다뤄지는 이유는 전 국민의 생활에 영향을 미칠 수 있기 때문이다. 예를 들어, 세금 인상 정책은 높은 뉴스가치를 갖는다. 세금 인상이 소득 상위층에만 적용되지 않고 전체 계층에 적용되는 경우 더 강한 영향성을 가진다. 또 세금 인상분이 1%인 경우보다 5%인 경우에 영향성은 더 강력하게 된다. 다시 말하면, 어떤 사건이 뉴스가치를 확보하려면 사회 구성원에게 미치는 영향성이 커야 한다. 이 영향성은 영향 받는 범위와 강도의 측면으로 나눠 볼 수 있다.

(4) 저명성

저명성(prominence)은 말 그대로 유명한 사람, 집단, 국가, 지역 등이 관련된 사건에서 나타난다. 음주운전 사고라도 연예인이 결부되면 뉴스가치가 높아진다. 연예인은 미디어 등을 통해 많은 사람들에게 알려진 유명한 사람이기 때문이다. 새로운 교육 지침을 발표한 곳이 서울대라면 더 주목받는다. 누구나 잘 아는 유명 집단이기 때문이다. 대통령 발언에서도 미국 대통령의 경우가 더 많이 보도된다. 미국은 세계에서 가장 잘 알려진 유명한 나라이기 때문이다. 이와 같이 사건은 여러 가지 측면에서 저명성을 가질 수 있으며, 이 경우 뉴스가치는 높아진다.

(5) 유용성

유용한 사건은 수용자들에게 필요한 정보를 많이 포함한 것이다. 수용자의 생활에 필요한 정보, 데이터, 지침 등을 많이 포함한 사건일수록 유용성(usefulness)이 높다는 것이다. 지하철 운임 인상, 건강을 위한 식단 정보, 주말여행 정보 등이 사례다. 유용성이 높은 사건은 뉴스로 선택될 가능성이 높다.

(6) 갈등성

사람들이 가장 재미있어 하는 것이 불구경, 싸움 구경이란 말이 있다. 싸움에 나타나는 갈등에 대해 사람들은 본능적으로 관심을 가지며, 이는 뉴스 미디어가 주목해야 할 이유가 된다. 갈등을 포함한 사건이 그렇지 않은 사건에 비해 높은 뉴스가치를 가진다. 평화로운 집회보다 몸싸움이 발생한 집회가 뉴스가 될 확률이 높다. 갈등성은 갈등을 빚는 이해관계자(집단) 수와 갈등의 강도 측면으로 나눠볼 수 있다. 어떤 이슈에 대해 대립하는 사람(집단)이 많을수록, 대립하는 방식이 폭력적일수록 갈등성(conflict)은 높아지는 것이다. 갈등성이 높은 사건은 뉴스가 될 확률도 높아진다.

(7) 이야기

어떤 사람이 무엇을 하는지에 대한 구체적 이야기(story)가 있을 때에 뉴스가치는 높아진다. 사건 속 등장인물의 행위가 드라마틱하게 전개되면 이야기적 요소를 가졌다고 볼 수 있다. 입지전적(立志傳的) 인물의 삶, 자살한 여고생이 겪은 고된 경험, 아프리카에서 평생 헌신한 선교사의 생활 등에는 감동과 분노를 불러일으키는 이야기가 있다. 사건의 이야기적 특성이 강할수록 뉴스로 선택될 가능성이 높아진다.

(8) 활동성

활동성(action)은 사건 관련 인물이나 집단의 움직임이 얼마나 활동적인지를 뜻하는 개념이다. 추상적 이슈보다 눈에 보이고 움직임이 느껴지는 사건에 높은 뉴스가치가 부여된다. 물가 인상과 관련해 경제부처의 소비자 물가 변동 발표는 재미없는 사건으로 간주된다. 뉴스가치가 그다지 높지 않다. 반면, 가정주부들이 마트에서 할인 물품 사려고 아우성치는 현장은 활동성이라는 뉴스가치를 가진다. 소비자 단체가 물가 인상에 반대하는 집회와 퍼포먼스를 보인 경우도 활동성 측면에서 높은 뉴스가치를 가진다. 활동성은 신문보다 TV와 인터넷 등 영상을 사용하는 미디어에서 더욱 중요한 뉴스가치 개념으로 간주된다. 물론 인쇄 미디어도 사건을 구체적으로 현장감 있게 전달하는 것을 중요하게 여긴다.

(9) 심층성

사건은 육하원칙(누가, 언제, 어디에서, 무엇이, 어떻게, 왜)에 해당하는 다양한 요소로 구성되어 있다. 많은 요소들이 복잡하게 얽혀 있는 사건도 있으며, 비교적 단순한 사건도 있다. 고위 공직자의 뇌물 비리는 소매치기 사건보다 복잡하다. 심층성(depth)은 이와 같이 사건이 가지는 구성 요소들의 수와 관계의 복잡성을 뜻한다. 대체로 뉴스 미디어는 심층성 높은 사건에 높은 기사가치를 부여한다. 소매치기 사건보다 고위 공직자의 뇌물 비리가 기사화될 확률이 높다. 심층성 높은 사건은 다양한 관점의 해석을 가능하게 하기 때문에 수용자의 활발한 토론과 참여도 유발할 수 있다. 인터넷과 모바일 중심의 뉴스 소비 환경에서 수용자의 참여가 폭증하고 있다. 심층성 있는 사건들이 뉴스로 될 가능성이 더욱 커지는 셈이다.

(10) 오락성

어떤 사건은 수용자에게 흥밋거리를 제공해 즐겁게 한다. 오락성(entertainment)을 갖춘 경우다. 미디어 이용자들은 대체로 정보 추구, 오락 향유, 사회적 관계 유지 등의 동기를 가진다. 이런 측면에서 오락성 높은 사건은 수용자의 관심을 끌며 미디어 이용 동기를 충족시켜 준다. 콘서트나 영화 등의 사건이나 이슈는 오락성 가치를 가지며 뉴스로 선택된다.

이와 같은 뉴스가치는 수많은 사건 가운데 어떤 사건이 언론사에서 기사로 선정되어 크게 보도되는지를 가늠해 보는 데 유용하게 사용될 수 있다. 최근에는 뉴스 수용자 측면에서 뉴스가치를 설명하는 시도도 나타났다. 이동훈·최호창·김남규(2016)에 따르면 수용자가 언론사 제공 뉴스에 관심을 보이는 일종의 뉴스 소비 수요가 뉴스가치로 연결된다. 구체적으로 이 연구에서는 보도된 이슈에 대한 수용자의 수요를 트위터 양으로 측정해 뉴스가치지수(NVI, News Value Index)를 제시하였다.

2) 인쇄 미디어 작성

뉴스와 시사 정보를 많이 다루는 인쇄 미디어는 뉴스가치가 높은 사건이나 이슈를 취재해 수용자에게 전달한다. 뉴스가치 기준에 따라 소재를 선택하고 관련 정보를 수집하는 과정이 '취재'라면, 수집된 정보를 토대로 주제를 잡아 글을 작성하는 과정은 '보도'에 속한다.

신문과 잡지에 보도되는 글, 즉 기사는 기능에 따라 스트레이트(straight), 해설(interpret), 피처(feature), 의견(editorial) 등 네 가지로 나뉜다. 우선, 스트레이트는 사건의 전모를 육하원칙에 근거해 그대로 전달하는 양식이다. 글의 주제와 관련된 내용이 첫머리에 나오고 세부 내용들이 중요한 순서대로 배열되는 '역피라미드' 방식을 주로 사용한다. 교육부처에서 새로운 대입 정책을 발표했다면, 스트레이트 기사는 정책의 내용을 중요한 순서대로 요약 전달하는 역할을 맡는다. 둘째, 해설 기사는 스트레이트로 보도된 사건이나 이슈에 대해 발생 원인, 배경, 전망 등 설명을 제공할 때 사용된다. 육하원칙(5W1H) 가운데 '왜(why)'에 해당하는 부분을 깊이 있게 전달하는 셈이다. 새로운 정책을 도입한 배경, 학생과 학부모의 의견, 향후 전망 등에 대해 설명하는 경우다. 셋째, 피처기사는 스트레이트와 관련된 이야깃거리를 주로 다룬다. 관련 현장 분위기나 인물 이야기 등이 그 사례이다. 바뀐 입시 정책에 혼란스러워하는 학교 현장, 교육 관련 시민단체의 집회, 교육 전문가들의 의견 모음, 대입 시험을 앞둔 재수생 A씨의 고민 등 다양한 주제가 피처기사로 가능하다. 때에 따라 스트레이트와 관련 없는 독립 피처기사도 나타난다. 시의성은 약하지만 재미와 감동이 있는 주제들이 많다. 수중 결혼식 현장, 홍대 클럽 문화의 변화상, 김밥 할머니의 장학금 기부 등 다양하다. 마지막으로 의견 기사는 신문의 사설이나 칼럼에 해당된다. 새로운 입시 제도에 대한 신문사나 외부 기고자의 평가 및 의견을 전달한다.

소재 선택에 뉴스가치라는 기준이 있는 것처럼 글 작성에도 원칙이 있다. 정확하고 객관적이며 공정하게 보도하라는 저널리즘 원칙이 그것이다. 다양한 시각과 심층 해석 그리고 선정적이지 않은 보도도 중요한 원칙으로 간주되어야 한다. 이 가운데 공정성 개념은 언론계와 학계에서 자주 논의되는 것으로 다른 개념들을 포괄한다. 이와 관련해 이민웅

(2008)은 공정성 모형과 6가지 구성 요소를 제시하였다. 여기에서는 이 개념들을 실무적 글 작성(보도)의 측면에서 정리하겠다. 신문과 잡지에서 글을 작성할 때 주의해야 할 원칙이라고 할 수 있다.

첫째 요소는 '진실성'으로, 하위 차원으로 '정확성'과 '완전성'을 가진다. 정확성은 말 그대로 정확하고 틀림없는 정보를 전달하는 것이다. 글을 작성할 때 포함되는 정보가 취재 당시의 사실(fact)과 틀림이 없어야 한다. 완전성은 글에 사건의 전모를 밝혀주는 모든 정보가 포함되었을 때 확보된다. 완전성에 문제가 생기면 수용자들이 사건을 충분히 이해하지 못하며 사건에 대해 왜곡된 의견을 가질 수 있다. 예를 들면, 어떤 집회에 대해 글을 작성할 때 집회의 장소와 시간을 잘못 적었다면 정확성의 문제가 발생한다. 취재 당시 인터뷰한 집회 관계자가 하지 않은 말이 포함됐다면 정확한 인용이 아니라고 지적받을 수 있다. 완전성 있는 글은 집회의 처음과 끝, 목적과 향후 활동 계획까지 사건을 이해하는 데에 필요한 모든 정보를 전달한 경우에 해당된다. 수용자가 집회와 관련해 알아야 할 정보를 빼놓지 말아야 한다. 최근 가짜 뉴스가 SNS와 메신저 등을 통해 확산되면서 사회적 걱정거리로 등장하였다. 황용석·권오성(2017)은 가짜 뉴스를 "언론의 외양적 진실스러움을 훔친 기만적 가짜 정보"로 정의한다. 구체적으로 가짜 뉴스는 정치적 또는 상업적 목적에서 다른 사람들을 속이려는 의도, 검증된 사실로 오인하게 만드는 허위 정보, 수용자가 거짓 정보임을 알아채지 못하도록 사용된 유사 언론 보도 양식의 특성을 가지고 있다. 이와 같은 가짜 뉴스는 정학하지도 완전하지도 않다. 진실성 측면에서 뉴스 작성 원칙을 위배했다고 할 수 있다.

둘째는 '적절성'으로 글 작성 시 관련 정보의 적절한 선택과 처리에 관한 것이다. 우선 정보의 선택은 수집한 정보 가운데 어떤 것을 택해 글에 반영하느냐는 문제와 관련된다. 작성 과정에도 뉴스가치 기준이 고려되어야 한다. 예를 들어 집회와 관련해 수집된 정보가 수십 개라면 이 가운데 가장 영향성과 참신성 등이 높은 것들을 선택해 글을 작성해야 한다. 집회에서 사용된 수십 개의 구호 가운데 뉴스가치가 높은 것이 글에 포함되어야 한다. 처리 측면에서는 수집된 정보 가운데 글 전체의 주제와 밀접한 것들 중심으로 글이 작성되어야 한다. 어떤 문장이 전체 글의 주제와 동떨어졌다면 적절한 글쓰기라고 할 수 없다. 집회 관련 기사가 '비정규직 노동자들의 처우 개선 요구'라는 주제로 쓰인다면, 참여 노동자들의 처우 개선 주장, 처우 개선을 요구하는 퍼포먼스, 비정규직의 임금 복지 관련 자료 등이 적절하게 글에 포함되어야 한다. 참여 노동자의 복장이나 인근 주민들의 반응 등 주제와 비교적 관련성 떨어지는 정보는 중요하게 처리될 필요가 없다.

셋째는 '균형성'으로 양적 균형성과 질적 균형성으로 나뉜다. 찬반 갈등이 존재하는 사건에 대해 적용되는 글 작성 원칙이다. 양적 균형성은 글에 찬반 양쪽 의견을 양적으로 균등하게 배분해 싣는 경우에 확보된다. 선거에서 여야 후보가 대립한다면 글에 양쪽 관련 정보와 의견들을 같은 분량으로 반영해야 한다. 한편, 질적 균형성 원칙은 찬반 의견을 같은 글 분량으로 맞추는 기계적 균형성을 강조하지 않는다. 찬반 의견이 같은 분량이더라도 어떤 시각과 소재로 보도하느냐에 따라 균형성은 무너질 수 있기 때문이다. 예를 들면, 여야 후보가 신문 1면에 같은 분량으로 나왔지만, 한 후보는 긍정적으로 다른 후보는 부정적으로 묘사될 수 있다. 또 한 후보는 정책에 관한 내용으로, 다른 후보는 도덕성에 대한 내용으로 다르게 설명될 수 있다. 질적 균형성은 이처럼 양적 균형을 넘어 찬반 의견이 종합적으로 균등하게 수용자에게 전달되었을 때 확보된다. 바람직한 글 작성이 되려면 양적 균형성과 질적 균형성 모두를 고려해야 한다.

넷째는 '다양성' 원칙이다. 취재 사건이나 이슈와 관련된 다양한 계층의 의견이 글에 반영되어야 한다는 주장이다. 비정규직 노동자와 관련된 글이라면 비정규직 노동자, 정규직 노동자, 기업, 노동 관련 정부 부처, 시민단체 등 다양한 이해관계 집단의 의견이 글에 나타나야 한다. 구체적으로 다양성 원칙은 뉴스 작성에서 정보원을 다양한 계층과 배경에서 선택하는 것으로 구현될 수 있다. 목은영·이준웅(2014)은 사회적 논란이 되는 이슈를 기사로 만들어 공정성 평가를 측정하는 실험 연구를 하였다. 여기에서 정보원 다양성은 공정성 평가에 가장 큰 영향을 미치는 것으로 나타났다. 미국의 뉴스 연구 기관인 '우수한 저널리즘을 위한 프로젝트(PEJ, Project for Excellence in Journalism)'에서도 우수한 품질의 기사가 되려면 투명 취재원이 4개 이상 포함되어야 한다고 밝힌 바 있다(박재영·이완수, 2007).

다섯째는 '중립성' 원칙으로 소극적 중립성과 적극적 중립성으로 나뉜다. 전자는 갈등 이슈에 개입하지 않는 방식으로 중립을 지키는 것이다. 대체로 찬반 양쪽 모두 장단점이 있다는 양시양비론(兩是兩非論) 성격을 띤다. 하지만 이런 글은 수용자에게 냉소주의(冷笑主義)를 조장하기 쉽다. 후자는 중립적 태도를 유지하지만 충실한 내용을 바탕으로 수용자가 양쪽 의견을 판단하는 데에 실질적 도움을 준다. 이 경우 균형성을 자칫 잃을 수 있지만, 수용자의 사회에 대한 관심과 참여를 유도하는 데에 효과적이다. 바람직한 글은 소극적 중립성을 넘어 적극적 중립성을 지향해야 한다. 미디어가 갈등 이슈에 대해 충분한 자료와 정보를 수집했다면, 양시양비론을 넘어 깊이 있고 정확한 판단을 내려주는 게 수용자에게 도움이 될 것이다.

여섯째는 '이데올로기 전달'이다. 이데올로기는 사회 구성원의 생각과 행동에 영향을 미치는 사회 전체의 가치체계다. 미디어는 정보 이외에 의견과 해석을 수용자에게 전달한다. 미디어가 아무리 객관성을 유지한다고 해도 특정 이데올로기를 직간접적으로 전달하게 된다. 이데올로기에는 계급적 이데올로기와 보편적 이데올로기 두 가지 유형이 있다. 전자는 특정 계층의 입장이나 이익을 대변하는 가치체계이며, 후자는 사회 구성원 대다수가 동의하며 자발적으로 따르는 가치체계다. 미디어가 전달해야 할 것은 보편적 이데올로기이어야 한다. 비정규직 노동자에 관한 글에 노동자나 기업 측에만 유리한 이데올로기가 나타나서는 안 된다. 양쪽을 포함한 우리 사회 구성원 모두가 공감할 수 있는 이데올로기 전달이 필요하다.

3) 인쇄 미디어의 제작 과정

신문과 잡지 등 인쇄 미디어의 제작은 글감(소재) 취재, 글 작성, 지면 제작, 수용자 배포 등의 단계를 거친다. 매일 받아보는 신문에는 매우 다양한 기사들이 있다. 이를 위해 수많은 기자들이 맡은 사건을 취재하고 작성하며, 편집부 기자들이 제목을 붙이고 지면 구성을 한다. 이어 제작부서 직원들이 편집된 지면을 종이에 출력하고 신문 형태로 묶는다. 마지막으로 영업부서는 완성된 신문을 전국의 영업소를 통해 수용자의 집까지 배달한다. 이런 과정은 매일 반복된다. 잡지도 비슷한 제작 과정을 거치지만, 기간이 주나 월 단위로 길어진다.

인쇄 미디어의 제작 과정에는 편집국, 제작국, 영업국 등 3개 부서가 핵심 역할을 한다. 신문사나 잡지사의 편집국은 기자들이 소속되어 있는 곳으로, 가장 중요한 부서라고 할 수 있다. 신문사 편집국에는 정치, 경제, 사회, 문화, 국제, 체육 등 다양한 취재 부서들이 있다. 편집 담당 기자들이 소속된 편집부도 편집국 안에 있다. 또 사진부, 미술부, 교열부 등도 편집국에 속한 주요 부서들이다.

취재부서는 부장을 포함한 데스크(출입처에 나가지 않고 편집국 내에서 후배 기자들의 취재와 원고 작성을 지휘하는 기자들)와 출입처 중심으로 현장 취재에 나서는 기자들로 구성되어 있다. 편집부는 취재부에서 기사 원고를 받아 제목을 달고 지면을 구성하는 역할을 한다. 사진부와 미술부로부터 사진과 그래픽 등을 받아 지면을 다양하게 꾸미기도 한다. 사진부는 현장에서 사진을 찍어 선택 전달하며, 미술부는 그림이나 그래픽 등을 제작하며, 교열부는 기사 원고의 오탈자나 잘못된 표현을 바로잡는 역할을 한다. 편집국을 총괄하는 직위는 편집국장이다. 신문사의 꽃이라 불리며 기자들 누구나 꿈꾸는 자리다. 편집국장은 편집국 부장들로 구성된 편집회의를 통해 주요 기사를 선별하고 보도 방향과 양식을 결정한다. 또 편집국 조직 관리와 기자들에 대한 지휘와 평가의 권한을 가지고 있다.

그동안 인쇄 미디어의 지속적 수익 악화에 따라 편집국 조직 개편이 수시로 이루어졌다. 많은 언론사에서 부서를 세분화하거나 팀제로 바꿔 소수 인원들로 취재 영역을 전문화하는 시도가 있었다. 또 에디터제를 도입해 몇몇 에디터가 담당 분야의 기획, 취재, 편집을 책임지게 하는 곳도 있다. '국장 → 부국장 → 부장 → 차장 → 일반 기자'의 위계적 관계보다 취재 영역 중심의 조직이 효율적이라는 판단에서 비롯된 것이다. 편집국 내 또 다른 변화는 선임기자제와 기획탐사보도팀의 강화다. 선임기자는 데스크를 거친 중견기자 가운데 부서의 구속을 받지 않고 자신의 전문성을 살려 독립적으로 취재 보도하는 경우에 해당된다. 기획탐사보도팀도 정치, 경제, 사회, 문화 등 기존 부서와 독립적으로 존재하며, 사회적으로 중요한 이슈에 대해 장기간 심층보도 방식으로 취재 보도한다.

제작부서는 보통 제작국 또는 공무국이란 이름으로 구성되어 있다. 편집국에서 작업된 내용을 인쇄하는 업무를 담당한다. 신문의 판형을 만들고 윤전기에 걸어 인쇄한다. 과거에는 사람이 일일이 활자를 찾아 조판(組版)을 했으나, 지금은 컴퓨터를 이용한 전산제작시스템(CTS)으로 빠르게 일이 처리된다.

영업부서는 완성된 신문을 구독자에 배포하고 공공장소에서 판매하는 일을 한다. 영업국 또는 판매국이 이 일을 맡는다. 신문에 광고를 유치하는 광고국도 영업부서에 속한다고 할 수 있다. 영업부서는 구독료와 광고료 등 회사의 수익과 직결되는 부분을 담당한다. 구독자 관리나 광고 판촉 전략 수립 등이 필요하다.

신문이나 잡지의 제작 과정을 종합하면, '사건이나 이슈 발생 → 취재 → 기사 작성 및 송고 → 데스크 작업 → 국장의 지면 조정 → 편집 → 조판 → 인쇄 → 배달 → 독자'의 순서로 진행된다고 할 수 있다.

4) 인쇄 미디어의 효과와 영향

신문과 잡지 등 인쇄 미디어는 뉴스의 제작과 전달을 통해 다양한 방식으로 사회 구성원에게 영향을 미친다. 우선 뉴스가 무엇인지 다시 생각해 보자. 뉴스는 '아직 일반에게 잘 알려져 있지 아니한 일과 진기한 사건의 보도' 또는 '주로 신문이나 방송에 의해 보도되는 많은 사람이 관심을 갖는 사건'으로 정의된다(이희승, 1994, 『국어대사전』). 이러한 정의는 뉴스를 두 가지 관점에서 보게 한다. 첫째는 알려지지 않은 사건이 신문 기자에 의해 공중에게 알려진 것이 뉴스라는 것이다. 둘째는 기자가 신문을 통해 특별한 사건을 알려 수용자의 관심을 끄는 것이 뉴스라는 관점이다. 전자에서 신문이나 잡지 등 미디어의 역할은 소극적이다. 발생 사건을 수용자에게 그대로 알리는 것이다. 후자에서는 미디어의 역할이 적극적이다. 어떤 사건을 선택해 수용자가 알게 하는 역할이다.

전자를 강조하는 관점을 '현실 반영론(representation of reality)' 또는 '거울 모형(mirror model)'이라고 한다. 미디어는 발생한 사건이나 이슈가 그대로 수용자에게 전달될 수 있도록 가감 없는 객관적 보도를 해야 한다. 사건이나 이슈의 객관적 실체가 고스란히 미디어에 반영되어야 하는 것이다. 반면, 후자의 관점은 '사회적 실재 구성론(social construction of reality)'이라고 한다. 발생한 사건이나 이슈를 미디어가 재구성해 보여 준다는 것이다. 언론의 객관성 측면에서 미디어는 사건의 실체를 그대로 반영하는 것이 재구성하는 것보다 바람직하다고 할 수 있다. 하지만 현실적으로 가능한가? 재구성이 반드시 바람직하지 않은 것인가? 사건의 전부를 빠짐없이 그대로 거울처럼 보여 줄 수 있는 인쇄 미디어는 현실적으로 존재하지 않는다. 신과 같은 취재 능력이 불가능하며 지면의 제한도 있다. 미디어가 사건을 재구성할 수밖에 없다는 것이다. 물론 재구성은 저널리즘 원칙(정확성, 객관성, 공정성 등)을 지키는 선에서 이뤄져야 할 것이다. 결국 미디어가 사건이나 이슈를 재구성한다고 주장하는 '사회적 실재 구성론(social construction of reality)'이 현실적이다. 이를 기본 가정으로 인정해야 미디어의 게이트키핑(gatekeeping), 프레이밍(framing), 의제 설정(agenda-setting) 등에 대한 논의도 가능하다. 신문과 잡지는 뉴스를 전달하는 과정에서 '어떤 사건이나 이슈를 전달할 것인가(게이트키핑)', '어떤 시각으로 전달할 것인가(프레이밍)', '얼마나 중요하게 전달할 것인가(의제 설정)'를 결정한다. 이를 통해 우리 사회에 어떤 이슈가 논의되어야 하며, 어떻게 해석되어야 하며, 얼마나 중요하게 간주되어야 하는지를 알려 준다. 이쯤이면 신문과 잡지의 사회적 영향력이 대단하다고 하지 않을 수 없다. 세 가지 이론을 통해 인쇄 미디어가 수용자와 사회에 미치는 영향에 대해 생각해 보자.

(1) 게이트키핑

게이트키핑(gate-keeping)은 뉴스 미디어가 다양한 사건이나 이슈들 가운데 특별한 것들을 취사선택해 기사화하는 과정을 의미한다. 실제로 어떤 사건이 기사화되려면 많은 문(gate)을 통과해야 한다. 사건을 처음 목격하거나 인지한 기자에게 선택되어야 하며, 이 기자를 지휘하는 데스크와 담당 부장의 승인이 필요하며, 편집과 제작 과정에서 누락되지 않아야 한다. 결국 어떤 사건이나 이슈가 최종 수용자에게 전달되려면 미디어 내

다단계 결정 과정을 거쳐야 한다. 어떤 단계에서라도 거부당하면 해당 사
건은 수용자에게 알려지지 못한다.

　　화이트(White, 1950)의 '미스터 게이트 연구("Mr. Gate" study)'는 기
자의 사건 선택 과정과 원인을 흥미롭게 보여 주었다. 미국의 국제 뉴스
담당 에디터가 편집국으로 들어오는 수많은 통신사 뉴스 가운데 기사화
하지 않은 것들을 추리고 그 이유를 연구자에게 전달하였다. 기사로 선택
하지 않은 이유는 재미없어서(not interesting, 24.6%), 길고 애매한 글쓰
기(dull writing; too vague; drags too much, 18.9%), 좋지 않아서(no
good, 15.8%), 같은 주제로 많이 보도되어서(too much already on
subject, 14.7%), 중요하지 않아서(trivial; wasted space; not important.
13.0%) 등이었다. 에디터 한 명의 게이트키핑만으로도 많은 사건들이 수
용자에게 전달되지 못하는 것이다.

　　슈메이커(Shoemaker, 1991)는 미디어의 게이트키핑 과정에 대해
기자 개인, 미디어 조직, 미디어 외부 요인, 사회적 요인 등을 포함해
체계적 설명을 시도하였다(그림 4-8 참조). 미디어(communication
organization)는 2개 이상 복수로 존재하며 수용자(audience)가 최종 단
계에 위치한다. 이들을 둘러싼 외부 요인들로 정보원(source), 광고주
(advertisers), 시장(markets), 이익단체(interest groups), 홍보(public
relations), 정부(government), 다른 사회 기관들(other social institution)

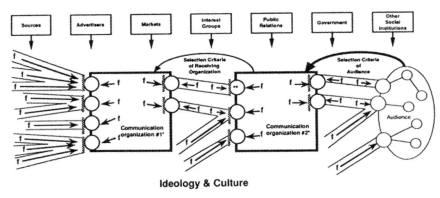

Ideology & Culture

◯ = gate and gatekeeper　　ƒ⟶ = force

그림 4-8 게이트키핑
모델(Shoemaker,
1991)

등이 있다. 또 그 사회를 대표하는 이념 및 문화(ideology culture)가 전체 과정에 영향을 미친다. 구체적으로 동그라미(O) 표시가 미디어 조직 내에서 실제 게이트키핑 기능을 하는 기자들이다. 기자의 앞뒤에 힘(f) 표시가 있는데, 기자의 게이트키핑 결정에 긍정적(앞에서 미는 힘) 또는 부정적(뒤에서 미는 힘) 영향이 존재한다는 것이다. 전 과정을 예를 들어 살펴 보자. 교육부처에서 새로운 대입 제도를 발표했다고 하자. 이 사건은 처음 접한 미디어(communication organization #1)의 취재 기자에 의해 게이트키핑 심사를 받게 된다. 이 사건이 가진 높은 뉴스가치(영향성, 참신성 등)가 이때 긍정적 힘으로 작용한다. 반면 이 사건이 이미 알려졌거나 다른 신문에 예고 기사로 보도됐다면 게이트키핑에 부정적 힘으로 작용할 것이다. 취재기자의 게이트키핑을 통과하면 조직 내 데스크와 편집 및 제작 과정을 거쳐 기사화된다. 이후 다른 뉴스 미디어(communication organization #2) 기자가 이 기사를 바탕으로 사건을 또 보도할 수 있다. 또 조직 내 게이트키핑 과정을 추가적으로 거쳐 이 사건은 최종적으로 수용자에게 전달된다. 전 과정에 미디어 외부 요인과 사회적 요인이 영향을 미친다. 교육부처의 적극적 홍보, 입시에 관련된 수용자들의 반응, 교육 관련 시민단체의 집회 등이 각 게이트키핑 과정에 개입할 수 있다. 또 시장자유주의나 사교육 문화 등의 사회적 요인도 이 사건의 게이트키핑 과정에 영향을 줄 수 있다. 게이트키핑 연구 분야에서 조철래(2006)는 지역 신문의 선거보도에 지역주의가 나타나는 메커니즘을 밝혀냈다. 분석 결과, 지역주의 보도에 기자, 사주, 정치인, 독자, 광고주, 지방 정부, 지역 사회 분위기 등 다양한 요소들이 영향을 미치고 있었다. 문제는 대부분이 자기 지역성을 강조하고 자기 지역에 유리한 내용을 우선시하는 보도 기준에 암묵적으로 동의한다는 것이었다. 신문사 내에서도 '지역주의'라는 합의된 여과 장치가 기자, 데스크, 편집국장, 경영진 모두가 허용하는 게이트키핑 기준으로 밝혀졌다.

요컨대 인쇄 미디어는 게이트키핑을 통해 어떤 사건을 수용자에게 제공할지 결정할 수 있다. 미디어의 정확한 게이트키핑 결정이 중요한 이슈의 사회 내 진입과 확산에 결정적 영향을 미칠 수 있다.

(2) 프레이밍

앞서 논의한 대로 미디어가 뉴스를 전달할 때에는 재구성이 발생한다. 이 재구성은 사건이나 이슈를 특정 시각으로 해석하는 방식으로 진행될 수 있다. 여기에서 미디어가 사용하는 시각이 곧 프레임(frame)이다. 다시 말하면, 미디어의 프레임(frame)은 미디어가 사건이나 이슈를 해석하는 관점이나 시각을 뜻한다. 따라서 프레이밍(framing)은 미디어가 뉴스 전달에서 프레임을 갖추는 과정 및 방법으로 이해할 수 있다. 예를 들어 '대입 문제가 어려워진다'는 이슈에 대해 미디어는 수험생 경쟁력 강화, 시험의 변별력 향상, 사교육 조장, 계층 간 위화감 조장 등 다양한 관점에서 뉴스를 제작할 수 있다. 이 가운데 특정 시각(프레임)이 기사의 리드와 제목으로 가게 되며, 수용자의 이슈 이해과 해석 및 태도 형성에도 큰 영향을 미친다.

미디어의 프레이밍에 대해 엔트만(Entman, 1993)은 네 가지 보편적 프레임을 제시했다. 성격 규정(problem definition), 원인 진단(causal interpretation), 도덕적 평가(moral evaluation), 해결 방안 제시(treatment recommendation) 등이다. 예를 들어, '대입 문제가 어려워진다'는 이슈에 대해 미디어의 프레임은 '대입 난이도 강화'(성격 규정), '수험생 수능 실력의 지속적 약화'(원인 진단), '계층 간 위화감 조장'(도덕적 평가), '수학능력 낮은 학생들 보충 교육'(해결 방안 제시) 등으로 나타날 수 있다. 아이엔거(Iyengar, 1991)의 일화·주제 프레임도 대부분 뉴스 보도에서 보편적으로 발견된다. 교육 관련 단체의 집회나 사교육 현장의 과열 분위기는 일화 프레임을 사용한 뉴스에 해당된다. 반면 대입 시험의 난이도에 대한 국제 간 비교나 전문가 진단은 주제 프레임을 사용하는 경우다.

미디어가 프레이밍 차원에서 수용자에게 상당한 영향을 미치고 있음은 선행 연구에서 검증되고 있다. 이준웅(2005)은 통일 정책에 대한 언론 보도 프레임과 수용자의 프레임을 도출해 둘 사이에 상당히 유사한 의미적 중첩이 있음을 밝혔다. 또 미디어가 어떤 프레임을 사용하느냐에 따라 통일 정책에 대한 여론이 달라지고 있음도 검증하였다.

미디어가 뉴스를 전달할 때 게이트키핑을 통해 '어떤 사건'을 전달할지를 결정할 뿐 아니라 프레이밍을 통해 '어떻게' 전달할지도 결정한다. 신문이나 잡지 모두 이러한 권한을 가지고 수용자와 사회에 큰 영향력을 행사한다.

(3) 의제 설정(agenda-setting)

미디어의 사회적 영향력을 살펴볼 수 있는 또 다른 이론이 '의제 설정(agenda-setting)'이다. 이 이론의 핵심은 미디어가 중요하게 다루는 이슈가 수용자에게도 중요한 이슈로 인식된다는 것이다(McCombs & Shaw, 1972). 동시에 미디어가 중요하게 다루지 않는 이슈는 수용자도 중요하게 생각하지 않는다고 할 수 있다. 미디어 의제가 수용자의 공중 의제로 전이된다는 것이다. 어떻게 보면 당연한 이야기 같지만, 의제 설정 이론은 1960년대까지 미디어의 효과가 제한적이라는 연구 패러다임에 반론을 가한 의미 있는 시도였다. 미디어의 의제 설정 효과가 어떻게 나타나는지 예를 들어 살펴보자. 우리 사회가 직면하고 있는 다양한 이슈들, 예를 들어 정치 개혁, 북한 문제, 경제 성장, 복지, 교육, 환경, 노동, 실업, 에너지, 교통, 주거, 농촌 등을 중요한 순서대로 정리해 보자. 또 이 이슈들이 미디어로부터 얼마나 많이 보도됐는지 순서대로 정리해 보자. 그리고 양쪽 리스트를 비교해 매우 유사하게 나타나면 미디어의 의제 설정 효과가 나타난다고 할 수 있다.

의제 설정은 미디어가 수용자의 인식과 판단이라는 인지 과정에 영향을 미친다는 점에서 매우 강력한 미디어 효과를 뜻한다. 미국의 언론인 리프먼(Lippman, 1922)은 '여론(public opinion)'이라는 책에서 '바깥 세계와 우리 머릿속의 그림(The world outside and the pictures in our heads)'이라는 표현을 사용하였다. 우리는 세계를 직접 경험할 수 없는데, 우리 머릿속에 세계에 대한 인식이 들어와 있는 것이다. 미디어가 세계를 인식할 수 있도록 창을 만들어 보여 주기 때문이다. 하지만 미디어가 제공하는 세계의 모습은 미디어가 선택한 일부이며 실재와 차이가 날수 있다. 결국 수용자가 머릿속에 가지고 있는 인식된 세계도 미디어가 만들어 낸 유사 환경(pseudo-environment)이라는 것이다. 의제 설정 이론이 이와 같은 현상을 구체적으로 보여 준다. 세상에는 다양한 이슈가 있다. 이 가운데 미디어는 중요하다고 판단된 이슈들을 선별적으로 많은 보도량으로 확실히 보여 준다. 직접 경험 능력이 제한된 수용자는 미디어가 설정한 의제가 중요하다고 받아들이게 된다.

신문의 의제 설정 효과를 연구한 이종혁 · 한균태(2014)는 사회 이슈

20개에 대해 5개 신문의 의제별 보도량과 구독자의 의제별 중요도 인식을 비교하였다. 그 결과, 모든 신문과 구독자 사이에 유사한 의제 순위가 나타나, 신문의 유의미한 의제 설정 효과를 확인할 수 있었다. 추가로 독자들은 신문의 심층성을 좋게 평가할수록 강한 의제 설정 효과를 보였으며, 신문의 선정성을 심각하게 생각할수록 약한 의제 설정 효과를 나타냈다.

이처럼 의제 설정 연구들은 수용자의 성격, 미디어 인식, 이슈의 성격, 미디어 간 경쟁, 대인 커뮤니케이션의 영향 등에 따라 그 효과가 달라지거나 없어지기도 한다. 또 인터넷, 소셜 미디어, 모바일 미디어 등 뉴스를 접하는 채널이 다양해지면서 전통 미디어의 의제 설정 효과가 약화되기도 하였다. 하지만 신문과 잡지 등 뉴스를 주로 다루는 인쇄 미디어의 의제 설정 기능은 지금도 유의미하다. 오히려 인터넷과 소셜 미디어 등에서 검증되지 않은 의제들이 마구 전파되는 요즘, 인쇄 미디어의 신뢰성 높은 의제가 사회 의제로 자리 잡을 필요가 있다고 하겠다.

3. 인쇄 미디어의 역할

신문과 잡지 등 인쇄 미디어는 뉴스나 시사 정보를 전달하는 기능을 주로 담당한다. 하지만 우리 사회에서 인쇄 미디어의 역할은 뉴스 전달 이상이 되어야 한다. 구텐베르크의 대량 인쇄술이 엄청난 사회의 변혁을 가져온 것처럼, 인쇄 미디어의 역할이 여전히 중요하기 때문이다.

미디어의 역할과 관련해 '언론의 4이론(four theories of press)'(Siebert, Peterson, & Schramm, 1963)을 살펴볼 필요가 있다. 여기에서 네 가지 이론은 권위주의 이론, 자유주의 이론, 사회책임주의 이론, 소비에트공산주의 이론을 일컫는다. 권위주의 이론은 미디어가 그 사회 내 정치권력의 유지와 발전에 도움이 되어야 한다고 주장한다. 과거 유럽의 왕정 시대나 현대 독재정권이 군림한 국가에서 볼 수 있는 미디어 체제다. 정치권력에 맞서는 미디어는 철저하게 통제된다. 자유주의 이론은 권위주의적 사회의 언론에 대한 억압에 반해 발생했으며 계몽주의에 바탕을 두고 있다. 밀턴(John Milton)이 『아레오파지티카(Areopagitica)』를 통해 언론 출판의 자유를 주장한 것에서부터 출발한다. 자유주의 이론은 말 그대로 언론 활동은 누구의 간섭이나 통제 없이 자유로워야 한다고 주장한다. 한편 사회책임주의 이론에 따르면, 언론은 자유로워야 하지만 동시에 사회와 국민에 대해 책임을 져야 한다. 허친스(Hutchins)위원회의 '자유롭고 책임 있는 언론에 대한 허친스위원회의 보고서(Hutchins Commission Report on a Free and Responsible Press)'에 핵심 내용이 반영되어 있다. 언론은 정부의 규제를 받지 않지만 사회·공익을 추구할 의무도 있다는 것이다. 마지막으로 소비에트공산주의 이론은 과거 소련과 동구권 국가들에서 나타난 것으로, 미디어가 당의 조직으로 활동해야 함을 주장한다. 구체적으로 미디어는 이데올로기 전파 기구로 당의 이념을 선전하고 인민을 동원하는 선전선동의 역할을 해야 한다는 것이다.

현대 뉴스 미디어의 역할은 대체로 사회책임주의 이론으로 수렴된다. 미디어가 정치권력과 자본에서 자유로워져야 함에 반론의 여지가 없으며, 사회 공익을 추구할 의무가 있음도 분명하다. 하지만 우리나라 뉴스 미디어의 현실은 개선될 부분이 많아 보인다. 최근 신문윤리위원회(2017)의 심의 현황에 따르면, 2016년 4월부터 2017년 3월까지 규제 건수 1246건 가운데 보도자료의 검증(531건), 통신 기사의 출처 명시(102건), 기사와 광고 구분(65건)의 문제가 다수를 차지하였다. 홍보용 보도자료를 검증 없이 옮기거나, 통신 기사를 자신의 기사인 양 보도하거나, 기사에 광고성 메시지를 넣는 등의 위반 사례가 나타난 것이다. 신문사가 취재력 강화를 통한 공익 추구보다 광고 유치와 홍보에 몰두한 실태가 드러난 셈이다. 게다가 요즘 신문의 인터넷판에는 낚시성 제목, 선정적 사진, 잔인한 기사 들이 흔히 나타난다. 요컨대 인쇄 미디어는 사회책임주의 이론에 부합하는 사회적 역할을 해야 하며, 이를 위해서는 홍보성 기사와 선정적 보도부터 자제하는 모습을 보여야 한다.

인쇄 미디어의 사회적 역할에 대해 지금까지 자제해야 할 것들을 논의했다. 지금부터 인쇄 미디어가 해야 할 사회적 역할을 살펴보자. 라스웰(Lasswell, 1948)과 라이트(Wright, 1960)는 언론의 역할 또는 목적으로 네 가지를 제시하였다. 환경 감시(surveillance of the environment),

상관 조정(correlation of events), 사회 유산 전승(transmission of social heritage), 오락 제공(entertainment) 등이다. 우선 신문과 잡지는 외부 환경에서 새로 발생한 사건이나 이슈를 수용자에게 정확하고 빠르게 알리는 '환경 감시' 역할을 해야 한다. 신문이자 잡지를 접하는 수용자의 일차적 욕구가 '정보 추구'에 있는 만큼, 이 역할은 매우 중요하다. 뉴스 보도 방식에는 정확성 이외에 객관성, 공정성, 다양성 원칙이 요구된다. 더나아가 신문과 잡지는 권력에 대한 감시와 사회 비리에 대한 고발 역할도 해야 한다. 한반도 지진 발생에 대해 정확한 보도를 해 주어야 하며, 정치 경제 권력형 비리가 발생하지 않도록 감시의 역할을 해 주어야 한다. 둘째, 신문과 잡지는 '상관 조정'의 차원에서 다양한 이슈 가운데 가장 중요한 것을 선정하고 이에 대한 깊이 있는 해설을 제공해야 한다. 이를 통해 바람직한 여론이 형성되도록 유도해야 한다. 특히 갈등 이슈에 대해서는 대립되는 다양한 의견들을 공정하게 반영하고 수용자 간 합리적 토론을 이끌어 내는 역할이 필요하다. 신문과 잡지가 사회 각층이 토론에 참여하는 공론장(public sphere) 역할을 해야 한다는 뜻이다. 요즘 우리 사회가 정치 성향별로, 소득 계층별로, 세대별로 분열되어 있는 점을 감안하면, 미디어의 이와 같은 역할이 더욱 절실하다. 세 번째 신문 잡지의 역할은 '사회 유산 전승'이다. 앞서 미디어의 상관 조정 역할이 같은 시간대에 존재하지만 의견을 달리하는 수용자들 간 통합을 위해 필요하다면, 사회 유산 전승 역할은 다른 시간대에 존재하는 수용자들 간 통합을 위해 중요하다고 할 수 있다. 신문과 잡지는 해당 사회의 문화와 전통에 대한 기록을 통해 후세대가 바람직한 사회 구성원이 되는 데에 도움을 주어야 한다. 사회의 문화, 전통, 규범, 관습 등이 계승되는 데에 미디어의 역할이 필요하다는 뜻이다. 마지막으로 '오락 제공'의 역할이다. 이는 인쇄 미디어에 비해 TV나 인터넷 등이 더 잘 수행할 수 있는 부분이다. 하지만 신문과 잡지는 문화·예술 관련 정보를 확산시켜 수용자에게 즐거움을 주고 사회적 불만과 긴장을 해소시킬 수 있다.

　요컨대 인쇄 미디어는 뉴스 전달을 통해 우리 사회의 발전에 도움 되는 다양한 역할을 해야 한다. 우선 언론의 자유와 독립을 추구하며 공익에 부합하는 활동을 해야 한다. 이와 같은 역할을 잘 수행하면 미디어의 공신력(公信力) 향상으로 이어질 수 있다. 호블랜드 등(Hovland, Janis, & Kelley, 1953)은 미디어의 공신력을 전문성과 신뢰성 차원으로 나누어 설명한다. 전문성은 수용자가 미디어의 취재 보도 능력을 인정하면서 확보된다. 신뢰성은 수용자가 미디어의 윤리적 목표와 선한 의도를 믿으면서 확보된다. 인쇄 미디어가 앞서 제시한 사회적 역할들을 문제없이 수행한다면 수용자로부터 전문성과 신뢰성을 인정받을 수 있을 것이다. 인쇄 미디어의 경제적 위기도 수용자로부터의 공신력 회복 및 향상으로부터 극복될 수 있을 것이다.

4. 인쇄 미디어의 미래

1) 신문, 잡지의 위기

신문과 잡지 등 인쇄 미디어가 위기에 처했다는 주장은 어제 오늘의 얘기가 아니다. 한국언론진흥재단(2016b)에 따르면, 미디어 가운데 신문 이용률은 2012년 40.9%, 2014년 30.7%, 2016년 21.9%로 눈에 띄게 줄고 있다.[1] 잡지 이용률도 2012년 10.7%, 2014년 5.3%, 2016년 3.3%로 뚜렷한 하락세를 보이고 있다. 2016년 기준으로 미디어별 이용률을 비교해 보면, 신문(21.9%)은 텔레비전(92.8%), 인터넷(81.4%), 모바일(79.5%)은 물론 SNS(47.6%)에도 크게 뒤지는 것으로 나타났다. 잡지 이용률(3.3%)은 1인 방송 이용률(6.1%)보다도 낮게 나타났다. 문화관광체육부(2015)의 '2015 국민 독서 실태 조사'에 따르면, 우리나라 성인의 연간 독서율은 65.3%로, 2013년에 비해 6.1% 줄었다.[2] 자신의 독서량이 부족하다고 인식하는 경우도 64.9%에 달했다.

인쇄 미디어에 대한 신뢰도마저 하락한 점은 더 심각한 위기이다. 언론진흥재단(2016b)의 같은 조사에서 전국종합신문에 대한 신뢰도 수치

---

1) 미디어 이용률은 5000명 이상의 응답자 가운데 지난 1주일간 해당 미디어를 이용한 비율을 측정한 것임

2) 연간 독서율은 지난 1년 동안 일반도서(학습 참고서, 수험서, 잡지, 만화 제외)를 1권 이상 읽은 사람의 비율을 뜻함

는 42.4%로, 지상파 텔레비전(70.6%), 종합편성채널(63.2%), 보도전문채널(63.2%), 포털(46.9%), 뉴스 통신(45.4%)에 뒤졌다.[3] 시사 잡지 신뢰도는 27.5%로 메시징 서비스(24.8%)와 SNS(23.5%)의 신뢰도 수준과 유사하게 나타났다.

인쇄 미디어 산업의 위기가 우리나라에 국한된 현상은 아니다. 한때 1000명이 넘는 기자를 가졌던 《워싱턴포스트(Washington Post)》는 기자를 대폭 감원하였다. 뉴욕, LA, 시카고 지사도 문을 닫았다. 워터게이트 사건 보도로 탐사 저널리즘의 모델을 보여 준 《워싱턴포스트》의 명성이 무색하게 됐다. 2010년엔 타임에 이어 미국에서 두 번째로 큰 시사 잡지 《뉴스위크(Newsweek)》를 매각하였다. 《뉴스위크》는 2012년 12월 결국 종이 잡지 출판을 중단하고 디지털 매체로 전환하였다. 마지막 호 표지에는 《뉴스위크》 본사 건물을 배경으로 "#마지막 인쇄본(#Last Print Issue)"이라는 제목을 달았다. 트위터에서 특정 주제어 앞에 붙는 #를 넣어 인쇄 매체가 디지털 시대로 편입됨을 상징하였다.

미국의 언론학자 메이어(Philip Meyer)는 이미 2004년 『사라지는 신문(The vanishing newspapers)』이란 책에서 신문 독자가 30년 이상 줄고 있음을 지적하였다. 신문 등 인쇄 미디어의 위기는 왜 나타났을까? 이준웅·최영재(2005)는 위기의 원인을 다섯 가지 관점으로 요약한다. 우선 신문사의 경영합리화 소홀로 인한 시장 지배력의 약화가 독자 감소를 초래했다는 것이다. 둘째, 인터넷을 중심으로 한 뉴미디어에 대한 대응이 부족했다는 지적이다. 셋째, 저널리즘 측면에서 기사 내용의 부실이 문제라는 설명도 있다. 넷째, 신문의 정파성과 정치 개입이 독자 이탈을 초래했다는 지적이다. 마지막으로, 한국 사회 구성원이 이념적으로 분화되면서 신문에 대한 공정성과 신뢰를 상실했다는 것이다.

원인이야 무엇이든지 간에 인쇄 미디어의 위기는 명백해 보인다. 독자들이 종이를 버리고 다른 매체를 선택하고 있는 현상이 뚜렷하다. 반가운 점은 사람들이 종이 신문을 덜 읽지만 신문 콘텐츠인 기사 이용마저 줄

---

3) 신뢰도 수치는 응답자 가운데 '대체로 신뢰한다'와 '매우 신뢰한다'로 답한 경우를 합해 비율로 나타낸 것임

이지는 않는다는 것이다. 오히려 인터넷이나 모바일을 통한 뉴스 콘텐츠 이용은 증가하고 있다. 한국언론진흥재단(2016b)에 따르면, 지난 1주일간 신문 기사를 신문, 모바일 인터넷, PC인터넷, 휴대전화, IP TV 가운데 한 가지를 통해 이용했다는 응답 비율(결합 열독률)이 2016년 81.8%를 기록 하였다. 이 수치는 2013년 76.4%, 2014년 78.0%, 2015년 79.5%로 꾸준히 늘고 있다. 정준희(2011)는 신문의 독자가 종이로 잡아둘 수 있는 '포획된 수용자(captive audience)'가 아니라 '유랑적 수용자(migratory audience)' 라고 정의하였다. 대중(mass)이 아닌 조각난(fragmented) 수용자로 다양 한 사이트와 매체를 찾아 떠도는 것이다.

2) 인쇄 미디어의 대응과 변화

인쇄 미디어의 위기에 대한 해법도 다양하게 제시되고 있다. 한균태 등 (2009)은 신문의 위기에 대한 해법을 소프트웨어와 하드웨어 측면에서 살펴보았다. 우선 소프트웨어 측면에서 뉴스 콘텐츠의 질적 개선 노력이 필요하다고 주장하였다. 현재 신문의 위기가 신뢰의 위기라고 하면, 질 높은 콘텐츠의 제공으로 신뢰 회복을 모색해야 한다는 것이다. 이를 위해 소속 기자의 취재 및 편집 능력을 제고하고, 지면 개선 노력도 있어야 한 다. 수용자의 의견과 정보를 더 많이 반영하는 방향으로 기사 제작 방식 의 변화가 필요하다. 하드웨어 측면에서는 종이, 방송, 인터넷 보도가 융 합될 수 있는 '통합뉴스룸(integrated news-room)' 개편이 필요하다. 이를 통해 하나의 기사가 다양한 매체를 통해 보도되는 '원소스멀티유스 (one-source multi-use)'가 가능해질 수 있다. 최근 우리나라 신문들이 종 합 편성 채널과 인터넷으로 이와 같은 시도를 하고 있으나, 매체 간 유기 적 협력은 여전히 부족하다고 하겠다.

　　인쇄 미디어의 경영 위기 해법으로 디지털 콘텐츠 유료화가 외국에서 는 계속 시도되고 있다. 미국은 신문사 4곳 중 3곳 이상이 디지털 콘텐츠 유료 구독 정책을 실시하고 있다. 유럽에서도 171개 주요 신문사 가운데 63% 이상이 일정 금액을 지불해야 인터넷에서 기사를 볼 수 있도록 하고 있다.[4] 콘텐츠 유료화에 성공한 방식도 신문사 상황에 맞게 다양하게 나 타났다.[5] 월스트리트 저널(The Wall Street Journal)은 제목과 일부 기사만

무료로 제공하고, 기사 전문 읽기는 유료화하는 정책으로 유료 독자를 끌어 모았다. 뉴욕타임스(The New York Times)가 채택한 종량제 유료화는 일정한 숫자 이상의 기사를 보려는 독자들에게 이용료를 받는 방식이다. 독일의 빌트(The Bild)는 축구 하이라이트 영상을 유료로 독점 제공하는 등 '팔리는 콘텐츠'에 집중하였다. 프랑스의 리베라시옹(Libération)은 웹 사이트 방문이 일정 횟수를 넘어갈 때 이용료를 받고 있다.

반면, 국내 신문사들의 온라인 콘텐츠 유료화는 매우 제한적이다. 인터넷으로 실시간 제공되는 뉴스 자체를 유료화하려는 시도는 거의 없다. 대신 PDF 지면 보기, 사진 보기, 인물 정보나 경제 정보 제공, 이북(e-book) 판매 등 부가 서비스 일부만 유료화하고 있다. 성급한 유료화로 온라인 트래픽을 잃어 온라인 광고가 급감할 것을 걱정하기 때문이다. 신문 이용자들이 돈을 내고 콘텐츠를 이용하는 경우도 매우 드물다. 한국정보통신정책연구원(KISDI)의 『2016년 한국미디어패널조사보고서』에 따르면, 신문·잡지·책의 디지털 콘텐츠 이용자 가운데 유료 서비스 가입률은 1.4%에 불과하다. TV 방송 프로그램(3.8%), 게임(4.1%), 음악(7.9%)의 유료 콘텐츠 서비스 가입률에 비해 매우 낮은 편이다. 하지만 온라인 뉴스 유료화는 인쇄 미디어의 경제적 위기를 극복하기 위해 지속적으로 연구하고 시도해야 할 과제다.

잡지의 위기도 신문 이상으로 심각하다. 앞서 보았듯이 구독 판매 부수 감소와 신뢰도 하락이 지속되고 있다. 시사잡지사 상당수가 10여 명의 편집국 인력으로 운영되며, 10명 이하인 경우도 적지 않다. 잡지는 신문과 달리 하나의 주제나 이슈에 장기간 몰입해 취재할 수 있다는 강점이 있다. 출입처가 없는 대신 기획력과 기동력을 발휘할 기회가 주어진다. 하지만 잡지사의 부실한 재정 구조가 이러한 취재 인력과 환경을 만들어

---

4) 이 내용은 한국일보(2017.6.22.)가 아메리칸프레스인스티튜트(Ameriacn Press Institute)의 보고서와 로이터인스티튜트(Reuter Institute)의 디지털뉴스 리포트를 인용하며 보도한 것임.
(http://www.hankookilbo.com/v/068ffbe5d4e6459cb57650c7f632a680).

5) 한국일보(2016.11.30.). '뉴욕타임스와 다른 길 가는 신문들의 유료화 분투기'
(http:// www.hankookilbo.com/v/a934501fd0bf42afa4af0eba5b6afbdd)

내지 못하고 있다. 그럼에도 불구하고 잡지의 위기 극복은 장기간 취재를 바탕으로 한 깊이 있는 콘텐츠에서 비롯되어야 한다. 심층 탐사 보도를 통한 실험적 기사들이 많아져야 한다. 이를 통해 독자 확보와 신뢰 회복이 가능할 것으로 기대한다.

요약

이 장에서 우리는 인쇄 미디어의 역사, 특징, 제작 과정, 사회적 영향과 역할, 위기와 미래 대응 방안 등에 대해 살펴보았다. 인쇄 미디어는 오랜 역사와 전통을 지닌 매체이면서 우리 사회에서 여전히 중요한 역할을 하고 있다.

구텐베르크(Johannes Gutenberg)의 금속활자 인쇄술 발명은 인쇄 미디어 역사에서 가장 중요한 사건이었다. 읽기 문화의 보급으로 지식의 대중화와 이성적 판단 문화가 유럽에 퍼져 나갔으며 이후 르네상스, 과학혁명, 산업혁명 등에 영향을 미쳤다. 근대 신문이 출발은 17세기 독일의 《렐라치온(Relation)》과 《라이프치거 차이퉁겐(Leipziger Zeitungen)》 등에서 찾을 수 있다. 영국의 밀턴(Milton)이 『아레오파지티카(Areopagitica)』를 통해 언론 출판의 자유를 주장한 것도 중요한 역사적 사건이다. 이후 미국에서는 지나친 언론 자유로 선정적 보도가 많아지면서 '옐로 저널리즘(yellow journalism)'의 비판이 나오기도 했다. 요즘 신문과 잡지에는 언론의 사회책임주의 이론이 요구된다. 언론의 자유와 함께 공익 추구가 강조된 것이다. 우리나라 최초의 민간신문은 《독립신문(獨立新聞)》이었다. 일제 강점기 신문들은 반일 논조를 펴다 정간을 당하는 등 고초를 겪었다. 이후 1970년대 언론자유수호운동도 정치권력에 저항해 언론 자유를 지키려던 역사다.

신문과 잡지는 뉴스를 주로 다루는 매체인 만큼 그 특징이 저널리즘 원칙과 관련되어 있다. 우선 인쇄 미디어의 소재는 뉴스가치를 가진 사건이나 이슈라고 할 수 있다. 뉴스가치 기준은 참신성(novelty), 영향성(impact), 저명성(prominence), 유용성(usefulness), 갈등성(conflict),

이야기(story), 활동성(action), 심층성(depth), 오락성(entertainment) 등 다양하다. 이와 같은 뉴스가치가 높은 사건일수록 신문과 잡지의 소재로 기사화될 확률이 높다. 인쇄 미디어의 글에 해당하는 기사는 스트레이트(straight), 해설(interpret), 피처(feature), 의견(editorial) 등 네 가지로 나누어진다. 기사 작성 원칙으로는 진실성(정확성과 완전성), 적절성, 균형성, 다양성, 중립성, 이데올로기 전달의 기준들이 있다.

인쇄 미디어의 제작에는 편집국, 제작국, 영업국 등 3개 부서가 핵심으로 참여한다. 신문과 잡지의 제작 과정을 종합하면, '사건이나 이슈 발생 → 취재 → 기사 작성 및 송고 → 데스크 작업 → 국장의 지면 조정 → 편집 → 조판 → 인쇄 → 배달 → 독자'로 정리될 수 있다.

신문과 잡지의 사회적 영향력은 여전히 막강하다. 인쇄 미디어가 어떤 소재를 선택해 보도할 때에는 필연적으로 재구성이 발생한다. 이는 '현실 반영론(representation of reality)'보다 '사회적 실재 구성론(social construction of reality)'이 현실적임을 시사한다. 이를 전제로 인쇄 미디어의 게이트키핑(gatekeeping), 프레이밍(framing), 의제 설정(agenda-setting) 등이 논의되었다. 구체적으로 신문과 잡지는 뉴스를 전달하는 과정에서 '어떤 사건이나 이슈를 전달할 것인가(게이트키핑)', '어떤 시각으로 전달할 것인가(프레이밍)', '얼마나 중요하게 전달할 것인가(의제 설정)'를 결정한다. 이를 통해 우리 사회에 어떤 이슈가 논의되어야 하며, 어떻게 해석되어야 하며, 얼마나 중요하게 간주되어야 하는지를 알려준다. 신문과 잡지의 사회적 영향력이 대단하다고 하지 않을 수 없다.

현대 인쇄 미디어의 역할은 '언론의 4이론'(Siebert, Peterson, & Schramm, 1963) 가운데 사회책임주의 관점으로 이해된다. 언론의 자유를 보장받으면서 공익을 위한 사회적 책임을 다하는 역할이 요구되는 것이다. 또 신문과 잡지의 사회적 역할은 환경 감시(surveillance of the environment), 상관 조정(correlation of events), 사회 유산 전승(transmission of social heritage), 오락 제공(entertainment) 등에서 구체적으로 논의될 수 있다.

요즘 신문과 잡지는 위기를 맞고 있다. 구독률, 열독률, 신뢰도 모두 하락하고 있다. 그 원인에 대해 5가지 관점으로 살펴보았다. 신문사의 경영합리화 소홀로 인한 시장 지배력의 약화, 인터넷을 중심으로 한 뉴미디어에 대한 대응 부족, 저널리즘 측면에서 기사 내용의 부실, 신문의 정파성과 정치 개입으로 인한 독자 이탈, 수용자의 신문에 대한 공정성과 신뢰 상실 등이다. 위기 극복을 위한 해법도 제시되었다. 소프트웨어 측면에서 무엇보다 뉴스 콘텐츠의 질적 개선이 필요하다. 이를 위해 기자의 전문성 제고와 심층 기획 기사의 생산 등이 수반되어야 한다. 하드웨어 측면에서는 통합뉴스룸(integrated news-room) 개편과 디지털 콘텐츠 유료화 등이 제시되었다. 한편 잡지는 신문과 달리 하나의 주제에 장기간 몰입해 심층 취재할 수 있는 강점이 있다. 잡지의 위기 극복은 장기간 취재를 바탕으로 한 깊이 있는 콘텐츠에서 비롯되어야 한다.

주요 용어

구텐베르크	파피루스	채륜
직지심체요절	마르틴 루터	매클루언
악타 디우르나	저보	푸거 차이퉁겐
플루크블라트	렐라치온	라이프치거 차이퉁겐
밀턴	아레오파지티카	언론의 4이론
옐로우 저널리즘	허친스위원회	뉴스코퍼레이션
루퍼트 머독	한성순보	독립신문
황성신문	매일신보	르주르날데스샤방
젠틀맨스 매거진	타임	리더스 다이제스트
뉴스가치	참신성	근접성
영향성	저명성	유용성
갈등성	스트레이트	피처
역피라미드	공정성	정확성
다양성	데스크	편집국
제작국	영업국	현실반영론
사회적 실재 구성론	유사환경	게이트키핑
프레이밍	의제설정	환경감시

공론장   공신력   구독률
열독률   통합뉴스룸   온라인 유료화
더 데일리   원소스멀티유스   옐로 저널리즘

연습문제

1. 매클루언(Marshall McLuhan)이, 구텐베르크의 금속활자 인쇄술이 사회에 미친 영향을 논한 저서의 이름은 무엇인가?

2. 인류 역사상 첫 신문 형태로 발간된 로마시대 간행물은 무엇인가?

3. 세계 최초로 정기적으로 발행된 신문은 무엇인가? 또 세계 최초의 일간신문은 무엇인가?

4. 밀턴(John Milton)이 1644년 언론출판의 자유를 주장하며 발행한 팸플릿의 이름은 무엇인가?

5. 옐로 저널리즘(yellow journalism) 용어는 어떻게 나타났는가? 무엇을 의미하는가?

6. 1947년 허친스위원회의 언론 조사 결과의 핵심은 무엇인가?

7. 우리나라 최초의 근대적 신문과 최초의 민간신문은 무엇인가?

8. 세계 최초의 잡지는 무엇인가?

9. 잡지 역사 초기에 정치나 시사 분야가 아닌 과학 분야 잡지가 번성하게 된 이유는 무엇인가?

10. 뉴스가치 기준 가운데 참신성과 영향성이 모두 높은 사건의 사례로 무엇이 좋을까?

11. 뉴스가치 기준 가운데 갈등성은 2가지 차원으로 측정할 수 있는데 무엇인가?

12. 신문 기사는 기능에 따라 네 가지 양식으로 나누어진다. 무엇인가?

13. 기사 작성 원칙에서 중립성은 소극적 중립성과 적극적 중립성으로 나누어진다. 그 차이는 무엇인가?

14. 신문이나 잡지가 사건을 보도하는 방식을 논할 때 '현실 반영론(representation of reality)' 또는 '사회적 실재 구성론(social

construction of reality)'의 관점이 있다. 그 차이는 무엇인가?

15. 미디어의 게이트키핑 과정에 영향을 미치는 외부 요인들은 무엇인가?

16. 엔트만(Entman)이 제시한 네 가지 보편적 미디어 프레임은 무엇인가?

17. 리프먼(Lippman)이 사용한 '유사환경(pseudo-environment)'은 무슨 뜻을 가지고 있는가?

18. 언론의 4이론(four theories of press)에 해당하는 4가지 이론은 무엇인가?

19. 라스웰(Lasswell)과 라이트(Wright)가 제시한 네 가지 언론의 역할 또는 목적은 무엇인가?

20. 외국의 신문사 가운데 온라인 콘텐츠 유료화에 성공한 사례가 다수 있다. 콘텐츠 유료화 전략에는 어떤 방식이 있는가?

심화토론문제

1. 어떤 요인이 인쇄 미디어를 발달시켰는가?

2. 구텐베르크의 금속활자 발명은 인류 역사에 어떤 의미를 갖는가?

3. 외국과 국내의 근대 신문의 역사는 어떻게 다른가?

4. 뉴스가치를 평가하는 기준에는 어떤 개념들이 있는가?

5. 신문과 잡지의 기사는 어떤 원칙에서 작성되어야 하는가?

6. 신문과 잡지의 제작 과정은 어떤 요인들로 구성되는가?

7. 신문과 잡지의 사회적 영향은 게이트키핑(gatekeeping) 관점에서 어떠한가?

8. 신문과 잡지의 사회적 영향은 프레이밍(framing) 관점에서 어떠한가?

9. 신문과 잡지의 사회적 영향은 의제 설정(agenda-setting) 관점에서 어떠한가?

참고문헌

고영신(2007), 『디지털 시대의 취재보도론』, 서울: 나남.

목은영·이준웅(2014). 정보원 다양성, 이해당사자 견해반영, 관점 균형성이 뉴스
　　　공정성 평가에 미치는 영향. ≪한국언론학보≫, 58권4호, 428~456.

문화체육관광부(2015), 『2015 국민 독서실태 조사』, 문화체육관광부

박재영·이완수(2007). 『한국 신문의 1면 기사: 뉴스평가지수를 적용한 신문별,
　　　연도별 비교(1990~2007)』. 서울: 한국언론진흥재단.

이동훈·최호창·김남규(2016). 텍스트 분석을 활용한 정보의 수요 공급 기반
　　　뉴스 가치 평가 방안. ≪지능정보연구≫, 22권4호, 45~67.

이민웅(2008), 『저널리즘의 본질과 실천』, 서울: 나남.

이종혁·길우영·강성민·최윤정(2012), 다매체 환경에서의 뉴스 가치 판단
　　　기준에 대한 종합적 구조적 접근, ≪한국방송학보≫, 27권1호, 167~212.

이종혁·한균태(2014). Factors influencing the agenda-setting effects of
　　　newspapers on their subscribers: A multi-level analysis. ≪미디어 경제와
　　　문화≫, 12권1호, 192~233.

이준웅(2005). 갈등적 사안에 대한 여론 변화를 설명하기 위한 프레이밍 모형
　　　검증 연구: 정부의 통일 정책에 대한 뉴스 프레임의 형성과 해석적 프레임의
　　　구성을 중심으로. ≪한국언론학보≫, 49권1호, 133~162.

이준웅·최영재(2005). 한국 신문위기의 원인: 뉴스 매체의 기능적 대체, 저가치
　　　제공, 그리고 공정성 위기, ≪한국언론학보≫, 49권5호, 5~35.

임상원·이윤진(2002). 마샬 매클루언의 미디어론: 이론과 사상: 〈구텐베르크의
　　　은하계〉를 중심으로, ≪한국언론학보≫, 46권 4호, 277~313.

정준희(2011), 온라인 뉴스 콘텐츠 유료화 실험의 현단계, 『(한국언론진흥재단)
　　　2011 해외 미디어 동향』, 157~184.

조맹기(2006), 맥루한의 미디어: 인쇄, TV, 그리고 인터넷 미디어를 중심으로.
　　　≪한국출판학연구≫, 통권51호, 523~556.

조철래(2006). 지역신문의 선거보도와 게이트키핑 과정에 관한 연구:
　　　갠즈(Gans)의 다원주의적 접근을 중심으로. ≪한국언론학보≫, 50권4호,
　　　381~410.

주재욱·정용찬·김윤화·오윤석(2016)『2016 한국미디어 패널 조사』,
　　　한국정보통신정책연구원

한국신문윤리위원회(2017).『한국신문윤리위원회 심의결정집(제56호). 서울:
　　　한국신문윤리위원회.

한국언론진흥재단(2015).『2015 잡지산업 실태조사』. 서울: 한국언론진흥재단.

한국언론진흥재단(2012a), 『2016 신문산업 실태조사』, 한국언론진흥재단.

한국언론진흥재단(2012b), 『2016 언론수용자 의식조사』, 한국언론진흥재단.

한국콘텐츠진흥원(2017). 『2016 콘텐츠산업백서』. 전남 나주: 한국콘텐츠진흥원.

한균태 · 이종혁 · 송경재(2009), 『신문독자 유지를 위한 지속구독 모델 개발』, 신문발전위원회.

황용석 · 권오성(2017). 가짜뉴스의 개념화와 규제수단에 관한 연구: 인터넷 서비스 사업자의 자율규제를 중심으로. ≪언론과 법≫, 16권1호, 53~101.

황진선(2012), 『일간신문의 홍보성 기사의 추세·유형과 신문 매출액·발행 부수의 관계에 관한 연구』, 서강대 석사학위 논문.

Entman, R. (1993), Framing: Toward clarification of a fractured paradigm. Journal of Communication, 43(4), 51-58.

Hovland, C. E., Janis, I. L.,& Kelley, H. H. (1953), Communication and persuasion. New Haven, CT: Yale University Press.

Iyengar, S. (1991), Is anyone responsible? How television frames political issues, Chicago: University of Chicago Press.

Lasswell, H. (1948), The structure and function of communcations in society. in L. Bryson(Ed.), The communication of ideas(pp. 37-51), New York: Haper & Row.

Lippmann, W. (1922), Public opinion, New York: MacMillan.

McCombs, M. E. & Shaw, D. L. (1972), The agenda-setting function of mass media, Public Opinion Quarterly, 36(2), 176-187.

Shoemaker, P (1991), Communication concepts 3: Gatekeeping. Newbury Park, CA: Sage.

Siebert, F. S., Peterson. T., & Schramm, W. (1963), Four theories of the press, Urbana, IL: University of Ilinois Press.

Stephens, M. (2007), A history of News, London, UK: Oxford University Press, 이광재·이인희 역(2010), 『뉴스의 역사』, 서울: 커뮤니케이션북스

White, D. M. (1950), The 'gate keeper': A case study in the selection of news, Journalism Quarterly, 27, 383-390.

Wright, C. (1960), Functional analysis and mass communication, Public Opinion Quarterly, 24, 605-620.

05
방송과 현대사회

학습목표

사회란 무엇인가? 문화란 무엇인가? 사회나 문화와 같은 개념은 우리의 일상에 매우 밀접해 있기 때문에 이런 질문을 한다는 것조차 어색할 때가 있다. 그러나 이 질문에 쉽게 대답을 할 수 있는 사람은 그리 많지 않다. 관련 전문가나 연구자도 쉽지 않다. 그렇다면 방송은 어떠할까? 방송은 무엇인가? 흔히 방송(放送, Broad-cast)은 그 단어에서도 알 수 있듯이 특정한 내용의 메시지를 최대한 방대한 지역에 거주하는 사람들에게 전달하는 행위다. 하지만 이는 방송을 이해하는 것이 아니라 방송이 수행하는 매우 단순한 수준의 행위를 '묘사'한 것일 뿐이다. 그리고 여러분이 이해하는 방송의 모습은 지금 현재 한국이라는 공간에서 경험한 사고의 결과이므로 다른 시기 또는 다른 사회와 문화에서는 이해되지 않을 수도 있다. 사실 방송은 사회나 문화와 같이 대단히 복잡하며 그 자체의 역사와 개념 및 이념을 지니고 있으며 마치 생물과 같이 진화 발전하며 우리가 속한 사회와 문화를 역동적으로 변화시키는 매개체다. 따라서 방송을 이해한다는 것은 우리의 삶을 규정하는 것들이 무엇이고 이러한 것들이 방송과 어떠한 관계를 가지는지를 파악하는 방식을 학습하고 훈련하는 과정이 반드시 수반되어야 한다. 방송과 현대사회를 다루는 이 장에서 우리가 목표하는 것은 그러한 방송의 고유한 개념과 역사 및 이념을 이해하고 향후 우리 사회와 문화의 발전을 위해 우리가 취해야 할 태도와 역할은 어떠해야 하는지를 고민하는 기회를 제공해 주는 것이다.

첫째, 방송의 개념과 이념의 발전 과정을 이해한다.
둘째, 방송 기술, 제도, 그리고 산업 등 방송 환경의 역사적 발달 과정을 이해한다.
셋째, 방송과 사회 및 문화와의 관계의 특성을 이해한다.
넷째, 한국 사회에서 방송 기술, 제도, 산업 및 문화의 발전 과정 등을 이해하는 것을 목표로 한다.

1. 방송의 개념과 이념

"텔레비전에 내가 나왔으면…"으로 시작하는 노래가 있다. 누구나 한 번쯤은 불러보고 상상해 보았을 이 가사는 오늘날 더 이상 노래 속에서만 실현될 수 있는 희망사항이 아니다. 실제로 스마트폰으로 나를 촬영한 동영상은 나의 유튜브(YouTube)나 페이스북(Facebook) 계정으로 공유될 수 있고 스마트TV 화면에서 이를 다른 사람들과 함께 '시청'할 수도 있다. 이처럼 방송 매체를 둘러싼 기술과 이용 환경이 과거 우리가 어렸을 때와는 비교할 수 없을 정도로 달라졌음을 알 수 있다. 이러한 매체 기술과 이용 환경의 급격한 변화는 방송이라는 특수한 미디어 커뮤니케이션의 개념을 비롯한 방송의 전반적인 이념과 가치에 대해 다시 한 번 생각해 보아야 할 계기를 마련해 준다.

1) 방송의 개념

여러분은 방송이라고 하면 어떠한 이미지가 생각이 나는가? 방송이 주는 흔한 이미지는 방송 미디어 앞에 앉아 흘러나오는 프로그램을 시청 또는 청취하는 우리의 모습이다. 그런데 실제 이러한 통속적인 방송 이미지는 전통적인 방송의 개념과도 매우 유사하다. 일반적으로 방송은 "불특정 다수를 대상으로 전파신호를 이용하여 프로그램을 전송하는 소통 행위"를 일컫는다. 방송, 放送, Broad-cast이라는 단어에서도 알 수 있듯이 전자기적으로 신호화된 동일한 내용의 메시지를 최대한 방대한 지역에 거주하는 사람들에게 전달하는 행위이며 우리 개개인은 그러한 행위에서 전달받는 사람으로 규정된다. 당연히 이 개념에서 방송의 최고 목표는 더 많은 지역과 사람들에게 동일한 내용의 메시지를 전달하는 것이다.

하지만, 이러한 방송 미디어에 대한 개념과 통속적 이미지는 더 이상 중첩되는 것 같지 않다. 특히, 최근의 미디어 기술과 이용 환경 변화는 방송의 방식과 과정에서 큰 변화를 가져왔고 이는 방송의 개념과 범위 또한 다르게 만들고 있다. 전통적 방송의 개념에서 방송은 '시청자'라는 '불특정 다수'를 대상으로 하였지만 오늘날 케이블TV, IPTV, 위성TV 등은 '가입자'라는 '특정 다수'를 대상으로 하고 있고 이들 방송 미디어에서 제공하는 방송 채널도 연령, 성별, 인종, 취미, 소득 등을 고려한 '특정 다수'에 맞추어 특화되어 있다. 이 말은 방송이 이전처럼 광범위(Broad) 하지만 훨씬 협소(Narrow)화된 방송 서비스를 제공하고 있고 전통적 지상파 라디오와 TV방송을 제외하고는 더 이상 누구나 향유할 수 있는 미디어가 아니라는 것이다.

또한 방송 방식에서도 과거 방송은 아날로그 전파신호에 의한 유무선 네트워크를 통해 프로그램이 전달된 반면 오늘날은 디지털화된 전자신호가 케이블, 위성, 인터넷 네트워크로 시간과 장소의 물리적 제약 없이 프로그램 전송이 가능하다는 점에서 이전의 방송 개념과 차이가 있다.

또한 '프로그램을 전송'하는 행위로서 방송의 개념 역시 변화되고 있다. IPTV와 인터넷TV와 같은 쌍방향 TV처럼 프로그램을 시청자에게 전송하는 방송국은 시청자의 다양한 요구에 맞게 프로그램을 편성하고 편집하는 등 콘텐츠의 재가공이 더욱 중요함을 알아가고 있다. 이는 과거처럼 사전에 제작된 프로그램을 편성표에 맞춰 일방적으로 전송하는 방식에서 벗어나 특정 프로그램과 내용을 전송하기 위해 별도의 서비스를 제공해야 함을 의미한다.

즉 방송 프로그램이 이전보다 훨씬 복잡하고 쌍방향적인 방식으로 '교환'된다는 점에서 '전송'과는 다른 차원에서 방송 개념이 변화하고 있음을 보여 준다. 이처럼 방송의 전달 방식과 과정이 변화함에 따라 방송의 개념도 당연히 달라지고 있고 관련 법 제도 역시 이를 반영하여 방송의 정의를 수정하고 있다. 2012년 개정된 현행 방송법에서는 방송을 "방송 프로그램을 기획·편성 또는 제작하여 이를 공중(개별계약에 의한 수신자를 포함하며, 이하 "시청자"라 한다)에게 전기통신설비에 의하여 송신하는 것"으로 규정하고 있다. 그리고 이러한 방송 규정에 따라 방송의 범위를 텔레비전, 라디오, 데이터 그리고 이동멀티미디어 방송 서비스로 확대시켜 놓고 있다(방송통신위원회, 2012).

방송 개념의 이러한 변화는 방송의 범위, 대상, 방식 등에 있어서 이전과는 다른 양상을 반영하여 관련 산업과 정책의 규제나 진흥을 위한 기본틀도 새롭게 조정되어야 하는 현실을 보여 준다. 하지만 2012년 개정된 방송법상의 방송의 개념은 여전히 급변하는 방송 기술과 산업 및 이용자 환경의 변화를 반영하였다고 할 수 없다.

예를 들면 지상파 라디오나 TV 프로그램을 앱 스토어(App store)에서 구매한 방송 관련 앱을 통해 시청한다고 했을 때나 또는 소셜 미디어 플랫폼인 페이스북에 기반을 둔 소셜 티브이 채널인 티빙(TVing)으로 시청하고 이를 자신의 친구와 함께 공유한다고 했을 때, 방송의 시청 행위는 상당히 다른 의미를 지닌다. 즉, 방송의 주체, 내용, 그리고 전송 방식 등에서 현재의 방송 개념과 범위로 설명하지 못하는 일이 생길 수 있다.

이처럼 오늘날 방송의 개념은 과거 전통적 매스미디어 환경에서 뉴미디어 환경에 맞추어 변화를 시도하고 있으나 기술과 이용 환경의 빠른 변화에 대응하기에는 여전히 미흡한 측면이 있다. 이러한 문제로 인해 오늘날 방송의 개념은 방송 서비스 전체를 감안한 보편적 정의를 내리기보다 새롭게 등장하는 서비스와 기술을 감안하여 추가하는 대응적 방식의 개념화를 시도하고 있다.

실제로 다양한 방송 콘텐츠의 생산과 유통 다변화에 따라 저작권법(제2조)에서는 방송을 "일반 공중으로 하여금 동시에 수신하게 할 목적으로 무선 또는 유선 통신의 방법에 의하여 음성·음향 또는 영상 등을 송신하는 것을 말한다"고 정의하고 있는데 방송 이외에 "일반 공중이 개별적으로 선택한 시간과 장소에서 수신하거나 이용할 수 있도록 저작물을 무선 또는 유선 통신의 방법에 의하여 송신하거나 이용에 제공하는 것을 말한다"고 하여 '전송(傳送)'에 대해서도 별도의 방송 개념 규정화를 시도하고 있다.

방송 이외에 전송과 관련한 이러한 규정은 오늘날 미디어 이용 환경에서 능동적 미디어 이용자의 참여적 특성, 즉, 인터넷과 모바일을 통한 쌍방향적 미디어 이용을 고려한 것이다. 저작권에서 이러한 방송과 전송에 대해 특별한 관심을 가지는 것은 오늘날 방송 환경에서 콘텐츠의 재가공과 이용 방식 및 미디어 기기가 복잡하고 다양해짐에 따라 저작물의 소유권 및 재산권의 보호 역시 이에 보조를 맞추기 위한 것으로 이해할 수 있다.

새로운 서비스의 등장에 따른 방송의 개념화도 시도되고 있는데 소위 IPTV라고 일컫는 인터넷멀티미디어방송이 그러하다. 인터넷멀티미디어방송법 제2조에서는 방송을 "광대역 통합 정보통신망 등(자가 소유 또는 임차 여부를 불문하고, 전파법 제10조 제1항 제1호에 따라 기간통신 사업을 영위하기 위하여 할당받은 주파수를 이용하는 서비스에 사용되는 전기통신회선설비는 제외한다)을 이용하여 양방향성을 가진 인터넷 프로토콜 방식으로 일정한 서비스 품질이 보장되는 가운데 텔레비전 수상기 등을 통하여 이용자에게 실시간 방송프로그램을 포함하여 데이터·영상·음성·음향 및 전자상거래 등의 콘텐츠를 복합적으로 제공하는 방송"을 일컫는다.

IPTV에서 방송은 방송법과 저작권법과는 달리 "양방향성을 가진 인터넷 프로토콜" 방식의 전송 매체와 방식 및 "텔레비전 수상기"라는 소비 매체를 특정하고 있다는 점에서 매우 구체적이다. 이는 IPTV라는 특정 방송 서비스를 염두에 둔 방송의 개념으로 향후 새로운 방식과 내용의 방송이 나오면 추가적인 개념의 변화를 예상할 수 있다. 즉, 오늘날 방송의 개념은 새로운 미디어 기술과 전송 방식 및 생산 과정, 그리고 소비 과정의 급격한 변화에 따라 포괄적이고 일반적인 방식으로 규정하기 어렵다.

하지만 그렇다고 해서 다양하게 변화하는 방송 개념들이 전혀 개념적 특성들을 공유하고 있지 않다고 단정하기도 힘들다. 위에서 언급되고 있는 방송의 개념들은 서로 상이하지만 공통적으로 ① 일반 공중이 ② 특정 전송 방식으로 ③ 내용물을 ④ 특정 매체를 통해 ⑤ 공유할 수 있게 하는 행위라는 측면에서 개념적인 일관성을 찾을 수 있다. 다시 말해 일반 공중이 공유하는 프로그램 또는 콘텐츠라는 측면에서 방송의 개념은 오히려 기술과 이용 환경의 변화에도 불구하고 본질적으로 공중(公衆)과 관련되는 공적(公的) 커뮤니케이션임을 보여 준다. 그리고 이러한 방송 개념의 공공적 특성은 방송의 이념과 사회적 책무의 의미와 방식을 결정하는 중요한 함의를 제공해 준다.

2) 방송의 이념과 공공성

TV를 시청하는 나는 공공의 이익을 고려하는가? 당신과 함께 프로그램을 보는 가족과 친구는 과연 공중인가? 이러한 질문에 대한 답은 의외로 쉽지 않다. 나를 포함한 가족과 친구는 내 개인이 개인적으로 맺고 있는 친밀한 관계의 집단이고 이들과 함께 시청 또는 청취하는 방송 프로그램은 개인의 여가나 취미 활동과 주로 관련이 되기 때문이다. 그러나 개인이 느끼는 그러한 친밀한 관계와 상관없이 방송이라는 공적 커뮤니케이션에서는 여러분을 공중(The publics)으로 파악한다.

방송 개념에서 일반 공중은 전통적으로 미디어 커뮤니케이션의 대상으로 수용자 또는 이용자를 일컫는데 이들은 프로그램이나 콘텐츠가 전송망을 통해 전달하고자 하는 최종 도착 지점인 동시에 미디어의 사회적 효과가 시작하는 출발 지점이라는 이중의 성격을 지니고 있다. 전자가 기술적인 차원에서 미디어의 수용자인 '미디어 공중'이라는 측면이 강조되는 반면 후자는 미디어 공중이 사회적 의사 결정과정의 참여자라는 '사회적 공중'으로 전환 될 수 있음을 보여 준다. 즉, TV를 시청하는 나를 포함한 나의 친밀한 '사적인 시청자 집단'은 방송 내용을 접하는 순간 본인이 의도하든 그렇지 않든 상관없이 새로운 사회적 집단성을 부여 받으며 시청자를 '공적인 집단'으로 전환시킨다고 할 수 있다.

이러한 이유에서 방송에서 공중은 다층적인 성격을 보여 주는데 이는 공중이 근본적으로 세 가지 상이한 성격을 지니고 있다는 데 기인한다. 첫째, 공중은 개별적 개인이 상호 연결되어 있는 공동체의 성격을 지닌다. 이는 개별 수용자가 미디어를 이용하지만 이들 개별 수용자는 고립된 개인이 아니라 서로 사회적으로 연결되어 미디어에 대해 서로 상이하거나 유사한 생각과 가치관을 공유하는 존재라는 것을 의미한다. 미국의 사회학자인 베네딕트 앤더슨(Benedict Anderson)이 미디어에 의해 구성되는 상상의 공동체(Imagined community)라는 바로 공중이 지니는 이러한 상호 연결에 기반을 둔 공동체적 특성 때문이다.

둘째, 공중은 공공적 성격을 지닌다. 이는 우리가 흔히 '시청자의 한 사람으로서' 또는 '우리 사회 구성원의 한 사람으로서'라는 말을 자주 하는 것에서도 알 수 있듯이 공중은 그들이 속한 사회 및 국가의 건전한 발전을 도모할 것이라는 믿음에 근거하고 있다. 다시 말해 개별적 시청자들은 보편적으로 공공의 이익을 추구하는 존재이며 이성적으로 공익을 위한 판단을 할 것이라고 보는 것이다.

마지막 세 번째 공중의 특성은 공개성인데 이는 여론(public

opinion) 형성과 관련이 있다. 방송 시청자가 접한 메시지는 받아들이는 사람에 따라서 의견이 나뉜다. 이 의견들은 각각의 여론을 형성하면서 공동체를 위한 의사 결정에 영향을 준다. 만약 미디어 공중에게 그러한 판단을 내리기 위한 정보나 프로그램이 공개되지 않는 다면 공중은 사회적 공중의 의미를 잃게 된다. 다시 말해 미디어 공중이 사회적 공중으로서 의미를 지니기 위해서는 공중에게 필요한 정보의 공개성이 전제되어야 한다.

공중의 이러한 공동체성, 공공성 그리고 개방성은 방송의 이념과 책임성을 규정하는 결정적인 근거를 제공해 준다. 그리고 방송 시청자가 지니는 이러한 공중의 성격에 따라 우리는 방송 미디어 커뮤니케이션에 대해 특수한 역할을 기대하고 그것이 충족되길 원한다. 예를 들면 만약 여러분들이 〈무한도전〉이나 〈1박2일〉 또는 〈런닝맨〉에 출연하는 연예인들이 상스러운 말이나 행동을 한다거나 우리 사회의 질서와 도덕에 반하는 언행을 한다면 어떤 반응을 보일까? 아마도 일부를 제외하고는 그러한 방송이 나갔을 때 상당히 거북해 하거나 "방송이 저래도 되는 걸까?"라며 고개를 갸웃거릴 것이다. 또는 반대로 이들 프로그램이 가슴 뭉클한 감동의 장면을 연출할 때 여러분은 "이 프로그램 참 유익하다"라는 반응을 보이며 그 프로그램이 전달하는 메시지를 자연스럽게 공유하고 권장할 것이다. 이러한 시청자의 반응은 매우 자연스럽게 보이는데 이는 우리가 방송에 대해 공통적으로 어떠한 기대를 공유하고 있기 때문이다. 바로 그러한 기대를 갖게 하는 것이 방송의 공공적 특성, 즉 방송의 공공성이라고 할 수 있다.

방송의 공공성 개념은 공공성의 성격과 범주, 및 구현 방식과 관련해 다양한 해석이 존재하는 것이 사실이다. 그리고 그러한 입장의 차이는 공공성과 그것을 확보하기 위한 제도를 만드는 데 큰 영향을 준다. 하지만 그러한 차이에 대한 논의는 매우 복잡하고 어려운 문제이기 때문에 이 글에서는 공공성 개념에서 대체로 수긍할 수 있는 일반적 차원에서 설명하고자 한다.

일반적으로 방송의 공공성은 "사회적으로 받아들이고 구현되어야 하는 공동의 가치와 추구하고자 하는 이익과 관련된 이슈와 주제들을 개인의 사적 편견에서 벗어나 공개되고 상호 주관적인 방식으로 이성적 토론을 가능하게 하거나 방송을 통한 공통의 감각이나 문화를 형성할 수 있

방송법 제5항 6조(방송의 공정성과 공익성)

① 방송에 의한 보도는 공정하고 객관적이어야 한다.

② 방송은 성별 · 연령 · 직업 · 종교 · 신념 · 계층 · 지역 · 인종 등을 이유로 방송 편성에 차별을 두어서는 아니 된다. 다만, 종교의 선교에 관한 전문 편성을 행하는 방송 사업자가 그 방송 분야의 범위 안에서 방송을 하는 경우에는 그러하지 아니하다.

③ 방송은 국민의 윤리적 · 정서적 감정을 존중하여야 하며, 국민의 기본권 옹호 및 국제친선의 증진에 이바지하여야 한다.

④ 방송은 국민의 알 권리와 표현의 자유를 보호 · 신장하여야 한다.

⑤ 방송은 상대적으로 소수이거나 이익 추구의 실현에 불리한 집단이나 계층의 이익을 충실하게 반영하도록 노력하여야 한다.

⑥ 방송은 지역사회의 균형 있는 발전과 민족문화의 창달에 이바지하여야 한다.

⑦ 방송은 사회교육기능을 신장하고, 유익한 생활정보를 확산 · 보급하며, 국민의 문화생활의 질적 향상에 이바지하여야 한다.

⑧ 방송은 표준말의 보급에 이바지하여야 하며 언어순화에 힘써야 한다.

⑨ 방송은 정부 또는 특정 집단의 정책 등을 공표함에 있어 의견이 다른 집단에게 균등한 기회가 제공되도록 노력하여야 하고, 또한 각 정치적 이해 당사자에 관한 방송프로그램을 편성에서도 균형성이 유지되도록 하여야 한다.

게 하는 책무"라고 할 수 있다. 이러한 정의에서 알 수 있듯이 방송의 공공성은 추구해야 할 가치와 그것의 구현 방식과 목적까지 포괄하고 있다. 우리 사회에서 특수한 집단 또는 계층이나 지역의 이익이 아닌 사회 전반에 걸쳐 골고루 향유될 수 있는 가치와 이익들에 대해 사회 구성원들의 의견이 반영될 수 있도록 방송을 하여야 한다는 것이다.

이는 사실 방송이라는 특정 매체에 한정되지 않고 더 넓게는 '미디어 공공성'으로 확대하여 일반적 사회 전체를 대상으로 하는 미디어가 지녀야 할 공공적 특성과 책무라는 공공성의 연장선상에서 이해될 수 있다. 이러한 방송의 공공성은 잘 작동하지 않을 경우 권력이나 부를 가진 특정

집단의 이익을 위해 (사적이익) 전체 사회의 이익(공적이익)이 방송을 통해 직간접적으로 희생될 수 있기 때문에 국가는 이를 보호하고 감독해야 하는 의무가 있는데 방송 공공성 확보를 위한 방송의 "공정성과 공익성(제6조)"이 방송법에 명시되어 있는 이유다.

방송의 공공성에 대한 이러한 개념 규정과 법제도화는 얼핏 보면 당연하고 쉽게 실현할 수 있는 가치로 보이지만 실상은 그렇지가 않다. 방송의 공공성, 넓게는 미디어의 공공성이라는 말이 빈번히 사회적 문제가 된 전 이명박 정부의 집권 기간 동안 우리는 방송의 공공성이 누가 어떻게 규정하고 실행하느냐에 따라 매우 다르게 구현될 수 있다는 많은 사례들을 발견할 수 있다.

2012년 MBC, KBS, YTN, 연합뉴스 등 우리나라 주요 방송 언론노조의 파업에서 알 수 있는 것은 방송의 공공성이 정부와 법 제도에 의해 언제나 훼손될 수 있다는 것이다. 아이러니하게도 공공을 위해 봉사해야 하는 국가기구들에 의해 방송 권력 구조를 통제하고 국가 기구가 인정하는 이념과 가치만이 권장·홍보하는 방송이 법 제도의 위반 없이도 가능하다. 공영방송처럼 국가와 의회의 관리감독을 받는 방송국은 공공성이 가장 잘 보장될 수도 있지만 가장 쉽게 훼손될 수도 있다. 이러한 이유로 방송의 공공성을 보장하고 구현하는 책무는 법제도와 정부 같은 공적기구에게만 주어지는 것이 아니라 ① 국가·정부·의회 ② 언론 ③ 시민이 상호 견제하면서 정책 결정 과정에 참여가 보장되어야 한다.

언론과 시민의 참여를 통한 방송의 공공성 확보라는 '참여적 또는 개방적 거버넌스(Governance)'가 최근 관련 학계와 정책 입안자와 시민사회에서 자주 거론되고 있는 것은 이러한 배경 때문이다. 다시 말해 법과 제도의 집행과 실행에서 법 도입 배경과 원칙이 훼손될 수 있는 구조적인 한계에도 불구하고 방송 공공성은 결국 법과 제도에 의해 보호되어야 하기 때문에 이와 관련된 정책의 생성과 집행 과정에서 보다 민주적인 절차와 요건들을 만드는 것이 중요하다. 따라서 방송의 공공성은 통치(統治, Govern)가 아닌 민주적인 절차와 방식에 의한 협치(協治, Gover- nance)라는 실현 방식에 더 많은 사회적 논의와 합의가 필요하다.

2. 방송의 역사

방송의 역사와 방송 기술의 역사는 같지 않다. 방송 매체 기술은 방송의 생산과 유통 및 소비의 전 과정을 가능하게 하는 필요한 조건들을 제공하지만 충분한 조건은 아니다. 지금 이 시간에도 새로운 매체 기술은 개발되고 있지만 이 모든 것들이 전부 미디어 산업에서 채택되는 것은 아니며 오히려 많은 기술들은 시장에 나오지도 못한 채 사장되는 경우가 허다하다. 그렇다면 100여 년의 역사를 지닌 방송 기술은 어떻게 채택되고 유지 및 발전되어 왔을까? 이를 이해하기 위해서는 단편적인 방송사적 사실들을 서로 분리되어 파악하기보다도 이들을 서로 연결시키는 맥락화가 필요하다. 어쩌면 방송의 역사에서 가장 중요한 것은 기술의 발전사가 아니라 그 기술이 채택되게 하고 유지 발전될 수 있게 한 배경에 있을지도 모른다.

방송과 방송 산업의 탄생 및 발전에는 근현대사에 큰 획을 그은 산업혁명과 제국주의의 확산 및 1, 2차 세계대전을 거치면서 급부상한 미국의 시장 자본주의의 발전 과정이 자리하고 있다. 방송 광고를 매개로 하나의 독자적인 산업화와 이를 가능하게 한 관련 방송법 · 제도 체계와 모델의 개발과 발전은 1900년대 이후 자리 잡은 미국 중심의 시장 자본주의를 배경으로 한다. 즉, 방송의 역사를 이해하는 것은 1900년대 이후 미국을 중심으로 하는 세계 정치, 경제, 사회, 문화의 전개 양상을 동시에 고려하는 것이 필요하다. 방송과 방송 산업 및 텔레비전의 역사를 이해할 때 이와 같은 맥락적 상황을 염두에 두어야 한다.

1) 방송과 방송 산업의 탄생

1912년 북대서양에서 '타이타닉'이라는 영국 국적의 세계 최대 여객선이 갑자기 나타난 거대한 빙산에 충돌해 차가운 바다 속으로 가라앉았다. 충돌 후 얼마 후에 선장과 1등 항해사는 이 거대한 배를 구할 수 있는 방법이 없음을 깨닫고 모스 부호로 SOS를 긴급히 무전으로 송신하였다. 당시로는 최첨단 무선 통신 기기(Wireless telecommunication)를 탑재한 타이타닉은 영국의 마르코니무선전신회사(Marconi Wireless Telegraph Company)가 제공하는 통신 서비스를 이용해 긴급 상황을 타전하였다. 우리가 일반적으로 라디오라고 부르는 무선 통신 기술을 발명한 마르코니(Gugliel- mo Marconi)가 바로 이 회사의 창업주다.

영국과 미국은 이 무선 기술의 상업적, 군사적 중요성을 깨닫고 이탈리아 출신의 이 발명가가 발명한 기술과 상품이 실용화될 수 있도록 특허권을 부여하고 국가적 차원에서 이를 관리하기 시작하였다. 특히 미국은 1912년 상무부(Department of Commerce)의 주도하에 라디오법(Radio Act)을 제정하여 전파의 사용권(Licensing)을 직접 관리할 만큼 이 새로운 미디어 기술의 상업적 그리고 군사ㆍ외교적 중요성을 가장 먼저 이해하고 이후 전파의 사용 허가권을 국가가 관리하는 모델을 제시하기도 하였다. 특히 19세기 말의 상황은 해상을 통한 자유 국제무역과 식민지 건설을 위한 제국주의가 급속히 팽창하고 있어 유럽과 북미의 이러한 무선통신 기술의 개발과 관리가 국가적으로 매우 필요하였다. 필요는 발명의 어머니라는 말처럼 방송 기술의 탄생의 배경에는 이러한 정치경제적 배경이 있었다.

무선 전신 기술은 1907년 포레스트(Lee De Forest)가 무선신호를 변조하여 소리를 전송할 수 있는 진공관(Vacuum tube)을 발명하면서 새로운 전기를 맞게 된다. 마르코니회사에 근무하던 통신기사 사노프(David Sarnoff)

는 음성과 음악을 전송할 수 있는 이러한 새로운 라디오 기술을 가정용 수신기로 개발하여 민간에게 제공하자는 당시로서는 혁신적 아이디어를 회사에 제안하였다. 그러나 이러한 근대적 의미에서 최초의 라디오 방송 사업은 전신 사업의 안정적 수익에 집착한 마르코니 회사로부터 환영을 받지 못하였다.

2차 세계대전 이후 전파 기술에 대한 미 해군의 통제에 대한 민간 기업과 관련 시장의 사유화와 자유화 요구로 마르코니의 기술과 자산은 민간에게 매각된다. 이에 1920년 아메리칸 마르코니 회사가 미국의 전기 제조회사인 제네럴일렉트릭(GE), 웨스팅하우스(Westinghouse), 그리고 전화를 발명한 벨(Alexandar Graham Bell)의 AT&T에 인수되었다.

이들은 사노프를 영입하고 공동으로 소유한 특허권(Patent pool)을 바탕으로 RCA(Radio Coorporation of America)라는 라디오 회사를 설립하고 본격적으로 라디오 송수신기의 제조와 판매를 시작하였다. 이후 1920년 피츠버그의 백화점에서 시작된 첫 정규 라디오방송 프로그램과 이에 영감을 받은 웨스팅하우스가 같은 도시에 설립한 KDKA라는 호출 부호를 가진 최초의 라디오 방송국이 북미 대륙 전반에 걸쳐 인기를 끌자 RCA의 라디오 수신기 판매는 1922년 10만대에서 1923년에는 50만 대로 급성장을 하기 시작하였다.

그 후 많은 사람들은 시중에서 구입한 라디오 송수신기를 통해 라디오방송을 직접 제작 방송하기 시작했다. 1923년 한 해에만 미 상무부는 수백 개에 달하는 방송 허가권을 발급하게 되는 등 서서히 방송이라는 새로운 시장이 형성되기 시작한다. 그러나 이때까지 방송 시장의 주요 수입원은 라디오 송수신기 판매라는 점에서 제조업의 성격을 지니고 있었다.

본격적인 방송 시장의 성장은 1922년 AT&T가 뉴욕에 설립한 WEAF라는 라디오방송국에서 프로그램 공급자들이 일정 비용을 내면 그들의 프로그램을 실어 보내주는 비즈니스 모델을 도입하기 시작하면서다. 이전까지의 라디오방송 시장은 RCA와 같은 라디오 송수신기 제작 및 판매가 주였던 데 비해 AT&T의 방송 프로그램을 매개로 한 수익 모델은 방송 시장에 새로운 전기를 마련한 것이다.

또한 AT&T는 최초의 방송 네트워크를 구축하였는데, 자신의 전화

망을 이용해 여러 방송국들을 연결하고 이를 톨 브로드캐스팅 (Toll Broad- casting)이라 불렀다. 광고주들은 이 방식에 즉각적으로 반응을 보이면서 라디오 방송 송수신기 판매 이외에 프로그램 방송을 통해서도 수익이 발생할 수 있다는 것을 인식하기 시작하였다. 드디어 1926년 RCA 는 NBC(National Broadcasting Corporation)라는 방송국을 설립하고 광고 방송(Commercial)을 주요 수입원으로 하는 상업방송 시장을 본격적으로 열게 된다.

1928년에 이르러서는 CBS(Columbia Broadcasting System)와 NBC 가 경쟁하는 전국 상업 라디오방송 네트워크 체제가 형성되었다. 정부는 규모가 큰 라디오방송국의 안정적인 방송 환경을 제공하기 위해 1927년 라디오법을 재개정하고 주파수 관리 등 방송 정책에 대한 관할을 기존의 상무부에서 오늘날 FCC(Federal Communication Commission)의 모태가 되는 FRC(Federal Radio Commission)로 이양한다.

라디오방송은 초기에는 음악 방송을 위주로 제작 및 편성을 하다가 뉴스, 코미디, 버라이어티쇼, 연속극, 드라마 등으로 다양화되고 전문화되기 시작하였다. 이러한 라디오방송 프로그램의 장르들은 오늘날 텔레비전에서 제공되는 거의 모든 유형의 장르의 원형이 되었다.

새로운 여가 활동과 정보원으로써 라디오방송은 점차 거대한 방송 산업이라는 새로운 산업으로 발전해 가면서 1943년에는 신문 정체의 광고 수입을 추월하였고 2차 세계대전 동안 중요한 국내 및 해외 뉴스를 제공하는 정보 매체로 확고히 자리를 잡았다. 이처럼 라디오는 방송의 탄생을 알리는 중요한 매체인 동시에 방송광고를 매개로 한 미디어 산업을 활짝 연 일등 공신이라고 할 수 있으며 자동차 산업의 발달과 함께 우리 일상에서 빼 놓을 수 없는 미디어가 되었다.

라디오 기술이 가져다 준 새로운 문화적 상상력은 음성과 영상이 결합된 새로운 형태의 미디어 발명에 영감을 불어 넣었다. 라디오방송이 본격화되기 시작하던 무렵인 1923년, 미국의 판즈워드(Philo Farnsworth)와 RCA 엔지니어인 즈보리킨(Vladimir Zworykin)이 브라운관이라고 불리는 아이코노스코프 튜브(iconoscope tube)를 발명하면서 텔레비전이 현실화되었다.

텔레비전은 라디오만큼 급속한 성장을 이루지는 못하다가 2차 세계대전 이후 본격적으로 텔레비전 방송 시대가 시작되었다. 2차 세계대전이 종결되고 난 후 1952년에는 미 동부 해안을 중심으로 108개의 TV 방송국이 텔레비전 방송을 하였고 시청자는 170만 대의 텔레비전 수상기를 통해 방송 프로그램을 시청하였다. 라디오방송 서비스를 통해 전국 네트워크화를 이루고 있던 NBC, CBS, ABC 방송국은 새로운 텔레비전 방송 네트워크를 형성하면서 라디오와 텔레비전 등 방송 산업을 주도하게 된다.

이와 비슷한 시기에 등장한 케이블 텔레비전은 TV 전파 수신이 원활하지 않은 시골과 산간 지역 마을 주민들의 TV 시청을 가능하게 해 주었다. 이는 오늘날의 케이블을 통한 방송과는 달리 주변의 높은 지역에 안테나를 세워 유선으로 연결한 케이블 TV(Community Antenna Television)였는데 공중파 네트워크들은 이러한 지역 소규모 방송 시설의 설치를 지원하여 그들의 방송 권역을 넓혀 나갔다.

TV 네트워크의 힘은 1960년 닉슨과 케네디의 대선 토론에서 젊고 지적이며 활력이 넘치는 이미지를 보여 준 케네디가 닉슨을 극적으로 이기게 해 준 데서 잘 나타난다. 텔레비전이 제공하는 프로그램이 단순히 여가와 오락, 정보만을 제공하는 것이 아니라 중요한 정치적 결정에 직접적인 영향을 주는 매체로 성장한 것이다.

텔레비전이 지닌 정치, 사회, 문화적 영향력이 커짐에 따라 이 매체에 대한 공리적 이용에 대한 관심도 커져 나갔다. 특히 TV 프로그램의 다수를 차지하는 선정적이고 오락적인 내용의 방송들은 방송사들이 상업적인 이익만 추구한다는 비난을 받으며 정부의 개입을 촉구하기 시작하였다. 이 당시 FCC 의장이었던 뉴턴 미노(Newton Minnow)는 선정적, 상업적 방송 상황을 거대한 황무지(Vast wasteland)로 비난하며 방송의 공공성 회복을 위한 노력을 기울일 것을 강조하였다. 1969년 PBS(Public Broad- casting Service)라는 공영방송은 이런 배경에서 탄생하게 되었다.

이외에도 FCC는 민영방송국의 폐해를 막기 위한 '재정이익 및 신디케이션 규정(Financial and Syndication Rules, Fin-Syn Rules)', '프라임타임접근권(Prime Time Access Rule, PTAR)'과 같은 규정들을 신설하고 방송의 공공성을 확보하려는 노력들을 시행해 나갔다.

이러한 노력에도 불구하고 1970년대 이후 오늘날과 유사한 형태의 케이블 TV산업 형성과 네트워크 방송사들과의 시장 경쟁으로 상업화는 오히려 심화된다. 하지만 이 경쟁에서 공중파 네트워크들은 영화와 스포츠 등 상업적 프로그램으로 특화한 케이블 TV 방송국에 밀리게 되면서 1980년까지 90% 이상의 시청점유율을 유지해 왔던 지상파방송은 1986년에는 65%, 1991년 55%, 1996년에는 42%까지 떨어지게 된다. 이 과정에서 케이블 TV 방송국은 공중파 방송을 의무적으로 전송해야 한다는 '의무전송규정(Must carry rule)'과 같은 제도를 시행하기도 하였지만 케이블 TV가 주도하는 텔레비전 방송 시장에 대항하기는 역부족이었다.

특히 1980년대부터 방송을 포함한 미디어산업에 대한 정부의 지원과 규제가 축소되는 규제완화(Deregulation)는 상업적 케이블 TV를 중심으로 하는 방송 산업의 재편을 가져왔고 1995년에는 Fin-Syn 규정마저 폐지되고 만다.

이후 공중파방송과 케이블 TV는 경쟁관계에서 인수합병(M & A)과 전략적 제휴(Strategic Alliance)라는 파트너십을 맺으며 방송을 통해 상업적 이익을 극대화하는 방향으로 전환하게 된다. 타임워너(Time-Warner), 뉴스코퍼레이션(News Corp.), 디즈니(Disney)와 같은 거대 미디어 기업들은 이러한 미디어 산업의 탈규제와 산업화의 산물로서 오늘날 방송 산업이 공공성보다 상업적 이익을 추구하게 되는 계기가 되었다.

라디오와 텔레비전 기술의 탄생에서 거대 미디어 기업 집단의 등장에 이르기까지 미국 방송의 역사는 방송 매체의 상업화 과정의 역사와 그 맥을 같이한다. 두 매체 모두 기술 개발의 초기에는 일반인, 마을, 또는 특정 조직이나 그룹들이 자유롭게 방송을 하거나 방송 허가를 신청할 수 있었다. 하지만 국가와 시장은 이 매체의 효율적이며 공공적인 활용을 위해 법과 제도를 통해 방송을 할 수 있는 권한(Licence)을 제한하기 시작하였지만 방송 라이선스를 부여받은(Entrust) 방송사들은 공리보다 방송 시장에서의 사익에 더 많은 관심을 두고 있는 것으로 보인다.

Fin-Syn Rule(Financial Interest and Syndication Rule)

Fin-Syn Rule은 네트워크가 자체 제작한 프로그램에 대한 국내 신디케이션 행위를 금지하고, 아울러 외주 제작 프로그램의 국내 및 해외 신디케이션 행위 금지, 프로그램의 소유권이나 프로그램 유통으로부터 발생하는 수익의 전유(Financial interest)를 금지하도록 한 규정을 말한다. 방송사의 프라임 시간대의 네트워크 편성을 제한하는 주 시청 시간 접근 규칙(Prime time access rule)의 후속 조치로서 1971년의 Financial interest Rule과 1973년의 Syndication rule을 함께 가리키는 용어다. 이 규정은 제작자와 네트워크 간의 거래 관계에서 네트워크가 우위를 점해 프로그램 제작시장을 주도, 시청자들이 프로그램에 접근할 수 있는 기회를 원천적으로 봉쇄함으로써 제작 시장에서의 경쟁을 억제해 왔다는 판단하에 생겨났다. 그러나 Fin-syn rule 채택 후 본래의 규제 목적과는 달리 방송 프로그램 제작자의 수가 급격히 감소하고 메이저 독립제작사만을 육성시키는 등의 결과를 초래했다는 평가를 받았다. 1970년대 후반 이후의 신디케이션 시장과 케이블 TV 시장의 성장으로 네트워크 수요 독점력의 크기가 줄어들었음이 드러나 1983년 FCC는 이를 부분적으로 개정하였으며 이후에 1990년대 방송 환경의 변화로 외국 방송 기업과의 경쟁에서 네트워크 경제력과 경쟁력이 필요하고 네트워크 소유권 확보가 미국 방송 시장 내 경쟁을 위협하는 요인으로 작용하지 않는다고 판단되어 1991년 기존의 Fin-syn 규정안을 완화하는 개정안이 발표되었으며 1995년 이 규정은 완전히 폐지되었다.[1]

PTAR(Prime Time Access Rule)

Prime Time Access Rule. 네트워크에서 프라임 타임을 하루에 3시간만을 이용하도록 한 미국 연방통신위원회(FCC)의 규정. 1970년에 제정되어 1971년 가을에 실행되었다. 이 조처로 네트워크는 30분간의 프로그램 편성 시간이 축소되고 대신 이 시간을 최고 50대 대도시에 있는 지역 방송국은 자주적으로 독자적인 프로그램을 편성했다. 규정상 저녁 7시에서 11시까지 모든 네트워크에서 이용하여 혼란을 최소화할 것을 요구하고 있다. PTAR 규정은 다음과 같은 이유에서 채택되었다. ㉠ 프라임 타임에 대한 네트워크 독점을 깨고

---

1) "TV 프로그램 시장의 저작권 거래에 관한 연구"(조은기, 2002)

ⓛ 독립 제작사에 새로운 시장의 활로를 열어 주고 ⓒ 새로운 프로그램 형식의 창조를 유도하며 ⓡ 방송국에 가장 중요한 지방 프로그램 제공 기회를 부여한다. 상위 50권 내의 시장에 들지 못하는 방송국은 프로그램 편성에서 아무 제한을 받지 않지만 대체로 네트워크에서 프로그램 공급을 중단한 저녁 7시 30분대에는 비네트워크 프로그램을 재방송한다. 그러나 대도시의 네트워크 가맹국들은 지역적으로 제작된 것이든 신디케이션 프로그램이든 처음 방송하는 프로그램을 제공해야만 한다. 네트워크 가맹국 대부분은 신디케이티드 프로그램을 들여오는데, PTAR 규정으로 게임 쇼가 프라임 타임에서 다시 부활하게 되었다. 게임 쇼가 여타 시리즈 프로보다 싸고 대체로 시청률도 높은 편이기 때문이다. 바터제에 의한 프로그램도 PTAR 규정 이후 많아졌다. 즉, 몇 개의 광고방송을 조건으로 무료로 방송국에 제공한 쇼 프로그램이 바터제 프로그램이다. 어떤 방송국은 여분의 30분 동안 지방 뉴스로 프로그램을 채우기도 한다. 프라임-액세스 프로그램 중 일부는 해외에서 수입한 것도 있다. 1980년에 최고 인기였던 액세스 프로그램 〈머핏 쇼(The Muppet Show)〉와 〈PM 매거진(PM Magazine)〉 등이 그것이다. NBC와 CBS는 프라임 타임 중 30분을 깎이기는 했으나 이점도 있다. 9시 프로그램 못지않게 7시 30분 프로그램 제작에도 많은 비용이 들었는데 그 비용을 절감하게 된 것이다. 또 일주일에 63분으로 광고 시간이 줄어들면서 다른 시간대 프로그램 스케줄에서도 광고비를 올리게 된 것이다. PTAR 규정은 1982년 FCC의 탈규제화 조치의 일환으로 폐지되었다(한국언론진흥재단, 1993).

2) 우리나라의 방송

우리나라 방송의 초기 역사는 식민지 방송에서 출발하고 발전해 왔다는 점에서 외부 권력과 정치적 환경 변화에 의존적이었고 자생적이 아닌 의식적이었다는 특징을 보여 준다. 해방 이후 성장하기 시작한 민간 상업방송의 씨앗은 5 · 16 군사쿠데타와 10 · 26 군사쿠데타 등 정치적 격변기를 거치면서 정치의 그늘에서 상업적 이익을 추구하고자 성장해 왔다는 특징을 지닌다. 이는 상업적 이익과 안보라는 자국의 정치경제 이익의 추구라는 목적에서 자생적으로 발명되고 성장 발전해 온 미국과 서구 방송의 역사와는 매우 다르다. 이는 방송의 역사가 한 국가의 역사적 발전과 서로 밀접한 관계를 가지기 때문일 것이다.

우리나라 최초의 방송국은 일제 강점기인 1927년 2월 16일 JODK라는 호출부호로 개국한 경성방송국이다. 경성방송국은 조선 총독부에 의해 일본의 식민정책 및 대륙침략과 일본 방송시장 확대 등을 추구하고자 세워졌으며 당연히 방송 언어 역시 조선어가 아닌 일본어를 주로 하고 조선어가 보조적으로 사용된 기형적 형태를 보였다. 하지만 이러한 이중 언어 방송은 운용 측면에서 비효율적이었고 효과 면에서도 제한적이어서 1933년에는 조선어 방송과 일본어 방송 채널을 분리해 방송하기 시작하였다. 하지만 일본은 이후에도 중일전쟁과 태평양 전쟁 등 제국주의 침략과 식민통치, 전시 통제 체제를 유지하는 데 라디오방송을 활용하고 독립을 위한 방송은 통제하였다는 점에서 일제 강점기 우리나라 방송은 식민지 방송사였다고 할 수 있다.

해방 이후 우리나라는 1948년 8월 15일 정부가 수립되기 전까지 방송의 직접적인 통제권을 갖지 못하고 미군정이 일본 총독부에 이어 우리나라 방송을 관할하고 1947년 9월 3일 ITU(International Tele- communication Union)로부터 독자적인 호출부호를 받기도 하였지만 방송 편성에서는 미군정의 영향을 크게 받았다.

대한민국 정부 수립 후에는 방송 편성 방침에도 큰 변화가 있어 이념적으로 반공 사상 고취에 매우 적극적으로 변화되고 〈이북동포에게 보내는 시간〉이나 〈우리의 나아갈 길〉과 같은 대공 방송이 등장하였다. 6·25전쟁 이후 1954년에는 우리나라 최초로 기독교 방송(CBS)이 민영방송국의 문을 열면서 다채널 시대로 접어들게 된다. 그리고 1959년 부산문화방송에 이어 1961년 문화방송(MBC), 1963년 동아방송(DBS), 1964년 TBC의 전신인 라디오 서울이 개국 되는 등 우리나라에서도 상업방송이 본격적으로 시작되었다.

비슷한 시기인 1956년 5월 12일에는 '종로방송국'이라고 하는 KORCAD (Korean RCA Distributor)의 HLKZ-TV가 우리나라 최초로 텔레비전 방송을 시작하였다. HLKZ-TV는 낮은 수상기 보급과 좁은 광고 시장으로 어려움을 겪다 1957년 5월에 한국일보에게 양도되었다가 1961년 박정희 군사 쿠데타가 일어난 같은 해 12월 31일 KBS가 개국하면서

그림 5-2 1927년 2월 16일 JODK라는 호출부호로 개국한 경성중앙방송국 전경

KBS가 채널과 제작요원을 대부분 흡수하게 된다.

　민영 라디오 방송이 활기를 띠던 1960년대 초에는 우리나라 텔레비전 방송 역시 민간 기업과 기구에 의해 활발히 설립되기 시작하였는데 1964년에는 동양방송(DTV)이 개국하였다가 1965년 JBS와 합병해 TBC-TV로 개국하였고 1969년 8월에는 MBC가 민영 텔레비전을 개국하면서 텔레비전의 삼원체제를 시작하게 된다.

　이처럼 우리나라 방송사에서 1970~1980년대는 방송 산업이 국가 경제 규모의 발전과 함께 본격적으로 성장하게 되는 시기인 동시에 정치 사회적 발전은 후퇴를 거듭하게 된다. 1972년 박정희 군사정권은 비상계엄령하에 유신체제를 선포하면서 1974년 1월 8일, 긴급조치 9호를 발동하여 모든 집회와 언론의 자유를 원천 봉쇄하게 된다. 방송 프로그램에 대한 가이드라인도 군사정부에 의해 제시되었고 1976년에는 군사정부의 '시간대방송편성지침'에 의해 KBS, MBC, TBC 텔레비전방송 3사 모두 획일적인 방송 프로그램 편성을 하게 되었는데 오후 6시 어린이 방송과 9시 저녁 뉴스 편성이 이 당시부터 시작되었다.

　1980년대 방송계의 가장 큰 변화는 전두환의 5공화국 정부의 방송통폐합과 공영방송제도의 도입, 그리고 컬러 TV의 시작이다. 박정희 군사

그림 5-3 1970~1972년 TBS에서 방영한 드라마 〈아씨〉(위)와 〈여로〉(아래)

정권에 이어 전두환 군부 역시 방송 정화와 국민 교양 고취라는 명목하에 언론 자유를 억압하고 각종 지침과 규제로 방송 프로그램의 제작 및 편성, 그리고 광고를 통제하였다. 그리고 방송 운영 제도 역시 통제가 용이한 민간 상업방송 체제에서 공영방송 체제로 전환하였는데 방송사 통폐합을 통해 TBC는 국영방송인 KBS로 흡수 통합되고 MBC는 정수장학회 (5 · 16장학회)와 KBS를 대주주로 하는 방식으로 공영화되었다.

이로 인해 기업 소유의 민간 상업방송은 모두 정부의 직간접 통제를 받는 국공영 방송 체제로 전환하게 되었다. 이러한 공영방송의 국내 방송

독점은 1991년 민간 상업방송인 SBS가 개국하기까지 지속되었다. 방송사 통폐합 이후 언론기본법이 제정되고 과외 과열을 억제하기 위해 EBS 교육방송의 전신인 KBS 3TV가 개국하고 한국방송광고공사를 설립하여 방송광고의 창구 역시 단일화되기도 하였다.

1980년 말 불어닥친 민주화 운동과 1987년 6월 29일 6·29선언은 현대 한국 방송사에도 큰 영향을 주게 된다. 6·29선언으로 대통령 직선제가 시행되고 같은 해 국내 최초로 선거방송이 시작되어 대통령 후보 초청 토론회와 정견 토론회가 본격적으로 시작하게 된다. 군사정권이 막을 내리고 출범한 김영삼 '문민정부(文民政府)'는 이전 권위적 국가 주도의 공영방송 체제에서 민간참여 시장경쟁 체제 도입을 통한 방송 구조 개편을 단행한다. 민간산업 방송인 SBS 서울방송이 1991년 개국하고 1995년에는 부산, 대구, 대전, 광주 각 지역별로도 민영 방송국 설립이 허가되어 전국적인 방송 시청률 경쟁 시대로 접어들게 됐다.

1990년대는 방송 구조 개편과 더불어 케이블TV과 위성방송 등 뉴미디어 산업이 형성되기 시작하면서 본격적인 다채널 다매체 시대가 막을 올리게 된다. 이러한 방송 채널의 증가와 매체의 다양화로 방송 제작과 유통의 다변화, 고도화의 필요성이 커짐에 따라 1998년 10월 21일에는 당시 문화관광부가 방송영상산업진흥책을 발표하고 독립제작사를 육성하게 된다.

방송 산업의 고도화는 2000년대 들어 질적인 변화를 가져오는데 2001년 방송 프로그램 등급제가 도입되고, 2005년에는 낮 방송이 전면 허용되고 위성 DMB가 개국하고, 2007년에는 지상파 DMB가 시작된다. 뉴밀레니엄 시대와 더불어 본격적으로 발달하기 시작한 인터넷은 방송 산업의 근간을 흔들면서 융복합형 방송 산업을 형성하게 했다. IPTV 산업을 비롯한 디지털 케이블 TV 방송 산업의 성장은 방송의 새로운 역사를 장식하게 될 것이다.

3. 방송과 문화

우리는 흔히 라디오를 듣고 텔레비전을 본다. 라디오를 듣고 텔레비전을 보는 것은 신체적 조건이 허락하는 한 누구나 할 수 있는 행동이다. 하지만 단순하고 쉬워 보이는 이와 같은 방송 시청 행위는 사실 복잡한 과정을 수반한다. 평범한 한 살짜리 아이가 라디오를 듣고 텔레비전을 보는 것 같지만 이 아이는 단지 흘러나오는 소리와 영상에 반응을 할 뿐 방송 내용의 사회·정치적, 문화적 의미를 해석하지 않고 해석할 것을 기대조차 할 수 없다.

그 이유는 라디오를 듣고 텔레비전을 시청한다는 행위는 그 매체가 전달하는 프로그램의 의미를 파악하는 과정인데 이를 수행하기 위해서는 오감과 관련된 신체적 단련이 아닌 인식적 차원의 문화적 수양이 요구되기 때문이다. 레이먼드 윌리엄스(Raymond Williams)가 지적하듯이 우리는 우리 삶을 주어진 특정한 방식으로 이해한다. 즉, 우리는 우리에게 익숙한 어떤 규칙과 가치 기준에 따라 주어지는 정보를 해석한다. 그리고 그 규칙과 가치 기준은 인식하든 하지 못하든 다른 사람들과 공유하며 마치 당연한 것처럼 받아들이고 있는데 우리는 이를 문화라고 부른다. 그런데 방송은 바로 그러한 당연한 규칙과 가치 기준에 의해 생산, 유통, 그리고 소비되는 특성을 지닌다. 이처럼 방송과 문화는 서로 매우 밀접한 관계에 있는데 얼핏 당연해 보이는 이 관계는 사실 단순하지만은 않다.

1) 대중문화

대중문화를 뜻하는 영어로는 Mass culture와 Popular Culture가 있다. 두 가지 표현 모두 의미상으로는 대중(大衆)의 문화를 지칭하는데 실제 이 두 단어는 방송과 문화의 관계를 이해하는 방식에서 매우 다르다. 오늘날 방송은 근현대 문화 생산과 소비 과정에서 매우 중요한 역할을 해 오면서 발달했다. 특히 방송은 공중을 대상으로 대량 유통과 소비가 가능한 대중문화와 관련해 복잡하면서도 다양한 기능을 수행하는데 이 기능들을 이해하기 위해서는 방송과 문화 간 관계를 어떠한 측면에서 이해하는지에 따라 매우 다르게 나타난다.

먼저 방송과 문화의 관계에서 아도르노와 호크하이머(Theodor Adorno & Max Horkheimer)는 방송을 비롯한 현대 미디어들은 방송 콘텐츠를 광고와 상품 시장 확대를 위한 상품으로 이해하고 공중을 단순히 그러한 상품을 소비하는 소비자로 만드는 거대한 '산업'일 뿐이라는 비판

그림 5-4 방송 PPL과 디즈니사의 문화산업

적 입장을 가지고 있다. 그러한 문화산업으로써 방송을 시청하는 공중은 비판적 사고와 판단을 상실한 무비판적인 대중(Mass)으로 전락시키면서 문화가 지닌 고유의 역동성과 창의성이 사라진 채 우매한 군집의 문화 (Mass culture)가 강화된다. 이와 같은 비판적 입장은 산업사회가 문화를 온전히 포섭한다는 점에서 문화산업을 소비하는 대중은 스스로 문화를 해석하고 재창조하는 능력을 잃고 문화산업의 문화는 대중을 기만 (Deception)하는 반문화적인 매체로 인식한다. 당연히 이때의 대중 (Mass)은 지적으로 나약하고 분열되어 있는 단순한 군집의 이미지로 각인이 되며 대중문화는 그러한 대중을 위한, 대중에 의한, 그리고 대중의 문화라는 비판적 의미를 가진다.

하지만 방송이 산업으로 문화를 대중을 기만하는 산업사회의 장치로 해석하는 비판적 입장은 공중이 문화 상품을 단순히 무비판적으로 '소비'하고 '수용'하지 않는다는 능동적 수용자(Active audience)의 견해와 상충한다. 비록 방송 산업이 수익을 창출하기 위해 콘텐츠를 기획하고 광고를 끼워 방송 '상품'을 시청자에게 판매하지만 대중은 방송 제작자의 의도와 산업적 논리와는 독립적으로 프로그램이 전달하는 메시지, 등장인물 간의 관계, 스토리 전개 방식 등을 '재해석'하거나 '재창조'하면서 새로운 문화적 코드와 가치를 창출하기도 한다는 것이다.

특히 방송을 통해 전달되는 메시지는 최대한 다양한 수용자들의 구

그림 5-5 시청자 참여 경향을 보여주는 KBS 드라마 〈직장의 신〉의 방송 패러디

미를 맞추기 위해 다의적(多義的)으로 구성되는데 수용자들은 이렇게 여러 의미가 중첩된 방송 콘텐츠를 기획자가 의도하지 않았거나 또는 정반대의 의미를 찾아내기도 한다는 것이다. 그리고 이러한 능동적 수용자의 자율적 해석은 방송 제작에 영향을 주게 되고 새로운 형식과 내용을 담은 문화 콘텐츠를 생산하게 되기 때문에 문화 상품은 해당 사회의 구성원들이 그것을 어떠한 조건에서 어떻게 받아들이느냐에 따라 훨씬 역동적인 모습을 띠게 된다는 것이다. 방송과 대중문화의 이러한 상이한 관점과 관계는 대중문화(Popular culture)에 의해 수렴되면서 능동적이며 주체적이고 자율적인 공중에 의한 문화 생산과 소비 과정의 역동성이 강조된다. Mass culture와 대비되는 Popular culture는 (종종 민중문화로 지칭되기도 한다) 능동적 생산 과정으로서의 대중문화가 문화 산업의 상업적 요소들과 대중의 능동적 문화 역량을 분리하지 않고 서로 상호작용하면서 다양한 형태와 내용의 방송 프로그램과 장르를 만들어 나갈 수 있다고 주장

한다. 예를 들면 최근의 다문화 관련 토크쇼나 다큐멘터리 프로그램이 증가하고 있는데 이는 방송사가 다문화주의에 대한 대중의 요구와 사회적 책임을 구현하기 위해 제작 편성한 결과다. 물론 상업방송사의 다문화 관련 프로그램들이 온전히 다문화주의를 구현하는 데 많은 한계와 문제점을 드러내고 있지만 방송이 다문화라는 문화적 가치를 실현하는 데 대중의 참여와 요구를 수용하고 다문화 가정과 이주민의 (제한적이지만) 참여를 허용하는 Mass-Popular 문화를 반영한 방송을 제작하고 있는 것은 사실이다. 중요한 것은 사회의 대중적(Popular) 요구와 열망은 무지한 군중(Mass)의 욕구와는 다른 차원에서 공중의 이익에 부합하는 방송 내용과 생산 방식이 각각 요구된다. 그리고 그러한 것들이 용인되는 사회가 분명 방송의 공익성과 민주주의가 작동하는 사회라고 할 수 있다는 점에서 방송과 문화의 관계를 관심 있게 지켜보는 것은 매우 중요한 작업이다.

2) 방송과 시청자 문화

이처럼 방송과 문화의 관계는 방송이 문화 상품, 전통과 풍속, 생활양식에 국한된 것이라기보다는 방송이 우리 사회의 구성원들과 어떠한 관계를 가지느냐의 문제임을 알 수 있다. 그런 측면에서 방송과 문화의 이해는 방송과 시청자와의 관계를 이해하는 것과 맞물려 있다고 할 수 있다. 그리고 특정 사회의 문화가 이상적으로 발전하기 위해서는 방송과 시청자 관계의 이상적 설정이 전제되어야 함을 알 수 있다. 특히 대중문화 (Popular culture)는 그러한 방송 제작과 송출에서 시청자가 어떠한 방식과 영향을 가지고 있느냐에 따라 좌우될 수 있다. 이와 관련하여 시청자는 수동적 수신자의 역할을 벗어나 능동적 수용자로 방송에 참여할 수 있어야 하는데 일반적으로 매체에 대한 접근 방식에 따라 네 가지 참여 방식이 있다.

첫째는 가장 소극적인 참여 형식인 '매체 소비자'로서의 참여다. 이때 시청자는 단순한 수용자로 방송 상품과 소비문화의 대상으로 존재하는 상품 시장의 참여자와 성격이 유사하다고 할 수 있다.

두 번째는 '피드백 시스템'에 대한 참여인데 이는 방송 매체가 사전에 설정해 놓은 시스템을 통해 시청자가 자신의 의견을 제시하거나 요구 사항을 전달하는 참여 방식이다. 이때 시청자는 단순히 매체나 방송 프로그

그림 5-6 주요 방송사 시청자 프로그램

램에 대한 의견, 비판, 요구 등을 전달하는 방식으로 소극적인 피드백 과정에 참여할 수도 있고 또는 반론, 응답, 비판, 정정요구 등을 제기하는 적극적인 피드백 과정에 참여할 수도 있다.

세 번째는 '매체의 생산과정'에 대한 참여인데 일반적으로 시청자 참여 프로그램에 참여하거나 또는 시청자 제작 프로그램에 참여하여 방송 프로그램을 통해 시청자의 목소리를 직접 전달하는 것이다. 하지만 이러한 참여 방식은 프로그램 제작에 관여할 수 있는 정도의 식견과 정보를 지닌 전문가 또는 비전문가라고 하더라도 제한적이라는 한계를 가진다.

네 번째로 좀 더 적극적인 참여 방식은 '매체의 운영' 또는 '매체의 소유', 그리고 '언론제도 결정 과정'에 시청자가 참여하는 방식들이 있다. 이 방식은 방송 제작과 운영 등 방송 전반에 걸쳐 직접적이고 광범위한 변화를 유인할 수 있다는 점에서 정치적으로 민감한 문제를 야기하기도 한다. 이에 따라 시청자가 방송 조직에 참여하는 것은 대개 매우 제한적이라는 문제가 있다.

우리나라에서 소위 시청자 주권 시대라는 말이 나온 것은 1987년 민주화 이후 1990년대부터 본격적으로 시작되었다. 이때 시청자의 참여에 의한 방송 문화 개혁에 대한 사회적 요구가 증가했기 때문이다. 1992년 SBS를 시작으로 1993년에는 MBC와 KBS가 옴부즈맨 프로그램을 방송하

방송법 제89조(시청자 평가 프로그램)

① 종합편성 또는 보도전문편성을 행하는 방송사업자는 당해 방송사업자의 방송운영과 방송프로그램에 관한 시청자의 의견을 수렴하여 주당 60분 이상의 시청자 평가프로그램을 편성하여야 한다.

② 시청자 평가프로그램에는 시청자위원회가 선임하는 1인의 시청자평가원이 직접 출연하여 의견을 진술할 수 있다.

③ 정부는 시청자평가원의 원활한 업무수행을 위하여 「방송통신발전 기본법」 제24조에 따른 방송통신발전기금에서 경비를 지원할 수 있다.

기 시작하면서 시청자 주권 시대가 열렸다. 흥미로운 것은 1993년 7월에는 시청자를 중심으로 한 시민단체들이 'TV 끄기 운동'을 벌이면서 지나친 상업방송과 정치적 편향을 시정할 것을 요구하였는데 시청자 프로그램은 그러한 사회적 요구를 반영한 결과다. 이는 방송 문화가 대중의 관여에 의해 변화될 수 있는 사례라고 할 수 있다. 이후 방송법은 시청자의 방송 제작 참여를 공식화하고 공익성을 강화하기 위해 방송법을 통해 시청자 참여 프로그램을 법제화하였다. 이와 관련한 법규로 방송법 제89조는 시청자 평가프로그램에 관하여 위와 같이 규정하고 있다.

또한 방송 사업자는 시청자위원회의 의견 제시 또는 시정 요구를 받은 경우에는 특별한 사유가 없는 한 이를 수용하여야 하며, 부당하게 거부하는 경우 시청자위원회는 방송통신위원회에 시청자 불만 처리를 요청할 수가 있다(방송법 제90조). 또한 방송법 제35조는 방송통신위원회에 시청자불만처리위원회를 두고 시청자 불만 처리 및 청원 사항에 관한 심의를 효율적으로 수행할 것을 명문화하고 있다.

하지만 시청자의 참여와 법제도적 노력에도 불구하고 방송의 시청자 참여는 그다지 전망이 밝지 않다. 현재 시청자 참여 프로그램은 시청자의 참여와 비판을 겸허히 수렴하고 이를 바탕으로 프로그램을 개선하기보다는 비판점을 합리화하거나 재반박하는 데 더 큰 목적을 가지고 있다는 지적을 받고 있다. 또한 각 방송사는 시청자 참여 프로그램을 법제도적 규제로 보고 소극적으로 제작편성을 한다. 프로그램의 포맷, 코너, 내용의 개선은 거의 이루어지지 않는다. 그뿐 아니라 방송 편성도 시청률이 낮은 요일과 시간대에 집중되어 있어 시청자 참여 프로그램을 통한 공익적 방송 문화의 정착은 제한적이라는 지적이 많은 것이 사실이다.

한편 방송 영상 기술의 발전은 일반 시청자들이 스스로 방송을 제작하게 해 대중의 요구와 목소리를 실현시킬 가능성을 증대시켰다. 이와 관련된 것이 '퍼블릭액세스(Public Access)'권이다. 시청자 주권이 시청자의 권익을 대변할 방송 프로그램의 개선을 요구한 측면이 있다면 이러한 주권이 좀 더 확장된 것이 퍼블릭액세스권이다. 이는 공중(Public)이 방송 프로그램 생산 과정에 보다 적극적인 접근(Access)을 허용하자는 것으로 시청자가 직접 제작한 프로그램에 대한 방송을 요구할 수 있는 권리라고 할 수 있다.

퍼블릭액세스권은 1990년대 중후반부터 시민사회에서 시청자 참여 전문 채널 도입을 통한 시청자 권익 신장을 요구하는 과정에서 본격적으로 제기되기 시작하였다. 시청자 및 시민사회의 목소리를 반영하여 2000년 개정된 방송법은 KBS와 케이블 TV, 위성방송에 시청자가 제작한 프로그램을 일정 시간 의무 편성하도록 규정하고 있다. 이 법에 따라 KBS는 시청자 참여 프로그램을 월 100분 이상 의무 편성해야 하고 케이블 TV 사업자 및 위성방송 사업자는 지역 채널 또는 공공 채널을 통해 시청자 제작 프로그램을 방송해야 한다.

방송위원회는 시청자의 프로그램 제작 여건을 지원하기 위해 2002년부터 '시청자미디어센터' 설립을 추진해 2005년 부산시청자미디어센터를, 2007년에는 광주시청자미디어센터를 개관하여 2012년에는 전국에 30여 개의 시청자미디어센터가 활동 중이다. 영상 미디어 시대의 대표적인 공공 문화 기반 시설이라고 할 수 있는 시청자미디어센터는 시청자 미디어 교육, 창작 지원, 퍼블릭액세스, 상영 및 정책 연구 등 지역 공동체를 중심으로 다양한 시청자 참여 사업을 진행하고 있다. 하지만 지난 몇 년 동안 미디어센터에 대한 공적보조는 지속적으로 감소하고 있다. 실제로 미디어센터의 70% 정도는 최근 3년간 공적 보조가 동결 또는 감소하였으며 이에 따라 다양한 퍼블릭액세스권을 위한 사업을 축소 또는 폐지하고 노후화한 장비를 교체하지 못하는 등의 문제를 가지고 있다.

방송과 문화는 좁게는 시청자와 넓게는 시민들을 위해, 그리고 이들에 의해 창조되고 재구성되면서 사회적 공익을 실현한다고 했을 때 방송 문화와 방송의 시청자 문화는 서로 밀접하게 연관되어 있다. 따라서 시청자를 위한 공익적 방송 문화를 만들기 위해 1990년대 이후 시청자의 요구로 법제화된 시청자 참여 프로그램과 퍼블릭액세스권에 대한 좀 더 적극적인 지원과 대응이 필요하다.

4. 방송과 통일

2013년 4월 한반도는 전쟁의 위기로 매우 불안정한 상황이었다. TV에서는 북한의 위협적인 메시지와 이에 대응하기 위한 미국의 각종 첨단 무기가 한반도에서 실전을 방불케 하는 훈련 장면들이 연일 보도되었다. 2010년 연평도 포격과 천안함 침몰이 있은 지 불과 3년도 되지 않아 벌어진 남북한 위기 상황은 탈냉전 시대에도 한반도가 여전히 갈등과 냉전의 중심에서 한 치도 벗어나지 못했음을 보여 준다.

냉전적 대치 상황이라는 우리나라 고유의 특수한 사회적 그리고 지정학적 환경에서 방송은 과연 어떠해야 할까? 한반도라는 분단 지역의 복잡하고 첨예한 국제 외교적 이해관계 속에서 남북한의 평화와 공존, 더 나아가 통일을 위한 방송은 과연 어떻게 실현이 가능할 것인가? 그리고 무엇보다도 우리 사회에 존재하는 북한에 대한 다양하고 때로는 매우 갈등적인 관점들을 감안하며 평화와 공존, 그리고 통일을 위한 방송을 하는 것은 가능한가?

가능하다면 과연 어떻게 실현할 수 있을 것인가 등에 대한 논의는 매우 중요하다. 통일을 위한 방송이라는 주제는 남북한이 대치하고 있는 우리나라 고유의 문제이기 때문이다.

1) 통일과 방송의 역할

세계는 서로 다른 이념과 믿음 체계를 지닌 국가들로 구성되어 있으며 이는 새롭거나 이상하지 않다. 오히려 그러한 차이의 인정과 공존이 세계 평화와 번영을 위해 인류가 추구해야 할 공통의 가치로 받아들여진다.

그림 5-7 북한 핵실험 관련 국내외 보도

그러나 같은 민족이 지리적으로 국경을 맞대며 대치하고 있는 상황에서는 그러한 차이의 인정과 공존은 커다란 도전에 직면하게 된다. 오랜 기간 동안 언어, 혈통, 지역을 함께 공유하던 하나의 민족이 정치적 이념과 지정학적 관계에 의해 두 개의 국가로 분리되었을 때, 그리고 그러한 분리가 전쟁이라는 참혹한 참상으로 인한 결과였을 때, 두 국가의 갈등의 골은 훨씬 깊고 감정적이라는 점에서 더욱 그러하다.

1990년 10월 통일 이전 서독과 동독이 수행한 통일 정책들―특히 방송과 관련하여―은 많은 시사점들을 준다. 통일 전 서독과 동독은 게르만 민족의 혈통과 언어, 그리고 지역적 동질성을 공유하고 2차 세계 대전 이후 이념과 지정학적 이해관계에 의해 분단되었다는 점은 우리나라와 매우 유사하다. 서독과 동독이 통일 과정에서 취한 조치들과 신념들은 우리나라가 향후 통일을 위해 지향해야 할 방송 원칙과 내용을 만들어 나가는 데 도움이 될 수 있다.

동서독 간 분단은 1961년 세워진 베를린 장벽이 상징하듯이 냉전적 이념과 세계질서는 역사와 문화의 공동체를 언제든지 갈라놓을 수 있음을 보여 준다. 그러나 견고해 보이는 이념적 장벽도 눈에 보이지 않는 방송 전파에 의해 충분히 무너질 수도 있다는 것을 동서독 통일 과정은 보여 준다. 동서독 분단 초기에는 서독의 방송은 라디오를 중심으로 상대 국가에 대한 비방과 공격으로 일관하였다. 〈베를린이 말한다〉, 〈베를린이 소련군 점령 지역에 말한다〉 등의 제목에서도 알 수 있듯이 이 당시 방송은 서독의 이념과 체제의 우월성을 선전하고 동독 국민들을 자극하기 위한 정보를 전달해 체제의 근간을 흔드는 정치 도구로 적극 활용되었다.

그러나 1961년 베를린 장벽이 세워지고 1960년 중반 보수와 진보의 대연정 이후 빌 브란트 당시 외무부장관이 추진한 '동방정책'은 방송 프로그램에도 많은 변화를 가져왔다. 〈건너편〉, 〈동·서 포럼〉과 같이 프로그램의 제목과 내용이 이전보다 객관적이고 정치적으로 중립적이며 논평이나 주장을 담은 내용보다 동독인과 동독 사회에 대한 보다 정확한 정보를 제공해 주는 방식으로 변화해 갔다. 또한 방송 편성도 시청률이 높은 시간대에 편성하여 통일에 대한 관심과 동독에 대한 이해를 높이는 데 적극 노력하기 시작하였다.

1970년대 들어서 변화하기 시작한 동서독 관계는 방송에 있어서도 서독 방송은 다큐멘터리, 보도 등 시사 정보 프로그램뿐 아니라 드라마 등 장르의 다변화를 시도하였다. 또한 언론인 교류도 증가하여 서독 언론인들의 동독 내 상주 활동도 훨씬 자유로워졌다. 이러한 방송의 통일 지향적 중립성과 교류 증대는 1980년대 보수 정당인 기독교민주당(CDU)이 정권을 잡은 이후에도 지속적으로 유지되어 1986년에는 동·서독 간 문화 협정이 체결되어 방송 교류가 더욱 확대되었다.

동서독 간 방송을 통한 지속적이고 일관된 통일 지향 방송들은 1980년 후반 독일 통일을 위한 실질적 조치들을 실현하는 데 자연스러운 토대를 만들어 주게 된다. 서독의 지속적이고 균형적인 통일 관련 방송 노력은 동독 주민들이 서독 방송에 대해 높은 신뢰를 가지게 하였고 1973년 이후부터는 동독 주민들이 서독의 뉴스 방송 프로그램을 동독의 뉴스 방송보다 더 많이 시청하였고 동독의 정치, 사회, 경제적 사정을 서독 방송에서 알 수 있었다. 서독 TV 방송국의 일관되고 객관적인 방송은 동독공산당(SED)에 대한 동독 국민들의 반감을 높이는 동시에 서독과의 통일을 염원하게 만드는 과정에서 큰 기여를 하였다.

독일 통일의 사례에서 알 수 있듯이 사회 통합에서 방송의 역할은 일

동방 정책(Ostpolitik)이란 중부유럽에 위치한 서독의 분단 후 대소련 정책, 대동유럽 정책, 대동독 정책을 포함하는 총체적 전략을 의미한다. 아데나워 수상의 동방 정책과 구분하여 브란트의 동방 정책을 신동방 정책(Neue Ostpolitik)이라고 부른다. 그러나 아데나워 수상의 동방 정책이 동구 사회와의 단절을, 브란트 수상의 신동방 정책이 화해와 교류 협력을 추진했다는 점에서 일반적으로 브란트의 신동방 정책을 동방 정책으로 부른다(김진호, 『독일연방공화국의 동방정책과 동방무역 1969~1975』, 2010).

반 방송과 달리 특별한 책임과 의무를 지니고 있어야 한다. 방송의 내용과 형식이 국민과 국가의 통합이라는 일반적이면서도 뚜렷한 목적을 지니고 있어 상대 지역 국민과 국가가 지닌 상이한 체제와 이념을 비난하거나 공격하지 않고 인정하는 태도가 요구된다. 방송을 통해 체제와 이념 경쟁을 강화하는 것은 상대 국가와 갈등만 더욱 커질 뿐만 아니라 자국 내 국민들의 분열과 대립도 증가될 위험이 있다. 이는 안정적인 사회 통합이 되기 위해 양 국가의 시청자 모두 상대국에 대한 인정과 이해가 필요하다는 점에서 부정적인 영향을 가져다줄 것이다.

이러한 점에서 1960년대 이후 서독의 동독과 관련하여 주장과 논평 등을 축소하고 객관적이며 정확한 정보의 전달과 동독민과 서독민을 동시에 고려한 평등한 방송은 적절한 선택이라고 보여진다. 또 서독의 경험이 보여 주듯이 집권 정당과 정부가 보수든 진보든 독일 통일을 위한 방송 정책과 내용은 이념적 환경에 영향을 받지 않고 있다는 것은 우리나라의 통일 방송과 관련해 많은 함의를 준다.

2) 통일 방송과 정책

2012년에 방송되고 있는 북한 통일 주제의 정규 편성 프로그램은 공중파 KBS1의 〈남북의 창〉과 MBC 〈통일전망대〉가 있으며 종합 편성 채널은 TV조선의 〈북한 사이드스토리〉와 채널A의 〈신석호의 통일시계〉가 있다. 라디오는 KBS의 한민족 방송 라디오 〈통일열차〉, 〈출발 동서남북〉,

그리고 〈우리말 하나로〉 등이 있다. 이들 정규 방송 프로그램의 특징을 살펴보면 첫째, 전체 프로그램 제작과 방송 시간은 공영방송인 KBS1이 타 방송사에 비해 상대적으로 많은 시간을 할애하고 있지만 여전히 매우 적다. 두 번째, 북한 통일 관련 방송은 토요일 오전 또는 월요일 낮 시간대와 같이 시청률이 매우 낮은 때에 편성된다. 주변 시간대에 편성돼 방송 내용의 질과 상관없이 방송의 영향력이나 정보 전달력에서 매우 제한적이고 많은 시청자의 호응을 얻기가 어렵다. 실제 주요 정규 프로그램의 시청률도 1~6%대에 머물고 있어 북한 통일과 관련한 다양한 정보와 이슈가 시청자에게 제대로 전달되지 못하고 있는 것이 현실이다. 세 번째, 방송 프로그램의 포맷과 코너들이 방송사간 큰 차이가 없고 흥미롭고 창의적인 새로운 기획 시도가 거의 이루어지지 않고 있다.

실제 대표적인 북한 통일 방송 프로그램인 〈남북의 창〉이나 〈통일전망대〉는 첫 방송 이후 지금까지 형식과 코너에서 거의 변화가 없는 것으로 지적되고 있다. 또 다른 특징은 북한 통일과 관련하여 방송 채널들은 정규 방송 이외에 특집 기획 방송을 시리즈로 제작·방영하거나 정규 편성 프로그램에서 북한 통일 관련 기획물을 일회성으로 제작·방영하는 경우가 많다. 특히 시의성을 고려한 북한과 관련한 다큐멘터리, 북핵 및 한반도 평화와 관련한 대담과 토론 프로그램을 특집으로 편성하는 등 북한 통일 문제를 시사교양 프로그램의 일환으로 판단하고 있음을 알 수 있다. 이러한 우리나라의 북한 통일 방송의 특성을 고려했을 때 우리나라 방송국들은 북한 통일과 관련해 방송 편성, 프로그램 개발, 방송 내용의 다변화 등 개선하여야 할 부분들이 많은 것을 알 수 있다.

동서독 통일의 사례가 주는 시사점 중 하나는 통일 방송은 집권 여당 및 정부의 정파성과 이념성을 초월한 지속적이고 안정적인 통일 정책의 기조가 전제되어야 한다는 사실이다. 하지만 우리나라의 통일 방송은 그렇지 못한 것이 현실이다. 반공이 국시였던 1990년대 이전의 역대 정권하에서 통일을 지향하는 방송은 사실 우리나라에 존재하지 않았다고 볼 수 있다.

북한 통일과 관련한 방송은 김대중 국민의 정부 시기 햇볕 정책으로 남·북 간 긴장이 완화되면서 새로운 전기를 마련하였다. 1998년 국민의 정부 출범 이후 100대 과제를 발표하면서 '북한 방송 개방'과 '남북 언론

표 5-1 북한·통일 관련 주요 프로그램(2013년 4월 기준)

방송사		프로그램명	편성 시간	장르	코너	기획의도
지상파 TV	KBS	남북의 창	토요일 오전 7:50~ 8:35	시사/ 교양	• 이슈&한반도 • 요즘 북한은 • 클로즈업 북한 • 북한영상	북한에 대한 관심과 이해의 폭을 넓히도록 하는 데 크게 기여한다. 통일에 대비해 민족 동질성을 회복하는 가교 역할을 충실히 하는 프로그램이다.
	MBC	통일 전망대	월요일 오후 2:20~ 2:50	시사/ 교양	• 전망대 브리핑 • 한반도 365 • 영화로 만나는 북한	조선중앙 TV의 이면을 분석해 북한의 오늘을 전달하고 핫 이슈를 집중분석한다. 탈북자의 삶과 통일의 현장을 소개하고 북한영화와 탈북자의 증언을 통해 북한의 현실을 알린다.
종합 편성 채널	TV 조선	북한, 사이드 스토리	일요일 오후 9:00~ 9:55	보도	• 위클리 北 • 북한돋보기 • 특별한 초대	객관적인 눈으로 북한의 현실을 들여다보고, 한반도를 둘러싼 주변 정세를 정확히 살펴 본다. 북한과 관련된 주요 뉴스, 북한 소식을 살펴보고 전문가들과 함께 북한을 심층적으로 진단한다.
	채널 A	이제 만나러 갑니다	일요일 오후 11:00~ 12:10	예능		남과 북의 화합을 모색하는 소통 버라이어티
케이블 TV	뉴스 Y	북한은 지금	평일 7:30~ 12:30	보도		북한 뉴스 전문 프로그램
	CGN TV	반갑습네다	토요일 9:50~ 10:30	토크/ 강연		탈북자와 남한 사람, 서로 살아가는 이야기를 나눔으로써 소통 부재로 인한 벽을 허물고, 나아가 북한 선교의 구체적인 방법을 모색한다.

그림 5-8 통일부 인터넷
통일방송 UNITV

교류'를 공표하고 남북 미디어 교류의 가능성을 확대시켰다. 1999년 10월에는 '북한 위성방송 개방 조치'를 발표해 북한 위성 TV 방송의 국내 시청이 허용되기도 하였다. 2000년 6월 15일 남북 6 · 15공동선언 이후에는 북한과 관련한 방송 보도와 제작이 증가하기 시작하였고 북한 현지에서의 취재와 제작이 늘어나기도 하였다. KBS의 남북 공동 제작 프로그램인 〈북녘 땅, 고향은 지금〉과 〈백두에서 한라까지〉가 제작 방송된 것도 이 시기다.

이러한 기조는 노무현 참여정부까지 이어져 2003년 8월 15일 광복절을 기념하여 조선중앙TV와 KBS가 공동으로 〈전국노래자랑〉 평양 편을 제작하여 남북한 동시 방영을 하였고 SBS는 〈통일농구대회〉를 개최하여 방송하기도 하였다. 또한 우리 방송국의 지원으로 2002년 월드컵과 2004년 시드니올림픽 경기가 북한 지역에도 중계방송되기도 하였다.

이명박 정부 들어 남북한 관계가 경색되기 시작한 이후에는 방송 장르와 편성 시간, 그리고 내용이 축소되어 2001년 당시 9개 방송국 13개 프로그램에서 지금은 6개 프로그램으로 준 것으로 나타났다. 지난 10년간 증가된 방송 채널과 매체 수를 고려할 때 많은 통일 방송의 수가 줄어든 것을 알 수 있다. 그러나 통일부는 2011년 10월 1일, 인터넷 방송국인 '유니방송 (UniTV, unitv.unikorea.go.kr)'을 설립하여 인터넷으로 동영상과 라디오 프로그램을 개시하였다. 그러나 2013년 2월부터는 정규 라디오방송은 중단되었고 남북관계와 통일에 관한 뉴스, 그리고 통일 관련

행사 동향 등 통일부가 자체 제작한 TV 프로그램 위주로 개편하여 인터넷으로 정규 그리고 기획 영상물로 방송하고 있다.

5. 공영방송의 정체성과 위기

우리는 방송 시장이라는 말을 자주 쓴다. 그리고 시장에서의 자유 경쟁은 효율적이고 시청자에게 더 많은 선택의 자유를 준다고 한다. 상이한 콘텐츠와 서비스를 제공하는 방송국들이 서로 경쟁하며 좀 더 나은 양질의 방송 상품을 더 많은 시청자에게 낮은 가격으로 제공하기 위한 방법으로 '자유 시장'은 매우 효과적인 제도라는 믿음 때문이다. 그런데 과연 그럴까? 시장에는 누구나 원하는 기업이 참여할 수 있어야 하는데 과연 그것이 가능한가? 시장에서 선택되고 유통되며 소비되는 방송 콘텐츠는 항상 양질의 콘텐츠일까? 그리고 무엇보다 방송 시장은 우리가 필요한 그리고 우리 사회가 필요한 콘텐츠의 생산과 유통을 아무런 문제없이 가능하게 할 것인가?

공영방송은 그러한 방송 시장에 어울리지 않는다. 소유와 경영이 시장의 선택이 아닌 국가와 사회의 선택에 좌우되기 때문이다. 그 반대인 민영방송은 시장 효율성과 경쟁 원리에 더욱 민감하게 반응한다. 그렇다면 공영방송을 우리는 어떻게 생각해야 하는 것일까?

아랍의 CNN으로 유명한 카타르의 알자지라(Al Zazeera) 방송국은 이라크전쟁과 '아랍의 봄'을 객관적이고 공정하게 보도하며 일약 세계적인 명성을 얻었다. 그런데 이 방송국의 기자들 중 상당수는 영국 BBC의 저널리스트로 활동한 경력을 가지고 있다. 공영방송(Public Broadcasting)의 대명사로 불리는 BBC의 평판을 볼 때 이는 결코 우연이 아니다. 하지만 영국 BBC가 처음부터 공영방송으로 출발한 것은 아니다. 1922년 BBC(British Broadcasting Company)가 처음 설립될 당시에는 영국 우정성의 주도하에 라디오방송 수신기 제조업자들이 모여 설립한 민간 상업방송사였다.

영국 정부는 BBC 방송이 상업방송에서 공영방송으로 전환하여 '국민 이익의 수탁자(Trustee)'가 되어야 한다는 '크로퍼드(Crawford)위원회'의 권고를 받아들여 영국 왕실의 칙허장(Royal charter)을 근거로 1927년 세계 최초의 공영방송을 탄생시켰다. 민간 상업방송에서 국민의 수탁자 임무를 수행하기 위한 공영방송으로의 변화는 공영방송이 방송을 통한 공공성, 공익성의 실현을 위해서다. 방송 주파수는 사회적, 경제적 자원으로 한 개인이나 기업의 독점으로 전용될 수 없는 공공 자원의 성격을 지닌다. 따라서 방송 주파수는 모든 계층에게 보편적으로 활용되고 그 이익이 전파를 사용하는 기업이나 개인, 또는 집단이 아닌 전체 공중에게 돌아가야 한다. 국가는 이러한 공공재로서 방송 주파수를 공익을 위해 책임 있고 공정한 방식으로 관리하고 배분할 의무가 있기 때문에 전파 사용자들을 주기적으로 심사와 평가를 하고 주파수의 사용 권한을 누구에게 수탁 (trustee)할 것인지 결정한다.

공공수탁(Public trustee)을 위임받은 민간 상업방송은 전파 사용 허가를 받은 기간 동안 그에 대한 책무로 공익적 방송을 실현해야 할 의무를 지게 되는 것이다. 그러나 민간 상업방송은 주주의 이익도 동시에 도모할 의무를 지며 이를 위해 매출과 수익의 극대화를 추구하게 되는데 이는 방송 기업이라는 입장이 있기에 비판만 할 수는 없다. 하지만 기업과 그 주주의 이익은 공공의 이익과 항상 일치할 수 없을 뿐 아니라 실제로는 매우 상반되는 가치와 이익을 추구하기 때문에 방송 주파수의 사적 이익이 증가하는 방향으로 나아가는 경향이 있다.

공영방송은 이러한 공공수탁의 딜레마를 국가와 방송사가 공공규제 기구를 통해 사적인 이해를 배제하고 공적인 이익을 직접 실현하기 위한 대안으로 만들어지게 된 것이다. 공영방송을 통해 공공기구가 방송 전파권을 수탁받아 다양한 공익적 방송을 제작하고 사회 구성원의 다원적인 요구를 반영하는 콘텐츠를 공중에게 제공하는 것이다. 이러한 공적 기구를 통한 다원성의 실현을 위해 공영방송은 국가마다 상이한 방식의 운영체제를 가지는데 정부와 정치권력의 개입 방식과 정도에 따라 중립형, 조합형, 개입형으로 나눌 수 있다.

영국 BBC는 정부가 관리 위원을 직접 임명하되 정부가 권력과 영향력을 행사하지 않는 중립형이며 네덜란드, 독일, 스웨덴은 주요 정치사회

표 5-2 지상파 방송과 종합편성 방송의 비대칭 규제

구분		지상파 방송	종합편성채널	법조항
소유 제한	대기업/신문	10%	30%	방송법 8조
	외국자본	금지	20%	방송법 14조
	계열PP	전체PP의 3% 이내 (6개 이하)	전체 PP의 20% 이내	시행령 4조
	SO 겸영	허용	전체 SO 권력의 1/3	시행령 9조
편성 규제	국내 프로그램 편성	60~80%	20~50%	방송법 71조 시행령 57조
	외주 프로그램 편성	전체 방송시간 40% 이내	주시청시간대 15% 이내	방송법 72조 시행령 58조
	방송시간	19시간 (06시~익일 01시)	24시간	시행령 58조
	전체광고시간	프로그램의 10% 이내 시간당 최대 10분 이내	시간당 최대 12분 이내	방송법 73조
	중간광고/ 광고총량제	불가	허용	
	토막광고	매시간 2회 매회 4건 1분 30초 이내	매시간 2회 매회 5건 1분 40초 이내	
	자막광고	매시간 4회 매회 10초	매시간 4회 매회 10초	
	광고영업	코바코 위탁	직접 운영	
방송발전기금 납부		광고매출의 일정비율 납부(6% 이내)	의무 없음	방법송37조

출처: 김영주·정재민(2010).

집단이 관리위원으로 참여하면서 다양한 사회적 의견을 합의하는 조합형 방식을 채택하고 있으며 프랑스 텔레비지옹(France Télévision)처럼 집권 여당과 정부의 개입과 통제를 통한 공익을 실현하려는 개입형도 있다. 방송의 공공성은 지배적인 규범으로 어떠한 경우에도 침해 받지 말아야 하는 지배적인 원칙 중 하나다.

그러나 1980년대 영국의 대처리즘과 미국의 레이건노믹스로 대변되는 신자유주의는 공영방송의 이념과 정당성을 부정하고 상업방송 시장의 확대를 통한 자유로운 시장경쟁이 공공적 다원성을 확보할 수 있다는

주장들이 힘을 받게 된다. 영국의 피콕위원회(Peacock committee)가 제출한 보고서에서 공영방송은 국민의 세금과 수신료로 불공정 거래나 방만한 경영을 하며 국가의 보호 아래 방송 시장을 독점한다고 비난하며 방송의 사적 소유를 통해 시장 경쟁적인 방송 구조를 만들고 이를 통해 공익을 추구해야 할 것을 주장한다. 이를 위해 정부는 공영방송에 대한 정부 지원의 축소와 방송 서비스 분야와 장르 제한 등의 규제를 시행할 것을 요구하였다. 이러한 공영방송의 세계적 위기 속에서 미국의 공영방송국인 PBS(Public Broadcasting System) 역시 정부 예산의 삭감, 사기업의 협찬 광고와 자본 유입, 상업적 마케팅과 광고, 그리고 이들의 프로그램 편성에 대한 영향력 등이 증가되는 비판을 받으며 공영방송의 위기에서 자유롭지 못하였다.

1990년대에는 시장에서 미디어 소유 규제의 대폭 완화를 통해 미디어 기업 간 자유 경쟁을 통한 방송 서비스 시장을 요구하였고 미국은 1996년 이러한 요구를 받아들여 타임워너, 디즈니, 바이아컴, 뉴스코퍼레이션 등과 같은 초국가적 거대 미디어(Transnational Media Corporation, TNMC)의 독과점을 가능하게 하였다. 1980년대부터 진행되어 온 민간 상업방송의 신자유주의적 요구는 공영방송의 이념과 정당성을 흔들며 공영방송의 위기를 불러왔다.

특히 최근의 디지털 미디어 기술의 발달은 공영방송의 위기를 더욱 심화시키고 있는데 케이블TV, IPTV 등 새로운 정보통신 서비스는 공익의 실현보다 산업 진흥 측면에서 공중파와 다른 법적 체계와 규제를 받고 있다. 새로운 방송과 정보통신 서비스에 대한 '비대칭 규제(Asymmetric Regulation)'는 공영방송으로 하여금 과감한 혁신적 서비스의 개발과 기술 도입과 같이 많은 시간과 투자를 어렵게 하고 오히려 상업방송에게 더욱 많은 기회를 주고 있다.

우리나라 공영방송의 정체성과 위기는 유럽과 북미의 경우와 그 성격에서 차이가 있다. 우리나라는 다(多)공영 일(一)민영 체제다. KBS와 EBS는 공사로 정부의 직접 규제를 받으며 MBC는 '방송문화진흥회'라는 공익법인의 규제를 받는데 이들 모두 이사회와 경영진이 분리되어 관리 감독은 이사회가 경영은 경영진이 맡고 있는 이원 체제를 가지고 있다.

그리고 이사회의 구성은 국민 대표성을 갖는 국회와 대통령의 추천으로 대통령이 방송통신위원을 임명하고 방송통신위원이 추천 절차를 거쳐 KBS이사와 방송문화진흥회 이사를 추천, 임명하는 방식을 취하고 있다. 따라서 관리 및 감독권을 가진 이사회는 정부와 정당의 정치적 입김에서 자유로울 수 없다는 점에서 권력의 성격에 따라 공영방송의 중립성과 독립성 정도가 결정될 수 있다. 외국의 경우 공영성 위기는 정치적 영향력에 의한 것이라기보다도 상업적 영향력에 의해 초래된 측면이 있다.

2010년 우리나라 표현의 자유와 관련한 실태를 조사하기 위해 방한한 유엔인권위원회 특별보고관은 우리나라 공영방송의 독립성 문제는 우리나라 공영방송의 위기가 정치권력의 개입과 통제에 따른 정당성의 위기와 관련이 깊다고 보았다. 정권이 바뀔 때마다 되풀이되는 공영방송 이사회와 사장 임명의 독립성과 중립성 훼손 문제가 불거지는 것도 그러한 이유에서다.

따라서 우리나라의 공영방송의 위기를 극복하기 위해서는 제도적으로 방송국의 관리와 감독을 맡는 이사회와 경영진의 정치적 독립성과 더불어 다양한 사회적 이해관계를 공정하게 반영할 수 있는 장치들을 마련하는 것이 필요하다. 하지만 우리나라 공영방송은 이러한 정치적 영향력에도 불구하고 시청자들로부터 상대적이긴 하지만 여전히 높은 신뢰도와 시장점유율을 보이고 있다. 이러한 높은 기대수준을 앞으로도 유지하고 높이기 위해서는 공영방송이 급변하고 있는 디지털 환경 속에서 시청자의 다양한 요구와 기호에 부응할 수 있는 수준 높은 방송 콘텐츠의 제작과 보급을 위해 노력을 경주해야 할 것이다.

6. 뉴미디어 기술과 방송

지하철이나 커피숍과 같은 공공장소에서 저마다 고개를 숙이고 자신의 모바일 기기들을 보고 있는 사람들을 보는 것은 이제 더 이상 새로운 현상이 아니다. 그런데 이들은 저마다 유사해 보이지만 개인 취향에 따라 서로 다른 스마트 기기들에서 유통되는 서로 다른 콘텐츠를 상이한 플랫폼 또는 애플리케이션을 통해 미디어를 경험하고 있을 것이다. 예를 들면, 세계적 스타가 된 싸이가 〈강남스타일〉에 이은 신곡 〈젠틀맨〉을 인터넷에 공개하자 우리나라에 거주하는 팬들은 즉각 판도라 TV(Pandora TV), 카카오톡(Cacao Talk)과 같은 소셜 미디어 앱(App)을 통해 이를 서로 공유하고 신곡에 대해 각자의 의견을 나눈다.

해외에서도 이 곡이 공개된 지 4일 만에 전 세계 1억 명 이상의 팬들이 그의 뮤직비디오를 유튜브(YouTube)를 통해 시청하였고 수천만 명의 애플(Apple) 제품 이용자들은 아이튠즈(Itunes)에서 그의 노래를 다운로드 받았다. 손과 발, 눈과 귀가 분주한 이러한 미디어 경험은 과거의 TV를 '시청'하는 행위와는 비교할 수 없을 만큼의 변화라고 할 수 있다. 이제는 일상화된 이러한 크로스미디어(Cross media) 또는 융복합 미디어 경험은 자연스러워 보이지만 사실은 매우 복잡한 새로운 미디어 기술과 생태계의 변화에 기인하고 있다.

1) 방송 생태계의 변화

오늘날 디지털 기술과 유무선 인터넷 네트워크의 결합은 이전과는 전혀 다른 매우 혁신적 형태와 내용을 가진 방송 서비스들을 가능하게 하고 있다. 전통적 방송 서비스는 프로그램의 제작-송출-시청 과정이 소수의 방송 기업에 집중되어 있으며 이들에 의해 일방향으로 전달된다. 그러나 오늘날 방송 서비스는 이전보다 훨씬 다양하고 복잡한 과정을 통해 방송과 정보 및 통신 서비스가 융합되어 제공된다.

이전에는 텔레비전 수상기의 종류가 어떠하든지 상관없이 동일한 방송을 시청할 수 있었다면 최근에는 시청자가 가입한 방송 서비스의 종류에 따라 방송 채널, 제공하는 서비스, 이용 방식 등이 모두 다르다. 특히 오늘날 방송 환경의 변화는 첫째, 스마트 모바일 기기와 애플리케이션(Application, App)의 보급 확대, 둘째, 소셜 미디어와 미디어 콘텐츠 간 매시업(Mash-up) 서비스의 증가, 그리고 세 번째, 콘텐츠의 N스크린(N-screen) 제공 확대 등으로 방송 콘텐츠의 유통, 가공, 그리고 소비 방식이 급진적으로 진화하고 있다.

급변하는 미디어 환경에서 다양하고 차별화된 방송 서비스를 제공

그림 5-9 끊김 없는 (seamless) 방송 시청이 가능한 방송의 N스크린 전략

출처: 삼성모바일닷컴, IT 동아

하기 위해서는 방송 산업에 참여하는 여러 다른 종류의 기업들의 효율적이고 상호 보완적인 협력 관계가 반드시 따라야 한다. 이러한 관계를 자연 생태계에 비유하여 오늘날 방송 또는 미디어 산업의 구조적 변화를 생태계적 변화로 묘사하는데 방송 생태계(Ecosystem)는 '방송과 미디어 산업 일반의 가치사슬에 참여하는 상이한 수준의 기업들이 상호 보완적인 공진 (Co-evolution)관계를 통해 효율적이고 혁신적인 방송 서비스 제공이 가능한 체계'로 이해될 수 있다.

예를 들면, 스마트TV(Smart TV)는 이러한 방송 생태계의 변화를 상징적으로 나타내 주는데 이는 기존 TV의 주요 기능인 방송 시청 이외에 TV용 앱스토어를 포함한 다양한 인터넷 서비스를 이용할 수 있는 TV를 일컫는다. 스마트TV의 매력은 기존 방송 사업자 중심의 단방향 서비스 형태에서 벗어나, 사용자 요구에 맞게 서비스나 콘텐츠를 선택, 가공, 소비할 수 있는 상호작용의 양방향 매체라는 점이다.

다양하고 양방향적 서비스의 안정적 제공은 다양한 스마트 기기, 동영상 콘텐츠와 서비스, 다양한 플랫폼, 네트워크 등 이전에는 볼 수 없었던 미디어 기업들과의 유기적 연계가 필수다. 2007년 다보스 세계경제

포럼(World Economic Forum, WEF)에서도 오늘날 미디어 환경에서는 글로벌 환경, 이용자 권한, 시장 구조, 시장 규제, 지적재산권, 정보 보호와 프라이버시, 그리고 혁신환경 측면에서 '유니버스(Youniverse)' 시나리오를 갖추어야 한다고 역설하고 있다. 즉, 유니버스는 단말기, 콘텐츠, 네트워크, 소프트웨어 등 새로운 방송 및 정보통신 관련 기업들과 시청자와 이용자를 포함한 커뮤니티들을 적극적으로 방송 산업 시스템의 일부로 받아들이고 이들의 참여와 상호협력을 자극해서 다양하고 새로운 비즈니스 모델과 콘텐츠의 생산과 유통 방식을 창출해 나갈 수 있어야 한다는 것이다.

2) 새로운 방송 서비스

1948년 미국에서 난시청 해소의 목적으로 처음 실시된 케이블TV가 우리나라 방송 시장에 소개된 것은 1995년으로 케이블TV는 난시청 해소, 24시간 방송, 유연한 심의 규정, 다채널의 편익 등 공중파 방송과 차별화된 서비스를 제공하기 시작하였다. 2013년 현재 케이블 TV 가입자는 1500만 가구에 육박하고 유료 다채널 시장에서 80% 가까운 시장점유율을 보일 만큼 보편적 매체로 자리 잡게 되었다.

케이블 TV 산업은 종합유선방송사업자(System Operator, SO), 방송채널사업자(Program Provider, PP), 전송망사업자(Network Operator, NO)로 구성되어 있다. PP 사업자는 채널 프로그램 편성, 제작, 공급을 담당하고 SO 사업자는 채널 송출, 지역 채널 운영, 마케팅, 가입자 관리를 담당하였으며, NO 사업자는 전송선로 시설을 설치 운영하는 역할을 각각 담당한다. 그런데 케이블TV 산업 초기에는 이들 사업자간 수직적 통합과 PP를 제외한 SO, NO 내의 수평적 결합과 대기업의 SO 사업 참여 금지, 그리고 여러 개의 SO를 소유한 복수종합유선방송사업자 (Multiple System Operator, MSO) 불허하는 등 대기업 또는 특정 거대 자본의 케이블 TV 산업의 독과점을 차단하려 하였다.

하지만 1999년 종합유선방송법이 개정됨에 따라 복수의 SO와 PP의 소유가 가능해지면서 케이블 TV 산업은 수직적 · 수평적 통 · 폐합 과정을 거쳐 복수채널사업자(Multiple Program Provider, MPP), 복수종합유선방송사업자(MSO), 그리고 MSO가 여러 개의 PP까지 소유한 복수종합

유선·방송채널사업자(Multiple System Provider, MSP) 등 거대 방송 사업자가 생겨나기 시작하며 현재 우리나라 케이블 TV 산업은 크게 MPP와 MSP 두 개로 양분화되어 있다.

2012년에는 권역별로 나누어져 있던 MSO의 운영 규정이 없어짐에 따라 전국을 대상으로 하는 MSO가 생겨나고 있다. 2013년 기준 우리나라 최대의 MSO는 태광그룹의 '티브로드(t-broad)', CJ 그룹의 CJ헬로비전 (CJ Hellovision), 씨엔엠(C&M), CMB, 현대 HCN 등으로 이들이 전체 SO 시장의 80%를 차지하고 있으며 이 중 티브로드와 CJ헬로비전 등 상위 2개사가 전체의 45% 가까운 시장점유율을 보이고 있다. 또한 CJ(주)는 tvN, XTM, 채널CGV, m.net, 투니버스 등 PP를 소유한 CJ C&M(CJ 씨엔엠)과 Super Action, OCN, On Style 등을 소유한 오리온시네마네트워크 (OCN)와 바둑TV, 중화TV, CJ오쇼핑 등 50개 이상의 PP를 소유하고 전체 PP 시장의 26% 이상을 점유하고 있는 국내 최대 MPP이기도 하다.

케이블 TV 산업이 방송 산업에서 차지하는 비중이 커짐에 따라 기존 공중파 방송국도 케이블 산업에 진출하고 있다. 특히 이들 공중파 방송국은 그들이 강점을 지니고 있는 방송 프로그램 라이브러리를 활용하여 방송 채널 사업에 많은 관심을 가지고 있는데 SBS 골프, 니켈로디언, E! Entertainment, SBS ESPN 등을 소유하고 있는 SBS의 SBS 미디어홀딩스가 전체 PP 시장에서 20% 가까운 시장점유율을 보이고 있으며 그 뒤를 엠비씨 드라마넷, 엠비씨넷 등을 소유한 MBC가 10%가량의 시장을 점유하고 있다.

국내 케이블 TV 산업은 지난 10년간 각종 규제 완화로 M&A를 통한 수직적·수평적 결합에 의한 거대 미디어 기업들이 생겨났으며 이들 몇몇 기업들이 주요 방송 시장을 과점하고 있다. 이러한 산업적 측면 이외에 기술적 변화도 있었는데 2007년 방통위는 IPTV 법안을 통해 기존의 아날로그 케이블 TV 산업을 디지털로 전환시키고 기존의 스트리밍 버퍼 방식에서 지상파를 실시간으로 케이블 TV와 마찬가지로 전송할 수 있게 함으로써 방송 시장 전체에 큰 변화를 가져왔다. 현재 디지털 케이블 TV의 가입자는 여전히 아날로그 케이블 TV 가입자에 비해 50% 정도 수준이지만 각종 제도와 디지털미디어센터(DMC)를 통한 정부의 직간접적 지원과 케이블 산업의 디지털 사업 분야 투자 확대로 디지털 TV 가입자 수는 앞으로 더욱 빠르게 늘어날 것으로 보인다.

디지털 케이블 TV는 아날로그 방식에 비해 더 많은 방송 채널을 제공할 수 있을 뿐만 아니라 화질과 음질 등 방송 품질의 향상, VOD(Video On Demand)나 PPV(Pay Per View)와 같은 주문형 서비스의 다양화, 각종 생활 정보 데이터 서비스, 24시간 즐길 수 있는 오디오 방송과 지역 정보 제공, 각종 민원 서류 발급, 세금 납부 등 행정 서비스의 제공도 가능하다.

방송 서비스 산업의 고도화는 인터넷과 디지털 등 정보통신 기술의 고도화와 방송 및 통신 기술의 융복합, 그리고 방송 수용자의 다양한 정보 및 방송 서비스 욕구 증가 등에 기인하고 있다. 케이블 TV의 디지털 전환은 기존의 아날로그 케이블 TV 산업의 고도화를 추진하기 위한 목적도 가지고 있지만 궁극적으로는 IPTV(Internet-Protocol Television) 산업의 신속한 도입을 통한 미래 방송 산업의 구축에 초점이 맞추어져 있었다. IPTV는 케이블이나 지상파방송 서비스 사업자들과는 달리 정보통신망 사업의 새로운 사업 서비스로 이해될 수 있다.

브로드밴드(Brodaband) TV, 텔코(Telco) TV로도 불리는 IPTV는 정보통신 서비스로 볼 것이냐 기존 방송 서비스로 볼 것이냐의 논란 등 개념 규정과 규제 주체 및 방식에 다양한 해석들이 있을 수 있다. 2004년부터 3년 간의 논의 결과 정부와 관련 업계는 IPTV를 방송과 통신 서비스의 융복합 서비스로 개별화시켜 소위 IPTV법이라 불리는 "인터넷멀티미디어방송사업법"을 입법화하고 방송과 통신 서비스 관할 기구로 방송통신위원회를 설립해 우리나라에서도 본격적으로 방송통신 융합 서비스 산업의 발전이 본격화되기 시작하였다.

IPTV는 다양한 방송 프로그램과 실시간 VOD 양방향 서비스 등 기존 디지털 케이블 TV 서비스와 유사한 방송 서비스를 제공하면서 채팅, 쇼핑, 뱅킹 등 컴퓨터를 이용해야만 했던 다양한 서비스를 TV에서 제공한다. 그리고 인터넷이라는 통신 네트워크를 기반으로 하는 IPTV는 채널 수용 능력이 매우 크므로 실시간 교육과 공공 서비스 및 지역 정보 서비스 등과 같은 기존 TV가 제공할 수 없었던 다양하고 혁신적인 콘텐츠의 개발과 공급도 용이하다는 점에서 PP와 콘텐츠사업자(Content Provider,

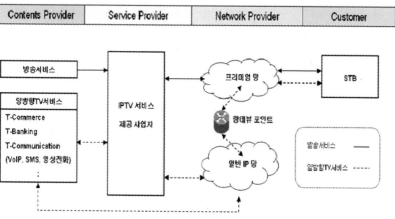

Contents Provider	Service Provider	Network Provider	Customer

그림 5-10 IPTV 개념도   출처: 한국정보진흥원

CP)에게 신규 시장을 창출할 수 있는 기회를 제공한다.

　IPTV는 원본 방송 콘텐츠를 수집 · 가공(압축 · 다중화 · 암호화 · IP 패킷화), 편성 및 가입자 관리와 과금 서비스를 제공하는 헤드엔드시스템 (Head-End system), 가공된 방송 프로그램과 콘텐츠를 전달 및 제어하는 네트워크(Network), 그리고 최종적으로 가입자에게 방송과 콘텐츠 정보 및 양방향 서비스를 제공하는 단말(Set Top Box, STB)로 구성된다. 특히 STB는 전자프로그램가이드(Electronic Program Guide, EPG), 웹브라우 저, 보안 및 네트워크 접속과 같은 다양한 미들웨어(Middleware)를 탑재 하고 있어 IPTV의 웹을 기반으로 한 다양한 서비스 제공이 가능하다. 이 러한 서비스 구성과 네트워크 특성으로 IPTV는 통신 사업자에게 전혀 새 로운 시장과 부가가치를 창출하고 있다. 2006년 7월 하나로텔레콤(현 SK 브로드밴드)이 VOD를 중심의 Pre-IPTV 서비스인 '하나TV'를 시작으로 2013년 4월 기준 KT(Olleh TV), SK브로드밴드(B TV), LG유플러스(LG U+) 3개사가 있다. IPTV의 전체 방송 매체별 시장점유율(2012년 2월)은 5.2%로 방송채널사용사업(39.8%), 지상파방송(33%), 케이블방송(17.9%) 보다 상대적으로 매우 낮지만 2008년 정식 서비스가 시작된 이후 매년 50% 이상의 빠른 성장세를 보이고 있다.

　유무선 인터넷 네트워크를 기반으로 하는 IPTV는 다양한 미들웨어와 운영체제를 탑재한 STB 및 PC 기능을 가지고 있는 스마트TV 같은 하드웨어의 결합으로 이전과 전혀 다른 개념의 TV도 만들어 내고 있다. 최근 실험되고 있는 소셜 TV(Social TV)는 TV와 SNS의 결합을 통한 단순히 보는 TV에서 능동적으로 사용하는 혁신적인 TV 경험을 시청자들에게 제공한다.

소셜 TV는 인터넷 네트워크 기반 스마트 TV와 시청자 커뮤니케이션을 지원하는 웹 애플리케이션 또는 기술들이 결합된 TV 서비스다. 소셜 TV는 모바일, 스마트 TV, IPTV 등 인터넷 네트워크 기반 TV에서 제공하는 쌍방향적인 플랫폼에서 구동되는 트위터, 페이스북, 유튜브 등과 같은 다양한 소셜네트워크서비스(SNS)를 제공한다. 이를 통해 특정 시청자들은 프로그램을 시청하면서 동시에 태핑하기, 댓글달기, 문자, 음성, 또는 영상 채팅을 하면서 이전의 오프라인에서만 가능하던 TV 프로그램을 매개로 한 사회적 유대관계 형성을 온라인으로 확장하는 동시에 TV 제작과정에 직접적인 영향력을 행사할 수 있는 가능성이 높아졌다.

반면 방송 프로그램 제공자에게는 이러한 쌍방향적인 플랫폼과 SNS 애플리케이션을 통해 시청자들의 친밀한 유대관계 네트워크에 직접 접근할 수 있는 기회를 확보하게 되어 첫째, 더 많은 시청자를 확보할 수 있는 도구가 생기게 되었을 뿐만 아니라 둘째, 이들과의 직접적이고 지속적인 커뮤니케이션을 통해 시청자로부터 더 높은 수준의 프로그램 충성도를 개발할 수 있고 셋째, 프로그램에 대한 시청자 요구 및 개선 방향을 파악할 수 있는 등 양질의 시청자 그룹을 확보할 수 있는 플랫폼을 제공받을 수 있게 되었다. 즉, 시청자에게는 프로그램에 대한 더 많은 참여 기회를 줌과 동시에 방송 사업자들에게는 더 많은 시청자에게 접근할 수 있는 기회가 주어진 것이다.

실제 구글의 CEO인 에릭 슈미트는 구글 TV를 소개하면서 오늘날의 TV 시청 행위 변화 패턴 중 하나로 '소셜'을 지칭하면서 네트워크 상에서 개인들 간의 소통 행위가 네트워크의 TV 프로그램 취향을 결정하는 주요한 요인이 될 것으로 기대하고 있다. 미국의 한 연구에 의하면 TV 시청자 중 70% 이상이 PC나 스마트폰과 같은 모바일 기기로 SNS를 동시에 이용하고 있는 것으로 나타났고 우리나라에서도 TV와 스마트폰을 동시에 이

표 5-3 디지털 생태계 시나리오

	안전한 천국 (Safe Heaven)	중간 왕국 (Middle Kingdom)	유니버스 (Youniverse)
글로벌 환경	• 불안정/보호주의 • 지역주의	• 안정성 성장 • 세계주의 성장	• 글로벌 안정과 협력 • 개방 • 글로벌 연결과 협력 • 공동의 이해
사용자 임파워먼트	• 산업계의 통제된 이용자와 커뮤니티 참여 • 산업계의 경제적 이익 독점 • 미미한 풀뿌리 커뮤니티의 역할(서서히 증대)	• 규칙에 의한 이용자와 커뮤니티 참여 독려 • 커뮤니티의 경제적 이익 • 사회적 커뮤니티의 역할	• 이용자 중심 • 이용자의 참여, 협력, 그리고 경험의 개인화 • 유기적 커뮤니티의 경제적 중요성
시장 구조	• 대기업과 그룹의 지배 • 높은 진입 장벽 • 산업계 외부에서 특수 디지털 생태계 생성	• 소수의 크고 강력한 매개 기업체 • 특화된 틈새 비즈니스 • 낮은 진입장벽 • 개방된 표준과 호환성 • 글로벌 디지털 생태계 생성	• 가치 네트워크의 분화, 혁신, 역동 • 커뮤니티 파워 강화 • 틈새 시장을 위한 특화된 서비스 • 다양한 디지털 생태계 • 상향식 개방적 표준과 모듈화
시장 규제	• 반독점 반차별 • 콘텐츠 제공자 덜 강조 • 라이센싱(네트워크와 융합 서비스)	• 시장 경쟁 중시 • 정부의 개방적 호환적 시스템 지원	• 사용자 로비에 반응 • 커뮤니티 자율규제 • 최소한의 개입
지적 재산권	• 기업 중심의 IPR • 자국 법률에 의한 강력한 보호	• 호환적 관리 • 개인정보와 컨텐트 관리 시스템 위주 • 글로벌 관리 조직 • 효율적 국제 공조	• IPR의 다양화 • 오픈소스와 'Creative Commons' 라이센싱 • 호환적 관리 방식
안정성과 프라이버시	• 정부와 기업의 공동 통제 • 제한된 프라이버시	• 공동 규제를 통한 상호 교차 적용 • 제 삼의 개인정보 은행을 통한 관리	• 공·사 협력 • 자율규제 커뮤니티 • 이용자의 개인정보 자기 관리
혁신	• 기업 연합 내에서 혁신 • 인프라의 배분과 패키징 서비스 집중 • 제한된 풀뿌리 커뮤니티의 혁신	• 산업 주도에 의한 커뮤니티 파워와 개인화 그리고 틈새 서비스 강화	• 커뮤니티 주도의 혁신 • 이용자와 커뮤니티 조직과의 비즈니스 실험

출처: WEF(2007).

용하는 인구들 중 33% 이상이 SNS를 사용하고 있다. 이는 개인의 시청 경험이 그 사람이 가지고 있는 관계 집단으로 확산될 수 있는 '네트워크 시청' 환경이 조성되고 있음을 보여 준다는 점에서 TV 활동이 개인 여가가 아닌 '소셜'한 여가로 변화되고 있음을 보여 준다.

방송사 입장에서는 콘텐츠의 제작뿐 아니라 스마트폰과 같은 보조 화면(second screen)과 연계하여 콘텐츠의 전파와 확산을 위한 '통합 콘텐츠 유통전략'이 필요하다. 하지만 소셜 TV가 열어 놓은 다양한 쌍방향 커뮤니케이션 혁신은 전통적 방송국 입장에서는 새로운 사업 경영 기회를 주기도 하지만 동시에 도전을 가져다준다. 양방향성을 지닌 소셜 TV를 가능하게 하는 미디어 생태계에는 이전에는 볼 수 없었던 애플, 구글 등과 같은 스마트 TV 셋톱박스 제조업체 및 여기에 설치될 다양한 콘텐츠 제공 플랫폼과 플랫폼에 탑재될 다양한 소셜 미디어 서비스 업체, 그리고 소셜 미디어를 통합적으로 관리해 줄 소셜 미디어 마케팅 사업자 등과 같이 이전 방송 산업에서 볼 수 없었던 새로운 업체들과 여기에 시청자의 참여까지 더해 방송 서비스 시스템의 구축에 어려움을 줄 수 있다.

소셜 TV처럼 인터넷 네트워크 기반 유무선 방송 서비스의 성공은 이러한 새로운 '플레이어'들과 어떠한 전략적 관계를 맺느냐에 달려 있다고 할 수 있다. 미국 버라이즌 통신회사는 FiOS IPTV 서비스를 제공하기 위해 페이스북과 트위터를 위한 TV용 위젯을 자체 개발하여 방송 콘텐츠와 결합된 서비스를 제공하고 있다. 또한 유튜브와 같은 온라인 비디오를 상품화하기 위한 다양한 실험들을 시행하고 있을 뿐만 아니라 더 나아가 자사가 개발한 위젯 애플리케이션 플랫폼 인터페이스를 개발 커뮤니티들에게 공개하여 이를 위젯 바자(Widget Bazaar)를 통해 개발 커뮤니티가 개발한 애플리케이션을 유통하는 공간을 제공해 주고 있다. 이는 주요 플랫폼이나 S/W 그리고 H/W 사업자가 주도하고 있는 스마트 TV 서비스 생태계에서 방송 서비스 제공자가 주도권을 확보할 수 있는지 유용한 단초를 제공해 주고 있다. 즉, 시장 내에 존재하는 다양한 주체들 간의 관계 설정에서 서비스나 애플리케이션을 완전히 점유하거나, 협력적으로 파트너십을 맺거나 또는 완전 개방하는 등 다양한 방법으로 자신의 서비스가 일반화되는 과정을 상호관계 형성을 통해 만들어 나가야 하는 것이다.

국내 소셜 TV 서비스로는 MBC와 SBS가 제휴해 만든 '푹(pooq)' N스크린 서비스, CJ헬로비전의 '티빙(TVing)', 국내 이동 통신사 SKT의 네이트 호핀(hoppin), KT의 '올레 나우 TV', LG U+의 U+ HDTV 등이 있다. 웹과 앱을 통한 소셜 TV 서비스도 증가하고 있는데 실시간 방송 프로그램 인기 순위와 시청 소감, 방송 키워드를 제공하는 네이트 TV 서비스, 스마트폰을 통해 실시간으로 방송 프로그램에 대한 의견을 공유하고 추천할 수 있는 앱인 TV 토커스(TV Talk Us), MBC C&I가 만든 스마트 기기와 인터넷을 통해 시청할 수 있는 손바닥 TV 앱 등이 있다.

요약

이 장에서는 오늘날 네트워크 사회에서 빠른 속도로 변화 발전하는 다양한 형태의 방송이 나의 일상과 사회에 미치는 영향이 무엇인지를 이해하기 위해 방송의 여러 측면을 살펴보았다. 이를 위해 가장 먼저 방송의 개념과 방송이 지니는 고유의 역할과 이념이 무엇인지를 정리하고 이를 방송의 역사적 발전의 흐름 속에서 살펴보고자 하였다. 우리 사회의 산업화, 정보화 과정과 매우 밀접한 관계를 지니며 탄생하고 발전하여 온 방송은 각 사회의 정치, 경제, 문화적 조건들에 따라 그 의미와 역할이 달라져 왔음을 알 수 있었다. 또한 방송은 우리 삶을 주어진 특정한 방식으로 보게 함으로써 대중문화의 특성을 규정하기도 하며 방송을 통해 그러한 문화적 특성을 재현하고 강화하기도 하는 등 방송을 시청하는 행위가 단순히 문화 콘텐츠를 소비하는 이상의 역할을 하고 있음을 알 수 있었다. 방송과 대중문화와의 이러한 밀접한 관계로 인해 우리는 시청자 참여의 중요성에 대해 이해하고 있어야 한다. 그리고 이 장에서는 통일과 방송의 역할에 대해서도 다루었는데 이는 세계 유일의 분단국가인 우리나라 고유의 역사적 특수성이 반영되었다고 할 수 있다. 이에 반해 '공영방송의 정체성의 위기'에서는 지구적 차원에서 공영방송이 처해있는 위기의 특성이 무엇이며 그것이 우리 한국 사회에서는 어떠한 방식으로 발현되는지를 살펴보았다. 마지막으로 뉴미디어 기술과 방송에서는 오늘날 시시

각각 변화 발전하는 미디어커뮤니케이션 기술과 네트워크의 확산에 따라 생겨나는 새로운 방송의 형태와 서비스에 대해 살펴보고 각 방송과 방송 서비스의 유사점과 차이점이 무엇인지를 이해하고자 하였다.

주요 용어

공중	방송의 공공성 (공익성)	공영방송
Fin-Syn Rule	PTAR	대중문화
문화산업	수동적 수용자	능동적 수용자
시청자 참여	퍼블릭 액세스	통일방송
공공수탁	TNMC	비대칭규제
방송 생태계	SO	PP
NO	MSO	MSP
MPP	DMC	IPTV
N스크린	소셜TV	STB
EPG	디지털 생태계	

연습문제

1. 방송의 공공성은 무엇이고 우리는 왜 방송에 그러한 공공성을 요구하는가?
2. 대중문화가 이해되는 방식은 어떠한 것들이 있는가?
3. 문화산업과 대중문화와의 관계는 어떠한가?
4. 능동적 수용자와 수동적 수용자의 차이점은 무엇인가?
5. 퍼블릭액세스권은 무엇인가?
6. 독일 통일과정에서 나타난 방송의 역할이 우리나라 방송에 주는 의미는 무엇인가?
7. 방송의 비대칭 규제의 근거와 특성은 무엇인가?

8. 케이블 TV 산업의 구조는 어떻게 구성되어 있는가?

9. 네트워크에 기반한 새로운 형태의 TV 서비스는 무엇이 있는가?

심화토론문제

1. '방송시장'은 다른 일반 상품 시장과 어떠한 차이점과 유사점이 있으며 방송 규제는 어떠해야 하는가?

2. 오늘날 다양하고 새로운 형태의 방송 환경과 과거 매스미디어 방송 환경에서 문화가 변화 발전하는 과정에는 어떠한 차이점들이 있을까?

3. 남북한으로 분단되어 있는 우리나라에서 방송은 과연 어떠해야 할까?

4. 새로운 방송 서비스의 등장에 따라 나타나는 방송 규제의 어려움과 대안은 무엇인지 찾아보자.

참고문헌

강명구 외(2012), 『한국사회와 미디어 공공성』, 한울아카데미.

김영주(2008), 『IPTV 도입에 따른 미디어 산업 내 비대칭 규제의 현황과 문제점』, 한국언론학회 2008 가을정기학술대회 발표문

김영주, 정재민(2010), 『방송산업 내 비대칭 규제에 관한 연구』, 방송학보 24(5), 47~89

김진호(2010), 『독일연방공화국의 동방정책과 동방무역 1969~1975』, 한국외국어대학교 박사학위논문.

박민욱 (2012), 『미디어센터 10년. 모두들 잘 살고 있습니까?』, 이슈 및 동향 3, 서울영상미디어센터.

방송통신위원회(2012), 『2012년 방송산업실태조사보고서』, 방송통신위원회.

성욱제(2009), 『프랑스 미디어 개혁의 방향과 시사점』, KISDI.

송해룡(2010), 『미디어 비즈니스 시장과 생태계: 복잡계 이론과 미디어 컨텐츠를 중심으로』, 성균관대학교출판부.

윤석민 · 배진아 · 곽정래 · 이현우 · 채정화(2011), 『다플랫폼 다채널시대의 통일방송』, 서울대학교출판문화원

이환수·조항정(2012), 『스마트TV 기업의 플랫폼 경쟁전략』, 정보와 사회 22, 1~34.

정용찬(2013), 『소셜TV 소비행태분석』, KISDI STAT리포트, KISDI.

조은기(2002), 『TV 프로그램 시장의 저작권 거래에 관한 연구 : 거래 모델과 미국의 Fin-syn rule을 중심으로』, 방송과 커뮤니케이션 5-32.

채영길(2011), 『국내외 방송국 SNS 소통 전략과 방송 프로그램 접근성 재고 방안』, 한국방송학회 2011년 가을정기학술대회 EBS 기획세션 발표문.

최영묵 외(2012), 『공영방송의 이해』, 한울 아카데미.

통일부(2011), 『통일방송 로드맵 연구』, 통일부.

한진만·정상윤·이진로·정화경·황성연(2011), 『방송학개론』, 커뮤니케이션스북스.

한국정보진흥원(2007), 『IPTV의 프라이버시 침해요인 분석 및 보호방안 연구』, 한국인터넷진흥원.

06

복합 문화양식의 영화:
'재현의 정치학'과 영화보기 습속의 변화상

학습목표

우리의 일상에서 영화는 대표적인 대중 볼거리(popular spectacle) 중 하나이
자, 변화하는 사회문화적 경험과 대중의 정서 그리고 부상하는 트렌드들을
반영하는 중요한 시각 텍스트라고 할 수 있다. 또한 영화는 대중적 즐거움과
더불어 다양한 앎이나 사회적 가치를 재현하고 매개하는 당대의 주요한 문화
양식(cultural form)이자 고도로 기획된 문화상품으로, 대중문화와 영상문화
의 주요한 생산과 소비의 축으로 기능한다. 이 같은 영화가 수행하는 다면적
인 측면을 조명하는 이 장의 학습목표는 다음과 같다.

영화를 중심으로 한 '근대적' 영상문화의 부상과, 영화라는 매우 복합적 '텍스
트' 속에서 구현되는 문법(film grammar)과 의미작용의 명과 암을 상세하게
살펴본다. 특히 문화연구라는 특정한 접근 방식으로 영화의 사회문화적 특성
과 역사적인 제도화 과정의 함의들, 그리고 영화 수용자들의 활동상을 조명
한다. 또한 의미나 재현이라는 영역에 관한 기존의 탐구를 넘어, 테크놀로지
와 문화 그리고 제도적이고 물질적인 요인들의 복잡한 결합물이기도 한 영화
라는 매우 복합적인 대상에 관한 다면적인 해석과 더불어 진중한 탐색을 시
도한다.

첫째, 영화와 근대적 영상 문화의 부상과 역사적인 변화 과정을 조명한다.
둘째, 영상문법과, 멜로드라마의 의미 구성과 함의들을 알아본다.
셋째, 문화연구를 통한 영화 텍스트의 분석 방식과 초점들을 이해한다.
넷째, 영화의 사회성과 역사성 그리고 변화하는 맥락성(context)을 파악한다.

1. 영상 문화의 확장과 '간학문적' 관심들

소비자본주의 사회로의 전환과 문화 산업의 폭발적인 성장에 힘입어 영화와 텔레비전, 인터넷과 SNS로 전파되는 다양한 유형의 이미지들을 우리는 생활 속에서 일상적으로 만나고 소비한다. 이 이미지들이 수행하는 사회경제적 역할이나 비중은 매우 커지고 있다. 다양한 영상 이미지들의 일상적인 편재성은 상당한 부가가치를 창출하면서 소비와 대중적 오락의 새로운 트렌드들을 만들어 냈다. 당대의 문화적인 상상력과 흐름을 선도하고 있는 영화와 TV, 애니메이션, 게임과 디지털 미디어를 포함하는 영상 콘텐츠 산업의 눈부신 부상 등이 예시하듯이, 영상과 영상 문화가 일상에서 차지하는 비중과 영향력은 이제 의심할 바 없이 크게 확장되었다.

이러한 결과 광의의 영상 문화 혹은 시각 문화에 관한 학문적 관심들 또한 인문학과 사회과학을 가로지르며 다양한 개념들과 방법론 그리고 사유와 해석의 틀을 모색해 왔다. 관련 사례를 들면 사진에서 영화, 광고, TV, 그리고 디지털 이미지들의 사회적 기능과 역할, 문화적 소비와 수용에 관한 증폭된 관심은 대학에서 '영상 문화', '영상 비평', '영상 커뮤니케이션', '시각 문화연구', 혹은 '영상 미학' 등의 제목을 가진 강좌들을 통해 폭넓게 논의, 조명되고 있다. 또한 영상에 관한 매우 다양한 분석 방법들과 이론화의 작업들이 활발하게 추구되고 있다. 예를 들면 기호학, 장르 연구, 텍스트 비평과 이데올로기 분석, 수용자 연구, 생산자 연구, 영상 테크놀로지의 사회적인 배치와 활용 등에 관한 문화사적인 작업이나 영상 콘텐츠 산업에 대한 제도 분석 등이 일각에서 꾸준히 이루어지고 있다. 최근 들어 영상 문화나 시각 문화에 관한 접근들은 영상학, 영화 연구, 미디어 연구, 여성학, 사회학, 인류학, 대중예술, 문학, 역사학, 철학, 미학 등 복수의 분과 학문 분야에서도 비교적 활발히 전개되고 있다.

그럼에도 영상 문화의 형성과 전개 과정에 관한 심층적이고 역사적인 사례의 분석이나 영상 문화를 형성하고 있는 제도적 요인과 문화적인 자원들의 결합에 관한 구체적이고 차별화된 분석은 아직까지 충분히 활성화되고 있지는 못하다. 구체적인 연구의 방법론들과 지적 확장성이 큰 작업들이 확립되고 유기적으로 공유되기보다는, 영상 문화연구라는 이름으로 복수의 작업들이 세부 전공 범위를 넘어 부분적으로 시도되거나, 주로 탐색적인 수준에서 다루어지고 있다. 아직은 외국에서 축적된 영상 문화와 관련된 지적인 작업을 소개하거나 적용하는 수준에 적지 않게 머물고도 있다(김무규 외, 2012; 김이석·김성욱 외, 2012; 류제홍, 2003; 주창윤, 2015; 주형일, 2004).

　　이 장은 먼저 영상 문화 영역에서 매우 중요한 사안이자 주제로 설정되는 영화의 출현과 사회적 활용, 그리고 제도화에 대한 관련 연구들을 중심으로, 대표적인 문화적 유형(cultural form)인 영화의 역사적 출현과 이 과정에 연계된 복수의 사회문화적 흐름, 영화 문법의 형성, 그리고 '초기 영화'가 견인한 구체적인 사회문화적 요인들을 '역사화된' 문화연구(historicized cultural studies)의 해석틀을 빌려 접근한다. 역사화된 문화연구는 미디어와 대중문화의 영역에서 이루어져 온 기존의 의미화론이나 텍스트 중심 분석의 한계를 자각하고, 영화를 포함한 영상이라는 의미와 문화적 실행들 그리고 테크놀로지가 결합된 대상들이 만들어 내는 특정한 담론작용과 사회적 효과에 초점을 맞춘다. 이 글은 그러한 대안적 탐구와 분석의 모델을 제공한 일련의 영화 연구자들과 문화연구자들의 작업을 길잡이로 참고했다.

2. 영화라는 시각 텍스트와 대중문화물의 부상

주지하다시피 영화는 대중적으로 소비되고 수용되는 동시에 그 과정에서 상당한 변화와 더불어 기술적 진전을 발현하는 당대의 대표적인 문화 양식이라고 정의할 수 있다. 이 글의 후반부에서 보다 자세히 기술하겠지만, 19세기 말엽에 이루어진 환등기와 영사기가 결합된 시네마토그래프(cinematograph) 등을 중심으로 한 영화의 본격적인 등장 이후, 영화는 빠르게 대중의 호기심과 열망을 아우르고 담아내는 근대적 시각 문화의 핵심 구성원으로 비교적 짧은 시간에 위상을 확립하게 되었다.

　　움직이는 빛의 이미지와 환영(illusion)들을 스크린에 투사하는 영화

그림 6-1 영화의 시조 뤼미에르 형제

는, 대중에게 그들이 익숙한 삶을 복제하고 스크린에 새롭게 재현해내면서, 비일상적이거나 신기한 허구와 판타지의 세계가 눈앞에서 생동감 있게 펼쳐지는 새롭고 확장된 기회, 그리고 집합적인 자극과 동인을 제공하게 된 것이다. 예컨대 1895년 12월 28일, 파리의 그랑카페에서 이루어진 뤼미에르 형제의 영화 상영은 기념비적인 분기점을 이루어냈다고 평가되는 '사건'이다. 대중이 시오타역에 도착하는 기차의 모습을 포함해 그들 주변의 일상적 정경을 담은 단편영화 혹은 실사영화(actualities)를 '공공' 장소에서 처음으로 접할 수 있는 기회를 제공했다(Grainge et al., 2007).

이는 당대 시각 문화의 환경을 획기적으로 바꾸는 동시에 복합적인 공적 함의를 생성하는 주요한 사건이었다고 평가할 수 있다. 환등기나 사진이 주는 상대적으로 정적인 이미지의 체계를 벗어나 스크린에 연속적으로 투사되고 움직이는 빛의 이미지들은 일단 그 자체만으로도 신기함과 대중을 흡인할 수 있는 새로운 종류의 매력과 끌림, 그리고 볼거리와 즐거움을 제공했기 때문이다.

다시 말해 영화가 부상한 초기에 대중은 그들의 눈앞에서 펼쳐지는 이미지들의 움직임과 새로운 볼거리가 제시하는 신기함에 매료되었던

그림 6-2 멜리에스 감독의 〈달세계 여행〉

것이다(그로네마이어, 2005). 이는 뤼미에르 형제가 상영했던 10여 편의 단편영화에 대한 대중적 관심과 열기가 단시간 내에 퍼져 나간 측면에서도 그러한 효과와 파급력을 짐작할 수 있다(같은 책, p. 27).

초기의 영화는 풍물이나 일상 속 정경을 담은 실사물들이 주류를 이루었고, 당시의 언론 보도에 따르면 뤼미에르 형제의 상영관은 문전성시를 이루게 된다. 한편 또 한 명의 근대적 볼거리로서 영화의 형성에 크게 공헌한 인물로 멜리에스를 거론할 필요가 있다. 전직 마술가였던 그는 트릭 효과와 편집 그리고 커팅과 슬로 모션, 이중 노출과 같은 다양한 시각 효과를 시도하면서 보다 판타지적인, 그리고 상상력을 견인하는 요소들이 강조된 영화들을 만들어 냈다. 멜리에스는 판타지와 상상력의 세계에나 걸맞을 기묘한 이미지상과 기발한 스토리를 당대로서는 선구적인 일련의 특수효과로 구현해, 대중의 호기심과 볼거리에 대한 욕망을 더욱 자극하는 데 성공했던 것이다. 이러한 결과 이제 논픽션과 단순한 일상의 세계를 기록하고 보여 준다는 측면을 넘어, 허구와 대중적 상상력의 영역을 아우르면서 영화는 상업적으로 성장할 수 있는 주요한 기반을 생성하게 된다.

때론 뤼미에르의 영화를 향후 다큐멘터리를 포함한 일상적인 세계의 모습을 담은 '사실주의'에 기초한 영화적 접근 방식의 시발점으로, 그리고 멜리에스의 작업을 일종의 상업성과 관련된 '표현주의적인' 접근 방식으로 정의하기도 한다(김경욱, 1998, p. 32). 하지만 이러한 다소 편의주의적인 발상이나 논쟁적인 구분법을 넘어, 20세기 초반부에 본격적으로 개화되기 시작한 강력한 매체로서의 영화와 근대적인 영상 문화의 등장은 대중이 이제 본격적으로 영화라는 부상하는 시각 양식을 통해 오래도록 접해 온 이야기와 상상 그리고 판타지의 세계를 새로운 방식으로 접하게 되었음을 의미한다.

조금 단순히 정리하자면, 근대적인 영화는 뤼미에르 형제와 멜리에스 등이 수행한 공공 상영과, 영화를 둘러싼 실험에 힘입어 일상적 삶과 허구를 질료로 스크린에 재구성된 의미와 이야기를 전달하는 매체였으며, 대중적인 여가와 오락의 수단으로서 세기말에서 20세기 초반에 이르는 기간에 자신의 '복합적인 정체성'을 구체적으로 확립해 나갔던 것이다.

초기의 영화가 대중 오락물 측면에서 그리고 기술적인 양상에서 아직 상대적으로 거친 양식적 특성을 드러냈다면, 20세기 초반부에 들어 영화는 다양한 집단의 제작자와 감독, 작가 그리고 기술자들에 의해 비교적 짧은 시간 안에 대중적 볼거리와 오락 그리고 쾌락의 매개체로서 구성과

그림 6-3 그리피스의
〈국가 탄생〉

기능을 본격적으로 형성해 가기 시작한다. 여기서 특기할 만한 측면은 이야기 혹은 서사(narrative) 영화의 부상과 제도적 그리고 산업적 측면에서 영화의 '진화' 과정이다. 대중적 인기와 관심에 힘입어, 제작되는 영화의 총량과 상영 시간이 늘어나면서, 자연스럽게 영화는 단순한 볼거리나 현실의 파편적인 기록보다 복잡하게 구조화된 방식의 이야기 내지는 인과관계를 가진 서사(narrative)와 매우 다양한 이미지들을 포함하는 체계적으로 조직된 영상 형식으로 변화하게 된다.

뤼미에르 형제와 멜리에스의 뒤를 잇는 다음 주자들이자 고전 영화의 선구자 격인 그리피스와 포터 등의 노력으로 영화는 이제 뚜렷이 형상화된 캐릭터들과 액션, 이야기 전개상의 논리적인 인과관계를 지닌, 그리고 세밀한 편집을 거친 텍스트의 구조를 점차 발현하기 시작한 것이다. 즉 대중의 관심과 욕구를 흡인할 만한 서사와 액션을 제공하며, 나름의 체계적인 질서를 갖춘 구성의 방식으로 이야기의 흐름을 배치하는 플롯이 작용하면서, 편집에 의해 일정한 리듬감과 주제가 전개되고, 거기에 연동하는 이미지들이 조합된 복합적인 텍스트이자 구성물(construct)로서 영화라는 문화 양식이 상업적 측면에서 본격적으로 생산되기 시작한 것이다.

예를 들면 〈대열차 강도〉(1903)에서 포터는 거칠긴 했지만 교차편집으로 쫓고 쫓기는 강도와 추적자들의 모습을 생동감 있게 제시하고, 장면과 사건 현장들의 빠른 전개와 대비, 카메라워크를 통한 역동적인 이미지와 장면들의 개진, 그리고 시간의 동시성 등을 보여 줘 관객들이 빠져들 수 있는 고조된 긴장감과 역동성, 그리고 흡인력을 영화 속에서 생성해 내는 데 성공했다. 한편 그리피스의 〈국가의 탄생〉(1915)과 〈인톨러런스〉(1916)는 거대한 물량을 투입하고, 전경 촬영, 파노라마 촬영, 근접 촬영 등과 같은 당시로서는 획기적이고 다양한 촬영 기법들을 적용한 작품으로, 미국의 남북전쟁에 대한 일종의 가족멜로드라마이자, 규모가 큰 역사물(epic)로서 대중영화의 고전적인 문법을 확립하는 데 일조한다. 특히 이전까지의 영화 속에서는 연극적인 속성을 지녔던 신(scene)이 강조되었던 것과는 달리 영화의 최소 단위가 되는 다양한 숏(shot)들의 조합으로 제시되는 세부 묘사와 꼼꼼한 편집으로 관객들이 쉽게 영화 속 스토리를 동일시할 수 있게 해, 그리피스는 영화의 시공간성과 독특한 영화 문법을 확립하는 데 중요한 기여를 하게 된다(Cook, 2004).

동시에 그리피스는 영화의 제작 과정에서 절대적인 권위를 확보하는 일종의 작가 그리고 관리자로서 감독의 위상을 정립하기도 했다. 뤼미에르의 영화에서 1910년대에 이르는 그리 길지 않은 기간 동안 영화는 복합적인 교직(textures)과 의미들을 포함하는 문화적인 구성물이자 소비의 관행화된 대상으로 대중에게 점차 각인되기 시작한 것이다. 그리피스의 작업을 필두로 이제 할리우드는 세계 영화 시장의 중심을 유럽에서 미국으로 옮겨 오게 하는 강력한 행위자가 되었다. 특히 한 지붕 밑에서 이루어지는 기획과 관련 인력의 관리, 영화제작과 배급에 이르기까지 일종의 조립 라인을 통해 영화를 양산해 내는 공장식 영화 만들기를 통한 대량생산과 표준화를 가져오게 한 이른바 '스튜디오 시스템'이 확립되면서, 영화의 산업적 측면에서 획기적인 전환이 이루어지기도 했다. 스튜디오 시스템은 대중이 인지하는 스타들을 조직적으로 관리·활용하고, 대중이 호응할 수 있고 쉽게 이해할 수 있는 오락성이 많이 가미된 정형화된 장르 영화들을 다수 생산해 이후 영화의 황금기를 주도하면서 영화 산업의 대명사로 불리게 된다.

　　한편 서부극, 액션물, 추리물, 뮤지컬, 로맨틱 코미디, 가족이나 모성 멜로물과 같은 비교적 뚜렷한 차별성과 정체성을 표출하는 '장르 영화'의 확립과 분화는 이제 대중이 선호하고, 극장에 발을 딛기 이전부터 이야기의 전개와 주제를 예상할 수 있는 일련의 영화들을 대량으로 만들어 내, 할리우드는 대중의 영화에 대한 기호와 취향을 형성 혹은 '구조화'하는 주요한 행위자로 작용하게 된다(곽한주, 2002). 이러한 지배적 양식으로서의 고전적 할리우드 영화의 성립은－흔히 '고전적인 할리우드 스타일(the Classic Hollywood Style)'이라고 불리는－ 주로 허구의 세계를 매끄러운 편집으로 마치 현실인 것처럼 보여 주고, 개인주의, 가족주의 그리고 시장가치 등과 같은 '미국적인 가치들'을 직간접적으로 담거나 이를 옹호하는 극영화(feature film)의 전통을 공고화한 것이었다(Bordwell and Thompson, 2012; Cook, 2008). 이 같은 흐름 속에서 영화를 예술적인 비전과 사회적인 발언이 녹아든 양식으로 접근하는 유럽식 예술영화의 전통이나, 영화를 사회적인 이슈와 선전 그리고 대중계몽과 교육의 매개물로 풀어내는 소비에트 스타일의 영화와는 확연히 구분되는 상업성을 핵심적으로 고려하는 거시적인 영화 생산의 전통이 구현된다.

3. 영상문법의 형성과 특징들

이제까지 초기 영화의 출현과 텍스트적이고 기술적인 특징, 그리고 고전적 의미의 서사 영화 확립에 이르는 과정을 정리해 보았다. 그렇다면 영화라는 단순치 않은 의미작용과 더불어 다양한 사회적 가치들의 효과를 발산하는 '텍스트'는 어떻게 정의될 수 있을까?

　　일단 영화라는 텍스트는 크게 나누어 스크린에 재현된 이야기와 이미지들의 합이라고 다음과 같이 간단하게 정의해 볼 수 있다: 영화 텍스트=서술 체계(이야기 혹은 스토리텔링)+스타일 체계(촬영, 미장센, 음악 등). 초기 영화 속에서 접할 수 있었던 현실의 단순한 기록이나 이미지들의 우위를 지나, 고전영화 속에서 확립되는 서사의 상대적인 중요성은 편집이라는 '선택적' 개입 과정을 거치면서 영화 텍스트 안에서 감지할 수 있는 인과관계(causal relations or logic)가 형성되는 일련의 사건들이 나름의 논리와 형식성을 지니고 특정한 공간과 시간을 중심으로 전개되다가, 결말에 이르게 되는 방식으로 주로 구현된다.

다시 말해 다수의 대중영화 속 이야기 전개를 지칭하는 내레이션은 서사의 흐름과 완급을 조절하며, 관객이 영화의 스토리라인과 주인공들에게 감정이입(identification)을 도모할 수 있게 도와준다. 통상적으로 영화 속 서사의 전개와 진행은 관객의 관심을 유발할 수 있는 수수께끼(enigma)나 특정한 사건이 영화의 초반부에 주어지고, 관객이 흥미와 궁금증을 가지면서 영화 텍스트 속으로 '몰입'할 수 있도록, 영화 텍스트 속에서 제공되는 정보와 단서(clues), 등장인물들의 행태와 액션, 그리고 주제를 고양하는 메시지가 조율되는 것이다. 예컨대 근대적인 영화 미학을 대표한다고 평가되는 오손 웰스의 〈시민 케인〉(1941)은, 초반부에 이 영화 주인공인 케인이 병상에서 '로즈버드(장미봉우리)'라는 단어를 되뇌면서 죽는 장면을 보여 주고, 이어서 신문기자들이 고인이 남긴 이 마지막 말의 의미를 케인 주변의 인물들을 탐문하면서 찾아가는 모습을 보여 준다. 즉, 로즈버드라는 단어는 〈시민 케인〉이라는 영화의 서사를 끌어 갈 수수께끼 혹은 일종의 단서로 주어지며 관객의 관심과 궁금증을 끌어들이는 중요한 기제이자 복합적인 의미의 구현물로 작용한다.

한편 범죄물이나 느와르 혹은 액션물과 같은 보다 대중적인 영화의 경우, 살인이나—흔히 누가 범인인가라는 즉 '후던잇(whodunit)'이라고 불리는— 범죄가 발생한 사건의 착수나 청탁과 같은 요인들을 설정하면서 영화의 서사적 전개가 펼쳐지기도 한다.

동시에 영화 텍스트 속에서 서사의 전개와 결말은 '서사의 경제(narrative economy)'라는 측면에서 흔히 수수께끼-해결의 구조[1]를 갖추기도 한다. 즉 영화의 도입부에 주어지는 범죄나 사건의 발생은 일상적인

---

1) 대중영화 속 서사의 전개에 집중하여 다소 거칠게 제시하자면, 서사의 구성과 전개상은 수수께끼-해결의 구조 혹은 평형(equilibrium)-평형의 파괴(disequilibrium)-질서의 복원(equilibrium)의 방식을 종종 발현한다.

EVERYBODY'S TALKING ABOUT IT!
It's Terrific!
ORSON WELLES
CITIZEN KANE

JOSEPH COTTEN
DOROTHY COMINGORE
EVERETT SLOANE
RAY COLLINS
GEORGE COULOURIS
AGNES MOOREHEAD
PAUL STEWART
RUTH WARRICK
ERSKINE SANFORD
WILLIAM ALLAND

그림 6-4 오손 웰스의
〈시민 케인〉

상황의 파괴 내지는 불안정을 의미하며, 이는 종종 서사가 전달하는 갈등과 긴장의 관계를 통해 전개되다가 결말부에 이르러서는 주어진 수수께끼가 풀리고 갈등이 해결 혹은 봉합돼 다시 평형 상태를 복원하는 방식으로 구현된다. 할리우드가 만들어 온 주류의 서부극이나 형사물 혹은 범죄물 등은 통상 사건의 발생, 대립과 갈등의 형성 그리고 사건의 귀결이나 제기된 문제의 해소 등과 같은 전형적이고 순차적인 서사 진행의 방식을 종종 보여 준다. 그런데 이러한 서사작용은 동시에 사회가 공인하는 질서(order)의 복원이나 악에 대한 선의 승리와 같은 가치들을 강조하게 돼, 현실의 안정과 규범을 도모하는 보수적인 이데올로기 작용을 수행하기도 한다.

하지만 영화 텍스트 속에서 서사가 중요하다고 해도, 영화는 단순한 이야기의 전개만을 관객에게 보여 주는 것은 아니다. 영화는 스크린에 투사되는 영상 이미지들의 운동과 스토리텔링의 흐름에 의해서 작용하는 영화 나름의 복잡한 언어와 정제된 문법을 발현하기 때문이다. 달리 표현해, 영화는 다양한 숏과 스크린 안에서 구성되는 이미지들의 배치에 의해서 관객에게 보다 심층적이고 해석적인 가능성들을 제공한다. 이 지점에서 먼저 '미장센'에 대한 이해가 필요하다. 미장센(mise-en-scène)은 스크린 속에서 형상화되는 다양한 요소들의 배열과 배치(to put on stage)를 의미한다. 원래 연극적인 개념으로 영화에 도입된 미장센은 영화의 프레임 안에 드러나는 장면 구성과 스타일과 관련된 제반 요소들을 지칭하며 의상, 세팅, 분장, 조명, 데코, 색상, 제스처, 연기자들의 동선 등과 같은 다양한 요소들 간의 복합적인 조응과 긴밀한 상호작용을 포함한다 (Gibbs, 2002).

즉 미장센이라는 이미지와 의미를 구성하는 기제를 통해서 영화의 분위기와 극적인 구조, 주제의 심화, 시공간성, 그리고 영화의 종합적인 이미지와 분위기가 만들어지는 것이다. 미장센은 영화 텍스트 속의 인물과 대상을 생동감 있는 의미와 감정의 집합체로 만든다. 다음으로 미장센을 포함해 영화의 의미들을 생성하는 장치들이 제대로 작동하기 위해서는 편집이 중시된다. 통상적으로 영화는 선택적이고, 의도된, 그리고 집약적인 편집 과정을 통해 관객이 텍스트 속으로 '몰입'할 수 있게 배려하며, 체계화된 시공간적 통일성을 구현하고자한다. 예컨대 할리우드가 생산하는 일련의 대중영화에서, 편집은 영화 텍스트 속에서 일어나는 일련의 사건과 캐릭터들의 행동에 당위성과 인과성 그리고 효율성을 제공하면서, 관객이 이야기와 사건의 진행을 무리 없이 따라가거나 이해할 수 있게 해 준다. 특히 '연속편집(continuity editing)'과 같은 작업을 통해서, 영화 텍스트에 존재할 수 있는 틈새나 비약이 메워지며, 관객은 누가 주인공이며 영화가 다루는 사안과 사건의 요체는 무엇인지를 비교적 수월하게 인지할 수 있게 되는 것이다.

그렇다면 보다 세부적으로 들어가 숏과 숏 그리고 신과 신의 연결과 조합은 어떤 방식으로 일어날까? 여기서 우리는 몽타주(montage)의 개념에 유념할 필요가 있다. 몽타주란 일반적으로 '조립(assemblage)'을 통한 의미의 형성과 고양을 의미하며, 몽타주 화면의 조합과 구성은 숏과 숏 그리고 화면과 화면의 유기적인 연결을 통한 의미와 정보의 생성을 매개한다. 다시 말해 몽타주는 과감한 생략이나 은유와 상징의 사용과 같은 선택적인 편집 과정을 통해서 서로 다른 숏들이 유기적으로 연결되는 방식을 의미하며, 영화 내에 자리하는 요소들이 창의적으로 배치됨으로써 영화 속에 드러나지 않은 의미들까지도 생성·유추할 수 있게 해 주는 기능을 수행한다.

일반적으로 주류영화에서 몽타주의 사용은 전경 촬영이나 설정 숏(establishing shot)과 같은 도입부를 통해서 이루어지며, 이는 화면이 끊기는 인상이나 서사 전개의 논리적인 비약이나 허점을 피하기 위한 꼼꼼한 조정과 개입을 필요로 한다. 몽타주 기법은 유기적으로 연결된 숏들로 영화 텍스트가 전달하려는 정보와 의미를 제공하고, 암시하며, 동시의 장면 전환을 압축적으로 가능하게 해 주기도 한다. 나아가 몽타주는 관객의 참여를 유도해 새로운 차원의 의미와 개념 그리고 연상 작용(associations)을 생성하는 기능을 담당하는 것이다.

무엇보다도 영화 텍스트에서 활용되는 몽타주의 기능과 미학을 한 단계 업그레이드한 역할은 러시아의 영화감독인 세르게이 예이젠시테인의 작업을 통해서였다. 예이젠시테인은 격동적인 감정과 주제를 다루는 화면과 화면이 연속적으로 전개되고 충돌되는 방식으로 관객의 정치의식을 일깨우고 '변증법적인' 의미와 개념을 발생시키는 이른바 '충돌 몽타주' 기법을 창안했다.

예를 들어 영화사에서 대표적인 '정치영화' 혹은 혁명과 정치적인 각성과 선동을 기민한 영화미학으로 엮어내는 작업의 선구자로 꼽히는 예이젠시테인 감독의 〈전함 포템킨〉(1925)은 제정러시아 시대 오데사라는 항구 도시의 한 장소에서 1905년에 실제로 벌어진 차르 군대에 의해 시민들이 학살되는 역사적인 사건을 극적으로 재현한다. 이 영화는 이 도시의 바다를 바라보는 거대한 계단 위에서 평화롭게 모여 반란을 일으킨 포템킨호의 수병들을 지지하고 환호하는 대중이 차르 군대와 코사크 기병대에 의해 내몰리고, 무차별적으로 공격당하며, 학살되는 장면을 강한 박동과 리듬의 현장감과 놓치기 어려운 상징성을 중심으로 강렬하게 제시한다. 이 작품은 다양한 사회 계층에 속하는 주체들이 평화로운 분위기 속에 놓여 있다가, 군인들의 갑작스런 진입과 공격을 받으며 도피하고, 희생되는 일련의 장면들을 매우 감각적인 리듬감과 전율을 불러일으키는 응축된 편집의 방식으로 제시하는 것이다. 흑백의 무성영화였지만, 〈전함 포템킨〉이 재현하는 긴박하고 강렬한 스토리텔링과 이미지들의 정제된 배치 그리고 고양된 상징성은 지금 보아도 대단히 선구적인 작업이라 할 수 있다.

다양한 범주와 전형성을 드러내는 시민들이라는 약자들이 무장하고 잔인한 군인들에 의해 짓밟히고 살육되는 상황을, 이 영화는 혼돈과 점증하는 긴장감과 폭력의 전개 속에서 아이를 잃은 어머니, 유모차를 끌고 가다가 총격을 받은 다른 어머니와 그녀의 손을 떠나 계단을 타고 내려가는 유모차, 공격받아 피를 흘리는 여성, 집단으로 묘사되는 긴 총을 든 군인들과 시민들에게 칼을 휘두르는 병사, 깨진 시민의 안경, 그리고 돌연한 사건의 발생으로 동요하고 황급하게 도피하는 사람들의 모습 등을 중심으로 유려하고 긴박한 리듬과 신체의 움직임들, 그리고 대비되는 이미지들로 세밀하게 포착해 낸다. 이 장면은 이러한 방식의 역동적이고 대조되는 이미지들과 긴박한 현장성을 유기적으로 조합함으로써, 영상으로 극화된 이 사건을 응시하는 관객들이 정서적인 분노를 느끼고 희생자들에 대한 감정이입을 할 수 있게 이끈다. 이 영화사에 길이 남을 장면의 뒤를 이어 등장하는, 잠자는 그리고 포효하는 일련의 사자조각상들과 민중의 편을 드는 포템킨호의 포가 차르 군대의 사령부를 포격하는 장면은 민중의 깨어남과 도덕적인 정당성을 은유하는 함축적인 의미들을 몽타주 기법으로 적극 부각한다. 그는 〈파업〉(1925)의 마지막 장면에서는 학살되는 노동자들의 모습들 속에 그들의 운명을 상징하는 도살장 소를 담은 숏을 집어넣기도 했다. 이러한 몽타주 기법으로 이루어진, 화면과 화면의 파편화된 의미들을 뛰어넘는 새로운 의미의 발생과 추론, 감정적인 고양감과 정치의식의 깨어남은, 영화 언어의 미학적이고 정치적인 측면을 매우 혁신적으로 부각했다고 평가된다.

한편 영화라는 텍스트는 또 다른 방향에서 접근할 때 무수한 기호들의 복합적인 구성물내지는 결합체라고 할 수 있다. 즉 영화 텍스트=기호(sign기표+기의)들과 약호(codes기호들의 결합체이자 의미를 생성하는 장치들)라는 공식이 성립하는 것이다. 여기서 기호란 기호학(semiotics)이 주목하는 의미의 최소 단위를 지칭하며, 기호는 겉으로 드러나는 의미

그림 6-5 세르게이 예이젠시테인의 〈전함 포템킨〉

를 전달하는 기능 이외에, 함축적인 의미(connotation)들을 전달하는 2차적인 기능을 지닌다(박해광, 2003). 예를 들어서 장미라고 했을 때 우리는 일반적으로 빨간색 혹은 흰색의 꽃을 떠올리지만, 사회적으로 장미는 사랑이나 애정, 열정, 혹은 낭만적 연애를 상징하기도 한다. 영화 텍스트에 대한 기호학적인 텍스트 분석에서는 따라서 영화의 프레임 안에 등장하는 다양한 대상과 요소들이 복합적으로 발휘하는 특정한 의미와 형상화의 효과들 그리고 이데올로기 작용에 초점을 맞춘다. 이를테면 서부극의 미장센으로 익숙한, 서부를 상징하는 드넓은 들판과 초원 그리고 골짜기들은 그 자체가 서부극의 일반적인 배경인 자연환경을 형성할 뿐만 아니라 서부극이라는 특정한 장르를 시사해 주는 기호로 작용한다.

나아가 존 포드의 전통적인 서부극들 속에서 자주 배우로 출현했던 존 웨인은 서부극의 정의로운 캐릭터와 공동체를 지키는 영웅을 상징하는 문화적인 아이콘(icon)이자 개인주의와 '법과 질서(Law and Order)'라는 미국식 가치를 내포하는 '신화화'된 기호라고도 정의할 수 있다. 이런 존 웨인의 이상화된 동시에 역사성이 휘발된 캐릭터를 매개로 이루어지는 기호와 의미화의 작용은 서부극의 관습적인 문법과 세계관이 붕괴된 뒤에 만들어진 이른바 '마카로니 웨스턴' 속의 보다 '저열'하고 개인적인 이해관계를 우선적으로 추구하는 캐릭터들이나, 1960년대 후반에 부상한 미국 사회의 급격한 변동과 갈등기에 만들어진 이른바 '수정주의' 서부극에서 그려지고 있는 도덕적으로 선과 악의 모호한 지점에 있는 반영웅적이거나 자기반영적인 캐릭터들을 통한 의미작용과는 매우 차별화된다.

한편 특정한 카메라 숏과 작업을 통해서도 함축적인 의미들이 전달된다. 예를 들어서 멜로영화에서 카메라 기법으로 빈번하게 사용되는 클로즈업이나 익스트림 클로즈업 숏은 인물의 내적인 심리상태와 감정의 깊이를 전달하고, 예시하는 관습적인 기호와 의미작용을 수행하며, 경사진 숏의 경우 캐릭터가 느끼는 심리적인 불안감 내지는 광기나 혼돈을 표상하기도 한다. 이미지가 흔들리는 핸드헬드 혹은 들고 찍기의 기법은 종종 현장성과 다큐멘터리적인 느낌을 전달하는 의미화 작용을 수행하기도 하고, 공포영화와 같은 장르 속에서 사용되면 현장감과 공포감을 배가

시키는 재현의 효과를 발휘하기도 한다. 영화라는 텍스트 속에서 관찰되는 특정한 기호와 의미작용은 또한 조명을 통해서도 이루어진다. 스산한 음향효과와 동반되는 어둡고 흐린 '로키(low-key)' 조명은 공포물이나 느와르와 같은 특정한 영화 장르에서 주로 사용되며, 이는 특정 장르의 물리적 속성을 보여 줄 뿐만 아니라 이런 유형의 영화를 대하는 관객에게 그들이 보는 영화의 장르에 대한 정보나 상징성을 은연중에 전달하고 또한 기대하게 하는 기능을 수행하기도 한다.

일반적으로 영화 텍스트 속의 기호와 의미화 작용, 나아가 이데올로기적인 효과는 다양한 카메라워크와 음악이나 조명들의 사용과 배치에 의해서 '관습적으로' 이루어진다. 다시 말해 다양한 기호들과 이들의 결합물인 코드(code)들의 사용이나 선택적 배치에 의해, 장르적인 특징과 이데올로기를 포함한 특정한 사회적 가치들이 개입된 일련의 의미들이 영화 속에서 생성되는 것이다.[2]

4. 영화라는 재현의 문화 형식과 맥락성: 멜로드라마를 중심으로

영화는 당대 대중의 문화적 감성과 관습 그리고 미학적 수준을 보여 주는 중요한 문화적 구성물이자, 사회 문화적 변화와 갈등을 예시하거나 제시하는 긴요한 '바로미터' 혹은 지표로 기능한다(문재철 외, 2005). 나아가 영화라는 문화 텍스트는 당대의 사회 문화적 변화상과 더불어 관습적이고 도덕적인 차원의 이슈들을 제시하기도 하며, 이를 적극적으로 쟁점화

---

2) 약호 혹은 코드는 영화 텍스트 속에서 의미를 발생하게 하는 중요한 기제(meaning-making mechanism)이다. 예를 들어서 사회적인 코드(social codes)는 텍스트 속에서 재현되는 인물들의 권력관계나 위계화된 대인관계를 형상화하는 데 사용되고, 기술적인 코드(technological codes)는 특정한 장르나 하위 장르의 관습성과 특징을 물리적으로 구현하고 형상화하는 데 활용된다. 한편 멜로나 역사물 등과 같은 장르의 관습적인 특성이나 스타일의 구성과 관련된 일련의 코드들도 빈번하게 활용된다. 예컨대 특정한 스타일이나 역사와 시대상, 멜로, 젠더, 인종, 세대, 계급, 남성성, 여성성, 섹슈얼리티 등과 관련된 코드들을 영화 속에서 종종 접할 수 있는 것이다.

하기도 한다.

할리우드에서 충무로에 이르기까지 영화 산업들이 만들어 내는 멜로드라마의 예를 한번 들어 보자. 멜로드라마는 간단히 정의해서 정서적으로 과잉되고, 남녀 혹은 가족구성원 간의 애정과 갈등을 주로 다루는 문화 형식이라고 할 수 있다. 영화에서 멜로물의 성립은 대중 지향적인 잡종 연극과 신파극, 그리고 문학에서 기원했다. 일반적으로 이야기 혹은 서사적인 측면에서 보았을 때, 멜로드라마에서 주인공들 사이의, 특히 남녀를 중심에 둔 연애담이나 가족 구성원이나 타인들과의 사적인 갈등과 애욕 그리고 욕망의 추구와 대립이 영화의 서사적인 흐름(narrative flow)과 전개를 추동한다.

한편 멜로물의 의미구조상 특징은 캐릭터들 사이의 극적인 대립과 갈등관계, 그들이 놓인 상황의 우연성과 전형성, 선악의 극명한 대비, 그리고 갑작스러운 반전, 악인 혹은 문제적 인물의 처벌 등과 같은 재현적인 특징을 지닌다. 멜로는 또한 관객들이 쉽게 영화의 공간 속으로 흡인될 수 있게 다양한 방식으로 특정한 의미들을 만들어 내는 '장치'들(devices)을 운용한다.

사랑에 헌신하거나 사회와 대립하면서 지고지순한 사랑을 추구하는 −흔히 '드라마틱한 페르소나(dramatic personae)'라고 부르는− 전형성을 지닌 캐릭터들의 등장, 주요 캐릭터에 대한 감정이입이나 정서적 동일시를 유도하는 편집, 주인공들이 표출하는 내적 감정을 인지하게 해 주는 익스트림 클로즈업과 같은 촬영기법, 영화의 분위기를 고양시킬 수 있는 잘 꾸며지고 상징적인 세팅과 감성적인 음악과 음향의 사용, 사적인 영역을 무대로 하는 공간의 전경화와 같은 장르적인 특징들이 멜로텍스트 속에서 종종 활용된다.[3] 특히 비극과 갈등의 주인공으로 제시되는 멜로 캐릭터들은 몇 가지 유형으로 나누어질 수 있다. 가족이 이야기의 중심에

---

3) 대중적으로 소비되는 멜로영화 속에서 인간관계와 애정, 결혼 그리고 불륜 등의 주제를 다루는 장면들은 종종 남성적인 언어에 의해서 형상화된다. 한편 실험영화나 독립영화 혹은 전위적인 요소를 담은 영화들은 여성적 가치나 여성과 성적 소수자들의 삶에 보다 많은 초점을 맞추기도 한다. 또한 '퀴어영화'는 확립된 성적인 규범의 강한 규율성과 폭력성에 저항하거나 지배적인 의미화와 관습성에 균열을 내는 전복적이거나 대항적인 기획과 작업들을 주체적으로 모색하기도 한다.

있는 모성멜로나 가족멜로는, 헌신하는 어머니상과 가족주의와 개인주의의 충돌 혹은 신분적 차이와 집안의 반대로 고뇌하고 좌절하는 남녀 주인공, 사회가 설정한 금기 사항을 어기는 불륜의 주인공이나 집합적인 가치로부터 일탈하는 캐릭터와 같은 전형성을 구비한 캐릭터들이 비교적 자주 등장한다.

여기서 주목할 측면은, 종종 멜로드라마의 주인공들은 그들의 사적인 욕망과 당대의 율법이나 통념 혹은 사회가 주는 압력 사이에서 방황하거나 갈등을 겪게 된다는 점이다. 대다수 멜로물에서 결혼이라는 제도와 가부장이 중심이 된 가족 그리고 가족주의로 상징되는 사회는 지켜야 될 궁극적인 가치나 덕목(virtue), 나아가 일종의 공고한 '신화'로서 기능하기도 한다. 결국 관객은 고뇌하는 주인공에 대한 감정이입, 주인공 대 가족 혹은 사회라는 대립과 갈등의 드러남과 전개, 그리고 해소를 통하거나, 지배적인 가치를 위반하는 이들의 징벌을 통해서 궁극적인 카타르시스를 경험하게 되는 것이다. 이러한 멜로영화들이 담고 있는 지나치게 극화되고 예측 가능한 스토리의 전개, 의도성이 강조되는 서사의 전개나 드라마틱한 서사와 캐릭터들의 변화상 등의 상투적인 요소와 감정과 눈물을 은연중에 강요하는 방식은, 멜로영화를 종종 예상 가능한 진부한 공식(formula)과 '뻔한' 전개 방식을 드러내는 '열등한', '식상한' 혹은 '퇴행적인' 장르로 인식시키기도 한다.

그럼에도 종종 멜로영화가 끈질기게 생명력을 지니면서 대중적인 인기와 더불어 학문적인 차원의 관심을 이끌어내는 이유는 무엇일까? 이를 설명하기 위해서는 멜로라는 영화 텍스트와 이를 둘러싼 사회문화적인 맥락성(context)에 관한 심화된 이해를 포함해서 보다 사회학적이고 성정치학적인 측면의 사유와 해석(gendered reading)이 필요하다. 예컨대 멜로영화가 종종 보여 주는 선과 악의 극명한 대비, 경직된 도덕관, 과잉 표출되는 욕망과 애욕의 갈등, 그리고 개인 혹은 주인공 대 그(녀)를 둘러싼 가부장적인 가문 혹은 사회로 상징되는 주류 대 개인 혹은 타자들과의 대립상은 종종 특정 개인들의 고통과 위기를 통해서 가부장제가 전파하는 메시지를 재현하고자 한다. 예를 들어서 '여성잔혹극' 혹은 수난극이라고도 불리는 〈씨받이〉(1986)와 같은 과거에 만들어졌던 역사물이나 〈자유부인〉(1956)과 같은 풍속극 혹은 〈해피엔드〉(1999)와 같은 추리물적인 요소를 동반한 멜로 텍스트 속에서 가부장제로 대표되는 사회는 결혼, 연애, 성, 모성, 그리고 여성의 사회적 역할이라는 영역에서 전통성과 지배적인 규범의 역할을 벗어나(려)는 주인공 여성을 압박하고, 위협하고, 처벌하며, 남성적인 가치를 강요하고 수호하려는 힘으로 존재한다. 즉 멜로텍스트 속에서 가부장제나 남성 우위의 상징적인 질서를 위반하거나 거스르는 캐릭터들은 종종 징벌을 받거나 소외되는 것이다.

달리 말해 멜로물의 서사 속에서 지배적인 가치를 거스르거나 거기에 순응하지 않는 '월경자'들은 처벌받거나 파멸되는 한편, 남성성과 남근주의가 중심이 되는 가정과 가족 중심의 신화는 지켜져야 할 덕목이자 궁극적인 목표로 때로는 직접적으로 때로는 은밀하게 설정되는 것이다. 동시에 결혼이나 신분상승을 두고 벌어지는 멜로드라마 속에서 지배적인 관습이나 사회의 율법에 저항하는 주인공들은 종종 처벌을 받고 시련에 처하게 되며, 지배적인 가치에 순응하는 주체가 될 것을 강하게 요구받는다.

하지만 이러한 영화 텍스트 내에 내재하는 여성캐릭터를 포함한 월경하는 주체들을 바라보는 지배적인 의미들이 그대로 관객에게 수용되는 것은 결코 아니다. 특히 영화 텍스트의 내적인 문법이나 재현의 측면만을 분석하기보다, 텍스트를 적극적으로 해독하고 텍스트의 의미 구성과 소비에 참가하는—즉, 자신들의 경험과 감정 그리고 관점을 더하는—수용자들의 능동적인 활동을 주요한 연구의 대상으로 삼는 수용자 연구(reception analysis)가 부상하면서, 멜로영화에 대한 평가와 멜로가 재현하는 캐릭터들 간의 관계나 주제를 둘러싼 의미들의 생산에 대한 분석은 보다 다원화된 시선과 중층적인 해독을 포함하게 되었다(주유신 외, 2005; 황인성, 1999; 원용진, 2014; Turner, 2006). 예컨대 멜로영화의 여성 관객들은 텍스트에서 그려지는 여성 캐릭터들이 처한 시련과 고통스러운 상황에 대한 동정과 감정 이입, 그리고 자기 동일시 등을 통해 즐거움과 연민, 그리고 각성과 공감 등 복합 정서적 공명을 누리게 된다. 이들에게 스크린 속에서 재현되는 여성의 삶과 경험은 정서적이고 감정적인 투사의 공간으로 기능하기도 하고 혹은 현실에서 잠시 벗어난 도피처나 휴식처로 활용되기도 하는 것이다. 예컨대 영화의 수용자들 중 적지 않은

그림 6-6 영화 〈씨받이〉(1986)와 〈자유부인〉(1956)

이들이 주류의 남성 중심적 서사와는 차별화되거나 남성 우위의 스토리텔링을 비판적으로 읽어내는 젠더화된 관점과 대안적 문제의식 또는 '일탈'의 감정 등을 투사하기도 한다. 나아가 스크린 밖에 존재하는 자신의 실제 삶이나 특히 여성이자 타자로서의 축적된 경험과 긴밀하게 연계되는 해독의 방식으로, 영화 텍스트가 전달하는 메시지를 일종의 '인식적인 충격'을 통해서 비판하거나 적극 거스르는 '능동적인' 해독을 제기하는 주체들도 어렵지 않게 접할 수 있다.

즉, 일군의 수용자들은 텍스트가 지향하는 지배적인 해석에 대항하는 '반주류적인 해석(aberrant reading)'이나 전복적인 혹은 '저항적인 해독(oppositionary reading)'을 수행하기도 하는 것이다. 자신들의 실제 삶 속에서 남성주의나 가부장제의 존재를 직접 체험하고 있는 여성 관객들은 픽션의 형식이라 해도 멜로드라마가 종종 재현하는 남성 중심의 가부장적이고 남성권력을 절대화하는 의미와 가치를 비판하거나, 텍스트의 제작자들이 의도하지 않았던 의미들까지 끌어들여 멜로텍스트가 구현하는 젠더와 성역할을 둘러싼 지배적인 의미와 남성주의의 이데올로기들을 '타협'과 '전복' 그리고 '비판'과 '감응'의 대상으로 변화시키는 것이다(문재철 외, 2005; 황혜진, 2005).

世紀末 痴情劇

해피엔드

그림 6-7 추리물적인 요소를 동반한 멜로 영화 〈해피엔드〉(1999)

이런 측면에서 멜로드라마는 단순히 눈물을 자아내고 카타르시스를 유발하는, 즉 정서적으로 과잉 반응하는 대중적 장르이자 퇴행적이거나 정체된 영화 형식으로만 남아 있는 것이 아니라 모성애, 유교주의, 이성애주의, 소비자본주의, 결혼, 연애, 가정, 여성의 주체성이라는 사회문화적 변동과 함께 역사적으로 변화해 온 공적 주제들을 둘러싼 사회적 가치들이 복합 대립적 방식으로 충돌하고 교차하는 다층적 공간을 마련해 주

그림 6-8 사진은 〈8월의 크리스마스〉(1997), 〈파이란〉(2001)

기도 한다.

　멜로드라마는 동시에 멜로가 만들어지는 사회역사적 맥락과 변동 양상의 영향을 받으며 새로운 방향성을 드러내기도 한다. 예를 들어 멜로영화가 발현하는 구성과 특히 핵심 캐릭터 측면의 변화는 스크린에 재현되는 남성상의 변화 양상을 중심으로 논할 수 있다. 과거에 상당한 대중적 관심을 받았던 〈약속〉(1998), 〈8월의 크리스마스〉(1998), 〈편지〉(1999), 〈파이란〉(2001), 〈번지 점프를 하다〉(2001), 〈너는 내 운명〉(2005) 등과 같은 대표적인 멜로영화가 예시하듯이, 오랫동안 스크린을 군림해 왔던 가부장적이고 터프하거나 권위적인 남성 캐릭터들 대신 부드럽고, 타인을 배려하며, 감정표현을 하고 자기연민에 빠지기도 하는 ―즉 과거에는 여성캐릭터들이 주로 맡아왔던 역할을 수행하는― 지고지순하고, 감성적이며, 유순한, 동시에 권위나 폭력의 행사와는 거리가 있는 남성 주인공들이 상당수 등장한 바 있다.

　이러한 현상은 한국 사회가 경험하고 당면하고 있는 변화하는 사회문화적 현실이라는 구체적인 맥락을 대입해 상당 부분 설명이 가능해 보인다. 주지하다시피 IMF 이후의 고용불안과 사회 경제적 측면의 불안정은 사회적 권위만이 아니라 가정 내 남성의 위상과 지위에도 심대한 변화를 가져왔다. 즉 '고개 숙인 남자' 현상으로 일컬어지는 사회 전반적으로 일기 시작한 구조조정과 명예퇴직, 그리고 여성권리와 역량의 상대적인 상승 등으로 인한 남성성의 위기는 친밀성의 영역인 가정에서도 공명되었고, 이 과정에서 흔들리고 위축된 혹은 감성적이면서 내적인 감정의 균열을 드러내는 남성상을 스크린 속 주인공으로 치환한 캐릭터들이 다수 등장하기 시작한 것이다. 이는 사회 문화적인 변화상의 일정한 반영일 뿐만 아니라 강하고 권위적인 남성상에서 부드럽고 헌신적인 남성상의 재구성을 통한 남성 주체성의 변화를 시도한 영화 산업의 '대응 전략'으로도 해석될 여지가 상당히 있다(권은선, 2005; 김이석·김성욱 외, 2012; 주유신 외, 2005).

한편 멜로영화에 대한 대안적인 입장은 제작의 수준에서 지배적인 남성우위의 가치와 이데올로기를 탈각하려는 문제의식으로 개진되고 기획되기도 한다. 예를 들어 일정한 한계를 보이는 상업적인 멜로영화의 얼개를 빌리되 몸에 관한 여성 중심의 언어를 능동적으로 제시하고, 자기정체성에 대한 희구와 결혼과 임신 그리고 섹스에 대한 여성들의 주체적인 선택을 보여 주는 〈처녀들의 저녁식사〉(1998)나 도발적 캐릭터들을 통해서 가족(신화)의 해체와 가부장제를 거스르는 여성 캐릭터들을 과감히 등장시키는 〈바람난 가족〉(2003), 권력층의 허세와 허위의식을 풍자하면서 감정노동을 수행하는 여성의 질곡을 다룬 리메이크 영화 〈하녀〉(2012), 일상 속에 웅크려 있던 여성의 욕망과 체험을 세밀히 보여 주며 여성으로서 존재감이 밀도 있게 부각되는 〈디 아워스〉(2002), 여성 중심의 새로운 가족사와 유토피아적인 전망을 전면에 내세우는 〈안토니아스 라인(Antonia's Line)〉(1995), 여성 주체에 대한 사회적 폭력의 단면을 섬세하게 다루어내는 〈한공주〉(2013), 그리고 여성노동자들이 감내해야하는 비정규직의 아픔과 감정노동의 단면을 공명과 성찰을 곱씹게 하면서 재현하는 〈카트〉(2014) 등이 존재한다(김은하 외, 2017; 이채원, 2014).[4]

---

4) 멜로는 장르적인 탄력성을 지니면서 동시에 시대상의 변화에 (불균등하게) 조응하면서 변화하는 양상을 보인다. 특히 탈전통화의 과정을 겪어가며, 다른 한편으로는 IMF 금융위기의 발생 후에 엄청난 사회·제도적 변화를 발현하고 있는 한국 사회의 특정한 맥락상을

그림 6-9 여성 중심의 시각으로 만들어진 〈바람난 가족〉(2003)과 〈디아워스〉(2002)

이 텍스트들은 넓은 범주의 멜로영화 계열에서 주류를 형성하지는 못하지만, 멜로드라마의 문법과 캐릭터의 구현 방식을 급진적으로 혹은 부분적으로 재구성해 내면서, 주체적이고 능동적인 방식으로 여성의 삶과 결단 그리고 결연을 그려낸다. 이 같은 방식으로 이 작품들은 주류의 멜로영화가 회피하거나 피상적으로만 다루는 여성적 관점들을 징후적으로 그리고 사안에 따라서는 전경화해 재현하는 것이다.

정리하자면 영화 미학이나 영화가 제기하는 사회적인 메시지나 화두라는 측면에서 통상적으로 저평가되고, 종종 폄하되기도 했던 멜로영

반영하는 '고개 숙인 남성들'이나 보다 감정적으로 예민하거나 자기연민을 투사하는 남성 캐릭터들이 부각되는 '최루성 멜로물'과 순애보물 등이 등장한 바 있다. 그와 함께 '망가지거나' '각성한' 깡패들을 다루는 조폭물이나 범죄물 역시 적지 않게 존재한다. 반면 강한 남성상에 대한 향수를 담아내는 〈친구〉(2001)나 〈친구 2〉(2013)와 같은 퇴행적인 남성주의의 가치를 강조하는 작품들도 있다. 또한 지난 몇 년간 권력을 쥔 사내들의 일그러진 초상과 이면을 집중적으로 조명하면서 일정한 사회비판과 함께 '남성 누아르'의 성격을 발휘하는 영화들도 주기적으로 생산되고 있다. 관련 주요 사례로 〈부당거래〉(2010), 〈신세계〉(2013), 〈내부자들〉(2015), 〈베테랑〉(2015), 〈아수라〉(2016) 등이 보여 주는 남성 중심의 대립구도와 파국적인 서사 그리고 사회성의 추구 등이 핵심이 되는 일련의 작업들을 거론할 수 있을 것이다.

유오성   장동건

함께 있을 때,
우린 아무것도 두려울 것이 없었다!

친구

그림 6-10 강한 남성상에 대한 향수를 담은 〈친구〉(2001)

화는 관객의 능동적인 개입을 통해 복수의 해독과 참여를 생성하는 '다층적인(multi-layered)' 영상 텍스트이자, 남성 우위의 사회 현실 속에서 살아가는 여성들의 고단하고 치열한 혹은 억압받고 제어되는 삶을 다양한 방식으로 보여 주는 복합적 문화 양식으로서 중요한 위상과 가능성을 확보하게 된 것이다. 주유신(2004, p. 83)의 매우 시사적인 표현을 빌리면,

"멜로는 단순히 가부장 사회에 존재하는 모순과 억압에 대한 '안전장치'인 것이 아니라 여성에게 고유한 경험과 환상의 형태를 통해서 여성이 처한 모순적인 현실과 여성이 지닌 욕망들을 형상화하는 유의미한 텍스트인 것이다."

5. 영화분석과 문화연구의 영향: 텍스트 중심의 해독에서 수용과 사회 문화적인 맥락성의 긴밀한 추구로

일반적으로 기술해서, 문화연구는 일상에서 영상 문화와 대중문화를 포함해 다양한 종류의 문화 내지는 영상·시각텍스트들이 만들어지고, 그러한 텍스트들이 재현하는 복잡한 의미들을 세밀하게 해독하고 분석하는 작업을 수행한다. 다시 말해 문화연구는 일상에서 영화와 같은 문화물을 매개로 형성되며, 사회적으로 부상하고, 각축하며, 또한 수용되는 다기한 의미와 이데올로기, 이미지와 상징, 그리고 사회적인 담론들을 분석하고, 이러한 의미와 감성 그리고 가치들이 집합적으로 수행하는 효과와 함의(implications)들을 탐구한다.

흔히 '재현의 정치학(the politics of representation)'으로 지칭되는 이러한 영상을 둘러싼 문화연구적인 접근들은 미디어와 대중문화를 통해 지배, 성, 계급 그리고 세대와 같은 요인들이 상징적이고 동시에 특정한 가치를 발휘하면서 재현되며, 이러한 과정 속에 파생되는 의미들을 특정한 맥락(context)에 위치시켜 상세히 그리고 성찰적으로 분석하는 데 역점을 둔다(김경애 외, 2015; 김영찬 외, 2004; 김창남, 2010; 원용진, 2014; 달리, 2003). 이제까지의 영화와 텔레비전, 광고 그리고 뉴미디어 영역을 포괄하는 영상 문화를 분석하고자 하는 넓은 의미의 문화연구적인 관점은 영국의 '버밍엄학파(the Birmingham School)'의 절대적인 영향 아래서 다음과 같은 분석을 주로 수행해 왔다.

① 영화 텍스트가 생성하고 매개하는 의미들과 영상 이미지를 통해서 재현된 성과 권력에 개입하는 가족주의, 남성주의, 민족주의, 국가주의 등의 '대주제들(superthemes)' 혹은 현대판 '신화(myths)'들에 대한 이

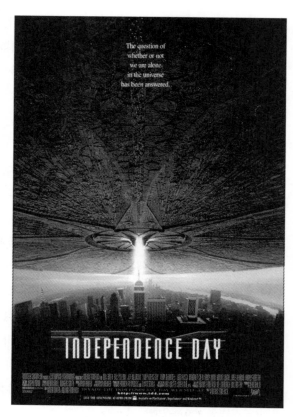

그림 **6-11** 〈인디펜던스
데이〉(1996)

데올로기 비판과 영화 텍스트가 대중적인 인기와 사회적인 반향을 불러
일으키면서 생성하게 되는 사회적인 담론들에 대한 분석, 그리고 영화 텍
스트가 제공하는 의미작용을 서사적, 장르적, 기호학적인 특징과 장치들
을 중심으로 세밀하게 탐색하는 텍스트 분석.

②특정한 영화 텍스트에 개입하고 있는 남성주의적인 시선(masculine
gaze)과 그 과정에서 '호명' 혹은 발휘되는 관객성(spectatorship)의 문제에
대한 주로 이론적인 모색과 비판적인 해독.

③영화 텍스트의 수용 과정에 적극 개입하고 있는 '상대적으로 능
동적인' 행위자로서 수용자들의 활동과 이들이 일상에서 벌이는 다양한
문화적인 실천과 이들 주체들이 형성하는 '쾌락과 즐거움의 정치학'에
관한 민속지학적인 분석을 포함한 수용자 분석, 참여 관찰적인 연구들

과 젠더정치학적인 접근 등으로 크게 나눌 수 있다(김세은 외, 2013; 김은하 외, 2017; 김이석과 김성욱 외, 2012; 이동연, 2002; 황인성, 1999; 황혜진, 2005)

전통적으로 문화연구는 이들 중 첫 번째와 세 번째 방법론을 주로 운용하는데, 여기서 특히 대립되는 분석 방식인 텍스트 비평과 수용자 연구에 주목할 필요가 있다. 먼저 텍스트 분석은 주어진 영화라는 텍스트 안에서 작동하고 있는 지배적인 이데올로기나, 가치와 신화를 비판적으로 분석하고 영화 텍스트 속에서 지배적인 이데올로기가 균열되거나 틈새를 남기는 측면들을 탐구한다. 예를 들면 전직 걸프전의 영웅이자 전투기 조종사 출신인 미국 대통령의 영도 아래 외계인과 싸우는 스토리를 담고 있는 〈인디펜던스 데이〉(1996)는 미국 주도의 세계관인 팍스아메리카나(Pax Americana)를 지배적인 신화로 채택하고 있으며, 외면적으로는 다양한 인종과 사회적 출신 배경이 다른 출연진으로 재현되는 '얄팍한' 그리고 '상업화된' 다문화주의를 내세우기도 한다. 텍스트 비평은 영화 텍스트 내에서 자명한 것으로 제시되는 미국식 우월주의와 피상적인 다문화주의 혹은 젠더나 성(sexuality) 그리고 계급의 문제와 관련된 문화적인 전형성 문제를 사례별로 비판적으로 접근하고, 대안적이거나 대항적인 해독 방식을 제공한다.

그런데 최근에 와서 문화연구자들은 대중적인 영상 텍스트들과 관련된 문화적인 수용 과정을 분석하는 데 지나치게 좁은 텍스트 분석에 의지해 왔다는 자기성찰적인 반성과 대면하게 되었다. 흔히 영상 텍스트의 '비판적 읽기'로 대변되는 이러한 경향은 영상 분석을 매체의 활용과 제도적 특징들 그리고 영상 문화가 생산해 내는 의미들의 결합이 아닌, 주로 의미작용과 재현 그리고 시학(poetics)의 차원에서만 주로 '한정'시켜 분석을 전개해 왔다는 비판을 불러왔다.

텍스트 비평이 분석의 주요 대상을 텍스트 속에 내재된 신화적이고 이데올로기적인 요소들과 이들이 수행하는 특정한 의미 작용들에 초점을 두고 있다면, 대안으로서 수용자 분석은 텍스트를 해석하고 활용하는 수용자들의 활동과 감정의 표출에 방점을 둔다. 즉 수용자 연구는 사회 속에 존재하는 실제 미디어 수용자들의 활동과 정서 그리고 반응에 주목하며, 참여 관찰이나 인터뷰 혹은 자기기술기 등과 같은 방법론을 통해서 사회적이고 계급·젠더적인 다양한 차이를 갖는 수용자들이 영화라는 텍스트를 매개로 표출하는 관점과 즐거움 그리고 욕망을 포함한 다기한 감정작용의 발현을 중요한 주제로 상정한다. 이 방법론은 텍스트 분석처럼 훈련된 연구자의 분석과 진단에만 의지하는 것이 아니라 수용자들의 반응과 그들의 경험 그리고 정서의 표출에 주목하는 다면적인 해독과 수용자들이 발휘하는 영상물의 일상적 '활용(social use)'에 주목한다. 즉 앞서 언급한 멜로물의 해석 과정에서 관찰되는 여성 수용자들이 그들의 삶의 경험과 관심사를 자원으로 삼아 영화 텍스트를 차별화해 수용·판단하고, 동시에 이 과정에서 표출하는 '정서적 리얼리즘(emotional realism)'에 적극 주목하는 것이다.[5]

　　수용자 연구에 대한 관심의 부상과 관련해서 특기할 만한 점은, 기존의 '텍스트 중심주의'에 관한 비판과 성찰적인 반성으로 대중문화 현상과 영상 문화를 연구하는 문화연구자들과 나아가 영화학 내 연구자들이 기존의 접근 방식과는 차별화되는 대안을 모색하는 과정에서 연구 대상의 활동이나 특히 수용자들이 표출하는 감정구조에 보다 결집된 관심을 기울이는 참여 관찰이나 인터뷰 기법과 같은 질적인 방법론이나, 연구의 대상들과 긴밀하게 교류하고 교감하는 민속지학적 접근과 상상력을 활용하는 수용자 연구를 채택하였다는 측면이다. 즉 문화연구는 참여 관찰, 자기기술서 받기, 심층 인터뷰, 포커스그룹 연구, 민속지학, 생산(자)연구 등 구체화된 질적인 분석 방법을 토대로, 우월한 문화 자본을 보유한 지식인이나 비평가 중심의 해석학적 혹은 기호학적인 분석이 그동안 간과했던 사안들에 주목한다(원용진, 2014; 조항제 외, 2015). 부연하자면 수용자 연구를 채용하는 연구자들은 수용자들 자신의 영화 읽기와 이들이 일상 속에서 영화나 TV드라마와 같은 텍스트들을 활용하는 방식과 다양한 연유들을 탐문하며, 그러한 과정에 개입하고 있는 수용자들의 활동

---

5) '정서적인 리얼리즘'이란 여성들이 일상이나 특히 가족제도 내에서 공유하고 표출하는 복합적인 감정 작용과 느낌들, 그리고 남성 중심의 규범과 압박 속에서 체화하게 되는 욕망과 좌절 그리고 갈등과 대응의 방식 등을 복합적으로 아우르고 포착하기 위해 고안된 개념이다.

과 감성의 표출과 관련된 이해와 분석을 상당히 확장시켰다.

이 지점에서 유념해야 할 점은 문화연구가 문화를 둘러싼 의미와 상징 그리고 욕망의 형성과 그러한 형성을 둘러싼 투쟁들에 대해 '맥락화된 (contextualized)' 접근을 시도한다는 점이다. 여기서 맥락화된 문화연구란 문화연구가 개개의 분석 대상이—이를테면 영화나 디지털 이미지와 같은 영상 텍스트, 광고나 패션, 혹은 하위문화—재현하거나 매개하는 서사나 이데올로기 혹은 기호의 체계를 분석하는 데만 그치지 않고, 이러한 텍스트들이 연결되거나 계열화되어 만들어 내는 구체적인 효과들을 분석하고 조명하는 측면이다. 나아가 맥락화된 분석은 앞서 언급한 다양한 영상 텍스트들의 생산과 수용에 영향력을 발휘하고 있는 구체적인 사회 문화적인 맥락의 측면들과 국면에 작용하고 있는 주요 요인들의 역할을 —예컨대 성, 인종, 세대, 지역, 계급— 구체적이고 치밀하게 추적하는 배가된 노력을 뜻한다(이동연, 2002).

정리하자면 특정 영화의 의미 구조나 장르적인 특징들을 기존의 기호학이나 상세한 텍스트 중심의 분석(text-centered analysis)으로 시도하거나, 영화나 드라마 혹은 광고와 같은 영상 텍스트 안에 담긴 이데올로기와 기호들의 작용을 집중적으로 탐색하는 비판적인 텍스트 읽기는 문화연구적인 작업을 수행해 나가는 데 초석은 되지만, 진정한 의미의 문화연구는 아니라고 할 수 있다(Bennett, 1997).

부연하면 문화연구는 다양한 영상 텍스트가 매개하고 재현하는 의미들을 자세히 그리고 비판적으로 분석하는 기호학이나 텍스트 분석과 같은 문학 이론이나 대중문화연구 등에서 광범하게 활용되는 해석적 접근(interpretive approach)이나 '징후적 분석(symptomatic reading)'을 활용한다.6) 하지만 문화연구는 연구 수행자의 해석 능력과 그(녀)가 축

---

6) 문화연구의 영향 속에서 구성된 비판적인 텍스트 분석이나 징후분석이 주목하는 측면은, 영상과 서사 그리고 픽션 등의 결합으로 주로 재현되는 영화나 드라마와 같은 당대의 대표적인 텍스트들 속에서, 현실의 특정한 사회 문화적인 주제나 주체들의 삶과 활동이 어떻게 해당 작품 내에서 형상화되고 있으며, 이 과정에서 작용하는 특정한 의미화의 명과 암의 특징은 무엇인지의 문제를 세밀하게 그리고 감각적으로 비판·진단하려는 문제의식의 추구를 포함한다. 이는 또한 개별 영화 텍스트를 중심으로 특정한 방식으로 제시되는 확장된 의미작용을 구체적인 시대상이나 사회상의 변화와, 각축하는 가치효과와 이해관계들,

적한 문화적 해석력(competence) 그리고 상징적 권위가 과대하게 중시되는 대신 수행된 연구의 맥락성이 상당히 무시되는 기호학적인 방법론이나 텍스트 중심의 분석에 전적으로 매달리지는 않는 것이다. 그 대신에 문화연구는 텍스트와 수용자들 간의 끊임없이 이루어지는 상호작용과 다면적인 교섭(engagements) 그리고 이러한 상호작용이 발생하는 구체적이고 특수한 실행과 맥락의 형성이 유발하는 사회성과 역사성에 각별한 관심과 주의를 기울인다.

통상적으로 문화연구는 텔레비전 프로그램, 영화나 광고, 그리고 디지털 이미지와 같은 시각텍스트, 패션, 스타일, 건축과 같은 다양한 대중적인 문화물에 대한 텍스트 분석이나 장르 분석을 수행하면서 언어와 상징을 통한 의미화와 사회적인 의미들이 재현되는 방식에 주목하기는 한다. 하지만 문화연구의 활동 영역은 종종 상징적이고 의미화된 영역을 넘어선다. 그것은 문화연구가 문화와 일상을 매개로 전개되는 크고 작은 사회적인 협의(negotiation)와 투쟁, 힘겨루기, 저항, 지배 구조로의 '포섭'과 '순응', 그리고 지배구조로부터의 '탈주'와 일탈의 문제에—요컨대 '문화정치학'(cultural politics)이라는 핵심적인 문제의식에— 주목하기 때문이다. 동시에 변혁을 추구하는 비판적인 실천으로서의 문화연구는 문화적인 실천과 '전유(appropriation)', 그리고 사회 내에서 작동하는 권력작용에 대한 저항이나 비순응 등에 많은 가치를 부여한다. 일종의 현실변화를 끊임없이 모색하는 기획 혹은 프로젝트로서 문화연구의 관심이 다층적인 이유가 여기에 있다(이기형, 2011; 조항제 외, 2015).

다시 말해 문화연구는 (대중)문화라는 영역의 확장과 문화를 매개로 이루어지는 정치, 경제, 사회적인 변화와 이들 영역 간의 긴밀한 상호작용 또는 '접합(articulation)'을 세밀하게 자리매김하고 다양한 관점으로 조망하는 작업이라고 할 수 있다. 여기서 접합이란 영상 문화를 구성하는 다양하고 이질적인 요소들이 '상대적인 자율성'을 가지면서도 유기적으로 결합되어 새로운 리얼리티와 효과를 만들어 내는 과정을 의미한다

그리고 장르의 진화 등의 크고 작은 맥락성과 긴밀히 연결시키며, 이러한 재현작업의 함의와 한계를 깊이 있고, 논쟁적이며, 동시에 성찰적인 방식으로 제시하려는 작업을 포함한다.

(Acland, 2003).[7]

　　따라서 의미와 상징을 담은 텍스트들의 집합으로서만이 아닌, 매우 복합적인 실행으로서의 영화를 중심으로 한 영상문화의 개념을 다각도로 이해하기 위해서는 영상문화를 구성하는 주요 자원으로서의 상징과 언어체계를 넘어서서, 대중의 취향에 개입하고, 문화생산과 수용에 관여하는 사회적이고 제도적인 힘과 실행들을 계산에 넣어야 한다. 다시 말해서, 생산에서 분배 그리고 소비에 이르기까지 당대의 대중문화나 영상문화와 이들이 속한 변화하는 전체적인 문화지형(cultural landscape)을 이해하기 위해서는 영상문화라는 이름의 복잡한 구성물이 의미와 기술 그리고 사회적인 제도들의 결합에 의해 끊임없이 (재)형성되고 다양한 행위자들에 의해 수용되는 과정과 그 과정에 개입하고 있는 다양한 형태와 수준의 사회적인 힘들이 펼치는 역할과 관계성을 파악해야 하는 것이다.

　　이제 문화연구가 새롭게 지향하는 문화와 테크놀로지 그리고 다른 물질적이고 제도적인 요인들을 결합시키고, 이 과정을 세밀하고 촘촘한 방식들로 추적 · 탐구하는 사례들을 '역사화된(historicized)' 문화연구라는 접근 방식으로 풀어 보자.

---

7) 접합이라는 개념은 문화연구가 분석하고자 하는 대상을 형성하고 있는 '맥락성'을 설명하기 위해 동원된 개념이다. 접합은 미리 성격이 결정되어 있거나 본질화되어 있지 않은 다양하고 이질적인 요인들이 특정한 조건에서 연결되어 하나의 구성체를 형성하는 것을 말한다. 동시에 접합된 구성체는—예를 들어 그것이 기술에 관한 담론이건 TV나 영화라는 대중적인 매체이건 간에—사회적인 변화나 사건을 통해서 기존의 존재나 운용 방식이 급속히 해체되거나 다른 방식으로 '재접합' 또는 재구성될 수 있음을 의미한다 (Grossberg, 1997, p. 490). 미국의 문화연구자인 그로스버그는 이러한 접합의 과정을 두 가지 측면에서 설명한다. 첫째 영어에서 접합을 의미하는 아티큘레이션(articulation)이라는 단어는 '발화하다'라는 뜻을 지닌다. 이는 접합 과정이 특정한 테크놀로지의 정체성을 재현하거나 정의하는 강력한 의미소나 문화적인 이미지들, 그리고 이데올로기적인 요소들을 담고 사회 내에서 특정 테크놀로지의 재현에 개입하고 있으며, 그러한 재현에 관한 담론들이 사회 내에서 특정 세력들에 의해 전파되고 확산된다는 측면을 지칭한다. 접합의 영어적인 의미에서 두 번째 용례는 그것이 질적으로 다르거나 필연적으로 상응되지 않을 수 있는 요소와 요인들의 유기적인 결합에 의해 새로운 사회적이고 물질적인 효과들이 견인되고, 만들어진다는 의미다.

6. '초기 영화'의 부상과 '역사화된 문화연구'의 등장: 재현의 차원을 넘어서 영상의 '사회적 배치와 활용'이라는 문제에 주목하기

역사성을 강조하는 혹은 역사화된 문화연구가 문화와 비문화적 혹은 제도적 요인들의 결합이나 접합 과정에 관해 관심을 표명하면서, 추구하게 된 또 하나의 강조점은 미디어를 텍스트나 의미의 집합이라는 내용상의 특성만이 아닌, 테크놀로지로서의 매체가 사회적으로 부상하고 활용되는 일상화와 제도화의 과정을 세밀하게 추적한다는 점이다.

특히 역사화된 문화연구는 매체사를 대안적으로 접근하고 있는 학자들의 작업에서 많은 영향을 받았다. 대안적 매체사의 대표적인 학자 윈스턴(1996/1998)은 TV나 영화와 같은 대중매체의 사회사 내지는 배치의 역사를 논하는 데, 기존의 기술결정론 시각에서 특정 영상 테크놀로지가 한순간에 '발명'되거나 출현해서 사회 변화를 추동한다는 다분히 도구주의적인 접근 방식을 피하고, 미디어 혹은 영상테크놀로지가 사회 속으로 소개되고, 그 발전과 가능성들이 이해관계를 달리하는 세력들에 의해서 '구성'되고, '제어(supress)'되며, 동시에 강력한 사회적인 이해관계와 필요에 의해 영상 테크놀로지가 사회 내에서 자리를 잡고 '일상화'되는 제 측면을 보다 복합적으로 접근할 것을 제안한 바 있다. 이와 관련하여 영상 테크놀로지에 관한 대안적 역사를 제공해 온 거닝(Gunning, 2003), 볼터와 그루신(Bolter & Grusin, 2002), 우리키오(Urrichio, 2003), 그리고 윌리엄스(Williams, 1974) 등과 같은 연구자들은 특정 미디어 혹은 영상 테크놀로지는 담론적이거나 이데올로기적 요인들이 제거된 단순한 물질적 힘으로, 사회적 요인들이 부재하는 상태에서 일방적으로 사회 변화를 이끈다고 보지 않는다. 이들은 영상 테크놀로지는 그것이 출현하는 데 영향을 끼치는 다양하고 이질적인 사회적 조건과 실행들, 그리고 특정 영상 테크놀로지를 정의하는 상상적이고, 이데올로기적인 요소들이 복잡하게 결합하면서 사회 내에서 부상한다고 주장한다.

맥락적인 작업을 시도하거나 수행하려는 문화연구의 입장에서 비판적으로 볼 때, 그간 특정 영상이나 시각매체에 관한 기술결정론이나 매체를 한정해(media-specific) 특정 매체의 기술혁신적 측면을 과도하게 강조하는 입장들은 순수한 물질적인·기술적인 힘으로서의 테크놀로지 대 사회를 이분법으로 구분하고, 매체로서의 테크놀로지가 사회적이고 일상생활에서의 변화를 가져오는 능력에 대해 과대한 능력을 부여하거나, 물신화(reification)하는 경향을 보인다.

동시에 기술결정론은 미디어 기술에 의한 '혁신적인 진보'의 불가피성(inevitability)이나 성취를 과대평가하거나, 그러한 기술적인 진보나 진화의 과정을 명시적으로나 암묵적으로 긍정적인 발전으로 치환하는 경향을 드러내기도 한다(Winston, 1996). 예를 들어, 이 입장에 따르면 무성영화와 같은 오래된 영상 테크놀로지는 과거의 유적으로 치부되거나, 후발하는 테크놀로지 – 토키(talkies) – 보다 '열등한' 것으로 규정된다는 것이다. 다소 단적으로 말해 대중매체에 대한 맥락화되고 역사화된 접근을 추구하는 문화연구는 특정 미디어와 대중매체가 출현하게 된 복잡한 사회 문화적인 그리고 기술적인 맥락 속에 개입된 다양한 '행위자'들과 사건들이 어떻게 결합되고, 충돌과 연계, 그리고 불균등한 상호작용을 통해서 제도화되었는지를 세밀하게 추적하고자한다.

이러한 역사적인 문화연구의 시각에 따르면 TV와 전화, 라디오, 그리고 영화와 같은 대중적인 커뮤니케이션 양식들은 그들이 실험실에서 사회로 진입하는 과정 속에서 복수의 사회적, 산업적, 그리고 기술적인 압력과 경쟁 그리고 경쟁 매체들 간의 각축과 경쟁의 작용을 거치면서, 그러한 매체 주변에 포진된 복잡하고 다양한 문화적이고 사회적인 실행들과 경험들에 의해 꾸준히 '재매개화(remediate)'되거나 재배치된다(Bolter and Grusin, 2002; Lister et. al., 2003). 또한 이러한 변화의 과정은 결코 단선적이지 않으며, 그러한 사회역사적인 변동 속에 적지 않은 우발적인 요인들이나 이해관계들이 관여하게도 되는 것이다. 이 같은 측면을 고려하면, TV와 영화와 같은 미디어는 단순히 기술 자체이거나, 그러한 기술을 만들어 내는 제도들의 효과로만 정의내릴 수 없으며, 혹은 텍스트로서 의미작용의 견인체(cultural vehicle)만을 의미하지 않는다. 그보다는 이들 미디어는 다양하고 이질적인 요인들의 – 문화적, 제도적, 대중적 그리고 기술적인 의미들과, 실행들 그리고 경험들 – 접합 내지는

그림 6-12 에디슨과 딕슨이 만든 키네토스코프

'결합(assemblage)'으로 정의될 수 있다(이기형, 2011; Grossberg, 1997; Uricchio, 2003).

　TV와 더불어 20세기 시각 문화의 대표자격인 영화를 예로 들어, 역사화된 문화연구가 텍스트나 의미의 집합체로서 영상에 대한 관심을 문화와 테크놀로지가 접합된 대상으로 확장해 분석하는 과정을 돌아보자. 현실을 재현하면서 동시에 놀랄 만큼 스펙터클한 볼거리와 오락을 제공한 초기 영화 출현의 기술적인 기반 속에는 그 이전에 출현했던 파노라마와 디오라마, 요술환등(magic lantern), 사진기, 비타스코프, 키네토스코프 등을 포함한 지금은 상당수 망각된 수많은 광학장치들이 자리 잡고 있었다. 한편 환등기와 영사기를 뒷받침해 줄 수 있는 물질, 즉 이미지들을 화학적으로 인화해 보존할 수 있는 셀룰로이드 필름의 존재 또한, 영화의 근대적인 부상이나 표준화 등과 관련하여, 시각기계들을 통해서 영상을 만들고 제공하는 데 필수 요인으로 작용했음을 기억할 필요가 있다.

　하지만 이러한 기술적 발전을 넘어서서, 영화가 짧은 시간 안에 사회적으로 공인되고, 대중들의 관심을 끌게 된 이유는 이미 그 전대부터 존재하던 파노라마, 디오라마, 왁스박물관과 놀이공원과 같은 '사실주의적 환영(realistic illusion)'의 생산을 통해서 이미지를 제공하고 특정한 시각 효과를 활용하던 대중적인 볼거리들이 기능했기 때문이다. 여기에 철도 여행과 백화점의 등장으로 형성된 '유동화된 시선(mobilized gaze)'과 같은 대중적으로 공유되던 시각 중심(ocular-centric)의 '근대적인 시각 경험들'이 영화가 오락과 문화적인 소비 양식으로 부상하는 과정 속으로 접합되었던 것이다(Charney and Schwaltz, 1992; 달리, 2003; 주은우, 2003; Schivelbusch, 1995, 김이석·김성욱 외, 2012 참고).

여기서 특기할 만한 점은 근대적인 시각 문화의 출현 속에서 인간은 이러한 근대적인 시각 경험을 하며 더 이상 외계의 광경을 해석하는 중심이나 주인공이 아니라, 외계로부터 발현되는 시각적인 반응과 자극에 파편화되는 시각적인 경험을 겪게 되는 '대상'으로 변모하게 되었다는 점이다. 또한 이러한 특정한 변화상을 압축적으로 표현하는 '유동화된 시선'이란, 시점이 고정된 것이 아니라 스펙터클한 백화점과 전시문화, 교통·통신의 발달과 같은 근대적인 시각문화의 발달과 생활세계 속의 확장에 따른 외부에서의 증가된 '과잉자극(sensory overload)'과 반응들에 의해 인간의 시선과 감각이 급격히 파편화되면서, 동시에 파노라마적인 시각의 일부로 편입되며, 사회 내에서 부유하게 된 과정을 일컫는다(슈와르츠, 2006; Gunning, 2003; Williams, 1995).

동시에 한때 주변적이었던 영화의 부상과 영화라는 대중오락을 제도화하고 일상화한 배경에는 영화를 상업적으로 이용하려 했던 조직적, 제도적 관리와 산업적 관심들 또한 존재하고 있었다. 부연하면 근대적인 시각 경험의 형성에 심대한 역할을 한 영화의 '사회적 배치'는 특정한 형식으로 정착된 카메라와 영사기라는 시각기계의 존재와 근대적인 시각적 볼거리에 이미 익숙해 있었고 더 역동적인 볼거리를 희구하고 있던 대중의 기대와 욕망이 결합된 결과라고 볼 수 있다.

또한 이 같은 과정에는 영화라는 새로운 매체를 실내에서의 보기가 아닌 공중적인 상연의 형태로 고안한 뤼미에르 형제와 멜리에스, 그리피스 등을 비롯한 초기 영화제작자들의 상업적 마인드가 선도적 역할을 수행했다. 즉 뤼미에르 형제가 1895년 12월 28일에 파리의 카페에서 1프랑씩 입장료를 받고 영화를 상영한 것은 새로운 매체이자 영상 텍스트로서의 영화가 향후 사용될 방향성을—공공 상영 공간에서의 유료 관람이라는— 설정하는 기념비적인 순간이었다.

그림 6-13 초대형 복합
상영관 키네폴리스

    동시에 이러한 공중적인 상영은 영화를 일종의 '핍 쇼(peep show)' 형태로 개개인이 영상을 보는 식으로 고안하고자 했던 에디슨과 같은 경쟁자들의 영화 보기와 영화 소비의 방식이 패배했음을 의미한다(Ezra, 2004). 앞에서 언급한 윈스톤(1996)의 영상 테크놀로지의 '사회적인 구성(the social shaping of technology)'이라는 개념을 따르면, 에디슨식 상영 방식은 이해관계를 달리하는 영화 산업과 관련 행위자들 간의 각축과 경쟁 과정 속에서 사회적 운용 가능성이나 실행이 크게 주변화되거나 축소되는 운명을 맞게 된 것이다. 나아가 영화의 상업적 활용은 동시에 산업적인 제도화의 심화와도 맞물리게 된다. 초기 영화는 영화만을 상영하기 위한ㅡ지금의 영화관이라고 지칭하는ㅡ 공간이 없는 상태에서 연극장과 같은 시설에서 관객들과 만났다. 이 현상을 잠시 설명하자면, 산업적인 기준과 법제적 측면에서 기존에 존재하던 대중적인 오락 방식, 특히 5센트극장(nickelodeon)의 존재나, 연극산업(vaudeville)의 소유자와 운영자들이 자신들의 이해관계를 지키기 위해 설정한 기준에 초기 영화의 상연을 '순응'시킨 상업적인 결정들에 의해 초기 영화의 상영 방식과 소비가 영향을 받게 된 것이다(Chaney and Schwartz, 1995; Winston, 1996).

그림 6-14 국내 멀티플렉스 영화관

하지만 이러한 현상은 영화 산업의 역량이 커지면서 또 다른 변화상을 맞게 된다. 영화가 대중적인 소비의 주요한 양식으로 부상하게 되면서, 그리 길지 않은 기간 안에 영화 전용 극장들이 출현했으며, 대중의 수요와 관심에 부응할 수 있는 수준의 매우 많은 편수의 영화들이 제작되기 시작했다. 바꾸어 표현하면 한 주에 수백만 개의 영화표를 판다는 것은 분명히 놀랄 만큼 새로운 소비현상이었고, 오락과 레저를 포함하는 일상생활의 변화라는 측면에서 보았을 때 하나의 커다란 '사건'이었다고 말할 수 있다. 영화의 상용화 이전에 이미 존재했던 제도적으로 잘 조직되고 상당한 수준의 자금력과 조직력을 보유했던 연극 산업은 영화가 대중이 향유하는 새로운 소비문화의 대표적인 오락 형태로 부상할 수 있는 물질적 환경을 초기에는 제공했지만, 역량을 발휘하기 시작한 영화산업에 자리를 물려주게 된다(Winston, 1996).

이는 부상하는 영화 산업이 이미 일련의 시각적 볼거리들에 '중독'되어 있었고, 새롭고 복잡한 형태의 볼거리를 고대하던 도시 거주민들의 - 특히 중산층을 중심으로 한 - 기호와 취향을 정확히 파악한 데도 연유한다. 20세기 초반부에 들어, 특히 1910~1918년 사이에, 연극 산업의 영화

보기에 대한 장악력을 해체시키면서 부상하기 시작한 영화 산업은 매우 조직적이고 체계적인 방식으로 영화를 기획, 제작하고 배급하는 '공장'과 같은 기능을 수행하기 시작했다. 또한 영화산업이 세밀한 기획과 잘 구획된 노동 분업에 의한 영화 만들기의 표준화를 구현하게 되면서 단순한 여러 종류의 시각적인 볼거리 중 하나가 아닌, 문자 그대로 영화의 생산에서 마케팅 그리고 소비에 이르기까지 전 과정을 총괄하는 '쇼 비즈니스'이자 대중적인 오락의 중핵으로 영화의 사회경제적 위상이 크게 변화되었던 것이다(Cook, 2004).

이러한 영화 만들기와 상영의 표준화는 할리우드로 상징되는 영화 산업이 채택한 기술적 그리고 산업적인 규준들에 크게 영향을 받기도 했다. 이와 같은 제도화의 과정은 산업적인 규격으로서 35mm 필름의 사용, 영화제작 전반에 대한 일원화된 지원과 관리 그리고 조직화를 이루게 된 스튜디오의 성립, 영화의 선전과 스타 시스템을 적극 활용한 마케팅 기법의 개발, 그리고 단편(one-wheel film)이 아닌, 그리피스 이후 조직화된, 연속 편집에 의한 복잡한 서사의 구현과 보다 집약적인 편집 과정을 거친 장편영화(feature movie)로의 변화와 같은 제도적 요인들을 포함했던 것이다(Winston, 1996). 이러한 결과 영상테크놀로지와 문화적 노동 그리고 생산과 기획을 담당하는 제도적인 실천의 결합물로서 영화가 등장하기 시작했으며, 수용자 대중의 입장에서 접근하면 영화 보기와 영화관 가기(cinema-going)가 일상생활 속에서 대표적인 엔터테인먼트와 대중문화의 공고한 관행이자 확산된 '습속'으로 본격적으로 확립되었다.

따라서 이러한 영화의 사회적인 배치의 과정을 세밀하게 추적하는 역사적인 문화연구의 입장에서 보면, 흔히 주류 영화사에서 거론되는 영화가 뤼미에르 형제에 의해 1895년에 '발명'되었다는 사실은, 영화사의 중요한 순간이긴 했지만 부분적인 진실만을 담고 있거나, 지나치게 단순한 설명이 된다.

한편 엄밀하게 보았을 때 방금 앞에서 스케치한 문화적 그리고 시각적인 제도이자 실행으로서의 영화에 관한 이러한 역사화된 문화연구적인 방식은, 초기 영화의 등장과 영화 보기의 관습을 형성시킨 훨씬 더 복잡한, 담론적이고 제도적인 요인들을 포괄적으로 망라하고 있거나, 이들

요인들 간의 상호작용에 관해 심층적인 논의를 제공하고 있지는 못하다. 지면상 영화 보기와 영화관 가기를 형성시킨 다른 요인들을 여기서 본격적으로 그리고 포괄적으로 거론할 수는 없지만 예를 들어 영화 공간의 설계와 배치라는 측면에서 보았을 때, 초기 영화가 중산층이 향유하는 오락과 레저의 형태로 변화하게 된 배경에는 건축적이고 미학적인 면에서 관객을 대규모로 유인할 수 있었던 '꿈의 공간(dream palace)'으로서 화려한 외양과 스타일 그리고 질 높은 서비스를 제공했던 영화관들의 역할 역시 상당히 큰 몫을 차지했다. 대중의 관심을 끌 만한 미학적인 이미지와 건축 양식을 사용하고, 고급스러운 문화적 이미지들을 성공적으로 유포시킴으로써, 영화관은 구매력이 있고, 새로운 여가거리를 찾고 있던 중산층 관객들을 대거 '유인'할 수 있었기 때문이다.

다시 말해 자본은 이익을 쫓아 새로운 영화 보기와 오락 그리고 레저의 공간을 형성해 냈고 그 결과 1910년대에서 1920년 사이에 싸구려 잡화를 파는 상점(dime store)이나 서커스, 장터(fairground)나 잡극을 상연하던 극장(vaudeville)이나 연극 공간 등으로 흩어져 있었던 초기 영화 보기의 공간은 오페라하우스에 필적할 만한 고급스러운 영화 공간으로 변화되고 나아가 표준화되어 갔다(Cook, 2004; Janovich & Faire, 2003). 동시에 영화관 내부에서의 감상 행태는 초기의 일종의 '카니발적인' 혹은 축제적인 분위기 속에서 시끄럽고, 무질서하고(disorderly), 관객들이 비교적 자유롭게 영화를 보면서 감정표현을 하던 '능동적인' 참여 방식에서, 조용히 자기 자리에 앉아 수동적으로 스크린에 투사된 이미지들을 응시하는 방식으로 변화해 갔다.

이러한 결과 하급 노동자들이나 인종적 소수자집단 그리고 이민자들이 즐겨 찾던 초기 영화 관람의 공간은 가족을 대동한 중산층이 주요한 고객으로 이용하는 '품격'이 있는 문화 공간으로 비교적 짧은 시간 안에 변모하게 되었다(Acland, 2003; Gunning, 2003).

7. 역사화된 문화연구와 초기 영화의 재조명: '볼거리, 놀람과 경악의 영화'

역사화된 문화연구의 입장을 추구하는 일련의 연구들은 최근 수년간에 걸쳐 문화연구와 시각 연구의 영역에서 그리고 영화 연구와 TV 연구, 그리고 매체의 문화사나 일상사라는 새롭게 부상하고 있는 간학문적인 (cross- disciplinary) 조류들을 통하거나 가로지르면서 점차 구체화되고 있다. 이 분야에서 돋보이는 연구 성과들 중 하나는 '초기 영화(early cinema)'의 기술적이고 사회 문화적인 특성들을 발굴하고, 심도 있게 조명하는 작업들이다(Cook, 2004; Gunning, 1990).

특히 연속 편집과 몽타주 그리고 스타 시스템을 통한 서사 영화 (narrati- vized cinema)가 영화 산업과 대중적인 소비의 규준으로 떠오르기 전의 '초기 영화'(1907~1913)가 생성한 기술적이고 사회 문화적인 특성과 관객성을 심도 있게 연구한 거닝(1990/2003)이나 엘새서(1990), 한센(1993) 등과 같은 학자들에 따르면 '볼거리와 매혹, 경악의 영화(the cinema of attractions)'라고 지칭되는 초기 영화들은 서사가 아닌 놀람과 경이로움 그리고 스릴감을 느끼게 해 주는 스펙터클 그리고 시각적인 환영으로서 움직이는 이미지들의 힘과 그 이미지들이 담고 있는 마술성과 외래 취향(exoticism)을 통해 관객들이 마치 놀이동산이나 장터와 같은 카니발의 공간에 와 있는 듯한 체화된 즐거움과 감각에 와 닿는 강렬한 자극과 즐거움을 맛보게 해 주었다.

여기서 볼거리와 더불어 '경악'이라는 표현은 러시아 감독인 세르게이 예이젠시테인이 사용했다. 경악은 관객이 심리적이고 감각적으로 영화 속 이미지의 세계에 몰입하게 됨을 뜻한다(Gunning, 1990, p. 59). 예이젠시테인은 이러한 경험을 놀이동산에서 롤러코스터를 탈 때의 역동적인 느낌이나 스릴감과 연결했다. 거닝은 영화기술상의 진보나 서사양식의 확립이라는 측면에서 초기 영화를 '원시적 영화(primitive cinema)'라는 열등한 존재로 정의하던 주류 영화학을 비판하면서, 초기 영화가 지닌 독특한 환경적인 특성과 지금과는 다른 형태의 사회적인 관객성이 형성되었던 당대의 현실을 발굴해 내고 재해석을 시도했다.

한센(1993) 역시 초기 영화의 공간이 아직 근대적인 영화 보기의 관습이 확립되지 않은 상황에서, 관객들이 상영 순서를 지키지 않아도 되고 좌석제도가 없는 상황에서 자유롭게 영화관에 입장하고, 영화뿐만이 아니라 라이브 쇼나 음악 그리고 장기자랑과 같은 프로그램이 혼재되어 제공되던 초기 영화의 공간에 대한 세밀한 연구를 수행했다. 그는 이러한 영화 공간이 제공하던 다양한 프로그램에 능동적으로 참여했던 노동자와 이민자가 주가 되었던 '평등주의적인(egalitarian)' 관객성에 대한 연구를 통해서, 영화의 존재 방식이나 수용의 행태가 단일화되었던 것이 아니었음을 탐구했다.

조금 다른 차원에서, 한센에 따르면 이러한 초기 영화의 광경은 일종의 '대안적인 공론장(alternative public spheres)' 역할을 수행했다. 한센의 작업은 하버마스식의 부르주아들이 중심이 되고 논리적인 토론과 숙의의 과정을 거쳐 중요한 정치적인 담론들을 생성해 내는 주류의 공론장 모델 이외에, 소수자나 노동 계급들이 일상에서 즐거움과 육체적인 에너지를 발산하고 공동체성을 실현할 수 있었던 특유의 공간성과 그 공간이 지니는 문화적인 함의들을 생생하고 밀도 있게 발굴해 낸 것이다.

이러한 초기 영화에 관한 일련의 연구들은 영화 보기의 행태적인 규준(normalization)이 이루어지기 전 일견 무질서하지만 역동적이면서, 서민적인 오락과 즐거움의 공간이었던 극장 문화와 시각 문화의 역사적인 단면을 새로운 문제의식으로 조명해 낸다.[8] 결론적으로 영화가 대중적으로 공유되는 오락과 표현의 수단으로 부상한 데에는 앞에서 거론한 다양한 관습적, 기술적, 제도적, 사회적, 그리고 공간적 실행들 간의 유기적인 접합과 상호작용의 과정이 있었음을 기억할 필요가 상당한 것이다.

---

8) 국내에서 거닝이나 한센의 시각을 선택적으로 활용해 일제하에서의 사회적인 관객성 연구와 시각 문화를 심도 있게 수행하고 있는 유선영(2003; 2017)에 따르면 일본 식민지 시대의 영화관에는 풍속을 감독하고, 질서를 유지하려는 순검, 그러니까 경찰이 주재하고 있었다. 또한 '종족 공간'으로서의 극장은 조선인과 일본인과의 잠재적인 갈등 그리고 사회가치와 성적인 표현을 둘러싼 전근대적이고 근대적인 도덕률들 사이의 충돌과 긴장을 내재하고 있던 독특한ㅡ그리고 지금의 시각에서 보면 매우 낯선ㅡ사회적 공간이었다.

8. 결론을 대신해: 영화 분석과 방법론, 대안 그리고 상상력의 결합으로서 문화연구

초기 영화의 등장과 형성이나 근대적인 영상 테크놀로지의 부상과 관련된 문화사적인 접근들, 그리고 이러한 영상 문화와 테크놀로지 그리고 관객들 간의 상호작용을 다면적으로 다루는 연구들은 아직은 소수의 문화연구자들과 매체의 사회문화사를 연구하는 학자들에 의해 천착되고 있다. 최근 들어서는 그동안 알려지지 않았던 자료들이 발굴되고 일련의 사례 연구들을 통해 특정한 방식과 방향으로 진행되었던 영상 이미지와 매체의 사회적인 이용과 배치 과정의 윤곽이 어느 정도 드러나고 있다.

현재 활용되고 있는 방법론적인 측면에서 볼 때 역사화된 문화연구의 주요한 하위 장르를 형성하고 있는 영화와 수용자성(audiencehood)에 관한 일련의 작업들은, 영화 보기의 경험을 기억하는 노년층을 인터뷰하거나, 영화 산업 혹은 공간의 운영에 참여했던 이들이 남긴 일기나 메모 그리고 회고록을 분석하는 구술사(oral history) 연구, 영화 문화의 형성과 영화의 사회적인 배치와 관련된 일련의 문화 텍스트들을-광고, (비)공식적인 신문과 잡지기사, 사진자료나 포스터들을- 심층적으로 정리하고 해석하는 문헌연구, 영화관 가기와 영화 보기의 변화를 확장되는 도시화나 주거방식의 변화와 맞물린 영화 공간의 재구성에 초점을 맞추고 분석하는 문화지리학과 공간 연구나 건축사 연구 등의, 새롭고 보다 다원적인 접근 방식들을 시도하면서 활발하게 탐구되고 있다(Cook, 2004; Cray, 2002; Jancovich and Faire, 2003; Schivelbusch, 1995; Gitlemand and Pingree, 2003; McDonald, 2016).[9]

동시에 국내에서도 그간 역사화된 문화연구를 지향하는 작업들이 출현하기 시작했다. 특히 김진송(1999), 유선영(2003), 이상길(2002) 그리고 임종수(2004)는 한국 상황에서 각각 근대적인 영화 관객성의 형성

---

9) 한 가지 예로, 영국에서의 도시화 과정 속에서 진행된 영화관 가기와 영화 공간의 역사적인 변화 그리고 영화관의 공간과 건축상의 변화, 그 속에서 이루어진 관객성에 관련된 연구를 수행한 잔코비치와 페어(2003)는 특히 구술사(oral history)와 미시사적인 방법론을 문헌 연구와 병행해 시도한 바 있다.

과 영화보기의 환경을 재구성하는 작업, 식민지적 근대의 개화와 더불어 분화되기 시작했던 공적인 그리고 사적인 영역의 문화적인 매개자로서 작용했던 축음기의 역할을 분석하는 연구, 그리고 1970년대 텔레비전의 '사사화 과정(privatization)'과 TV가 가정이라는 친밀성의 영역으로 진입하면서 벌어지는 주요 단면들, 그리고 이 결과로서 집 안 내에서의 사회 권력과 상징권력 간의 갈등과 변화를 촘촘하게 분석하는 연구들을 수행해 냈다. 집합적으로 식민지 근대성 혹은 매체를 중심으로 한 '일상성 연구'로도 분류될 수 있는 이들의 작업은 근대성 혹은 근대적인 삶의 양식이 어떤 방식으로 특정한 시각 문화와 테크놀로지 그리고 사회 담론들 사이의 상호작용과 접합을 통해 식민지 시기와 초기의 근대화 과정 속 한국 사회에 출현했는지를 매우 구체적인 사례 분석들을 통해 접근하고 있다.

결론적으로 이야기하자면, 영화와 TV를 포함한 영상 문화에 대한 역사화된 문화연구는 매체와 테크놀로지 그리고 문화와 일상의 영역을 포함하면서, 영상 문화가 복수의 기술적이고 제도적인 그리고 문화적인 요인들의 조합으로 형성되는 과정을 다양한 시각과 방식으로 접근한다(유선영 외, 2007 참고). 동시에 이러한 작업은 의미나 텍스트만이 아닌, 구체적인 물질성과 제도성을 지닌 '문화 테크놀로지'이자 실행(practice)으로서의 영상이 지닌 특정한 역사성과 사회성을 구체적인 역사 사회적인 맥락에 위치시켜 세밀하게 파악하려는 결집된 시도들을 담아낸다.

이 장에서는 영화의 등장과 영화의 문법 그리고 영화관 가기라는 사회 문화적 습속의 형성과 관련한 일련의 논의와 관찰점들을 제시하였다. 한편 21세기에 들어서서 영화는 특히 '포스트 셀룰로이드'의 상황을 생성하는 디지털 테크놀로지의 역할을 적극적으로 발현하면서, 과거와는 또 다른 변화의 기류와 움직임을 생성하고 있다. 이러한 과정에서 가상적인 이미지 혹은 현실에 기반을 두지 않은 이미지들의 활용이 영화와 영상의 생산 속에서 크게 늘어나고 있으며, 대중의 수용 행위와 감각에도 상당한 변화를 가져오고 있다. 예컨대, CGI(computer-generated imagery)나 VFX(visual effects) 기술의 강렬한 위력과 정밀한 특수효과를 발휘한 〈아바타〉와 〈매트릭스〉, 〈반지의 제왕〉, 〈트랜스포머〉, 〈스타워즈; 깨어난 포스〉 등의 영화는 과거에는 구현하기 매우 어려웠던 거대한 스케일의 전쟁장면들이나 액션신 그리고 가상적인 캐릭터들을 전면에 구현해, 시각예술이자 대중적인 욕망의 매개체로서 영화의 위상과 기획 및 생산을 심대하게 변화시키고 있다. 요컨대 지시 대상이나 '원전'이 없는 상황에서 기술적으로 합성되고 정교하게 주조된 이미지들이나 대상들의 활동상이 스크린 속에서 적극 부각되고 있으며, 가상성과 현실을 혼합적으로 재현하는 작품들도 대거 늘어나고 있다. 또 다른 관련 사례로, 특히 마블이나 DC코믹스사와 같은 방대한 코믹물을 보유한 기업의 주요 작품을 원작으로 한 블록버스터 시리즈물의 생산이나, 웹툰의 영화화와 같은 대형 상업영화의 생산과 관련하여, 디지털 기술의 확장된 활용과 개입을 빼놓고 그러한 면모와 함의를 논하기는 이제 어려운 상황인 것이다.

주지하다시피 대중의 상상력과 흥미를 현란하고 감각적인 디지털 기술로 고양하면서 상업화와 산업적인 확장을 치밀하게 추구하는 대작 영화들이 다수 등장하고 있으며, 기존의 애니메이션이나 판타지물 혹은 SF 문학 등의 인지도와 대중적인 관심이 높은 문화적인 자원들을 창의적으로 변용하거나, (재)활용(readaptation)하는 연작영화들이 특히 블록버스터물의 영역을 중심으로 활발히 기획되고도 있다. 3D 입체효과나 디지털 캐릭터, 모션캡처, CG 작업 등과 같은 특정한 디지털 테크놀로지의 역량을 선택적으로 채용하거나 전폭적으로 활용하는 새로운 볼거리의 모색은 현재 대중적으로 소비되는 영화의 기획이나 생산과 관련해 점차 확산되는 추세이며, 이는 광의의 문화산업 영역 내의 뚜렷한 흐름으로 작용하고 있는 것이다. 디지털 기술을 통한 감각적인 이미지의 구현과 문화적 창의성을 조합시키는 이 같은 추세는 문화 테크놀로지의 확장된 영향과 새로운 제도적인 대응과 혁신으로서 영화의 사회적인 동시에 산업적인 변화상을 발현한다.

한편 상대적으로 고가의 영화제작 장비를 보유하지 않고 많은 인력을 필요로 하지 않으면서도, 개별 주체들이 특정한 주제와 장르의 실험성이나 변주를 녹여내는 영화와 영상을 만들고, 생산자 자신의 문제의식과 감정을 보다 자유롭게 표출할 수 있는 매체환경과 디지털 테크놀로지 측면의 변화들은 또 다른 관점에서 영화라는 매우 복합적인 문화물의 정체성과 공적인 역할을 재구성하고도 있다. 특히 이러한 시도는 다큐멘터리나 예술영화 부문에서 그리고 사회적 소수자나 젠더와 인종 혹은 이산(diaspora)과 근대성(modernity)의 문제를 다각도로 풀어내는 영역에서 상당히 주체적인 면모와 더불어 전술적인 혹은 개입적인 활용의 측면을 드러낸다(김소영, 2009; 2006). 특히 거대자본의 이해관계가 주로 투사되는 상업영화의 도도한 흐름 속에서, 작지만 다양한 문제의식과 사회적으로 간과되거나 주변화되는 주제를 적극적으로 형상화하고 동시에 비판성과 성찰성을 창의적으로 풀어내는 영화들이, 디지털 기술을 '전유'하면서, 기능과 존재감을 발산하는 측면을 주목할 필요가 있다. 나아가 이러한 양상은 이미지의 스펙터클과 홍수 속에서 종종 간과되기도 하는 광의의 사회적 차이의 동학이나 권력 작용의 이면을, 심도 있게 그리고 논쟁적 방식으로 조명하는 영화의 공적인 역할과 '문화정치적인' 기능을 수행한다는 측면에서 여전히 숙고와 관심이 필요한 중요한 시사점을 제기하기도 한다.

동시에 영화관에서의 상영만이 아닌 VOD나 온라인상에서 이루어지는 다운로드를 매개로 한 특정한 장소성을 탈피하는 새로운 양식의 영화 소비와, 아이패드 등의 전자디바이스를 통한 매체를 매개로 한 개인화되고 분화된 수용의 관습들도 일상 속에서 적지 않게 확산되고 있다. 예컨대 '넷플릭스'와 같은 한국의 수용자들에게도 이제 점차 익숙해지고 있는 거대 동영상 스트리밍 서비스는 영화를 포함한 영상 콘텐츠 영역의 새로운 행위자로 존재감을 드러내면서, 기존의 영화 산업이나 매체들과 치열한 경쟁을 벌이고 있다. 또한 대중이 영화와 영상을 수용·소비하는 측면에도 상당한 변화를 가져오고 있다.

앞으로도 상당 기간 영화는 대중이 선호하고 즐겨 추구하는 오락물에서, 교육과 사유, 그리고 공감과 즐거움의 촉매제이자, 사회적인 이슈들을 논쟁적으로 재현하는 긴요한 매개의 자원으로 존재하리라 예상된다. 그것이 우리가 영화의 다기한 역할과 복합적 존재 방식에 적극 주목해야 하는 사유이기도 하다.

요약

우리는 이 장에서 영화라는 대중적 볼거리와 문화 양식이 역사 사회적으로 형성되는 측면과 영화라는 텍스트를 구현하고 있는 주요 구성 요소들을 다양한 관점에서 살펴보았다. 영화는 비교적 길지 않은 시간 안에 대중문화와 오락의 총아로 부상했으며, 단순한 레저나 오락의 대상을 넘어서서, 중요한 사회적인 의미와 이데올로기 그리고 가치들을 담는 재현물로 기능한다. 우리는 영화를 분석하는 문화연구의 몇 가지 방법론, 특히 텍스트 비평과 수용자 연구를 통해서 영화가 다양하게 해석되고 대안적으로 수용되는 방식을 고려했다. 한편 역사화된 문화연구라는 보다 주목이 필요한 연구의 방향성과 문제의식을 통해, 영화의 출현과 대중적 수용의 문제에 관하여 범주가 확장되고 복합적인 맥락성의 함의를 추적하려는 대안적 접근을 소개하고자 했다. '초기 영화'의 형성 과정이 예시해 주듯이, 영화는 단순히 19세기 말에 '발명'된 것이 아니라, 이미 존재하고 있었던 다양한 사회문화적인 그리고 부상하는 기술적인 요소들의 결합과 재매개화와 접합의 과정을 통해서 구성된 것이다. 이런 측면에서 영화는 문화와 사회적 상상, 그리고 테크놀로지와 제도적인 실행들과 끊임없이 상호작용하면서 변화하고 있는 매우 복합적인 매체라고 할 수 있다.

주요 용어

영상 문화	역사화된 문화연구	문화 양식
서사	텍스트	영화관 가기의 습속
미장센	몽타주	기호와 코드
함축적인 의미	멜로드라마	드라마틱한 페르소나
신화작용	가부장제	재현의 정치학
텍스트 분석	수용자 분석	정서적 리얼리즘
맥락화	접합	초기 영화
사회적인 배치	고전적 할리우드 스타일	

연습문제

1. 영화가 이 시대의 중요한 문화적 양식이라는 인식은 어떠한 복수의 함의를 발휘하는가?
2. 영화 텍스트 속에서 미장센의 구현은 어떤 기능을 담당하며, 스토리텔링의 구성에 어떠한 영향과 상호작용을 발휘하는가?
3. 멜로라는 영화 장르는 사회문화적인 변화상을 어떻게 재현하는가? 특히 젠더정치학적인 측면에서 어떤 유형의 보다 다면적인 분석과 숙고된 진단이 가능한가?
4. '초기 영화'의 형성에 영향을 끼친 주요 제도적인 요인들에는 무엇이 있는가?
5. 문화연구는 영화의 출현과 변화상을 어떻게 접근하는가?
6. 영화 생산에 큰 영향력을 발휘하고 있는 디지털 테크놀로지의 역할과 함의는 무엇인가?

심화토론문제

1. 영화를 중심으로 형성된 영상 문화의 복합적인 특징과 사회적인 역할은 어떻게 탐구될 수 있는가?
2. 영화가 매개하는 '재현의 정치학'의 특징과 역할은 무엇인가?
3. 영화 문법 혹은 영화 언어는 어떤 방식으로 의미와 즐거움을 그리고 이데올로기 작용을 생성하는가?
4. 텍스트 비평과 수용자 연구는 어떻게 차별화될 수 있거나 상호 보완될 수 있는가?
5. 영상 문화를 연구하는 데 '맥락'과 '역사적인 구현'의 단면들을 주목해야 하는 이유는 무엇인가?

참고문헌

강상중·요시미 순야(2004), 『세계화의 원근법 : 새로운 공공공간을 찾아서』, 이산.

강성률 외(2005), 『영화입문』, 리토피아.

강성률(2010), 『영화는 역사다』, 살림터.

김경애 외(2015), 『영화로 읽기 영화로 쓰기』, 푸른사상.

김경욱(2002), 『블록버스터의 환상, 한국영화의 나르시시즘』, 책세상.

김무규 외(2012), 『영상 이론과 실제』, 커뮤니케이션북스.

김세은 외(2013), 『다시 보는 미디어와 젠더』, 이화여대출판부.

김소영(2014), 『비상과 환상』, 현실문화.

김소영(2009), 『아시아영화의 근대성과 지정학적 미학』, 현실문화연구.

김소영(2006), 『트랜스 : 아시아 영상문화』, 현실문화연구.

김영진 외(2012), 『무비 꼴라쥬 시네마톡』, 씨네21북스.

김영찬 외(2004), 『광고비평의 이해』, 한울.

김은하 외(2017), 『소녀들』, 여이연.

김이석, 김성욱 외(2012), 『영화와 사회』, 한나래.

김창남(2010), 『대중문화의 이해』, 한울.

김진송(1999), 『서울에 딴스홀을 허하라』, 현실문화연구.

김혜리(2017), 『나를 보는 당신을 바라보았다』, 어크로스.

김호영(2017), 『영화관을 나오면 다시 시작되는 영화가 있다』, 위고.

김훈순 외(2002), 『영상콘텐츠 연구』, 커뮤니케이션북스.

곽한주(2002), 영화, 강상현·채백 엮음, 『대중 매체의 이해와 활용』, 한나래, 310~343.

권은선(2005), "멜로드라마: 눈물과 시대의 이야기", 문재철 외 지음, 『대중문화와 현대사회』, 도서출판 소도.

그로네마이어, 안드레아(2005), 『영화』, 예경.

남인영 외(2016), 『한국 다큐멘터리 영화의 오늘』, 본북스.

달리, 앤드류(2003), 『디지털 시대의 영상문화』, 현실문화연구.

류제홍(2003), 시각문화연구의 동향과 쟁점들, ≪문화과학≫ 33, 257~276.

뢰트라, 장 루이(2002), 『역사적 관점에서 본 시네마』, 동문선.

문재철 외(2005), 『대중영화와 현대사회』, 도서출판 소도.

박해광(2003), 『계급, 문화, 언어』, 한울.

비릴리오, 폴(2004), 『전쟁과 영화 : 지각의 병참학』, 한나래.

슈와르츠, 바네사(2006), 『구경꾼의 탄생』, 마티.

신형철(2014), 『정확한 사랑의 실험』, 마음산책.

유선영 외(2007),『한국의 미디어 사회문화사』, 한국언론재단.

유선영(2017),『식민지 트라우마』, 푸른역사.

유선영(2003), 극장구경과 활동사진 보기 : 충격의 근대 그리고 즐거움의 훈육, ≪역사비평≫ 64, 362~376.

유지나 외(2005),『한국영화사 공부』, 이채.

요시미 순야(2003),『박람회 : 근대의 시선』, 논형.

원용진(2000),『텔레비전 비평론』, 한울.

원용진(2014),『새로 쓴 대중문화의 패러다임』, 한나래.

이기현(2003),『미디올로지 : 사회적 상상과 매체문화』, 한울.

이기형(2011),『미디어 문화연구와 문화정치로의 초대』, 논형.

이기형(2004), "미디어 역사에서의 구성주의적 접근과 초기 텔레비전 : 나치 TV를 중심으로", ≪언론과 사회≫ 12(2), 52~87.

이동연(2002),『대중문화연구와 문화비평』, 문화과학.

이동진(2014),『이동진의 부메랑 인터뷰 그 영화의 시간 』, 예담.

이상길(2001), "유성기의 활용과 사적영역의 형성", ≪언론과 사회≫ 9, 449~495.

이상길(2002), "전화의 활용과 근대성의 경험", ≪언론과 사회≫ 10-2, 111~143.

이채원(2014),『영화 속 젠더 지평』, 서강대출판부.

이화진(2005),『조선영화 – 소리의 도입에서 친일 영화까지』, 책세상.

임종수(2003), "텔레비전 안방문화와 근대적 가정에서 생활하기 : 공유와 차이", ≪언론과 사회≫ 12(1), 92~135.

임종엽(2005),『극장의 역사 : 상상과 욕망의 시공간』, 살림.

조항제 외(2015),『미디어 문화연구의 질적 방법론』, 컬처룩.

조항제 외(2000),『21세기 미디어 연구의 패러다임』, 한나래.

주유신 외(2005),『알고 누리는 영상문화』, 도서출판 소도.

주유신(2004), 장르 2 – 멜로드라마, 한상준 외,『영화에 대한 13가지 테마』, 도서출판 소도., 69~84.

주은우(2003),『시각과 현대성』, 한나래.

주은우(1999), 도시와 영화 그리고 현대성, ≪필름 컬처≫ 5. 10~27.

주창윤(2015),『영상이미지의 구조』, 나남.

주형일(2004),『영상매체와 사회』, 한울.

진중권(2012),『진중권의 이매진』, 씨네21북스.

한상준 외(1998),『영화에 대한 13가지 테마』, 큰사람.

한창호(2015),『여배우들』, 어바웃어북.

허문영(2010),『세속적 영화, 세속적 비평』, 강.

황인성(편저)(1999), 『텔레비전 문화연구』, 한나래.

황혜진(2005), 『영화로 보는 불륜의 사회학 : 자유부인에서 바람난 가족까지』, 살림.

AcLand, C.(2003), *Screen Traffic : Movies, Multiplexes, and Global Culture*, Durham : Duke University Press.

Bennett, T.(1997), *Culture : A Reformer's Science*, London : Sage.

Bolter, J., and Grusin, R.(2002), *Remediation : Understanding New Media*, Cambridge : MIT Press.

Bordwell, D. and Thompson, K. (2012). *Film Art*, New York: McGraw- Hill Education.

Braudy, L. and Cohen, M.(2016), *Film Theory and Criticism*, Oxford: Oxford University Press.

Buckland, W.(2003), *Film Studies*, Chicago : Contemporary Books.

Charney, L. and Schwartz, V.(eds.)(1995), *Cinema and the Invention of Modern Life*, Berkeley : University of California Press.

Cook, P. (ed.) (2008), *The Cinema Book*, London: BFI.

Cook, D.(2004). *A History of Narrative Film*, New York : Norton & Company.

Cray, J.(2002), *Suspensions of Perception : Attention, Spectacle, and Modern Culture*, Cambridge : MIT Press.

Curtin, M. et al., (eds.) (2014). *Distribution Revolution : Conversations about the digital future of film and television*, Berkeley: University of California Press.

Elsaesser, T. and Hagener, M. (2015). *Film Theory*, London: Routledge.

Elsaesser, T.(1990). *Early Cinema : Space, Frame, Narrative*, London : BFI.

Ezra, E.(ed.)(2004), *European Cinema*, New York : Oxford University Press.

Friedberg, A.(2002), CD and DVD. In Harries, D.(ed.) *The New Media Book*, London : BFI Publishing.

Grainge, P. et al., (2007), *Film Histories*, Toronto: University of Toronto Press.

Geller, M.(1990), *From Receiver to Remote Control : the TV Set*, New York : The New Museum of Contemporary Art.

Gibbs, J.(2002), *Mise-en-scene*, London: Wallflower Press.

Gitelman, L. and Pingree, G.(eds.)(2003), *New Media, 1740-1915*, Cambridge : MIT Press.

Grossberg, L.(1997), *Bringing It All Back Home*, Durham : Duke University Press.

Gunning T.(2003), Re-Newing Old Technologies : Astonishment, Second Nature, and the Uncanny in Technology from the Previous Turn-of-the-Century, In Thorburn, D. and Jenkins, H.(eds.)

Rethinking Media Change : the Aesthetics of Transition, Cambridge : MIT Press.

Gunning T.(1990), The Cinema of Attractions : Early Film, its Spectator and the Avant-Garde. In Elsaesser, T.(ed.) *Early Cinema : Space, Frame, Narrative,* London : BFI.

Hansen, M.(1993), Early Cinema, Late Cinema : Permutations of the Public Sphere. *Screen 34-3,* 197~210.

Hartley, J.(1999), *Uses of Television,* New York : Routledge.

Hayward, J. (2006), *Cinema Studies: The Key Concepts,* New York: Routledge.

Jancovich, M. and Faire, L.(2003), *The Place of the Audience : Cultural Geographies of Film Consumption,* London : BFI Publishing.

Jenks, C.(ed.)(1996), *Visual Culture,* New York : Routledge.

Langford, B.(2005), *Film Genre: Hollywood and Beyond,* Edinburgh: Edinburgh University Press.

Lewis, J.(2002), *Cultural Studies : the Basics,* London : Sage.

Lister, M., Dovey, J., Giddings, S., Grant, I. and Kelly K.(2003), *New Media : A Critical Introduction,* New York : Routledge.

Manovich, L.(2001), *The Language of New Media,* Cambridge : MIT Press.

McDonald, K.(2016), *Film Theory,* London: Routledge.

McHugh, K. and Abelmann, N. (eds.)(2005), *South Korean Golden Age Melodrama,* Detroit: Wayne State University Press.

Monaco, J. (2009), *How to Read a Film,* Oxford: Oxford University Press.

Nelmes, J. (ed.)(2002), *An Introduction to Film Studies,* London: Routledge.

Philips, W.(2002), Film : An Introduction, New York : St. Martin's.

Popple, S. and Kember, J.(2004), *Early Cinema,* London: Wallflower Press.

Rieser, M. and Zapp, A.(eds.)(2002), *New Screen Media : Cinema/Art/Narrative,* London : BFI Publishing.

Rose, G.(2016), *Visual Methodologies,* London: Sage. 기존의 책 교체

Ryan, M.(2012), *An Introduction to Criticism: Literature-Film-Culture,* London: Wiley-Blackwell.

Schivelbusch, W.(1995), *Desenchanted Night : the Industrialization of Light in the Nineteenth Century,* Berkeley : University of California Press.

Silverstone, R. and Hirsch, E.(eds.)(1992), *Consuming technologies : Media and Information in Domestic Spaces,* New York : Routledge.

Spigel, L.(1992), Installing the Television Set : Popular Discourses on Television and Domestic Space, 1948-1955, In Spigel, L. and Mann, D.(eds.) *Private Screenings : Television and the Female Consumer,* Minneapolis : University of Minnesota Press.

Thompson, K. and Bordwell, D.(2009), *Film History: An Introduction,* New York: McGrow-Hill.

Uricchio, W.(2003), Historicizing Media in Transition. In Thorburn, D. and Jenkins, H.(eds.) *Rethinking Media Change: the Aesthetics of Transition,* Cambridge : MIT Press.

Uricchio, W.(2002), Old Media as New Media : Television. In Harries, D.(ed.) *The New Media Book,* London : BFI Publishing.

Uricchio, W.(1992), Television as History : Representations of German Television Broadcasting, 1935-1944. In Murray, B. and Wickham, C.(eds.) *Framing the Past : the Historiography of German Cinema and Television,* Carbondale : Southern Illinois University Press.

Turner, G.(2006), *Film as Social Practice,* 4th Edition, New York : Routledge.

Winston, B.(1996), T*echnologies of Seeing : Photography, Cinematography and Television,* London : BFI.

Williams, L.(ed.)(1995), *Viewing Positions : Ways of Seeing Film,* New Brunswick : Rutgers University Press.

Williams, R.(1974), *Television, Technology, and Cultural Form,* London : Methuen.

Zielinski, S.(1999), *Audiovisions : Cinema and television as entr'actes in history,* Amsterdam : Amsterdam University Press.

07
디지털 미디어와 인터넷

학습목표

미디어의 디지털화는 더 이상 새로운 현상이 아닌 것처럼 보인다. 하지만 디지털 기술의 지속적인 발전에 따른 새롭고 다양한 소셜 미디어 플랫폼의 출현은 현재에도 진행 중인 인터넷의 진화와 밀접한 관계가 있다. 또한 과거 매스미디어가 일방적으로 제공하는 콘텐츠를 소비하던 수용자(consumer)는 디지털 혁명의 산물인 인터넷의 시작과 발전 그리고 진화에 따라 능동적인 생산소비자, 즉 프로슈머(prosumer)로 탈바꿈하기 시작했다. 디지털 혁명과 인터넷의 진화, 더 나아가 소셜 미디어의 발전과 전망에 대한 이해는 관련 용어의 정확한 개념정리와 관련 역사의 사회적 기술적 단계의 흐름에 대한 이해를 요구한다. 이 장의 학습목표는 다음과 같다.

첫째, 디지털 미디어의 의미와 개념 그리고 특성을 이해한다.
둘째, 디지털 혁명에 의한 미디어 융합에 대한 개념을 이해한다.
셋째, 디지털 혁명의 산물인 인터넷의 태동과 발전 그리고 진화하는 단계를 기술적, 사회적으로 설명할 수 있다.
넷째, UCC, 블로그, 소셜네트워크서비스의 발전에 따른 소셜 미디어 등장 배경을 설명할 수 있다.
다섯째, 웹1.0과 웹2.0을 넘어서 웹3.0을 기반으로 진화하는 소셜 미디어의 정의와 특징을 이해한다.
여섯째, 현재의 소셜 미디어가 미래에 어떻게 진화될지에 자신의 견해를 가지고 예측할 수 있다.

1. 디지털 미디어 혁명

1) 디지털의 의미

미국의 MIT미디어랩 교수인 니콜라스 네그로폰테는 그의 책『디지털이다(Being Digital)』에서 디지털 혁명을 자신의 책상 위에 있는 에비앙 생수 한 병과 자신의 계좌에 이체되어 있는 영국 파운드화를 빗대어 설명한다. 스위스 알프스에서 생산되는 빙하수인 에비앙 생수는 원자인 아톰(atom) 물질인 상태로 대서양 거쳐 미국 보스턴에 있는 자신의 책상 앞에 물리적으로 놓여 있지만, 원래 아톰인 영국의 파운드화는 일련의 0과 1로 구성된 이진코드인 비트(bit) 정보로 전자 변환되어 자신의 계좌에 이체되어 들어가 있다고 설명한다. 네그로폰테는 앞으로 세상의 최소 단위는 아톰이 아닌 비트가 될 것이라고 예측하면서 디지털 혁명으로 아톰을 기반으로 한 산업사회에서 비트 단위의 정보사회로의 변환을 주장한다.

오늘날의 새로운 정보기술과 미디어 시대는 디지털 혁명에 기반을 둔다. 전통적인 매스미디어는 정보나 메시지를 원자인 아톰 형태로 수용자에게 전달했다. 예를 들면, 에비앙 생수병처럼 서적, 신문, 잡지, CD 그리고 DVD는 아톰 형태의 정보나 메시지를 담아 유통하는 무게와 크기를 가지고 있는 원자 미디어이다. 그러나 오늘날의 디지털 기술을 이용한 미디어는 전통적인 미디어와는 달리 정보나 메시지를 비트로 구성해 사용자에게 전달한다. 대표적인 디지털 미디어 중 하나인 전자우편인 이메일은 전통적인 종이 우편메일과 달리 종이와 우표를 필요로 하지 않고 우체국 집배원에 의한 배달을 요구하지도 않는다. 전자적으로 배달되는 비트로 구성된 전자메일 메시지는 쉽게 복사될 수도 있고 다른 많은 사람들에게 동시적으로 혹은 비동시적으로 빠르고 저렴하게 전송될 수 있다. 이와 같이 아톰은 비트에 미디어 환경에서도 최소 단위의 자리를 내주고 있다.

2) 디지털 미디어의 개념

디지털(digital)이란 원래 라틴어로 숫자를 의미하는 디지트(digit)에서 유래한 말이다. 지속적으로 변화하는 정보 신호를 전송하는 아날로그 방식과는 상대적으로, 디지털 방식은 정보신호를 0과 1이라는 이진 숫자 부호로 조합해 구성된 정보신호를 처리할 수 있다.

디지털 정보를 처리한 첫 번째 미디어 기기(device)는 컴퓨터이다. 컴퓨터 기술의 발전은 기존 아날로그 방식으로 처리했던 문자, 음성, 그래픽, 영상과 같은 모든 정보들을 일련의 0과 1로 구성된 정보신호인 비트로 전자 변환해 디지털 방식으로 처리할 수 있게 했다. 그렇기 때문에 디지털 미디어는 컴퓨터가 읽을 수 있는 형태로 제작하거나 변형시킬 수 있는 미디어를 의미하기도 한다. 실제로 컴퓨터는 두 개의 숫자(binary digit)라는 의미의 단어를 줄인 비트(bit)로 대표되는 0과 1로 표현되는 정보만을 처리할 수 있다. 예를 들면, 컴퓨터는 숫자 5를 이진코드로 '000101'로 이해하고 처리할 수 있고 알파벳인 대문자 A를 이진코드 '01000001'로 이해하고 처리할 수 있다.

즉, 컴퓨터상에서는 모든 디지털 단어, 노래, 사진, 영화 같은 정보라도 한 줄의 0과 1로 변환되어 처리될 수 있다는 것이다. 그 0과 1의 줄로 이루어진 정보가 너무 길고 복잡하게 구성되어도 모든 정보신호를 디지털 부호로 변환시키면 컴퓨터는 매우 빠르고 자유자재로 계산 처리할 수 있다. 또한 컴퓨터는 문자, 음성, 그래픽, 영상 정보가 차지하는 다른 저장 용량을 제외하고는 일단 디지털 신호로 변환되면 그 다른 유형의 정보들을 동일한 방식으로 처리할 수 있다. 이렇듯 사람들이 읽고 듣고 보는 콘텐츠가 컴퓨터가 읽고 처리하는 형태로 구현되는 과정을 디지털화(digitization)라고 한다. 다른 유형의 정보를 통합해 동일한 방식으로 처리할 수 있는 디지털화의 구현 때문에 각각 다른 미디어(신문, 라디오, TV, 영화, 전화 등)도 하나의 미디어로 수렴될 수 있다.

이러한 정보처리 기술이 미디어에 적용되면서 기존의 아날로그 기반 미디어들이 디지털 기반 미디어가 되기 시작했다. 예를 들면, 디지털 TV 시스템은 디지털 카메라를 이용해 프로그램 콘텐츠를 제작하고 그 디지털화된 정보 신호를 디지털 전송 기술을 이용해 수용자가 시청할 수 있도록 디지털 TV 수상기로 전송한다. 이렇듯 디지털 미디어는 디지털 기술을 통해 콘텐츠의 제작, 처리, 전송을 디지털화하는 미디어를 의미한다.

디지털 미디어 출현의 배경에는 다음과 같은 주요한 기술적 특성을 기반으로 하고 있다. 첫째, 디지털 기술은 쉽게 정보의 오류를 찾고 수정

가능하기 때문에 정보의 신호를 전파 간섭과 왜곡 없이 탁월하게 재생하고 쉽게 복제를 가능하게 해 고화질의 문자, 음향, 그래픽, 영상을 전송할 수 있다. 둘째, 디지털 기술은 다양한 유형의 정보신호를 디지털 부호로 통합적으로 처리해서 쉽게 생산, 편집, 유통하는 것이 용이하다. 셋째, 디지털 영상 압축 기술로 많은 용량의 정보를 압축해 고화질 서비스 제공을 쉽게 구현할 수 있을 뿐 아니라 여러 채널을 통해 전송할 수 있는 것을 하나의 채널을 이용해서 그 안에서 분할 전송할 수 있다.

현재 디지털 서비스를 하는 방송 미디어는 지상파방송, 케이블 TV, 위성방송, 디지털 멀티미디어방송(Digital Multimedia Broadcasting, DMB), IPTV(Internet Protocol TV) 등을 예로 들 수 있는데, 지상파방송과 케이블TV는 과거에 아날로그 방식으로 구현되었지만 현재는 디지털 방식으로 전환된 상태이고 위성방송과 DMB와 IPTV는 디지털 방식으로 처음부터 서비스를 시작했다.

2. 디지털 미디어의 특징

전술한 것처럼 디지털 미디어는 기존의 아날로그 미디어와는 다른 커뮤니케이션 속성을 기반으로 하는 특징들을 가지고 있다. 디지털 미디어의 독특한 특징을 이해할 수 있는 네 가지 커뮤니케이션 특징들은 상호작용성, 멀티미디어화, 비동시성, 개인화를 포함한다.

1) 상호작용성

상호작용성(interactivity)은 디지털 미디어의 주요 특징으로 미디어 사용자의 양방향 커뮤니케이션을 가능하게 한다. 즉, 정보 생산자와 수용자 사이에 동시적이고 지속적인 교환과 즉각적인 피드백(Feedback)이 실현 가능해 정보 생산과 소비가 쌍방향으로 가능한 커뮤니케이션의 조건으로 이해할 수 있는데 종종 쌍방향(two-way) 커뮤니케이션과 동의어로 사용되기도 한다. 상호작용성은 전통적인 'S-M-C-R' 매스 커뮤니케이션 모델과는 다른 쌍방향적 커뮤니케이션 조건을 의미한다. 전통적인 모델에서는 정보송신자(source)는 메시지(message), 즉 콘텐츠를 미디어 채널(channel)을 통해 수신자(receiver)에게 일방적으로 전달하는 것을 의미한다. 그러나 디지털 미디어는 상호작용적인 서비스를 제공함으로써 더 이상 수신자를 수동적인 수용자로 제한하지 않고 수신자들이 끊임없이 정보 송신자에게 피드백하고 능동적으로 콘텐츠를 선택하는 것을 가능하게 만든다.

예를 들면, 디지털 케이블TV, 디지털 위성방송, IPTV는 시청자에게 이전에 방영된 TV 프로그램이나 영화를 VOD 같은 서비스를 제공해 수용자들이 상호작용할 수 있는 시스템을 구현하고 있다. 더 나아가 오늘날 디지털 미디어 수용자는 비디오 라이브러리에서 제공하는 콘텐츠를 선택하는 소비자를 극복하고 디지털 콘텐츠를 재생산하고 유통하는 정보 생산자의 모습을 보이고 있다. 예를 들면, 대표적인 소셜 미디어의 하나인 유튜브(YouTube)에서 사용자는 자신의 디지털 비디오 콘텐츠를 생산하고 다수의 사람들과 동시에 공유해 전통적으로 권위 있는 매스미디어 정보 생산자와 경쟁한다. 이렇듯 대부분의 소셜 미디어 사용자는 디지털 미디어 환경에서 전형적인 아마추어 정보 생산자이자 소비자로서 디지털 미디어와 사용자 사이에서 상호작용하는 특징이 더욱 두드러질 것으로 예측한다.

2) 멀티미디어화

디지털 미디어는 다양한 다른 양식의 정보를 하나의 통합된 정보로 전달할 수 있는 멀티미디어(multimedia)적 특징을 보여 주고 있다. 전통적인 매스미디어는 문자, 음성, 그래픽, 영상 등의 정보신호를 해당되는 개별 미디어를 통해 분리해서 전달했다. 그러나 디지털 미디어는 단일 디지털 정보신호로 디지털화하고 통합해 처리, 저장, 전송할 수 있다. PC 컴퓨터는 멀티미디어의 대표적인 예인데 이 멀티미디어 덕분에 사용자는 컴퓨터로 문서 작업을 하는 동시에 인터넷으로 음악방송을 듣고 지난 TV 프로그램 동영상을 보고 지인들과 이전에 디지털 카메라로 찍은 사진을 공유하며 소통할 수 있다. 이처럼 멀티미디어는 각각의 정보를 컴퓨터, 라디오, TV, 전화 등 다른 미디어를 통해 따로따로 처리하는 불편을 없애 줄 수 있다.

소셜네트워크서비스인 페이스북 사용자 페이지도 멀티미디어의 또다른 유형이다. 예를 들면 페이스북에서 사용자는 문자, 음성, 그래픽과 함께 편집한 영상 비디오를 사용자의 페이지에서 친구들과 공유할 수 있다. 이처럼 오늘날의 멀티미디어는 PC처럼 하나의 미디어가 여러 다른 미디어들의 기능을 하는 미디어일 수도 있고, 페이스북처럼 디지털화된 여러 정보를 사용할 수 있는 응용프로그램 혹은 플랫폼일 수 있다.

더 나아가 멀티미디어는 문자, 음성, 그래픽, 영상 등의 정보신호를 하나의 디지털 형태로 자유롭게 변환할 수 있기 때문에 각각의 정보신호를 쉽게 대체할 수 있다. 예를 들면, 멀티미디어의 디지털 정보 처리 방식에 따라 문자 정보는 음성 정보로, 그래픽 정보는 영상 정보로, 영상 정보는 문자 정보로 변신(transformation)할 수 있다. 이러한 멀티미디어화는 결국 정보와 미디어의 수렴, 즉 융합(convergence)의 토대를 마련해 준다. 결국 디지털 미디어는 서로 상이한 정보 양식을 하나의 디지털 양식으로 통합해 미디어 간의 기능과 정보 양식의 융합을 촉진하고 있다.

3) 비동시성

디지털 미디어는 정보를 각각의 수용자가 원하는 시간에 비동시적(asynchronous)으로 제공할 수 있다. 과거 라디오나 텔레비전 같은 전통적인 매스미디어는 동시적(synchronous)으로 커뮤니케이션했다. 즉, 모든 수용자에게 동일한 콘텐츠를 같은 시간에 동시에 전달했다. 예를 들면, 이전에는 TV 시청자는 프로그램이 방영될 때 시청을 하지 않으면 재방송을 위해 기다려야만 했다. 다시 말하면, 과거에는 수용자가 원하는 시간에는 프로그램을 시청할 수 없었다. 그러나 디지털 기술을 이용한 저장 녹음 기술이 발전함에 따라 디지털 미디어는 수용자가 원할 때마다 원하는 콘텐츠를 제공할 수 있게 되었다.

사실 실시간 라이브로 볼만한 TV 프로그램은 선거방송, 스포츠 경기 생중계 방송, 그리고 속보성 긴급 뉴스 정도일 것이다. 이러한 라이브 선거방송이나 스포츠 경기 방송 프로그램을 제외한다면, 이제 TV 방송사는 다양한 프로그램을 방영한 후 인터넷 자사의 웹페이지에 몇 시간 안에 업로드해서 인터넷 기반의 동영상 서비스를 제공해 시간이동(time-shift)할 수 있다. 또한 최근에는 TV 방송사는 기존의 전통적 방식의 유료 케이블, 위성, IPTV 방식의 셋톱박스(set-top box)의 서비스를 넘어서(over), 푹(pooq), 티빙(tiving), 유튜브(YouTube), 넷플릭스(Netflix) 등 범용 인터넷망 기반의 OTT(over-the-top) 플랫폼 서비스를 이용해 방영 후 빠른 시간 내에 보다 편리하고 값싸게 프로그램을 제공할 수 있다. 이처럼 수용자는 디지털 미디어를 이용해 송신자와의 시간상 공유 없이 자신이 편리한 시간에 원하는 프로그램을 선택해 보는 것이 가능해졌다. 점차적으로 디지털 미디어 시대의 수용자는 매스미디어의 동시성을 극복해 디지털 미디어를 통한 비동시적인 커뮤니케이션을 훨씬 쉽고 다양하게 하고 있다.

4) 개인화

디지털 미디어는 수용자에게 중요하고 필요한 정보를 선별적으로 개인화(personalization)해 제공한다. 이를 탈대중화(demassification)라고도 부른다. 과거의 매스미디어는 다양한 선호를 가진 대중에게 동질적인 메시지와 정보를 무차별적으로 전달했다. 예를 들면, 전파의 희소성 때문에 지상파 TV는 같은 프로그램을 불특정 다수의 대중에게 한꺼번에 방송(broadcasting)했지만, 디지털 기술의 발달로 수백 개의 채널과 다양한 영상 미디어가 등장해 세분화된 수용자들이 원하고 필요한 정보를 협송(narrowcasting)할 수 있게 되었다. 특히 디지털 미디어의 상호작용적인 특징은 수용자가 즉각적으로 피드백하는 속도를 향상시켜 더욱 선별적으로 개인화된 콘텐츠 제공을 가능하게 한다. 예전에는 미디어가 수용자를 이해하기 위해 기존의 시장 세분화(market segmentation) 방식을 사용해 여러 수용자의 성별과 나이 같은 인구학적 특성을 바탕으로 비슷한 유형의 수용자들에게 집단 맞춤형 서비스를 동시에 제공했다. 그러나 요즘의 미디어는 수용자의 라이프스타일과 욕구, 개인 선호도 그리고 미디어를 이용하는 행위를 포함하는 방대한 데이터베이스(big data)를 재료로 급속하게 발전하는 지능형 정보 기술(intelligent information technology)을 엔진기관처럼 이용해 수용자 개개인의 상황을 인식해(context- awareness) 콘텐츠 정보와 서비스를 추천하는 (recommendation) 개인화서비스(personalization service)를 제공하고 있다. 결과적으로 디지털 미디어는 기존 매스미디어의 수용자에 대한 일대다(one-to-many) 커뮤니케이션 방식과는 달리 개개인 수용자에게 가장 적합하고 개인화된 일대일(one-to-one) 커뮤니케이션 방식으로 콘텐츠를 제공할 수 있게 되었다.

3. 미디어 융합

디지털 기술의 발전은 서로 분리되었던 다양한 미디어(서적, 신문, 라디오, TV, 영화, 전화, 컴퓨터 등)가 다른 유형의 문자, 음성, 영상, 데이터 정보를 하나의 디지털 형태로 처리하고 통합하는 것을 가능케 했다. 모든 정보들은 호환 가능한 같은 형식의 정보로 통합되었으므로 본래 다른 정보 양식을 담는 기존의 미디어들 간의 통합도 가능하게 되었다. 디지털 미디어 환경에서 이렇게 다양한 콘텐츠가 디지털화되어 수렴되면서 과거 각 미디어 사이의 구획 구분도 희미해지고 하나의 미디어로 합쳐지는 것을 미디어 간의 수렴 혹은 '융합(convergence)'이라고 부른다.

원래 융합이라는 용어는 디지털 기술과 정보통신 기술의 발전으로 산업 내의 서로 다른 서비스 및 서로 다른 산업 간 경계 구분이 불가능해지면서 한 영역으로 수렴되는 현상을 의미했다. 가장 쉽게 눈에 보이는 융합의 유형은 디지털 기술혁신에 의한 미디어 간 기술적 융합이다. 기술적 융합은 신문, 라디오, TV 같은 각기 다른 유형의 미디어들이 하나의 디지털 미디어 형태로 통합되어 콘텐츠의 생산, 유통, 전달, 소비가 하나의 채널로 가능해지는 것이다. 예를 들면, 신문기자들이 뉴스 기사를 인터넷 뉴스 사이트를 통해 문자, 음성, 영상의 정보를 동시에 이용해서 보도할 필요가 있는데, 이런 유형의 융합을 기술적 융합이라고 할 수 있다. 또한 이러한 유형의 융합은 같은 콘텐츠를 컴퓨터 네트워크로 여러 다른 디지털 기기들에 전송, 교차 사용될 수 있는 것도 의미할 수 있다. 인터넷 서점에서 베스트셀러 소설책을 전자책으로 구매해 스마트폰과 태블릿 컴퓨

그림 7-1 미디어 컨버전스 사례: 구글 TV(좌), 아이패드(우)

출처: http://www.theregister.co.uk, http://living.joins.com

터 및 PC 그리고 전자책 단말기를 통해 똑같은 디지털 콘텐츠를 사용하는 것도 또 다른 예가 될 수 있다.

미디어 융합은 과거 다른 미디어 산업이라고 여겼던 것이 산업 간 경계가 무너지면서 하나의 산업 분야로 결합되고 통합되는 현상도 의미한다. 이를 경제적 혹은 산업적 융합이라고 부르는데 주로 전통적인 미디어 회사들과 통신 회사들이 합쳐지는 것을 의미한다. 미디어 회사들은 서로 합병하며 크게 성장했는데 이러한 과정을 종종 경제적 융합이라고 부른다. 가령 2000년도에 미국의 세계 최대 인터넷 회사인 AOL과 거대 미디어 그룹인 타임워너가 합병했는데, 그 결과 합병 회사인 AOL 타임워너는 경제적 융합의 시너지를 개척했다. 국내에서는 2006년에 IPTV 등장에 따른 방송과 통신의 융합이 일어났다. 결국 이제 방송과 통신을 구분하던 기준이 점차 희미해지고 있는 셈이다.

구글과 애플 그리고 페이스북 같은 미디어 회사들도 디지털 미디어의 융합에 따른 미디어 산업의 변화를 가속화하고 있다. 애플은 아이튠즈(iTunes)로 음반 산업에서 가장 큰 영향력을 가지게 되었고, 아이패드(iPad)로 인쇄와 비디오 미디어 산업을 흔들고 있다. 구글은 광고주들이 점점 온라인 검색과 관련된 광고에 투자함에 따라 세계에서 가장 커다란 광고 매체가 되었다. 소셜네트워크서비스 회사인 페이스북은 전 세계 수천만 페이스북 사용자를 위한 광고 매체뿐만 아니라 거대한 사회적 연결망 플랫폼으로서 성장하고 있다.

4. 인터넷의 태동과 발전

1) 인터넷의 개념

인터넷은 디지털 개혁의 상징이자 혁명의 산물이다. 인터넷이 우리 주위의 모든 것을 바꾸었다고 감히 단언할 수 있다. 즉, 우리가 살아가는 세상의 경제, 정치, 과학, 교육, 커뮤니케이션 방식과 문화 등 거의 모든 것을 변화시켰다. 특히 인터넷은 사람들이 매스미디어를 이용하는 방식과 다른 사람들과 커뮤니케이션하는 형태를 완전히 바꾸었는데, 구글 (Google), 애플(Apple) 그리고 아마존(Amazon.com) 같은 인터넷 회사들이 이를 바탕으로 오늘날 매스 커뮤니케이션의 주요 사업자가 된 것이 그 좋은 예다. 또한 최근에는 페이스북(Facebook), 트위터(Twitter), 그리고 유튜브(YouTube) 같은 소셜 미디어가 사회 구성원들 간 커뮤니케이션을 위한 새로운 채널들을 제공하고 있는데, 이러한 점에서 인터넷은 미디어 산업과 수용자에게 사회 전체의 커뮤니케이션을 위한 새로운 기회를 제공하고, 다른 한편으로는 커다란 도전을 요구한다 해도 과언이 아닐 것이다.

2) 인터넷의 태동

(1) 인터넷의 시작

많은 사람들은 인터넷이 대중적 목적으로 최근에 만들어진 것으로 알고 있지만, 원래의 인터넷은 20세기 미국과 소련의 냉전 시대에 군사적 목적을 위해 개발되었다. 당시 미국은 소련의 핵 공격에 자국의 컴퓨터 네트워크가 위험해질까 걱정하고 있었는데, 1969년에 미국 국방부의 한 부서인 국방고등연구계획국(Defense Advanced Research Projects Agency, DARPA)은 핵전쟁이 발생해도 컴퓨터들이 서로 작동할 수 있는 시스템을 고안해 냈다. 만약 전쟁이 일어나면, 소련이 미국의 한두 개 컴퓨터 네트워크를 파괴하더라도 국가 내 기관들 사이의 기본적 커뮤니케이션 네트워크를 보존하는 것이 가장 중요했기 때문이다. 이것이 바로 인터넷의 시초다.

이를 위해 국방부 컴퓨터 전문가들은 하나의 컴퓨터 네트워크 시스템을 여러 컴퓨터 네트워크들로 분산시켰고, 각 컴퓨터 네트워크들은 생

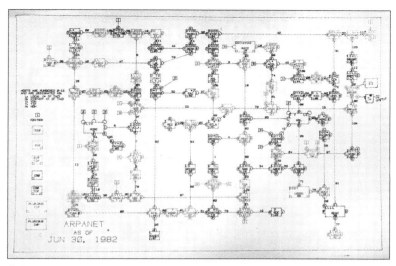

출처:http://commons.wikimedia.org/wiki/File:ARPANET_as_of_Jun_30,_1982_-_BBN_m
ap-DSC00123.JPG

그림 7-2 아르파넷 지도
(1982년 6월 30일 자)

존을 위해 서로 연결되었다. 이렇게 분산된 컴퓨터 네트워크 시스템은 담
당국의 이름을 따라 아르파넷(ARPANET)이라고 명명되었고, 전체 통신
망의 운영에 지장이 없도록 미국 4개 대학(UCLA, 스탠퍼드, USCB, 유타
대학 등)의 연구소들과 연결되었다. 기술적으로 아르파넷은 컴퓨터들 간
의 원활한 데이터 교환을 위해 새로운 정보통신 방식인 패킷 교환(Packet
Switching)을 채택, 모든 컴퓨터들이 데이터 전송 시 패킷이라는 기본 단
위로 데이터를 분해해 전송한 후 다시 원래의 정보를 재조립해 처리하게
했다. 이러한 특성으로 말미암아 아르파넷은 컴퓨터 네트워크의 한 부분
이 작동하지 않더라도 나머지 네트워크들이 여전히 정상적으로 기능할
수 있는 특성을 갖게 되었고, 이후 1972년에 미국에서 열린 국제통신회의
에서 최초의 인터넷 버전이 대중 앞에 첫 선을 보이게 되었다.

(2) 인터넷의 대중 공개

1972년은 인터넷이 탄생해 대중에게 인식된 중요한 해다. 첫째, 이 해에
아르파넷이 처음으로 대중에게 공개되었을 뿐만 아니라 전자우편인 이
메일(e-mail) 서비스가 최초로 대중에게 공식적으로 소개되었기 때문이

271

다. 둘째, 같은 해에 '인터네팅(internetting)'이라는 용어가 소개되었는데, 이는 현대 인터넷의 특징을 개념적으로 규정하는 '네트워크들의 네트워크(network of networks)'란 개념을 잘 설명하고 있다. 마지막으로, 아르파넷과 독립적인 컴퓨터 네트워크들 간의 자료 전송을 원활하게 하고 다른 네트워크 주소를 쉽게 찾아갈 수 있게 하는, 오늘날 인터넷에 사용되는 주요 통신 규약인 TCP/IP가 바로 이 해에 만들어졌다.

(3) 인터넷을 위한 표준 통신 · 전송 기술 발전

정보기술과 통신기술의 비약적 발전에 따라 당초 군사적 네트워크의 보호와 유지를 위해 만들어진 아르파넷은 점차 비군사적인 분야로 전파된다. 미국은 주요 대학과 연구 기관을 연결하는 여러 컴퓨터 네트워크를 추가하면서 아르파넷이 기관들의 연구원들 간에 연구 정보를 나누고 협업을 지원하는 용도로 그 범위를 확장하게 된 것이 대표적이다. 이어 1980년대에 이르러서는 소프트웨어의 개발로 학교, 연구소, 기업의 컴퓨터들이 근거리통신망(Local Area Network)에 연결되었고 아르파넷은 이런 근거리통신망들과 연결되어 더욱 커다란 네트워크가 되었다. 여기에 전술한 TCP/IP가 표준 통신 규약으로 정해지면서 아르파넷은 더욱 강한 네트워크 기능을 발휘할 수 있게 되었다.

인터넷 규약이 TCP/IP로 표준화된 이후 인터넷은 독자적으로 성장하던 통신 네트워크인 전자 메일, 파일 전송(FTP), 공개 게시판(USENET) 네트워크와 연결되면서 더욱 다양한 용도로 주로 정부와 대기업 그리고 수많은 학술 전산망을 통해 퍼져 나갔다. 이와 같은 초기 네트워크 사용자들은 주로 과학자들과 컴퓨터 전문가들이었는데, 이러한 이유로 그 당시 많은 사람들은 인터넷은 진보된 과학과 기술에 관심이 있는 사람들의 전유물로 생각했다.

1986년에 미국 국립과학재단(National Science Foundation)은 아르파넷의 TCP/IP를 통신의 기본 규약으로 채택하고, 슈퍼컴퓨터센터를 미국 5개 대학에 세웠다. 해당 단체는 자신의 네트워크를 아르파넷으로 연결하고, 다시 지역에 있는 많은 미국의 대학들과 민간 연구소들의 네트워크들을 자신의 슈퍼컴퓨터센터에 연결하면서 국립과학재단네트워크

(NSFNET)를 구축했는데, 그 결과 많은 미국의 과학자들은 이 네트워크를 사용해 학술 정보와 자료를 공유할 수 있었다. 이러한 기술혁신은 차츰 저널리스트, 작가, 의사, 법조인, 사업가 등 엘리트 집단에게 인터넷의 잠재력을 깨닫게 하는 계기가 되었고, 이후 인터넷 사용은 가시적으로 증가해 진정한 의미의 '인터넷'이 탄생하게 되었다. 또한 아르파넷을 더 이상 군사용으로 사용하지 않게 되면서 인터넷은 순수한 민간 네트워크로 재탄생하게 된다.

3) 인터넷의 성장 배경

인터넷이 대중에게 정보의 바다로 인식될 수 있었던 것은 인터넷이 가진 엄청난 정보의 양 때문인 것은 부인할 수 없다. 그러나 인터넷의 의미가 '서로 연결되어 있는 전 세계의 컴퓨터'로, 사용자들의 만족도가 늘어난 진정한 이유는 많은 사람들이 인터넷을 사용하면 할수록 인터넷이 가진 네트워크의 가치가 그만큼 늘어났기 때문이다. 즉, 사용자와 그 사용자가 제공하는 정보가 연결되어 있는 인터넷이 성장할수록, 사람들의 인터넷에 대한 수요는 점점 커지고, 그 수요는 다른 사람들의 수요에 또다시 큰 영향을 주어 인터넷 소비는 증가되기 마련이다. 결과적으로 사용자가 많아질수록 인터넷을 사용함으로써 얻게 되는 효용과 가치가 더욱 크게 기하급수적으로 증가하는데, 이러한 현상을 네트워크 효과(network effect)라고 한다. 많은 사람들이 알고 있는 유명한 '메트칼프의 법칙(Metcalfe's Law)'이 이러한 네트워크 효과를 기술하는 법칙이다. 이 법칙은 네트워크가 커짐에 따라 비용의 증가규모는 점차 줄어들지만 네트워크 가치는 사용자 수의 제곱으로 비례해 증가한다고 주장했다. 즉, 사용자의 수가 10배가 되면 네트워크의 가치는 100배로 증가하는 것이고, 사용자의 수가 100배가 되면 네트워크의 가치는 1만 배로 증가하는 것을 예측하면서, 인터넷의 확대가 시대적 흐름임을 증명한 바 있다.

(1) 월드와이드웹의 개발

인터넷의 폭발적인 성장은 크게 네 가지 기술적 발전의 도움을 받았다. 그 첫째는 1991년에 개발된 월드와이드웹(World Wide Web, WWW) 혹은 간략히 웹(Web)이다. 월드와이드웹의 출현은 인터넷이 단순한 문서 정보 교환을 넘어 멀티미디어 정보통신망으로 확대하게 된 커다란 계기가 되었다. 월드와이드웹의 시초는 1991년 스위스 유럽입자물리학연구소(CERN)에서 일하던 과학자 팀 버너스리(Tim Beners-Lee)가 인터넷에 연결되어 있는 서로 다른 컴퓨터의 문서들을 연결하기 위해 컴퓨터 사용자가 이용할 똑같은 커뮤니케이션 프로그램을 개발한 데서 출발한다. 바로 이 프로그램이 월드와이드웹인데, 해당 프로그램은 다른 컴퓨터의 문서 간 커뮤니케이션을 위해 HTTP라는 새로운 규약을 표준으로 삼았고, HTML(Hypertext Markup Language)이라는 하이퍼텍스트 언어를 사용해 전자 문서를 작성하도록 규정한 특징을 지닌다. 이런 규약과 언어를 기반으로 월드와이드웹은 다른 컴퓨터 네트워크에 흩어져 있는 문서들을 하이퍼링크(Hyperlink)를 통해 가상의 전자문서들을 연결시켰다. 이로 인해 사용자는 간단히 마우스로 하이퍼텍스트로 된 문장을 눌러 전 세계 네트워크의 문서들에 접근할 수 있게 되었으며, 월드와이드웹의 기본적 커뮤니케이션 법칙만 지킨다면 어느 기관이나 개인도 자신의 페이지를 만들 수 있게 되었다. 이러한 월드와이드웹의 기능은 증가일로에 있던 인터넷의 사용을 폭발적으로 증가시켰는데, 그 핵심은 전문가 집단뿐 아니라 일반 대중의 접근을 본격적으로 지원했다는 점에서 찾을 수 있다.

(2) 웹 브라우저의 개발

인터넷의 폭발적인 성장에 기여한 두 번째 기술은 웹 브라우저(browser)다. 웹 브라우저의 개발은 인터넷 사용자가 웹상에서 정보를 찾는 것을 더욱 쉽고 편리하게 만들었는데, 1993년에 모자이크(mosaic)라는 브라우저가 최초로 개발되어 사용자가 그래픽 디스플레이를 이용해 편하게 웹에서 정보를 탐색할 수 있게 한 것이 최초이다. 이어 1994년에는 모자이크를 개발한 몇몇 사람들이 회사를 차려 넷스케이프(Netscape)라는 브라우저를 개발했고, 몇 년 지나지 않아 소프트웨어 회사인 마이크로소프트사는 인터넷 익스플로러(Internet Explorer)라는 브라우저를 개발했다. 이후 모질라에서 파이어폭스(Firfox), 애플에서 사파리(Safari), 구글에서 크롬(Chrome) 등의 브라우저가 개발되어 일반인들이 문자정보와 그림,

그림 7-3 최초의 웹 서버
'This NeXT
workstation
(a NeXTcube)'

출처: http://en.wikipedia.org/wiki/File:First_Web_Server.jpg

음성, 동영상 등의 멀티미디어 정보를 인터넷에서 서로 교환하고 공유할
수 있게 되었다.

(3) 검색엔진의 대중화

인터넷의 대중화에 기여한 세 번째 중요한 인터넷 기술은 검색엔진
(search engine)이다. 검색엔진은 사용자가 선택한 용어에 대해 인터넷
을 스캔해 '적절성(relevance)'이란 알고리즘을 통해 인터넷의 수많은 정
보를 정리해 제공하는 웹서비스를 말한다. 즉, 사용자가 인터넷상의 수많
은 정보 중 필요한 정보를 가장 쉽고 빠르게 취사선택할 수 있는 수단인
셈인데, 해외에서는 구글(Google)과 야후(Yahoo!) 같은 검색엔진이 잘
알려져 있고, 국내에서는 네이버(Naver)와 다음(Daum)이 대표적 사례
다. 검색엔진의 기술적 발전은 인터넷이라는 콘텐츠 정보 바다에 빠져 무
엇을 어떻게 찾아야 할지 모르는 사용자에게 인터넷이 아주 유용한 정보
도구라는 것을 다시 한 번 일깨워 주었다. 다시 말해 검색엔진은 사람들
의 정보 취득에서 가장 중요한 수단이 되었고 인터넷의 폭발적 성장에 직
접 기여하게 된 것이다.

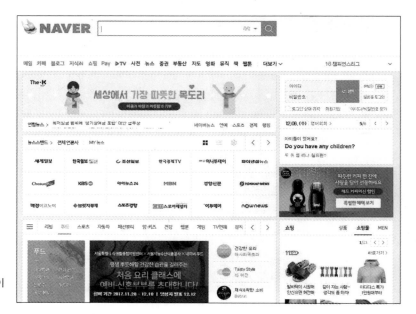

그림 7-4 포털 사이트 '네이버' 화면

(4) 포털 사이트의 등장

검색엔진 대중화와 더불어 포털 사이트의 등장 역시 인터넷의 폭발적인 대중화에 커다란 기여를 했다. 여기서 포털(portal)이란 사전적으로 '현관' 또는 '관문'을 뜻하는데, 이 말처럼 포털 사이트는 사용자가 인터넷에 접속할 때 늘 거치게 해 웹브라우저를 실행시켰을 때 처음 나타나 사용자가 필요로 하는 다양한 서비스를 종합선물형식으로 제공한다. 즉, 포털 사이트란 다양한 인터넷 콘텐츠를 일정한 기준에 의해 분류, 제공하는 웹서비스 사이트를 의미하는 것이다.

주지하듯, 인터넷은 전자메일, 파일전송, 공개 게시판, 월드와이드 웹 등에서 생산된 다양하고 많은 콘텐츠를 자양분으로 다양한 콘텐츠 제공자, 소비자, 유통자가 서로 연결되고 그들의 콘텐츠의 생산, 소비, 유통이 자연스럽게 이루어지는 시장과 같은 하나의 미디어 플랫폼으로 성장해 왔다. 여기서 콘텐츠는 개념적으로 모든 형태의 정보-쉽게 말해 인터넷상에서 사용자가 읽고 듣고 보고 주고받는 모든 이야깃거리-를 포괄한다. 그러나 인터넷에는 너무나 다양하고 방대한 콘텐츠가 있기 때문에 인터넷 사용자가 검색엔진을 이용하더라도 즉각 자신이 원하는 콘텐츠를 찾는 것은 어렵다. 이러한 사용자 검색의 어려움을 인식하고 야후(Yahoo!), 구글(Google), 네이버(Naver), 다음(Daum)과 같은 사이트는 첫 페이지에 사용자가 관심이 있을 콘텐츠를 일정한 기준으로 분류하고 제공하기 시작했는데, 이러한 시도는 기존 검색엔진 서비스뿐만 아니라 포털 서비스를 동시에 제공하면서 인터넷에 이미 존재하고 연결되어 있는 콘텐츠를 사용자에게 더 효과적으로 제공할 수 있는 계기가 되었다. 결과적으로 이런 포털 사이트의 등장은 사용자들이 인터넷이라는 정보의 바다에서 자신이 원하는 정보를 더욱더 쉽고 간편하게 찾아 읽고 이용할 수 있게 한 셈이다. 그러나 포털 서비스는 사용자들이 인터넷에서 직접 콘텐츠를 제작하고 유통할 수 있다는 사실에는 여전히 큰 관심을 두지 않았다는 점에서 그 한계를 찾을 수 있다.

5. 인터넷의 진화

1) 국내 인터넷 이용 실태

한국인터넷진흥원의 인터넷 이용실태조사(2016)에 따르면 우리나라는 2016년 7월 현재, 만 3세 이상 전체 인구의 88.3%가 인터넷을 이용하는 것으로 나타났고, 이용자 수는 4300만 명을 넘어섰다. 인터넷 이용자의 연령별 구성비로 보면 10대(100%), 20대(99.9%), 30대(99.8%) 젊은 층은 100%에 가깝게 거의 대부분이 인터넷을 이용하고 있고 40대(99.4%)와 50대(94.9%)의 중년층도 거의 100%에 육박하게 인터넷을 이용하고 있다. 특히 3~9세 어린 아동의 인터넷 이용률도 82.9%로 상당히 높은 이용 수준을 보여 주고 있다. 60대의 74.5%, 즉 4분의 3, 70세 이상 노년층의 약 25.9%, 즉 4분의 1 정도가 인터넷을 이용하고 있는 것으로 나타났다. 그리고 전체 인터넷 이용자 10명 중 약 9명(85.9%)은 일반 이동전화, 스마트폰, 스마트패드, 웨어러블 기기 등의 무선단말기를 이용해 장소 구분 없이 이용하고 있고 매년 그 비율이 증가하는 것으로 나타났다. 우리나라 인터넷 이용자의 주 평균 이용 시간은 14시간 17분(일 평균 2시간)

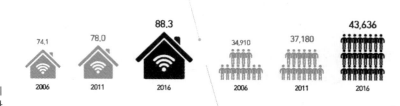

그림 7-5 국내 인터넷 이용률 및 이용자 수 변화 추이 (단위: %, 천명)

출처: 한국인터넷진흥원(2016), 『2016년 인터넷 이용실태 조사』

이며, 인터넷 이용자 중 약 절반가량(48.8%)이 주 평균 14시간(일 평균 2시간) 이상을 사용하는 것으로 나타났다. 한편 남성(91.0%)과 여성(85.6%) 간의 인터넷 이용 격차(5.4%)는 미세했다. 요약하면, 70대 노년층의 극히 일부를 제외하고는 국내 인구 대부분이 인터넷에 접근할 수 있고 장소 구분 없이 다양한 유무선기기를 사용해 인터넷을 사용하고 있다고 할 수 있다. 주목할 만한 점은 2011년 기준 65세 이상 고령층의 인터넷 이용률은 13.4%에 불과했으나, 2016년 고령층의 인터넷이용률은 38.4%로 나타나 5년 전에 비해 2배 이상 높아졌다. 이러한 추세로 볼 때 인터넷 및 스마트폰 이용에 능숙한 고령층이 점점 증가할 것으로 예측 가능하다.

인터넷 이용자들의 용도를 살펴보면, '커뮤니케이션'(91.6%) 동기가 가장 높았으며, 다음이 '여가활동'(89.1%), '자료 및 정보획득'(89.1%) 순으로 나타났다. 다른 주요 용도로는 '홈페이지 등 운영', '교육과 학습', '직업과 직장' 등의 이용이 그 뒤를 잇는 것으로 나타났다(그림 7-6 참조). 요약하면 주로 인터넷 이용자들은 원하는 정보나 여가, 혹은 경제적 혜택을 얻어내고 싶은 도구적(instrumental)목적(예: 정보 획득, 여가활동 등)과 자아표현을 통해 나의 존재를 드러내고 다른 사람들과 관계를 잘 형성하고 유지하고 하는 사회적(social)목적(예: 커뮤니케이션, 홈페이지와 블로그 운영, 온라인 커뮤니티 활동 등)으로 인터넷을 이용하고 있는 것으로 나타났다.

2) 인터넷 이용의 진화

인터넷은 사용자 중심의 다양하고 방대한 콘텐츠를 기반으로 성장해 왔다. 이러한 사용자를 위해 야후, 구글, 네이버, 다음과 같은 포털 사이트들은 인터넷에 연결된 모든 콘텐츠를 보다 검색하기 쉽고 찾아가기 쉽도록 서비스를 제공했다. 그러나 인터넷 사용자가 더욱 늘어나고 다양한 서비스가 개발됨에 따라 차츰 사람들이 인터넷을 사용하는 목적이 '콘텐츠를 읽고 보기 위한 것'에서 '콘텐츠를 만들고 공유하는 것'으로 서서히 옮겨가고 있다. 가령, 디지털 사진 촬영이 대중화되고 본인이 사용할 수 있는 웹페이지의 제작이 용이해짐에 따라 사용자들은 자신이 사진이나 동영상을 직접 제작하고 편집해 웹사이트에 올리고 다른 사용자들과 의견을 적극적으로 교환하고 공유하기 시작했다. 이렇게 인터넷 수용자가 다양한 서비스들을 보다 능동적으로 이용하기 시작하면서 사용자들이 직접 제작한 콘텐츠의 양은 더욱 크게 늘어났다. 쉽게 말해 사람들은 이제 단순히 인터넷이 제공하는 '콘텐츠를 소비하는 것'을 넘어 스스로 '콘텐츠를 만들어 내기' 시작한 것이다.

이런 인터넷 사용 변화에 대한 사회문화적이고 철학적인 기저를 설명하는 것이 공유·개방·참여를 지향하는 웹2.0(Web 2.0)이라는 개념이다. 이를 가장 잘 대표하는 서비스로는 사용자의 참여와 공유가 강조되는 UCC(User Created Content), 정보와 소통의 개방을 강조하는 블로그(Blog), 그리고 친구와 지인과의 사회적 교류를 형성하고 유지할 수 있는 소통 공간을 강조하는 소셜네트워크서비스(Social Network Service, SNS) 등을 들 수 있다.

(1) 웹2.0

21세기 들어 디지털 또는 인터넷 기술의 발달은 많은 정보의 공유와 유통, 그리고 사회적 관계의 확장 기회와 연결되었다. 이러한 현상은 2004년 팀 오라일리(Tim O'Reilly)가 제안한 웹2.0 개념과 긴밀히 연결된다. 웹2.0은 초기의 하이퍼텍스트(hypertext) 위주의 텍스트와 링크가 주된 형태인 기존의 정적인 웹 환경을 벗어나, 인터넷 개발자들과 이용자들이 음악이나 동영상 같은 멀티미디어 콘텐츠 제작에 함께 참여하고 그 기술

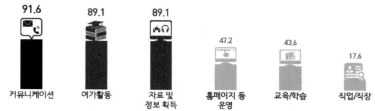

91.6 커뮤니케이션
89.1 여가활동
89.1 자료 및 정보 획득
47.2 홈페이지 등 운영
43.6 교육/학습
17.6 직업/직장

그림 7-6 국내 인터넷 이용자 이용 용도 분포(단위: %)

출처: 한국인터넷진흥원(2016), 『2016년 인터넷 이용 실태 조사』

이나 콘텐츠를 공유하도록 기술적으로 개방된 역동적인 웹 환경, 즉 참여, 공유, 개방을 가능케 하는 웹 플랫폼을 일컫는다. 다시 말해 특정한 데이터를 모아 사용자에게 보여 주기 위해 제공하는 인터넷 서비스가 주를 이루는 웹 환경이 웹1.0 기반의 미디어 플랫폼이라면 사용자가 직접 새로운 정보를 입력하고 그 정보를 가공하고 재생산, 유통, 공유할 수 있게 해 주는 인터넷 서비스가 주를 이루는 웹 환경을 웹2.0을 기반으로 하는 미디어 플랫폼이라고 할 수 있다. 웹2.0 개념의 확산은 미디어 콘텐츠 수용자가 수동적인 소비자가 아니라 동시에 주체적이고 능동적인 생산자이자 소비자로서 새로운 인터넷 환경과 자연스럽게 연결됨을 의미한다. 전술한 대로 UCC, 블로그와 소셜네트워크서비스 등은 웹2.0의 특성인 참여 · 공유 · 공개의 철학적 개념 및 기술적 속성을 잘 구현하고 있다. 이 새로운 인터넷 서비스들은 인터넷의 가장 큰 특징 중 하나인 상호작용성을 이전보다 더욱 향상시켜 새로운 사회 문화를 만들어 가고 있다.

(2) UCC

웹2.0의 참여와 공유 그리고 개방이라는 웹 환경 변화를 대표하는 주요 웹 서비스 중 하나가 UCC(User Created Content)이다. 이 서비스를 이용해서 인터넷 사용자가 디지털 콘텐츠를 직접 제작해 그 콘텐츠를 다른 불특정 사용자들에게 공개적으로 보여 주고 공유할 수 있다. 이처럼 불특정 다수에게 소비자가 직접 제작한 콘텐츠를 보여 주는 서비스를 UGC(User Generated Content)라고도 불리는데, 이는 다시 전문가가 아닌 일반인이 상업적 목적 없이 손수 만든 동영상, 그림, 글, 사진 등의 디지털 제작물 자체로도 정의될 수 있다. 이러한 UCC의 개발과 확산으로 개인 사용자는 자신의 블로그나 유튜브(Youtube) 같은 공간에서 스스로 만든 콘텐츠를 올리고 불특정 다수의 사람들과 콘텐츠를 공유하고 커뮤니케이션하기 시작했다.

흥미롭게도, 모바일 기기의 확산으로 인터넷 사용 인구가 더욱 증가하고 페이스북과 트위터 같은 소셜네트워크서비스(Social Network Service) 같은 다양한 소셜 미디어가 출현하면서 그 범위는 낯선 사람뿐 아니라 사용자의 친구나 지인과의 UCC 콘텐츠 공유로까지 확대되기 시작했다. 전통적 미디어 환경에서는, 일반인들이 전문가에 의해 제작된 미디어 콘텐츠를 소비하는 소비자(consumer) 역할에 한정될 수밖에 없었지만 인터넷 기술의 발달로 일반인들도 미디어 콘텐츠를 손쉽게 제작, 배포할 수 있는 역할까지 할 수 있게 되었다. 즉 인터넷은 일반인을 미디어 콘텐츠 제작자인 프로듀서(producer)와 소비자인 컨슈머(consumer) 두 역할 모두를 가능케 한 것이다. 이로 인해 프로듀서와 컨슈머의 합성어인 프로슈머(prosumer)란 단어가 UCC의 등장과 함께 널리 쓰이게 되었는데, 이러한 새로운 인터넷 환경에서 사람들은 자신이나 다른 사람들이 제작한 UCC와 전통적인 미디어 전문가가 제작한 콘텐츠를 차별하지 않는 특징이 있다. 특히 UCC는 디지털 기기와 어릴 때부터 함께 자라온 디지털 네이티브(Digital Native) 세대에게 자신의 소소한 일상과 주변의 감동적인 이야기를 다른 사람들과 함께 나누는 표현과 소통 수단이 되었다. UCC가 인터넷 사용자들의 생활 전반에서 자기표현의 수단이자 소통의 도구가 된 것이다.

최근에는 UCC가 단순한 개인 콘텐츠 범위에서 벗어나 인터넷 사용자들의 사회 참여 도구로 활용되기도 한다. 정치를 풍자하고 사회적 문제점에 대한 자기의 의견을 제시하는 도구로도 UCC가 사용되면서 뚜렷한 하나의 사회·문화 현상으로 자리매김하고 있다.

표현과 소통의 수단으로서의 UCC가 주목 받고 있는 이유는 상업적 의도 없이 참여·공유·개방의 정신을 기본으로 인터넷 문화에 영향을 끼치고 있기 때문이다. 미국 ≪타임스(The Times)≫는 2006년 '올해의 인물(Person of the Year)'로 'You(당신)', 즉 직접 참여하는 인터넷 문화를 만들어 낸 일반 사람들 모두를 선정했다. 당시 기사에는 우리나라 ≪오마이뉴스≫ 시민기자단에 대한 언급도 있었다. 달리 표현하면, UCC 는 인터넷의 상호작용성을 기반으로 누구나 참여하고 소통할 수 있는 '참여형 공간'으로 인터넷을 변화시키고 있는 것이다.

(3) 블로그

블로그(blog)란 웹(web)과 로그(log)의 합성어로 초기에는 웹로그 (weblog)라 불렸다. 블로그는 개인의 생각, 의견, 주장 등을 인터넷 웹상에 일기처럼 순서대로 작성해 올려 다른 사람도 볼 수 있게끔 개방해 놓은 글들의 모음이다. 이처럼 블로거(blogger)는 인터넷에 글과 사진들을 올려 주관적이고 개인적인 표현으로 자신을 드러내거나 다른 사람들과 자유롭게 지식과 정보, 그리고 의견을 교환하는 것에 초점을 두는 특성이 있다.

1994년 미국의 저스틴 홀이 시작한 온라인 일기 형식이 가장 초기의 블로그 형태로 알려져 있다. 그러나 2000년대 들어서야 블로그가 인기를 끌기 시작했는데, 초기의 블로그는 글을 올리고 관리를 하기 위해서는 초기 웹 서비스의 홈페이지 제작과 관리처럼 프로그래밍 언어나 HTML 언어 편집 능력을 요구했기 때문이다. 이후 기존의 웹 서비스나 포털 서비스에서도 이러한 블로그 기능이 추가되어 개인화한 블로그 서비스를 제공하기 시작했다. 이러한 이유로 블로그 사용자는 급격히 늘었다. 우리나라에서는 2003년 다음과 네이버 등 포털 사이트에서 블로그 서비스를 제공하기 시작했다.

블로그의 인기는 사용의 편리성에 기인한다. 프로그래밍 언어나 웹 프로그래밍 언어 능력을 요구하는 개인의 홈페이지에 비해 블로그는 인터넷 사용자가 보다 쉽게 자신의 생각과 의견을 인터넷을 통해 소통할 수 있는 도구를 제공한다. 한편 블로그 이용자를 위한 새로운 여러 기능이 추가되면서 블로그 사용자는 폭발적으로 늘어나고 있는 추세인데, 예를 들어 최근의 블로그 서비스들은 커뮤니티, 멀티미디어 출판, 상호 전송 기능을 제공하면서 더욱 강력한 미디어 형태로 변화하고 있다. 블로그는 개인적인 성격을 가지고 있지만 인터넷의 상호작용성, 탈대중화 특징을

통해 기존의 전통적 대중 미디어에 못지않은 힘을 발휘할 수 있기 때문에 '1인 미디어'라고도 부른다.

　　미국의 ≪허핑턴포스트(The Huffinton Post)≫는 블로그를 논의할 때 꼭 눈여겨볼 필요가 있는 온라인 언론 매체 중 하나이다. ≪허핑턴포스트≫는 블로그 기반 온라인 신문으로 2005년에 미국의 여성 컬럼니스트인 아리아나 허핑턴(Ariana Huffingon)이 설립했고, 2011년 2월 미국 인터넷 서비스 회사인 AOL(America Online, Inc.)이 3억1500만 달러(약 3500억 원)에 인수되었다. 2011년 5월에는 월간 순방문자 수에서 뉴욕타임스 온라인 사이트를 추월했고 2012년에는 온라인 언론으로는 탐사보도로 최초로 퓰리처상을 수상했다. 2014년에는 한겨레신문과 제휴를 맺어 ≪허핑턴포스트 코리아≫ 한국어판 서비스가 공식 출범했다. 2017년에는 애칭이었던 '허프포스트(The HuffPost)'로 개칭했다. 해당 매체에서는 약 700명의 기자와 5만 명 이상의 블로거(Blogger)가 정치, 경제, 스포츠·엔터테인먼트, 생활건강 등 다양한 영역을 집필하고 있다.

　　'허프포스트'의 가장 주목할 만한 특징은 사용자들이 단순히 기사를 읽도록 서비스를 제공하는 것에 그치지 않고 페이스북 같은 소셜네트워크서비스 연결을 기반으로 친구와 지인들과 소통하면서 뉴스를 함께 공유하는 소셜 뉴스 미디어로 진화했다는 것이다. 이는 '허프포스트'가 인터넷 사용자들이 사이트에 머무르면서 다른 사용자들과 함께 기사에 대해 이야기를 하고 있다는 경향을 파악하고 소셜 미디어 성장 가능성에 주목해 2009년 8월부터 '허핑턴포스트 소셜뉴스'란 페이스북 연결 서비스를 본격적으로 제공하는 소셜 뉴스 전략을 펼쳤기에 가능했다. 이러한 현상에는 여러 원인이 있겠지만 기본적으로 인터넷 이용자가 전업 기자들이 전달하는 전통 미디어를 통해 뉴스를 접하려는 것보다 수많은 블로그를 통한 뉴스를 지인과 친구들과 함께 접하고 공유하면서 정보활동에 적극적으로 참여하고 관여하려는 경향이 더 많아지는 것으로 해석할 수 있다. 사회적 연결망에서 생성된 데이터들의 연결성이 점점 강화되는 현상의 한 예로 볼 수 있다.

6. 소셜 미디어의 등장: 소셜네트워크서비스를 중심으로

1) 소셜네트워크서비스의 출현과 의미

앞에서 언급한 것처럼, UCC나 블로그를 통해 소비자가 제공한 콘텐츠의 양이 크게 늘어나자 그 콘텐츠에 대한 중요성도 커졌다. 또한 점차 주변의 친구나 지인 대부분이 인터넷을 사용하게 됨에 따라 사용자가 제작한 콘텐츠를 불특정 다수와 공유하고 커뮤니케이션하는 것보다 친구와 지인들과 공유하고 커뮤니케이션하는 것이 용이해졌다. 사용자는 지인과 함께 콘텐츠를 공유할 수 있음에 따라 그들에게 자신의 존재를 알리고 사회적 인정을 받으려는 욕구를 충족하는 것이 훨씬 강화되었다. 예를 들면, 친구들과 함께했던 일상의 일들을 기록하고 관련 사진을 인터넷에 공유하고 이에 대한 이야기를 교환함에 따라 친구들과 나는 서로를 더욱 이해하고 공감할 수 있다.

　더 많은 친구들과 함께 콘텐츠를 공유하고 관계를 맺고 유지하는 것이 인터넷 활용의 중요한 목적으로 인식되면서, 인터넷의 주도권은 기존의 검색과 포털 사이트에서 페이스북(Facebook)과 트위터(Twitter)와 같은 소셜네트워크서비스(SNS)로 옮겨가게 되었다. SNS는 기존의 콘텐츠를 사용자에게 제공하는 것이 아니라, 친구와 지인과의 사회적 관계를 기반으로 사용자가 많은 콘텐츠를 올리고 유통시키게 함으로써 개인적으로 그리고 사회적으로 의미 있는 다양한 콘텐츠를 보유하는 특징을 보인다. 이러한 측면에서 SNS는 인터넷 이용자 간의 사회적 관계를 생성하고 확장하는 인맥 형성 서비스일 뿐만 아니라 그 사회적 기반을 바탕으로 인터넷 이용자 간의 정보 공유와 의사소통을 촉진하는 인터넷 미디어 플랫폼으로 정의할 수 있을 것이다. 또한 SNS라는 사회적 연결망 서비스를 통해 인터넷 이용자들은 사회적 관계를 맺고 유지, 확장하면서 사적인 의견과 정보뿐만 아니라 공적인 의견과 정보의 이동을 더욱 용이하게 만들어 사회변동에 영향을 미치게 되는데, 이러한 SNS의 특성은 최근 많은 연구자들의 주목을 받고 있다.

2) SNS의 탄생과 발전

소셜네트워크서비스는 인터넷 초기 온라인 커뮤니티에서 유래되었다. 하워드 라인골드는 그의 책 『가상 공동체(The Virtual Community)』에서 온라인 공간에서도 오프라인에서와 같이 개인들이 감정적 유대를 형성할 수 있기 때문에 이러한 온라인 공간을 온라인 커뮤니티라고 정의했다. 초창기 이러한 커뮤니티는, 미국에서는 지오시티즈닷컴(www.geocities.com)이나 글로브닷컴(www.globes.com)에서 많이 형성되었으며 국내에서는 천리안이나 나우누리에서 형성되었다. 이러한 초창기 온라인 커뮤니티는 사용자들이 대화방에 모여 대화를 나누거나 정보를 공유하는 성격이 강해 사실 지금의 소셜네트워크서비스와는 상당한 거리가 있었다. 비유하자면 초창기 온라인 커뮤니티들이 비슷한 관심사의 사람들이 모여 대화를 나누도록 하는 소모임 성격이 짙었다면, 최근 소셜네트워크서비스는 사용자 간의 관계에 중점을 두는 차이가 있다 하겠다.

　　관계에 중점을 둔 오늘날의 SNS와 비슷한 개념을 가진 온라인 커뮤니티로 미국은 클래스메이트닷컴(Classmate.com)과 식스디그리즈닷컴(SixDegrees.com)이 있다. 한국은 아이러브스쿨(iloveschool.co.kr)을 그 시작으로 볼 수 있다. 아이러브스쿨은 학교별로 동기, 동창들이 모일 수 있는 온라인 공간을 제공하는 서비스였는데, 일견 단순한 동창회 커뮤니티로 볼 수도 있지만 한국인 특유의 학연이라는 끈끈한 인맥을 기반으로 했다는 점에서 한국형 소셜네트워크서비스의 시작이라고 해도 과언이 아닐 것이다.

2003년 미국에서는 마이스페이스(myspace)라는 소셜네트워크서비스가 등장하면서 '마이스페이스 세대'란 말이 나올 정도로 14~20세 젊은 층에서 선풍적인 인기를 끌며 소셜네트워크서비스의 폭발적 성장이 본격적으로 시작되었다. 하지만 마이스페이스는 애플의 아이폰과 함께 시작된 스마트폰 열풍에 제대로 대응하지 못하면서 그 인기를 이어가지 못했다.

한편 한국에서의 본격적인 소셜네트워크서비스로는 싸이월드를 들 수 있다. 해당 서비스는 2000년대 중반 '싸이질', '싸이 페인'이라는 말까지 생길 정도 큰 인기를 끌었지만 최근에는 싸이를 하는 사람은 찾을 수 없을 정도로 그 인기가 식었다. 그 원인으로는 싸이월드 시스템의 폐쇄성을 들 수 있는데, 싸이의 일촌 개념은 오프라인에서 인맥을 단순히 온라인으로 이어 주는 역할은 했지만 온라인에서의 자생적 사회관계, 인맥을 만들어 내지 못했다는 1세대 SNS의 한계를 지니고 있다.

한국의 싸이월드, 미국의 마이스페이스를 이어 소셜네트워크서비스 대표주자로 떠오른 것은 양국 모두에서 페이스북(facebook)이다. 2004년 하버드대학생이던 마크 저커버그(Mark Zuckerberg)가 재학생들을 대상으로 만든 사이트가 그 시작으로 초기에는 대학별 네트워크로 퍼져 나가기 시작했으며, 2017년 6월 기준, 전 세계 20억 명 이상의 월간 활동 사용자(한 달에 한 번 이상 실제로 페이스북에 접속한 사용자)와 약 18억 명의 월간 모바일 사용자를 확보한 거대 인터넷 기업으로 성장했다. 이는 전 세계 4분의 1 이상이 페이스북을 접속하고, 대부분의 페이스북 사용자가 모바일 사용자라는 것을 보여 주는 수치이기도 하다.

트위터(Twitter)는 페이스북만큼 폭발적인 성장세를 보여 주고 있지는 않지만, 초창기부터 지금까지 꾸준히 이용되고 있는 소셜네트워크서비스다. 트위터는 단문 서비스(Short Message Service, SMS)를 기반으로 해 실시간으로 자신의 상태를 알리는 웹 서비스라는 아이디어에서 출발했다고 알려져 있으며 2006년 3월 상업적 서비스를 시작했고 2017년 6월 기준 전 세계 약 3억3000만 명의 월간 활동 사용자가 매일 5억 개의 트윗을 생성한다. 친구들이 통화할 때마다 "너 뭐하니?(What are you doing?)"라고 물어보는 것에서 힌트를 얻었다고 한다.

트위터의 가장 큰 특징은 신속성이다. 어디에서나 스마트폰을 이용해 간단히 글을 작성할 수 있으며, 그 즉시 팔로어들(followers)에게 글이 전달된다. 누구나 자신의 의사를 많은 사람들에게 신속하게 전달할 수 있게 된 것이다. 특히 이 영향력은 팔로어의 수가 많을수록 강해진다. 이러한 트위터의 메시지 확산력 때문에 대통령과 국회의원을 포함한 수많은 정치인과 연예인 그리고 스포츠인과 같은 유명인이 자신의 메시지를 팔로어들에게 신속하게 전달하는 도구로 트위터를 전략적으로 이용하고 있다.

그러한 점에서 트위터를 미디어 커뮤니케이션 학자인 라자스펠드(paul Lazarfeld)의 이단계 유통 이론(Two-step flow theory)의 온라인 버전으로 많이 거론되기도 한다. 즉 팔로어가 많은 사람들이 이 단계 유통 이론에서 정보 확산과 설득과정에서 영향력을 발휘하는 유력자(influential) 혹은 의견 지도자(opinion leader) 역할을 수행한다는 것이다. 소셜네트워크서비스가 학계의 주목을 받은 중요한 이유 중 하나는 사용자 집단의 강한 유대(strong ties)와 약한 유대(weak ties)의 개념에 있다. 소셜네트워크서비스는 강한 유대를 가지고 있는 사람들뿐만 아니라 약한 연대를 가지고 있는 사람들과도 정보 공유를 쉽게 할 수 있다는 것이다. 특히 새로운 아이디어가 필요할 때 동질적인 강한 유대 집단보다는 이질적인 약한 유대 집단의 힘이 쉽게 드러난다. 사실 강한 유대 집단 사람들과는 소셜네트워크서비스 없이도 정보 공유가 용이하다. 하지만 소셜네트워크서비스는 약한 연대 내 사람들과의 관계를 가시적으로 보여줌으로써 불가능했을 정보 공유를 가능케 해 준다는 것이다.

최근에는 사진과 동영상 같은 이미지 콘텐츠 공유 위주의 소셜네트워크서비스인 인스타그램(Instagram)이 급격한 성장세를 기록하고 있다. 이름의 유래는 인스턴트(Instant)와 텔레그램(Telegram)이다. 공동 창업자인 케빈 시스트롬(Kevin Systrom)과 마이크 크리거(Mike Krieger)는 '세상의 모든 순간을 포착하고 공유한다'라는 슬로건으로 2010년 10월에 아이폰용 모바일 앱에 초점을 두고 개발을 시작했고 2011년 1월부

터는 사진을 검색하기 용이하도록 해시태그(hashtag)를 도입했다. 2012
년 4월에 페이스북은 10억 달러에 인스타그램을 인수했고 2017년에는 인
스타그램 월간 사용자가 8억 명을 넘어섰다. 인수 후에도 독립적으로 운
영되고 있는 인스타그램은 사진이나 동영상과 같은 이미지 중심의 콘텐
츠로 이용자 중심의 맞춤형 콘텐츠를 생산, 유통, 소비하는 SNS로 각광을
받고 있다. 기존 2세대 SNS인 페이스북과 트위터에서 사용자가 온라인에
서 타인과의 관계의 무분별한 확장으로 인한 사회적 피로감을 겪고 있을
때, 스마트폰을 이용해 사진과 영상을 남기고 수정하는 것이 익숙하고 습
관화되어 있는 인스타그램 사용자는 익명의 아이디를 만들어 자신들이
선호하는 영역에서 마음에 드는 사용자들과 부담 없이 이미지로 소통하
는 것을 즐길 수 있다. 이런 점에서 인스타그램을 3세대 SNS로 칭할 수 있
다. 인스타그램이 광고 서비스를 선보인 지 2년도 안 되어 광고를 게재하
는 기업이나 광고주가 200만 명을 돌파하고, 국내 월간 활동사용자가
1000만 명에 이른다는 점도 매우 주목할 만하다.

카카오스토리는 최근 국내에서 가장 각광을 받고 있는 한국산 소셜
네트워크서비스이다. 카카오스토리는 2012년 3월에 사진 중심 기반 서
비스를 시작하면서 사용자에게 글, 이미지, 촬영, 필독, 공유, 덧글과 같
은 비교적 간단한 기능들만 제공했다. 카카오스토리가 성공한 주요 원인
을 모바일 플랫폼을 중심으로 카카오톡과 연계한 것으로 볼 수 있다. 카
카오는 전략적으로 카카오톡 가입자가 발생한 트래픽을 이용해 카카오
스토리에 자연스럽게 접근하도록 두 서비스를 연계했다. 실제로 카카오
스토리 소셜네트워크서비스는 모바일 인스턴트 메신저(Mobile Instant
Messenger, MIM)인 카카오톡의 높은 인지도에 힘입어서 연계되어 시작
되었다. 주목해야 할 점은 카카오는 이 두 서비스뿐아니라 여러 소셜 앱
서비스(카카오게임, 카카오페이, 카카오택시 등)를 사용자의 모바일 라
이프스타일에 따라 동시에 연계해 사용하기 쉽도록 모바일 플랫폼을 구
축, 카카오스토리 서비스를 스마트폰과 같은 모바일기기에 더욱 최적화
시켰다는 점이다. 카카오스토리의 또 따른 성공요인으로는 인스타그램
처럼 사진 중심의 SNS로 포지셔닝해 사용자가 더욱 이미지 중심으로 서
로 관심사를 공유하고 소통하게 서비스를 제공한 것이다. 가령, 페이스북

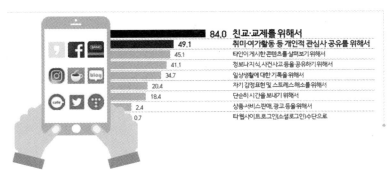

84.0	친교·교제를 위해서
49.1	취미·여가활동 등 개인적 관심사 공유를 위해서
45.1	타인이 게시한 콘텐츠를 살펴보기 위해서
41.1	정보나 지식, 사건사고 등을 공유하기 위해서
34.7	일상생활에 대한 기록을 위해서
20.4	자기 감정표현 및 스트레스 해소를 위해서
18.4	단순히 시간을 보내기 위해서
2.4	상품·서비스 판매, 광고 등을 위해서
0.7	타 웹사이트 로그인(소셜로그인) 수단으로

그림 7-8 국내 SNS 이용자 이용 용도 분포 (단위: %)

출처: 한국인터넷진흥원 (2016), 『2016년 인터넷 이용실태 조사 -요약보고서』

은 사용자들이 시간순으로 사진을 비롯한 다양한 콘텐츠를 공유하도록 설계되었다면, 카카오스토리는 인스타그램처럼 사용자들이 사진을 중심으로 콘텐츠를 공유하도록 설계했다. 카카오스토리의 또 다른 급속한 성장요인으로 서비스 초기부터 모바일에서 연계된 카카오톡을 기반으로 휴대전화 번호를 통해서 지인들을 훨씬 쉽게 검색하고 교류할 수 있는 기능을 서비스 초기부터 제공한 것이다. 이는 최근에 많은 국내 사용자들이 페이스북이나 트위터 등은 불특정 다수와 무제한으로 관계를 맺고 누구에게나 게시물을 공개하는 개방형 소셜네트워크서비스뿐만 아니라 카카오스토리처럼 주로 기존의 지인과 친구 등 한정된 소규모 그룹과만 소통하는 폐쇄형 서비스도 함께 사용할 가능성을 보여 준다고 할 수 있다.

3) 소셜네트워크서비스의 국내 이용 현황과 이용 동기

한국인터넷진흥원의 인터넷 이용 실태 조사에 따르면 우리나라는 2016년 7월 기준 인터넷 이용자 중 만 6세 이상 인터넷 이용자의 65.6%, 즉 10명 중 6명이 SNS 이용자로 집계될 정도로 대중적 인기를 끌고 있다. 이 조사는 SNS를 인터넷의 인적네트워크 형성 서비스로 정의하고 그 서비스 종류로는 친구, 동료 등 지인과의 인간관계를 강화하거나 새로운 인맥을 형성하게 해 주는 프로필 기반 서비스(예: 카카오스토리, 페이스북, 인스타그램), 마이크로블로그(트위터, 다음 티스토리), 미니홈피(싸이월드)와 그리고 다양한 온라인 커뮤니티(네이버 카페, 다음 카페)와 블로그 형태의 온라인 연결망 활동을 포함했다. '카카오스토리'(71.1%), '페이스북'(61.4%), '네이버 밴드'(42.1%), '인스타그램'(23.4%) 같은 SNS의 이용은 늘어나는 경향을 보이고 있는 것으로 나타났다.

흥미로운 결과는 SNS 이용자 절반 이상(56.8%)은 SNS가 자신의 삶에 '긍정적'인 영향을 미치는 것으로 인식하고 있는 한편, SNS 이용자의 100명 중 3명(3.5%) 정도는 SNS가 자신의 삶에 '부정적'인 영향을 미치는 것으로 평가했다. 그리고 100명 중 40명(39.7%)은 SNS의 영향을 '보통'으로 판단했다. 한편 SNS 사용자의 이용 동기를 살펴보면, 84%가 '친교와 교제를 위해서' SNS를 이용하는 것으로 나타났으며, 49.1%가 '취미와 여가 활동 등 개인적 관심사 공유를 위해서', 45.1%가 타인이 게시한 콘텐츠를 살펴보기 위해서, 41.1%가 '정보나 지식, 사건사고 등을 공유하기 위해서', 34.7%가 '일상생활에 대한 기록을 위해서' 20.4%가 '자기 감정표현 및 스트레스 해소를 위해' SNS를 이용하는 것으로 나타났다. 위의 동기에 비해 비율은 높지는 않지만 단순한 시간 보내기(18.4%), 상품 서비스 판매와 광고(2.4%) 그리고 타 웹사이트 로그인 수단(0.7%)을 위해 SNS를 사용한다는 사람들도 21% 정도 해당되었다(그림 7-8 참조). 흥미로운 결과 중 하나는 SNS 비이용자가 SNS를 이용하지 않는 이유로는 '필요가 없어서'라는 의견이 76.5%로 가장 높았고, '모르는 사람과 연결되는 것이 불편해서'(27.0%)가 뒤를 이었다. 이런 결과로 보아 SNS 이용자나 SNS 비이용자 모두 SNS 친교를 위한 미디어 플랫폼으로 인식하는 것으로 추론할 수 있다.

요약하면 국내 SNS 사용자들의 이용 동기는 일반적으로 미디어 이용과 일반 대인관계에서 나타나는 네 가지 동기와 비슷하다. 첫째로, 원하거나 필요로 하는 정보를 추구하거나 주변 세상에 대해 알고 싶어 하는 동기다(정보 추구, 사회 감시 동기). 둘째로는 오락과 여가를 추구하며 시간을 즐겁게 보내고 싶은 동기다(오락 추구, 기분 전환 동기). 셋째로는 주로 사교적인 목적으로 친구나 지인 혹은 낯선 사람들과 관계를 맺고 유지하는 동기다(사교적 동기). 마지막으로는 상대방에게 나를 표현하고 나의 존재를 알리고 싶어 하는 동기다(정체성 확인 동기). 그런데 이상의 네 가지 이용 동기는 또다시 두 축으로 나눌 수 있다. 구체적으로 사용자가 SNS를 통해 특정한 콘텐츠를 추구해 구체적인 과업을 이루려는 도구 지향적 동기와 인간관계를 추구하거나 자신의 정체성을 유지하려는 관계 지향적 동기가 그것인데, 이에 따라 결국 SNS는 UCC와 블로그와 더불어 사람들이 이 두 가지 동기를 더 잘 성취할 수 있는 방향으로 발전하고 있다고 해도 큰 무리는 없을 것이다.

4) SNS와 소셜 미디어의 미래

UCC와 블로그, 그리고 SNS의 발전 모습에서 본 것처럼 소비자의 인터넷 활동이 단순한 정보를 찾고 읽는 것에서 정보를 직접 생산하는 데 참여하고 누구에게나 개방하고 다른 사용자들과 적극적으로 공유하는 것으로 진화하기 시작했다. 이에 따라 다양한 정보를 담은 콘텐츠들이 연결된 사용자들의 참여와 공유 그리고 개방을 강조하는 웹2.0이라는 철학적 토대 위에 다양하게 진화된 인터넷 애플리케이션(혹은 앱 응용프로그램)과 서비스 그리고 미디어 채널을 포괄하는 소셜 미디어(social media) 플랫폼 생태계에서 제공되고 유통되고 소비되기 시작했다. 스마트폰의 혁신과 확산에 따라 이제 웹상의 소셜 미디어 플랫폼은 모바일 생태계와 결합했고, 콘텐츠를 중심으로 사용자들 사이의 연결과 다양한 서비스들의 연결은 더욱 강화되었다. 예를 들면, 카카오는 카카오톡으로 연결된 사용자들에게 다양한 앱 서비스(카카오스토리, 카카오택시, 카카오페이 등)를 연결하는 모바일 소셜 미디어 플랫폼 생태계를 구축하고 있다.

소셜 미디어는 여러 유형으로 분류할 수 있다. 세부적으로 ① 카카오스토리, 페이스북과 트위터 같은 SNS 서비스를 포함하는 커뮤니케이션 유형과 ② 위키피디아와 '허프포스트'를 포함하는 협업 유형, ③ 유튜브와 슬라이드셰어(slide share)를 포함하는 콘텐츠 공유 유형, ④ 쿠키런 같은 소셜 게임과 세컨드라이프(second life) 같은 가상 세계 서비스를 포함하는 엔터테인먼트 유형 등으로 분류할 수 있다.

이런 여러 유형과 특성에서 알 수 있듯이 소셜 미디어는 인터넷이라는 물리적 네트워크와 사회적 연결망이라는 사회적 네트워크를 바탕으로 사용자가 자신의 정체성을 표출하고 다른 사람들과 함께 소통하는 것을 도와준다. 더 나아가 소셜 미디어는 사용자로 하여금 정보와 콘텐츠 생산에 직접 참여하고 그 과정과 결과물을 소유하지 않고 다른 비전문가들에게 개방하고 공유해 집단적으로 자발적 참여와 협업을 유도할 수 있다. 사용자들은 아이디어나 상품의 기획, 생산, 평가의 주체가 되고 다른 다수의 참여자와 서로 협력 및 경쟁하는 과정을 통해 발현되는 통합된 능력인 집단지성(collective intelligence)이 만들어진다.

소셜 미디어의 특성은 참여, 공개, 대화, 커뮤니티, 연결 등을 포함한다. 여기서 소셜 미디어의 첫 번째 특성인 참여(participation)란 소셜 미디어는 관심 있는 모든 사람들의 참여와 피드백을 촉진해 콘텐트 소비자가 동시에 콘텐츠 생산자가 될 수 있다는 것을 의미한다. 두 번째로, 공개(openness)는 소셜 미디어는 사용자의 참여와 피드백 과정을 공개해 다른 사용자들의 콘텐츠 접근과 사용에 대한 장벽이 없다는 것을 의미한다. 세 번째 특성인 대화(conversation)란 전통적인 미디어가 수용자에게 콘텐츠를 일방적으로 전달하는 반면 소셜 미디어는 쌍방향적인 콘텐츠 공유와 커뮤니케이션이 이루어진다는 것을 의미한다. 네 번째로, 커뮤니티(community)란 소셜 미디어는 빠르게 사용자들의 커뮤니티를 구성하고 그 안에서 공통의 관심사를 공유할 수 있게 한다는 것이다. 마지막으로, 연결(connectedness)은 소셜 미디어가 다양한 콘텐츠와 미디어의 조합이나 링크를 통해 사용자와 콘텐츠를 연결하는 것을 의미한다. 결국 소셜 미디어 가치의 핵심은 더 이상 개인 사용자들에게 제공되는 콘텐츠와 서비스 자체의 질이 아니라 사용자들을 연결하고 서비스를 연결시키는 플랫폼 기반 콘텐츠인 것이다. 한때 전 세계 SNS의 효시 중 하나인 싸이월드는 해외에 진출했지만, 지금 해외는 물론 국내에서도 그 존재를 찾아보기 어렵게 되었다. 아쉽게도 이는 싸이월드가 싸이월드 사용자들이 생성한 콘텐츠들을 싸이월드의 폐쇄적인 일촌 네트워크에 가두었기 때문이다. 이는 싸이월드가 개방된 플랫폼으로 스스로 진화하지 못하고 소셜 기반으로 생성된 콘텐츠의 연결성의 무한한 가치와 효용을 간과했다는 것을 의미한다.

미래의 소셜 미디어는 사용자들 간 연결이 더욱 강화되는 방향으로 진화할 것으로 예상된다. 이와 더불어 콘텐츠의 개방과 공유에 따라 사용자들이 생산하고 유통하고 소비한 콘텐츠 정보의 연결성도 더욱 촉진될 것이다. 이 시점에서 주목해야 할 점은 이제는 단순히 소비자들의 연결성을 강조하는 웹 2.0을 넘어서 소비자들과 데이터의 연결성이 강조가 되는 웹3.0(Web 2.0)이라는 웹 발전 방향의 흐름을 보이고 있다는 것이다.

웹3.0은 2006년 뉴욕타임스의 마르코프(John Markoff) 기자가 처음으로 사용한 용어이다. 현재의 미디어 플랫폼의 기술 방향을 살펴보면, 웹2.0이 강조한 소비자들을 연결할 뿐만 아니라 더 나아가 그들이 생산하고, 유통하고, 소비하는 수많은 데이터들을 상황에 맞게 연결하고 그 맥락에 맞게 인식해(context awareness) 지능적으로(intelligence) 소비자들에게 맞춤형(personalization) 콘텐츠 정보나 서비스를 추천하고 제공하는(recommendation) 공간으로 진화하고 있다는 것이다. 즉 사회적 연결 네트워크를 기반으로 생산되는 콘텐츠 정보가 나와 지인들과 그 지인들에 의해 동시적으로 그리고 비동시적으로 접근하고 사용되어, 그 다양한 사회적 상황에 맞게 어떻게 다시 연결되어 최적화된 상태로 지능적으로 제공될지 여부가 화두가 될 것이라는 예상을 할 수 있다. 결국 미래의 소셜 미디어 플랫폼의 성공은 사회적 네트워크 안에서 소셜 기반의 콘텐츠가 사회적으로 의미 있는 정보로 인식되고 그 정보의 연결 가치와 효용이 플랫폼 사업자뿐만 아니라 콘텐츠를 생산하고 유통하고 소비하는 사용자 모두에게 투명하게 분배되는 서비스 솔루션 개발 여부에 따라 결정될 것이다.

이러한 측면에서 최근 주목해야 할 변화는 블록체인(block chain) 기반 SNS의 등장이다. 여기에서 블록체인이란 사용자의 거래기록이 다른 사용자들에게 동시에 분산 연결되어 연쇄적으로 저장되는 디지털 거래 장부를 의미한다. 블록체인 기반 SNS로는 블로그 형태의 스팀잇(steemit)이 대표적이다. 스팀잇에서 사용자들은 페이스북과 같은 기존 웹 기반 SNS에서와 마찬가지로 자신의 의견이나 글을 올릴 수 있으며(posting), 다른 사용자들 또한 페이스북에서 '좋아요'를 클릭하듯이 자신이 좋아하는 의견이나 글에 찬성이나 반대 같은 투표(voting)를 할 수 있다. 그러나 자신이 올린 저작에 대한 금전적 보상(incentive)을 받을 수 없는 페이스북 사용자들과 달리, 스팀잇 사용자들은 자신이 올린 글이나 투표에 대한 보상을 받을 수 있다.

그림 7-9 블록체인 기반
SNS '스팀잇' 화면

　　사실 기존의 페이스북이나 네이버 블로그에서는 사용자들이 자신이
생산한 콘텐츠에 적절한 금전적 보상을 따로 받을 수 없었다. 즉 글 작성
자들이 생산한 양질의 콘텐츠로 창출된 회사의 이익이 글 작성자에게 분
배되지 않고 전부 회사의 주주들에게 돌아가는 구조였던 것이다. 하지만
블록체인을 기반으로 하는 SNS인 스팀잇에서는 그와 달리 사용자들이
글을 작성하거나 투표한 행위에 적절한 보상이 이루어진다. 이는 스팀잇
과 페이스북이 기술적으로 다른 유형의 네트워크 시스템에서 작동되고
있기 때문이다. 구체적으로 말하자면, 페이스북에서는 사용자들이 페이
스북 기업이 제공한 중앙화된 서버 네트워크로 각각 연결되어 있기 때문
에 사용자들이 글을 작성하고 읽고 공유하는 모든 정보가　그 중개 서버
에 기록된다. 그러나 스팀잇과 같은 블록체인 기반 SNS에서는 피투피
(Peer-To-Peer, P2P) 네트워크처럼 중앙 서버를 경유하지 않고 개인과 개
인 사용자가 직접 연결되어 서비스 이용 정보가 개인 사용자에게 제공된
거래장부인 블록에 동시에 기록된다. 만약 새로운 글을 올리면 기존 장부
에 새로운 장부인 블록이 연쇄적으로 연결되어 그 저작 정보 소유에 대한
투명성이 보장될 수 있다. 흥미롭게도 스팀잇에서는 블록체인 시스템 안
에서 암호를 사용해 거래를 안전하게 진행할 수 있는 스팀이라는 암호화
폐(cryptocurrency)가 발행되는데 이 암호화폐는 그 시스템 바깥에서도

주식이나 선물처럼 실제 거래가 가능하다. 결국 스팀잇에서 발행된 암호화폐가 글쓴이나 투표자들에게 투명한 실적에 따라 분배됨으로써 글 작성자의 노동 가치가 인정되고 보상의 적절한 분배가 이루어지게 되는 것이다. 이러한 탈중앙화된 소셜네트워크서비스의 출현은 기존 웹기반 SNS의 플랫폼의 취약한 보안성과 플랫폼 사업자의 이익 독점이라는 문제점을 극복하고 플랫폼 사업자와 콘텐츠 생산자 및 소비자 모두에게 혜택을 균형 있게 분배할 가능성을 제시하고 있다.

그러나 아직 전통적인 웹 기반 네트워크에 비해 느린 블록체인 기반 네트워크의 속도와 높은 변동성으로 불확실성이 큰 암호화폐 시장 때문에 스팀잇과 같은 블록체인 기반 SNS의 미래가 밝다고만은 볼 수 없다. 디지털 미디어 기술의 확산은 기술 자체의 혁신뿐만 아니라 그 혁신에 대한 사회 구성원들의 인식과 사회적 합의도 요구되기 때문이다.

요약

이 장에서는 디지털 혁명에 따른 인터넷의 시작과 성장 그리고 진화에 대해 간략히 살펴보았다. 우선 디지털 기술의 발달에 따른 디지털 미디어의 등장과 그 의미를 알아보았고 디지털 미디어를 특징짓는 네 요소를 살펴보았다. 디지털 미디어를 대표하는 네 개의 요소를 ① 상호작용성, ② 멀티미디어화, ③ 비동시성, ④ 개인화로 나누어 알아보았다. 결과적으로 디지털 기술의 발전에 따라 서로 구분되었던 다양한 미디어가 다양한 정보를 하나의 디지털 신호로 처리 통합하면서 미디어 융합 시대가 도래했다. 기술적 융합과 산업적 융합에 대한 사항들도 살펴보았다. 더 나아가 디지털 개혁의 상징이자 혁명의 산물인 인터넷의 시작과 발전 그리고 UCC, 블로그, 소셜네트워크서비스로 대표되는 소셜 미디어의 등장에 의한 인터넷 플랫폼의 진화와 배경에 대해서도 도구 지향적 이용 동기와 관계 지향적 이용 동기 두 축을 중심으로 파악해 보았다. 참여, 공유, 공개를 강조하는 웹2.0을 철학적 기반 위에 다양하게 진화된 소셜 미디어의 유형과 함께 소셜 미디어의 5가지 특성인 참여, 공개, 대화, 커뮤니티, 연결 등을 알아보았다. 미래의 소셜 미디어는 사회적 기반으로 생성되는 다양하고 수많은 콘텐츠의 연결성이 강화되는 웹3.0 환경에서 개개인 사용자에게 필요한 맞춤형 콘텐츠를 지능적으로 제공하는 방향으로 진화하는 문제에 대해 논의했다.

주요 용어

디지털화	디지털 미디어	상호작용성
멀티미디어	비동시성	개인화
미디어 간 융합	인터넷	아르파넷(ARPANET)
월드와이드웹	브라우저	검색엔진
포털 사이트	콘텐츠	블로그
웹2.0	웹3.0	블록체인

UCC(User Created Content)

소셜네트워크서비스(Social Network Service, SNS)

소셜 미디어

연습문제

1. 디지털 미디어의 개념과 의미는 무엇인가?

2. 디지털 미디어의 기술적 특성은 무엇인가?

3. 미디어 간 융합 영역에 해당되는 예들은 무엇인가?

4. 인터넷이 어떻게 시작되었는가?

5. 인터넷의 폭발적인 성장 배경과 요인은 무엇인가?

6. UCC와 블로그 그리고 소셜네트워크서비스의 커뮤니케이션 방식에 대해 설명하라.

7. 웹3.0은 웹1.0과 웹2.0에 비해 어떻게 다른가?

8. 소셜 미디어의 특징과 유형은 무엇인가?

9. 소셜 미디어는 어떻게 진화할 것인가?

심화토론문제

1. 디지털 미디어의 기술적 특성이 참여, 공유, 개방을 강조하는 웹 2.0 환경과 어떤 관계가 있는지 토론해 보자.
2. 여러 가지 관점에서 미디어 간 융합에 대해 정의를 내리고 유형에 대해 분류해 보자.
3. 최근에 각광받는 새로운 소셜 미디어나 소셜네트워크서비스를 예를 들어서 인터넷의 진화가 어디까지 진행될지 예측해 보자.
4. 소셜네트워크서비스와 소셜 미디어의 바람직한 진화에 걸림돌이 되는 장애물이 어떤 것이 있는지 토론해 보자.

참고문헌

김영석(2002), 『디지털미디어와 사회』, 나남.
니콜라스 네그로폰테(1999), 『디지털이다』, 백욱인 역, 커뮤니케이션북스.
돈 탭스콧, 알렉스 탭스콧(2017), 『블록체인 혁명』, 박지훈 역, 을유문화사.
바란트 아난드 (2017), 『콘텐츠의 미래』, 김인수 역, 리더스북.
FKII 조사연구팀(2006), 소셜 미디어(Social Media)란 무엇인가? ≪정보산업≫ 242호, 52~55.
설진아(2011), 『소셜 미디어와 사회변동』, 커뮤니케이션북스.
유재천 외(2004), 『디지털 컨버전스』, 커뮤니케이션북스.
이재현(2004), 『멀티미디어와 디지털 세계』, 커뮤니케이션북스.
한국인터넷진흥원(2016), 『2016인터넷 이용실태조사』, 한국인터넷진흥원.
한국방송학회 편(2012), 『소셜 미디어연구』, 커뮤니케이션북스.

08
모바일 미디어

학습목표

모바일 전화(mobile phone)로 대표되는 모바일 기술(technology)이 급속히
확산되면서 커뮤니케이션의 양상이 크게 변화하고 나아가 정치·경제·사회·문
화 영역에서 모바일 기술을 이용한 다양한 변화들이 나타나고 있다. 기술의
발전은 사회적, 문화적 토대 위에서 더 높은 의미를 가지며, 이런 점에서 사회
문화적으로 모바일 미디어가 가지는 의미와 그 영향에 관한 관심은 높아지고
있다. 레빈슨(Levinson, 2004)은 모바일 미디어를 텔레비전이나 데스크톱
컴퓨터처럼 한 장소에 고정된(fixed) 채 사용하는 미디어와 구분해 '움직이는
미디어(media-in-motion)'로 정의했고, 캠벨(Campbell, 2013)은 이를 더
세분해 노트북 컴퓨터와 같은, 들고 다닐 수는 있으나 주로 도서관이나 카페
등의 한 장소에 앉아 사용하는 "들고 다닐 수 있는(portable)" 기기들과 생활
대부분의 시간 동안 휴대하며 이동 중에도 사용할 수 있는 모바일 전화나 태
블릿 PC 등의 "모바일(mobile)" 미디어로 구분했다. 이처럼 모바일 미디어는
기기 자체의 이동이 아니라 그것을 사용하는 '이용자의 이동'이라는 측면에
서 휴대성이라는 고유한 특성을 가진다. 이와 같은 특성을 지닌 모바일 미디
어에 대한 이 장의 구체적인 학습의 목표는 다음과 같다.

첫째, 모바일 기술의 발달사를 이해한다.
둘째, 모바일 인터넷과 모바일 VoIP, 모바일 애플리케이션 등 모바일 기술로
가능한 서비스들을 설명하고 현재 어떤 위치에 있는지 파악한다.
셋째, 모바일 전자상거래의 현황과 주요 특징, 그리고 소셜 커머스와 모바일
바코드의 활용을 이해한다.
마지막으로, 다양한 모바일 기술과 서비스와 관련한 쟁점과 이슈들을 파악하
고 그 해결책 혹은 개선 방안을 토의한다.

1. 모바일 기술의 진보와 혁명

인류의 발전이 기술의 발전과 그 궤를 같이한다는 기술결정론자들의 주장이 비록 사회문화적 측면의 영향력을 간과하고 있다는 비판을 받고 있다고해도, 스마트폰과 태블릿 PC로 대표되는 모바일 기기(mobile device)의 발전상을 보면 현대사회의 역동성은 이러한 기술의 발전에 크게 기대고 있는 것처럼 보인다. 국제전기통신연합(International Telecommunication Union, ITU)의 조사에 따르면 2000년 이전까지는 세계에서 불과 7억 명남짓이었던 모바일 전화기 이용자 수가 2015년에는 70억 명으로 10배 가까이 폭발적으로 성장했다(International Telecommunication Union, 2015.5.26). 세계 인구가 70억 명가량인 것을 감안하면 이미 모바일 전화기는 인구 1명당 1개를 소지하는 생활필수품으로 자리 잡게 된 것이다.

단순한 전화기의 한계를 넘어 차원이 다른 경험을 제시하는 모바일 기술은 나날이 진보해 언제 어디서나(anytime, anywhere) 인터넷망을 통해 연결될 수 있는 사회, 즉 유비쿼터스(ubiquitous) 사회가 현실화되고 있다. 또한 모바일 기술의 비약적인 발전은 인간의 커뮤니케이션 양상을 크게 바꾸고 있으며, 새로운 영역에까지 그 영향력을 확대해 나가고 있다. 이러한 측면에서 모바일 기술은 진보(evolution)와 혁명(revolution)의 과정을 동시에 진행시키고 있다고 볼 수 있다(Grant, 2008). 1960년대 아날로그 기반의 모바일 통신기술, 즉 1세대(first-generation, 1G) 기술이 처음 개발된 이후 현재 대용량의 데이터를 고속으로 이동중에도 끊김 없이 송수신할 수 있는 4세대(fourth generation, 4G) 모바일 기술을 거쳐, 2020년까지 초고속 이동통신(Enhanced Mobile Broadband), 고신뢰저지연 서비스(Mission-Critical Service), 대규모 사물인터넷(Massive Internet of Things)을 특징으로 하는(퀄컴코리아, 2018.2.1) 5G 기술의 표준화와 상용화를 목전에 두고 있다. 또한 초고속 인터넷망을 무선 신호로 바꿔 주는 기술인 Wi-Fi(Wireless Fidelity)나 WiMax(World Interoperability for Microwave Access)는 지정된 장소에서만 가능했던 인터넷 이용의 이동성을 확대시키는 역할을 하고 있다. 전 세계의 이동통신사, 단말기 제조사, 장비사업자, 플랫폼 사업자 등을 막

론하고 영역 구분 없이 모바일 인터넷 시장의 선점에 나서고 있고, 우리
나라 역시 단말기 보급과 이용자 수가 폭증했다. 그 외 인터넷 기반의 전
화 서비스인 VoIP(Voice over Internet Protocol) 역시 모바일 VoIP로 사
업 영역을 확대하고 있으며, 기존의 전자상거래(electronic commerce,
e-commerce)를 모바일 인터넷으로 이용하는 모바일 전자상거래(mobile
commerce, m-commerce)는 스마트폰 이용자의 증가와 스마트폰 전용
애플리케이션의 개발 증가로 새로운 산업 영역으로 떠오르고 있다. 모바
일 기술의 진보와 이로 인한 혁명적 변화의 흐름은 우리 사회가 개인화되
어 가는 추세와 맞물리고 있다. 매스 커뮤니케이션의 쇠락과 개인적 네트
워크의 강화는 사회·문화·정치·경제 모든 분야의 시스템을 변화시키
고 나아가 세계화의 속도에까지 영향을 미치고 있다. 매클루언(Mcluhan,
M., 1911~1980)이 언급한 재부족화(retribalization)를 통한 지구촌
(global village)의 궁극적 실현을 인터넷이 앞당겼다면, 모바일 기술은
재부족화된 개인들 사이의 관계에서 커뮤니케이션 측면의 상호작용성을
강화시키고 장소와 시간의 측면에서 입체감을 더하고 있다고 볼 수 있다.

　　스마트폰 혁명이라고 부를 수 있는 이러한 변화들은 우선 기술의 진
보에서부터 시작되었다고 볼 수 있다. 즉, 1세대(1G)에서 3세대(3G)를 거
쳐 현재 4세대(4G)로 이어지고 있는 모바일 기술의 꾸준한 진보가 이러
한 변화를 이끈 것이다. 또 다른 관점으로는 다원화되고 개인화된 산업사
회의 필연적인 결과로 이러한 사회적 변화가 일어났으며, 현재의 스마트
폰이 이러한 현대 사회의 특징을 가장 구체적으로 구현해 변화를 더 증폭
하고 있다고 볼 수도 있다. 무엇이 먼저든 간에, 우리는 모바일 기술의 진
보에 의한 변화를 실제로 목도하고 있으며, 그 시작은 1940년대 미국에서
출발했다.

1) 세대별 이동통신 기술의 진화: 1~3G

모바일 기술의 발달은 궁극적으로 유선(wire)이 연결되지 않은 상황에서
면대면(face-to-face) 방식의 커뮤니케이션을 어떻게 재연할 수 있을지에
대한 호기심에서 출발했다. 모바일폰은 1947년 미국의 AT&T에 의해 그
개념이 발전했는데, 당시 모바일폰의 네트워크 설계는 지역을 지름이 몇

마일(mile)에 불과한 작은 구역(cell)으로 나누었고, 이 작은 구역들이 모여 넓은 모바일폰 서비스 지역(area)을 구성했다. 모바일폰을 일컫는 다른 말인 '셀룰러 폰(cellular phone, 일명 cell phone)'은 여기에서 유래했다. AT&T 는 FM 라디오 신호를 이용한 MTS(Mobile Telephone Service)라는 최초의 상업용 모바일 서비스를 제공했고, 이후 개선된 형태인 IMTS(Improved MTS)와 함께 아날로그(analog) 음성통화를 위한 기술표준이 등장하는 1960 년대까지 서비스되었다. 1960년대 들어서 AMPS(Advanced Mobile Phone Service), NMT(Nordic Mobile Telecom), 그리고 TACS(Total Access Communication System) 등과 같은 초기 아날로그 기술표준들이 미국과 유럽에서 등장했는데, 1983년 FDMA(Frequency Division Multiple Access) 기술을 기반으로 하는 AMPS를 미국이 기술 표준으로 받아들여 서비스함으로써 1G로 명명되는 최초의 표준화된 모바일폰 서 비스가 시작되었다. 800~900MHz의 주파수를 사용하는 1G 모바일폰은 음성 서비스만 가능하고 일체의 데이터 전송이 불가능했으며, 1990년대 초반 전 세계적으로 2000만 명이 넘는 가입자를 확보했었다.

한편 1990년대 초 미국에서 2GHz 주파수 대역을 디지털 통신을 위해 할당하고 미국 연방통신위원회(FCC)가 PCS(Personal Communication Service) 시스템을 위한 주파수 대역(1.8GHz)을 할당하기 시작하면서 1G 모바일의 시대가 디지털 기반의 2G로 바뀌기 시작했다. 1G와 비교해서 2G는 음성과 데이터 서비스가 모두 가능한데, 데이터 전송속도는 14.4Kbps에 이르렀다. 2G 기술표준은 유럽과 미국에서 다르게 진화했 는데, 유럽은 GSM(Global System for Mobile Communication)을 기술표 준으로 삼은 데 비해 미국은 CDMA/IS-95, GSM, TDMA(Time Division Multiple Access), 그리고 iDEN 등의 기술들을 자유롭게 경쟁시킨 뒤 CDMA(Code Division Multiple Access) 방식을 기술표준으로 하는 모 바일 네트워크를 1996년에 발족시켰다. CDMA 기술은 이후 한국의 모 바일 기술표준이 되기도 했다. 유럽의 표준인 GSM은 2G 기술 중 가장 광범하게 받아들여졌는데, 1998년에는 전 세계적으로 300개가 넘는 GSM 사업자가 있었고 전체 디지털 네트워크의 60%를 점유했었다. 2G 는 3G 기술이 상용화되기 전에 비약적인 발전을 보였고, 그 결과 2.5G라고 불리는 과도기적 기술표준이 등장했다. CDMA 기반의 CDMA20001x과 HDR(High Data Rate), GSM 기반의 EDGE(Enhanced Date rates for GSM Evolution), GPRS(General Packet Radio Service) 등으로 구분되어 발전된 이 기술들은 3G에 필적하는 기술적 발전을 이룩했고, 일본의 통신 사업자인 NTT DoCoMo가 내놓은 i-Mode는 이 시기 가장 성공적인 2.5G 서비스로 인기를 얻었다. 2G와 2.5G의 차이는 데이터 전송의 속도가 진일보했다는 것인데 HDR의 경우 2Mbps에 근접하기도 했다. 따라서 제한적인 데이터 전송만이 가능했던 2G에 비해 2.5G부터는 이메일 전송과 인터넷 접속, 그리고 온라인 쇼핑이 가능한 수준에 도달할 수 있었다. 한편, 3G 모바일폰 기술은 유럽과 미국의 서로 다른 모바일 기술을 통합해 전 세계적으로 통용될 수 있는 기술표준을 만들려는 노력의 일환으로 탄생했다. 국제통신위원회(ITU)에서 이러한 목적을 가지고 개발한 IMT-2000(International Mobile Telecommunications 2000)은 유비쿼터스 사회의 실현과 언제 어디서나 비즈니스의 도구로 사용될 수 있는 편리함, 그리고 전 세계적인 대인 커뮤니케이션의 확장을 이룰 수 있는 기술로 각광 받았다. 음성과 데이터 전송속도의 비약적인 향상과 더불어(2~2.4Mbps), 인터넷, 멀티미디어 전송 및 재생, 게임, 지역기반 서비스(location-based service), 이동 시 데이터 송수신 기능 등의 다양한 기능을 가능케 한 3G는 최초로 일본에서 2001년에 상용화되었고, 한국도 2000년대 후반부터 3G 서비스를 본격적으로 서비스하게 됐다. IMT-2000 기술을 표준으로 하는 3G 기술은 CDMA 계열과 GSM 계열로 세분되어 발전했는데, CDMA 계열은 CDMA 2000으로, GSM 계열은 WCDMA로 나뉘어 각각 미국-한국과 유럽-일본의 지지를 받았다. 이후 CDMA 2000은 EV-DO(Evolution-Data Only)로, WCDMA는 HSDPA(High Speed Downlink Packet Access)로 진화했는데, 3.5G로 평가받는 HSDPA는 14.4Mbps의 전송속도가 가능하다.

2) 4G 모바일 기술의 확산

2010년에 본격적으로 모바일폰에 적용되어 보급되기 시작한 4세대(4G) 모바일 기술은 기본적으로 3G보다 높은 수준의 영상과 음악을 보다 안정적으로 즐길 수 있는 큰 전송용량과 속도를 지향하고 있다. 3G는 고화질의 비디오 및 오디오 서비스를 구현할 수 없고, IMT-2000으로 기술표준이 마련되었음에도 세부 표준들로 다시 나뉘어 서로 다른 기술을 사용하는 사용자들 간에 음성 및 데이터 통신 연결, 즉 호환성에서 문제가 있었다. 4G는 이러한 3G의 한계점을 극복하고 있는데, 4G 기술의 전송속도는 저속에서 1Gbps, 고속에서 100Mbps까지 가능하다.[1] 이는 최대 전송속도일 경우 300MB 용량의 MP3 음악파일 100곡을 2.4초에, 고화질 영화파일 1개(700MB)를 5.6초 만에 다운로드할 수 있는 속도이며, 3G보다 10배에서 100까지 빠른 속도다(한국과학기술정보연구원, 2008).

현재 4G 기술을 대표하고 있는 LTE(Long Term Evolution)는 흔히 3.9G를 나타냈던 이름으로 3G 통신기술을 '장기적으로 진화시킨 기술'이라는 뜻에서 붙여진 이름이라고 한다(박세환, 2012). 그 이름대로, LTE는 3G를 잇는 4G 기술을 대표하는 명사로 사용되고 있으며, 스웨덴의 이동통신 기업인 텔리아소네라(Telia Sonera)가 2009년 스톡홀름에 처음으로 상업적 LTE 네트워크를 시작한 이래, 우리나라에서는 2011년 7월 1일부터 본격적으로 서비스가 개시되었다. 방송통신위원회가 2017년 12월 말 기준으로 발표한 우리나라 유무선 통신 서비스 가입자 현황 자료를 보면, 전체 모바일폰 가입자 수는 총 6365만8688명이었으며 이 중에서 4G LTE 가입자는 5044만880명으로 전체의 79.2% 비중을 나타내고 있었다(방송통신위원회, 2018.1.31). 이제 전반적으로 2G 또는 3G 이용자는 찾아보기 힘든 실정이며, 대부분의 모바일 인터넷 가입자들이 4G 서비스를 이용하고 있음을 알 수 있다. 이는 무선데이터 트래픽(traffic)을 비교하면 더욱 두드러진다. 방송통신위원회의 자료를 보면(표 8-1) 2015년 1월에서 2017년 12월까지 4G 트래픽은 지속적으로 증가해 3배 가까이 차이가 나는 반면, 3G 트래픽은 1/4 이하로 감소한 것으로 나타난다. 기하급수적으로 4G를 이용하는 모바일 트래픽이 늘어남에 따라 이에 대응하기 위한 네트워크 용량 향상과 모바일 인프라 고도화의 필요성은 벌써부터 4G

---

[1] 국제전기통신연합(International Telecommunication Union, ITU)에서는 4G를 IMT-advanced라는 이름으로 정의하고 있으며, 4G의 기술 요건으로 이동 시 100Mbps, 정지 시 1Gbps의 데이터 전송속도를 충족해야 한다고 요구하고 있다.

표 8-1 무선데이터 트래픽 통계(2017년 기준) *TB=terabyte: 1TB는 1,000GB(gigabyte)

	2015년 1월	2016년 1월	2017년 1월	2017년 6월	2017년 12월
2G	6TB*	7TB	7TB	6TB	4TB
3G	5,659TB	2,543TB	1,520TB	1,289TB	1,506TB
4G	112,272TB	172,012TB	254,420TB	294,160TB	313,642TB

출처: 방송통신위원회(2018.1.31.)

를 넘어서는 초고속 이동통신(Enhanced Mobile Broadband), 고신뢰저지연 서비스(Mission-Critical Service), 대규모 사물인터넷(Massive Internet of Things)을 핵심으로 하는 5G 시대를 예견하고 있는 상황이다(퀄컴 코리아, 2018.2.1).

전문가들은 3G에서 4G로의 전환에 따라 언제 어디에서나 인터넷 네트워크에 접속해 원활하게 콘텐츠를 업로드 다운로드할 수 있는 환경이 본격적으로 구현된 것으로 평가하고 있다. 또한 보다 진일보한 모바일 기술의 확산은 TV, 라디오, 신문 등 전통 미디어 이용과 데스크톱(desktop) 컴퓨터를 통한 인터넷 이용에 익숙했던 이용자들의 이탈을 유도해 '움직이며 고속인터넷과 다양한 콘텐츠를 즐기는' 라이프스타일의 변화를 끌어낸 것으로 보인다. 실제로 한국인터넷진흥원이 2017년 하반기에 전국 2만5000가구와 만 3세 이상 가구원 6만2540명을 대상으로 진행한 '2017 인터넷이용실태조사'의 결과에 따르면 데스크톱 컴퓨터를 보유한 가구는 2012년 81.4%에서 2017년 61.3%로 눈에 띄게 하락한 반면, 같은 기간 스마트폰 보유 가구의 비율은 65.0%에서 94.1%로 급증했다(한국인터넷진흥원, 2018.1.31). 이는 스마트폰의 급속한 보급으로 이용자들이 PC보다는 스마트폰을 통한 모바일 중심의 인터넷 서비스 이용으로 행태가 전환했음을 의미한다.

3) 모바일 인터넷

스마트폰의 확산에 모바일 기기를 통한 인터넷 이용환경이 크게 기여한 것은 자명하다. 2G에서 3G를 넘어 4G로 이어지면서 '언제 어디서나 이동하면서 통화할수 있는' 모바일폰 보다는 '언제 어디서나 이동하면서 인터넷이 연결될 수 있는' 모바일폰이 더 중요하게 되었는데, 이는 모바일 환경이 음성(voice) 중심에서 데이터 중심으로 전환되고 있음을 뜻한다. 실제로 SK텔레콤, KT, LG유플러스 등 우리나라 이동통신 3사는 2015년 5월부터 음성통화와 문자메시지를 무한으로 제공하고 데이터 제공량만 고려하는 데이터 중심 요금제를 도입함으로써 이제 데이터 중심의 요금제는 명확한 통신 시장의 흐름으로 정착하게 되었다. 현재의 스마트폰 이용자들은 전화통화나 문자 대신 SNS나 모바일 메신저(mobile messenger)를 통해 더 많은 커뮤니케이션을 하고 있다. 얼마나 빠르고 안정적으로 인터넷 데이터를 송수신할 수 있는가는 스마트폰 선택의 가장 중요한 기준 중 하나다. 모바일 인터넷은 "휴대전화 등 모바일 단말기로 장소에 상관없이 인터넷에 접속해 벨소리, 게임 등을 다운받거나 필요한 정보를 이용하는 서비스"로 정의된다(방송통신위원회, 2009). 즉, 모바일 인터넷은 간단하게 모바일 기기를 통해 인터넷 데이터 서비스를 이용하는 것을 의미하며 이러한 인터넷에 접속하는 방식은 통신업체에서 제공하는 3G, 4G 등의 통신망을 통해 접속하는 방식과, 유선 인터넷망에 모바일 기기를 무선으로 접속해 데이터 전송을 가능하게 해주는 무선 모바일 인터넷, 혹은 일명 '휴대 인터넷'이라 고 불리는 Wi-Fi 혹은 Wibro, WiMax 네트워크를 이용하는 방법이 있다.

(1) Wi-Fi, WiMax, 그리고 WiBro

근거리 무선통신망(Wireless Local Area Network, WLAN)인 Wi-Fi (Wireless Fidelity)는 IEEE 802.11 기술표준을 사용해 무선으로 인터넷망에 연결시켜 데이터 전송을 가능케 한다. 무선 접속 장치인 AP(Access Point)는 제한된 범위 내에서 모바일 기기들을 모바일 인터넷에 접속할 수 있게 해 주는데, 이 범위(hotspot)에서 무선 랜(LAN)카드를 장착한 랩톱(Laptop)이나 모바일폰 등 어떤 모바일 기기도 인터넷에 자유롭게 접속할 수 있다. Wi-Fi의 장점은 속도에 있는데, LTE 네트워크의 속도보다 최대 4배 이상을 낼 수 있다는 것이다. 802.11g 기술에서는 54Mbps, 802.11n과 802.11ac 환경에서는 각각 300Mbps과 1300Mbps까지 가능하다. 단점으로는 제한된 구역 안에서만 인터넷 연결을 제공하기 때문에 그 구역을 벗어나면 연결이 끊기게 되고, 자연히 움직이면서 인터넷을 이용하는 데 제약이 따른다.

한편, IEEE 802.16 기술표준을 사용하는 WiMax(Worldwide Interoperability for Microwave Access)는 Wi-Fi와 유사하지만 광대역, 즉 보다 넓은 지역에서 모바일 인터넷 접속을 가능케 하는 기술이라는 점에서 다르다. 또한 광대역에서 인터넷을 제공한다는 점에서 WiBro(Wireless Broadband)도 WiMax의 한 형태인데, WiBro는 한국에서 개발된 기술로 외국에서는 모바일 WiMax로 불리며 2007년 국제전기통신연합(ITU)으로부터 3G 이동통신의 6번째 국제표준으로 채택되었다. 지역에 국한되지 않고 이동하면서 인터넷에 접속할 수 있는 WiBro는 이 점에서 WiMax와 구별되는데, 즉 WiMax는 한 기지국에서 다른 기지국으로 넘어갈 때 지속적인 네트워크 연결이 되지 않으나 WiBro는 이를 가능케 한다는 것이다. WiBro는 시속 120km로 이동 중에도 최대 2Mbps로 인터넷에 연결, 데이터 서비스를 받을 수 있고 전송속도는 하향(downlink) 최대 40~70Mbps까지 가능하다. 지난 2010년 삼성전자는 최대 330Mbps가 가능한 WiMax2를 선보인 바 있으며, 2012년 초 열린 ITU 총회에서 우리나라가 개발한 LTE-Advanced와 WiBro-Evolution이 4G 모바일 기술의 국제표준으로 인정받은 바 있는데, 두 기술 모두 최대 600Mbps에서 1Gbps의 초고속 데이터 전송이 가능하다(한국정보통신기술협회, 2012.1.20). 그러나 4G 상용화를 놓고 LTE와 경쟁을 벌이던 WiBro는 기존 망을 그대로 쓸 수 있는 LTE를 대부분의 이동통신사들이 선택하면서 시장에서 사라질 위기에 놓여 있다. 실제로 앞서 언급한 LTE 사용자 폭증과 대비해 WiBro의 사용자는 2015년 12월에서 2017년 12월까지 2년 동안 77만 명 정도에서 35만 명 정도로 절반 이하로 줄어들었으며 WiBro를 통한 무선 데이터 트래픽 또한 같은 기간 3468TB에서 947TB로 급감한 상태이다(한국인터넷진흥원, 2018.1.31). WiBro의 사례는 아무리 기술이 우수하더라도 시장에서 선택받지 못하면 사라질 수도 있다는 오랜 교훈을 다시 한번 보여 준다.

(2) 블루투스(Bluetooth)와 NFC(Near Field Communication)

모바일 기기를 통해 이용자에게 데이터 서비스를 제공하는 기술은 앞서 언급한 대로 3G나 4G, 혹은 Wi-Fi나 WiMax 등으로 대표된다. 그러나 이외에도 몇 미터 반경 내에서 무선으로 모바일 기기 간 정보 교환과 연결을 위해 사용되는 초근거리통신망 블루투스(Bluetooth)가 있다. 컴퓨터와 전화, 프린터, 키보드, 마우스 등을 유선 라인 없이 연결할 수 없을까에 대한 의문에서 시작한 이 기술은 인텔, IBM, 노키아, 에릭슨 등의 회사들이 공동으로 개발했으며 모바일폰의 급속한 성장에 힘입어 전 세계적으로 광범하게 채택되고 있다. 블루투스의 데이터 전송속도는 1Mbps에서 최대 24Mbps로 업그레이드된 블루투스에 따라 다르며, 2.4GHz 주파수 대역을 사용하며 약 10m 반경 이내에서 작동한다.

블루투스 네트워크로 연결되어 있는 기기들은 별도의 인터넷 접속 없이 서로의 데이터를 송수신할 수 있다. 이러한 특징을 바탕으로 블루투스는 먼저 무선 이어폰 또는 헤드폰으로 성공했으며, PC 입출력 도구들을 대체하고 이제는 가까운 곳에서의 정보 교환을 위한 기술로도 활용되고 있다. 특히 전송속도가 개선된 블루투스가 모든 스마트폰에 추가됨에 따라 그 이용범위는 동영상과 사진, 기타 데이터 전송의 영역으로 크게 확장되었다. 앞으로 블루투스가 장착된 스마트폰은 시계, MP3, 안경, 태블릿 PC 등 휴대할 수 있는 모든 기기와 연동되어 서로 각종 정보를 송수신할 수 있는 환경을 가능케 한다. 예를 들면, 몸에 부착된 건강측정을 위한 기기나 운동화에 장착된 측정기를 통해 실시간으로 몸의 변화와 운동량을 스마트폰으로 전송해 관리하고 나아가 개인의 하루 활동 기록을 정보화해 관리할 수 있는 시스템을 지원할 수도 있다.

한편, 최근 모바일 전자상거래(mobile commerce) 시장에서 각광을 받고 있는 기술인 NFC(Near Field Communication)는 10cm 이내의 NFC용 태그(tag)에 포함된 정보를 주고받는 무선통신기술이다. NFC 기능이 내장된 스마트폰을 이용하면 내가 가진 정보를 타 기기에 전송할 수도, 내 기기로 타 기기의 정보를 받을 수도 있다. 이를 전자상거래를 예로 들어 설명해 보면 다음과 같다. 일반적으로 우리가 편의점에서 물건을 골라 계산대에 가져가면 물건에 있는 바코드를 리더기에 갖다 대어 그 바코드

정보를 컴퓨터에 입력해 가격을 확인하고, 이후 물건값을 지불하는 절차를 거친다. NFC 기능이 내장된 스마트폰을 이용할 경우 물건을 구매한 후 신용카드를 주고 리더기에 읽히거나 현금을 주고받을 필요 없이 결제용 리더기에 본인의 스마트폰을 갖다 대기만 하면 곧바로 본인 인증과 함께 지불까지 완료가 된다. 다른 예로, 스마트폰을 통해 영화 티켓을 예매하고 난 후 전자티켓을 저장해 놓으면 영화관 창구 앞에서 스마트폰을 리더기에 갖다 대는 것으로 별도의 티켓 확인 없이 절차가 완료되어 영화관으로 들어갈 수 있다. 이뿐만이 아니라, NFC를 내장한 스마트폰은 상대방의 정보도 가져올 수 있는데, 상점 앞에 붙어 있는 NFC용 태그에 스마트폰을 가져다 대면 그 상점에 있는 모든 상품을 상점 밖에서도 검색할 수 있어 내가 필요한 상품이 현재 있는지, 종류는 얼마나 되고 내가 사고자 하는 상품이 있는지 미리 확인할 수 있다.

여기까지 설명을 보면 블루투스와 NFC는 매우 닮아 보인다. 그렇다면 두 모바일 기술의 차이는 무엇일까? 우선 통신 거리를 보면 블루투스는 최대 20m까지 정보 송수신이 가능하지만, NFC는 5~10cm의 매우 짧은 거리에서 유효한 통신수단이다. 전송속도에서도 블루투스는 NFC를 능가한다. 그러나 모바일 기기 간 통신 설정에 걸리는 시간이 NFC는 0.1초 미만으로 블루투스의 6초에 비해 매우 짧으며 NFC는 10cm를 벗어나면 통신 자체가 불가능하기 때문에 블루투스나 Wi-Fi를 대상으로 하는 원거리 해킹이 어려워 정보보안이 우수하다(한국정보화진흥원, 2011.9.30).

블루투스와 NFC는 주된 커뮤니케이션 수단은 아니지만, 모바일 환경 내에서 자신들의 영역을 확실히 구축하고 있다. 근거리에서의 정보 전송이 인터넷 접속 없이 최소한의 배터리로 불과 몇 초 내에 쉽게 이루어지고, 손안의 모든 기기의 정보를 공유해 스마트폰 하나로 통제할 수 있는 환경은 분명히 이용자에게 매력적이다. 큰 반향을 일으켰던 스마트안경 구글 글래스(Google Glass)도 블루투스 기반으로 스마트폰의 정보를 안경에 투사할 수 있다. 여기에 애플 페이, 삼성 페이 등 모바일 지갑(mobile wallet) 기능을 지원하는 NFC 기술을 스마트폰이 탑재하게 됨에 따라 스마트폰의 활용도는 더욱 높아지고 있다.

(3) 모바일 VoIP

한편 흔히 '인터넷 전화'로 불리는 VoIP(Voice over Internet Protocol) 서비스가 초고속 모바일 인터넷 기술의 발달로 스마트폰을 통해 실현 가능하게 되었다. 모바일 VoIP(mVoIP)으로 불리는 모바일 인터넷 전화는 LTE 네트워크나 Wi-Fi 망을 통해 무료나 저렴한 요금으로 음성통화를 할 수 있어 전화 이용자들에게 매우 유용한 서비스다. 세계적으로는 스카이프(Skype)가 가장 유명한 모바일 VoIP 서비스 업체이지만 약 20억 명의 이용자를 가진 SNS 서비스 업체인 페이스북(Facebook)도 모바일 VoIP 서비스를 제공하면서 VoIP 서비스는 모바일 서비스의 핵심으로 떠오르게 됐다. 우리나라에서도 카카오톡, 네이버 라인 등의 모바일 메신저들을 중심으로 모바일 VoIP 서비스가 제공되고 있다.

기본적으로 VoIP는 초고속 인터넷 네트워크에 기반을 두고 있어 만약 인터넷망이 다운되는 일이 발생하면 전화가 되지 않는다는 단점이 있다. 이 문제는 긴급통화가 필요한 경우에도 인터넷망이 없다면 대책이 없다는 측면에서 9·11 테러 등을 겪은 미국은 VoIP 사업자들에게 그 대책 방안을 강구하도록 한 바 있다. 또한 해킹과 같은 보안 문제에 취약하다는 단점도 지적된다. 그러나 가격이 싸고 한 번의 통화라인에 여러 사람이 동참할 수 있다는 점, 음성메일(voice mail), 텔레콘퍼런싱(teleconferencing), 발신자 번호표시(caller ID), 사용 중 착신 전환(call forward) 등과 같은 부가 서비스가 가능하다는 점, 그리고 모바일 VoIP는 이동성(mobility)이 보장된다는 점으로 미래 커뮤니케이션 서비스로 주목받고 있다.

허나 모바일 VoIP에 대한 부정적 시각도 존재한다. 특히 이동통신사들은 모바일 VoIP로 인해 음성통화 매출의 감소가 가속화되고 무선 데이터의 급증에 따른 망(network) 부하를 이유로 모바일 VoIP를 제한해야 한다는 입장이다. 실제로 국내 이동통신사들은 2012년 카카오톡의 모바일 VoIP 서비스인 '보이스톡'이 등장했을 때 과다 트래픽 유발, 음성통화 간섭 등을 이유로 속도 제한을 한 바 있다. 이러한 시각은 현재 세계적으로 논란이 되고 있는 망중립성(Net Neutrality)과도 관련이 있는데, 망중립성은 이동통신사가 특정 트래픽이나 서비스, 즉 모바일 VoIP와 같은 서비스를 임의로 차단할 수 없다는 것으로 인터넷 이용자의 자유로운 인터넷 이용 보장, 망 운영의 투명성, 인터넷을 통해 유통되는 트래픽이나 서비스에 대한 비차별성을 원칙으로 한다. 우리나라는 2011년 12월에 원칙적으로 망중립성을 유지해야 한다는 입장을 발표한 바 있고, 2012년 7월에 망중립성에 대한 세부 기준을 발표한 바 있다. 그러나 망의 보안성, 안정성을 위한 경우, 망혼잡성의 경우, 불법 정보 차단 등 관계 법령에 의거할 경우 '합리적 트래픽 관리'를 인정하고 있고, 헤비 유저(heavy user)에 대한 이용 제한 허용, P2P 서비스 등 특정 시간대 다량의 트래픽을 유발하는 서비스도 제한을 가능케 해 논란의 여지가 다분하다고 볼 수 있다. 게다가 2017년 12월 미국 연방통신위원회(FCC)가 규제완화를 통한 네트워크 투자 및 경쟁력 확보를 근거로 망중립성 폐지를 결정함에 따라 국내에서도 망중립성에 대한 논쟁이 재점화되었다.

2. 스마트폰 시대의 도래

본격적인 모바일 인터넷 이용과 더불어 모바일 기기 이용자를 위한 다양한 애플리케이션들이 경쟁적으로 출시돼 모바일폰의 쓰임새가 커뮤니케이션 위주에서 모바일 컴퓨팅(mobile computing)으로 전환되었다. 이러한 변화는 스마트폰(Smartphone)의 등장으로 가속화 되었는데, 그 이름에서 알 수 있듯 단말기 하나로 기본적인 전화 기능 외에 문서 작업과 인터넷 검색, 이메일 송수신, 게임, 모바일 메시징, 전자상거래 등의 기능을 모두 수행할 수 있는 '똑똑한' 모바일폰을 우리는 스마트폰이라고 부르고 있다. 스마트폰으로 명명(命名)하기 위해 갖춰야 할 기본 요소로 우선 모바일 인터넷을 통한 네트워크 연결을 들 수 있으며, 애플의 iOS, 구글의 안드로이드(Android) 등과 같이 표준화된 인터페이스를 바탕으로 모바일 애플리케이션 등의 콘텐츠를 제공하는 모바일 운영체제(OS) 역시 스마트폰의 필수 구성요소라 할 수 있다. 이러한 손 안의 컴퓨터는 우리 주변의 환경을 크게 바꾸어 놓았다.

스마트폰은 유럽과 북미, 그리고 동북아시아 지역을 중심으로 이용자가 급격히 증가했는데, 전 세계시장을 놓고 보면 2017년을 기준으로 약 32억 대가 보급된 것으로 나타났다. 이 중 중국에서만 약 7억1700만 대, 미국에서 약 2억2600만 대, 러시아에서 7800만 대, 그리고 한국에서는 약 3600만 대가 보급되었다(Newzoo, 2017.4.26). 또한 한국인터넷진흥원이 2016년 7월부터 10월 사이 전국 2만5000가구 및 가구 내 만 3세 이상 가구원을 대상으로 실시한 '2016 인터넷 이용실태조사'의 결과를 보면 현재 우리나라의 스마트폰 이용현황을 간단히 살펴볼 수 있다(한국인터넷진흥원, 2017.4.17). 우선 만 6세 이상 인구 10명 중 8명(85.0%)이 스마트폰을 보유하고 있는 것으로 나타났으며 성별로는 남성(87.9%)이 여성(82.2%)에 비해 다소 높은 보유율을 보였다. 연령별로는 20대의 스마트폰 이용률이 99.7%, 30대가 99.5%로 매우 높은 수준이었고, 다음으로 40대(98.9%), 10대(95.9%), 50대(92.3%) 등의 순으로 나타났다. 특기할 만한 점은, 젊은 층의 이용률이 예상대로 높게 나타났지만, 노년층에서도 60대의 스마트폰 보유율(68.8%)이 전년 대비 11.2%p, 70세 이상 스마트폰 보유율(20.1%)이 전년 대비 4.3%p 상승한 것으로 나타났다는 점이다. 스마트폰을 '하루에 1회 이상' 이용하는 스마트폰 이용자는 91.8%로 매우 높은 수준을 보였으며, 주 평균 스마트폰 이용시간은 8시간 29분(일평균 약 1시간 12분)으로 주평균 14시간 이상(14~21시간 15.8%, 21~35시간 6.2%, 35시간 이상 1.1%) 스마트폰을 이용한다는 의견이 23.1%로 가장 높은 비율을 차지했다. 한편, 스마트폰 보유자 10명 중 7명(73.6%)은 '스마트폰을 두고 나왔을 때 즉시 가지러 돌아간다'고 답변했고, 스마트폰 보유자 절반 이상이 '스마트폰을 휴대하지 않으면 불안하다'(66.6%), '일상생활에서 궁금한 점은 주로 스마트폰을 통해 해결한다'(65.5%), '스마트폰이 없다면 외울 수 있는 전화번호가 거의 없다'(63.9%) 등 일상생활 속 스마트폰 의존 증상을 나타내었다.

최근에는 SNS와 같은 개인 커뮤니케이션 서비스와 3D, 증강현실 등의 영상기술, 위치기반서비스, 각종 엔터테인먼트 서비스 등이 스마트폰과 융합하고 있어 이제는 '이동하면서 전화할 수 있는 기계'가 아닌 '손안의 슈퍼컴퓨터'로 불려도 손색이 없을 만큼 진화했다. 이러한 스마트폰은 우리의 커뮤니케이션 환경을 매스커뮤니케이션에서 다시 개인 커뮤니케이션 환경으로 변화시켰으며, 정치·사회·문화적으로도 매우 큰 영향을 미치고 있다. 정치에 무관심한 젊은 계층의 정치참여를 독려하고 있는 것은 스마트폰과 SNS의 영향이 크고, 중요한 사회적 이슈의 전파와 여론의 형성 역시 스마트폰을 통해 이루어지고 있다. 개인의 문화적 향유 형태도 바뀌고 있는데, 개인에 특화된 문화콘텐츠를 스마트폰으로 제작하고, 다운로드 또는 업로드해 개인만의 공간에서 소비하는 형태는 이제 보편화되었다.

1) 모바일 애플리케이션

흔히 줄여서 '앱(app)'이라고 부르는 애플리케이션(application)은 '모바일 기기 운영체제(mobile operating system, 이하 모바일 OS)에 적합하게 디자인되어 모바일 기기 자체의 기능을 확장 및 향상 시키는 소프트웨어'로 정의된다(Pew Internet & American Life Project, 2011.11.2). 애플리케이션은 애플(Apple)에서 2007년 처음 소개되었고, 이후 스마트폰과 태블릿 PC의 등장에 따라 급속히 확산되었다. 모바일 애플리케이션은 모바일 OS 기반의 플랫폼을 기준으로 개발되어 왔는데, 예를 들면 애플은 iOS 기반에서, 구글은 안드로이드(Android) 운영체제 기반에서 작동하는 애플리케이션을 각 사업자의 '앱스토어 (App Store)'를 통해 제공하고 있다.

앱스토어의 개념 역시 애플에서 시작했다고 볼 수 있는데, 개발자들이 만든 애플리케이션을 자유롭게 업로드 및 다운로드하며 사고팔 수 있는 장터(market)를 뜻한다. 애플의 앱스토어 영문 표기는 'App Store'이며 2008년 상표권 등록을 신청했는데, 그때 앱스토어를 '인터넷과 컴퓨터, 그리고 전자 커뮤니케이션 네트워크를 통해 제공되는 컴퓨터 소프트웨어가 주요 판매 품목인 리테일 스토어(retail store) 서비스'라고 정의했다(전자신문, 2011.4.27). 이후 아마존(Amazon)이 'Appstore'라는 표기로 상표권을 사용하자 애플은 2011년 3월 상표 침해에 대해 아마존을 고소한 바 있다.

애플과 구글, 마이크로소프트, 아마존 등 세계 IT 시장의 강자들은 거의 모두 앱스토어 시장에 뛰어들어 경쟁하고 있다고 볼 수 있는데, 이는 스마트폰과 태블릿 PC를 이용한 콘텐츠 및 서비스 이용이 대부분 애플리케이션을 통해 이루어지기 때문이다. 2016년 한해 애플의 앱스토어를 통한 애플리케이션 다운로드 수가 280억 회에 달했으며, 앱스토어가 보유한 iPad 애플리케이션도 약 200만 개로 추정되는 반면, 애플과 경쟁구도를 이루고 있는 구글의 앱스토어는 안드로이드 OS를 기반으로 한 애플리케이션 장터인 구글 플레이로 2017년 1월 기준으로 약 300만 개가 넘는 애플리케이션을 보유하고 있으며 2016년 한해 누적 다운로드 수가 600억 회를 넘어 앱스토어 점유율 1위를 기록하고 있다(Business of Apps, 2018.1.8).

이처럼 애플과 구글의 앱스토어가 모바일 애플리케이션 시장의 성장을 이끌고 있으며, 전문가들은 2016년 1조3000억 달러 규모였던 시장이 2021년까지 6조3000억 달러로 네 배 이상 성장할 것으로 전망하고 있다(TechCrunch, 2017.6.27).

모바일 애플리케이션은 그 자체가 하나의 훌륭한 콘텐츠가 되기도 하고 이용자와 콘텐츠를 연결해 주는 플랫폼으로 작용하기도 한다. 날씨나 지도, 내비게이션 서비스처럼 애플리케이션이 하나의 콘텐츠처럼 쓰이는 예도 있으나 트위터, 페이스북과 같은 SNS나 카카오톡, 네이버 라인과 같은 모바일 메신저와 같은 특정 서비스를 연결해 주는 '통로'의 측면이 강한 애플리케이션도 있다. 그 어떤 종류의 애플리케이션이든 우리는 우리가 원하는 애플리케이션을 모바일 앱스토어에서 검색해 다운로드할 수 있다. 따라서 자연스럽게 이용자들의 수요가 몰리는 시장이 생기고, 그 수요에 따라 공급이 이루어지며, 여기에서 다양한 형태로 수익이 발생하는 시장이 형성되었다. 현재 다양한 비즈니스 모델이 모바일 애플리케이션 시장, 즉 앱스토어에서 적용되고 있는데, 다음 세 가지 형태로 구분할 수 있다.

우선 이용자가 비용을 지불하지 않는 형태인 무료모델이 있다. 무료모델은 광고가 없는 형태와 광고를 기반으로 하는 형태로 구분된다. 무광고모델(non-ad model)은 이용자들이 애플리케이션을 무료로 다운로드받아 이용할 수 있게 하는 사업 형태로 주로 가까운 장래에 출시될 유료 서비스로의 자연스러운 이동을 장려하고 특정 분야에서 이용자들을 대거 확보해 브랜드 입지를 구축하기 위한 수단으로 이용된다. 광고 기반모델은 말 그대로 무료 애플리케이션을 다운로드하는 이용자들에게 광고를 노출시켜 간접적인 수익을 얻는 방식이다. 무료모델은 애플리케이션 이용자들을 손쉽게 확보할 수 있는 장점이 있어 무료 애플리케이션 다운로드 수는 날로 증가하고 있다. 그러나 수익을 창출하기 어렵다는 단점으로 장기적인 관점에서는 보완이 필요하다.

그다음으로 유료 모델이 있는데, 이는 이용자가 원하는 애플리케이션을 이용하기 위해서는 비용을 지불해야 하는 모델이다. 가장 일반적인 형태는 일시불(one-time fee) 모델로 매회 다운로드할 때마다 비용을 지불하는 모델이다. 최근 출현한 유료 모델로 앱 내 정기구독 모델 (in-app-subscription model)이 있는데, 2011년 애플이 처음 도입한 모델로 앱스토어를 통해 신문, 잡지, 비디오 등의 콘텐츠를 정기구독하는 것을 지원하는 모델이다. 유료 모델은 충성도 높은 고객을 확보하고 있거나 그 기능성이 높을 경우 가장 수익성이 높은 모델이지만 매우 다양한 애플리케이션 중 선뜻 유료 모델을 처음부터 이용하는 이용자가 드물다는 점에서 초기에 어려움을 겪을 수 있는 모델이다.

현재는 무료와 유료 모델의 장점을 결합한 부분유료화(Freemium) 형태의 비즈니스 모델이 가장 광범하게 앱스토어에서 받아들여지고 있다. 부분유료화를 뜻하는 'Freemium'이라는 용어는 벤처캐피털리스트인 프레드 윌슨(Fred Wilson)이 만들어 낸 'free'와 'premium'의 합성어인데, 우선 무료 제공을 통해 가입자를 확보하고 이를 기반으로 수익을 추구하는 형태를 가진다. 즉, 무료 애플리케이션 이용 시 기본 사양을 제공하고, 그 이상을 이용하기 위해서는 비용을 지불해야 하는 무료와 유료의 결합형 모델이다. 이 부분 유료화 모델의 적용을 위해서는 앱 내 결제(in-app purchasing, IAP) 시스템이 필요한데, IAP 시스템은 이용자가 애플리케이션을 이용하면서 필요한 상품이나 서비스를 애플리케이션 내에서 구매하게 도와주는 시스템이다. 애플을 비롯, 대부분 업체들은 IAP 시스템을 구축하고 게임 관련 애플리케이션을 중심으로 수익을 올리고 있다. 전세계 시장에서 2017년 IAP를 통한 수익은 약 370억 달러로 2011년의 7억 달러에서 기하급수적인 성장을 한 것을 알 수 있으며, 이 수치는 일시불

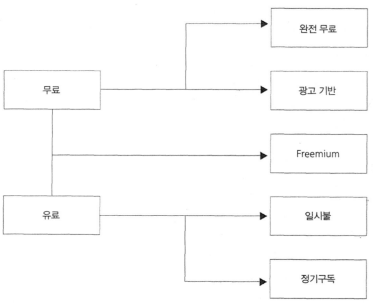

완전 무료

광고 기반

Freemium

일시불

정기구독

무료

유료

그림 8-1 앱스토어 비즈
니스 모델

출처: Atlas Research Group(2011. 3. 11)

(one-time fee) 모델의 수익이 2017년 약 290억 달러에서 정체되어 있는
것과 대조를 이룬다(Business of Apps, 2017.11.21). 부분유료화 비즈니
스 모델을 기반으로 확대되고 있는 앱스토어를 통한 모바일 애플리케이
션 다운로드와 그로 인한 모바일 업계의 수익 확대는 특별한 수익모델이
없던 모바일 콘텐츠 시장에 활력을 불어넣고 있다. 콘텐츠 개발과 유통,
마케팅 등 전 분야에서 모바일 기술과의 연계가 중요하게 부상했고, 시장
이 성숙할 대로 성숙한 IT 산업에 새로운 돌파구로 작용하고 있으며 정책
적으로도 창조적인 사고와 콘텐츠, 그리고 인력을 중심으로 한 미래성장
동력으로 모바일 산업을 주목하게 하고 있다.

(1) 모바일 메시징
2016년 10월 기준 한국의 모바일 애플리케이션 이용자가 주로 이용하는
애플리케이션 종류로는 '채팅, SNS 등 커뮤니케이션'이 78.3%로 가장 높
았고, 다음으로 '사진 및 동영상'(62.2%), '뉴스'(54.4%), '게임'(22.7%),

'음악, 미디어'(18.7%), '내비게이션 및 지도'(16.2%) 등의 순으로 나타났다(한국인터넷진흥원, 2017.4.17). 특히 한국의 모바일 애플리케이션 시장에서는 카카오톡, 네이버 라인과 같은 모바일 메시징(mobile messaging) 애플리케이션이 시장의 폭발적인 성장을 이끌었다고 볼 수 있는데, 2017년 한국인터넷진흥원의 조사결과에 따르면 만 6세 이상의 인터넷 이용자 중 모바일 메시징을 이용한 사람의 비율은 95.1%였고, 이 중 '카카오톡'을 이용하는 사람의 비율은 99.4%, '페이스북 메신저' 27.5%, '라인' 11.3%, '네이트온' 8.2% 등의 순으로 나타났다(한국인터넷진흥원, 2018.1.31). 이용자들은 모바일 메시징 서비스를 통해 단문 위주의 연락을 하면서 서로의 소그룹 네트워크를 구성하고 유지할 수 있으며 특히 사진과 같이 사적인 콘텐츠를 공유할 수도 있어 새로운 관계 형성 수단으로 부상했다. 모바일 메시징 서비스의 인기는 문자메시지(SMS) 서비스의 쇠퇴를 불러왔고, 거기에 모바일 인터넷 전화, 즉 모바일 VoIP까지 가세해 모바일폰을 통한 기본적인 전화통화에도 영향을 미치고 있다.

(2) 모바일 게임

커뮤니케이션 수단으로서 애플리케이션의 인기와 함께, 모바일폰은 새로운 엔터테인먼트 기기로 각광을 받고 있다. 인기 모바일 애플리케이션 장르에서 게임은 빠지지 않고 있는데, 전 세계적으로 인기를 끈 핀란드 로비오(Rovio)사의 〈앵그리버드(Angry Bird)〉가 대표적이며, 최근 위치 기반 서비스와 증강현실을 접목한 〈포켓몬 고(Pokémon Go)〉는 전 세계적으로 큰 돌풍을 일으켰다. 한국에서는 〈애니팡〉, 〈드래곤 플라이〉 등 모바일 메시징 서비스를 플랫폼으로 한 모바일 게임이 크게 히트한 바 있으며, 최근에는 〈리니지〉와 같은 '대규모 다중 사용자 온라인 롤 플레잉 게임(Massive Multiplayer Online Role Playing Game, MMORPG)'들이 스마트폰에 최적화되어 인기를 큰 인기를 누리고 있다. 최근 모바일 게임의 확산에서 눈여겨볼 만한 부분은 10대와 20대뿐만 아니라 30대에서 50대에 이르는 연령층과 여성들에게도 모바일 게임이 인기를 끌고 있다는 점이다. 한국인터넷진흥원이 전국 만 12세에서 59세 이하의 모바일 인터넷 이용자 2500명을 대상으로 2015년 실시한 조사결과에 따르면, 먼

그림 8-2 인기 모바일 애
플리케이션인 Rovio사
의 Angry Bird

저 성별에 따라 남성(41.9%)이 여성(39.5%)보다 근소하게 높은 비율로
모바일 게임을 이용하는 것으로 나타났으며, 연령대별로는 50대(45.4%)
와 30대(42.8%)가 12∼19세(42.0%)보다 '하루에도 여러 번' 이용하는 비
율이 더 높은 것으로 조사되었다(한국인터넷진흥원, 2016.3.17). 게임이
라는 콘텐츠가 젊은 층의 전유물이라는 틀은 전부터 조금씩 깨져 오고 있
었으나 모바일 게임은 일단 배우기 쉽고 필수품처럼 되어 버린 모바일폰
과 태블릿 PC를 통해 쉽게 다운로드해서 버스나 지하철, 기타 외부 공간
에서 이용할 수 있다는 장점으로 인해 순식간에 전 계층으로 퍼져 나갔
다. 특히 모바일 게임에 SNS 요소가 가미되면서 남녀노소에 관계없이 게
임이라는 하나의 플랫폼을 통해 실시간으로 자신의 주변 사람들과 연결
되어 경쟁하며 또 다른 의미의 커뮤니케이션을 이어갈 수 있다는 점은 모
바일 게임이 롱런할 수 있는 바탕이 되고 있다.

(3) 모바일 비디오

모바일 메시징과 게임에 비해 그 이용빈도는 다소 떨어진다 하더라도 모
바일을 이용한 데이터 트래픽을 폭발적으로 증가시킨 것은 아마도 모바
일 비디오일 것이다. 시스코(Cisco, 2017.3.28)의 보고서에 의하면 2016

년 전체 모바일 트래픽의 60%가 모바일 비디오에 의해 발생했고 2021년
에는 모바일 비디오가 전체 모바일 데이터의 78%를 차지할 것으로 예측
하고 있다. 모바일 비디오 시장의 성장은 유튜브(YouTube)와 같은 비디
오 공유 플랫폼을 중심으로 시작되었는데, 특히 발전된 그래픽과 오디오
처리기술이 장착된 스마트폰의 보급에 따라 이용자들이 모바일 기기를
통해 비디오를 공유하고 소비하는 경향이 눈에 띄게 증가했다. 유튜브는
2017년 일간 평균 모바일을 통한 조회 수가 100억 회를 달성했고, 이미
조회 수의 과반이 모바일 기기를 통해 이뤄지고 있다(YouTube,
2017.12.13). 또한 최근 급속도로 성장한 넷플릭스(Netflix)는 영화나 TV
드라마 등의 콘텐츠를 주문형 비디오 시스템(video-on-demand)을 통해
실시간으로 스트리밍해 줌으로써 시간적으로 보다 더 긴 비디오를 모바
일에서 즐길 수 있는 환경을 마련해 주었다. 초창기 DVD 대여 사업으로
시작한 넷플릭스는 인터넷을 통한 주문형 비디오 시스템으로 큰 성공을
거두어 블록버스터 비디오(Blockbuster Video) 등 기존 오프라인 중심의
사업자가 장악하고 있던 비디오 대여 시장의 구조 자체를 바꾸어 놓았다.
물론 넷플릭스의 초창기 성공은 브로드밴드 기술의 발달에 따른 원활한
비디오 시청에 힘입었다 할 수 있으나, 최근의 괄목할 만한 성장은 스마
트폰 등의 모바일 기기를 중심으로 이뤄지고 있다. 2017년 2분기 미국의
애플과 구글의 앱 스토어에서 가장 많은 수익을 낸 애플리케이션은 바로
넷플릭스였으며, 같은 시장에서 2017년 6월 현재 넷플릭스 사용자들은
스마트폰을 통해 총 7조5000억 분의 시간을 쓴 것으로 나타나 2014년 대
비 73%p 성장한 수치를 보였다. 이는 같은 기간 동안 48%p 늘어난 PC를
통한 넷플릭스 접속시간 상승률을 훨씬 웃도는 수치이다(Recode,
2017.7.25). 이처럼 최근에는 유튜브와 넷플릭스 같은 주요 비디오 서비
스를 모바일 기기를 통해 접속하는 것이 시장의 전반적인 흐름으로 정착
되고 있으며, 실제로 제니스(Zenith, 2017.7.17)에 의하면 2017년 모바일
기기를 통한 비디오 시청시간이 35%p 성장하는 반면 PC 등의 기기를 통
한 시청은 2%p 정도만 늘어날 것으로 보아 향후 온라인 비디오 시장의 팽
창을 모바일 기기가 주도할 것으로 전망했다.

한편 한국의 모바일 비디오 시장은 모바일 웹보다 모바일 애플리케

그림 8-3 다양한 모바일
OTT 서비스

이션을 통한 비디오 시청이 두드러지며(Nielson, 2013.2), 그중에서도 앱
을 통한 '모바일 OTT(Over The Top)' 서비스 이용은 주목할 만하다. 한
국인터넷진흥원에 의하면 모바일 OTT(Over The Top)란 '기존의 통신 및
방송 사업자와 더불어 제3사업자들이 인터넷을 통해 다양한 미디어 콘텐
츠를 제공함으로써, 인터넷에 연결된 모바일 기기를 통해 방송프로그램
을 시청할 수 있는 서비스'를 말하며(한국인터넷진흥원, 2016.3.17, p.
6), 앞서 언급한 '넷플릭스'를 포함해 한국시장에서는 '푹', '티빙', '옥수수',
'올레tv모바일' 등의 OTT가 활발하게 이용되고 있다(그림 8-3). 한국인터
넷진흥원의 2015년 모바일 인터넷 이용자에 대한 조사에 따르면 이용자
의 18.4%가 모바일 OTT 서비스를 사용하고 있으며, 이용 유형별로는 '프
로그램 다시보기(VOD)'(82.4%), '생방송'(14.4%), '예고편 또는 주요 장
면 등 비디오 클립 보기'(3.1%)의 순으로 이용률이 높게 나타났다(한국인
터넷진흥원, 2016.3.17). 같은 조사에서 모바일 OTT 비이용자의 19.5%
도 향후 모바일 OTT를 이용할 의향이 있는 것으로 나타난 만큼, 향후 한
국 모바일 비디오 시장에서 모바일 OTT의 입지는 더욱 견고해질 것으로
보인다.

(4) 위치기반 서비스

모바일 메시징과 게임 및 비디오 시청은 기존 PC의 소프트웨어를 통한
이용의 연장선에서 이해할 수 있는 반면, 스마트폰의 보급과 함께 새롭게
등장해 최근 눈에 띄게 늘어난 활용도를 보이고 있는 영역은 모바일 애

플리케이션을 통한 위치기반 서비스(Location-Based Service, LBS) 이용이다. 한국인터넷진흥원의 2016년 조사결과에 따르면 인터넷 이용자 10명 중 7명(77.4%)은 위치기반 서비스(LBS) 이용 경험이 있는 것으로 나타났으며, 세부 서비스로는 '지도 확인'(67.3%), '내비게이션(길안내)'(59.7%), '인근 맛집, 날씨, 부동산 등 정보검색'(54.8%), '택시'(22.3%) 서비스 등의 순으로 이용률이 높게 나타났다(한국인터넷진흥원, 2017. 4. 17). 같은 조사에서 위치기반서비스 이용자 중 대다수가 '다양한 위치정보 서비스로 인해 일상생활이 편리해졌다'(75.2%)는 데 동의했으나, 이보다 조금 더 높은 비율의 이용자들이 '나의 위치정보는 중요한 개인정보 중 하나'(77.0%)라고 대답해 이러한 서비스가 가져다준 이득에도 불구하고 위치정보가 프라이버시 침해와 사생활 감시의 문제와 직접적으로 연관돼 있음을 보여 주고 있다. 문제는 이용자들이 위치기반서비스를 이용하면서 자신의 행동이 감시당할 수 있다는 사실조차 제대로 인지하지 못하고 있다는 데 있는데, 드소자 실바와 프리드(de Souza e Silva & Frith, 2016)는 이와 같은 위치정보를 통한 감시가 정부 또는 기업에 의한 수직적 수준에서, 그리고 이용자들 간에 수평적 수준에서도 발생할 수 있다고 경고한다. 드소자 실바와 프리드는 실제로 미국의 이동통신사인 스프린트-넥스텔(Sprint-Nextel)이 2008년 9월에서 2009년 10월 사이 사용자의 위치정보를 800만 건이나 경찰에 넘긴 사례가 있으며, 기업들도 별다른 제한 없이 고객의 위치정보를 광고에 활용하고 있음을 지적하고 있다. 게다가 위치기반서비스 시작 당시 개인정보 활용 약관에 대한 이용자들의 무관심 또는 이해 부족으로 다른 사용자에 의해 자신의 사생활 정보가 공개되고 공유될 수 있는 위험한 상황이 나타날 가능성 또한 높다. 물론 다수의 이용자들이 이 같은 자신의 개인정보 노출을 위치기반 서비스가 가져다주는 편리함의 대가로 여기는 경우가 많으나, 이것이 모든 모바일 이용자들이 자신의 위치정보를 통한 사생활 침해를 당연하다고 여기는 것으로 해석될 수는 없는바, 위치기반서비스의 개인정보 보호에 대한 제도적인 보호장치 마련이 필요한 시점이라 하겠다.

그림 8-4 대표적 위치기
반 서비스 카카오 T
출처: 카카오

2) 모바일 전자상거래

모바일폰 이용자 수의 증가와 3G, 4G 등 모바일 인터넷 접속 기술의 발달로 비즈니스 측면에서 주목받고 있는 분야가 모바일 전자상거래(m-commerce) 분야다. 모바일 전자상거래는 모바일폰이나 기타 모바일 기기를 통해 상품이나 서비스 판매 행위가 이루어지는 모든 행위를 일컫는다. 모바일 전자상거래는 인터넷 전자상거래(e-commerce)와 유사하기 때문에 흔히 '모바일 e-commerce'로 이해하는 경향이 강하지만 인터넷 전자상거래와는 구별되는 다음과 같은 특징이 있다.

첫째로 모바일의 유비쿼터스 특징으로 이용자는 장소 제한 없이 상거래할 수 있다는 특징이 있다. 또한 소비자로의 접근성(reachability)이 우월하다. 대부분 모바일 전자상거래는 모바일 전화로 이용하게 되는데, 모바일 전화는 소비자들이 항상 소지하고 다니는 특징이 있어 마케터들이 보내는 상품 관련 정보를 소비자들은 언제 어디서나 받아볼 수 있다. 세 번째로, 모바일 전자상거래 서비스는 모바일 기기의 특성상 인터넷 전자상거래보다 좀 더 개인화(personalized)된 서비스, 맞춤형(customized) 서비스를 제공할 수 있다. 네 번째로, 위치기반 서비스(location-based service)가 가능하다. 가령, 현재 위치하고 있는 소비자의 지역과 관련한 정보를 소비자에게 자동으로 전송할 수 있다. 물론 이러한 서비스는 앞서 언급한 대로 모바일 사업자와 마케터 간의 정보 공유로 가능한 서비스이기에 사생활 침해의 우려가 존재한다. 마지막으로, 푸시메일(push mail)과 비슷하게 필요한 정보를 광범한 모바일 이용자들에게 손쉽게 전달할 수 있는 장점이 있다.

모바일 전자상거래가 제공하는 서비스는 매우 다양한데, 두 가지 종류로 분류할 수 있다. 우선 은행과의 거래, 직접적인 금전 거래가 목적인 모바일 금융 거래 서비스(mobile transactional service)가 있고, 정보검색과 교환, 오락 그리고 커뮤니케이션 서비스에 중점을 두고 있는 모바일 비금융거래 서비스(mobile non-transactional service)로 구분할 수 있다. 모바일 금융거래 서비스는 모바일 뱅킹(banking) 서비스, 모바일 지불(payment) 서비스, 그리고 모바일 티케팅(ticketing) 서비스 등으로 나뉘고 있으며 모바일 비금융거래 서비스는 이메일과 SMS(short message service), 모바일 검색(search), 모바일 음악, 모바일 게임 등으로 나뉜다. 이메일과 SMS는 이를 이용해 광고를 전달할 수 있어 비금융 서비스의 하나로 분류된다.

모바일 전자상거래는 3G와 4G 기술을 탑재한 스마트폰이 본격적으로 보급되면서 그 규모도 커지게 되었는데, 주로 모바일 이메일, SMS, 검색, 음악 다운로드, 게임 위주로 거래가 이루어져 왔으나 최근 보안성(security)과 관련한 기술이 크게 발달함에 따라 모바일 뱅킹, 지불, 티케팅 등 금융 관련 서비스의 이용이 증가하고 있다. 이로 인해 인터넷 쇼핑과 뱅킹도 이전 PC 중심에서 스마트폰으로 무게 축이 이동되는 현상을 뚜렷하게 보였는데, 이는 2012년에서 2017년까지 데스크톱을 통한 인터넷 쇼핑과 뱅킹이 각각 25%p와 40%p 감소한 데 비해 스마트폰을 통한 쇼핑과 뱅킹은 각각 70%p와 60%p 증가한 것에도 명확히 드러난다(한국인터넷진흥원, 2018.1.31). 최근에는 오프라인 영업점 없이 모바일을 통해 비대면 업무만을 시행하는 카카오뱅크가 영업 시작 단 5일 만에 100만 계좌 돌파에 성공했고 시간당 평균 1만 명이 계좌를 개설하는 등 업계에 돌풍을 일으키며 국내 모바일 뱅킹 시장의 규모를 한 단계 더 끌어올렸다(앱스토리, 2017.8.31).

한편 기존 인터넷 전자상거래에 SNS가 결합한 소셜커머스(social commerce)가 스마트폰과 태블릿 PC의 확산에 따라 모바일 산업 영역까지 확산되고 있다. 소셜커머스는 SNS의 빠른 파급력과 개인적 네트워크를 통해 얻을 수 있는 신뢰감을 바탕으로 하기 때문에 한번 주위로부터 좋은 평가를 받은 상품은 순식간에 SNS를 통해 홍보가 될 수 있고, 그만큼 수익을 얻을 수 있는 구조다. 여기에 별다른 유통단계를 거치지 않기 때문에 오프라인에서 구매하는 것보다도 싸다는 이점까지 있다. 현재 전 세계적으로 이용자 수가 20억 명에 달하는 페이스북은 업체들과 연동해 상품을 광고하고 구매를 원하면 해당 사이트로 연결해 주는 서비스를 제공하고 있는데, 이렇게 페이스북을 이용한 소셜커머스 모델을 스스로 'f-commerce'라고 칭하고 있다. 한 번에 20억 명에 가까운 잠재고객들에게 비교적 싸게 광고할 수 있는 미디어의 존재 자체가 상품 판매자들에게는 매력적일 수밖에 없으며, 따라서 모바일 기기를 통한 소셜커머스 시장은 더 확대될 것으로 보인다. 다만, 최근 잇달아 벌어지고 있는 소셜커머스 사기, 즉 물건을 싸게 공동구매한다고 SNS로 광고하고 그에 따라 대금을 지급한 수많은 SNS 이용자들에게 물건을 보내지 않거나 판매자가 잠적하는 등의 사례가 빈번하게 발생하고 있다는 점은 개선해야 할 사항으로 꼽힌다.

모바일 전자상거래의 마케팅 창구로 SNS가 각광받고 있는 것과 별도로, 모바일 바코드(mobile barcode)에 대한 관심도 늘고 있다. 'QR 코드'로 잘 알려진 모바일 바코드는 모바일 바코드 스캔을 위한 애플리케이션을 통해 이미지를 스캔하고, 이 이미지를 모바일 기기가 인식해 관련 사이트로 연결, 상품이나 서비스에 대한 정보를 제공하고 구매 절차까지 진행할 수 있게 도와주는 기능을 한다. 현재 대부분 업체들이 모바일 바코드를 통해 자사 제품을 광고하기 위한 매개체로 활용하고 있는데, 그림 8-5는 다양한 모바일 바코드의 형태를 보여주고 있다.

그림 8-5에서 보는 바와 같이, 모바일 바코드는 크게 네 가지로 분류되는데, UPC 바코드는 전통적 형태의 바코드로 UPC(Universal Product Code)라고 불리며, 나머지는 2차원 형태의 바코드인 QR 코드, Datamatrix, EZ 코드다. 이 중에서 QR 코드가 가장 많이 사용되고 있으며, QR 코드를 통해 비디오 클립이나 애플리케이션 다운로드, 그리고 상품이나 서비스의 정보 제공을 하고 있다. 포레스트리서치(Forrest Research)의 2012년 모바일 바코드 조사 결과에 따르면 조사 대상 업체의 75%가 자사 상품의 마케팅을 위해 QR 코드를 사용하고 있고, 앞으로도 지속적으로 스마트폰과 태블릿 PC를 통한 QR 코드 스캔에 투자 활용 의지가 있는 것으로 조사되었다(Tode, 2012). 모바일 바코드는 한 번의 스캔을 통해 곧바로 타깃 이용자를 특정한 마케팅 과정 중 하나로 이끌 수 있다는 장점이 있어 앞으로 필수적인 모바일 마케팅 수단으로 이용될 것으로 전망된다.

모바일 전자상거래는 자신이 원하는 시간과 장소에서 선호하는 상품이나 서비스를 구매할 수 있도록 하기 때문에 기존의 상거래와는 전혀 다른 환경을 제공한다. 그러나 4G 시대를 맞이한 현재에도 모바일 전자상거래의 보안성 문제는 개선되어야 할 시급한 문제로 지적되고 있다. 한국인터넷진흥원의 조사에 따르면 모바일 전자상거래의 편리성과 효용성에도 이용자들이 사용을 꺼리는 가장 큰 이유 중 하나가 '개인 정보보안 및 해킹에 대한 우려'인 것으로 나타났다(한국인터넷진흥원, 2016.3.17). 한마디로, 모바일 기기를 통해 자신의 개인정보, 특히 카드 번호나 주민등록번호를 입력하는 것이 보호받지 못할 것 같다는 인식이 팽배하고, 실제로 모바일 전자상거래 와중에 일어나는 해킹이나 프로세스가 다운되는 사고에 불안을 느낀다는 것이다. 앞으로도 모바일 뱅킹과 지불 등과 같은 전문적인 금융서비스가 활성화되기 위해서는 모바일 보안기술의 지속적인 업그레이드와 함께 안전하다는 인식이 확산될 수 있도록 적극적인 캠페인 활동을 벌이는 것이 중요하다.

① UPC 바코드 　② QR 코드　 ③ Datamatrix　 ④ EZ 코드

그림 8-5 모바일 바코드의 형태

출처: 위키피디아(http://en.wikipedia.org)

3. 태블릿 PC

애플이 아이패드(iPad) 시리즈를 선보이면서 대중에게 선풍적인 인기를 끌게 된 태블릿 PC(Tablet PC)는 '소형 노트북 컴퓨터의 디스플레이가 터치스크린으로 구성되어 있어 키보드나 마우스 대신 손가락 또는 터치펜으로 조작할 수 있는 기기'로 정의된다(한국콘텐츠진흥원, 2010, p. 5). 최초의 태블릿 PC는 그리드시스템(GriD System)이 1989년 출시한 '그리드패드(GriDPad)'라고 보는 관점도 있고, 미국 마이크로소프트사가 2001년에 대중화를 위해 선보인 'Window XP Tablet Edition'을 최초의 태블릿 PC로 보는 관점도 있다. 태블릿 PC는 형태와 키보드 탑재 여부에 따라 크게 책자형(booklet), 판형(slate), 컨버터블(convertible), 그리고 하이브리드(hybrid)의 네 가지로 구분된다(표 8-2).

현재의 태블릿 PC는 대부분 판형 모양을 하고 있고, 휴대성과 함께 터치스크린을 기반으로 다양한 소프트웨어를 애플리케이션으로 이용할 수 있어 궁극적인 휴대용 컴퓨터의 모습을 갖추고 있다. 태블릿 PC가 초기에 시장에서 돌풍을 일으켰을 때 태블릿 PC가 데스크톱과 노트북을 비롯한 일반 PC를 대체할 것이라고 보는 견해가 많았으나, 최근에는 태블릿 PC의 성장세가 둔화되고 앞으로는 오히려 마이너스 성장할 것이라는 전망이 지배적이다(eMarketer, 2017.12.18). 게다가 이용자들이 태블릿 PC를 가지고 무엇을 하고 있는지 조사한 결과를 보면 초기에 기대된 대체 현상이 애초에 일어나기 어려웠음을 확인해 볼 수 있는데, 2012년 미국의 퓨리서치(Pew Research)가 조사한 결과는 태블릿 PC가 기존 데스크톱과 노트북을 대체하고 있지 않다는 것을 보여 준다.

표 8-2 형태별 태블릿 PC의 특징

구분	책자형 (booklet)	판형 (slate)	컨버터블 (convertible)	하이브리드 (hybrid)
외형				
특징	• 듀얼 스크린(dual screen)을 탑재하여 책처럼 열고 닫을 수 있는 형태. 현재는 거의 개발되지 않고 있음	• 한 개의 스크린으로 구성, 키보드는 터치 스크린으로 대체 • 휴대성이 뛰어나며, 전자책과 유사한 형태 • 최근 태블릿 PC는 대부분 판형으로 출시	• 일반 노트북에 터치 스크린을 추가한 개념으로, 노트북과 유사한 고성능 컴퓨팅이 가능	• 컨버터블과 유사하나 디스플레이를 키보드와 분리할 수 있어 휴대성이 좀 더 개선된 형태

출처: 한국콘텐츠진흥원(2010), p. 11 재구성

그림 8-6을 보면, 태블릿 PC를 통해 가장 많이 하는 행동은 이메일을 주고받는 것과 뉴스를 확인하는 것이었다. 게임과 SNS 사이트 이용이 그 뒤를 이었고, 전자책을 읽거나 영화 보기, 쇼핑, 그리고 잡지를 읽는 행동도 잦았다. 언뜻 보면 데스크톱이나 노트북 이용과 유사한 듯 보이지만, 주로 개인적인 오락이나 연락, 휴식을 위한 행동이 많았고 문서를 작성하거나 저장하고, 그래픽을 만들고 영상물을 편집하는 등의 이용과 멀티태스킹(multi-tasking) 기능 등 콘텐츠 생산이나 업무 관련 이용은 적었다. 이는 태블릿 PC의 존재가 기존 PC 기능을 전반적으로 대체한다기보다는 특정 한 분야, 즉 오락과 휴식, 커뮤니케이션 등의 분야에서 기존 PC가 가지고 있던 시장을 세분화해 기존 PC가 채워주지 못했던 이용자들의 욕구(needs)를 충족시켜 주고 있다는 것을 말해 준다. '세분화'라는 것은 시장 내에서 기존 PC의 역할은 계속 유지되면서 태블릿 PC만이 할 수 있는 기능, 즉 간편히 휴대하면서 언제 어디서나 인터넷에 연결해 각종 콘텐츠를 이용할 수 있는 기능을 통해 새로운 영역을 찾아 기존 PC와 공존한다는 의미로 해석할 수 있을 것이다. 현재는 시장이 안정화되어 각자 자리 잡은 시장 내에서 기존 PC와 태블릿 PC가 상호 보완하며 공존하는 길로 나아가고 있는 것으로 보인다.

스마트폰과 태블릿 PC는 많은 유사점을 가지고 있다. 그림 8-6에서도 볼 수 있듯이, 서로 비슷한 콘텐츠 및 서비스 이용 행태를 보인다. 두

기기 모두 터치스크린 환경에서 모바일용 OS를 탑재하고 애플리케이션을 통한 콘텐츠와 서비스 이용을 기본으로 한다. 이 둘 사이의 가장 큰 차이는 바로 화면(screen) 크기에 있다. 태블릿 PC는 10인치 정도 또는 경우에 따라 이보다 더 큰 화면을 가진 데 비해 스마트폰의 크기는 대략 5인치대로 태블릿 PC의 반 정도 크기에 그친다. 이러한 차이로 두 모바일 기기의 이용 행태 역시 약간의 차이를 보인다. 즉, 화면이 더 큰 태블릿 PC를 통해서는 책이나 잡지를 읽거나, 게임 이용과 영화 시청 등 엔터테인먼트 측면의 이용이 더 많다.

그런데 이러한 크기의 차이가 최근 무의미해지고 있다. 태블릿 PC는 7~8인치 정도의 크기로도 출시되고 있고 스마트폰은 5인치 이상으로 커지고 있기 때문이다. 애플은 화면 크기가 7.9인치인 '아이패드 미니(iPad Mini)'의 생산을 이어가는 동시에 5.8인치인 '아이폰 텐(iPhone X)'을 출시했고, 삼성전자는 5.5인치가 넘는 '갤럭시 노트' 시리즈를 지속해서 출시하는 등 스마트폰과 태블릿 PC 시장에서 화면 크기의 격차는 점점 줄어들고 있다. 이런 현상은 결국 패블릿(Phablet)이라는 신조어까지 탄생시켰는데, 패블릿이란 'Phone'에 'Tablet'을 합성한 것으로 스마트폰보다는 크고 태블릿 PC보다는 작은 새로운 형태의 모바일 단말기를 의미한다(Strabase, 2013.1.21). 물론 스마트폰과 태블릿 PC의 크기가 점점 비슷해져 간다고 해도 '통화'에 비중이 더 있는 스마트폰과 태블릿 PC의 구분이 어려운 것은 아니다. 그러나 패블릿에 대한 주목은 기존 스마트폰이 가진 '통화' 기능이 점점 더 특별한 것이 아니게 되고 있음을 말해 주고 있다. 10인치의 태블릿은 한 손에 잡고 휴대하기 불편하고, 3~4인치 스마트폰은 작은 화면으로 인해 가독성이 떨어져 콘텐츠 이용에 불편을 호소했던 소비자들의 반응이 결국 5~7인치의 화면 크기로 수렴되고 있는데, 이는 동영상, 게임을 비롯한 영상 콘텐츠와 전자책, 그리고 검색과 문서 작성 등 모바일 기기의 도구적 이용에 대한 수요가 태블릿 PC에서, 그리고 심지어 스마트폰에서도 '통화' 기능을 앞지르고 있음을 말한다. 이러한 현상을 통해 '모바일' 본연의 '통화' 기능을 포함해 여러 다양한 기능이 하나로 수렴하는 이른바 융합(convergence) 현상이 패블릿을 통해 최고조로 구현되고 있다.

News Remains a Top Activity on Tablets...			...and on Smartphones	
Percent who use a tablet/smartphone to...	Weekly	Daily	Weekly	Daily
✉ Send or receive e-mail	65%	44%	80%	61%
▦ Get news	64	37	62	36
🎮 Play games	60	34	54	31
💬 Use social networking sites	56	34	62	46
📖 Read books	43	18	15	7
📷 Watch movies	38	12	31	8
🛒 Shop	36	7	24	5
📖 Read magazines	22	6	11	4
N=2,013. Icons by The Noun Project.			N=3,947.	

그림 8-6 태블릿 PC와 스마트폰 이용자의 이용 행태 조사결과

출처: Pew Research Center's Project for Excellence in Journalism(2012)

4. 모바일 미디어와 사회변동

모바일 미디어의 발달은 현재 우리 사회 구성원들의 라이프스타일을 급격히 변화시킴으로써 사회변동(social change)을 이루게 하는 동인으로 작용하고 있다. 이제 집에서 또는 학교에서, 직장에서 움직이지 않고 원거리에 있는 대상과 전화를 하거나 신문을 읽고 TV를 시청하며 컴퓨터를 하는 않고, 대다수 사람들이 스마트폰을 통해 모바일 인터넷으로 사회가 움직이는 것을 파악하며, 내가 커뮤니케이션을 원하는 사람과 언제 어디서나 음성통화, 문자메시지, 화상전화, SNS 등을 통해 접촉할 수 있는 사회로 변모한 것이다. 버스와 지하철이 현재 어디에 있고 얼마나 더 기다리면 도착하는지 알 수 있고, 백화점에 가지 않고 이동 중 미리 물건을 구매할 수 있으며, 급한 환자가 발생했을 때 스마트폰으로 가장 가까운 응급실을 모바일 애플리케이션을 통해 찾고 응급차까지 부를 수 있다. 이제 놀이터에 가거나 친구와 만나 마주 보면서 놀지 않아도 손바닥만 한 스마트폰만 있으면 전자오락과 카드놀이를 하면서 친구와 대화를 나눌 수 있다. 이 모두 불과 십 년 전만 하더라도 현실에서 전혀 가능하지 않았던 것

들이다. 여기에 SNS와 스마트폰의 결합은 '관계 중심'의 실시간, 양방향 커뮤니케이션을 확산시켜 한국사회의 '소통' 방식을 바꾸고 있다. 스마트폰의 SNS를 통해 정치와 사회 이슈에 대한 의견 표출이 쉬워졌고, 이에 따라 같은 의견을 공유하는 사람들을 중심으로 정치와 사회 이슈에 대한 광범위한 논의가 심심치 않게 일어난다. 젊은층의 정치적 이슈에 대한 관심 증가의 원인이 스마트폰과 SNS라는 지적은 이제 당연한 것처럼 들린다. 젊은 유권자들은 투표를 한 후 투표소 앞에서 스마트폰으로 사진을 찍은 후 스마트폰에 있는 SNS를 통해 지인들에게 전송한다. 이처럼 모바일 미디어의 발달이 불러일으킨 사회변동은 개인이 매개(mediated)된 접촉을 통해 관계를 맺는 사적인 영역과 모바일 기기를 통한 구성원의 사회·정치적 관심표현과 활동이라는 공적인 영역으로 나누어 살펴볼 수 있다.

먼저 사적인 영역에서 모바일 미디어로 인해 직접 대면하는 개인 접촉이 줄어들고 미디어가 매개하는, 극대화된 상호작용과 즉각적 반응이 기능한 커뮤니케이션은 인간관계의 변화와 사회적 위계성의 약화, 사회의 다원성과 개인화를 초래하고 있다. 캠벨과 링(Campbell & Ling, 2009)은 현재 커뮤니케이션 환경이 우리를 둘러싸고 있는 '뉴미디어'로 인해 매스커뮤니케이션이 지배하는 환경, 즉 공중과 대중과의 커뮤니케이션이 주목받던 환경에서 개인 간 매개된 상호작용(person-to-person mediated interaction)이 중요한 환경으로 변모했으며, 커뮤니케이션 자체가 '공간을 공유하는(shared space)' 형태에서 '관심을 공유하는(shared interest)' 형태로 바뀌었다고 지적하고 있다. 남을 이해하지 못하고 위계질서에 따라 자신만의 방식을 고집하는 방식과 달리 온라인에서 남들과 하나의 집단으로 결속(bond)하기 위해서는 나의 관심사와 타인의 관심사를 함께 고려하고 평등한 입장에서 서로를 이해하려는 노력이 필요하다. 경직되고 위압적인 오프라인 커뮤니케이션 방식에 지친 젊은 세대들은 자연스럽게 이러한 새로운 커뮤니케이션 환경에 빠질 수밖에 없고, 적극적으로 자신과 같은 취향을 가진 이들을 찾아 나설 수밖에 없다. 이렇게 형성된 새로운 집단 내 사람들과의 관계를 통해 오프라인에서 느끼지 못한 평등함과 이해, 그리고 그 결과로 인한 자존감의 회복을 느끼게 되면 점점 더 오프라인에서 맺는 사회적 관계에 대한 중요성을 잃게 될 것이다. 결국 사회적 관계는 온라인 위주의 '개인 간 매개된 상호작용'에 기대게 되는 상황이 오거나 아니면 온라인과 오프라인의 관계 맺기가 병행되는, 한 사람이 서로 상충되는 사회적 관계를 유지하게 되는 상황이 벌어지게 될 가능성이 크다. 젊은 계층을 중심으로 한 이러한 새로운 관계 맺기는 분명 현재 우리 사회의 왜곡된 사회적 관계 맺기 문화에 대한 반항으로 볼 수도 있지만, 자칫 온라인 집단의 극단적 폐쇄성과 배타성으로 인해 사회 구성원들의 개인화 경향을 더욱 심화시킬 수 있는 위험요소가 되어 우리를 겨누게 될지도 모른다. 결국 모바일 기술은 개인의 고립(isolation)을 위해 탄생한 것이 아니라 오히려 접촉(contact)의 증대를 위해 나타난 것임을 항상 상기해야 할 것이다.

　　모바일 미디어의 진화는 비단 사용자 개인의 영역에 국한되지 않고 사회 구성원 공적인 영역에 관한 관심과 활동에도 변화의 주체로 작용했다는 사실에 주목할 필요가 있다. 모바일 미디어의 영향력이 새롭게 세간의 관심을 받기 시작하던 시기에 학계의 지배적인 시각은 모바일 전화기의 기본적인 음성통화와 문자메시지 기능을 통해 사회구성원의 관심이 자신을 둘러싼 개인적 범주에 머무르게 되고 이를 넘어선 공적인 영역에 관심은 오히려 감소할 것이라는 우려 섞인 목소리였다. 대표적으로 거겐(Gergen, 2008)은 쉴 새 없이 이뤄지는 모바일 미디어를 통한 사회 접촉은 오히려 시민사회 참여의 양과 질을 모두 저하시킬 수 있다고 경고했다. 그는 모바일 이용자들이 자신들과 가까운 가족과 친구들로 주로 구성된 다소 획일적이며 배타적일 수 있는 소위 '단절된 군집(monadic cluster)'을 형성하게 되고, 결국 보다 넓은 영역에 연결되어 다양한 의견 교환을 바탕으로 한 성숙한 담론의 장을 열기보다는 자신들만의 견해가 반복해 확증되는 단절된 벽을 더욱 견고히 할 가능성이 크다는 것이다. 그러나 이처럼 모바일 미디어를 둘러싼 사적·공적 영역에 대한 이분법적인 견해는 스마트폰의 등장과 함께 설득력을 점차 잃게 되었는데, 이는 스마트폰이 영역을 가리지 않는 마치 다용도 스위스 군용 칼과 같은 다재다능(versatile)한 애플리케이션을 통해 사용자들을 더욱 넓고 다양한 영역으로 확장·연결시킬 수 있기 때문이라 할 수 있다(Rainie & Wellman,

2012). 최근 연구들은 이와 같은 논의를 뒷받침하고 있는데, 보다 구체적으로 모바일 미디어의 이용이 정보를 교환하고 사회적 관계를 형성할 수 있는 발판을 마련해 줌으로써 구성원의 사회·정치적 참여와 다양한 관점과의 교류를 촉진할 수 있음을 보여 주고 있다(Campbell & Kwak, 2011). 더욱이 한국은 공적인 영역에 대한 정보 교환이나 토론뿐만 아니라 개인적으로 주고받는 음성통화나 문자메시지까지도 정치참여에 긍정적 영향을 미칠 수 있는 것으로 나타났는데, 이러한 연구 결과는 한국의 모바일 미디어가 집회 조직이나 라이브 방송, 사회 참여 촉진 등에 일조하며 시민사회 성숙에 중추적인 역할을 해 왔음을 단적으로 보여 주는 것이라 하겠다(Lee et. al, 2014). 이처럼 네트워크 환경이 스마트폰을 둘러싸고 빠르게 융합됨에 따라 사회 구성원이 자신들의 개인적인 영역을 통해 공적인 영역에 가담하고 연결되는 경향이 가속화되고 있는 것이다. 그러나 스마트 기기 확산에 따른 넘쳐나는 정보에 대한 처리 문제와 신뢰성의 문제, 그리고 변화하는 정보처리 방식에 따른 여론 형성 과정의 변화는 새로운 사회적인 이슈로 등장하고 있다. 또한 최근 심해지고 있는 모바일 미디어를 중심으로 주로 비슷한 의견을 가진 사람들이 연결된 집단들에서 나타나는 극단적인 편향성과 배타성은 뉴미디어 시대의 성공적인 사회적 관계의 결과물로 보기 어려울 것이다.

이제까지 언급한 여러 사적·공적 영역에서의 사회변동들 외에도 모바일 미디어는 스마트폰 확산과 함께 경제적 측면에서의 많은 비즈니스 기회를 창출했고, 스마트 워크(smart work) 개념을 도입해 일터의 변화도 이끌었으며 문화적 측면에서 대중문화(mass culture)에 가려져 있던 니치문화(niche culture)를 발굴하고 보존하며 전파하는 데 일조를 하기도 했다. 최근에는 스마트 기기의 확산으로 정형/비정형 데이터가 폭증하면서 빅 데이터(Big Data)에 대한 업계와 학계의 관심이 집중되기도 했다. 모바일 미디어의 진화로 수많은 변화가 일어났고, 아직도 일어나고 있다. 그러나 이러한 모바일 미디어의 발달은 기존 인터넷 확산에서 볼 수 있었던 병폐들을 그대로 가져왔으며, 오히려 그러한 병폐들을 더욱 심화시킨 측면도 있다. 특정 이용자의 개인 정보를 캐고 이를 곧바로 SNS를 통해 퍼트려 걷잡을 수 없는 결과를 초래하기도 하는 이른바 '신상털기'는 스마트폰을 통해 더 빠르게 전파되었으며, 개인 정보 유출과 함께 악성코드, 불법 유해 정보 확산 등의 역기능도 사회문제가 되고 있다. 또한 인터넷 중독은 모바일 환경에서 '스마트폰 중독'으로 더욱 심화되어 나타나고 있다. 그리고 취약 계층(저소득층, 노인, 장애인)에서 나타나는 정보 격차(information divide)는 스마트폰 시대에 스마트폰 격차로 여전히 존재하고 있다. 즉, 우리는 현재 스마트폰을 위시한 각종 모바일 미디어의 발전을 목도하고 있긴 하지만, 여전히 해결해야 할 과제가 많다는 것이다. 혁신적인 상품이나 서비스의 채택에 대한 논의는 항상 장밋빛 기대에서 출발해 희망 섞인 결론으로 귀결되기 쉽다. 새롭게 나타난 상품이라 서비스가 우리의 삶에 도움이 되었으면 하는 기대가 앞서기 때문이다. 모바일 기술의 확산과 적용, 그리고 그로 인한 사회의 변동 역시 긍정적인 시각이 앞서는 것이 사실이다. 그리고 실제 모바일 기술은 잘 사용하면 기대한 것 이상의 긍정적 효과가 있을 수도 있다. 그만큼 잠재력이 풍부하기 때문이다. 그렇기에 종종 기술의 발전이 무조건 '긍정적인 결과물'을 산출하는 것처럼 주장하기도 하지만, 현실에서 기술의 발전은 마치 동전의 양면처럼 긍정적인 결과와 부정적인 결과를 함께 가져다주기도 한다. 이제는 모바일 신기술과 비즈니스 모델을 논하기보다는 모바일 환경을 제어할 수 있는 법제와 정책, 그리고 에티켓을 정립해 나갈 수 있도록 모바일 이용자들의 인식 전환이 필요한 때라고 할 수 있겠다.

요약

이 장에서는 모바일 미디어의 확산과 사회의 변동, 그리고 그 변동을 이끌어 내고 있는 주요 모바일 기술과 서비스들을 살펴보았다. 모바일 기술은 ICT 산업 전반뿐만 아니라 개인의 삶과 사회 변화에 큰 영향을 미치고 있으며, 전통적 미디어 시대에서 개인화된 미디어 시대로의 이행을 이끌고 있다. 모바일 미디어는 스마트폰을 중심으로 진화했는데, 1세대(1G)에서 시작해 3세대(3G)를 지나 4세대(4G) 모바일 기술의 시대가 열렸으며, 근거리 무선통신망인 Wi-Fi, 초근거리무선통신망인 블루투스와 NFC

등의 모바일 인터넷 기술이 주목받고 있다. 특히 모바일 기술 영역에서 주목해야 할 트렌드는 모바일 애플리케이션 확산으로, 모바일 애플리케이션은 때로는 콘텐츠로, 때로는 플랫폼으로 작용하면서 모바일 기술이 제공하는 모든 혜택을 실현하는 데 필수적인 요소로 자리매김했다. 이제 모바일 애플리케이션을 통해 메시지를 보내고, 게임을 하고, 비디오를 보고, 또한 다양한 위치기반서비스의 혜택을 누리는 것은 일상화되었다. 또한 스마트폰의 보급으로 인터넷 뱅킹과 쇼핑의 영역도 이전 PC 중심에서 모바일 미디어 중심으로 재편되었으며, 모바일 전자상거래가 SNS와 결합해 소셜커머스 시장으로 더욱 확장하고 있다. 한편 태블릿 PC는 스마트폰과 구별되는 이용자의 욕구를 충족시킨다고 볼 수 있으나, 최근에는 스마트폰과 태블릿 PC 융합 현상이 나타나 '통화' 기능과 함께 영상콘텐츠, 전자책, 검색과 문서작성 등의 기능이 하나의 기기에서 가능한 상황이 패블릿(Phablet)을 통해 구현되고 있다. 이러한 모바일 기술이 가져다주는 혜택은 우리에게 계층과 연령 사이의 소통을 확대할 수 있는 기회를 제공하고 효율적으로 사회문제에 관심을 두고 참여 할 수 있는 발판을 마련해 주었다고 볼 수 있으나, 역설적이게도 이러한 편리함이 사용자 개인의 고립과 사회 구성원들 사이의 배타주의를 부추길 수 있다는 사실 역시 유의해야 할 것이다.

주요 용어

3G	NFC	모바일 전자상거래
4G	모바일 미디어	스마트폰
Wi-Fi	모바일 애플리케이션	태블릿 PC

연습문제

1. 모바일 통신기술의 발달을 세대별로 설명해 보시오.
2. 태블릿 PC와 스마트폰의 유사성과 차이점을 설명해 보시오.
3. 블루투스와 NFC의 차이를 설명해 보시오.
4. 모바일 VoIP가 가질 수 있는 장점과 단점을 설명하시오.
5. 모바일 전자상거래(m-commerce)의 활성화를 위해 해결해야 할 문제점은 무엇인가?
6. 주요 모바일 애플리케이션의 예를 들고 그 비즈니스 모델을 설명하시오.

심화토론문제

1. 모바일 미디어의 고유한 특성에 관해 설명하고 그로 인해 사회구성원의 삶에 나타난 변화상을 설명해 보시오.
2. 모바일 기술이 만든 여러 가지 서비스들과 인터넷의 소셜네트워크사이트와의 결합은 어떤 시너지 효과를 낼 수 있을까?
3. 대학생은 스마트폰을 사용하는 주요 집단이라 할 수 있다. 대학생들에게 스마트폰의 이용이 가져다줄 수 있는 장점은 무엇이 있는가?
4. 모바일 미디어 발달로 등장한 긍정적ㆍ부정적 사회변동은 무엇이 있는지 토론해 보자.

참고문헌

박세환(2012. 2. 25), 4G-LTE 서비스 기술개발동향, ≪주간기술동향≫, 1533호, 1~13.
방송통신위원회(2018. 1. 31), 무선트래픽 통계(2017년 12월 말 기준).
　　Available:
　　http://msip.go.kr/SYNAP/skin/doc.html?fn=4b9274ed36a21234ce91b
　　5cca5ac5991&rs=/SYNAP/sn3hcv/result/201802

방송통신위원회(2009), 모바일 인터넷 활성화 계획(안). http://www.
　　kcc.go.kr/tsi/etc/search/search/ASC_integrationsearch.jsp?pageP10010
　　000

블로터닷넷(2013. 5. 24), [근거리 통신] ① 블루투스.
　　http://www.bloter.net/archives/153835

앱스토리(2017. 8. 31), 카카오뱅크가 가져온 금융 서비스의 혁명.
http://post.naver.com/viewer/postView.nhn?volumeNo=9158322&member
　　No=15460786&vType=VERTICAL

전자신문(2011. 4. 27), '앱스토어'라는단어는누구것일까 애플 vs MS vs 아마존
　　법정 공방 치열. http://www.etnews.com/news/detail.html?id=201
　　104270140

퀄컴 코리아(2018. 2. 1), 5G에 대해 알아야 할 (거의) 모든 것. Available:
　　http://post.naver.com/viewer/postView.nhn?volumeNo=12656190&m
　　emberNo=20717909

한국과학기술정보연구원(2008), 4G 이동통신.
　　http://www.busanhicom.re.kr/?page=community/data&mode=read&
　　msg=208&offset=48

한국인터넷진흥원(2018. 1. 31), 2017 인터넷이용실태조사.
　　https://isis.kisa.or.kr/board/?pageId=060100&bbsId=7&itemId=820&
　　searchKey=&searchTxt=&pageIndex=1

한국인터넷진흥원(2017. 4. 17), 2016 인터넷이용실태조사.
　　https://isis.kisa.or.kr/board/?pageId=060100&bbsId=7&itemId=817&
　　searchKey=&searchTxt=&pageIndex=1

한국인터넷진흥원(2016. 3. 17), 2015 모바일이용실태조사.
　　https://isis.kisa.or.kr/board/?pageId=060100&bbsId=7&itemId=815&
　　searchKey=&searchTxt=&pageIndex=1

한국정보통신기술협회(2012. 1. 20), TTA의 LTE-Advanced 및
　　WiBro-Evolution, ITU-R 4G 기술로 승인. TTA 보도자료.

한국정보화진흥원(2011. 9. 30), 미래 정부를 위한 NFC 기술의 공공부문
　　적용방향, 〈IT & Future Strategy〉, 제8호, 1~18.

한국콘텐츠진흥원(2010), 스마트 TV, 태블릿 PC 기술 및
　　산업동향,《문화기술(CT) 심층리포트》, 3호(하), p.5.

Business of Apps(2018. 1. 8), App download and usage statistics 2017.
　　Retrieved from http://www.businessofapps.com/data/app-statistics/

Business of Apps(2017. 11. 21), App revenues 2017. Retrieved from
　　http://www.businessofapps.com/data/app-revenues/

Campbell, S. W.(2013), Mobile media and communication: A new field, or just a new journal?. Mobile Media & Communication, 1, 8–13.

Campbell, S. W., & Kwak, N.(2011), Political involvement in "mobilized" society: The interactive relationships among mobile communication, network characteristics, and political participation. Journal of Communication, 61, 1005–1024.

Cisco(2017. 3. 28), Cisco visual networking index: Global mobile data traffic forecast update, 2016–2021 white paper. Retrieved from https://www.cisco.com/c/en/us/solutions/collateral/service-provider/visual-networking-index-vni/mobile-white-paper-c11-520862.html

eMarketer(2017. 12. 18), Smartphones take a bite out of worldwide tablet market. Retrieved from http://www.emarketer.com/newsroom/index.php/smartphones-take-bite-tablet-market/#KyO1C16e4borLK0b.99

de Souza e Silva, A., & Frith, J.(2016),Locational privacy, Mobile interfaces in public spaces. In J. Farman (Ed.), Foundations of mobile media studies: Essential texts on the formation of a field (pp. 171–193). New York, NY: Routledge.

Gergen, K. J.(2008), Mobile communication and the transformation of the democratic process. In J. E. Katz (Ed.), Handbook of mobile communication studies (pp. 297–310). Cambridge, MA: MIT Press.

International Telecommunication Union(2015. 5. 26), The world in 2015: ICT facts and figures. Retrieved from https://www.itu.int/en/ITU-D/Statistics/Documents/facts/ICTFactsFigures2015.pdf

Lee, H., Kwak, N., Campbell, S. W., & Ling, R.(2014), Mobile communication and political participation in South Korea: Examining the intersections between informational and relational uses. Computers in Human Behavior, 38, 85–92.

Levinson, P.(2004), Cellphone. New York, NY: Palgrave and St. Martin's.

Newzoo(2017. 4. 26), Global mobile market report. Retrieved from https://newzoo.com/solutions/standard/market-forecasts/global-mobile-market-report/

Nielsen(2013. 2), The mobile consumer: A global snapshot. Retrieved from http://www.nielsen.com/content/dam/corporate/us/en/reports-downloads/2013%20Reports/Mobile-Consumer-Report-2013.pdf

Pew Internet & American(2011. 11. 2), Half of adult cell phone owners have apps on their phones. Retrieved December 3, 2011 from http://pewinternet.org/Reports/2011/Apps-update.aspx

Rainie, L. & Wellman B.(2012), Networked: The New Social Operating System. Cambridge, MA: MIT Press.

Recode(2017. 7. 25), Netflix is getting a big boost in subscribers from mobile. Retrieved from https://www.recode.net/2017/7/25/15998358/netflix-subscribers-growth-watching-smartphones-apps-app-annie-comscore

Strabase(2012. 1. 21), 급성장 예고하는 '패블릿' 시장 스마트폰 대형화 의미와 경쟁구도의 향방, Issue Report, 1~8.

TechCrunch(2017. 6. 27), App economy to grow to $6.3 trillion in 2021, user base to nearly double to 6.3 billion. Retrieved from https://techcrunch.com/2017/06/27/app-economy-to-grow-to-6-3-trillion-in-2021-user-base-to-nearly-double-to-6-3-billion/

Tode, C.(2012. 5. 23), Tablets driving larger order values than smartphones and desktop: Shop.org. Mobile Commerce Daily. Retrieved from http://www.mobilecommercedaily.com/2012/05/23/tablets-driving-large-order-values-than-smartphones-and-desktop-shop-org

YouTube(2017. 12. 13), Statistics. Retrieved from https://www.youtube.com/intl/en-GB/yt/about/press/

Zenith(2017. 7. 17), Mobile devices to lift online video viewing by 20% in 2017. Retrieved from https://www.zenithmedia.com/mobile-devices-lift-online-video-viewing-20-2017

09
광고

학습목표

이 장에서는 현대사회에서 기업이 마케팅 활동을 하는 데 중요한 위치를 차지하고 있는 광고 활동 전반에 관한 기본적 이해를 추구하고 이와 관련된 주요 개념과 이론·실무를 학습한다. 또한 이를 실제 광고 및 마케팅 커뮤니케이션 상황에 적용할 수 있는 분석·응용 능력을 갖추게 하는 데 목표가 있다. 구체적으로 이 장에서는 다음과 같은 내용들을 살펴본다.

첫째, 광고의 개념과 다양한 특성을 이해한다.
둘째, 마케팅과 커뮤니케이션 관점에서 광고의 위치와 전략적 시사점을 학습한다.
셋째, 광고와 홍보, 선전과 같은 유사 개념들과의 차이점과 공통점을 이해한다.
넷째, 국내 광고 시장의 현황과 산업적 트렌드를 이해한다.
다섯째, 광고 대행사에 종사하는 다양한 직종들을 이해한다.
여섯째, 광고 대행사의 개념과 유형, 산업적 추세를 학습한다.
일곱째, 광고 제작에서 제품 콘셉트, 광고 콘셉트, 크리에이티브 콘셉트의 개념적 차이와 전략적 의미를 학습한다.
여덟째, 광고 콘셉트를 도출하는 다양한 전략들을 이해한다.
아홉째, 크리에이티브 콘셉트의 도출 방법과 단계를 학습한다.
열째, 광고의 창의성을 결정하는 주요 요인들을 이해한다.

1. 광고의 개념과 특성

현대사회에서 우리는 매일 수많은 광고의 홍수에 노출되어 있다. 미국 한 경제지의 조사에 따르면 사람들은 하루 평균 3000개의 광고에 노출되며 그중 기억하는 광고는 6개 정도에 불과하다고 한다. 우리가 숨 쉬고 있는 공기가 질소와 산소, 그리고 광고로 구성되어 있다는 로버트 게린(Robert Guerin)의 말처럼 현대사회에서 광고는 개인의 일상과 밀접한 관계가 있는 생활의 일부가 되었다고 할 수 있다.

광고(廣告)란 말 그대로 널리 알린다는 의미를 지니고 있다. 하지만 좀 더 구체적으로 광고의 본질적인 의미를 살펴보면 정보 전달과 더불어 설득(persuasion)이라는 부분이 중요하다고 볼 수 있다. 즉 광고주의 특정한 목표를 달성하기 위해 소비자에게 전달되는 대중매체(mass media)를 통한 설득적인 메시지가 바로 광고라 할 수 있다. 일반적으로 광고주의 궁극적인 목적은 제품이나 서비스 판매이기 때문에, 광고는 소비자를 광고주가 원하는 방향으로 느끼고 행동하게 하는 설득 커뮤니케이션(persuasive communication)의 한 방법이라고 할 수 있다. 이러한 관점에서 광고는 "다양한 매체(media)를 통하여 자신의 이름을 밝힌 스폰서(sponsor)의 제품에 관한 정보로 통상적으로 유료(paid)이며 설득적(persuasive) 속성을 지닌 조직적으로 구성된 비인적(non-personal) 커뮤니케이션"이라 정의할 수 있다(Arens, 2003).

광고의 정의를 살펴보면 광고의 몇 가지 주요한 특징을 발견할 수 있다. 첫째, 광고는 개인과 개인 간에 이루어지는 대인 커뮤니케이션(interpersonal communication)이 아니라 대중매체(mass media)를 매개로 대중적으로 메시지 전달(public presentation)이 이루어지는 매스 커뮤니케이션의 한 유형이다.

둘째, 광고는 우리가 일상생활에서 단순한 의사표현이나 소통을 위해 특별한 목적 없이 하게 되는 커뮤니케이션과는 달리 타인을 설득하여 원하는 방향으로 유도하기 위한 커뮤니케이션이라 할 수 있다. 즉 광고는 PR(Public Relations)나 선전(propaganda)과 같이 타인이 특정 행동을 일으킬 것을 목적으로 하거나, 이들의 생각이나 행동에 어떤 영향을 미치

출처: 임동욱(2003) 재구성

그림 9-1 설득 커뮤니케
이션의 특성

기 위한 설득 커뮤니케이션의 한 방법으로 볼 수 있다. 따라서 광고주는
소비자를 설득하기 위한 뚜렷한 목표와 동기가 존재하며, 이들의 태도나
행동 등을 변화시키는 것을 주목적으로 한다(그림 9-1 참조). 이러한 설득
커뮤니케이션은 설득 대상이 광고의 목표 수용자(target audience)처럼 분
명하고 구체적이며, 송신자의 목적과 의도가 분명하며, 커뮤니케이션이 목
적 달성을 위해 수단이나 도구로 활용되며, 수용자는 자유로운 의지에 의
해 메시지의 수용 여부를 결정하게 되는 특징을 갖고 있다(임동욱, 2003).

　　마지막으로 광고는 광고주가 제품을 알리기 위해 돈을 지불하고 매
체를 구입하여 유료로 집행하는 커뮤니케이션 활동이다. 이러한 측면에
서 광고는 실질적인 매체 구입이나 제작비용이 발생되지 않는 홍보
(publicity)나 선전(propaganda)과는 본질적으로 상이한 개념으로 볼 수
있다.

　　광고를 학문적으로 개념화하는 방법은 크게 두 가지 관점에서 볼 수
있다. 첫 번째 관점은 광고를 커뮤니케이션(communication)의 한 유형
으로 이해하는 것이고, 두 번째는 기업의 마케팅 믹스(marketing mix) 중
촉진(promotion) 전략의 한 방법으로 광고를 바라보는 것이다.

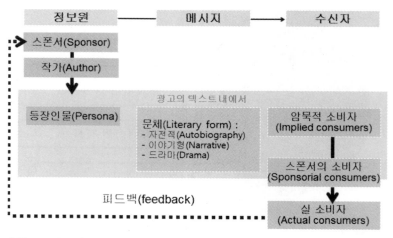

그림 9-2 스턴의 광고 커
뮤니케이션 과정 모델　　출처: Arens(2003)

1) 커뮤니케이션 관점에서 광고의 개념

광고는 그 특성상 상업적 성격을 띠고는 있지만, 메시지가 송신자(광고
주)로부터 수신자(소비자)에게 전달된다는 측면에서 커뮤니케이션의 한
유형으로 볼 수 있다. 커뮤니케이션은 가장 단순한 정의로는 송신자에게
서 기호화(encoding)된 메시지가 수신자에 의해 해독(decoding)되는 과
정으로 볼 수 있는데, 해럴드 라스웰(Harold Lasswell, 1948)은 일반적인
커뮤니케이션 과정은 송신자(source), 메시지(message), 채널(channel),
수신자(receiver), 그리고 효과(effect)의 다섯 가지 요소에 의해 구성된다
고 제안하였다.

　여기서 중요한 것은 송신자에 의해 전달된 메시지가 송신자가 의도
한 대로 수신자에게 받아들여지는지라 할 수 있는데, 이러한 관점에서
일부 학자들은 커뮤니케이션의 개념을 당사자들이 기호를 매개로 하여
서로 '공통된 의미(shared meaning)', 즉 경험 영역을 공유해 나가는 과
정으로 정의하기도 한다. 하지만 이처럼 단순화된 커뮤니케이션 모형은
광고와 관련된 요소들의 다양한 차원과 과정을 구체적으로 설명하는 데
다소 부족한 부분들이 있기 때문에, 스턴(Stern)은 정보원, 메시지, 수신
자의 다양한 차원들을 포함하는 광고 커뮤니케이션 과정 모델을 제안하

고 있다(Arens, 2003). 스턴은 효과적인 광고 집행을 위해 광고의 정보원과 메시지의 문체, 그리고 목표 수용자 선정의 중요성을 암시하고 있다. 여기서 정보원은 광고주와 같은 실질적인 스폰서(sponsor), 카피라이터, 아트디렉터와 같은 작가(author), 실제 광고의 등장인물(persona)로 구분하고 있다. 또한 광고의 메시지도 그 유형에 따라 광고의 화자가 나 자신이 되는 자전적 메시지(autobiographical message), 제 삼자의 등장인물이 다른 사람에게 이야기하는 이야기형 메시지(narrative message), 광고의 등장인물이 직접 사건을 연기하는 드라마형 메시지(drama message)로 구분하였다.

마지막으로 광고의 수용자 또한 스턴에 따르면 다차원적으로 볼 수 있는데, 광고 내에서 등장인물에 의해 묘사되는 암묵적 소비자(implied consumer), 광고의 실질적인 의사결정자이자 스폰서 집단인 스폰서적 소비자(sponsorial consumer), 실제 광고의 청중이 되는 실질적인 소비자(actual consumer)로 유형화될 수 있다. 하지만 스턴의 모형은 광고 커뮤니케이션의 요소들을 다양한 차원으로 제시했다는 장점에도 불구하고, 광고에서 메시지 전달의 가장 핵심적인 요소인 광고 매체(advertising media)를 고려하지 않고 있다는 점에서는 그 한계점이 있다. 또한 광고는 진공 상태에서 소비자에게 전달되는 것이 아니기 때문에, 경쟁광고(ad clutter)나 커뮤니케이션 잡음(noise)과 같은 광고의 맥락적 요인도 간과되어 있다고 볼 수 있다.

2) 마케팅 관점에서 광고의 개념

최근 우리는 광고를 마케팅 커뮤니케이션(marketing communication)이라고 부르는 경우가 빈번하다. 이는 광고와 마케팅이 떨어질 수 없는 밀접한 관계에 있음을 시사한다. 광고는 기업의 마케팅 목표를 달성하기 위해 수행하는 전략적 커뮤니케이션(strategic communication)의 한 수단이라 할 수 있다. 즉 광고 활동과 마케팅 활동은 개별적·독립적으로 이루어지는 것이 아니라 기업의 총체적인 마케팅 계획의 일환으로 통합적인 마케팅 커뮤니케이션(integrated marketing communication, IMC) 계획을 수립한다. 마케터는 기업이 처한 시장 상황에 맞추어 마케팅 목표를

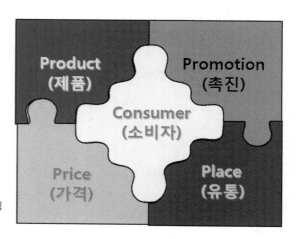

그림 9-3 기업의 마케팅
믹스(4ps)

세우게 되고 이러한 마케팅 목표를 달성하기 위해 촉진 목표와 광고 목표
를 세우게 된다. 이런 측면에서 광고는 기업의 마케팅 믹스 중 하나인 촉
진의 한 방법으로 볼 수 있고, 기업 마케팅 활동의 하부적인 수단이라 할
수 있다.

(1) 마케팅 믹스와 광고

앞서 언급했듯이 마케팅과 광고는 그 개념과 전략적인 의미에서 서로 떨
어질 수 없는 관계에 있다. 마케팅(marketing)이란 개인이나 조직의 목적
을 충족시켜 줄 수 있는 교환을 창출하기 위해 아이디어, 재화 및 서비스
의 구상, 가격 책정, 촉진 및 유통을 기획하고 실행하는 과정이라 할 수 있
다(American Marketing Association, 1985). 이러한 마케팅의 개념은 공
급이 시장을 결정하던 과거 생산 · 판매 중심에서 경쟁과 수요가 시장을
결정하는 소비자 중심으로 마케팅의 패러다임이 변화한 것으로 볼 수 있
다. 따라서 현대 마케팅 콘셉트(marketing concept)의 핵심 개념은 고객
지향성(consumer orientation)으로 볼 수 있다.

기업이 마케팅 활동을 하는 데 핵심이 되는 네 가지 요인을 마케팅의
4Ps라 하는데, 여기에는 제품(Product), 가격(Price), 유통(Place), 촉진
(Promotion)이 포함된다. 이런 기업이 통제할 수 있는 마케팅의 제 요소

그림 9-4 기업의 촉진
믹스

를 적절히 결합하는 과정을 마케팅 믹스(marketing mix)라고 하며, 최근
에는 기업의 마케팅 환경 요인이 다양해지고 확장됨에 따라 기존의 4Ps
이외에 정치력(Power)과 공중관계(Public relations)를 추가하여 6Ps라
고 하기도 한다.

(2) 촉진 믹스와 광고

기업의 마케팅 목표 달성을 위해 광고 이외에도 홍보(public relations),
인적 판매(personal selling), 판매 촉진(sales promotion) 등 다양한 촉진
수단들이 기업의 마케팅 활동에 이용된다. 이처럼 기업의 제품·서비스
구매 수요를 자극하는 다양한 마케팅 활동들을 촉진(promotion)이라고
하는데, 이러한 촉진의 제 요소들을 기업의 커뮤니케이션 목표를 달성하
기 위해 효율적으로 결합시키는 과정을 촉진 믹스(promotion mix)라 한
다(Kotler, 2000).

　　마케팅의 4Ps 중 촉진은 광고와 가장 밀접한 연관성이 있는 마케팅
믹스의 제요소로 볼 수 있다. 촉진(promotion)의 어원적 의미를 살펴보
면 'Pro-move(앞으로 움직이게 하다)'라는 의미에서 그 기원을 찾을 수
있는데, 말 그대로 제품이나 서비스가 목표 소비자에게 잘 전달되어 궁극
적으로는 기업의 매출을 증대시키고자 하는 노력을 말한다. 마케팅에서

대표적인 촉진 수단으로는 광고 이외에 판매 촉진, 홍보, 인적 판매를 들 수 있는데 최근에는 이러한 4대 매체 광고(above the line, ATL)를 제외한 다양한 촉진 수단들을 BTL(below the line)이라고 한다.

기업은 자신이 처한 다양한 마케팅 상황과 목표에 따라 촉진 활동을 수행하는데 이는 크게 세 가지로 요약할 수 있다(서성한·박기한·이영희, 2003). 첫째, 기업은 소비자에게 제품이나 서비스 관련된 다양한 정보를 제공(informing)하기 위하여 촉진 활동을 한다. 이는 촉진 활동의 가장 근본적인 목적이라 할 수 있는데, 특히 기업이 신제품을 시장에 출시한다거나 제품과 관련된 새로운 정보나 뉴스, 관련 이벤트를 소비자에게 알리고자 할 때 이루어진다고 할 수 있다. 구체적으로 이러한 촉진 활동은 기업이나 브랜드의 인지도를 확립하거나 증대시키고자 할 때, 제품이 제품 수명 주기(product life cycle)[1]상 시장에서 도입기에 있을 때, 제품이 실용적인 목적으로 소비될 때 등에 주로 활용된다고 볼 수 있다.

둘째, 기업은 소비자를 설득(persuading)하여 구매행동에 영향을 주기 위해 촉진 활동을 한다. 이는 기업이 촉진 활동을 하게 되는 궁극적인 목적이라 할 수 있는데, 보통 자사에 대한 긍정적 태도를 확립한다든지, 기존의 바람직하지 않은 브랜드 이미지를 개선하기 위해 활용된다. 설득은 특히 제품이 시장에 출시되어 성장기를 경험할 때 중요한 촉진 목표라 할 수 있는데, 이때 효과적인 촉진 전략은 제품의 고유한 특성이나 차별화된 편익을 강조하여 브랜드에 대한 호감도나 선호도를 확립하는 것이다.

마지막으로, 촉진은 제품에 대한 핵심적인 정보나 긍정적인 브랜드 이미지를 소비자들에게 회상(reminding)시키고 재보강(reinforcing)할 목적으로 사용된다. 특히 구매가 이미 이루어진 소비자에게 제품의 차별점과 구매의 만족감을 회상시키는 것은 제품의 재구매 가능성을 높이고 브랜드 충성도를 확립하는 데 핵심이라 할 수 있다. 이러한 회상 전략은 일반적으로 제품이 시장에서 성숙기에 도달했을 때 빈번히 이용되며, 특

---

1) 제품이 시장에 도입되어 사라지기까지 여러 단계를 거치게 되는데, 신제품이 시장에 도입된 후 시간의 경과에 따라 기업의 매출액 수준이 어떻게 변화하는지 나타내는 시장 수요의 변화 패턴. 보통 시장 도입기(introduction), 성장기(growth), 성숙기(maturity), 쇠퇴기(decline)의 네 단계로 구분할 수 있다.

정 브랜드에 대한 소비 습관을 강화시키기 위해 사용된다(서성한·박기한·이영희, 2003). 따라서 제품의 가격이나 관여도가 상대적으로 낮고 습관적으로 구매되는 제품의 광고에 효과적이라 할 수 있으며, 광고의 노출 빈도를 높이는 데 효과적인 라디오 광고나 구매시점 광고(Point of Purchase Ad, POP)가 빈번히 이용된다.

3) 광고와 유사 개념들과의 차이점

우리는 일상생활에서 보통 광고, 선전, 홍보 등의 용어를 혼동해서 사용하곤 한다. 이 세 가지 개념들은 모두 설득 커뮤니케이션이라는 점에서 공통점을 갖고 있지만 그 개념적 정의와 목적에 차이점을 갖고 있기 때문에 구분해 이해할 필요가 있다. 광고의 개념은 앞서 자세히 살펴보았기 때문에 여기서는 홍보와 선전의 개념과 특성에 주목하여 살펴보기로 한다.

먼저 홍보(publicity)는 TV, 신문, 잡지 등 대중매체에 기업이나 브랜드의 보도 자료가 기사화되어(news release) 광고처럼 매체 구매 비용을 들이지 않고도 촉진 효과를 거두는 커뮤니케이션 활동을 말한다. 즉 홍보는 "스폰서에 의해 공표되지만 그에 의해 요금이 지불되지 않는 제품, 서비스, 아이디어에 관한 뉴스나 정보"를 이용하여 소비자를 설득하는 방법이다(이종호, 2004). 따라서 홍보 활동의 주요 목표 수용자는 언론사들이며, 이들과 바람직한 관계를 유지하는 것(media relations)이 홍보의 핵심이라 할 수 있다. 따라서 광고가 매체를 매개로(through the media) 소비자를 설득하고자 한다면, 홍보는 대언론 관계를 위해 매체에(to the media) 커뮤니케이션한다고 볼 수 있다. 여기서 홍보와 PR(Public Relations)와의 개념적 차이도 구분해서 이해할 필요가 있는데, PR는 홍보를 포함하는 보다 포괄적인 전략 커뮤니케이션의 개념으로, 궁극적인 목적은 다양한 공중 집단들과 긍정적인 관계를 형성하고 바람직한 기업 평판과 태도, 이미지를 확립하는 데 있다고 볼 수 있다.

홍보와 광고와의 또 다른 핵심적인 차이점은 커뮤니케이션 목표 자체가 제품의 판매와 수익 창출에 있는 것이 아니라 긍정적인 기업 이미지의 형성이나 대중들과의 바람직한 관계 형성에 있다는 것이다. 한마디로 광고가 소비자들에게 "Buy me!"라고 이야기하고 있다면, 홍보는 "Love me!"라고 이야기하고 있다고 볼 수 있다. 홍보는 뉴스 매체의 높은 공신력으로 인해 보다 신뢰성 있는 메시지를 소비자에게 전달할 수 있다는 장점이 있다. 또한 기사 형태로 기업이나 제품의 정보가 제공되기 때문에 광고나 인적 판매와 같은 다른 촉진 전략보다 수용자에게 침투하기가 용이하다고 볼 수 있다. 하지만 기사 자체가 마케터의 통제하에 있지 않기 때문에, 세부적인 메시지 내용이나 소구 방식, 노출 빈도나 시기 등을 조절하기에는 한계가 있다고 볼 수 있다(서성한·박기한·이영희, 2003).

마지막으로 선전(propaganda)은 주로 정치적·군사적 목적으로 사용되는 설득 커뮤니케이션의 한 형태로, 특정 집단이나 개인의 이념이나 정치적 의견을 의도적이고 조직적으로 표출하는 커뮤니케이션 전략이라 할 수 있다(임동욱, 2003). 우리는 일반적으로 '선전'을 '광고'와 동일한 의미로 혼동하는 경우가 많은데, 선전은 그 자체에서 부정적인 의미를 함축하고 있으며, 주로 대중들을 선동하고 특정 이념을 주입시키고자 할 때 사용되는 경우가 많다. 이러한 측면에서 선전은 광고나 홍보와는 달리 그 목적을 "Follow me!"라고 표현할 수 있다.

2. 국내 광고 시장의 현황

1) 매체별 국내 총 광고비

제일기획에 따르면 2016년 국내 총 광고비는 전년 대비 1.5%p 성장한 10조8831억 원으로 집계되었다. 2016년은 국내외적으로 정치상황이 불안하고 경기 침체도 지속되어 대부분의 기업들이 다소 보수적으로 광고비를 지출했기 때문으로 볼 수 있다. 지난해 광고시장의 가장 큰 특징은 광고비가 특정 매체에 집중되지 않고 다양한 채널로 분산되어 집행되는 '미디어 파편화'라 할 수 있다. 이러한 트렌드는 모바일을 중심으로 한 인터랙티브 광고시장의 성장과 종편 및 케이블 채널의 킬러 콘텐츠의 성공에 기인한 것으로 해석할 수 있다. 2016년 케이블·종편 방송은 흥행 콘텐츠를 계속 만들어 내며 광고 시장에서 처음으로 점유율 1위에 올랐으며,

표 9-1 2015~2017년 국내 매체별 총 광고비

구분	매체	광고비(억)			성장률(%)		구성비(%)	
		2015년	2016년	2017년(F)	2016년	2017년(F)	2016년	2017년(F)
방송	지상파TV	19,702	16,576	16,906	-15.9	2.0	15.2	15.1
	라디오	2,967	2,890	2,977	-2.6	3.0	2.7	2.7
	케이블/종편	17,768	18,655	18,581	5.0	-0.4	17.1	16.6
	iPTV	801	768	780	-4.1	1.6	0.7	0.7
	위성, DMB 등 기타	1,043	1,110	1,101	6.5	-0.8	1.0	1.0
	방송 계	42,281	39,999	40,345	-5.4	0.9	36.8	36.1
인쇄	신문	15,011	14,712	14,520	-2.0	-1.3	13.5	13.0
	잡지	4,167	3,780	3,662	-9.3	-3.1	3.5	3.3
	인쇄 계	19,178	18,492	18,182	-3.6	-1.7	17.0	16.3
Digital	PC	17,216	16,372	15,358	-4.9	-6.2	15.0	13.8
	모바일	12,802	17,453	21,493	36.3	23.1	16.0	19.3
	Digital 계	30,018	33,825	36,851	12.7	8.9	31.1	33.0
OOH	옥외	3,592	3,512	3,406	-2.2	-3.0	3.2	3.1
	극장	2,120	2,251	2,318	6.2	3.0	2.1	2.1
	교통	4,339	4,328	4,544	-0.3	5.0	4.0	4.1
	OOH계	10,051	10,091	10,268	0.4	1.8	9.3	9.2
제작		5,742	6,425	6,005	11.9	-6.5	5.9	5.4
총계		107,270	108,831	111,651	1.5	2.6	100.0	100.0

출처: 제일기획(2017).

모바일 광고 역시 지난해에 이어 40%에 가까운 성장률을 보이며 지상파 TV와 신문을 추월했다(제일기획, 2017).

각 매체별 광고비 성장률을 살펴보면, 대부분의 매체들이 역성장을 기록한 반면 여전히 뉴미디어의 성장이 지속적으로 이어지고 있는데, 모바일이 전년 대비 36.3% 성장한 1조7453억 원을 기록해 가장 눈에 띄는 성장세를 나타냈고, 위성 DMB 6.5%, 극장 6.2%, 종편을 포함한 케이블 TV가 5.0% 순으로 성장을 주도했다. 반면 지상파 TV(-15.9%), 잡지 (-9.3%) 라디오(-2.6%), 신문(-2.0%) 등 전통적 매체들은 전년 대비 모두 마이너스 성장을 나타낸 것으로 집계되었다.

광고비 집행 금액에 따라 매체별 구성비를 살펴보면, 케이블·종편 이 17.1%로 가장 높은 비중을 차지한 것으로 나타났고, 모바일(16%), 지상파 TV(15.2%), PC(15%), 신문(13.5%), OOH(9.3%), 잡지(3.5%), 라디오(2.7%)의 순으로 나타났다. OECD를 비롯한 국내외 기관들은 2017년 국내 경제성장률을 저성장 기조가 이어지면서 2% 중반에 머물 것으로 전망함에 따라, 국내 총 광고비 역시 2016년 대비 2.6% 성장한 11조1651억 원 규모를 형성할 것으로 예측하였다. 제일기획(2017)은 불확실한 대내외 경제 상황 속에서도 모바일 광고 시장만은 2017년에도 20% 이상의 높은 성장세를 이어가 처음으로 광고비 2조 원을 돌파하며 광고 시장점유율 1위에 오를 것으로 전망했다.

2) 국내 광고 대행사의 현황

(1) 광고 대행사의 개념과 유형

광고 대행사는 광고 회사라고도 하며 흔히 광고주의 의뢰에 따라 광고를 기획, 제작, 배포하는 회사를 말한다. 미국광고대행사협회(American Association of Advertising Agency, AAAA)의 정의에 따르면 광고 대행사(advertising agency)란 "마케팅과 기획, 광고, 기타 촉진 수단들을 준비하고 개발하는 데 전문성을 갖춘 크리에이티브 담당자와 영업 담당자들로 구성된 독립적인 조직"이라고 할 수 있다(Arens, 2003). 최근에는 많은 광고 대행사들이 단순히 광고의 기획과 제작뿐만 아니라 매체 구입, 소비자 조사, PR, 판매 촉진, 이벤트, 캠페인 효과 측정 등 다양한 서비스를 통합적 마케팅 커뮤니케이션(integrated marketing communication)의 관점에서 광고주에게 제공하고 있다. 따라서 광고 대행사에서는 업무 유형에 따라 광고 기획자(Account Executive, AE), 어카운트 플래너(Account Planner, AC), 크리에이티브 디렉터(Creative Director, CD), 카피라이터(Copywriter), 시엠 플래너(CM planner), 그래픽 디자이너(Graphic Designer, GD), 매체 기획자(Media Planner) 등 다양한 직종들이 존재한다.

광고 대행사는 다양한 기준에 따라 여러 유형으로 구분할 수 있다. 먼저 광고 대행사의 규모와 제공하는 서비스에 따라 종합 광고 대행사(full-service advertising agency)와 전문 광고 대행사로 구분할 수 있다. 종합 광고 대행사는 말 그대로 광고 및 프로모션 등 마케팅 커뮤니케이션과 관련된 다양한 서비스를 광고주에게 제공한다. 반면 전문 광고 대행사는 광고 제작 및 집행과 관련된 특정 분야에 특화된 대행사로, 매체 구매 및 기획을 제공하는 매체 대행사(media agency), 온라인 및 기타 뉴미디어 광고의 집행을 담당하는 인터랙티브 광고 대행사(interactive agency),

표 9-2 2016년 국내 10대 광고 대행사 (단위: 억 원)

순위	회사명	2015년 취급액	2016년 취급액	성장률(%)
1	제일기획	50,660	53,383	5
2	이노션	36,792	39,139	6
3	HS 애드	11,293	13,560	10
4	대홍기획	8,239	8,777	7
5	SK 플래닛	4,147	4,806	16
6	TBWA Korea	3,141	2,654	-16
7	그룹엠코리아	1,938	2,313	19
8	레오버넷	1,934	2,089	8
9	오리콤	1,750	1,547	-12
10	맥켄에릭슨 & 유니버설맥켄코리아	1,375	1,444	5

출처: 한국광고총연합회(2017) 자료 재구성

크리에이티브 관련 업무와 광고 제작에 특화된 크리에이티브 부티크 (creative boutique) 등이 있다.

광고 대행사가 대기업의 계열사인지에 따라 계열 광고 대행사 (in-house ad agency)와 독립광고 대행사(independent ad agency)로 구분할 수 있다. 많은 계열 광고 대행사가 시장에 존재한다는 것은 국내 광고 시장의 고유한 특성으로 볼 수 있는데, 2016년 기준 10대 광고 대행사 중 6개가 계열 광고 대행사일 정도로 국내 광고 시장에서 이들의 영향력은 막대하다고 볼 수 있다. 예를 들어 국내 최대 광고 대행사인 제일기획은 삼성그룹의 계열 대행사이고 이노션(현대ㆍ기아차), HS애드(LG), SK마케팅앤컴퍼니(SK), 대홍기획(롯데), 오리콤(두산), 휘닉스커뮤니케이션(보광), 농심기획(농심), 상암커뮤니케이션(대상ㆍ금호아시아나), 엘베스트(LG) 등을 인하우스 대행사로 볼 수 있다(심성욱 외, 2011).

계열 광고 대행사와 독립 광고 대행사는 각각 고유한 장단점을 갖고 있다. 먼저 계열 광고 대행사는 모기업의 지원에 따라 안정적으로 광고 물량을 확보할 수 있다는 장점이 있다. 또한 광고주의 광고 활동에 대한 통제가 용이하며, 기업의 기밀 사항이나 중요 의사 결정에 대한 보안 유지가 원활히 이루어질 수 있다. 광고주와 대행사의 긴밀한 관계를 통해 기업 정보 및 소비자 자료의 장기적인 데이터베이스화가 가능하다는 것도 계열 광고 대행사의 장점으로 볼 수 있다. 하지만 계열사에 의해 광고 집행이 이루어지기 때문에 대행사의 광고 활동에 대한 객관적인 평가가 이루어지기 어렵고, 이로 인해 광고 서비스의 질적 저하가 이루어질 우려가 있다. 또한 모 기업으로부터 안정적인 광고 물량 확보로 인해 외부 광고주의 유치에 적극적인 노력을 기울이지 않을 수 있다.

한편 독립 광고 대행사는 모 기업의 후광 없이 독자적인 노력에 의해 대행사를 운영해야 하기 때문에 전문적이고 창의적인 인력 확보가 가능하며, 환경 변화 등 시장 상황에 융통성 있게 대처할 수 있다는 장점이 있다. 또한 광고와 대행사에 대한 객관적인 평가와 자료 제공이 가능하며, 다양하고 독립적인 아이디어의 개발이 용이하다고 볼 수 있다. 하지만 그 특성상 광고주의 유치에 지나치게 경쟁적일 수 있고, 기업의 비밀 보안 유지가 상대적으로 어렵다는 단점도 존재한다.

(2) 국내 광고 대행사의 현황

한국광고총연합회(2017)[2]가 실시한 '광고회사 현황조사' 결과에 따르면, 조사에 응답한 광고 대행사 중 10대 광고회사 총 취급액은 12조9717억 원으로 2015년 대비(12조2298억 원) 6.0% 증가한 것으로 집계되었다. 2016년 국내 10대 광고 회사별 취급액을 살펴보면 국내 대행사 중 가장 많은 매출을 기록한 대행사는 제일기획으로, 5조3383억 원으로 집계되었고, 그다음으로 이노션월드와이드(3조9139억 원), HS애드(1조3560억 원), 대홍기획(8777억 원), SK플래닛(4806억 원), TBWA 코리아(2654억 원), 그룹엠코리아(2313억 원), 레오버넷(2089억 원), 오리콤(1547억 원), 맥켄에릭슨&유니버설맥켄코리아(1444억 원) 순으로 나타났다. 한국광고총연합회(2017)는 10대 광고주들의 취급액이 늘어난 원인으로 해외 취

---

2) 한국광고협회가 매년 실시하고 있는 '광고회사 현황조사'는 국내 광고 대행사(매체대행사 포함)를 대상으로 진행했으며, 그 결과 총 63개사가 조사에 응답하였다. 이 조사에서는 광고회사와 매체대행사의 취급액이 중복으로 집계되었으며, 국내와 해외취급액이 모두 합산되어 산정되었다.

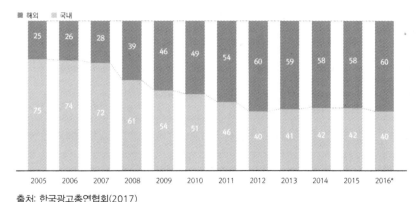

출처: 한국광고총연합회(2017)

그림 9-5 국내 10대 광고대행사 2016년 해외 취급액 비율(단위: %)

급액의 증가를 지적하였는데, 최근 제일기획이나 이노션 등 국내 대행사들이 여러 주요 국제 광고제에서 수상이 늘어나 그 위상이 강화되었고, 삼성, 현대기아차 등 글로벌 광고주의 성공에 따라 이들의 광고 대행사 또한 해외 시장에서 인지도가 상승하고 있는 추세다. 10대 광고회사의 2016년 해외 취급액은 7조6542억 원으로 2015년 7조851억 원 대비 약 8.0% 증가했다. 2012년 이후 해외 취급액은 계속해서 증가세를 보이고 있으며 이는 상위 10개 광고 대행사의 취급액인 12조9717억 원의 약 60%에 해당하는 수치다. 그림 9-5에 나타난 바와 같이 국내 주요 대행사들의 해외 광고 취급액 비율은 2005년부터 매년 꾸준히 증가해 2011년부터는 50%를 넘어 2016년 60%에 달하고 있는 실정이다.

3. 광고 콘셉트와 크리에이티브

우리는 흔히 광고를 보면서 "이 광고 콘셉트 좋다", "이 광고 콘셉트가 뭐지?" 등 광고의 콘셉트에 대해 이야기한다. 여기서는 광고 크리에이티브와 제작의 핵심이 되는 광고 콘셉트의 개념과 도출 방법, 그리고 제품 콘셉트, 크리에이티브 콘셉트 등 유사 개념들과의 차이점과 사례들을 살펴본다.

표 9-3 제품, 광고, 크리에이티브 콘셉트의 개념

기업 목표	주 책임자	개념	전략 과정
1. 무엇을 팔까? (제품화의 과정)	마케팅 기획자	Product Concept	마케팅 전략
2. 무엇을 알릴까? (방향 설정의 과정)	광고 기획자	Advertising Concept	광고 기본 전략
3. 어떻게 알릴까? (메시지화의 과정)	크리에이티브 팀	Creative Concept	광고 크리에이티브 전략

1) 광고 콘셉트의 개념

광고 콘셉트(advertising concept)란 광고주가 소비자에게 꼭 전달하고 싶은 광고의 핵심적인 주제라고 볼 수 있다. 즉 광고 콘셉트를 결정하는 것은 소비자에게 무엇을 이야기할까(what to say)의 문제라고 할 수 있다. 따라서 광고 콘셉트는 광고 제작과 집행에서 가장 중요한 부분이라 할 수 있으며, 목표 수용자에게 전달하는 가장 중요한 소구점이 된다. 이러한 관점에서 "광고 콘셉트는 모든 광고에서 중심적인 아이디어가 되고 구체적인 크리에이티브 전략 및 소구, 톤을 결정하는 토대가 된다"고 볼 수 있다(Jeweler & Drewniany, 2005). 따라서 광고 콘셉트는 소비자에게 한 가지(single) 아이디어를 집중하여 전달해야 하며, 복잡하지 않고 단순(simple) 명료하고, 직관적으로 이해하기 쉬워야(easy) 한다.

광고 콘셉트는 단순히 광고 기획자의 머리에서 갑자기 떠오르는 어떤 아이디어가 아니라 브랜드나 제품이 시장에서 직면한 상황 분석(situation analysis)을 통해 찾아낸 사실들을 구체화시켜 효과적으로 도출할 수 있다. 광고 콘셉트는 보통 제품 콘셉트(product concept)에 기초해 도출되는 경우도 많은데, 여기서 제품 콘셉트는 제품의 속성이나 특성 중 마케터가 소비자에게 강조하고 싶은 핵심 내용을 말한다. 제품 콘셉트는 제품의 장단점을 분석하여 마케팅에서 성공할 수 있는 제품의 고유한 특성을 발견하는 것이기 때문에, 소비자에게 제품의 어떤 면을 강조하여 팔지를 고민하는 것과 관련성이 높다. 따라서 제품 콘셉트는 소비자 관점의 마케팅 접근이라기보다는 다분히 제품에 근거한 생산자 측면의 마케팅 접근 방식이라 할 수 있다.

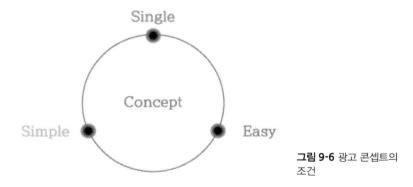

그림 9-6 광고 콘셉트의
조건

2) 광고 콘셉트의 도출 방식

광고 기획과 제작에서 광고 콘셉트는 광고 캠페인의 성공을 결정하는 가장 중요한 부분이다. 따라서 효과적인 광고 콘셉트의 도출은 많은 시간과 노력을 필요로 하는 과정이라 할 수 있다. 광고 콘셉트를 도출하는 데는 여러 가지 접근 방법이 있을 수 있지만 여기서는 광고 기획 과정에서 가장 보편적으로 사용되어 온 고유 판매 제안, 브랜드 이미지의 창조, 내재된 드라마의 발견, 포지셔닝에 대해 간략히 살펴보기로 한다.

(1) 고유 판매 제안

고유 판매 제안(Unique Selling Proposition, USP)은 광고계에서 가장 오랫동안 회자되어 온 세 글자라고 할 수 있다. USP 전략은 말 그대로 소비자에게 던지는 고유한 판매의 제안이라고 할 수 있는데, 1950년대 생산자 중심의 마케팅시대에 미국의 저명한 광고인 로저 리브스(Rosser Reeves)가 제안한 개념이다. USP는 제품의 진정한 경쟁우위(competitive advantage)나 고유한 편익(unique benefit)에 근거한 전략으로, "어떤 방식으로 입증될 수 있는(substantiated) 분명하고(explicit), 테스트할 수 있는(testable) 고유(uniqueness)하거나 우월함(superiority)의 주장(claim)"이라고 정의할 수 있다(Reeves, 1961).

예를 들어 P&G의 샴푸 브랜드인 헤드앤숄더(Head & Shoulder)는 비듬 제거(anti-dandruff)라는 고유한 편익을 통해 경쟁 브랜드들과 성공적으로 차별화를 할 수 있었다(그림 9-7). 광고에서 USP는 소비자에게

표 9-4 광고 콘셉트의 도출 방법과 사례

광고인	콘셉트 도출 방법	사례
Roger Reeves	고유 판매 제안 (Unique Selling Proposition)	하이트의 "지하 150m 암반수"
David Ogilvy	브랜드 이미지(Brand Image)의 창조	마몽드의 "산소 같은 여자"
Leo Burnett	내재된 드라마(inherent drama)의 발견	라네즈의 "영화처럼 사는 여자"
Trout & Ries	포지셔닝(positioning)	에이스 침대의 "침대는 가구가 아닙니다."

"이 제품을 구매하면 당신은 이러한 특별한 혜택을 얻을 것이다"라는 식의 메시지를 던진다. 예를 들어 "페브리즈(Febreze)를 사용하면 의류의 안 좋은 냄새를 없앨 수 있습니다", "리스테린(Listerine)으로 입속의 세균을 99.9% 없앨 수 있습니다" 등이 그 예다.

로저 리브스는 그의 책 『광고의 실체(reality in advertising)』에서 USP의 세 가지 요건을 제시하였다. 첫째, 각 광고는 소비자에게 어떤 제안을 해야 한다. 즉, 단순히 몇몇 단어나 제품에 대한 과장이나 과시보다는 각각의 광고는 개별 소비자에게 제품 구매로 얻게 되는 특별한 편익을 제시해야 한다. 이러한 편익은 제품의 속성과 같이 물리적인 속성이 될 수도 있고, 제품 사용으로 얻게 되는 심리적 편익이 될 수도 있다. 둘째, 소비자에게 던지는 제안은 경쟁사가 제공할 수 없거나 제공하지 않은 것이어야 한다. 구체적으로 소비자에게 던지는 제안은 제품의 독특함이나 경쟁 광고에서 나타나지 않은 소구 방식이어야 한다. 예를 들어 광동제약의 비타500은 건강 음료 시장에 진출할 때 경쟁 업체인 동아제약의 박카스가 카페인을 함유하고 있고 자사 제품에는 없다는 점을 이용해 잠재 고객들을 설득하였다.

최근 시장에서는 제품의 품질이 상향 평준화되어 제품의 물리적 속성을 통해 USP를 달성하기는 쉽지 않다. 따라서 시장 내에서 경쟁 제품들이 공통적으로 지니고 있는 속성일지라도 경쟁사가 먼저 제안하지 않았던 부분을 극화시켜 강조한다면 새로운 의미의 USP를 달성할 수 있을 것이다. 예를 들어 하이트 맥주는 경쟁 브랜드들이 전혀 주목하지 않았던

그림 9-7 Head & Shoulder의 USP 전략

물의 중요성을 소비자에게 부각시켜 맥주 시장의 판도를 바꾸는 데 성공하였다. 하이트 맥주는 1993년 "지하 150M의 100% 천연 암반수"로 만든 물이 좋은 맥주라는 콘셉트로 "맥주의 90%는 물, 물이 깨끗해야 진짜 맥주"라는 카피로 소비자에게 소구하여, 출시 3년 만에 40년간 OB맥주가 지배해 온 국내 맥주 시장의 판도를 바꾸는 데 성공했다.

　　마지막으로, 고유한 판매 제안은 새로운 소비자를 광고주의 제품으로 끌어당길 수 있도록 매우 강력해야 한다. 이러한 USP는 소비자가 광고에서 느끼는 것이지, 카피라이터가 광고에 삽입했다고 해서 효과가 발휘되지는 않는다. 아무리 다른 경쟁사들이 제안하지 않은 정보를 소비자에게 전달하더라도, 그 제안이 설득력이 없다면 진정한 의가반낭미의 USP가 될 수 없다. 최근 인스턴트 커피 시장에서 이슈가 되었던 남양유업 프렌치카페의 광고 전략은 좋은 사례가 될 수 있다. 2010년 1조1000억 원 규모로 추정되던 국내 커피믹스 시장은 그동안 동서식품의 맥심(78%)과

그림 9-8 비타500의
USP 전략
출처: 광고정보센터(2013)

그림 9-9 하이트의 USP
전략
출처: 광고정보센터(2013)

그림 9-10 프렌치 카페
의 광고 전략

다국적 기업인 네슬레의 테이스터스 초이스(17%)가 양분해 왔다. 남양
유업은 이러한 독점적인 시장에 진출하면서 커피믹스에서 부드러운 맛
을 내는 합성 우유 단백질 성분인 '카제인나트륨' 대신 천연 무지방 우유
를 첨가했다는 점을 강조해 시장을 공략하였다. 즉 커피만을 강조하던 커
피믹스 시장에서 "프림까지 좋은 커피"라는 콘셉트로 커피 크림 성분을
소비자에게 부각시켜 시장에서 큰 반향을 일으켰다. '프렌치카페 카페믹

스'는 2010년 12월 출시된 이래 2년여 만에 국내 커피믹스 시장점유율 20%를 차지하는 성과를 거두었다. 물론 카제인나트륨의 인체 유해 부분은 논란의 여지가 있지만, 사실 여부와는 관계없이 소비자에게 설득력 있는 고유한 판매 제안을 해 성공을 거두었다는 점에서 주목할 만한 사례다.

(2) 브랜드 이미지의 창조

전설적인 광고인 데이비드 오길비(David Ogilvy)는 "광고는 브랜드의 상징적 의미(symbolic meaning)를 담은 브랜드 이미지를 구축하는 데 기여해야 한다"고 제안하였다. 브랜드 이미지(brand image) 전략은 소비자의 감성적인 측면에 강조점을 두고 광고의 콘셉트 및 크리에이티브 전략을 수립하여 브랜드 이미지를 구축하는 광고를 의미한다. 구체적으로 자사 브랜드를 경쟁사들과 심리적 편익(psychological benefit)이나 상징성(symbolism)에 기초해 차별화하여 궁극적으로 바람직한 브랜드 이미지를 구축하는 전략이다. 따라서 브랜드 이미지 전략은 제품의 물리적 속성이나 편익을 강조하는 정보 중심적인 'hard-sell' 방식의 소구가 아니라 브랜드의 개성이나 심리적 차별점을 강조하는 'soft-sell' 방식의 광고 전략이라 할 수 있다.

시장에서 경쟁 브랜드들이 기능적으로 유사할 때 소비자의 이성적 판단 역할은 줄어들기 때문에 이러한 상황에서는 브랜드 이미지를 차별화하여 소비자에게 소구하는 것이 중요하다. 따라서 브랜드 이미지 광고에서는 광고음악, 유명인 모델, 광고의 배경 등 비언어적 감성적 단서(nonverbal emotional cues)를 이용하여 특정한 정서나 느낌, 무드를 자아냄으로써 소비자를 설득하게 된다. 이러한 광고 전략을 통해 브랜드는 아이보리(Ivory)의 순수함, 말보로(Marlboro)의 강렬한 남성성, 크리니크(Clinique)의 의학적·전문적 느낌, 재규어(Jaguar)의 귀족적 이미지 등 독특하고 차별화된 이미지를 확립할 수 있다. 초코파이를 통해 사랑하는 사람들과 '정'을 나눈다는 독특한 콘셉트로 제품의 브랜드 이미지를 차별화한 오리온 초코파이는 효과적으로 브랜드 이미지를 창조하여 성공한 사례로 회자되고 있다.

초코파이입니다

출처: 광고정보센터(2013)

그림 9-11 브랜드 이미지 전략을 활용한 초코파이 광고

(3) 내재된 드라마의 발견

저명한 광고인인 레오 버넷(Leo Burnett)은 소비자들의 마음속에 잠재된 내재된 드라마를 찾는 일이야말로 성공적인 광고의 핵심 요건이라고 제안하였다. '내재된 드라마(inherent drama)'란 제품이나 브랜드가 지니고 있는 고유한 드라마적 요소를 의미하는데, 이는 인간에 대한 사랑과 존경을 표현함으로써 인간의 가장 원초적인 감성에 소구하는 것을 의미한다. 레오 버넷은 "모든 제품에는 제품을 팔 수 있는 내재된 드라마가 존재하며 그것을 찾아내는 것이 크리에이터의 임무"라고 주장하였다. 그는 특히 광고가 소비자의 눈에 띄어야 하지만, 자연스럽게(naturally) 전달되어야 함을 강조하였다.

광고에서 내재된 드라마를 발견하는 방법 중 하나는 제품이 소비자에게 전달하는 심리적 · 물리적 편익(benefit)을 활용하는 것이다. 이러한 편익은 광고 콘셉트에 자연스럽게 녹아 있어야 하지만, 드라마틱하게 표현되어야 한다. 따라서 내재된 드라마는 제품의 핵심적 편익을 자연스럽게 표현한다는 점에서 '평범한 터치(common touch)'를 강조하는 소구 방식이라 할 수 있다(유창조, 1998). 내재된 드라마를 잘 활용한 광고 사례로는 아모레퍼시픽의 라네즈를 꼽을 수 있다. 라네즈는 여성들이 화장을 하면서 영화의 주인공이 되는 것을 상상한다는 점이 화장품이라는 제품 속에 숨겨진 내재된 드라마임을 발견하고 이를 광고에 활용하였다. 이

그림 9-12 내재적 드라마를 이용한 라네즈의 광고

출처: 광고정보센터(2013)

것이 바로 라네즈의 성공적인 캠페인인 '영화처럼 사는 여자'다. 김지호를 광고 모델로 1995년부터 1997년까지 〈티파니에서 아침을〉, 〈프렌치 키스〉, 〈사랑과 영혼〉, 〈연인〉 등 주옥같은 명화들을 패러디해 제작한 이 캠페인은 90%가 넘는 인지도를 기록하며 큰 성공을 거두었다.

(4) 포지셔닝 전략

포지셔닝(positioning)이란 시장에서의 경쟁 브랜드를 고려하여 소비자의 욕구에 기초해 자사의 브랜드를 소비자의 인식 속에 유리하고 바람직한 조건에 위치시키는 것을 말한다. 이는 기업 마케팅의 STP 전략인 시장세분화(segmenation), 타기팅(targeting), 포지셔닝(positioning)의 일환으로 결국 경쟁사들과 자사의 브랜드를 어떻게 효과적으로 차별화(differentiation) 하여 경쟁우위를 확보할 것인가가 핵심이라 할 수 있다.

포지셔닝이라는 개념은 1969년 저명한 마케팅 전문가인 잭 트라우트(Jack Trout)가 ≪인더스트리얼 마케팅(Industrial Marketing)≫이라는 학술지에 발표한 논문에서 처음 등장하였고, 이후 발간된 『포지셔닝』이라는 책을 통해 집대성되었다고 볼 수 있다. 포지셔닝에서 중요한 점은 경쟁사들과 자사 브랜드를 어떻게 효과적으로 차별화할 것인가인데, 제품의 물리적 속성뿐만 아니라 심리적 편익 등 이미지적인 요소를 이용해 포지셔닝이 가능하다.

효과적인 포지셔닝을 위해서는 보통 포지셔닝맵(positioning map)을 작성하게 되는데, 이는 소비자가 시장에 있는 각 제품에 대해 지각하고 있는 차이점을 선별하여 2차원 또는 3차원의 도면으로 작성하는 방법이다. 이러한 포지셔닝맵을 작성함으로써 광고주는 직간접적으로 경쟁하고 있는 브랜드들이 시장 내에서 차지하는 위치와 소비자들의 인식을 한눈에 확인할 수 있다. 또한 소비자가 생각하는 이상적인 제품 속성은 무엇인지, 자사 제품이나 경쟁 제품이 놓치고 있는 시장은 어디인지 등도 추가적으로 파악할 수 있다(이문규 · 홍성태, 2001).

포지셔닝맵에서 위치 선정의 근거는 각 브랜드들의 유사점과 차이점에 대한 소비자들의 지각이라고 볼 수 있는데, 포지셔닝맵을 작성할 때 가장 중요한 점은 포지셔닝의 기준이 되는 지표들을 선정하는 것이다. 포지셔닝맵의 지표는 제품에 대해 소비자들이 구매 의사 결정을 할 때 가장 중요하게 고려하는 것으로 선정해야 한다. 즉 소비자들이 비싼 제품을 선호하는지 저가 제품을 선호하는지, 전통적인 이미지를 원하는지 젊은 이미지를 선호하는지, 강한 맛을 선호하는지 부드러운 맛을 선호하는지 등 소비자들이 해당 제품에 대해 가질 수 있는 다양한 구매 요인들을 정확하게 파악하여 기준으로 삼고 포지셔닝맵을 작성해야 한다. 소비자들이 중요하지 않게 생각하는 지표를 마케터의 직관에 따라 선정하게 되면 결국 기업의 마케팅 전략은 실패로 돌아갈 수 있다. 예를 들어 커피를 마시는 데 건강에 도움을 주는 성분이 함유되어 있다는 것은 일반적인 소비자들의 구매의사 결정에 그다지 큰 영향을 끼치지 않을 것이다.

오뚜기 스낵면은 대부분의 라면들이 식사대용으로 소비된다는 점에 착안해 여성들이 먹거나 밤에도 가볍게 간식으로 먹을 수 있는 부담 없는 라면의 콘셉트를 도출하여 성공을 거두었다. 이후 모 방송에서 밥을 말아 먹으면 가장 맛있는 라면으로도 선정되어 브랜드의 차별화를 더욱 강화하게 되었다. 비슷한 맥락에서 역발상적인 하얀 국물로 라면 시장에서 화제를 불러일으킨 한국야쿠르트의 꼬꼬면도 성공적인 포지셔닝 사례로 볼 수 있다. 경쟁사들이 국물에 관해서는 차별화를 시도하지 않던 시점에서 소고기맛의 빨간 국물이라는 기존 시장 주류들과는 전혀 다른 방식으로 제품을 포지셔닝하여 제품 출시 한 달 만에 1000만 개의 판매 기록을 세우며 하얀 국물의 라면시장을 개척하였다.

한편 고급 자동차 브랜드인 렉서스(Lexus)는 기존의 SUV(Sports Utility Vehicle) 시장 내에서 고급 SUV라는 새로운 영역과 틈새시장을 창출한 사례로 볼 수 있다. 기존의 SUV 브랜드들이 가족, 아웃도어, 레저 등에 치중하여 포지셔닝을 해 온 상황에서, 세단(sedan)과 SUV의 속성이 절묘하게 조합된 고급 SUV인 RX300을 1998년 시장에 출시하여 큰 성공을 거두었다. 이후 경쟁 브랜드인 BMW의 X시리즈, Mercedes Benz의 M시리즈 등이 앞다투어 고급 SUV 차종을 시장에 내놓게 되어 시장의 크기가 대폭 확대되었다.

3) 광고 크리에이티브와 콘셉트

(1) 광고와 창의성

우리는 광고를 이야기할 때 자주 크리에이티브를 말한다. 크리에이티브(creative)는 보통 창의적 또는 창조적이라고 해석되는데 이는 새롭고 독창적인 것을 상상력을 발휘해 창조해 내는 능력을 말한다. 특히 광고에서 크리에이티브하다는 것은 일상적이고 뻔한 내용을 신선하고 설득력 있

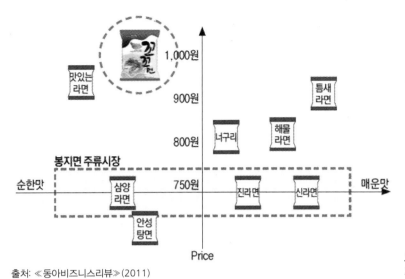

출처: ≪동아비즈니스리뷰≫(2011)

그림 9-13 꼬꼬면의 포지셔닝맵

는 방식으로 표현하는 것을 의미한다. 창의성의 가장 핵심적 요소는 독창성이지만, 생성된 독창적(original) 산물이 관련된 문제의 해결에 적합할 (appropriate) 때에만 우리는 그것을 보통 창의적이라고 한다(Jeweler & Drewniany, 2005).

광고에서 창의성의 평가는 다양한 기준과 관점에서 이루어져 왔다. 예를 들어 다국적 대행사인 DDB는 바람직한 광고란 광고주의 광고 투자를 투자 이익(Return On Investment, ROI)으로 돌려주는 광고이며, 그런 광고는 R(Relevance) 관련성, O(Originality) 독창성, I(Impact) 충격성의 삼박자를 갖춘 광고라고 제안하였다. 비슷한 맥락에서 영앤드루비컴 (Young & Rubicom)은 광고 크리에이티브의 평가기준으로 "SCORE"를 제안하였는데, 이는 Simplicity(단순성), Credibility(신뢰성), Originality (독창성), Relevance(관련성), Empathy(공감성)의 다섯 가지 요인으로 광고의 창의성을 평가해야 한다는 것이다. 한편 전설적인 카피라이터인 윌리엄 번벅(William Bernbach)은 독창성(inventiveness), 매력성 (attractiveness), 영리함(cleverness)을 광고 창의성의 핵심 기준으로 제시하였으며, 김병희와 한상필(2006)은 독창성, 적합성, 명료성, 상관성으

365

로 구성된 광고 창의성 평가 척도를 학술연구를 통해 제안하였다.

(2) 크리에이티브 콘셉트

여기서 크리에이티브 콘셉트(creative concept)란 광고의 아이디어나 제품 콘셉트를 소비자의 눈에 띄게, 독창적이고 이해하기 쉽게 표현하는 것을 말한다. 즉 시장 조사 등 과학적이고 체계적인 방법으로 찾아낸 광고 콘셉트를 예술적인 방법으로 표현해 내는 과정이다. 따라서 크리에이티브 콘셉트를 보통 광고 크리에이티브의 큰 아이디어(big idea)라고 한다. 앞서 살펴본 광고 콘셉트가 무엇을 이야기할 것인가(what to say?)의 문제라면, 크리에이티브 콘셉트는 이러한 광고 콘셉트를 어떻게 소비자에게 전달할 것인가(how to say?)의 문제라고 할 수 있다.

따라서 크리에이티브 콘셉트에서는 소비자가 제품에서 얻게 되는 편익이 무엇인가를 말 그대로 창의적(creative)으로 표현하는 것이 중요하다. 즉 광고의 주제를 소비자에게 독창적(original)인 방식으로 전달해야 한다는 것이다. 크리에이티브 콘셉트는 보통 광고주의 캠페인에서 여러 광고들의 공통적인 소구 방식으로 이용된다. 따라서 좋은 크리에이티브 콘셉트의 도출은 일관성 있고 효율적인 캠페인의 집행을 가능하게 한다.

하지만 단순히 소비자의 흥미만 유발하고 재미로 끝나게 되는 크리에이티브는 피해야 한다. 왜냐하면 광고주의 광고 목표(advertising objective)를 달성시켜 줄 수 있는 광고가 진정한 의미에서 좋은 광고라 할 수 있기 때문이다. 따라서 광고 실무자는 광고의 독창성뿐만 아니라, 메시지가 목표 소비자에게 얼마나 연관성(relevance)이 있는지를 전략적인 측면에서 고민해야 할 것이다. 이러한 맥락에서 크리에이티브한 광고는 목표 수용자에게 개연성 있는 연결고리를 만들어 주어야 하며, 흥미 유발과 주목을 끌기 위해 예상치 못한 방법(unexpected way)으로 광고 메시지를 전달하는 것이라고 볼 수 있다(Jeweler & Drewniany, 2005).

광고에서 좋은 크리에이티브 콘셉트의 도출은 많은 시간과 노력을 필요로 한다. 유명한 다국적 광고대행사인 제이월터톰슨(J. Walter Thompson, JWT)의 크리에이티브 디렉터였던 제임스 웹영(James Webb Young)은 효과적인 크리에이티브 콘셉트를 도출하는 과정을 다섯 단계로 제시하고 있다. 첫 번째 단계는 몰입(immersion)으로 여기서는 제품과 관련된 상황적인 정보와 시장 데이터에 광고 기획자가 완전히 몰입하여 구체적인 마케팅 문제와 관련 정보를 수집하는 것을 말한다. 두 번째 단계는 소화(digestion)로 몰입 단계에 수집된 광범위한 시장 정보들을 다양한 관점에서 분석하는 과정을 말한다. 세 번째 단계는 실제 광고 아이디어를 키우게 되는 배양(incubation) 단계로, 광고와 관련된 일들을 잠시 잊어버리고, 발상의 전환을 통해 창의적인 아이디어를 만들기 위한 준비 시기를 말한다. 네 번째 단계는 발상(illumination)으로 실제 브레인스토밍을 통해 효과적인 크리에이티브 콘셉트를 도출하는 시기를 말한다. 여기서 중요한 것은 번뜩이는 아이디어는 언제, 어디서나 떠오를 수 있다는 것이다. 마지막 단계는 현실성 점검(reality testing)으로, 제안된 아이디어가 좋은지, 광고주가 직면한 문제를 해결할 수 있는지, 기본적인 마케팅 전략과 연결이 되는지, 다른 아이디어들에 비해 효과적인지 등을 점검하는 과정을 말한다(Jeweler & Drewniany, 2005).

요약

이 장에서는 광고의 개념과 특성, 국내 광고 시장의 현황과 산업적 추세, 그리고 광고 제작의 핵심이 되는 광고 콘셉트와 크리에이티브 콘셉트에 대해 간략히 살펴보았다. 광고는 소비자를 광고주가 원하는 방향으로 느끼고 행동하게 하는 설득 커뮤니케이션의 한 방법으로, 대중매체를 매개로 대중적으로 메시지 전달이 이루어지는 매스커뮤니케이션의 한 유형이다. 마케팅의 관점에서 광고는 기업의 마케팅 믹스 중 하나인 촉진의 한 방법으로 볼 수 있으며, 기업 마케팅 활동의 하부적인 수단이라 할 수 있다. 광고 대행사는 광고주의 의뢰에 따라 광고를 기획, 제작, 배포하게 되는데, 광고 대행사의 규모와 제공하는 서비스에 따라 종합 광고 대행사와 전문 광고 대행사로 구분할 수 있고, 광고 대행사가 대기업의 계열사인지에 따라 계열 광고 대행사와 독립광고 대행사로 구분할 수 있다. 많은 계열 광고 대행사가 시장에 존재한다는 것은 국내 광고 시장의 고유한 특성으로 볼 수 있다. 광고 대행사에는 광고 기획자, 매체 기획자, 크리에이티브 디렉터, 카피라이터, 시엠 플래너, 그래픽 디자이너 등 다양한 직종들이 존재한다.

주요 용어

광고	홍보	PR
선전	마케팅 믹스	촉진 믹스
인적판매	판매촉진	설득 커뮤니케이션
IMC	독립 광고 대행사	계열 광고 대행사
종합 광고 대행사	AE	어카운트 플래너
크리에이티브 디렉터	카피라이터	미디어 플래너
제품 콘셉트	광고콘셉트	크리에이티브 콘셉트
광고 목표	상황분석	USP
제품 편익	브랜드이미지	하드셀(hard-sell)
소프트셀(soft-sell)	비언어적 단서	내재된 드라마
포지셔닝	포지셔닝 맵	차별화
ROI		Big idea

연습문제

1. 마케팅 관점과 커뮤니케이션 관점에서 광고의 개념을 설명해 보시오.
2. 광고, 홍보, 선전의 공통점과 차이점을 설명해 보시오.
3. 마케팅 믹스와 촉진 믹스의 개념에 대해 논의해 보시오.
4. 국내 광고 시장의 현황과 특성에 대해 이야기해 보시오.
5. 광고 대행사의 다양한 직종들과 개별 특성에 대해 논의해 보시오.
6. 계열 광고 대행사의 문제점들을 지적해 보시오.
7. 광고 콘셉트와 크리에이티브 콘셉트의 차이점을 설명해 보시오.
8. 광고 콘셉트를 도출하는 다양한 방법들에 대해 논의해 보시오.
9. 광고의 창의성을 결정하는 주요 요인들을 제시해 보시오.

심화토론문제

1. 광고 콘셉트를 도출하는 다양한 방법들을 이용해 실제 광고 콘셉트를 도출해 보시오.
2. 좋은 광고란 어떤 광고인지 생각해 보시오.
3. 국내 광고시장의 현황을 보고 추후 국내 광고시장이 어떻게 변화될 것인지 예측해 보시오.
4. 제임스 웹영의 크리에이티브 콘셉트를 도출하는 다섯 단계를 이용해 실제 광고 아이디어를 제안해 보시오.
5. 신라면 블랙, 비타500, 하이트맥주 등이 시장을 재탈환하기 위해서는 어떠한 지표들을 활용해 브랜드를 재포지셔닝(re-positioning)해야 할지 생각해 보시오.

참고문헌

김병희·한상필(2006), 광고 창의성 측정을 위한 척도개발과 타당성 검증. ≪광고학연구≫, 17(2), 7~41.

신수정·안상훈(2011), "하얀 국물의 반란: 철옹성 라면시장 흔들다", ≪동아비지니스리뷰≫ 95.

심성욱·전종우·황장선·고한준·강형구(2011), 『광고학개론』, 서울: 서울경제경영.

유창조(1998), IMF 시대의 광고 크리에이티브 전략과 사례. ≪마케팅≫ 32(9), 29~33.

이문규·홍성태(2001), 『소비자행동의 이해』, 서울: 법문사.

이종호 (2003), 『광고관리론』, 경문사.

임동욱(2003), 『설득 커뮤니케이션의 이해』, 서울: 커뮤니케이션북스.

제일기획(2017). 광고계동향 . 305, 11~12.

한국광고총연협회(2017), 『2017 광고회사 현황 조사』

Arens, W.(2003), *Contemporary Advertising*, New York: McGraw-Hill.

Jeweler, B. & Drewniany, J.(2005), *Creative Strategy in Advertising*, New York: Wadsworth.

Reeves, R.(1961), *Reality in Advertising*, NY: Knopf.

10
PR

학습목표

이 장에서는 사회 내 PR 활동의 중심 역할을 담당하고 있는 조직의 PR 부서와 PR 회사(PR 대행사)의 중요성과 역할 그리고 세부 부서들의 주요 업무 등을 살펴보고자 한다. 더불어 최근 PR 회사의 국제적 추세를 살펴본다. PR의 개념, 공중의 개념 그리고 PR와 마케팅의 개념 차이 등을 설명하고자 한다. 이 장 마지막 부분에서는 PR 프로그램 기획의 전체 과정을 살펴보고자 한다. PR 프로그램 기획의 세부 부분으로 환경 분석(PR 주체와 대상 이해, 상황 조사 분석), PR 목표 분석, 목표 공중 분석, PR 전략 수립, PR 전술 수립, PR 프로그램 평가의 과정을 이해하고자 한다. 전체적으로 이 장의 목표는 PR의 개념적 이해와 사회 내 PR영역의 이해를 통해 PR란 무엇인가에 대한 답을 구한 후, PR 프로그램 기획 과정을 살펴보는 것이다. 이 장의 학습목표는 다음과 같다.

첫째, 조직의 PR 부서와 PR 회사(PR 대행사)의 중요성과 역할 그리고 세부 부서들의 주요 업무 등을 살펴본다.
둘째, 최근 PR 회사의 국제적 추세를 살펴본다.
셋째, PR의 개념, 공중의 개념 그리고 PR와 마케팅의 개념 차이 등을 이해한다.
넷째, PR 프로그램 기획의 전체 과정을 사례를 통해 살펴보고자 한다.

1. 조직[1]의 PR 부서와 PR 회사

최근 PR를 공부하고 PR 분야에 취업하려는 학생들이 많이 있다. 그러나 PR를 공부하여 어떠한 일을 하는지에 대해서는 잘 이해하지 못하는 학생들이 많다.

대학생들이 졸업하고 사회에 진출한 후 PR라는 전문직에 취업하는 경우는 일반적으로 두 가지다. 하나가 조직의 PR 부서이고 두 번째가 PR 회사(대행사)에 취업하는 것이다.

흔히 두 직장을 갑과 을로 구별하기도 한다. 많은 경우 기업의 PR 부서에서 일을 진행하다 전문성이 요구되거나, 긴급하게 집중된 작업이 필요하면, PR 회사에 업무를 의뢰하기 때문이다. 이럴 때 PR 회사는 조직의 PR 부서로부터 보수를 받고 일을 하게 되며, 조직의 PR 부서에서 요구하는 일들을 충실히 해야 하는 경우가 많이 발생한다. 또 대부분 조직의 PR 부서에 주요 업무를 PR 회사에 의뢰할 때 경쟁 프레젠테이션을 실시하여 업체를 선정한다. 그러면, 최근 조직 PR 부서의 주요 역할과 PR 회사의 사회적 기능에 대해 살펴보자.

2. 조직(기업) 내에서 PR 부서의 중요성

조직 PR 부서의 역할을 논의하기 전에 저자가 강의를 시작한 2000년대 초기와 현재와도 많은 업무 역할의 차이가 있음을 말하지 않을 수 없다. 가장 중요한 차이는 2000년대 초까지만 해도 기업 조직 내에서 기업의 대표가 PR 전문 업무의 중요성을 인지하고 있는지 그렇지 않은지에 따라 기업 PR 부서의 역할이 단순 기능직인지 아니면 전체적으로 관계자(stakeholder)[2] 관리를 담당하는 전문직인지가 결정된다고 보는 견해가 많았다. 이런 설명은 2000년 초까지만 해도 PR 전문 업무에 대한 이해가

---

1) '조직'이라 함은 일반기업, 대학, 병원, 공공기관 등 사회 내 PR부서를 두고 활동하는 모든 단체를 의미한다.

2) 'PR와 공중' 부분에서 자세히 소개된다.

전체 사회 내 일반적인 저변 확대가 되지 못했던 시기였음을 의미한다.

　　PR의 전문성을 인정하지 않고, 단순 언론관계만을 담당하는 역할로 PR 업무를 이해하는 기업 및 조직의 대표는 거의 없다. 다만, 조직의 규모가 크지 않아 PR 업무의 중요성을 인정하면서도 많은 인원을 PR 부서에 배치하지 못하는 조직은 많다. 그러나 사회적으로 PR 업무를 제대로 이해하고 경험한 전문인 역시 과거에 비해 많이 증가하여 소규모 조직일 때 적어도 1~2명의 PR 전문인들이 PR 업무를 담당하는 사회 조직들이 많다.

　　이때도 PR 전문인들이 조직의 규모에 맞게 그들의 전문성을 바탕으로 PR 업무를 진행하고 있기 때문에 과거 조직이 PR인을 단순 기능인으로 이해하고 PR인 역시 전문 교육을 받지 못한 채 그들의 역할을 잘 이해하지 못하고 PR 업무를 행하던 때와는 많이 다르다.

3. 조직 내 PR 부서의 주요 업무

조직 내 PR 부서가 담당하는 주요 업무가 무엇인지 살펴보면 대략 표 10-1과 같다. 사회의 각 조직 내 PR 부서가 어떤 역할을 담당하고 있는지, 또 PR 부서는 세부적으로 어떻게 업무부서가 나뉘어 있는지를 살펴보면 조직마다 다양하다. 그러나 저자가 우리나라와 외국의 조직 내 PR 부서들의 업무 분장을 분석 조사한 결과 사내 커뮤니케이션 부서(Integrated Employee Communication), 마케팅 커뮤니케이션 부서(Integrated Marketing Communication), 대외관계자 관리 부서(SRM, Stakeholder Relationship Management), 광고 커뮤니케이션 부서(Integrated Advertising Communication) 등 대략 네 가지 세부 부서로 구성되어 있었다.

　　사회 각 조직마다 강조되는 PR 부서의 역할이 다양하게 있지만, 위 네 가지는 최근 PR 부서의 주요 업무를 모두 포함하고 있다. 표 10-1을 바탕으로 각 부서의 세부 업무를 살펴보면, 우선 사내 커뮤니케이션 부서(Integrated Employee Communication)는 홈페이지 관리 지원, 조직의 사내 방송 및 사내 홍보물 제작/배포 지원, 조직의 직원 교육 연수 관련 지

표 10-1 조직 PR 부서의 주요 역할

사내 커뮤니케이션 부서 **Integrated Employee** **Communication**	• 홈페이지 관리 지원 • 조직의 사내방송 및 사내 홍보물 제작/배포 지원 • 조직의 직원 교육 연수 관련 지원 • 산하 조직 간 정보 교환 및 협조 업무 지원
마케팅 커뮤니케이션 부서 **Integrated Marketing** **Communication**	• 조직의 사내외 이벤트 행사 통합 지원 • 스포츠단/홍보단 업무 • 산하 조직의 마케팅 활동 통합 지원 • 홍보위원회 활동 지원
대외 관계자 관리 부서 **SRM: Stakeholder** **Relationship** **Management**	• 대언론관계 지원 및 통합 관리 • 위기관리 시스템을 통한 대언론관계 지원 • 조직의 대외홍보물 제작/배포 통합 지원 • 투자자, 정부, 지역단체, 소비자단체, 후원단체, 경쟁업체 등 각종 관계자 관리
광고 커뮤니케이션 부서 **Integrated Advertising** **Communication**	• 조직의 대외 통합 이미지 구축 업무 • 조직의 CI(corporate image) 통합 지원 • 조직의 기업 광고 제작 관리

원, 산하 조직 간 정보 교환 및 협조 업무 지원 등의 역할을 담당하고 있다.

다음으로 마케팅 커뮤니케이션 부서(Integrated Marketing Communication)는 조직의 사내외 이벤트 행사 통합 지원, 산하 조직의 마케팅 활동 통합 지원, 홍보위원회 활동 지원, 스포츠단/홍보단 업무 등을 담당하여, 대외관계자 관리 부서는 대언론관계 지원 및 통합 관리, 위기관리 시스템을 통한 대언론관계 지원, 조직의 대외홍보물 제작/배포 통합 지원, 투자자, 정부, 지역단체, 소비자단체, 후원단체, 경쟁업체 등 각종 관계자 관리 등의 업무를 담당하며, 광고 커뮤니케이션 부서(Integrated Advertising Communication)는 조직의 대외 통합 이미지 구축 업무, 조직의 CI(corporate image) 통합 지원, 조직의 기업광고 제작 관리 등의 업무를 담당하고 있다.

최근 조직 내 PR 부서를 둘러싼 여러 현상들은 첫째, 조직 내 가장 중요한 역할을 담당하는 부서로 자리 잡고 있으며, 이에 따라 PR 부서 업무를 담당하고자 하는 신입사원들이 증가하고 있다. PR 부서의 역할이 단순한 언론관계만을 위주로 생각하던 과거와 달리 사내 커뮤니케이션, 조직의 통합 이미지 및 광고 관리, 언론, 정부, 투자자 등 조직의 주요한 관계자 관리 업무를 PR 부서가 총괄적으로 담당하는 조직이 많이 증가하다 보니, PR 전문인으로서 PR 부서 직원들의 사내 위상이 높아지고 있다. 또한 조직 내 인사 관리, 생산 관리, 재무 관리, 판매 관리 등의 업무에 비해 활동적이고 다양한 업무를 담당하는 PR 부서가 신입사원들에게 인기가 좋다.

둘째, 조직 내 PR 부서의 역할이 증대하다 보니 타 부서와 업무 간 충돌이 증가하고 있다. 예를 들면, 신입사원의 선발과 교육, 직원의 퇴사 관리 등은 인사 관리 부서의 고유 영역이었다. 그러나 최근 PR 부서의 사내 커뮤니케이션 영역이 확장되면서 직원들이 조직 내에서 행복한 직장생활을 영위하게 하기 위한 활동을 PR 부서가 담당하면서 업무 중복이 발생하고 있다. 또한 전체 조직의 CI를 사회 내에서 긍정적으로 유지하는 관계 관리 역할을 PR 부서가 담당하면서 조직의 마케팅, 광고 부서와의 업무 중복도 발생하고 있다. 그러나 이러한 현상은 각 조직이 조직 내 부서 간 조율 과정을 통해 각 조직마다 고유의 업무 분담을 만들어 가고 있는 추세다.

세 번째로, PR 부서의 역할이 전문화되고 확대되고 있지만 여전히 'PR(public relations)'나 '홍보'라는 단어의 개념은 부정적으로 인식되고 있는 실정이다. 왜 PR와 홍보라는 개념이 사회 내에서 부정적인가에 대해서는 PR의 역사에 대한 이해가 필요하지만 간단하게 이야기하면, 초창기 사회 내 PR의 역할이 과장된 표현으로 자기를 자랑하거나 심지어 거짓말로 남을 속이거나, 사실을 왜곡하는 일도 서슴지 않았던 역사가 있으며, 이러한 여론 호도 역할이 PR의 대명사가 되었던 시기가 있었기 때문이다. 따라서 아직도 많은 조직에서 PR 부서의 이름을 커뮤니케이션(Communication)이나, 정보(information)라는 단어를 사용해 명명하는 경우가 적지 않다. 이러한 문제는 그러나 최근 'PR'라는 단어 자체의 이미지가 사회적으로 많이 개선되면서 점차 변하고 있다.

표 10-2 다국적 커뮤니케이션 기업

기업명	소유 구조와 수익
옴니컴 (뉴욕)	• 플레시먼힐러드(Fleishman-Hillard), 케첨(Ketchum), 포터 노벨리(Porter Novelli) 소유 • 약 16조 5000억 원($ 15billion)의 수익 가운데, 10%는 PR 활동 수익
WPP그룹(런던)	• 힐앤놀튼(Hill &Knowlton), 버슨마스텔러(Burson-Marsteller), 오길비PR월드와이드(Ogilvy PR Worldwide) 소유 • 수익(약 13조 2000억 원($ 12billion)) 가운데 10%는 PR활동 수익
인터퍼블릭그룹	• 드래프트FCB(DraftFCB), 웨버샌드윅(Weber-Shandwick), 골린/해리스인터내셔널(Golin/HarrisInternational) 등을 소유 • 약 8조 8000억 원($ 8billion) 수익 중 16%는 PR활동 수익

출처: Wilcox & Cameron(2012) 재구성

4. 최근 PR 회사의 사회적 역할과 국제적 추세

PR 회사는 흔히 PR 대행사라는 말로도 많이 사용되고 있다.[3] PR 회사란 '전문적인 PR 업무를 각 사회 내 조직들이 직접 수행하기 어려울 때 이를 대행해 주고 비용을 지불 받는 전문회사'를 말한다. 최근 세계적으로 활동하고 있는 PR 회사를 좀 소개하자면, 오길비PR월드와이드(Ogilvy PR Worldwide)는 70여 개, 에델만월드와이드(Edelman Worldwide)는 50여 개의 세계 지사들을 거느리고 있으며, 케첨(Ketchum) 역시 70여 개국에 약 100개의 지사들을 운영하고 있다. 버슨마스텔러(Burson-Marsteller), 케첨(Ketchum), 오길비PR월드와이드(Ogilvy PR Worldwide)의 50퍼센트 이상 수입이 세계 지사들의 운영 수입이라는 사실은 현재 PR 회사의 글로벌화 현상이 얼마나 가속적으로 진행되고 있는지 확인해 준다(Wilcox & Cameron, 2012).

최근 이러한 PR 회사의 국제기업화 현상은 비단 PR 회사에 국한되지 않고 마케팅 회사, 광고 대행사, PR 회사 그리고 각종 이벤트 회

---

[3] 흔히 제일기획, 이노션 등 광고 대행사와 비유되어 PR 대행사라고 명칭되는 경우가 많은 데, PR 대행사들은 PR 회사로 불리기를 더 선호하기 때문에 최근에는 PR 회사로 호칭하는 것이 많다.

사 등이 하나의 거대한 다국적 커뮤니케이션 기업(communication conglomerates)을 구성하고 있는 것이 세계적 추세다.

표 10-2와 같이 옴니콤(Omnicom), WPP그룹(WPP Group), 인터퍼블릭그룹(Interpublic group) 등은 전 세계적으로 다양한 마케팅, PR, 광고 관련 자회사를 소유하고 있으며, 다양한 커뮤니케이션 사업을 진행하고 있다. 최근 TV, 인터넷, 모바일, 스마트폰 등 매체 환경이 급변하여, 마케팅 회사, PR 회사, 광고 대행사, 이벤트 회사 등의 구별이 없어졌으며, 심지어 거대 커뮤니케이션 기업은 미디어까지 직접 소유하고 있다. 이러한 환경에서 PR 회사의 역할은 계속 확장되는 추세다.

5. PR 회사의 주요 업무 영역

최근 미국 PR 회사는 대략 2000여 개가 존재하며, 우리나라는 300여 개의 크고 작은 PR 회사가 존재하는 것으로 측정된다. 그러면 PR 회사에서는 대략 어떤 전문 영역과 업무들이 있을까? 그림 10-1을 통해 살펴보면, 마케팅 커뮤니케이션, 대언론관과 퍼블리시티, 스피치 훈련, 조사 분석과 평가, 위기관리, 미디어 연구와 조사, 지역사회 관계와 갈등관리, 이벤트 기획과 관리, 공공문제 관리, 브랜드와 기업 명성 관리, 재무 관리와 투자자 관계 관리 등이 현재 PR 회사들이 주로 담당하는 전문 PR 업무다.

마케팅 커뮤니케이션은 다양한 마케팅 기법들을 통해 제품을 판매하는 일이며, 흔히 이러한 업무를 'Marketing Public Relations' 또는 'MPR'라고 한다. 제품이나 기업, 개인 등 다양한 마케팅 대상의 다양한 판촉활동, 신제품을 위한 퍼블리시티 등을 말하며, 이러한 마케팅 커뮤니케이션 업무는 최근 소셜 미디어 등 다양한 매체의 출현으로 보다 확장되고 있다.

다음으로, 대언론관계 및 퍼블리시티는 PR 업무의 가장 고유한 기능이라고 볼 수 있으며, 주로 조직의 대언론보도를 위한 기자관계 및 보도자료 작성과 퍼블리시티 등에 관계하며, 위기관리 업무가 따로 분리되어 있지 않으면 언론보도 관련 위기관리도 담당한다.

| 마케팅 커뮤니케이션 | 대언론관과 퍼블리시티 | 조사 분석과 평가 | 위기관리 |

그림 10-1 최근 PR 회사의 주요 업무 영역

위기관리는 조직 내에서 최근 매체 환경 내에 메시지의 신속성, 파급성, 연결성 등으로 인해 그 중요성이 커지고 있다. 조직 내 위기관리 업무가 따로 존재한다면, 대언론관계뿐만 아니라 조직이 빈번하게 경험할 수 있는 위기 유형별 대응 조치를 미리 매뉴얼화해 놓는 위기관리 매뉴얼 작업과 그러한 매뉴얼에 따른 위기관리가 진행될 것이다. 그러나 실제로 각 세부 위기 유형별 위기관리 매뉴얼을 만들고 이에 따른 사전 대비 시뮬레이션을 정기적으로 진행하며 매뉴얼을 업데이트하는 조직은 많지 않다. 따라서 최근에는 일반적으로 조직 내 큰 쟁점 사항을 진행할 때, 그때그때 상황적으로 단기적 위기 매뉴얼을 만들기도 하고, 사후 발생된 위기를 관리하기도 한다. 이런 상황에서 대언론관계는 매우 중요하다. 따라서 실제로 위기관리 업무와 대언론관계를 동시에 진행하는 경우가 많다.

조사 분석과 평가는 각종 사안에 대한 의사 결정 및 쟁점관리 관련 사안별 조사 분석 그리고 객관적 평가 과정을 위한 전문 업무를 말한다. 이를 위한 사회과학 조사 분석과, 쟁점관리와 실행 그리고 평가 시스템 개발 등을 대행한다.

미디어 연구와 조사는 각 미디어 유형에 대한 특성을 분석하고 미디어 특성별 미디어 전략을 수립하여 집행하는 미디어 관리 업무다. 이를 위해서는 전달하려는 메시지를 성공적으로 목표 공중에 전달하기 위해 어떠한 미디어 이용 계획을 수립해야 하는지 미디어 특성과 효과 분석을 실시한다.

스피치 훈련은 조직의 대표와 대변인 등을 대상으로 하는 스피치와 토론 훈련을 이야기하며, 지역사회 관계와 갈등관리는 각종 사회단체와 단체 간의 갈등을 해결하고 예방하기 위한 관리 실무를 말한다. 이벤트 기획 및 관리는 각종 주요 행사의 진행과 관리를 말하며, 공공 문제 관리는 각종 사회 조직들의 정부관계(Government relations)를 이야기한다. 사회 각 조직들은 자조직과 관련된 각종 입법 문제, 사회 쟁점 문제들과 관련해, 정부의 관련 업무 부서와 유기적인 관계를 통해 긍정적인 관계를 유지하도록 관리해야 할 필요성이 높다. 이러한 일이 모두 공공 문제 관리 영역이며, 긍정적인 로비도 이러한 영역에 포함된다.

브랜드와 기업 명성 관리는 기업의 특정 제품이나 기업 전체의 이미지 증진과 명성관리를 말한다. 기업의 기업 아이덴티티(corporate identity, CI)나 조직 대표의 지도자 아이덴티티(presidential identity, PI) 관리 등이 이러한 업무에 해당한다. 마지막으로 재무 관리 및 투자자 관계 관리는 조직 내 리스크 관리 관점에서 조직의 수익성을 건강하게 하고, 조직의 투자자에게 조직의 재정 상태를 전달하여 상호 간에 신뢰를 유지할 수 있도록 노력하는 업무 활동을 이야기한다.

다음으로 PR 회사의 직위 체계를 살펴보면, 직위 체계는 각 회사마다 매우 다양하여 일반적으로 설명하기는 어렵다. 그러나 다른 조직과 다른 가장 큰 특징은 각 고객(client)별로 태스크포스, 즉 특별팀이 만들어져 있다는 것이다. 예를 들면, A회사가 B라는 병원의 병원 홍보 대행을 의뢰받아 진행하는 경우, A 회사 내에는 B 병원을 위한 프로젝트팀이 꾸려져 일을 진행하게 된다. 이때 그 프로젝트팀의 대표를 어카운트 대표(Account supervisor)라 하고, 그 프로젝트팀의 실제 실무 담당자(Account executive)와 보조 담당자(Assistant account executive)로 하나의 B 병원을 위한 어카운트가 구성되어 일을 진행하게 된다.

다음으로 일반적으로 PR 회사가 특정 조직의 PR 업무를 대행하는 과정을 살펴보면, B 병원과 A라는 PR 회사가 계약을 맺어 B 병원의 홍보를 대행해 줄 때, B 병원은 A 회사에 입찰제안요청서(request for proposal, RFP)를 보내고, A 홍보 회사는 B 병원을 위한 PR 계획안을 작성해 승인을 받음으로써 일을 시작하게 된다.

그러면, 고객(client)은 그들을 대신해 PR 전문 업무를 진행해준 PR

표 10-3 고객의 PR 업무 지불 방법

방법	특징
시간제 지불 (hourly fee)	• 변호사, 회계사 등 전문인들에게 자문비 • 전문성이 높게 평가되어 지불비용 가장 높은 편
기간 단위 지불 (Retainer fee)	• 업무가 소요되는 기간(6개월 또는 1년 단위) 동안 계약을 한 후 월별로 비용을 지불하는 방식
특정 프로젝트 단위 지불 (Fixed project fee)	• 뉴스레터 제작, 이벤트 진행 시 총비용을 미리 정한 후 그 비용에 맞게 PR 회사가 업무를 진행하는 방법
매체 진행 단위 지불 (Pay-for-placement)	• 보도자료 성사, 방송 프로그램 노출 건별로 고객이 PR 회사에 비용을 지불하는 방식 • 일반적으로 가장 적은 보수를 지급

회사들에 어떠한 방법으로 업무비용을 지불하는지 살펴보자. PR 회사의 전문성을 가장 높이 고려하여 지불하는 방식은 시간제 지불(hourly fee) 방법으로 PR 회사 전문인에게 고객들이 업무 대행을 부탁한 후 PR 회사 전문인들이 본인들이 고객을 위해 일을 한 비용을 시간 단위로 받는 방법이다. 흔히 변호사, 회계사 등 전문인들에게 자문을 받을 경우 이용되는 지불 방법이며, 전문인의 전문성이 높게 평가되어 지불비용 또한 가장 높은 편이다(Wilcox & Cameron, 2012).

다음은 기간 단위 지불(Retainer fee) 방법으로 고객들이 PR회사에 업무를 맡기고 그 업무가 소요되는 기간(6개월 또는 1년 단위) 동안 계약을 한 후 월별로 비용을 지불하는 방식이다. 이때 계약 기간 동안 쓰이는 다양한 비용들(언론대행비, 매체비, 이벤트비, 회의비, 식비, 교통비 등)을 청구할 수 있다.

다음 방법은 특정 프로젝트 단위 지불(Fixed project fee) 방식인데, 이러한 방법은 뉴스레터를 만든다든지, 이벤트를 진행할 때 하나의 사업을 위해 사용되는 총비용을 미리 정한 후 그 비용에 맞게 PR 회사가 업무를 진행하는 방법을 말한다.

마지막으로 매체 진행 단위(Pay-for-placement) 지불 방법은 하나의 언론보도자료를 성사시킨 후에 또는 방송 프로그램에 한 번 노출을 진행한 후 미리 계약된 방식대로 고객이 PR 회사에 비용을 지불하는 방식이다. 일반적으로 가장 적은 보수를 지급받게 되어 PR 회사 입장에서는 선호되는 방식이라고 볼 수 없다.

6. PR의 개념Ⅰ: PR는 조직의 대공중관계 관리다

이제까지 기업 내 PR 부서의 역할과 업무 그리고 PR 회사의 전문 업무 분야에 대해 살펴보았다. 그러면, 보다 근본적으로 PR는 무엇이며, 어떻게 개념 정의될 수 있는지 살펴보자.

PR란 무엇인가에 관해서는 그동안 수많은 PR 학자들과 PR 업계 전문가들이 정의를 내린 바 있다. PR 활동을 설득 커뮤니케이션적 관점에서 메시지 제공자의 전략적인 관점을 강조하는 정의도 있으며, 공중과의 관계라는 개념을 이용하여, 다양한 사회 구성원 간의 상호관계를 강조하는 개념도 존재한다. 심지어 최근 PR는 사회 구성원 간의 커뮤니케이션을 통해 만들어지는 상호 이해와 관계 증진으로 이해되기도 한다.

그러나 저자는 PR 관련 많은 문헌 연구를 통해 정의된 PR의 개념을 내용 분석한 경험이 있었다. 과거 학문적 또는 전문적 자료를 바탕으로 한 객관적인 내용 분석 결과 PR의 정의 안에는 관리(management), 조직(organization), 공중(publics)이라는 단어가 가장 많이 출현하고 있었으며, 이러한 세 가지 단어를 바탕으로 PR가 개념 정리되고 있음을 확인할 수 있었다. 따라서 이 세 가지 단어를 연결시켜 보면, '조직이 공중을 관리하는 활동', 이렇게 정의될 수 있을 것이다. 그러면 조직과 공중 간의 관계를 흔히 PR라고 말하며, 공중(public)과 관계(relations)이라는 'public relations' 자체의 의미만 보더라도 관리(management)보다는 관계(relations)가 더 적합할 듯한데, 관계보다는 오히려 관리라는 개념이 PR의 개념 정의에 왜 많이 사용되었는지 고민한 적이 있다. 이 질문에 대한 답은 역시 PR 개념은 조직의 공중관리라는 개념으로 많이 사용되었으며, 이는 곧 메시지 제작자, 송신자, 설득자의 보다 적극적인 노력이 포함된 커뮤니케이션을 의미한다고 볼 수 있다. 따라서 이러한 PR 개념 정의는 PR의 전략적 커뮤니케이션 관점을 강조한 개념으로 볼 수 있다.

최근 수신자, 시청자, 공중의 적극적 커뮤니케이션 피드백 또는 송신자와 수신자의 상호 커뮤니케이션이 강조되다 보니, 공중관리(public manage- ment)라는 개념이 다소 과거적인 의미로 느껴질 수 있으나, 역시 PR는 조직 입장에서 공중을 적극 관리하고 커뮤니케이션한다는 송신자 중심의 PR 개념 정의가 보편성을 가지고 있다고 볼 수 있다.

7. 공중의 개념

우리가 PR의 개념을 이해하기 전에 이해해야 하는 개념이 바로 공중(public)이다. 또한 공중의 개념을 알기 전에 알아야 하는 개념이 바로 스테이크홀더(stakeholder)라는 개념이다. 조직의 스테이크홀더란 표 10-4와 같이 '사회 내에서 특정 조직과 관계된 다양한 환경 내 관계자들(투자가, investor), 소비자(consumer), 피고용인(employee), 정부(government), 미디어(media), 공급자(supplier), 유통업자(distributor), 경쟁자(competitor), 이익단체(interest group), 지역사회(community), 학자 및 산업 의견 선도자(scholars and opinion leader)'를 의미한다. 따라서 이러한 스테이크홀더들은 조직이 환경 내에서 생성, 유지, 성장하는 과정에서 매우 중요한 대상들이며 이들과 건전하고 긍정적인 관계를 지속적으로 유지하여야 한다.

그러면 스테이크홀더(stakeholder)라는 개념과 공중(public) 개념의 차이는 무엇인지 이해할 필요가 있다. 공중 개념의 기원과 대중(mass), 집단(group), 군중(crowd)과의 차이에 대한 이해, 그리고 공중을 세분화한 공중세분화 개념을 설명하는 데는 많이 지면이 필요하다. 따라서 이 장에서는 공중의 개념을 일단 정의한 후에 스테이크홀더와의 차이를 설명하는 데 초점을 두고자 한다.

공중(public)은 '특정 쟁점에 대해 어느 정도 인지와 태도를 가지고 있는 사람들의 집단, 동시에 매체를 통해 서로 같은 쟁점을 공유하고 있다는 것을 인지하고 있는 사회 집단, 그리고 상황에 따라서 개인적 또는 집단적 행동의도를 가지고 있으며, 어떤 경우 개인적 또는 집단적 행동을

표 10-4 조직의 스테이크홀더(stakeholder)

- 투자가(investor)
- 소비자(consumer)
- 피고용인(employee)
- 정부(government)
- 미디어(media)
- 공급자(supplier)
- 유통업자(distributor)
- 경쟁자(competitor)
- 이익단체(interest group)
- 지역사회(community)
- 학자 및 산업 의견 선도자(scholars and opinion leader)

통해 직접적 의사표현 행동을 하는 사회 집단'을 의미한다.

공중의 개념에서 이해할 수 있듯이 공중의 개념 안에는 반드시 쟁점이 포함된다. 따라서 쟁점을 고려하지 않는 공중은 존재하기 어렵다. 이러한 논리에 따르면, 사실은 우리가 일상생활에서 흔히 이야기하는 일반 공중(general public)이라는 개념을 성립하기 어렵다. 그러나 스테이크홀더라는 개념 안에는 반드시 쟁점이 전제되지 않는다. 즉, 스테이크홀더는 조직을 둘러싸고 환경적으로 존재하는 관계자들을 의미하며, 이들과 조직은 건강한 관계를 평소에 유지해야 조직이 환경 안에서 성장할 수 있다.

스테이크홀더와 공중의 차이를 이해하기 위해서는 진행 과정 차원에서 쟁점을 이해할 필요가 있다. 즉, 스테이크홀더는 조직에 관계하여 환경적으로 설정된 관계자를 의미하며, 이러한 스테이크홀더와 조직 간의 관계에, 특정 쟁점이 발생하여 중요하게 논의될 때 조직에게 그 쟁점에 관한 스테이크홀더는 쟁점에 관한 공중(public)으로 발전하게 된다. 다시 설명하면, 스테이크홀더는 정적(static)인 환경의 상태에 있는 조직 관련 관계자들의 개념이라면, 공중은 쟁점과 관련된 활동적(active)인 상

표 10-5 쟁점 진행 상황에서 스테이크홀더와 공중

	쟁점 출현 전 상황	쟁점 출현 상황	쟁점 종료 상황
스테이크 홀더	정적(static)으로 조직을 둘러싸고 있는 환경으로서 관계자	스테이크홀더가 공중으로 변화	다시 공중이 스테이크홀더로
공중	공중 출현 전	조직과 부각된 쟁점을 공유하는 공중	비활동 공중 스테이크홀더

표 10-6 조직의 PR 공중, 스테이크홀더

개념	설명
PR	조직이 공중을 관리하는 활동
공중	특정 쟁점에 대해 어느 정도 인지와 태도를 가지고 있는 사람들의 집단, 동시에 매체를 통해 서로 같은 쟁점을 공유하고 있다는 것을 인지하고 있는 사회 집단, 그리고 상황에 따라서 개인적 또는 집단적 행동의도를 가지고 있으며, 어떤 경우 개인적 또는 집단적 행동을 통해 직접적 의사표현 행동을 하는 사회 집단
스테이크홀더	조직을 둘러싸고 있는 다양한 사회 내 집단들

황을 가정한다. 표 10-5는 쟁점 진행 상황에서 스테이크홀더와 공중의 변화 과정을 설명하고 있다. 예를 들면 A 기업이 특정 지역에 공장을 만들려고 하는 쟁점이 생겨, 그 지역의 지역사회와 지역언론과 문제가 발생할 때 지역사회와 지역언론은 스테이크홀더에서 쟁점에 대한 공중으로 변화되는 것이며, 문제가 해결되면 다시 공중에서 스테이크홀더로 돌아오는 것이다. 다른 예를 들면, B 기업이 노사문제가 발생하면 평소 조직의 스테이크홀더인 피고용인(노조단체)은 발생된 노사문제라는 쟁점의 공중(또는 목표 공중)이 되면 노사문제가 잘 해결되면 다시 스테이크홀더 상태로 돌아오게 된다.

8. PR의 개념 Ⅱ : PR는 조직의 대스테이크홀더 관계 관리다

PR의 개념 Ⅰ에서 PR는 '조직이 공중을 관리하는 활동'으로 정리했으며, 공중의 개념은 '특정 쟁점에 대해 어느 정도 인지와 태도를 가지고 있는 사람들의 집단, 동시에 매체를 통해 서로 같은 쟁점을 공유하고 있다는 것을 인지하고 있는 사회 집단, 그리고 상황에 따라서 개인적 또는 집단적 행동의도를 가지고 있으며, 어떤 경우 개인적 또는 집단적 행동을 통해 직접적 의사표현 행동을 하는 사회 집단'을 의미한다. 또한 스테이크홀더는 '조직을 둘러싸고 있는 다양한 사회 내 집단들'이며 스테이크홀더가 공중으로 변화되는 것은 쟁점이 부각되어 조직이 그 쟁점의 대상 스테이크홀더를 관리할 필요가 있는 상황이 되면 스테이크홀더는 공중으로 변화된다.

따라서 PR의 개념을 자세히 살펴보면, 조직이 PR 활동을 제대로 잘 하기 위해서는 꼭 쟁점이 부각되어 스테이크홀더가 공중으로 변화되었을 때 PR활동을 시작하는 것이 아니고, 사전에 즉 쟁점이 출현하기 전부터 조직의 주변에 환경적으로 놓여 있는 스테이크홀더와 건강한 관계관리를 해야 할 필요가 반드시 있다고 볼 수 있다. 예를 들면 A 조직이 평소 다양한 언론사의 기자들에게 좋은 정보를 제공하고, 건강한 관계를 유지하고 있었다면 그들이 원할 때 각종 퍼블리시티를 통해 기사화할 수 있을 것이며, 또 위기 시에 가능한 A 조직에 긍정적인 관점으로 기사가 작성될 수도 있을 것이다. 따라서 궁극적으로 조직의 PR 활동이 제대로 되기 위해서는 쟁점 출현 전 사전 스테이크홀더 관계관리를 잘해야 한다는 결론에 이르게 된다. 따라서 PR는 그림 10-2와 같이 '조직의 대스테이크홀더 관계 관리'라고 최종 정리할 수 있다.

여기서 잠깐 그림 10-3을 통해 최근 산업계에서 논의되는 두 가지 다른 PR 개념의 차이를 설명해 보자. 그림에서 큰 PR의 개념은 바로 위에서 소개한 조직의 스테이크홀더 관계 관리 관점의 PR 개념이다. 그러나 아래 작은 PR의 개념은 과거 또는 심지어 현재 일부의 마케팅과 광고의 영역에서 이해하고 있는 PR의 개념이다. 아래 작은 PR의 개념은 전술된 바와 같이 단순한 '대언론관계'를 통한 보도 자료의 제공 기능을 의미한다.

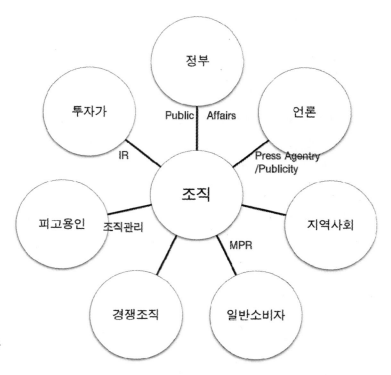

그림 10-2 스테이크홀
더 관계 관리

이 분야 역시 최근엔 전통적 PR 영역에서 논의되던 미디어 키츠(media kits), 피치스토리(pitch story), 미디어 얼럿(media alerts), 팩트 시트(fact sheets)와 멀티미디어 보도자료(multimedia news release) 등이 '인포머셜', '브랜드 저널리즘', '네이티브 광고' 등의 새로운 개념들과 함께 개념적 변화가 이루어지고 있는 영역이다.

9. PR와 마케팅

논의된 바와 같이 PR는 '조직의 스테이크홀더 관계 관리'로 정의되었다. 그러면 PR와 마케팅 활동의 유사성과 차이점은 어떤 것들이 존재하는지 살펴보자. 마케팅 분야에서도 최근 매체 환경 변화 등의 요인으로 '관계 마케팅'이라는 개념이 등장하면서 PR 활동과 유사한 고객 관계 관리 개념

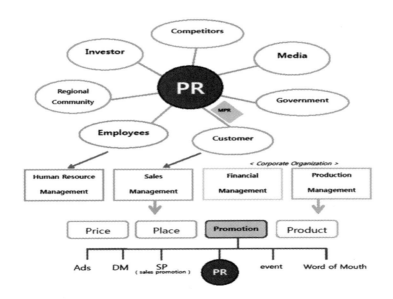

그림 10-3 두 가지 다른
PR 개념의 이해

이 등장하고 있다. 흔히 논의되는 고객관계관리(Customer Relationship Managemet, CRM)가 그것이다. 그만큼 시장에서 소비자의 욕구와 소비가 세분화되었고, 또 그 세분화된 소비자 그룹 그룹들에게 다른 메시지를 전달할 수 있도록 매체가 발전되었기 때문에 세분화된 목표소비자별 관계 관리가 최근 마케팅에서 중요해진 상황이다.

어떻게 보면, PR에서 MPR의 개념이나, 마케팅에서 관계 마케팅 개념이 크게 다르지 않으며, 세분화된 매체가 출현하면서 변화된 시장과 소비자의 차별적 욕구를 대처하기 위한 같은 해결책(solution)일 수도 있을 것 같다. 그러나 PR와 마케팅은 엄연히 다른 환경기반에서 출현한 실무 분야다.

그러면 PR와 마케팅이 어떻게 다른지 살펴보면, 마케팅은 관계 마케팅의 발전으로 목표 소비자 외 다양한 스테이크홀더들과의 관계도 고려하지만, 마케팅의 초점은 역시 목표 소비자와의 관계 관리를 통한 경제적 이익 달성에 있다.

표 10-7은 PR와 마케팅의 개념적 차이를 잘 보여 주고 있다. PR의 목

표 10-7 PR와 마케팅의 차이

	PR	마케팅
목표	스테이크홀더와의 관계 증진	이윤 추구
구체적 실행 목표	성공적 조직 활동을 위한 사회 내 협력적 환경 마련	주로 기업 및 제품 프로모션
목표 공중	쟁점 전 다양한 스테이크홀더들, 쟁점진행시 쟁점관련 공중	일반 소비자 및 목표 소비자
진행 과정	장기적 과정	주로 단기적 과정
효과 측정	직, 간접적 효과 측정(예: 퍼블리시티 효과 측정): 측정 어려움	직접적 효과 측정(예: 소비자 반응 측정): 측정 가능함

표는 스테이크홀더와의 관계 증진인 반면 마케팅의 궁극적 목표는 이윤 추구다. 구체적인 실행 목표 역시 PR는 성공적 조직 활동을 위한 사회 내 협력적 환경 마련인 반면 마케팅은 주로 기업과 제품 프로모션이다. 목표 공중 역시 PR활동은 쟁점 전 다양한 스테이크홀더들에서 쟁점 진행 시 쟁점 관련 공중으로까지 쟁점 진행 과정으로 설명할 수 있으며, 마케팅은 제품 관련 일반 소비자와 목표 소비자로 명확하다. 쟁점 진행으로 볼 때 PR는 마케팅에 비해 장기적이며, PR는 간접적 장기적인 특성으로 인해 효과 측정이 마케팅에 비해 용이하지 못하다.

결론적으로 마케팅은 조직의 경제적인 목표를 달성하기 위하여 소비자들과 관계를 형성하고 만족시키기 위한 경영 활동이며, PR는 조직에 우호적인 환경을 조성하기 위한 활동이며 이를 위해 다양한 스테이크홀더들과 좋은 관계를 형성, 유지하기 위한 관리 활동이다.

10. PR 프로그램 기획

이번 장에서는 PR 프로그램 기획에 관해 살펴보고자 한다. PR 기획의 과정은 일반적으로 환경 분석, 커뮤니케이션 목표 설정, 목표 공중 설정, PR 전략 수립, PR 전술 수립, PR 프로그램 평가 순으로 진행된다. 세부 과정을 살펴보자.

1) 환경 분석(Environmental Analysis)

(1) PR 주체와 대상 이해

환경 분석을 위해서는 우선 ① PR 주체·대상 이해와 ② 상황 분석 (Situational Analysis)을 실시해야 한다. PR 주체와 대상 이해는 PR 활동의 주체는 누구이며, 대상(client, publics, stakeholders 등)은 누구인가를 명확하게 규정하는 문제다. 매해 서울시 주최로 실시된 하이서울페스티벌(Hi-Seoul Festival)을 사례로 설명해 보자. 표 10-9와 같이 하이서울페스티벌의 실행 주체인 서울특별시 문화국 축제지원팀, 하이서울페스티벌 시민 모임, 서울문화재단은 우선 실행 프로그램 PR 기획을 위한 목표 공중, 실행 주체, 고객(client), 그리고 기간을 정리해야 한다. 만약 특정 PR 회사에 실행을 의뢰하지 않고 직접 서울시가 행사의 주체가 되는 경우 실행 주체는 '서울특별시 문화국 축제지원팀 사무국(하이서울페스티벌시민모임, 서울문화재단)'이 되며, PR 프로그램을 특정 PR 회사에 대행 의뢰하는 경우 서울시는 고객(client), 하이서울페스티벌의 실행 주체는 서울시가 의뢰한 특정 PR 회사가 된다.

그림 10-4는 PR 주체인 서울특별시 하이서울페스티벌(Hi-Seoul Festival) 문화국 축제지원팀 사무국을 중심으로 환경적으로 놓인 스테이크홀더와 목표 공중을 정리한 것이다. 서울시민(10대, 20~30대, 40~50대, 60~70대 등), 서울시민 외 대한민국 국민(수도권, 경기도 등), 외국인, 해외동포, 언론사, 축제 후원 기업, 공기업, 시민단체, 지역단체 등 다양한 목표 공중이 존재한다.

(2) 상황 분석(Situational Analysis)

PR 주체와 대상을 이해했으면 그다음 단계는 상황 분석(Situational analysis)이다. 일반적으로 상황 분석은 SWOT 분석을 이용한다. 이 분석에서는 PR 주체와 프로그램의 강점(strength), 약점(weakness), 기회 (opportunity), 위협(threat)을 분석한다. 즉, PR 주체인 서울시와 프로그램인 하이서울페스티벌의 강점, 약점 분석과 상황적으로 발생할 수 있는

표 10-8 PR 프로그램 기획 과정

환경분석	PR 주체와 목표 공중 정의
	상황 조사 분석
PR 사례의 목표와 실행 과정	목표 공중 분석
	PR 목표 분석
	PR 전략 수립
	PR 전술 수립
분석과 평가	PR 프로그램 평가

표 10-9 PR 주체와 목표 공중 정의

PR 프로그램명	Hi-Seoul Festival
	서울특별시
목표 공중 (public)	서울시민(10대, 20~30대, 40~50대, 60~70대 등), 서울시민 외 대한민국 국민(수도권, 경기도 등), 외국인, 해외동포, 언론사, 축제 후원 기업, 공기업, 시민단체, 지역단체 등
실행 주체	서울특별시 문화국 축제지원팀 사무국 (Hi-Seoul Festival 시민모임, 서울문화재단)
기간	2018년 6~7월

표 10-10 PR 주체 및 프로그램의 강점, 약점, 기회, 위협 요소(SWOT) 분석

강점 (strength)	주체 (서울시)	• 정규적인 페스티벌 예산 • 주행자 중심 도로정비와 광장
	프로그램 (Hi-Seoul Festival)	• 페스티벌 15년 역사의 브랜드 인지도 향상
약점 (weakness)	주체 (서울시)	• 조직 내 의사결정의 복잡성, 전문가 부족
	프로그램 (Hi-Seoul Festival)	• 관 주도적인 문제, 여전히 정착되지 못한 인지도
기회 (opportunity)	주체 (서울시)	• 정부, 서울문화재단 등 지원
	프로그램 (Hi-Seoul Festival)	• 한류 열풍, 외국 관광객 증가 • 지구촌 지역문화 행사의 관심도 증가
위협 (threat)	주체 (서울시)	• 협력을 위한 관, 민, 언론 단체들의 협조 부족
	프로그램 (Hi-Seoul Festival)	• 젊은 세대의 무관심, 북핵 위협, 미세먼지 등 기후 문제

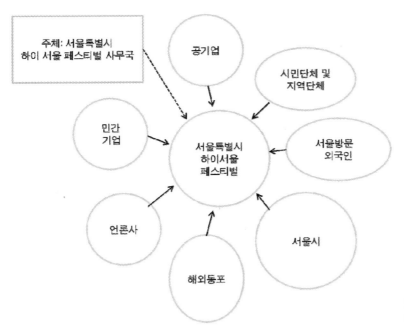

그림 10-4 PR 주체와 목표 공중 이해

다양한 외부 환경의 기회와 위협적 요소들(예: 관계 공중과의 기회와 위협, 법적문제, 사회적 분위기 등)을 분석하여야 한다. 또한 상황에 따라서는 주체로서 특정 조직뿐 아니라 제품, 회사대표 등을 대상으로 한 다양한 SWOT 분석이 필요하다. 예를 들면, 상황별로 제품의 SWOT, 회사(조직)의 SWOT, 관계 대표의 SWOT는 다를 수 있다. 이 책의 사례인 하이서울페스티벌은, 주체인 서울시와 프로그램인 하이서울페스티벌 두 개의 SWOT 분석을 실시할 수 있다. 분석된 SWOT 분석은 표 10-10과 같이 도표로 제시되는 것이 바람직하다.

2) 목표 공중 분석(Target Public Analysis)

PR 프로그램 기획을 위한 상황 분석이 이루어졌으면, PR 기획의 목표 공중을 명확하게 밝혀내야 한다. 이미 위 PR의 주체와 대상의 분석으로 목표 공중, 스테이크홀더 등을 파악하였지만, SWOT 분석을 실시한 후 재차 처음 상정된 목표 공중이 올바르게 분석되었는지 확인 후 본 PR 프로그램 기획의 최종 목표 공중을 결정해야 한다. 때에 따라서는 상황 분석

표 10-11 하이서울페스티벌 2018 목표 공중 분석

1차 목표 공중	서울시민(10대, 20~30대, 40~50대, 60~70대 등)
2차 목표 공중	서울시민 외 대한민국 국민(수도권, 경기도 등), 외국인, 해외동포
3차 목표 공중	언론, 지역단체, 시민단체, 공기업, 민간기업

표 10-12 서울특별시 하이서울페스티벌 2018의 주요 목표 공중 및 특성 분석

단계	공중	속성
1차 목표 공중	서울시민	대한민국 0.6%의 영토에 인구의 20% 밀집 서울과 수도권 25개 도시 주민 만족도 조사 → 문화적 욕구 해소를 위한 방안 필요 지구촌 도시 페스티벌 문화 이해 증가
2차 목표 공중	외국인	2017년 한국 방문 외국인 중 관광 목적 방문 70%, 외국관광객 중 70%가 아시아인, 외국관광객 중 70%가 주 관광지는 서울
3차 목표 공중	언론, 지역단체, 시민단체, 공기업, 민간기업	서울특별시 하이서울페스티벌 2017 관련해서 다양한 조직들이 함께 참여함 • 민간기업 – ○○은행, ○○항공 • 공기업 – 한국○○공사 • 정부 공공기관 – ○○구청, ○○구청 • 시민 지역단체 – 한국○○협회, ○○위원회, ○○학회 각종 미디어 •인터넷 포털사이트 및 SNS • 종합 일간지 – 조선일보, 중앙일보, 동아일보 • 경제 전문 일간지 – 한국경제, 매일경제, 서울경제 • 공중파 방송 – MBC, KBS, SBS • 케이블방송 – YTN 등 • 인터넷 미디어, 영자 일간지, 시사 주간지

후 보다 더 목표 공중 세분화(segmentation)가 필요하면 추가분석이 이
루어져야 한다. 예를 들면, 투자가 관계에서 목표 공중은 일반 투자가, 소
비자 관계에서 목표 공중은 일반 소비자, 종업원 관계에서 목표 공중은
조직 내의 종업원이다. 그러나 목표 공중은 더 세분화 될 수도 있다. 하이
서울페스티벌의 1차 목표 공중이 서울시민이지만 다시 세부적으로 서울
시민을 연령대별로 10대, 20~30대, 40~50대, 60~70대 등으로 세분화하

여 연령대별 PR목표와 전략, 전술을 수립하는 것이 더 긍정적 결과를 가져올 수도 있다. PR 기획 과정에서 목표 공중은 세분화하지 않아 실패하거나 또는 크게 성공을 하지 못하는 경우도 많으며, 목표 공중이 제대로 되어있지 않을 경우, 투자 예산 대비 좋은 효과를 기대하기 어렵다. 목표 공중 분석 과정은 목표 소비자 분석과 유사할 수 있으며, 양적 데이터 분석을 통한 인구학적 속성, 질적 분석(예: in-dept interview)을 통한 심리학적 속성, 미디어 사용 특성 등을 밝혀내는 과정을 거친다. 위에서 논의되었던 하이서울페스티벌 2018의 PR 기획 사례에서 분석된 목표 공중의 사례를 보면 표 10-11과 같다. 또한 1, 2, 3차 목표 공중의 세부적 분석 결과는 표 10-12와 같다.

3) PR 목표와 실행 과정 분석

(1) PR 프로그램 목표 분석

목표 공중이 결정된 후에는 계획하는 PR 목표(objectives) 분석이 이루어져야 한다. 일반적으로 PR 프로그램의 목표는 ① 정보적 목표(Informational objectives), ② 태도 형성 및 변형 목표(Attitudinal objectives), ③ 행동 유발 목표(Behavioral objectives)로 세분될 수 있다. 정보적 목표는 PR 프로그램 실행을 통해 목표 공중에서 정보를 전달하고자 하는 목표이고, 태도 형성과 변형 목표는 PR 프로그램 실행을 통해 목표 공중의 태도를 새롭게 형성하거나 변형시키려는 목표를 의미하며, 행동 유발 목표는 PR 실행을 통해 목표 공중의 행동을 유발하고자하는 목표다. 하이서울페스티벌 2018의 예를 들어 각 목표를 살펴보면 표 10-13과 같다. PR 프로그램 목표는 아래와 같이 총괄적인 목표 수립의 방법과 구체적이고 세부적인 목표 수립 방법이 있다. 어떠한 목표를 수립할 것인지는 PR 프로그램 기획 과정에서 여러 상황적인 요소에 따라 달라진다.

(2) PR 프로그램 실행 과정 분석(Programming or Execution)

PR 프로그램의 실행 과정을 구체적으로 수립하기 위해서는 실행 과정을 가능한 한 소상하게 단계별로 자세히 수립하여야 한다. 특히 실행 과정에 포함될 내용은 ① 실행 프로그램의 목표 공중 유형 구분 실행, ② 프로그

표 10-13 하이서울페스티벌 2018의 PR 프로그램 목표

PR 목표	서울의 역동성과 응집력을 표현하는 대표적인 축제로 자리매김	
정보적 목표	총괄적 목표 수립	구체적 목표 수립
	내외국인에게 하이서울페스티벌을 인식	목표 공중에게 인지율 작년 대비 20% 증가
태도 형성과 변형 목표	내외국인의 페스티벌에 참여 위한 긍정적인 태도 형성	목표 공중 중 20% 새로운 긍정적 태도 형성과 부정적 목표 공중 중 20% 태도 변화 유도
행동유발목표	내외국인의 페스티벌 직접적 참여 15% 증가	작년 대비 참가자 수 20% 증가

램의 전략 목표 유형 구분(정보, 태도, 행동목표), ③ 실행 프로그램의 계절·기간별 구분, ④ 실행 프로그램의 활용한 매체 유형 구분 등이다. 이러한 내용은 PR 프로그램 실행 계획에 반드시 포함되어야 한다. 또한 프로그램 실행 과정에서 사용되는 특정 미디어의 유용성 및 특성, 새롭게 활용되는 특정 커뮤니케이션 기법, 또는 특정 이벤트 및 행위 등은 있다면 그 유용성을 설명하고 소개하여 사용 가치를 인정받을 필요가 있다. 표 10-14은 PR 프로그램 실행 과정의 사례다. 표 10-14는 하나의 표 안에 위에서 논의된 실행 과정에 필요한 내용들(① 실행 프로그램의 목표 공중 유형 구분 실행, ② 프로그램의 전략 목표 유형 구분(정보, 태도, 행동목표), ③ 실행 프로그램의 계절·기간별 구분, ④ 실행 프로그램의 활용한 매체 유형 구분)이 모두 포함되어 있다. 표 10-14와 같은 차트는 각 목표 공중 유형별로 2개 또는 3개까지도 추가로 제작이 가능하며, 또 필요하다.

표 10-15는 예상되는 2018년 하이서울페스티벌 주요 프로그램의 시간 순서별 PR 실행 과정 분석이고, 표 10-16은 과거에 그동안 진행되었던 하이서울페스티벌로 시작하여 하이서울 브랜드로 발전된 주요 세부 프로그램이다. 세부 프로그램은 목표별, 시간 순서별, 매체 유형별로 따로 계획을 세우고 정리하는 것보다 표 10-14같이 하나의 표에 ① 실행 프로그램의 목표 공중 유형 구분, ② 실행 프로그램의 전략 목표 유형 구분(정보, 태도, 행동 목표), ③ 실행 프로그램의 계절·기간별 구분, ④ 실행 프로그램의 활용한 매체 유형 구분이 모두 포함되어 정리되면, 전체 PR 프

표 10-14 PR 프로그램 실행 과정 사례

① 1차 목표 공중(First target public)

	② 정보적 목표 Informational objective			태도적 목표 Attitudinal objective			행동적 목표 Behavioral objective		
④ 미디어 유형 Media tools	Media publicity/ Press releases 등	TV Advertising 등	Annual reports/ brochures 등	Press tours 등	Academic Conference 등	Community meeting 등	Media publicity/ Press releases 등	Face to face meetings 등	Consultant events 등
③ Time chart (2018. 01.01 – 2018.07.01)	2018.01:								
		April – June :							
				August :					
			December :						

① 실행 프로그램의 목표 공중 유형 구분
② 실행 프로그램의 전략 목표 유형 구분 (정보, 태도, 행동목표)
③ 실행 프로그램의 계절·기간별 구분
④ 실행 프로그램의 활용한 매체 유형 구분

표 10-15 하이서울페스티벌 2018 주요 프로그램의 시간 순서별 PR 실행 과정 분석

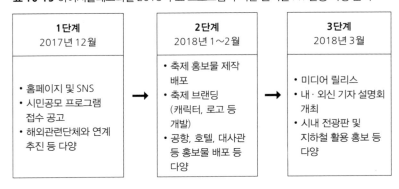

1단계 2017년 12월	2단계 2018년 1~2월	3단계 2018년 3월
• 홈페이지 및 SNS • 시민공모 프로그램 접수 공고 • 해외관련단체와 연계 추진 등 다양	• 축제 홍보물 제작 배포 • 축제 브랜딩 (캐릭터, 로고 등 개발) • 공항, 호텔, 대사관 등 홍보물 배포 등 다양	• 미디어 릴리스 • 내·외신 기자 설명회 개최 • 시내 전광판 및 지하철 활용 홍보 등 다양

로그램을 일목요연하게 이해할 수 있으며, 프로그램을 실행하고 분석, 평가하기에도 매우 용이하다.

저자가 다수의 경쟁 입찰에 참여하여 우수한 PR 회사의 용역제안서를 심사 평가한 경험이 있었으나, 표 10-14와 같이 모든 PR 프로그램 세부 요소들이 포함되어 정리된 표를 제시하는 PR 회사는 매우 드물었다. 따라서 PR 프로그램을 익히고 실습하는 대학생들은 표 10-14를 바탕으로 PR 프로그램 기획을 실습하고 실제 기획을 수립하는 훈련을 한다면, 향후 관련 전문 분야에 진출하는 데 많은 도움이 될 것이다.

4) PR 프로그램 실행 과정 분석 및 평가(Evaluation)

전체 PR 프로그램이 실행된 이후에는 얼마나 성공적으로 수행되었는지 분석과 평가가 진행되어야 한다. 이미 실행된 PR 프로그램의 분석과 평가는 프로그램이 성공적이었는지, 아니면 부족했는지 평가의 의미도 있지만 더 중요한 문제는 실행된 프로그램이 사후 계속 진행될 가능성이 높기 때문에 사후 다른 PR 과정이나 각종 PR 환경에 어떻게 영향을 미칠 것인지에 관한 분석도 병행해야 한다. 따라서 평가와 분석을 통한 향후 개선 방안에 초점을 두어 분석해야 한다.

분석은 일반적으로 ① 데이터(survey, 인터뷰 등)를 이용한 객관적 평가(가능하면 소개), ② 실행 주체의 자체 평가, ③ 연구자의 주관적 평가, ④ 사후 PR 과정과의 연계를 위한 체계적 분석(Systematic Analysis) 등이 실시된다. 표 10-17은 하이서울페스티벌 PR 프로그램 실행 과정의 분석과 평가의 사례이다.

표 10-16 과거HI-Seoul 브랜드의 주요 PR 실행 과정 분석

커뮤니케이션 목표	미디어유형		세부내용(시기 등)
정보제공	신문	2006-2009	무역전문지 해외바이어 대상광고
		2008-2011	포커스, 더시티(석간), 메트로, 노컷뉴스 등 4개 지하철신문 하이서울브랜드 참여기업 광고
		2012	아시아나항공 「Asiana Entertainment」, 대한항공 「모닝캄」
		2013	영문일간지 홍보 실시(10월)
	TV 방송	2006-2007	해외바이어 대상광고(CNN)
		2008-2009	해외바이어 대상광고(Star TV)
		2010	매일경제 TV(MBN) 중소기업 성공프로젝트 "황금거위" 하이서울컴퍼니 소개(9-10월, 5회)
		2014	SBS 모닝와이드 아이디어 오디션 하이서울브랜드 참여기업 출연(8월-9월)
	버스 광고	2013	홍콩버스 랩핑광고 실시(10월)
	우수사례 보급	2009	하이서울브랜드기업 20개사의 성공스토리북 발간, [브랜드도 국가대표가 있다!](12월)
	카탈로그 및 리플릿 제작	2008 부터	참여기업 공동 종합 카달로그 및 리플릿 제작 홍보 (국내외 바이어 및 일반소비자, 유관기관 배포)
	지하철 광고	2010	하이서울브랜드 지하철 기획 홍보 (3호선, 9호선)(6월)
	라디오	2012	하이서울브랜드 라디오 캠페인 홍보 실시 (TBS 교통방송: 4월12월 SBS 파워FM: 11월12월)
	소셜 미디어 활용	2009	하이서울 블로그 오픈
		2013	하이서울브랜드 영문홈페이지 개설(1월)
		2014	하이서울브랜드 공식 페이스북 페이지 개설 (5월), 페이스북 홍보 이벤트 개최(6월, 8월)
	사업 공고	2003-2014	하이서울브랜드 참여기업 모집 공고
태도변화	행사 개최	2008	하이서울컴퍼니 "고객 만족의 날" 개최(5월)
		2012	"하이서울브랜드와 함께하는 Drive in 나눔장터" 행사 개최(12월)
		2013	서울기업의 날 행사 개최(12월)
	디자인 공모	2009	하이서울 브랜드 제품 디자인 공모(10월)
		2011	하이서울 브랜드 제품 디자인 공모(12월)

커뮤니케이션 목표	미디어유형		세부내용(시기 등)
태도변화	디자인 공모	2012	하이서울 브랜드 광고디자인 & 홍보 슬로건 공모전 개최(7월)
		2013	하이서울 브랜드 광고디자인 공모전 개최(4월)
		2014	하이서울 브랜드 UCC & 광고디자인 공모전 개최(9~10월)
	비즈니스 콘서트	2013	하이서울브랜드 비즈니스콘서트 개최 (4월 이후 매월)
	체험단	2013	하이서울 브랜드 희망프런티어 모집(5월)
		2014	하이서울 브랜드 마케팅 프런티어 모집(9월)
	간담회 개최	2009	서울시의회 재정경제위원회, 하이서울컴퍼니 현장방문 간담회(2월)
행동유발	박람회 및 상담회 개최	2005	하이서울 비즈니스 로드쇼 개최 (중국 북경 및 상해, 10월)
		2006	하이서울 비즈니스 로드쇼 개최 (중국 북경 및 청도, 7월)
		2007	하이서울 브랜드 일본 비즈니스 로드쇼 개최(5월), 하이서울 베트남/인도 비즈니스 로드쇼 개최(9월)
		2008	하이서울 브랜드 러시아-우크라이나 비즈니스 로드쇼 개최(10월), 2008 대한민국 중소기업 우수제품 박람회 및 해외바이어 초청 상담회 개최(10월), 하이서울브랜드 중국 남경 비즈니스 로드쇼(11월)
		2014	2014 Creative Job Fair 개최(5월)
	박람회 및 상담회 참가	2008	2008년 동경 한국상품 전시상담회 참가(4월), 제15회 중국 천진상품교역회 참가(4월)
		2009	2009 대한민국 공동브랜드 종합대전 참가 (8월), 제14회 아시아 태평양소매업자대회 참가 (10월), 제14차 세계한인경제인대회 수출상담회 참가(10월)
		2010	2010 중국 춘계 수출입 상품 교역회 참가(4월), 2010 대한민국 공동브랜드 대전 참가(5월), 제6회 중국 길림·동북아시아 투자무역 박람회 참가(9월), 2010 서울 기프트쇼 참가(9월), 2010 중국 추계 수출입 상품교역회 참가(10월)
		2011	제21회 중국 화동 수출입상품교역회 참가(3월), 2011 하얼빈 국제경제무역상담회 참가(6월), 2011 중국 길림동북아투자무역 박람회 참(9월), 2011년 한국전자전 전시회 참가(10월), 2011년 G-Fair 전시회 참가(10월), 2011 제110회 중국추계 수출입 상품교역회 참가(11월)
		2012	중국 광주 수출입상품 교역회 참가(5월), 중국 대련-청도 시장개척단 참가(5월), 중국 하얼빈

커뮤니케이션 목표	미디어유형		세부내용(시기 등)
행동유발	박람회 및 상담회 참가	2012	국제 경제 무역상담회 참가(6월), 라스베이거스 하계 소비재 전시회 참가(8월), 중국 길림 동북아 투자무역 박람회 참가(9월), 동남아(필리핀-인도네시아) 시장개척단 참가(9월), 호찌민 종합박람회 참가(11월)
		2013	2013라스베이거스 CES 전시회 참가(1월), 제113회 중국 춘계 수출입상품교역회 참가(5월), 챵사·우한 시장개척단 파견(6월), 2013 홍콩메가쇼 참가(10월), 2013 중동 오일머니 공략 시장개척단 파견(11월), 서울아트쇼 '하이서울브랜드 컬래버레이션' 참가(12월)
	전시장 홍보	2004	하이서울브랜드홍보관개설(서울무역전시장 내, 6월)
		2006	Hi Seoul Brand Plaza개관(SETEC 내, 1월), Hi Seoul Brand Shop 1호점 오픈 (창동 하나로마트 내, 11월)
		2010	중국 이우 [하이서울브랜드상품관] 운영(7월)
	온라인 쇼핑몰 홍보	2010	G마켓 "하이서울브랜드관" 오픈(2월), 오픈기념 하이서울 특가대전(3월), G마켓 가정의 달 특집 하이서울 특가전(4월)
		2011	G마켓 "추석맞이" 하이서울 브랜드 종합기획전 실시(9월), CJ몰 하이서울브랜드 전용숍 오픈 (11월), 하이서울브랜드 Best of Best G마켓 대전(12월)
		2013	하이서울브랜드기업 Hnsmall전용관 개설(2월), Cjmall 하이서울브랜드 Best of Best 페스티벌 개최(7월)
	방송	2009	CJ오쇼핑, 하이서울우수 브랜드 초청전 방송(5월)
		2013	CJ오쇼핑 방송(1월), 홈&쇼핑 방송(12월)

출처: 서울산업진흥원 하이서울 사업연혁(http://www.sba.seoul.kr/kr/sbst10h1#tab2)을 토대로 내용 추가, 장지호, 『정책PR론』, 2015 재인용.

표 10-17 과거 하이서울페스티벌 PR 프로그램 실행 과정의 분석과 평가 사례

평가 주체	평가 내용
실행 주체의 평가	• 자체 설문조사 결과로 나타난 보완점 – 목표 공중별 참여를 좀 더 이끌어 낼 수 있어야 한다고 생각함. – 홍보가 부족하고 '하이서울페스티벌'의 정확한 개념이 없는 것 같음. – 페스티벌의 인지도는 높으나 무슨 내용의 행사인지 정확히 모르는 사람이 많음. – 행사가 열리는 날짜와 장소, 시간 등에 대한 구체적인 책자가 있었으면 함. – 축제의 가장 큰 성공 요인은 지역주민의 참여 연령대, 성별, 지역 등의 인구학적 세분화와 타기팅이 필요함. (예: 대학생들의 관심을 더 이끌어 낼 필요가 있음, 따라서 좀 더 흥미로운 프로그램이 많았으면 함. 좀 더 시민들이 적극적으로 참여할 수 있게 해야 함. 10~20대 중심보다 전 세대가 참여 가능한 프로그램을 만들었으면 함.)
연구자 평가	• PR 실행에서 여러 문제점 도출 프로그램 구성의 문제, 행사 진행의 문제, 행정 지원의 문제 => 체계화, 전문화, 신속화 필요 • 스테이크홀더 관계 관리 실패 대부분의 언론은 비판기사 보도, 시민 단체들의 반발 및 반대 성명 =>1차 목표 공중에 대한 PR 실패: 1차 목표 공중에게 부정적 영향 • 홍보 부족 젊은 세대들의 외면, 인터넷 홍보의 부족, 해외 홍보의 실패 => 질과 양에서 효율적인 홍보 필요

요약

PR의 정의 안에는 관리(management), 조직(organization), 공중(publics)이라는 단어가 가장 많이 출현한다. 즉, PR는 '조직이 공중을 관리하는 활동' 이렇게 정의될 수 있다. 관계(relations)라는 개념보다 관리(management)라는 개념이 정의 안에 많이 포함된 것은 PR의 전략 커뮤니케이션적인 관점을 강조한 것으로 이해될 수 있다.

또한 공중(public)은 '특정 쟁점에 대해 어느 정도 인지와 태도를 가지고 있는 사람들의 집단, 동시에 매체를 통해 서로 같은 쟁점을 공유하고 있다는 것을 인지하고 있는 사회 집단, 그리고 상황에 따라서 개인적 또는 집단적 행동의도를 가지고 있으며, 어떤 경우 개인적 또는 집단적 행동을 통해 직접적 의사표현 행동을 하는 사회 집단'을 의미한다.

스테이크홀더(Stakeholder)는 '조직을 둘러싸고 있는 다양한 사회내

집단들'을 의미한다. 즉 조직의 스테이크홀더란 '사회 내에서 특정 조직과 관계된 다양한 환경 내 관계자들[투자가(investor), 소비자(consumer), 피고용인(employee), 정부(government), 미디어(media), 공급자(supplier), 유통업자(distributor), 경쟁자(competitor), 이익단체(interest group), 지역사회(community), 학자 및 산업 의견 선도자(scholars and opinion leader)]'을 의미하며, 이러한 스테이크홀더들은 조직이 환경 내에서 생성, 유지, 성장하는 과정에 있어 매우 중요한 대상들이며 조직은 이들과의 건전하고 긍정적인 관계를 지속적으로 유지하여야 한다. 이렇듯 공중보다는 스테이크홀더가 넓은 의미의 개념이기 때문에 넓은 의미의 공중관계(Public Relations)는 '스테이크홀더 관계관리'라고 이해할 수 있다.

일반적으로 사회 내 주요 PR 업무는 조직의 PR 부서와 PR 회사(대행사)에서 이루어진다. 조직의 PR 부서의 세부 영역을 살펴보면, 사내커뮤니케이션 부서(Integrated Employee Communication), 마케팅 커뮤니케이션 부서(Integrated Marketing Communication), 대외관계자 관리부서(Stakeholder Relationship Management, SRM), 광고 커뮤니케이션 부서(Integrated Advertising Communication) 등 대략 네 가지 세부 부서로 구성되어 있으며, PR 회사(대행사)의 주요 업무 영역은 마케팅 커뮤니케이션, 대언론관 및 퍼블리시티, 조사 분석 및 평가, 위기관리, 미디어 연구 및 조사, 스피치 훈련, 지역사회 관계 및 갈등관리, 이벤트 기획 및 관리, 공공문제 관리, 브랜드 및 기업 명성 관리, 재무 관리 및 투자자 관계 관리 등으로 구성된다.

이 장의 마지막 부분에서는 PR 프로그램 기획의 전체 과정을 사례를 통해 살펴보았다. PR프로그램 기획의 세부 부분은 환경 분석(PR 주체와 대상 이해, 상황 조사 분석), PR 목표 분석, 목표 공중 분석, PR 전략 수립, PR 전술 수립, PR 프로그램 평가의 과정을 통해 이루어진다.

주요 용어

조직 내 PR 부서	PR 회사	공중

스테이크홀더   목표 공중   PR 주체
상황 조사 분석   PR 목표 분석   목표 공중 분석
PR 전략 수립   PR 전술 수립   PR 프로그램 평가
환경 분석   시간제 지불 방법   기간 단위 지불 방법
매체 진행 단위 지불 방법   특정 프로젝트 단위 지불방법
다국적 커뮤니케이션 기업

연습문제

1. 조직 내 PR 부서의 중요성은 무엇인가?

2. 조직 내 PR 부서의 주요 업무는 무엇인가?

3. PR 회사의 주요 업무 영역, 사회적 역할과 국제적 추세는?

4. 고객의 PR 업무 지불 방법은 무엇인가?

5. PR는 어떻게 개념 정의되는가?

6. 공중과 스테이크홀더의 개념은 어떠한가?

7. PR와 마케팅의 차이는 무엇인가?

8. 전체 PR 프로그램 기획 과정은 무엇인가?

심화토론문제

1. 조직 내 PR 부서와 PR 회사의 역할과 주요 업무 등을 논의해 보자.

2. PR 회사가 고객으로부터 업무를 지시받아 수행하는 전체 실무 과정과
   절차를 논의해 보자.

3. PR와 마케팅, 그리고 광고의 개념과 역할의 차이는 무엇인지 논의해
   보자.

4. 공중과 스테이크홀더의 차이는 무엇인지 논의해 보자.

5. 특정 고객의 PR 프로그램을 사례로 전체 PR 프로그램을 기획해 보자.

참고문헌

박종민 외(2015). 『정책PR론』, 커뮤니케이션북스.

Wilcox, D., & Cameron, G. T. (2012), *Public relations: Strategies and tactics*,
10th ed, Boston:

3부

커뮤니케이션 미디어의
현대적 쟁점

11
미디어 산업

학습목표

뉴미디어 발달과 함께 미디어 산업은 빠른 성장세를 이어가고 있다. 먼저 미디어 산업을 이해하려면 미디어 상품의 특징과 미디어 시장의 구조 및 시장 구조의 유형을 고찰할 필요가 있다. 미디어 시장의 미래를 형성하는 환경적인 요인들은 기술적, 경제·산업적, 정책적, 소비자적, 세계화적 요인들을 들 수 있는데, 구체적으로 브로드밴드 기술의 계속적인 혁신과 함께 미디어 융합 현상의 가속화, 플랫폼 간 경쟁의 격화, 미디어 이용자의 능동적인 미디어 이용, 커뮤니케이션 기술과 세계화의 지속적 확산 등은 미디어 산업의 미래 방향을 결정한다. 이 장을 통해 미디어 산업에 대한 다음 주제들에 대한 심도 있는 논의가 이루어지길 기대한다.

첫째, 미디어 산업의 정의를 이해한다.
둘째, 미디어 상품이 다른 일반 상품과 구별되는 특징을 이해한다.
셋째, 미디어 시장 구조를 설명하는 중요 개념들을 이해한다.
넷째, 미디어 시장에 영향을 미칠 수 있는 환경적 요인을 이해한다.
다섯째, 미디어 산업의 변화 요인들과 미래 방향을 이해한다.

1. 융합 시대의 미디어 산업

우리가 살아가는 현대사회에서 미디어와 관련된 현상을 이해하려면 미디어를 산업적 측면에서 이해할 필요가 있다. 대부분의 미디어가 재화 또는 서비스 형태로 미디어 기업들에 의해 소비자에게 제공되고 있기 때문이다. 미디어와 관련된 재화 및 서비스는 이러한 미디어 기업들의 영리적 활동과 관련되는 경우를 흔히 볼 수 있다. 이렇게 미디어를 산업적 측면에서 관찰하게 되면 미디어 산업을 어떻게 정의해야 할까?

미디어 산업에 관한 정의는 통일되어 있지 않지만 전통적으로 미디어 산업은 신문, 출판, 방송 등 대중을 상대로 하는 매스미디어 산업으로 여겨졌다(권기덕, 2006). 미디어 기술 혁신이 초래한 다양한 뉴미디어의 출현은 이러한 기존 미디어 산업의 정의를 더 넓게 확장하게 했다. 이러한 추세에서 최근에는 미디어 산업을 우편, 전기통신, 방송, 신문, 출판, 영화, 연극 및 기타 예술·오락 등과 관련된 산업으로 조금 더 폭넓게 정의하고 있다(임응순 외, 2009).

뉴미디어 발달과 함께 미디어 산업은 빠른 성장세를 이어가고 있다. 2018년 전 세계 미디어 및 엔터테인먼트 시장의 규모는 2조3000억 달러 이상이 될 것으로 추정되며 2014년부터 2018년까지 연평균 성장률은 5%로 추정되고 있다(PWC, 2014). 우리나라의 미디어 시장 규모는 2013년에 전 세계 엔터테인먼트 및 미디어 시장의 2.9%를 차지했고(PWC, 2014), 2013년에서 2018년까지 우리나라의 미디어 및 엔터테인먼트 연평균 시장 규모 성장률은 4.1%로 추정되고 있다(Statista, 2018). 이러한 산업 통계에서 확인할 수 있듯이 미디어 산업은 국가경제에서 매우 중요한 산업이라고 볼 수 있다.

이렇게 성장세를 이어가는 미디어 산업에 큰 변화를 초래하고 있는 동인 중 하나는 미디어 융합이다. 스마트폰 및 OTT(Over-the-Top)와 같은 융합 미디어의 등장은 전통적 미디어 산업의 경계를 허물고 미디어 간 경쟁을 심화시키고 있다(그림 11-1 참조). 예를 들어 인터넷을 통해 방송 미디어 영역에서 영상 콘텐츠를 제공하는 OTT 서비스는 케이블, 위성방송 및 IPTV와 같은 기존의 유료방송 플랫폼과 유사한 서비스를 제공함으

그림 11-1 OTT 서비스의 예

로써 기존 유료방송 서비스를 일부 대체함으로써 경쟁을 격화시키고 있다. 글로벌 OTT 사업자인 넷플릭스(Netflix)의 가입자 수는 2017년에 전 세계 1억 명을 넘어섰으며, 매일 10억 시간 이상의 콘텐츠가 유튜브(YouTube) 플랫폼을 통해 소비되고 있다(DMR, 2017; DMR, 2018).

이러한 미디어 융합 현상은 2000년 초반 이후 브로드밴드 기술의 전 세계적인 확산이 융합의 촉매제 역할을 하면서 방송과 통신의 융합 및 서로 다른 브로드밴드 플랫폼 간의 경쟁을 격화하고 음성, 영상, 데이터 서비스가 하나의 플랫폼에서 구현되는 융합 미디어 서비스를 가능하게 하면서 촉진되고 있다.

이러한 미디어 융합 현상을 젱킨스(Jenkins, 2001)는 기술적 융합(모든 미디어 콘텐츠의 디지털화), 경제적 융합(엔터테인먼트 산업의 수평 통합), 사회적 또는 유기체적 융합(새로운 정보 환경을 항해하기 위한 소비자의 다중 작업 전략), 문화적 융합(복수 채널을 가로지르는 콘텐츠의 발전), 세계적 융합(미디어 콘텐츠의 국제적 순환으로부터 기인한 문화적 혼합)과 같은 다섯 가지 상이한 미디어 융합 과정으로 설명했다.

이러한 미디어 융합 환경은 미디어 산업에 새로운 도전과 기회를 제공한다. 예를 들어 미디어 융합 환경은 시장 지배적 미디어 사업자들의 소유 지배 구조 확대, 미디어 기업들 간의 수평적 수직적 결합의 증대 및 독과점의 문제와 같은 산업 정책 문제를 야기하지만 미디어 기업들은 융합 전략을 통해서 미디어 산업 경쟁의 핵심인 창의적인 미디어 상품을 소비자에게 생산하고 제공하기도 한다. 이와 같이 융합 시대의 미디어를 산업적 측면에서 관측하고 이해하려면 미디어 산업에서의 주요 설명 요소인 미디어 상품의 특성, 미디어 시장의 구조와 환경적 요인, 미디어 기업의 경영 전략 및 미디어 산업의 변화 등을 살펴볼 필요가 있다.

2. 미디어 상품의 특성

미디어 산업의 특수성을 이해하려면 일단 미디어 상품이 어떤 특성이 있는지 살펴볼 필요가 있다. 다른 일반적인 상품들과 미디어 상품은 다음과 같은 몇 가지 점에서 구별될 수 있다.

첫째, 미디어 상품은 경험재(experience goods)적 성격을 가지고 있다. 경험재란 소비자가 상품의 질과 가격을 실제로 소비하기 전 미리 알기 어려운 상품이나 서비스를 말한다(Nelson, 1970). 소비자가 상품을 직접 소비했을 때만 그 상품의 가치를 평가할 수 있다는 점에서 상품 구입 전에 상품의 특성이 쉽게 평가될 수 있는 탐색재(search goods)와 구별된다. 예를 들어 방송 프로그램, 영화, 게임, 책 등 미디어 콘텐츠 상품은 소비자가 직접 콘텐츠를 사용하기 전에는 콘텐츠의 질을 알기 어렵고, 상품에 대한 객관적인 평가를 내리기 어렵기 때문에 그 시장가치가 불확실한 경향이 있다(문종대, 2000). 미디어 상품의 이러한 특성 때문에 미디어 콘텐츠의 제작자들은 영화의 예고편이나 게임 콘텐츠의 일부를 제한적으로 무료 제공하는 것과 같은 마케팅 전략을 이용하게 되며, 미디어 상품 관리에서는 소비자의 신뢰를 얻는 것이 중요하다. 이러한 점에서 미디어 콘텐츠와 같은 미디어 상품은 신뢰 상품(credence goods)으로 여겨진다(Reca, 2006).

둘째, 미디어 상품은 공공재(public goods)적 성격을 가지고 있다. 공공재는 지상파 TV 방송과 같이 생산이 이루어지면 구성원 모두가 소비 혜택을 누릴 수 있는 재화 또는 서비스를 말하는데 비경합성과 비배제성을 그 특징으로 한다. 공공재의 첫 번째 특징인 비경합성은 다른 개인의 소비로 인해 한 개인의 소비가 지장을 받거나 소비에서 효용이 감소되지 않은 것을 의미한다(김지운 외, 2005). 예를 들어 한 개인이 지상파 TV를 시청하거나 영화를 영화관에서 감상한다고 해서 다른 개인이 TV를 시청하거나 영화 관람을 하는 것에 지장을 주지는 않는다. 환언하면 비경합성은 한 개인의 미디어 이용이 다른 개인의 미디어 이용에 영향을 미치지 않기 때문에 미디어 이용자들이 미디어 소비를 위해 서로 경쟁하지 않아도 되는 것을 말한다. 이렇게 일부 미디어 상품이 비경합성을 가지는 이유는 미디어 상품이 한번 소비된 후 소모되지 않는 상품의 비소모성 때문이다(김지운 외, 2005). 최근에는 뉴미디어의 양방향성과 상호작용성 등으로 인해 소셜 미디어와 같은 뉴미디어 서비스가 오히려 많은 사람들이 미디어를 이용할수록 미디어 이용자의 효용이 증대되는 것을 쉽게 볼 수 있다.

공공재의 두 번째 특징인 비배제성은 소비자가 어떤 재화나 서비스에 대한 비용을 지불하지 않더라도 이 재화나 서비스의 소비로부터 배제되지 않는 것을 말한다. 특히, 지상파방송은 서비스 공공적 성격으로 TV 시청료를 내지 않아도 서비스를 이용할 수 있는 무임승차가 가능하다. 그러나 IPTV나 스마트 미디어와 같은 뉴미디어의 발달과 함께 미디어 사용에 대가를 지불하는 유료 미디어 경영 모델(business model)이 활성화돼 대가를 지불하지 않는 미디어 이용자들이 미디어 소비로부터 배제시키는 경향이 많아지게 되었다.

셋째, 미디어 상품은 이중상품(dual goods)의 성격을 가지고 있다. 미디어 상품은 두 개의 서로 다른 시장에서 두 개의 서로 다른 상품으로 존재한다(Reca, 2006). 예를 들어 TV나 라디오 또는 케이블 채널에서 미디어 상품은 수용자를 위한 미디어 콘텐츠이지만 동시에 미디어 회사들은 광고주들과 소비자에의 접근권을 광고시장을 통해 거래한다(문종대, 2000). 이러한 미디어 상품의 이중적 성격은 미디어 산업에서의 이원적 시장구조(미디어 상품 시장과 광고시장)와 관련되며 이 경우 미디어 수용자는 광고시장 거래를 위한 중간재에 불과하게 된다(장용호, 1995). 이러한 미디어 상품의 이중 상품 성격을 고려하여 미디어를 "광고주와 청중 간의 다리(a bridge between advertisers and audiences)"로 표현하기도 한다(Lavine & Wackman, 1988; Reca, 2006).

넷째, 미디어 상품은 재능 상품(talent goods) 성격을 가지고 있다. 미디어 상품은 사람의 재능에 의존하는 경우가 많다(Reca, 2006). 케이브스(Caves, 2000)가 정의했듯이 미디어 상품은 예술적 또는 창의적 노력의 요소를 상당히 포함하는 상품이라고 할 수 있다. 이러한 창의성(creativity)은 미디어 산업에서 미디어 상품 경쟁력의 핵심적인 요소 중 하나라고 볼 수 있는데 이러한 미디어 상품의 창의성은 개인적인 기술과 재능에 의존한다.

다섯째, 미디어 상품은 문화상품(culture goods) 성격을 가지고 있다. 미디어 콘텐츠는 한 나라 문화의 거울이라고 할 수 있으며 상상력, 감성, 예술 및 가치관 등 한 나라의 문화적인 요소와 결합하여 미디어를 통해 전달된다. 예를 들어 한국의 케이팝(K-pop)과 미국의 할리우드 영화는 수출을 통해 한국 문화와 미국의 문화를 외국에 전달한다고 볼 수 있기 때문에 문화상품이라고 볼 수 있다. 산업 측면에서 보면 이러한 미디어 산업은 디지털 기술 및 문화 콘텐츠 산업과 결합하여 시너지 효과를 내는 고부가가치 산업으로 부상하고 있다(문화관광부, 2007).

3. 미디어 시장의 구조

미디어 산업 이해를 위해 미디어 상품의 특성과 함께 살펴보아야 할 주제는 미디어 시장의 구조에 관한 것이다. 미디어 시장의 구조(structure)가 시장의 행태(conduct)와 성과(performance)에 영향을 주기 때문이다. 미디어 시장 구조를 설명하는 중요 개념들 중 시장 집중, 상품차별화, 시장 진입장벽, 비용 구조, 수직적 통합 및 시장구조의 유형을 설명하기로 한다.

1) 시장집중도

미디어 시장 구조는 미디어 시장의 조직상 특성이라고 말할 수 있는데 시장 구조를 설명할 수 있는 대표적 척도 중 하나가 시장집중도(market concentration)라고 할 수 있다. 미디어 시장집중도는 미디어 산업에서 몇몇 미디어 상위 기업들의 시장점유율을 합한 것으로, 얼마나 시장이 집 중되었는지를 보여 준다. 즉 미디어 시장이 얼마나 경쟁적인지 혹은 독 점적인지를 보여 주는 하나의 척도라고 할 수 있다. 예를 들어 케이블 TV 시장의 수입이 소수의 케이블 회사에 의하여 통제되고 있고 이러한 소수 기업의 시장점유율이 높다면 케이블 TV 시장이 집중되어 있다고 볼 수 있 다. 시장집중도를 측정하기 위해서는 허핀달-허시만지수(Herfindahl-Hirschman Index, HHI)와 같은 지수를 이용한다. 허핀달-허시만지수는 해당 기업의 시장점유율을 퍼센트로 계산해 이들 점유율의 제곱을 모두 합산한다. 허핀달-허시만지수가 클수록 산업의 집중도가 높은 것이다. 실제로 허핀달-허시만지수와 같은 지수는 한국의 공정거래위원회나 미 국의 연방통신위원회 같은 정책 기관에서 흔히 이용되고 있다.

2) 상품 차별화

상품 차별화는 소비자에 의하여 인식된 상품 간의 차이를 말한다. 일반적 으로 미디어 산업에서는 미디어 상품 간 경쟁이 치열하고 하나의 미디어 상품이 다른 하나의 미디어 상품에 의하여 대체될 가능성이 항상 존재하 기 때문에 상품 차별화의 정도는 미디어 산업 구조를 설명하는 하나의 요 소가 될 수 있다. 미디어 상품 시장 내에서 거래되는 모든 제품들에 대하 여 소비자들이 이질성(heterogeneity)이 있다고 판단할 때 상품 차별화 가 발생한다고 볼 수 있다. 예를 들어 TV 방송국은 다른 방송국과 상이한 뉴스 프로그램으로 차별화를 추구할 수 있다. 또한 케이블 TV 업체는 각 케이블 프로그램의 스케줄을 다른 업체와 다르게 조정함으로써 차별화 를 도모할 수 있다.

3) 시장 진입장벽

미디어 시장에서의 시장 진입장벽이란 새로운 미디어 업체가 특정 미디 어 시장에 참여하기 전에 극복해야 하는 장벽을 말한다(Albarran, 2013). 즉 특정 미디어 업체 이외의 다른 업체들이 특정 미디어 시장에 들어오려 고 할 때 겪게 되는 여러 가지 제약 사항을 의미한다. 예를 들어 새로운

TV 방송 사업자가 새로운 TV 방송 시장에 진출하려면 높은 수준의 방송 기술을 이용할 수 있는 장비, 인력 또는 프로그램 자원들이 필요한데 이러한 요건들을 갖추려면 새로운 TV 방송 사업체가 하기 어려운 엄청난 액수의 재원 투자가 필요할 수 있다. 또한 이동통신 시장은 새로운 통신 업체가 시장에 진출하려면 정부로부터 이동통신 사업을 허가 받아야 할 뿐만 아니라 정부로부터 주파수를 할당 받아야 시장 진입이 가능하다. 따라서 기술적, 법적 제약 사항은 시장 진입 장벽의 중요한 예가 될 수 있다. 그러나 이렇게 시장 진입장벽이 높은 미디어 시장은 독과점의 폐해가 있을 수 있어서 정부 규제가 필요할 수 있다.

4) 비용 구조

미디어 산업에서의 비용 구조는 미디어 시장에서 상품을 생산해 내기 위해서 필요한 비용을 말한다(Albarran, 2013). 미디어 상품 생산을 위한 총비용은 고정비용(fixed costs)과 가변비용(variable costs)의 합으로 계산될 수 있는데 고정비용은 한 단위의 미디어 상품을 생산해 내는 데 드는 고정투입에 드는 비용을 말하며, 가변비용은 노동비용과 같이 생산량이 늘어남에 따라 변화하는 비용을 말한다. 이러한 비용 구조하에서 보통 미디어 산업에는 규모의 경제(economies of scale)가 존재한다. 규모의 경제는 생산 규모가 커짐에 따라 장기적으로 평균 비용이 하락하는 현상을 말한다(김지운 외, 2005). 이렇게 장기적으로 평균 비용이 하락하면 미디어 상품의 소비자가 부담하는 가격이 줄어들게 되기 때문에 소비자에게 혜택이 돌아갈 수 있다. 미디어 산업에서는 흔히 미디어 상품 생산에서 이러한 규모의 경제가 존재한다. 예를 들어 방송, 통신, 영화, 케이블, 인터넷 관련 산업에서는 초기에 설비와 인력 등 많은 투자 비용이 필요하지만 수용자의 수가 증가하면서 수용자당 평균 비용이 점점 줄어드는 것을 흔히 볼 수 있다.

5) 수직적 통합

미디어 산업에서 수직적 통합이란 한 미디어 업체가 미디어 산업의 다른 부문을 담당하는 업체들을 통합하는 것을 말한다(김지운 외, 2005). 즉 미디어 기업이 각각의 사업 운영 단계를 통제하려는 것이다. 이렇게 사업 운영 단계의 대부분을 통제하면 내부의 시너지 효과를 얻을 수 있고 잠재적인 경쟁자들에게는 진입장벽이 높아진다. 예를 들어 루퍼트 머독(Rupert Murdoch) 회장이 이끄는 뉴스 코퍼레이션(News Corporation)은 수직적 통합을 통해 수많은 신문, 잡지, 웹사이트, 방송 채널과 기업들을 보유하여 수익을 창출함으로써 세계 최대의 미디어 복합 기업 중 하나가 되었다. 이와 같이 수직적 통합은 대규모 기업이 다양한 운영 단위 간에 시너지를 촉진함으로써 더 효율적인 사업 경영을 가능하게 한다(Gershon, 2006).

6) 시장 구조의 유형

미디어 시장은 경쟁의 정도에 따라 완전 경쟁(perfect competition) 시장과 불완전 경쟁(imperfect competition) 시장으로 나눌 수 있다. 완전 경쟁 시장은 판매자와 구매자가 모두 다수이고 상품의 동질성(homogeneity)이 있고 시장에 진입장벽이 없으며, 판매자와 구매자 모두 상품의 가격과 품질에 관하여 완전한 정보(perfect information)를 가지고 있는 시장이다.

이러한 완전 경쟁 시장의 조건이 갖추어지지 않은 시장을 불완전 경쟁 시장이라 한다. 불완전 경쟁 시장은 독점적 경쟁(monopolistic competition) 시장, 과점(oligopoly) 시장 및 독점(monopoly) 시장으로 나눌 수 있다. 독점적 경쟁 시장에서는 다수의 판매자와 다수의 구매자가 존재하며 진입장벽이 존재하지 않지만 상품 차별화가 존재하기 때문에 미디어 기업은 시장지배력이 있다. 과점 시장은 소수의 판매자가 존재하며 진입장벽이 어느 정도 있고 상품은 동질적일 수도 있고 어느 정도 차별화될 수도 있다. 이러한 과점 시장에서는 경쟁 기업의 반응을 고려한 전략적 행동이 중요하다. 독점 시장은 판매자가 하나이고 대체 상품이 없으며 진입장벽이 높아서 새로운 기업에 의한 시장 진입이 어려운 시장 구조다. 따라서 하나의 판매자가 그 시장의 경제적 기능을 상당히 통제하고 있는 시장 구조라 할 수 있다(김지운 외, 2005). 그림 11-2는 연속선상에서 시장 구조의 유형을 보여 준다. 그림 11-2에서 보면 시장이 완전경쟁

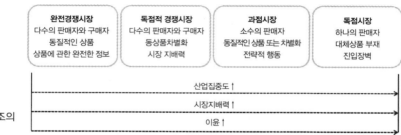

<table>
<tr><td>완전경쟁시장
다수의 판매자와 구매자
동질적인 상품
상품에 관한 완전한 정보</td><td>독점적 경쟁시장
다수의 판매자와 구매자
동상품차별화
시장 지배력</td><td>과점시장
소수의 판매자
동질적인 상품 또는 차별화
전략적 행동</td><td>독점시장
하나의 판매자
대체상품 부재
진입장벽</td></tr>
</table>

산업집중도 ↑

시장지배력 ↑

이윤 ↑

그림 11-2 시장구조의 유형

시장에서 독점적 경쟁 시장, 과점 시장과 독점 시장으로 변화함에 따라 산업집중도, 시장지배력과 이윤이 증가됨을 알 수 있다.

4. 미디어 시장의 환경적 요인

그렇다면 미디어 시장의 변화를 이끄는 동인들은 무엇일까? 미디어 산업의 변화와 미래를 이해하고 예측하기 위해서는 미디어 시장에 영향을 미치는 다양한 요인들을 고찰할 필요가 있다. 미디어 시장과 산업의 미래에 영향을 미칠 수 있는 외부 환경적인 요인으로는 기술적, 경제적/산업적, 정책적, 소비자적, 세계화적 요인들을 들 수 있다. 이러한 외부 환경적 요인들은 각각 독립적으로 또는 상호 융합적으로 미디어 시장의 미래를 형성하는 요인들이 될 수 있다.

1) 기술적 요인

무엇보다도 미디어 산업에서의 기술혁신은 미디어 시장의 미래를 형성하는 중요한 요인이 될 수 있다. 특히 디지털 기술의 발달과 브로드밴드 네트워크 혁신·진보는 기술 융합뿐만 아니라 방송, 통신, 컴퓨터 산업의 융합과 다양한 미디어 관련 서비스의 융합을 이끌고 있다. 이러한 미디어 산업에서의 기술혁신과 스마트폰, 태블릿 컴퓨터와 같은 스마트기기 확산은 사용자가 네트워크나 컴퓨터를 의식하지 않고 언제 어디서나 자유롭게 네트워크에 접속할 수 있는 정보통신 환경인 '유비쿼터스 사회

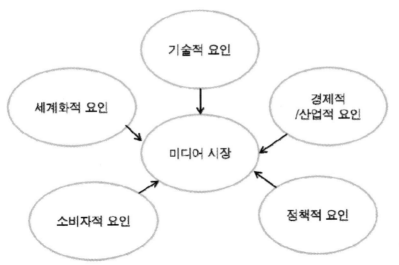

그림 11-3 미디어 시장의 환경적 요인

(ubiquitous society)'로의 진입을 가능하게 했다. 이러한 유비쿼터스 사회에서는 모든 정보기술 및 미디어 관련 기기들이 지능화되어 네트워크로 연결되기 때문에 스마트기기 사용자들은 언제, 어디서나 스마트 기술 발달의 혜택을 누릴 수 있게 되었으며 동일한 미디어 콘텐츠가 다양한 미디어를 통해 전달되는 크로스 플랫폼(cross platform) 환경을 가능하게 했다. 또한 미디어 산업에서의 뉴미디어 기술혁신은 미디어 관련 상품 및 서비스의 혁신을 통해 미디어 기업이 수입을 증대하고 비용을 감축하는 것을 가능하게 하며 이미 존재하는 미디어 시장에서 경쟁의 규칙을 변경하게 하기도 한다. 아울러 이러한 뉴미디어 기술혁신은 서로 다른 미디어 기업들로 하여금 다양하고 새로운 경쟁 전략을 이용하게 한다는 점에 미디어 시장과 미디어 기업의 미래에 영향을 미치는 주요 요소가 될 수 있다.

2) 경제·산업적 요인

미디어 시장에서의 경제적 환경요인은 미디어 관련 사업과 경영에 영향을 미칠 수 있는 일반적인 다양한 경제적 여건들을 의미한다. 이러한 다양한 경제적 여건의 변화는 미디어 상품의 소비자뿐만 아니라 미디어 관련 사업에도 영향을 미칠 수 있다. 예를 들어 한 나라의 경제가 불경기에 접어들게 되면 소비자들이 지출을 줄이게 되고, 소비자 지출 감소에 영향을 받은 광고주들은 광고비 지출을 줄이게 된다. 이러한 결과는 결국 미디어 기업들의 주 수입원 중 하나인 광고 관련 수입의 축소로 이어지게 된다. 또한 인플레이션율의 증대 또는 이자율의 감소 등 다른 경제적 여건의 변화는 미디어 기업의 가격책정, 수입, 이윤 및 투자에도 영향을 미치게 된다.

미디어 시장에서의 산업적 요인 또한 미디어 시장의 미래를 형성할 수 있는 중요 요소가 될 수 있다. 예를 들어 미디어 시장에서의 미디어 기업 간 경쟁 정도는 미디어 기업들 간의 전략적인 대안 선택에 영향을 미칠 뿐만 아니라 미디어 시장의 성과에도 영향을 줄 수 있다. 또한 미디어 관련 사업은 수익 사업이 대부분이기 때문에 미디어 기업 경영자 입장에서는 투자자에게 원금과 이윤의 일부를 돌려주어야 하는 책임이 있다. 따라서 미디어 기업의 경영진들은 목표한 시간 내에 적정한 이윤을 실현할 수 있는 사업에 무게를 두게 되며 이런 요인들은 장기적인 관점에서 사업 방향에 제약점이 될 수도 있다.

3) 정책적 요인

미디어 산업과 관련된 규제와 정책 환경은 미디어 산업에 많은 영향을 미친다. 특히 방송과 통신 시장은 전통적으로 규제가 강한 산업에 속한다. 규제 기관은 공익(public interest)을 위해 미디어 산업에서의 사적인 활동을 제한한다. 예를 들어 규제기관인 방송통신위원회에서는 방송 주파수 관리와 관련한 각종 규제 정책을 통해 미디어 산업에 영향을 줄 수 있다. 방송 서비스가 이용하는 주파수가 희소 자원이어서 방송 주파수는 공익 목적에 부합되고 효율적으로 사용되어야 하기 때문에 정부의 개입과 규제 정책은 필요하다. 또한 지상파 방송과 같은 방송 서비스는 공공재적 특성을 가지고 있으며, 방송의 정치·사회·문화적 영향력이 크기 때문에 방송 서비스에 대한 정부의 규제는 정당화될 수 있다(한진만, 2011). 이와 같이 미디어 산업에 대한 규제 정책은 주로 공익성을 구현한다는 것이 하나의 중요한 목적이 될 수 있다. 공익성을 구현하기 위해 규제 기관은 미디어 시장에서 경쟁을 촉진하고 다양성을 확보하려고 노력한다. 미디어 시장에서 공익성을 제고하려면 다양한 미디어가 충분히 경쟁할 수 있는 시장 구조를 형성하고 다양한 견해가 다양한 미디어 채널을 통해 표명될 수 있도록 함으로써 민주주의에 기여하는 것이 필요하기 때문이다(정윤식, 2004).

이러한 미디어 산업에 대한 정부의 규제는 다양한 형태로 미디어 시장에 개입할 수 있다. 예를 들어 정부는 방송이나 통신사업을 유형별로 허가하는 시장 진입 규제를 할 권한이 있고, 방송 서비스는 방송 심의를 통해 방송의 내용을 규제할 수도 있으며, 신문·방송 및 통신 서비스의 소유를 규제할 수도 있다. 또한 미디어 시장에서의 경쟁을 촉진하기 위해 시장지배적 사업자의 시장점유율을 제한할 수도 있다.

인터넷 브로드밴드망과 관련해서는 망 소유자가 콘텐츠 사업자가 자신의 망을 이용하는 것을 통제하거나 콘텐츠 사업자의 망 접근에 대한 차별을 규제하는 망중립성(net neutrality)과 같은 규제 정책을 통해 미디어 관련 산업에 개입할 수도 있다. 이와 같은 미디어 산업과 관련한 다양한 정책들은 미디어 시장에서 미디어 수용자의 의사 결정뿐만 아니라 미디어 기업들의 경영 전략, 경영모델, 수입 및 미래 사업에 대한 투자에도 영향을 미친다는 점에서 미디어 시장의 미래를 형성하는 주요 요인이라고 볼 수 있다.

4) 소비자적 요인

무엇보다도 미디어 상품은 최종 소비자에 의하여 이용되고 소비된다. 따라서 미디어 산업에서 변화하는 미디어 소비자의 성향을 파악하는 것은 성공의 열쇠가 될 수 있다. 환경적 요인 중 하나로 소비자적 요인은 미디어 기업의 전략적 선택에 영향을 미친다. 예를 들면 미디어 시장에서 미디어 수용자의 수, 연령, 소득 수준, 지역, 미디어 사용 습관과 생활 습관 등은 미디어 상품이나 서비스 소비자의 유형과 수요를 결정하는 주요한 결정 요소가 될 수 있다. 최근 미디어 이용자들은 스마트폰과 같이 상호작용성과 이동성 있는 미디어를 선호하고 그 사용량도 증가되고 있기 때문에 이러한 스마트 미디어 소비자에 대한 빅데이터(big data) 분석을 통해 미디어 소비자의 변화하는 성향을 파악하는 것이 점점 중요해지는 추세다.

5) 세계화적 요인

외부 환경으로서의 세계화(globalization)는 미디어 시장에 영향을 미치는 또 하나의 요인이 될 수 있다. 미디어 시장에서의 세계화는 미디어 산업들이 세계적으로 유통되는 미디어 상품을 생산해 내고 전 세계 미디어 소비자들이 세계화를 통해 다른 나라에서 생산되는 미디어 관련 상품을 소비하는 현상에서 쉽게 관찰할 수 있다. 예를 들어, 2017년 글로벌 OTT 사업자인 넷플릭스의 가입자 중 미국 외 국가의 가입자는 52%를 넘어섰으며(DMR, 2017), 넷플릭스의 글로벌 스트리밍 서비스는 현재 190개 이상의 나라에서 서비스 중이다. 이러한 미디어 산업의 세계화는 전 세계적 탈규제와 민영화 그리고 새로운 뉴미디어의 확산 및 EU(European Union)나 FTA(Free Trade Agreement)와 같은 시장 통합적 요인으로 촉진되고 있으며, 두 개 이상의 국가에 기반을 두고 미디어 산업을 운영하는 초국가 미디어 기업(transnational media corporation)의 등장으로 가속화되고 있다.

초국가 미디어 기업은 해외 직접 투자의 확대로 전 세계를 무대로 미디어와 정보기술의 이용을 확산시키고 있다(Gershon, 2006). 초국가 미디어 기업들은 세계화와 정보기술 및 미디어 산업의 발전과 함께 미디어 기업들 간의 인수와 합병을 통해 거대 미디어 복합 기업(media conglomerates)을 출현시켰고 이런 추세는 거대 미디어 복합 기업들이 세계의 미디어를 통합·연결시키는 현상을 촉진했다. 미디어 복합 기업은 한 기업이 TV, 신문, 라디오, 출판, 영화, 인터넷, 통신, 오락 등 다양한 미디어 관련 분야를 통합하여 운영하는 미디어 기업을 말한다. 예를 들어, 매출액 기준으로 미국의 월트디즈니사(The Walt Disney Company)는 세계 최대의 미디어 복합 기업 중 하나인데 디즈니랜드를 비롯한 11개의 테마파크, 월트디즈니픽처스, 픽사 애니메이션스튜디오와 같은 영화 제작사, ABC와 같은 지상파방송국 등도 소유하고 있으며 그 외에 ESPN과 같은 케이블 채널과 출판회사 등 다양한 미디어 회사를 소유하고 있다(CNNMoney, 2013).

초국가 미디어 기업은 사업 전략으로서 다각화 전략(diversification strategy)을 이용하기도 한다. 다각화 전략은 한 기업이 주 사업 이외의 다른 분야로 사업 범위를 확장시키는 기업의 경영 전략인데 초국가 미디어 기업은 다양한 사업 포트폴리오를 소유함으로써 투자에 대한 위험을 분산시키기도 한다(Chan-Olmsted, 2006a). 예를 들어 GE(General Electric)는 세계 최고 초국가 기업 중 하나로 성장 및 고수익과 위험 분산을 위해 GE 소비자 가전, GE 의료장비, GE 투자, NBC 유니버설 등 전혀 다른 종류의 사업 분과로 다각화했다.

이러한 미디어 산업의 세계화는 미디어 상품 수출 선진국들의 문화적, 사회·정치적 가치를 개발도상국 국가의 미디어 수용자에게 심어 주고 그들의 도착·전통적 가치를 훼손할 수 있으며 개발도상국 내의 자본을 몰아내고 시장의 지배자가 되는 문제점을 야기할 수 있다는 점에서 개발도상국의 미디어 시장에 많은 영향을 줄 수 있다(김지운 외, 2005). 또한 거대 미디어 복합기업의 미디어 시장점유율 확대는 기존 소규모 미디어 기업들의 역할을 대체해 가고 있다. 이러한 세계화의 문제점에도 실제로 거대 미디어 기업들 간의 세계 미디어 시장에서의 다각적인 경쟁이 계속 심화되고 있는 것을 고려한다면 미디어 산업의 세계화는 미디어 시장의 미래를 형성하는 또 하나의 요인이라 할 수 있다. 이와 같이 기술적, 경제·산업적, 정책적, 소비자적, 세계화적 요인들은 미디어 산업 전체에 영향을 미치는 외부 환경 요소라고 할 수 있다.

5. 미디어 산업과 경영 전략

위와 같이 미디어 시장의 외부 환경이 어떻게 개별 미디어 기업들과 산업에 영향을 미치는가를 살펴보았다. 그렇다면 각 미디어 시장에서 어떻게 다른 기업과의 경쟁에서 우위를 확보하고 시장에서 성과를 거둘 수 있을까? 대부분 미디어 산업이 수익 산업으로서 다른 미디어 기업과의 경쟁에서 이윤을 창출해야 한다는 점을 고려한다면 미디어 기업의 전략에 관한 이해는 미디어 산업을 고찰하는 핵심 요소 중 하나라고 볼 수 있다.

1) 미디어 기업의 전략

미디어 기업이 점점 심화되어 가는 시장 경쟁에서 성과를 거두려면 다른 기업과의 경쟁에서 우위를 확보할 수 있어야 한다. 이런 관점에서 미디어 기업의 전략이란 한 미디어 기업의 전략적 목표를 달성하기 위한 미디어 시장 환경에서 기업의 기술과 자원을 효과적으로 이용하는 것과 관련된 일련의 의사 결정과 활동으로 정의될 수 있다(Chan-Olmsted, 2006b). 따라서 미디어 전략은 미디어 산업 내에서 특정 기업이나 기업집단이 어떻게 지속가능한 경쟁우위(sustainable competitive advantage)를 얻게 되는가에 초점을 맞춘다(Chan-Olmsted, 2006a).

2) 미디어 기업 경영 전략에 관한 이론적 관점

미디어 기업의 경영 전략을 보는 이론적인 관점은 미디어 기업의 전략과 외부 환경의 관계에 초점을 두는 관점과 기업 내부 자원의 가치와 기업의 역량을 강조하는 관점으로 나뉘는 데 전자가 산업조직론적 관점(industrial organization view)이며 후자가 자원준거관점(resource-based view)이다.

산업조직론적 관점은 산업경제학의 구조-행위-성과(structure-conduct-performance) 패러다임을 기반으로 하는데 외부 환경과 시장 구조가 미디어 기업의 전략적 행동과 잠재성을 결정한다고 보는 관점이다. 산업조직론적 관점은 미디어 기업이 외부 환경을 먼저 점검하여 경쟁 우위를 발견하고 외부 요인들로부터 얻어낼 수 있는 전략을 형성하고 선택한 전략을 효과적으로 실행시키기 위해 자원과 기술을 개발한다고 보는 관점이다(Chan-Olmsted, 2006a). 다시 말해 산업조직론적 관점은 시장의 경쟁 환경이 미디어 기업의 전략을 형성하게 한다는 '외부에서 내부로 향하는 접근법(outside-in-perspective)'라고 볼 수 있으며 이 접근법은 고객, 시장 및 산업에 초점을 맞추고 있다고 볼 수 있다. 이러한 산업조직론적 관점에서 포터(Porter)는 구조-행위-성과 패러다임을 토대로 경쟁의 다섯 가지 요인을 고려하여 전략을 형성하는 과정을 설명했다. 포터는 기존 경쟁사 간 적대관계의 강도, 공급자의 교섭력, 구매자의 교섭력, 신규 진입자의 위협, 대체재의 위협과 같은 다섯 가지 경쟁 요인이 시장에서 경쟁의 강도를 결정한다고 제시했다(Porter, 1980, 그림 11-4 참조). 또한 산업조직론적 관점과 다섯 가지 경쟁 요인에 관한 분석을 토대로 포터(1985)는 경쟁 전략을 실행하는 세 가지 본원적 전략(generic strategies) 유형의 예를 제시했다.

포터가 제시한 본원적 경쟁 전략의 첫 번째 유형은 집중전략(focus) 인데 특정 집단(예: 고소득층)에 대한 집중을 통해 경쟁력을 얻는 전략이다. 미디어 시장에서 미디어 기업들이 흔히 이렇게 시장을 소득, 성, 또는 교육수준 등으로 나누어서 집중함으로써 경쟁 기업들보다 경쟁우위를 확보한다. 두 번째 유형은 차별화 전략(differentiation strategy)인데 경쟁 회사와 차별화된 미디어 상품을 제공하여 고객의 충성도를 높임으로써 안정적인 시장을 확보하고 수익을 높이려는 전략이다. 본원적 전략의 세 번째 유형은 비용우위 전략(cost leadership strategy)으로 폭넓은 시장에 경쟁 회사보다 낮은 비용을 실현하여 시장에서 경쟁적 우위를 확보하려는 전략이다.

이러한 경영 전략에 관한 산업조직론적 관점이 기업의 외부 환경과 시장 구조에 초점을 맞추었다면 자원준거관점(resource-based view)은 기업의 내부 자원과 핵심역량(core competency)에 초점을 맞춘다. 자원준거관점은 각 기업이 독특한 자원의 결합체이고, 기업이 보유한 자원이 전략의 기초를 제공하고 기업성과의 차이를 가져온다고 본다(Hitt et al., 2001). 다시 말해 기업 내부의 특수한 자원이 기업의 성공과 지속 가능한 경쟁우위에 영향을 미치는 가장 중요한 요소라고 본다. 구체적으로 자원준거관점은 기업의 핵심 역량(경쟁기업에 비해 한 기업이 보유한 뛰어난 기술, 지식, 자원 등 기업의 핵심을 이루는 능력의 조합)이 가치가 있고, 희소하며, 대체될 수 없고, 모방할 수 없고 독특하다면 기업의 경쟁우위를 확보할 수 있다고 본다.

3) 전략적 네트워크

우리는 미디어 기업들이 하나의 미디어 상품이나 서비스를 생산해 내기 위해서 다른 기업들과 전략적으로 제휴관계를 맺는 것을 흔히 볼 수 있다. 이러한 미디어 산업 내에서의 전략적 네트워크는 참여 기업들에게 전

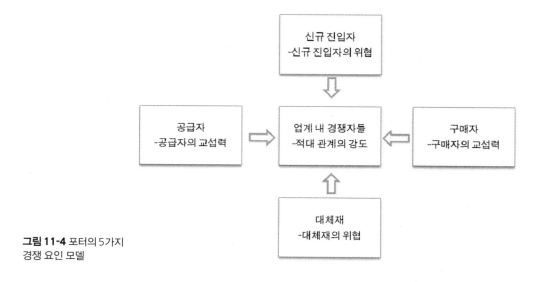

그림 11-4 포터의 5가지
경쟁 요인 모델

략적으로 중요한 조직 간의 안정적인 관계라고 볼 수 있는데 이러한 미디어 기업 간의 유대는 조인트 벤처나 제휴와 같은 형태로 나타날 수도 있다(Chan-Olmsted, 2006a). 많은 미디어 기업들은 특정 정보, 기술에 대한 접근, 위험 분담, 지식 공유 등을 위해 전략적인 네트워크를 형성한다. 이러한 전략적 네트워크 구축 현상은 특히 미디어 융합 환경에서 흔히 볼 수 있다. 예를 들어 융합 미디어 중 하나인 IPTV 사업자는 다양한 IPTV 콘텐츠를 안정적으로 확보하기 위해서 특정 콘텐츠 사업자와 장기적인 전략적인 제휴관계를 맺으려 할 수 있다. IPTV 사업에서 경쟁력의 핵심 요소 중 하나가 다양한 콘텐츠이기 때문이다. 또한 IPTV 사업자는 장비 개발 및 공급의 안정성을 위해 단말장치 제조사와 같은 장비 제조사와도 장기 계약을 통해 전략적인 제휴관계를 맺으려 할 수 있다. 이와 같이 전략적 네트워크 형성은 스마트폰, 스마트 TV, IPTV 등 다양한 기업 간의 협력이 필요한 융합 미디어 산업에서 흔히 볼 수 있는 전략적 경영의 형태 중 하나라고 볼 수 있다.

6. 미디어 산업의 변화와 미래

미디어 산업은 매우 빠르게 성장하고 변화하는 산업이다. 그렇다면 미디어 산업의 변화와 그 동인은 무엇이며 미디어 산업의 미래 변화 방향은 어떠할지 살펴볼 필요가 있다.

1) 미디어 산업의 변화

뉴미디어 발달과 함께 미디어 산업은 계속해서 성장하고 있다. 미디어 산업의 전체적인 성장세에도 불구하고 미디어 산업 각각의 개별적인 성장 추세를 관측해 보면 각각의 미디어 산업별로 성장과 쇠퇴가 있음을 알 수 있다. 이러한 성장과 쇠퇴의 추세는 특히 신문이나 잡지 또는 지상파방송과 같은 오프라인 미디어와 디지털 기술과 인터넷의 성장과 궤를 같이하는 온라인 미디어를 비교해 보면 조금 더 명확해진다. 예를 들면 대부분의 나라에서 신문과 잡지와 같은 인쇄 미디어의 구독률은 최근 10년 동안 계속해서 감소 추세에 있지만 온라인 미디어인 인터넷 신문 구독률은 꾸준히 성장하고 있으며 2011년에 한국에서는 처음으로 인터넷 신문 구독률이 종이 신문 구독률을 추월했다(안현우, 2011). 또한 지난 10년 동안 지상파 TV 시청 시간은 감소했으나 케이블, 위성방송, IPTV와 같은 유료방송 및 OTT 서비스의 이용 시간은 증대되어 왔다. 아울러 이러한 오프라인 미디어의 온라인 미디어에 의한 대체관계는 지상파 라디오와 인터넷 라디오와의 관계에서도 볼 수 있다.

그렇다면 미디어 산업에서의 이러한 큰 변화는 어떤 요인들로 설명될 수 있을까? 첫째, 브로드밴드 기술 발달로 인한 미디어 배급과 관련된 비용 감소를 들 수 있다. 온라인을 통한 미디어 배급은 미디어 생산 및 투자비용을 감소시킬 수 있고 더 효율적인 미디어 배급을 가능하게 해 주기 때문이다. 둘째, 미디어 이용자의 미디어 사용 패턴 변화다. 예를 들어 최근의 젊은 연령층은 책과 종이 신문과 같은 인쇄 미디어보다는 다양한 디지털 미디어를 통해 엔터테인먼트나 뉴스에 접하려는 경향이 있다. 셋째, 저작권법상 뉴스에서 다룬 사실(facts)은 보호되기 힘든 측면이 있다는 점이다. 이런 저작권법상의 문제와 함께 인터넷 미디어의 발달은 뉴스를 인터넷이나 다른 디지털 기술을 이용해 복사 및 재생산해 내는 비용을 축소시켰다. 넷째, 미디어 산업에서의 디지털 기반 플랫폼 생태계의 확장이다. 예를 들어, 페이스북, 아마존, 넷플릭스 등 다양한 인터넷 플랫폼 기업의 미디어 콘텐츠 서비스는 미디어 산업에서 전통적인 미디어 기업의 서비스를 대체하면서 콘텐츠 유통에서 큰 변화를 초래하고 있다.

2) 미디어 산업의 미래

그렇다면 이러한 미디어 산업의 최근 변화에서 더 나아가 미디어 산업의 미래 변화 방향은 어떤 요인들이 영향을 미칠 것인가?

첫째 기술적 측면에서 브로드밴드 기술의 계속적인 혁신과 함께 미디어 융합 현상은 가속화될 것이다. 예를 들어 5G 모바일 브로드밴드망과 같은 차세대 브로드밴드망(Next Generation Network)은 더 빠른 속도와 다양한 애플리케이션 이용을 가능하게 할 것이며 디바이스, 망, 플랫폼, 콘텐츠의 유기적인 결합과 융합이 미디어 산업 경쟁의 핵심적인 요소가 될 전망이다.

둘째, 산업적인 측면에서는 서로 다르지만 유사한 서비스를 제공하는 플랫폼 간의 경쟁이 격화될 것으로 보인다. 이러한 플랫폼 간의 경쟁은 산업 구조적인 측면에서는 미디어 시장에서 경쟁과 혁신의 촉진을 통해 미디어 소비자에게 혜택을 가져다줄 것으로 기대되지만 규제 정책적인 측면에서는 기술, 망, 애플리케이션 및 플랫폼 중립과 관련된 정책 이슈를 제기할 것이다. 이런 정책 환경에서 규제 정책은 경쟁과 미디어 다양성 원칙을 통해 공익을 제고하고 미디어 소비자와 미디어 사업자 간의 이익 균형을 맞추는 것에 초점을 맞추는 것이 중요해질 것으로 보인다.

셋째, 미디어 이용자의 능동적인 미디어 이용이 미디어 산업 전반에 영향을 크게 미칠 전망이다. 소셜 미디어와 UCC(User Created Contents)의 발달에서 볼 수 있듯이 미디어 이용자는 더 이상 수동적이며 일방향적인 미디어의 수용자에서 벗어나 능동적으로 미디어를 사용하고 선택하고 평가할 수 있는 존재로 변화했다. 미래에는 미디어 산업에서 이런 추세가 확대되어 미디어 소비자의 권력이 지금보다 더 확대되고 더 세련된 방식으로 미디어의 상호작용성(interactivity)이 추구될 전망이다. 따라서 이러한 능동적인 미디어 이용자와 어떻게 효율적으로 의사소통하는가 하는 문제가 정부, 기업 및 비영리조직의 생산성과 효율성에 영향을 미칠 것으로 전망된다.

넷째, 커뮤니케이션 기술의 확산과 세계화는 지속적으로 미디어 산업에 영향을 미칠 것으로 보인다. 다양한 커뮤니케이션 기술의 확산과 이용자 수의 증대는 미디어 산업의 기반 증대를 의미하고 이러한 커뮤니케이션 기술의 확산은 다시 세계화를 촉진할 수 있다. 또한 세계화가 계속됨에 따라 미디어 산업에서의 수요가 진작될 것으로 전망된다. 그러나 이러한 세계화 추세는 거대 미디어 복합기업의 이윤 독점 및 민족문화와의 갈등 문제 등을 노정할 것으로 보인다.

요약

이 장에서는 미디어 산업에 대한 내용을 살펴보았다. 먼저 미디어 산업의 정의를 살펴보았다. 미디어 산업은 최근 우편, 전기통신, 방송, 신문, 출판, 영화, 연극, 기타 예술, 오락 등과 관련된 산업으로 조금 더 폭넓게 정의되고 있다. 미디어 상품은 다른 일반 상품과 구별되는 특징이 있는데 경험재 성격, 공공재 성격, 이중 상품의 성격, 재능 상품의 성격, 문화상품의 성격을 가지고 있다. 또한 우리는 미디어 시장 구조를 설명하는 중요 개념들 중 시장 집중, 상품 차별화, 시장 진입장벽, 비용 구조, 수직적 통합 및 시장구조의 유형을 살펴보았다. 미디어 산업의 변화와 미래를 이해하고 예측하기 위해서는 미디어 시장에 영향을 미치는 다양한 요인들을 고찰할 필요가 있는데, 미디어 시장과 산업의 미래에 영향을 미칠 수 있는 외부 환경적인 요인으로는 기술적, 경제·산업적, 정책적, 소비자적, 세계화적 요인들을 들 수 있다. 이러한 외부 환경적 요인들은 각각 독립적으로 또는 상호 융합적으로 미디어 시장의 미래를 형성하는 요인들이 될 수 있다. 또한 미디어 기업의 전략에 관하여 살펴보았는데, 미디어 경영전략의 이론적인 관점으로 산업조직론적 관점과 자원준거관점을 살펴보았다. 산업조직론적 관점은 산업경제학의 구조-행위-성과 패러다임을 기반으로 하는데 외부 환경과 시장 구조가 미디어 기업의 전략적 행동과 잠재성을 결정한다고 보는 관점이다. 반면 자원준거관점은 기업 내부의 특수한 자원이 기업의 성공과 지속 가능한 경쟁우위에 영향을 미치는 가장 중요한 요소라고 본다. 구체적으로 자원준거관점은 기업의 핵심 역량이 가치가 있고, 희소하며, 대체될 수 없고, 모방할 수 없고 독특하다면 기업의 경쟁우위를 확보할 수 있다고 본다. 또한 미디어 산업의 변화요인들에 관하여 살펴보았는데, 변화요인은 첫째, 브로드밴드 기술 발달로 인한 미디어 배급과 관련된 비용 감소, 둘째, 미디어 이용자의 미디어 사용 패턴의 변화, 셋째, 저작권법상 뉴스에서 다룬 사실(facts)은 보호되기 힘든 측면이 있으며, 넷째, 미디어 산업에서의 디지털 기반 플랫폼 생태계의 확장 등을 들 수 있다. 마지막으로 미디어 산업의 미래 방향에 관하여 살펴보았는데, 브로드밴드 기술의 계속적인 혁신과 함께 미디어 융합 현상의 가속화, 플랫폼 간의 경쟁 격화, 미디어 이용자의 능동적인 미디어 이용, 커뮤니케이션 기술 및 세계화의 지속적 확산 등이 미디어 산업의 미래와 관련된다.

주요 용어

미디어 산업	시장 구조	산업조직론적 관점
자원준거관점	브로드밴드 기술	미디어 융합
플랫폼 경쟁	능동적 미디어 이용	세계화

연습문제

1. 이중 상품으로서 미디어 상품의 특성은 무엇인가?
2. 시장 집중이란 무엇이고 어떻게 측정되는가?
3. 경영 전략의 이론적 관점으로서 산업조직론적 관점은 무엇을 의미하는가?

4. 경영 전략의 이론적 관점으로서 자원준거관점은 무엇을 의미하는가?

5. 과점 시장의 특징은 무엇인가?

6. 플랫폼 경쟁은 무엇을 의미하는가?

7. 능동적 미디어 이용을 예를 들어 설명하시오.

8. 정부는 미디어 시장에 어떤 형태로 개입할 수 있는가?

9. 수직적 통합이란 무엇을 의미하는가?

심화토론문제

1. 미디어 산업의 변화 요인들을 설명하시오.

2. 미디어 상품의 공공재적 성격에 관하여 설명하시오.

3. 미디어 산업에서의 크로스 플랫폼에 관하여 예를 들어 설명하시오.

4. 미디어 산업의 규제 유형에 관하여 설명하시오.

5. 미디어 산업에서의 차별화 전략을 예를 들어 설명하시오.

참고문헌

권기덕(2006), 『인터넷이 바꾸는 미디어산업』, 서울: 삼성경제연구소.

김영수(2012), KOCCA 통계브리핑 제12-05호(해외편).

김지운 외(2005), 『미디어경제학: 이론과 실제』, 서울: 커뮤니케이션북스.

문종대(2000), "매스미디어 산업의 이해", 한국언론정보학회(편), 『현대사회와 매스커뮤니케이션』, 서울, 한울.

문화관광부(2007), 『2006 문화미디 산업백서』.

안현우(2011년 12월 15일), http://www.mediaus.co.kr.

임응순 외(2009), 《문화정책논총》 22, 125~149.

장용호(1995), "한국신문산업의 구조변동: 매체경제학적 접근", 유재천 외, 『한국 사회 변동과 언론』, 서울, 소화.

정윤식(2004), "통신방송융합 법제 및 정책분석: 미국과 한국의 비교분석을 중심으로," 《정보통신정책연구》 11권3호, 49~87.

한국언론진흥재단(2011), 미디어 통계정보시스템.

한진만(2011), 『한국방송의 이해』, 서울: 한울.

Albarran, A.(2013), *Management of electronic and digital media,* Boston: Wadsworth.

Caves, R.(2000), *Creative industries. Contracts between art and commerce,* Cambridge, MA: Harvard University Press.

Chan-Olmsted, S.(2006a), Issues in strategic management. In Albarran, A., Chan-Olmsted, S. & Wirth, M. (Eds.), *Handbook of Media, Management & Economics*(pp.161-180), Mahwah: Lawrence Erlbaum Associates.

Chan-Olmsted, S.(2006b), *Competitive strategy for media firms,* Mahwah:Lawrence Erlbaum Associates.

CNNMoney(2013), Fortune 500. Retrieved May 31, 2013 from http://money.cnn.com/magazines/fortune/fortune500/index.html

DMR(2017). 110 Amazing Netflix Statistics and Facts. https://expandedramblings.com/index.php/netflix_statistics-facts/

DMR(2018). 160 Amazing Youtube Statistics and Facts. https://expandedramblings.com/index.php/youtube-statistics/

Gershon, R.(2006), Issues in transnational media management. In Albarran, A., Chan-Olmsted, S. & Wirth, M. (Eds.), *Handbook of Media Management & Economics*(pp.203-228), Mahwah: Lawrence Erlbaum Associates.

Hitt, M., Ireland, R. & Hoskisson, R.(2001), *Strategic management: Competitiveness and globalization,* Cincinnati: South-Western College Publishing/Thomson Learning.

Jenkins, H.(2011), Convergence? I diverge, *Technology Review,* p.93.

Lavine, J. & Wackman, D.(1988), *Managing media organizations: Effective leadership of media,* New York: Longman.

Nelson, P. (1970), Information and consumer behavior. *Journal of Political Economy 78(2),* 311-329. Porter, M. (1980), Competitive strategy. New York: The Free Press.

Porter, M. (1985), *Competitive advantage: Creating and sustaining superior performance,* New York: The Free Press.

PWC(2014), *Global entertainment and media Outlook: 2014-2018.*

Reca, A. (2006), Issues in media product management. In Albarran, A., Chan-Olmsted, S. & Wirth, M. (Eds.), *Handbook of Media Management & Economics*(pp.181-201). Mahwah: Lawrence Erlbaum Associates.

Statista(2018). Growth rate of the media and entertainment industry revenue in selected countries in the Asia-Pacific region between 2013 and 2018.

12
매스미디어와 정치

학습목표

정치적 맥락에서 발생하는 커뮤니케이션을 잘 이해하기 위해서는 정치 커뮤니케이션의 주체들이 무엇인지를 알고, 그 주체들 사이에서 어떠한 정보가 어떻게 흘러가는지와 각각의 주체가 가지는 역할을 파악하는 것이 중요하다. 즉, 정치적 정보의 흐름에서 정치권, 시민, 미디어의 기능과 역할, 그리고 그들의 역학 관계(dynamics)를 탐구하는 것이 정치 커뮤니케이션 연구의 핵심이다. 덧붙여 나날이 새롭게 등장하는 뉴미디어가 정치 커뮤니케이션의 역학에 어떠한 영향을 미치는지를 주의 깊게 관찰하는 것도 중요한 일이다.

이 장은 정치 커뮤니케이션 현상을 이해하는 데 보편적 틀을 제공해 주는 여러 이론들을 통해 커뮤니케이션 주체들 간의 관계를 살펴보고, 특히 선거 국면에서 그들이 수행하는 커뮤니케이션 활동의 특성을 탐구해 볼 것이다. 구체적인 학습목표는 다음과 같다.

첫째, 정치 커뮤니케이션 이론들을 학습한다.
둘째, 정치 커뮤니케이션 주체들의 관계 구도를 살펴본다.
셋째, 선거 상황에서 바람직한 언론의 역할에 대해서 알아본다.
넷째, 정치 커뮤니케이션 과정에서 생산되고 공유되는 메시지의 속성에 대해서 알아본다.
다섯째, 정치 커뮤니케이션에서 뉴미디어의 기능과 역할에 대해서 살펴본다.

1. 정치 커뮤니케이션

정치 커뮤니케이션이란 국가 기관, 정당, 정치인, 언론사, 시민 단체, 일반 시민들과 같은 사회 구성체들이 정치적 맥락에서 정치적 사안과 관련하여 정보를 주고받는 행위를 뜻한다. 즉, 하나의 정치 체제 안에서 그 구성원으로 역할이 부여된 주체들이 정치적 메시지를 교환하는 행위가 정치 커뮤니케이션이다. 정치 커뮤니케이션의 메시지는 기자 회견, 보도 자료, 정치 뉴스, 선거 후보자들의 선거 캠페인, 시민들의 정치 토론 등을 포함한다.

정치권 입장에서 정치 커뮤니케이션은 정치적 입장을 설명하고 그에 대한 지지를 호소하여 국민들의 태도와 행동을 바꾸기 위한 설득적 목적을 가지는 '설득 커뮤니케이션' 성격을 갖는다. 기자 회견, 보도 자료 배포, 정치 연설, 대 국민 담화와 같은 정치적 홍보 활동이나 선거 때의 정치 광고는 설득적 정치 커뮤니케이션의 범주에 들어간다.

이러한 정치권의 메시지는 많은 경우 미디어에 의해 매개되어 시민들에게 전달된다. 여기서 미디어란 신문, 방송, 라디오, 잡지와 같은 전통적 매스미디어와 월드와이드웹, 팟캐스트(podcast), 모바일 앱(application)과 같은 새로운 형식의 뉴미디어를 모두 포함한다. 최근에는 페이스북(Facebook), 유튜브(Youtube), 트위터(Twitter)와 같은 소셜네트워킹서비스(Social Networking Service, 이하 소셜 미디어)가 등장하여 이용자들이 정치적 정보를 직접 생산, 공유하는 뉴스 미디어의 기능을 갖게 되었다. 정치적 정보가 확산되고 정치적 의견이 공유되는 채널인 미디어는 정치 커뮤니케이션에서 매우 중요한 기능을 수행한다.

우리나라에서 미디어가 선거 캠페인에 본격적으로 활용되기 시작한 시기는 1990년대이다. 유신 독재 이후 대통령직선제가 처음 실시된 1987년도만 해도 선거 운동의 많은 부분이 넓은 장소에서 대규모 군중이 동원된 선거 유세를 통해 이루어졌다. 이 시기에는 선거가 후보자의 조직과 재정 규모에 의해 움직였다. 그러다가 1992년 14대 대통령 선거부터 TV 선거 광고가 등장하였고, 이후 1997년부터 대선 후보자 합동 TV 토론회가 공식적으로 도입되면서 본격적인 미디어 선거 캠페인 시대가 열리게 되었다. 미디어 선거 캠페인이 시작되면서 조직력과 자금력을 바탕으로 한 금권선거는 상당 부분 줄어들었고, 유권자들이 후보자들을 직접 접하는 기회가 증가했다. 그러나 후보자들의 자질과 능력에 대한 객관적인 평가보다는 미디어에서 보이는 피상적인 이미지가 더 중요해지는 선거가 되었다는 부정적인 측면도 있다.

최근 정치 커뮤니케이션 연구에서 주목을 받는 대상은 소셜 미디어와 같은 이용자 중심 온라인 서비스들의 정치적 기능과 역할이다. 미디어가 정보를 생산하고 수용자는 정보를 소비하는 일방향적 정보 흐름의 구도가, 미디어 이용자들이 능동적으로 정보의 생산과 공유에 참여하는 방향으로 서서히 바뀌기 시작한 시기는 일반 시민 기자에 의해 뉴스가 생산, 공급되는 시민 저널리즘인 ≪오마이뉴스≫가 탄생한 2000년부터다. 이후 2000년대 초반부터는 상호작용적 웹 플랫폼(platform)이 등장하여 이용자들이 온라인 커뮤니티, 게시판, 댓글의 공간에서 정치적 사안에 대한 자신들의 목소리를 내기 시작했다. 그 전까지는 정치 커뮤니케이션 과정에서 일방적으로 정보를 소비하는 수동적인 역할에 머물렀던 일반 시민들이 정보를 직접 생산하여 공유하는 능동적인 존재가 된 것이다.

2000년도 중반부터는 디지털 압축 기술이 발달하고 페이스북이나 트위터와 같이 상호작용적 기능이 한층 더 진보된 웹 플랫폼인 소셜 미디어가 등장함에 따라 이미지, 오디오, 동영상, 애니메이션, 멀티미디어 등 다양한 형태의 정보를 생산하고 더 빠르게 공유하는 일이 가능해졌다. 소셜 미디어는 미국에서 2000년도 후반부터, 우리나라에서는 2010년대에 들어서면서부터 본격적으로 정치 정보가 생산되고 유통되는 정치 커뮤니케이션의 채널로서 기능하기 시작하였다. 특히 페이스북과 같은 소셜 미디어는 2008년 미국 대선과 2010년 미국 중간 선거에서 선거 판세에 결정적인 영향을 미친 동력이었던 것으로 평가되면서 소셜 미디어의 기능과 효과에 대한 관심이 집중되었다. 우리나라에서도 2011년 4월 강원도지사, 같은 해 10월 서울시장 재 보궐 선거에서 젊은 층을 중심으로 소셜 미디어의 정치적 이용이 두드러졌고 선거 판세에 상당한 영향력을 미친 것으로 평가되고 있다.

이 외에도 유튜브(Youtube), 비메오(Vimeo)와 같은 동영상 공유 전

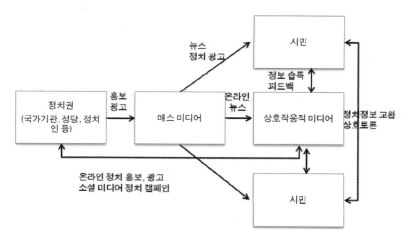

그림 12-1 정치 커뮤니
케이션의 주체들

문 소셜 미디어 채널과 오디오 콘텐츠 공유 목적의 소셜 미디어 서비스인
팟캐스트는 또 다른 형식의 대안 언론의 역할을 수행하고 있다. 2012년 우
리나라 총선에서 정치적으로 민감한 사안에 대해 자유로운 논평과 토론을
담은 팟캐스트〈나꼼수〉는 많은 관심을 받기도 하였다. 정치권에서도 소
셜 미디어 안에서 형성된 여론과 정보의 흐름은 선거 판세에 큰 영향을 미
치는 것으로 인식하고 소셜 미디어를 통한 홍보 활동을 강화하고 있다.

　규범적 언론관에서 바라보았을 때, 일각에서는 상호작용적 온라인
서비스가 정치적 정보를 확산시키고 자유로운 시민 토론을 촉진시켜서
집단 지성에 의한 합리적인 합의를 이루어 가는 숙의 민주주의를 구현하
는 데 기여할 수 있다는 기대 섞인 시각도 있었다. 그러나 한편으로, 조작
되거나 부정확한 정보가 확산되고, 극단적이고 과격한 의견들이 주로 표
출되는 경향도 나타나면서 온라인 상호작용 활동에 대한 부정적인 시각
도 등장했다. 또한 자신의 정치적 입장과 비슷한 정보만을 찾아 소비하는
'선택적 노출'과 정치적 이념이 같은 사람들끼리 모여 커뮤니티를 형성,
확장하는 폐쇄적 상호작용이 심화되어 이질적 집단 간의 갈등이 커지고
있다는 우려도 있다. 이처럼 정치 커뮤니케이션의 채널로서 뉴미디어의
기능과 역할은 다양하게 논의될 수 있다.

　정치 커뮤니케이션을 잘 이해하기 위해서는 정치 커뮤니케이션의

주체들이 무엇인지를 알고, 그 주체들 사이에서 어떠한 정보가 어떻게 흘러가는지와 각각의 주체가 가지는 역할을 파악하는 것이 중요하다. 즉, 정치적 정보의 흐름에서 정치권, 시민, 뉴스 미디어의 기능과 역할, 그리고 그들의 관계 구도를 탐구하는 것이 정치 커뮤니케이션 연구의 핵심이다. 덧붙여 나날이 새롭게 등장하는 뉴미디어가 정치 커뮤니케이션의 역학(dynamics)에 어떠한 영향을 미치는지 주의 깊게 관찰하는 것도 중요하다.

정치 커뮤니케이션 모델과 이론들은 이러한 정치적 주체들의 기능과 역할, 그리고 정보의 흐름에서 그들의 관계를 이해하는 데 보편적 틀을 제공한다. 다음은 정치 커뮤니케이션의 역학을 이해하는 데 중요한 이론들이다.

2. 매스미디어의 정치적 효과

1) 의제 설정과 프라이밍 효과

의제 설정 이론(agenda-setting theory)은 정치 커뮤니케이션을 이해하는 데 가장 기초적이면서도 중요한 이론이다. 매콤과 쇼(McCombs & Shaw, 1972)가 발표한 의제 설정 이론은 특정 이슈에 대한 언론의 보도량이 증가하면 공중(public)은 그 이슈를 국가가 당면한 중요한 의제로 인식한다는 내용을 핵심으로 한다. 언론이 특정한 이슈에 집중하여 보도하면 그 이슈가 대중의 인지체계에서 현저성(salience)이 증가되어, 그것이 중요한 국가적 의제(agenda)로 인식된다는 것이다.

국가적 의제는 국가와 국민이 당면한 현안이며 숙고와 논의의 주제가 되는 사안이다. 의제 설정이 중요한 이유는 의제는 곧 국민적 관심사이고 국민의 시선과 생각이 머무는 대상이기 때문이다. 의제가 설정이 되면 그 의제에 대한 국민적 의견인 여론(public opinion)이 형성이 되고, 그 여론은 국가의 정책을 결정하는 데 중요한 역할을 하게 된다. 의제는 또한 국민이 국가 지도자를 선출하는 데 근거로 삼는 중요한 기준으로 작용하기도 하는데, 이것이 프라이밍 효과(priming effect)다. 프라이밍 효과란 의제 설정 결과로 발생하는 것으로 유권자들이 정치적 판단을 내릴 때 개인의

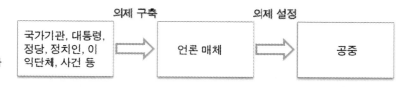

그림 12-2 의제 구축과
의제 설정

인지 체계 안에서 활성화되어 있는 의제가 중요한 기준이 된다는 것이다.

한편 매콤과 그 동료들(1997)은 의제 설정 효과가 발생하는 활성화
메커니즘을 적용하여 의제 설정 2차 효과를 제창하였다. 의제 설정 1차
효과가 어떤 대상(사건, 이슈, 인물 등)이 반복 보도되어 공중의 머릿속에
활성화되는 결과 의제로 설정되는 현상을 설명하는 것이라면, 의제 설정
2차 효과는 그 대상의 특정한 속성(attribute)이 반복 보도되어 그 속성이
공중에게 활성화되고, 그 결과 수용자들은 그 강조된 속성을 바탕으로 그
대상을 인식한다는 내용이다. 여기서 속성이란 대상이 가지고 있는 특징
(property)이나 대상을 구성하는 요소(element)로서 그 대상이 정치적
인물일 경우 도덕성, 성품, 능력, 지식수준, 정치 경험 등이 속성이 된다.
의제 설정 2차 효과는 대상의 일부분을 선택, 강조하고 이를 통해 그 대상
전체를 이해하게 된다는 측면에서 프레이밍 효과(framing effect)와 비슷
하다고 볼 수 있다. 그러나 프레이밍 이론은 미디어 효과 이론 범주에 국
한되지 않고 다양한 뉴스 스토리텔링 기법, 게이트키핑(gate-keeping) 과
정, 뉴스 프레임에 영향을 주는 개인적, 조직적, 제도적 요인들까지도 이
론적 담론에 포함하는 매우 포괄적인 개념이다.

의제는 그 자체로 중요한 의미와 정치적 효과를 가지기 때문에 정치
권에서는 자신들에게 유리한 사안이나 관심사를 언론의 의제로 설정시
킴으로써 궁극적으로 그것이 국민의 의제가 되도록 전략적으로 공을 들
인다. 언론의 의제가 만들어지는 과정을 의제 구축(agenda building) 과
정이라고 한다. 의제 구축을 위한 구체적 전략으로는 홍보(PR)의 방법 중
하나인 퍼블리시티(publicity)가 있다. 기자 회견이나 보도 자료를 통해
서 자신에게 유리한 측면이 보도되도록 하는 것이다. 특히 선거 국면에서
특정 후보자가 자신에게 유리한 이슈를 언론의 의제로 구축하는 데 성공

하면 그 후보자는 선거에서 매우 유리해진다.

선거에서 의제가 후보자에게 유리하게 작용하기 위해서는 그 후보자가 의제에 대한 이슈 소유권을 가지고 있어야 한다. 이슈 소유권이란 후보자의 이념적, 경험적, 생물학적 속성 때문에 특정 정당이나 후보자가 특정 이슈에 대해 가지는 가상의 소유권을 말한다. 1997년 대선 때는 해박한 경제 지식을 가진 것으로 알려진 김대중 후보가, 2008년 대선에서는 기업인 출신의 이명박 후보가 경제 이슈에 대한 이슈 소유권을 가졌다고 볼 수 있다. 2012년 대선에서는 여성 후보인 박근혜 후보가 여성의 사회적 권리 신장이라는 이슈의 소유권을 가졌다고 볼 수 있다. 우리나라에서는 일반적으로 진보당이 복지·노동 이슈에서, 보수당은 안보·세금 이슈의 소유권을 갖는다. 오랫동안 양당 체제인 미국에서는 의료, 복지, 교육 이슈는 민주당이 소유권을 가지고 있고, 국방, 안보, 세금 이슈는 공화당이 소유권을 가지고 있다. 선거에서 정당과 후보자들은 이슈 소유권을 가진 사안이 의제로 구축되게 하기 위해서, 그리고 이미 의제로 설정된 이슈의 소유권을 가지기 위해서 많은 전략적 노력을 기울인다.

그러나 후보자나 정치인들이 언론의 의제를 구축하는 인과관계적 흐름이 항상 고정되어 있는 것은 아니다. 그들이 언론 보도의 내용에 영향을 주는 것은 분명한 사실이지만, 언론의 보도는 기본적으로 시의성(timeliness), 근접성(proximity), 영향성(consequence), 특이성(unusualness), 저명성(prominence), 흥미성(interest) 등과 같은 뉴스 가치에 입각하여 자의적으로 이루어지며, 오히려 언론의 의제가 후보자와 정치인들의 메시지를 결정하는 경우도 많이 있다. 마찬가지로 언론의 의제가 국민의 의제를 설정한다는 인과관계가 고착된 것도 아니다. 국민의 의제가 언론의 의제에 영향을 받아 설정되는 것이 일반적이지만, 반대로 국민적 공감대가 형성된 사안과 필요에 언론이 반응하는 경우도 자주 관찰된다.

2) 프레이밍 효과
어떠한 이슈를 보도할 때 그 이슈의 단면에 집중하여 보도하거나 보도자의 특정한 시각으로 이슈를 해석하여 보도하는 현상을 프레이밍

(framing)이라고 한다. 프레이밍을 번역하면 틀 짓기가 되는데, 프레이밍의 결과 틀을 통해서 보이는 단면만이 선택, 강조되고 나머지는 배제된다. 프레이밍은 언론 보도에서 자연스러운 현상이다. 언론이 사건을 보도할 때 그 사건이 가지는 면들을 기사 하나에 모두 다루어 보도할 수는 없기 때문에 특정한 단면에 집중하여 보도하는 것이 관행이다. 사건의 본질을 알리고 그것이 가지는 사회적 함의와 문제 해결을 위한 공동의 방향성을 제시하는 언론의 상관 조정 기능은 이러한 프레이밍을 통해서 수행된다.

하나의 사건을 어떻게 프레이밍하는지에 따라 그 사건은 전혀 다른 방향으로 해석될 수 있다. 즉, 틀을 통해서 대상을 바라보게 될 때 틀의 모양에 따라 그 대상을 이해하게 된다는 것이다. 사건이 발생했을 때 언론은 국민에게 사건의 본질이 무엇인지를 정의하고, 원인과 책임이 어디에 있는지를 진단하며, 해결책을 제시하는데, 언론이 어떠한 틀을 제시하는가에 따라서 사건의 본질, 원인, 해결책에 대한 공중의 이해가 달라진다 (Shoemaker & Reese, 1991). 이것이 프레이밍 효과다. 예를 들어 북한의 군사 훈련을 우리 정부가 '도발 행위'로 규정하는가 아니면 '의례적 훈련'으로 규정하는가에 따라 국민이 그것에 대해 내리는 정의가 달라진다. 또한 청소년 범죄 사건의 원인에 대해 어떤 보도는 그 청소년 개인의 인성 문제로 프레이밍할 수 있고, 다른 보도는 결손가정에서 자란 가정환경에 그 원인을 찾을 수도 있다. 또한 청소년에 대해 관심을 기울이지 않는 사회나 입시 위주의 기계적 교육 제도의 문제점이라는 시각에서 사건을 조명할 수도 있을 것이다. 언론이 문제의 원인을 어떻게 진단하는가에 따라 수용자가 사건을 바라보는 시각이 영향을 받는다.

프레이밍은 의제 구축과 마찬가지로 정치권에서 전략적으로 이용하는 홍보 기법 중 하나다. 그러나 의제 구축이 자신에게 유리한 이슈를 언론 의제로 만들기 위한 전략적 노력이라면, 프레이밍은 어떤 대상에 대해서 자신에게 유리한 속성이 드러나도록 하기 위한 홍보 전략이다. 1987년 대선 때 노태우 후보는 자신을 기득권층이 아닌 '보통사람'으로 정의하였고, 1992년 김영삼정부 때는 군사 정권의 종식과 일반 국민에 의한 정권 출범을 알리기 위해 '문민정부'라는 신조어를 만들어 정권을 홍보하였다. 1997년 대선 당시 김대중 후보는 IMF 위기를 극복할 수 있는 '준비된 대통령'으로 프레이밍해 효과를 보았다. 이러한 예들은 '미사여구 사용하기' 선전 기법과 같은 것이다. 반면 '매도하기' 프레이밍도 자주 관찰되는데, '종북 세력', '독재자의 딸' 등이 그 예다.

정당과 정치인들은 자신에게 유리한 방향으로 사건의 본질과 원인을 규정하여 이에 대해 논평하고 보도자료를 배포한다. 대선 후보자들의 TV 토론을 마치고 각 후보 진영은 각자 자신들에게 긍정적이면서 상대 후보에 부정적인 프레임으로 토론회를 평가한다. 2012년 대선 당시 국정원 여직원의 선거 운동 개입 의혹 사건에 대해 당시 야당은 국가 공직의 선거 개입으로 사건을 규정하고 접근하였으나, 여당은 야당이 의혹을 수사하는 과정에 대해 한 여성에 대한 인권 침해로 사건의 본질을 달리 해석하는 모습을 보였다.

이처럼 뉴스 프레임은 사건에 대한 보도자와 뉴스 조직의 시각이 담겨 있으며, 이는 수용자들이 사건을 바라보는 시각에 영향을 미치기 때문에 정치권에서도 매우 민감하게 반응한다.

3) 여론의 인지와 형성 효과

매스미디어는 정치적 사안에 대한 여론의 향방이 어떠한지를 보여 주는 기능을 가진다. 즉, 사람들은 미디어를 통해 정치적 사안에 대한 다수의 의견이 어떠한 방향으로 형성되었는지 그리고 앞으로 형성될 것인지 인지한다는 것이다. 일찍이 노엘레노이만(Noelle-Neumann, 1974)은 '침묵의 나선 이론'을 설명하면서 수용자가 미디어가 표명한 의견을 다수의 의견으로 인식하는 경향이 있다고 주장하였다. 심지어 매스미디어가 여론이 아닌 내용을 표명할 때에도 사람들이 그것을 여론으로 인식하여 그것과 같은 목소리만 사회적으로 표출되므로 실제 여론이 아닌 목소리가 여론으로 수렴되기도 한다는 것이다. 이 같은 집단적 오류를 다원적 무지(Pluralistic ignorance)라고 한다.

매스미디어가 수용자에게 여론을 인지시키는 효과는 미디어 보도 내용에서 직접적 단서로 여론을 나타내는 직접 경로와 미디어 보도가 다수의 수용자에게 영향을 미쳐 그것이 결국 여론으로 수렴될 것이라는 추정(presumption)을 일으켜 여론의 향방을 가늠하게 하는 간접 경로를 통해 발생한다. 직접 경로에서는 미디어의 여론 조사 결과 보도나 민심 스케치 보도와 같이 여론 자체에 대한 기사와 보도 프레임, 정보원의 종류와 태도 등의 요소들이 여론의 향방을 파악하는 단서로서 기능한다. 직접 경로는 비교적 객관적인 단서를 가지고 여론을 파악하는 과정이다.

간접 경로를 통한 여론 인지는 미디어 보도 자체가 여론이라고 단정하지는 않지만 그것이 다수의 수용자들에게 영향을 미쳐 결국 여론으로 수렴될 것이라고 예상하여 여론의 향방을 가늠하는 것이다. 즉, 미디어의 보도 내용이 여론 인지의 직접적인 원인으로 작용하는 것이 아니라 보도가 여론으로 수렴될 것이라는 추정(presumption)이 여론의 향방을 파악한다는 결정적 이유가 되는 것이다. 건서(Gunther, 1998)는 사람들이 언론의 내용이 다수에게 큰 영향을 미칠 것이라고 생각하는 경향이 있음을 '언론의 설득적 추론 효과(persuasive press inference)'라는 개념으로 설명하였다. 데이비슨(Davison, 1983)의 '제3자 효과 이론(Third-person effect)'도 이와 비슷한 추정 효과(presumed influence)를 이론화하고 있는데, 사람들이 일반적으로 매스미디어가 자기 자신보다 다른 사람들(제3자)에게 더 큰 영향을 미칠 것이라고 생각하는 경향이 있다는 내용이 이 효과 이론의 핵심이다.

그러나 매스미디어를 통해 여론을 인지하는 과정은 수용자의 선유경향(predisposition)에 따라 추정, 편견(bias), 그리고 선입견(prejudice)이 개입하기 때문에 간단하지만은 않다. 사회심리학 연구에 따르면 이슈에 대한 태도가 강하게 형성된 사람들은 그 이슈에 대한 다수의 생각이 자신의 생각과 같을 것이라는 긍정적 편견(optimistic bias)을 가지고 있으며, 이때 여론을 파악하는 단서는 자신의 의견이 된다. 투영 효과(projection effect)라고 불리는 이 현상은 상당히 보편적으로 나타나는 것으로 보고되고 있다. 흥미로운 사실은, 만약 그 이슈를 미디어가 보도할 경우 그 보도가 중립적이라 할지라도 입장이 확고한 사람들은 자신에게 불리한 방향으로 편향된 것으로 인식하는 적대적 미디어 효과(hostile media effect)가 나타난다는 것이다(Vallone, Ross, & Lepper, 1985). 적대적 미디어 효과가 작용하면 여론의 방향을 자신의 의견과 다른 방향으

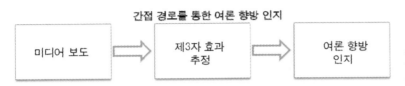

그림 12-3 매스미디어를 통한 여론 인지의 직간접 경로

로 추정하게 되는 결과가 발생한다. 즉, 미디어 보도를 자신의 입장과 다른 방향으로 인지하고, 이것이 다른 많은 수용자들에게 영향을 미칠 것이라고 추정하기 때문에 결국 자신의 입장과 다르게 여론이 형성될 것이라고 예상하게 되는 것이다.

결론적으로 매스미디어는 여론을 인지시키는 효과를 가지고 있지만, 선유 경향이 강한 수용자에게는 여론 인식을 자신의 입장과 동일시하는 긍정적 편향성과 미디어 보도를 자신의 입장과 불리하게 해석하는 적대적 미디어 인지 효과 기재가 작용하기 때문에 여론 인지 과정은 미디어 효과와 수용자의 선유 경향에 따른 인지 편향적 효과를 동시에 고려하여 이해되어야 한다.

최근에는 상호작용적 뉴미디어의 발달에 따라 대중매체를 통하지 않고 다른 이용자들의 의견을 직접 보고 들음으로써 여론을 파악하기도 한다. 포털 뉴스 서비스나 소셜네트워킹서비스(Social Networking Service)와 같은 상호작용적 온라인 플랫폼에서는 일반 이용자들에 의해 게시된 글, 동영상, 팟캐스트(podcast) 등을 바탕으로 여론을 파악할 수 있으며, 게시된 콘텐츠에 대한 이용자들의 반응이 나타나는 댓글, 조회 수, 퍼가기 수, '좋아요', '싫어요' 등도 여론의 향방을 가늠할 수 있는 직접적인 단서로 기능하기도 한다. 그러나 익명의 공간인 온라인 플랫폼에서는 정보의 정확성이 떨어질 수 있고, 규범과 여론이 왜곡될 가능성이 있기 때문에 온라인 정보가 실제로 현실을 얼마나 반영하며, 여기서 나타나

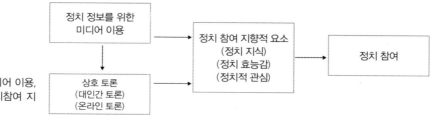

그림 12-4 미디어 이용, 상호 토론, 정치참여 지향적 요소들

는 의견 기후(opinion climate)를 공중이 얼마만큼 현실로 인식하는가에 대한 더 많은 연구가 필요하다.

　매스미디어를 통해 사회 구성원 다수의 의견, 즉 여론을 인지하게 되면 많은 경우 사람들은 그들이 갖는 사회적 속성 때문에 인지된 여론에 순응(accommodation)하는 방향으로 자신의 태도와 행동을 결정한다. 즉, 여론은 사회 구성원들이 공유하고 동의하는 공통의 가치와 규범의 위상을 갖게 되고 거기에서 나오는 사회적 압력(social pressure) 때문에 이에 순응하는 반응을 이끌어 낸다. 사람들이 다수 의견에 순응하는 여러 이유가 있지만 사회심리학 연구들에 따르면 다수의 의견에서 얻어지는 정확성(accuracy)과 합리성(rationality), 다수의 의견에 따름을 통해 자신이 사회 구성원임을 확인하는 소속감과 정체성(identification), 그리고 사회 구성원들과 좋은 관계를 유지하고자 하는 사회적 관계성(relationship) 등이 주된 동기로 알려져 있다. 다수의 의견에 대한 순응적 경향성은 밴드왜건 효과(Bandwagon effect)로 불리기도 하며, 행동심리학에서 유명한 계획 행동 이론(Theory of planned behavior)에서도 사람의 행동을 결정하는 중요한 요소로 설명되고 있다(Ajzen, 1991).

　노엘레노이만의 침묵의 나선(Spiral of Silence) 이론도 사람들이 다수의 의견에 어떻게 영향을 받는지 설명한다. 이 이론은 사람들이 매스미디어가 표방한 논조를 여론으로 인지하고, 인지된 여론이 자신의 생각과 같으면 의견을 공적으로 자유롭게 표출하지만 만약 다르면 고립에 대한 두려움(Fear of isolation) 때문에 침묵한다고 설명하고 있다. 그리고 이러한 과정이 집단적으로 나타날 경우 결국 매스미디어의 보도 논조만 표출되고 나머지는 서서히 사라져 결국 매스미디어에서 나타난 논조가 여론으로 수렴된다는 것이다.

이렇듯 미디어는 직·간접 경로를 통해 여론의 향방을 보여 주고, 이를 통해 사람들의 정치적 태도와 행동에 영향을 미치고 있다.

4) 정치 참여 효과

미디어의 정보적 이용은 정치 지향적인 결과물(politically oriented consequences)을 양산하여 정치 참여 행위를 촉진하는 효과를 갖는다. 이러한 정치 참여 효과를 이끌어 내는 미디어 이용의 결과물들은 인지적(cognitive), 태도적(attitudinal), 행동적(behavioral) 요소들로 구분할 수 있다. 인지적 요소는 정보의 습득이나 정치 지식의 증가와 같이 인지적 차원의 요소를 말한다. 태도 차원에서의 정치 지향적 요소는 정치적 사안에 대한 태도의 형성과 강화, 정치 효능감의 증가와 같이 정치 참여를 촉진시키는 태도적 요소들을 포함한다. 마지막으로 행동적 요소는 정치 집회 참여, 선거 캠페인 참여, 투표와 같은 정치적 행위를 유발하는 요소를 가리킨다.

이러한 정치 참여 지향적 요소들은 상호 토론(discussion)의 결과로 더욱 활발하게 나타난다. 정치적 정보소비를 위한 미디어 이용은 대인간(interpersonal) 토론이나 온라인에서의 토론과 같은 정치 토론을 유발하는데, 이러한 정치 토론은 그 과정에서 많은 인지적 노력을 들여 정치적 사안에 대해 생각하고 정리하는 인지 정교화 과정(elaboration)을 수반하기 때문에 다양한 정치참여 지향적 결과물들을 발생시킨다.

정치적 정보를 위한 미디어 이용의 결과는 다음과 같이 정리할 수 있다.

(1) 상호 토론 촉진

미디어의 정보적 이용은 시민들의 정치적 사안에 대한 상호 토론을 촉진한다. 언론 매체 이용의 결과로 인지된 의제들은 시민들이 공동의 노력을 기울여 고민해야 할 대상이며 화두이다. 따라서 언론 매체의 이용은 자연스럽게 정치적 토론으로 연결된다.

상호 토론의 정치적 효과는 매우 크다. 학자들은 상호 토론 과정에서 인지 정교화 작용이 일어난다고 보고 있다(Cho et al., 2009; Jung, Kim, Gil de Zuniga, 2011). 인지 정교화(elaboration)란 많은 인지적 노력을 들여 사안에 대한 생각을 정리하는 과정을 말하는데, 토론 과정에는 토론 상대의 주장을 분석, 평가하고 자신의 주장을 논리적으로 설명하기 위해서 정리(arranging)하고 논증(reasoning)하는 인지 정교화 과정을 수반한다는 것이다. 여러 정치적 효과들은 언론 매체에 단순히 노출되어 발생하기보다는 주어진 정보를 많은 인지적 노력(cognitive effort)을 기울여 처리하는 '인지 정교화(elaboration) 과정'을 통해 발생한다. 주어진 정보를 기존의 지식에 비추어 그 의미를 해석하고 그 정보가 가지는 장점과 단점을 파악하는 내면적 논증(reasoning) 과정을 통하여 정보는 지식으로 편입되고 지속성 있는 태도로 고착된다. 따라서 최근의 많은 연구들은 상호 토론 행위를 여러 차원의 미디어 효과가 발생하기 위한 중요한 매개 변인으로 간주하고 있다.

(2) 정치적 태도 형성과 강화

미디어의 정보적 이용은 정치적 사안들과 정치인에 대한 태도를 형성시키고 그것을 강화하는 효과를 가진다. 언론 매체의 이용은 시민들에게 생각할 대상(what to think about)을 제공하는 의제 설정 효과를 가지며 시민의 정치 토론을 활성화시키는 효과가 있는데, 이러한 생각과 토론의 결과로 인해 정치적 주요 사안에 대한 태도가 형성되고 강화되는 효과가 발생한다. 스토너(1961)는 모험 이행이라는 개념을 통해 토론 이후 개인이 자신의 주장에 대해 더 과감해지는 현상을 설명하였다. 이후 마이어스와 램(1976)은 후속연구를 통해 진보적인 집단은 더 진보적이 되고 보수적인 집단은 더 보수적이 된다는 것을 발견해 집단 극화(group polarization)이라는 용어라는 개념을 도입하였다.

(3) 정치 지식의 증가

언론 매체의 이용에 따라 정치 지식이 증가하는 효과는 많은 연구들에 의해 논증되었다. 이는 언론이 새로운 사실을 전달해 주는 환경 감시 기능과 함께 교육적 기능을 수행하고 있음을 보여 주는 결과다. 정치 지식의 증가는 정치적 관심을 높여 정치 과정에 관여도를 높이는 결과로 이어지며, 자신이 효과적이고 합리적으로 정치적 의사결정을 할 수 있어서 정치 과정에 긍정적 영향을 미칠 수 있다는 신념인 정치 효능감을 높여 정치 참여 행위를 촉진한다.

(4) 정치 효능감의 증가

정치 효능감(political efficacy)은 언론 매체 이용의 결과로 나타나는 중요한 정치참여 지향적 태도 중 하나다. 정치 효능감은 정치적 행동 연구에서 오랫동안 중요하게 다루어져 왔다. 효능감이란 자신이 어떠한 일을 효과적으로 수행할 수 있다는 스스로의 자질과 능력에 대한 믿음이라고 정의할 수 있는데, 정치 효능감이란 자신이 효과적으로 정치적 과정에 영향을 미칠 수 있다고 생각하는 신념이다. 정치 효능감은 내적 효능감(internal efficacy)과 외적 효능감(external efficacy)으로 구분되는데, 내적 효능감은 정치 과정에 합리적이고 효과적으로 영향을 미칠 수 있게 하는 스스로의 자질과 능력에 관한 믿음을 의미하고, 외적 효능감은 자신의 정치적 관여가 외부적 제약이 없이 실제로 정치 과정에 영향을 미칠 수 있는지에 대한 믿음을 의미한다. 내적 정치 효능감은 정치 지식과 관여도가 높을수록, 외적 정치 효능감은 정치권의 태도가 수용적이고 정치 제도가 민주적이라고 인식할수록 높게 형성된다. 정치 효능감이 높은 사람들은 다양한 형태의 정치 활동에 적극적으로 참여할 가능성이 높다.

3. 언론의 선거 보도

언론의 선거 보도는 유권자들의 올바른 선택을 위해서 매우 중요하다. 유권자들은 언론의 의제로 선거에서 중요한 사안이 무엇인지를 판단하고, 후보자들이 어떤 정책적 비전과 공약을 가지고 있는지 파악하며, 언론의 보도 관점으로 사안을 해석하고 이해하게 된다. 유권자들이 갖게 되는 선거 정보와 후보자들에 대한 이미지는 상당부분 언론 보도를 토대로 얻어

정책 분석 기사

정책, 공약 비교 분석 기사

그림 12-5 정책 공약 비교 분석 기사

지고 형성된다.

　이 때문에 언론의 선거 보도는 사회적 책임이 수반된다. 즉, 언론은 유권자들이 후보자들의 자질과 능력을 정확하고 객관적으로 검증할 수 있도록 후보자들의 정책, 공약, 비전, 도덕성, 경험, 능력 등을 종합적으로 다루어 주어야 한다. 또한 지역감정을 조정하거나 후보자들 간의 자극적 공방에 집중하여 보도함으로써 유권자들이 감정에 근거하여 선택하지 않도록 해야 한다. 그러나 경쟁(contest)이라는 선거의 본질적 속성상 선거 보도는 경쟁구도로 후보자들의 치열한 공방의 내용을 포함하게 되며, 선거 판세에 집중하여 이루어지는 경우가 많다. 선거에서 언론은 국민에게 중요한 이슈를 알리고, 그에 대한 정책의 합리성과 실현 가능성을 검증하며, 후보자들의 능력, 도덕성 등의 면면을 살펴 국민에게 알림으로써 이성적이고 합리적인 과정으로 국가의 일꾼이 선출될 수 있도록 책임 있는 역할을 수행해야 한다.

1) 바람직한 선거 보도

앞에서 언급된 것처럼 선거에서 바람직한 언론 보도는 정책 위주의 보도와 함께 후보자의 면면을 객관적이고 공정하게 전달하는 것이다. 후보자들의 정책과 공약 보도는 그들을 단순히 소개하는 차원을 넘어 효과와 실현 가능성을 분석, 검증하여 유권자들이 정책의 장단점을 파악하는 데 활용할 수 있는 가치 있는 정보를 제공하고, 후보자들의 인기 영합주의 공약 남발을 방지하는 기능을 수행해야 한다.

2) 바람직하지 않은 선거 보도

(1) 선거 판세 보도와 경마식 보도

선거 판세 보도는 여론 조사 결과를 바탕으로 후보자들의 지지율을 비교하거나 후보자들에 대한 전반적 민심의 동향을 스케치하는 보도다. 선거 판세 보도는 경마식 보도(horse race coverage)라고도 하는데, 이는 보도가 어떤 후보자가 우세이고 열세인지, 그리고 후보자들의 지지율 추이가 어떠한지에 대한 전달에만 집중해 선거 보도가 마치 경마 중계하듯 이루어지는 형식을 경마에 빗댄 말이다.

경마식 보도의 예

부정적 캠페인 대변하기
보도의 예

그림 12-6 경마식 보도와 부정적 캠페인 대변하기 보도의 예

판세 보도는 '경쟁'과 '선택'이라는 선거의 속성상 빠질 수 없는 선거 보도의 형식이고, 선거에 대한 유권자들의 흥미를 불러일으키는 긍정적인 기능을 가지기도 한다. 문제는 선거 보도가 지나치게 판세 분석에 집중하는 경향을 보인다는 점이다. 선거 기간 중 경마식 보도는 선거 보도 전체의 20~30%를 차지할 정도로 상당히 큰 비중을 차지하는 것으로 알려져 있다. 최근에는 방송사와 신문사 등 언론 매체를 포함하여 많은 사설 여론 조사 기관들이 선거 기간에 여론 조사를 실시함에 따라 이 같은 추이가 지속되고 있다. 판세 위주의 보도는 이기고 지는 경쟁적 요소에만 집중하고 부각시킴으로써 유권자들이 후보자들의 자질과 능력을 검증할 수 있는 기회를 제한하는 역기능을 가져온다. 선거의 의미는 후보자들에

대한 충분한 검증을 통해 국가와 국민에게 필요한 일꾼이 누구인지를 판단하는 과정에 있는 것이기 때문에 선거 결과 예측에만 초점이 맞추어진 경마식 보도는 건강한 선거 보도의 행태라고 할 수 없다.

또한 경마식 보도는 자칫 유권자들이 지지율에 따라 선출 후보자를 결정하게 되는 비합리적인 의사결정 과정을 초래할 수 있다. 인간의 태도와 행동을 결정하는 하나의 중요한 요인은 다수의 의견, 즉 여론이다. 인지적 구두쇠라 불리는 사람들은 최소의 인지적 노력을 가지고 가장 합리적인 결정을 하려는 속성을 가지고 있으며, 이때 다수의 의견은 좋은 참고 사항이 된다. 그러나 이같이 인기에 편승하거나 대세를 따라 내리는 결정 방식은 집단적 오류 상태인 다원적 무지(pluralistic ignorance)를 이끌어 낼 수 있고 내실보다 보이는 이미지가 중요시되는 결과를 가져올 수 있으므로 결코 합리적이라고 볼 수 없다.

(2) 부정적 캠페인 대변하기 보도

선거에서 정당과 후보자들은 유리한 고지를 점령하기 위해 상대 후보자를 흠집 내기 위한 여러 가지 전략들을 구사하는데, 이를 언론이 여과 없이 보도하는 것이 부정적 캠페인을 대변하는 보도다. 일반적으로 부정적 내용은 긍정적 내용보다 주의 집중도와 회상도가 높아 그 효과가 더 큰 것으로 알려진다. 아무리 긍정적인 이미지를 형성해 온 후보자라 할지라도 한 가지 부정적인 이미지가 부각되면 큰 치명타를 입을 수도 있다. 이 때문에 선거에서는 흠잡기식 전략이 빈번하게 사용되며, 심지어 검증되지도 않았거나 아무런 근거가 없는 추측과 억측이 난무하기도 한다. 주장이 사실이 아니더라도 연루된 후보자에게 큰 타격을 줄 수 있기 때문에 선거 캠페인은 많은 부정적 내용을 쏟아낸다.

문제는 언론 보도가 이러한 공격적이고 부정적 내용을 그대로 담아낸다는 것이다. 갈등(conflict)이라는 흥미로운 뉴스 결정 요소를 담고 있는 의혹성 네거티브 캠페인 내용을 언론이 지나칠 수 없기 때문이다. 특정 후보자에 대한 부정적 보도는 외적인 중립성을 지키기 위해 대부분 정보원의 공격적 내용을 직접 인용하는 형식으로 이루어진다. 그러나 종종 언론사의 이념적 성향에 따라 보도 내용과 횟수, 그리고 보도 프레임

(frame)이 특정 후보에게 유리한 편파적 보도가 나타나기도 한다. 후보자에 대한 검증은 경험, 능력, 도덕성 등 여러 방면에서 철저히 이루어져야 하고, 후보자의 결격 사유를 유권자들이 알게 하는 것은 언론의 책무이다. 그러나 전략적으로 무분별하게 이루어지는 공격적이고 부정적인 캠페인을 여과 없이 보도하는 것은 민주주의의 기본 정신을 훼손하며, 유권자들에게 정치적 냉소주의(political cynicism)와 무관심(indifference)을 불러일으켜 참여 정치의 쇠퇴를 가져올 수 있다.

(3) 선거 운동 트레일(trail) 보도

선거 운동 트레일 보도란 선거 기간에 후보자들의 선거 운동 일정을 따라다니면서 유세 활동을 단조롭게 묘사하는 보도 형식을 말하는데 이는 취재 방법이나 시각에서 개성이 없고 무미건조한 팩 저널리즘(pack journalism) 또는 패거리 저널리즘의 한 형태다. 선거 운동 트레일 보도는 정책에 대한 분석이나 후보자의 자질을 검증하는 데 도움이 되지 않고 단순히 후보자 일정과 활동을 스케치하여 보도하는 것에 지나지 않는다. 이러한 선거 운동 트레일 보도가 전체 선거 보도에서 높은 비율을 차지한다는 사실이 문제점으로 지적되고 있다.

(4) 그 외 바람직하지 않은 선거 보도: 가십성 선거 보도, 전략적 관점의 보도, 훈수 두기 식 보도, 비과학적 보도

이 외에도 후보자의 옷 입는 스타일이라든가 경호원의 수를 비교하는 기사와 같이 선거의 핵심과 본질에 관계없는 뉴스 가치가 낮은 주제에 대한 가십성 보도, 후보자의 발언과 행동을 모두 전략적인 것으로 묘사하는 보도, 후보자의 입장에서 훈수 두기 식의 보도, 그리고 편의 표집 방식이나 적은 표본 수로 인해 신뢰도와 타당도가 낮은 비과학적인 여론 조사 결과를 근거로 삼는 보도, 기자의 직관과 주관에 근거한 보도 등도 바람직하지 못한 선거 보도의 예다.

가십성 보도

전략적 관점의 보도

그림 12-7 가십성 보도와 전략적 관점의 보도

4. 정치 홍보

정치 홍보(PR)는 정치인이 국민들과 호혜적인 관계를 형성하고 이미지를 제고하여 궁극적으로 자신의 정치적 목적을 달성하기 위한 목적으로 행하는 전략·설득 커뮤니케이션이다. 정치 홍보의 구체적 방법에는 여러 가지가 있지만 가장 효과적이고 일반적인 정치 홍보의 방법은 대중매체를 통해 자신의 입장을 대중에게 널리 알리는 퍼블리시티(publicity)이다. 퍼블리시티란 기자회견이나 보도 자료 배포와 같은 방법으로 정보원의 정치적 입장을 표명하고 언론이 이를 보도하도록 유도하는 홍보 방식이다. 정치인들은 자신에게 유리한 사안이 언론의 의제가 되도록 의제 구축을 위한 홍보 활동을 하며, 자신에게 불리한 사안이 의제로 형성될 경우 새로운 의제를 형성하여 기존의 의제를 불식시키기 위해 노력한다. 또한 불리한 국면에 접어들 때 위기관리(crisis management)를 위한 홍보 방법으로 대상의 다른 속성을 강조하여 논점을 흐리게 만드는 이른바 '물타기'식 방법을 쓰기도 한다.

정치 홍보물의 내용은 자신에 대한 칭송(acclaim), 상대에 대한 공격(attack), 상대 공격에 대한 방어(defense)와 같이 크게 세 가지 형태로 분류될 수 있다. 베노아와 동료들(Benoit et al., 1996)은 정치 홍보 캠페인은 본질적으로 기능적 속성을 가지며, 홍보 메시지는 그 기능에 따라 크게 자기 칭송, 상대 공격, 방어의 세 가지 목적을 갖는다고 하였다. 칭송(acclaim)은 자신의 장점을 부각하고, 공격(attack)은 상대 후보자를 비판하며, 방어(defense)는 상대 후보자의 공격에 대한 해명의 기능을 가지는 메시지다. 이 중 일반적으로 칭송이 가장 많은 비중을 차지하고, 방어 메시지가 가장 적은 것으로 나타난다.

이 세 가지 기능은 이미지와 정책에 기초하여 수행된다. 즉, 자신의 칭송에 대한 구체적 근거가 자신의 성품, 도덕성, 청렴성, 경험, 능력, 리더십 등과 같은 이미지 관련 요소이거나 정책적 우월성과 공약의 참신성 같은 정책적 요소일 수 있다. 마찬가지로 상대 후보에 대한 공격적 기능의 메시지와 방어 메시지도 이미지나 정책에 근거한다.

표 12-1 기능적 관점에서 본 정치 홍보 메시지의 종류

	칭송(acclaim)	공격(attack)	방어(defense)
이미지	자신의 인간적 특성, 자질, 능력 부각	상대 후보의 인격적 결함, 자질, 능력 부각	상대 후보의 인격, 자질, 능력 비판에 대한 해명
정책	자신의 정책과 공약의 우월성과 합리성 부각	상대 후보의 정책과 공약의 약점 공격	상대 후보의 정책 비판에 대한 해명

5. 정치 광고

정치 광고는 수용자들의 정치적 의견, 태도, 행동에 영향을 미치기 위해 전략적으로 제작된 유료 커뮤니케이션 콘텐츠다. 즉, 정치 광고는 정치적 사안이나 선거와 관련하여 수용자들을 설득하는 목적을 가진 정치 커뮤니케이션의 영역 안에 있는 설득 커뮤니케이션의 한 형태다. 정치 광고는 매체의 일정 시간과 공간을 구매하여 이루어지는 유료 커뮤니케이션이라는 점에서 정보원(정치인, 정당, 후보자)의 메시지가 언론의 취재 과정 안에서 무료로 보도되는 '퍼블리시티(publicity)'를 수단으로 삼는 정치 홍보(PR)와는 차이가 있다.

선거 국면에서 특히 텔레비전 정치 광고의 영향력은 매우 크다. 우리나라에서는 1992년 대선 때 6건의 텔레비전 광고가 처음으로 전파를 탄 이래로 정치 광고는 꾸준히 대통령 선거 캠페인의 중요한 비중을 차지하고 있다. 미국에서도 1952년부터 현재까지 브라운관에서 치열한 정치 광고 캠페인 전쟁이 벌어지고 있다. 특히 최근 슈퍼팩(Super-PAC) 법안이 통과되어 특정 후보자를 지원하는 정치 행동 단체(Political Action Committee)가 캠페인 진영 외곽에서 무제한으로 정치 광고를 만들어 방영할 수 있게 됨에 따라 2012년 대선에서 텔레비전 정치 광고의 수가 크게 증가하였다. 여기에 온라인 광고까지 합하면 영상 정치 광고의 수는 더 늘어난다.

정치 광고는 긍정적 기능과 부정적 기능을 모두 가지고 있다(김춘식, 2005). 정치 광고는 공허하고 유익한 내용이 없으면서 이미지 조작과 형성에만 치우쳐 있고, 공격적이고 부정적인 내용이 많아 정치적 불신, 무

표 12-2 정치 광고의 종류

	이미지	정책·공약
긍정	긍정-이미지 광고	긍정-정책 광고
부정	부정-이미지 광고	부정-정책 광고

관심, 혐오를 야기하는 원인으로 지목되기도 한다. 그러나 정치 광고는 후보자와 선거 이슈에 대한 정보를 담고 있으며, 이를 통해 유권자들은 의제를 배우고 정치 지식을 쌓아가기도 한다. 또한 창의적으로 기획된 정치 광고는 유권자들의 선거에 대한 관심을 높이고 정치 과정에 참여하도록 만드는 긍정적 효과도 가지고 있다.

정치 광고의 종류는 강조하는 대상과 톤(tone)에 따라 정책 대 이미지 광고, 그리고 긍정 대 부정 광고로 나눌 수 있다. 이미지 광고는 후보자의 성품, 도덕성, 리더십 같은 성격적 특성이나 전문성, 국정 경험, 국정 운영 능력 등과 같은 능력과 자질을 강조한다. 정책 광고는 정책의 우월성과 합리성을 내세워 수용자들을 설득하는 전략을 사용한다.

일반적으로 이미지 광고는 감성적 소구로, 정책 광고는 이성적 (또는 인지적) 소구로 많이 표현된다. 그러나 정책 광고 중 부정 광고는 불쾌한 사운드나 영상 효과를 이용하는 감성적 소구 기법도 많이 쓰인다. 감성적 소구는 느낌(feeling)이나 감성(affect)을 자극하여 메시지에 대한 동조를 얻어내고, 이성적 소구는 논리(reasoning)와 인지적 사실(cognitive belief)을 기초로 설득한다.

1) 정치 광고의 기능

(1) 긍정적 기능

① 정보 전달 기능

정치 광고는 후보자와 선거 이슈에 대한 정보를 전달하는 기능을 가지고 있다. 예컨대, 후보자가 정치 광고를 통해 당면 현안들에 대한 자신의 입장을 구체적으로 설명하는 경우, 현 정권의 정책에 대한 잘못을 분석적으로 제시하는 경우에, 그리고 상대 후보자의 정책과 공약의 맹점을 분석적으로 비판하는 경우, 유권자들은 국가가 당면한 현안들이 무엇이며 그들과 관련된 세부 쟁점들이 무엇인지 배울 수 있으며, 이에 대한 후보자들의 정책과 공약의 차이점들을 비교, 분석할 수 있다.

② 정치적 관심 증가 기능

정치 광고는 정치와 선거에 관여도가 낮은 유권자들의 관심을 끌어올려 더 많은 사람들을 정치와 선거 과정에 참여시키는 효과를 갖는다. 정치 광고는 다양한 기법들을 동원하여 유권자들의 눈과 귀를 사로잡는다. 인기 그룹의 노래를 개사하여 제작한 1997년 김대중 후보의 〈DJ와 춤을〉 광고나 오바마 후보가 연설하는 영상에서 연설 내용을 유명 가수가 랩으로 더빙을 한 형식으로 제작된 2008년 오바마 후보의 'Yes, we can'은 그 당시 정치 광고에서 흥미롭고 색다른 시도로 많은 주목을 받았다. 1964년 존슨 후보의 '데이지' 광고처럼 위협 소구를 사용하여 국가와 사회가 당면한 문제들에 대한 경각심을 일깨우는 광고도 국민적 관심을 불러일으킬 수 있다. 또한 잔잔한 음악과 함께 국가와 국민의 미래를 희망적으로 보여 주는 광고나 후보자의 일대기를 극적(dramatic)이고 감동적으로 그린 광고도 무관심 유권자들의 감성을 자극하여 긍정적인 반응을 이끌어 낼 수 있다.

(2) 부정적 기능

① 정보의 왜곡

정치 광고는 긍정적 기능을 갖기도 하지만 부정적 역기능에 대한 우려의 목소리가 더 높은 것이 사실이다. 정치 광고는 본질적으로 후보자의 이익과 목적을 위해 제작된 전략적 콘텐츠이다. 따라서 정치 광고에서는 지지 후보자에게는 유리한 방향으로, 상대 후보에게는 불리한 방향으로 사실의 왜곡이 발생하며, 후보자에게 불리한 내용은 감추고 유리한 부분만을 드러내어 강조하는 '카드 속임수 기법'도 많이 나타난다. 유권자들이 광고에 포함된 이러한 왜곡과 기만을 구분해내기가 쉽지 않다.

② 정치적 냉소주의 유발

정치 광고가 가지는 또 하나의 역기능은 정치적 냉소주의(political cynicism)를 유발할 수도 있다는 점이다. 정치 광고는 상대 후보에 대한 공격과 비방과 같은 부정적인 내용을 많이 담고 있으며, 전체 정치 광고 중 부정 광고의 비율은 갈수록 증가하고 있다. 특히 정치 광고에 대한 규제가 약하고 '슈퍼팩(Super PAC)' 조항에 의해 정치적 행동 단체들의 정치 광고 제작이 자유로워진 미국에서는 부정 광고의 수와 비율이 크게 증가하였다. 2012년 미국 대선의 정치 광고 중 75% 이상이 부정 광고였다. 이러한 부정 광고는 후보자와 정치에 대한 부정적 인식을 형성하게 되고 이는 정치 전반에 대한 불신과 무관심으로 이어질 수 있다. 초반 열세를 극복하기 위해 네거티브 캠페인으로 일관했던 1988년 부시 후보의 선거 전략은 비록 그가 당선은 되었으나 이는 국민들에게 회복하기 어려운 정치적 불신과 상처를 안겨주었다는 사실을 기억할 필요가 있다.

③ 감성적 이미지 형성 조장

마지막으로 정치 광고에는 감성적 이미지 형성을 조장하는 부정적 기능이 있다. 정치 광고의 대부분이 이미지 광고임을 비추어 볼 때(김춘식, 2005), 정치 광고가 유권자들이 후보자들의 정책과 공약을 비교할 수 있는 이성적 판단 기준으로 작용하기보다 후보자들이 의도한 감성적 이미지를 형성하는 기능이 더 크다고 볼 수 있다. 이는 결국 국민의 일꾼을 선출하는 중대한 결정이 객관적이고 이성적인 근거로 이루어지기보다 감성적이고 즉흥적으로 이루어지는 바람직하지 못한 결과로 이어진다는 것을 의미한다.

2) 정치 광고의 분류

(1) 긍정-이미지 광고

긍정-이미지 광고는 후보자의 리더십, 성품, 도덕성 등과 같은 성격적 특성이나 전문성, 국정 경험, 국정 운영 능력과 같은 능력과 자질과 관련된 장점이나 업적을 강조하여 유권자들을 설득하는 전략을 갖는다. 이미지 광고에서는 주로 감성적 소구가 많이 사용되는데, 긍정-이미지 광고에서 자주 나타나는 감성적 소구로는 서민적 이미지 소구, 동정심 소구, 가족,

사랑, 협력 등과 같은 전통적 가치에 호소하는 따뜻함 소구 등이 있다.

서민적 이미지 소구는 긍정-이미지 광고에서 가장 많이 이용되는 감성적 소구 기법 중 하나로 후보자를 일반 서민처럼 묘사함으로써 국민들과의 거리감을 줄이고 친근감을 형성하며 잔잔한 감동을 불러일으키는 효과를 갖는다. 2002년 우리나라 대선 당시 노무현 후보의 '상록수' 광고는 서민적 이미지 소구를 이용한 대표적 정치 광고다. 광고에서 노무현 후보는 '국민이 대통령입니다'라는 메시지의 내래이션을 배경으로 통기타를 치며 민중가요인 〈상록수〉를 불러 '기타 치는 대통령'으로 큰 반향을 불러일으켰다.

2008년 이명박 후보의 '국밥집 할머니' TV 광고도 서민적 이미지 소구를 이용한 정치 광고의 좋은 예다. 이 광고에서는 이명박 후보가 소시민처럼 시장에서 국밥을 떠먹으며 다소 거친 표현으로 경제를 살리라는 주인 할머니의 부탁에 고개를 끄덕이며 광고 말미에는 할머니를 꼭 끌어안는 모습이 나온다. 이 광고는 서민적 환경인 시장을 배경으로 서민의 상징인 연탄을 등장시키고 영상을 흑백으로 처리해 서민적 분위기를 극대화시켰다. 이명박 후보는 이 광고를 통해 대기업 사장 출신의 이미지를 가리고 서민 경제에 관심을 갖는 후보로서의 이미지를 형성하는 데 어느 정도 성공한 것으로 평가받는다.

이외에도 1992년 우리나라 대선 때 김영삼 후보의 서민적 이미지와 청렴성을 강조한 '상도동 7번지' 광고, 1976년 미국 대선 때 농부 출신인 민주당 카터 후보의 서민 이미지를 강조한 '남쪽' 광고도 서민적 이미지 소구를 이용한 긍정-이미지 광고의 예이다.

동정심에 호소하는 광고의 예로는 2012년 대선 당시 박근혜 후보의 '박근혜의 상처'편을 들 수 있다. 이 광고는 잔잔한 배경음악과 함께 박근혜 후보가 청년 시절 부모를 잃고 홀로 살아왔던 개인적인 아픔과 정치활동 중에 당한 면도날 공격으로 얼굴에 입은 상처를 보여 주어 동정심을 자극하였다. 한편 가족, 사랑, 협동, 희망과 같이 인류 보편적 가치에 호소하는 광고도 선거 캠페인에 자주 등장하는 긍정 광고다. 보편적 가치에 호소하는 광고는 따뜻함 소구를 사용하는데, 이러한 광고는 가족, 연인, 화합, 평화로움, 웃음, 아이들과 같이 따뜻한 느낌을 주는 요소들이 등장한다. 1984년 레이

'평화'
1988년 레이건 후보

'상록수'
2002년 노무현 후보

'국밥집 할머니'
2008년 이명박 후보

'박근혜의 상처'
2012년 박근혜 후보

'문재인을 바칩니다'
2017년 문재인 후보

그림 12-8 긍정 이미지 정치 광고

건 후보는 대통령 재선을 위한 캠페인에서 이러한 따뜻함 소구를 사용하여 많은 광고를 제작하였다. 이 당시 미국은 경제가 성장하고 풍요로웠으며, 레이건 대통령의 지지율도 높은 상황이었기 때문에, 지난 임기에서 레이건의 업적을 상기시키고 현재의 안정되고 평화로운 미국을 이어 가자는 메시지를 위해 따뜻함 소구 광고가 효과적이었던 것이다. 이때 만들어진 광고들이 '기차', '평화', '더 자랑스럽게, 더 강하게, 더 좋게' 등이다.

(2) 긍정-정책 광고

긍정-정책 광고는 이슈에 대한 후보자의 입장, 정책, 공약을 설명하고 그것들의 우월성과 합리성을 강조해 지지를 호소하며 설득한다. 이러한 정책 광고는 선거 의제에 대한 후보자들의 입장을 구체적으로 알고 비교할 수 있게 하는 정보 전달의 기능을 수행하기도 한다.

긍정-정책 광고는 보통 인지도가 높고 정치적 경험과 업적이 많은 후보자에게서 더 높은 비율로 나타난다. 대통령중임제를 채택하고 있는 미국에서는 현직 대통령인 후보자가 지난 임기 동안의 업적을 홍보하기 위해 많이 제작한다. 1996년 클린턴 후보의 '다음 세기(Next century)', '성취(Accomplishment)', '외과의사(Surgeon)', '학교(School)', 2004년 부시 후보의 '더 안전하게, 더 강하게(Safer, Stronger)', '승리(Victory)', 2012년 오바마 후보의 '언제나(Always)', '도전들(Challenges)' 등이 재임 기간의 업적을 홍보하는 긍정-정책 광고의 예다.

'데이지' TV 광고
1964년 민주당 존슨 후보

'전당대회' 광고
1968년 공화당 닉슨 후보

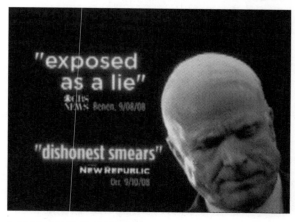

'영예' 광고
2008년 민주당 오바마 후보

그림 12-9 부정-이미지 정치 광고

(3) 부정-이미지 광고

네거티브 캠페인이라고 불리는 부정 광고는 상대 후보자의 정책과 공약을 비판하거나 이미지에 흠집을 내기 위해 제작된 전략적이고 의도적인 광고를 말한다. 사람들은 일반적으로 긍정적 내용보다 부정적 내용을 더 잘 기억해 내며, 긍정적인 내용보다 부정적인 내용에 더 무게를 두어 정보를 처리하는 경향이 있다. 또한 부정 광고는 보통 자극적인 영상과 음향효과를 수반하기 때문에 시청각적 효과가 어우러지면서 긍정 광고보다 자극이 효과가 크다. 부정 광고는 보통 유동층이 많고 지지자들의 정치적 관여도가 상대적으로 낮은 진보 진영의 후보자를 대상으로 하는 것이 지지 기반이 확고하고 지지자들 중 부동층의 비율이 낮은 보수 후보자를 대상으로 하는 것보다 그 파급 효과가 큰 것으로 알려져 있다.

부정 광고는 집중과 회상 효과는 크지만, 유권자들의 심기를 불편하게 하여 자신에 대한 부정적 이미지를 심어주는 역풍을 가져올 수 있기 때문에 인지도가 낮거나 지지율이 열세여서 위험부담이 적은 후보자가 단기간에 선거 판세를 뒤집기 위해 모험적으로 활용하는 경향이 있다. 그러나 1988년 대선 당시 민주당 듀카키스 후보와 같이 공격 광고에 침묵으로 대응하면서 긍정 광고 위주로 캠페인을 진행하다가 초반에 유리했던 판세가 뒤집힌 사례들이 나오면서 최근 선거에서는 인지도와 지지율이 높고 낮음에 관계없이 후보자들의 부정 광고 캠페인의 비율은 지속적으로 증가하고 있다. 부정 광고는 우리나라보다 정치 광고의 역사가 길고 규제가 까다롭지 않은 미국 선거에서 더 많이 찾아볼 수 있다. 2012년 미국 대선에서는 75% 이상의 정치 광고가 부정 광고였다.

부정 광고 중에서 상대 후보의 이미지를 주요 타깃으로 삼는 광고가 부정-이미지 광고다. 부정-이미지 광고는 자극적이고 강렬한 영상과 사운드를 동원하여 불쾌한 감정을 일으키게 하고 그러한 부정적인 감성을 상대 후보자에게 전이(transfer)시키는 기법을 주로 사용한다. 이러한 광고의 대표적인 예가 1964년 미국 대선 당시 민주당 존슨 후보가 제작한 '데이지' 광고다. 이 광고는 극보수적 이념을 가진 공화당 골드워터 후보가 국가 안보를 위해 핵전쟁도 불사하겠다는 입장을 보임에 따라 이를 공격하기 위해 제작된 것이었다. 광고 속에는 한 어린아이가 평화로운 들판에서 고개를 숙인 채 꽃잎을 하나씩 따면서 세는 놀이를 하고 있다. 그러다 아홉을 셀 때 어린이의 고개가 들리고 까만 눈이 클로즈업되면서 기계음으로 카운트다운이 시작되고, 곧 이어 굉음과 함께 폭탄이 터지는 장면이 등장한다. 이 광고는 어린이와 핵폭탄을 대조시켜 위협 소구의 효과를 극대화시켰는데, 그 당시 이 영상이 너무 자극적이라 하여 NBC 방송에 단 한 번밖에 방영되지 못했다. 그러나 ABC와 CBS가 저녁 뉴스 시간에 이 광고를 다루는 바람에 많은 사람들이 이 광고를 접하게 되었으며 그 효과는 매우 컸던 것으로 평가되고 있다.

1968년 대선에서는 공화당 닉슨 후보가 당시 집권당이었던 민주당 험프리 후보를 공격하기 위해 상당히 많은 부정 광고를 제작하였는데, 그 중 '전당대회(convention)' 광고가 자극적 영상과 사운드를 이용하여 부정적 감성을 전이시킨 기법을 이용한 대표적인 부정 광고로 꼽힌다. 이 광고는 민주당 전당대회에서 험프리 후보의 밝고 상기된 모습 바로 뒤에 베트남 전쟁, 인종 갈등, 폭동, 가난에 따른 비극적 모습을 담은 사진들을 보여 줘 험프리 후보가 부정적인 이미지들과 연상 작용을 일으키게 의도하였다.

(4) 부정-정책 광고

부정-정책 광고는 정치적 이슈에 대한 상대 후보자의 입장, 정책, 공약의 약점을 공격하는 목적을 갖는데, 상대 후보자의 정책을 일방적으로 비판하는 형식과 자신의 정책과 비교하는 비교 형식으로 나눌 수 있다. 사실적 근거에 입각한 부정-정책 광고는 유권자로 하여금 후보자들의 정책을 객관적으로 판단할 수 있는 좋은 자료가 된다. 그러나 많은 경우 부정-정책 광고는 상대 후보자의 다양하고 깊이 있는 정책의 극히 일부만을 보여주어 단순하고 불합리한 것으로 묘사하거나, 주장을 왜곡하거나 과장해 유권자의 판단을 흐리게 만들기도 한다. 또한 정책을 비판하기 위해 자극적인 효과를 사용하여 과장된 이미지를 만들기도 한다.

1972년 닉슨(Nixson) 후보의 '맥가번 후보의 국방정책(McGovern Defense)' 광고는 효과적인 부정-정책 광고 캠페인으로 평가된다. 이 광고는 민주당 맥가번(McGovern) 후보가 주장하는 국방 예산 삭감 규모를 장난감 모형을 통해 효과적으로 보여 주면서 이는 국가 안전을 심각하게

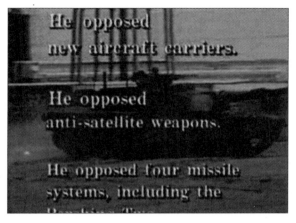

'탱크 라이드' 광고
1988년 공화당 부시 후보

'회전문' 광고
1988년 공화당 부시 후보

'괴짜' 광고
2004년 공화당 부시 후보

그림 12-10 부정-정책 광고

위협하는 정책이라고 비난한다. 이 같은 형식의 국방 예산 삭감 비난 광고는 이후 1988년에 아버지 부시 후보의 '탱크 라이드(Tank ride)' 광고에서, 테러와의 전쟁이 한창이었던 2004년에 아들 부시 후보의 '무기들(Weapons)' 광고에서 다시 등장했다.

1988년 공화당 부시(Bush) 후보가 제작한 '회전문(revolving door)'도 그 영향력으로 인해 자주 회자되는 부정-정책 광고 중 하나다. 선거 운동 초반에는 당시 민주당 듀카키스(Dukakis) 후보가 지지율에서 상당한 우세를 점하고 있었다. 이러한 상황을 반전시키기 위하여 부시 후보 진영은 적극적으로 네거티브 캠페인 전략을 사용하는데, 이때 듀카키스 후보가 주지사로 있는 매사추세츠(Massachusetts)주에서 시행하는 주말 죄수 휴가제(furlough)에 따라 외출을 나간 흑인 윌리엄 호턴(William Horton)이 백인 여성을 강간, 살해하는 사건이 발생한다. 이를 놓치지 않고 부시 후보 진영은 듀카키스 후보가 치안 불감증을 가지고 있다며 맹공을 퍼부었고, 이때 제작된 '회전문' 광고는 수많은 흉악범들이 감옥으로 들어갔다가 회전문을 통해 사회로 다시 들어오는 모습을 묘사하여 범죄에 대한 두려움과 치안의 중요성을 자극하는 효과를 가져왔다. 특히 그중 흑인 죄수가 회전문을 돌아 나오면서 화면을 응시하는 장면은 많은 사람들에게 섬뜩한 느낌을 주었다.

부정-정책 광고는 여당 후보를 공격하거나 대통령중임제를 시행하는 미국에서 현직 대통령인 후보자의 실정을 비판하기 위해 야당 후보자가 자주 사용하는 형식이기도 하다. 2008년 오바마 후보의 '더 잘 사십니까(Better off)', 2012년 롬니 후보의 '몰락하는 미국 가정들(Failing america's families)'은 당시 여당 후보를 겨냥해 가정소득, 고용률, 물가상승률 등의 경제 지표가 더 나빠졌음을 비판한 광고들이다.

(5) 정치 광고 기법

정치 광고 기법은 그 형식과 내용, 소구에 따라 여러 가지로 분류될 수 있으며, 하나의 광고에 여러 기법이 동시에 사용될 수 있다. 최근의 정치 광고에서는 더욱 다양하고 세분화된 기법과 전략들이 사용되고 있으나 넓은 범주로 볼 때 다음의 광고 기법들을 생각해 볼 수 있다.

① 위협 소구 기법

위협 소구 기법은 공포나 불안을 조성하여 메시지를 전달하고 설득하는 광고 기법으로 수용자의 주목을 끌고 기억에 오래 남는 효과가 있다. 1964년 존슨 후보의 '데이지', 1988년 부시 후보의 '회전문,' 2000년 부시 후보의 '위험한 세상' 등이 위협 소구를 이용한 광고들이다. 그러나 위협 소구가 너무 강하면 거부감을 일으켜 광고에 노출을 피하게 되고 자신과는 상관없는 비현실적인 것으로 받아들여 설득효과가 떨어진다. 또한 사회적으로는 정치적 불신과 냉소주의를 조장할 수 있다.

② 서민적 이미지 기법

서민적 이미지 기법은 후보자를 일반 시민과 같이 평범하고 친근하게 묘사하여 거리감을 줄이고 편안한 이미지를 연출하기 위해 자주 사용되는 기법이다. 2002년 우리나라 대선 당시 노무현 후보의 '상록수' 광고와 2008년 이명박 후보의 '국밥집 할머니'가 서민적 이미지 기법을 이용한 정치 광고의 좋은 예다.

③ 따뜻함 소구 기법

따뜻함 소구 기법은 가족, 연인, 친구, 아이들 등의 요소로 사랑, 협동, 평화, 희망과 같이 인류 보편적 가치를 표현하여 거기에서 나오는 따뜻함을 전이시키는 광고 기법으로, 1984년 레이건 후보가 대통령 재선 캠페인에서 이러한 따뜻함 소구를 사용하여 많은 광고를 제작하였다.

④ 증언 기법

증언 기법은 후보자 외에 다른 사람이 광고에 등장하여 증언하는 형식의 광고 기법으로 증인으로는 일반 시민, 전문가, 정치인, 전직 대통령, 후보의 배우자 등 다양한 사람들이 등장한다. 1980년 미국 대선에는 레이건 대통령의 아내인 영화배우 출신 낸시 레이건과 전직 대통령 제럴드 포드가 증인으로 등장하여 레이건을 지지한 광고와 2012년 클린턴 전직 대통령이 오바마 후보를 지지한 '이것이 확실한 선택(This is a clear choice)' 등이 증언 기법 광고에 해당한다.

⑤ 문답식 기법

문답식 기법은 일반 시민이나 전문가의 질문을 하면 후보자가 이에 답변을 하는 형식의 광고 기법이다. 1952년 아이젠하워 후보 진영이 '아

이젠하워 미국에 답하다(Eisenhower Answers America)'의 제목으로
시리즈 광고를 선보였다.

⑥ 연설 기법

연설 기법은 광고에서 후보자가 시청자에게 직접 메시지를 전달하는
형식을 취한다. 연설 형식의 광고는 지명도가 낮은 후보자가 광고를
통해 자신을 직접 시청자에게 알림으로써 인지도를 높이기 위한 목적
으로 많이 사용된다. 1964년 미국 독립당의 월리스(Wallace) 후보나
1992년 페로(Perot) 후보와 같은 제3당 후보들이 연설 형식의 광고를
주로 제작하였다.

⑦ 소프트 메시지식 기법

소프트 메시지 광고는 만화나 노래와 같이 정보를 습득하는 데 인지적
노력이 크게 들지 않는 간단한 형식의 메시지를 이용한 광고 기법을
뜻한다. 이 광고 기법은 특정 후보자의 이름이나 간단한 구호를 반복
하여 활성화시켜 기억나게 하는데, 이는 특히 선거에 관심이 없거나
정치적 지식의 수준이 유권자들에게 효과적이다. 1997년 우리나라 대
선 때 김대중 후보의 'DJ와 함께' 광고는 당시 인기가요를 개사한 것으
로 큰 효과를 보았고, 1952년 미국 대선에서는 아이젠하워 후보 진영
이 제작한 만화 형식의 노래 광고도 좋은 반응을 얻었다.

⑧ 일대기식(biographical) 기법

일대기식 기법은 후보자의 경력을 긍정적 시각에서 비추는 광고 기법
으로 후보자의 삶의 과정과 정치적 목표를 자연스럽게 연결시키면서
입후보에 대한 당위를 극적(dramatic)으로 묘사할 수 있다는 장점이
있다. 이 때문에 후보자들의 정치 광고가 일대기 형식으로부터 시작하
는 경우가 많다. 1976년 카터 후보의 '일대기(bio)' 광고는 땅콩 농장을
경영했던 농부가 어떻게 대통령을 꿈꾸게 되었는지 과정을 효과적으
로 설명한 광고다. 1992년 미국 대선 당시 클린턴 후보가 제작한 '여행
(journey)'도 일대기식 광고의 좋은 예다. 이 광고는 클린턴이 어릴 때
아버지를 잃은 가난한 환경 속에서도 학업에 충실하였음을 보여 주는
여러 장의 사진으로 시작되는데, 그가 학생이었던 1963년에 백악관을
방문하여 케네디 대통령과 직접 악수했던 사진을 보여 줌으로써 대통

2000년 미국 대선 부시
후보의 식역하 광고

맥도날드의 식역하 광고

그림 12-11 식역하 광고 기법

령의 꿈을 가지게 된 계기를 극적이면서도 자연스럽게 표현한 광고로 평가되고 있다.

⑨ 식역하(subliminal) 기법

식역하 기법은 특정한 단어나 이미지가 광고 중간에 한 차례 이상 1/300초 정도로 순식간에 등장하게 하여 그 메시지가 잠재의식 속에 남도록 하는 광고 기법을 말한다. 식역하 기법은 2000년 미국 대선 당시 부시 공화당 후보 진영이 제작한 한 정치 광고에서 찾아볼 수 있는데, 광고 중 민주당원을 뜻하는 'Democrats'에서 쥐를 뜻하는 마지막네 글자 'rats'가 크게 확대되어 순간적으로 지나간다. 정치 광고 중 식역하 기법을 적용한 사례는 이것이 유일하지만 상업 광고 중 펩시와 맥도널드에서 이 기법으로 광고를 제작한 사례가 있다. 이 광고는 사람의 정신활동을 지배하는 것이라 하여 법으로 금지되고 있는 추세다.

6. 후보자 TV 토론회

1) 후보자 TV 토론회의 기능

후보자 토론회는 유권자들에게 후보자들의 정책과 공약을 심층적으로 비교하고, 후보자 개인에 관한 쟁점들을 후보자 입을 통해 직접 들을 수 있기 때문에 유권자 입장에서 매우 흥미로운 이벤트다. 또한 유권자들은 토론회에서 보이는 후보자들의 말투, 몸짓, 시선, 상황 대처 능력, 토론 내용의 논리성과 깊이 등 다양한 면면을 통해 후보자들에 대한 전체적인 이미지를 형성하게 된다. 특히 TV 후보자 토론회는 대부분 언론을 통해 매개되는 선거 캠페인 과정 속에서 후보자와 유권자들의 관계를 직접 연결시켜 주는 대안의 의미를 갖는다.

TV 토론은 비용과 효과 측면에서 효율성이 높아 고비용 저효율의 선거 유세 방식을 개선하는 효과적인 대안이 될 수 있다. TV 토론과 같이 미디어가 선거 캠페인에 활용되기 전에는 체육관, 운동장, 광장 등의 장소에서 대규모로 사람들을 모아 재력과 세력을 과시하는 선거 유세 방식이 선거 운동의 주를 이루었다. 이러한 선거 유세 방식은 장소를 섭외하고 많은 사람들을 동원하기 위해 많은 재원이 필요하였으며, 돈에 의해 선거 결과가 좌우되는 금권선거의 폐해가 나타나기도 하였다. 반면 TV 후보자 토론회는 유권자들이 부담 없이 후보자들의 상호 격론을 시청하는 것을 가능하게 함으로써 선거에 대한 관심을 끌어 올리고 선거 분위기를 달구는 긍정적 효과를 가진다.

그러나 2시간 정도에 걸쳐 진행되는 후보자 토론회는 시간적 제약성과 공정성을 위해 만들어진 '질문-답변-추가 질문-추가 답변'이라는 정해진 형식 때문에 후보자 개인의 자질을 면밀히 파악하는 데 한계를 가진다(이강형, 2004). 이를 보완하기 위해서 후보자들의 상호 토론 시간을 늘리고, 유권자들이 질문할 수 있는 타운 홀 미팅 형식을 도입하는 등 다양한 시도를 하고 있다.

2) 우리나라와 미국의 후보자 토론회

(1) 우리나라 대통령 선거 후보자 TV 토론회

우리나라 선거법에 따르면 공영방송사가 대통령 선거 운동 기간(선거일 전날까지 총 22일간) 중 TV 토론회를 3회 이상 의무적으로 개최하도록 규정하고 있다. 이때 공영방송사는 공동으로 후보자 토론회를 주관할 '대통령 선거 방송 토론 위원회'를 선거일 60일 전까지 설치하여 준비해야 한다. 이와 별도로 언론기관은 선거일 1년 전부터 대통령 선거 입후보 예정자를 초청하여 대담(후보자 1인이 사회자의 질문에 답하는 형식)이나 토론회를 개최하고, 이를 보도하거나 방송할 수 있다. 방송사가 대담ㆍ토론회를 방송할 때에는 편집하지 않은 상태로 내보내야 한다.

우리나라는 1992년 14대 대통령 선거 때 중진 언론인 모임인 관훈클럽이 개최하여 김영삼, 김대중, 정주영 후보 등 세 후보가 합동 토론회를 가졌으며, 이를 CBS 라디오가 생중계하고 KBS와 MBC가 녹화 중계하였다. 이때는 후보자들이 단순히 자신의 정책을 발표하는 형식으로 진행되었으나 국민들은 처음으로 열린 대통령 후보자 TV 토론회에 많은 관심을 보였다. 이후 1997년 제15대 대통령 선거 때부터 공영방송사가 주관하는 후보자 TV 토론회가 공식적으로 처음 실시되어 김대중, 이회창, 이인제 등 세 명의 후보가 토론회를 가졌는데, 이 토론회들은 평균 50%를 상회하는 시청률을 보이며 높은 국민적 관심을 반영하였다. 이 시기에는 공영방송사 주관 토론회 이외에도 50여 차례 TV 토론회를 포함하여 언론사, 단체 초청 토론회 등을 포함하면 100회가 넘는 토론회가 열렸다. 이러한 토론회들을 통해 김대중 후보는 박식한 경제, 사회적 지식을 펼쳐 보이며 IMF 위기를 극복할 준비된 대통령 이미지를 구축하는 데 성공하였고, 급진 좌파적 이미지와 정계 은퇴 번복에 따른 반 DJ 정서를 해소하는 데 상당한 효과를 본 것으로 평가되고 있다.

2002년 16대 대통령 선거에는 노무현, 이회창, 권영길 세 후보 간 TV 토론이 개최되었고, 이 시기에 후보자 간 상호 토론 방식이 처음 도입되었으며, TV 토론만 30여 차례 가깝게 열렸다. 2007년 17대 선거에서는 후보 등록 마감 30일 전 여론 조사 지지율이 5% 이상을 기록한 후보자, 국회의원 5인 이상을 가졌거나 직전 총선 득표율이 3% 이상을 기록한 정당의 후보자들을 모두 토론회에 초청한다는 공직 선거법에 따라 정동영, 이명박, 권영길, 이인제, 문국현, 이회창 등 총 6명의 후보자가 세 번의 합동 TV 토론회를 가졌다. 이 시기에는 세 차례 법정 TV 토론을 포함하여 언론사와 개별단체가 주최한 토론회까지 총 50여 차례의 토론회가 열렸지만 이명박 후보의 지지율이 다른 후보들과의 격차가 컸고, 후보자들 6명이 초청되어 다소 산만한 분위기를 연출하면서 흥행을 거두지는 못하였다. 2012년 18대 대선에서도 공직 선거법 규정에 따라 박근혜, 문재인, 이정희 세 후보가 TV 토론회에 초청되었는데, 이정희 후보가 선거 막판 사퇴함에 따라 3차 토론회는 우리나라 역사상 처음으로 주요 정당 후보인 박근혜, 문재인 후보 간 양자 토론회로 진행되었다. 이와는 별도로 군소 후보자들 간의 토론회도 한 차례 개최되었다.

(2) 미국 대통령 선거 후보자 토론회

미국도 우리나라와 마찬가지로 주요 대통령 후보자들을 초청하여 세 차례 TV 토론회를 개최한다. 토론회는 보통 선거일로부터 한 달 남짓 남은 시점에서부터 개최되며, 대부분 90분 동안 진행된다. 처음 대통령 후보자 TV 토론회가 열렸던 1960년 선거와 1976년에서 1984년 선거까지는 비영리 민간 기구인 여성유권자연합(League of Women Voters)이 토론회를 주관하였으나, 이들이 토론회 운영 방식에서 자주권을 주장하며 주관을 포기한 1988년 선거부터는 공화당과 민주당 양당이 조직한 대통령후보토론위원회(Commission of Presidential Debate)가 토론회를 주관하기 시작하였다. 이들은 후보 측과 조율해 토론 일정과 토론 주제를 정하며, 여론 조사 지지율이 15% 이상인 후보자만 토론회에 초청하는 것으로 규정하고 있다. 이로 인해 1980년대 이후 미국 대통령 TV 토론회는 1992년 대선을 제외하고 공화당과 민주당 후보들의 양자 토론만이 성사되고 있다.

미국에서 최초의 공식적인 대통령 후보자 TV 토론회는 민주당 케네디 후보와 공화당 닉슨 후보가 맞붙은 1960년 대통령 선거 때였다. 이 토론회에서는 당시 국정 경험과 인지도 면에서 당시 현직 부통령이었던 닉슨 후보에 비해 한 수 아래로 여겨졌던 케네디 후보가 잘생긴 외모와 뛰어난 언변, 그리고 활기차고 자연스러운 토론으로 선전하면서, 종국에 닉슨 후보를 누르고 대통령에 당선되는 파란을 일으켰다. 이후 TV 토론회가 이미지 정치를 부추긴다는 비판을 받았으며, 이후 1964년부터 1972년까지 대통령 후보자 TV 토론회는 열리지 않았다. 이후 1976년 카터 후보와 포드 후보의 TV 토론회가 세 차례 열린 것을 시작으로 대선 때마다 두세 차례 후보자 TV 토론회가 개최되었고, 2000년 대선부터는 공화·민주 양당 후보 간 세 차례씩 TV 토론이 이루어지고 있다.

　주목할 만한 토론으로는 1980년 공화당 레이건 후보와 당시 현직 대통령이었던 민주당 카터 후보 간 토론을 들 수 있다. 이 당시 카터 후보가 제3당 후보인 엔더슨 후보의 참여를 반대하면서 두 차례 참석하지 않아 레이건 후보와 카터 후보의 양자 토론은 단 한 차례가 열렸는데, 이 토론회는 TV에 나타나는 이미지가 후보자를 평가하는 데 얼마나 중요한지를 단적으로 보여 주는 예다. 이 토론회에서는 카메라 앞에서 자연스러운 연출에 익숙한 영화배우 출신의 레이건 후보가 사전에 철저한 준비로 시종 차분하면서도 필요할 때에는 단호한 어조로 토론에 임하는 모습을 보이면서 카터 후보를 압도하였다. 레이건 후보는 이 토론회를 위해 대본을 짜고 시선 처리, 어조, 제스처, 상대 후보의 공격에 대한 반응법 등을 철저하게 연습한 것으로 알려지고 있다. 이 토론회는 레이건 후보의 부드러우면서도 강단 있는 이미지를 형성하고, 카터 후보에게 뒤진 지지율을 만회하는 결정적인 계기가 된 것으로 평가받고 있다. 1984년 대선에서도 레이건 후보는 비슷한 방식으로 토론회를 우세하게 진행하며 선거 국면을 유리하게 이끌었다.

　TV 후보자 토론회는 유권자들에게는 후보자들을 직접 관찰하면서 그들의 정치적 비전과 정책, 공약을 직접 들을 수 있는 기회를 제공해 주며, 후보자들에게는 자신을 유권자들에게 직접 알릴 수 있는 기회를 주어 사회적으로는 저비용 고효율 선거 운동의 좋은 모델이 된다. 그러나 TV 토론도 토론의 내용보다는 말이나 표정의 자연스러움과 같은 외적인 면에 의해 후보자들이 평가되는 이미지 정치를 부추긴다는 비판에 자유롭지 못한 측면이 있다.

2017 우리나라 대선
사회자 토론

2016 미국 대선 사회자
토론

그림 12-12 사회자 토론 형식

3) 후보자 TV 토론회의 형식

후보자 TV 토론은 그 형식에 따라 다음과 같이 크게 세 가지로 구분할 수
있다.

(1) 단독 사회자 토론

단독 사회자 토론회 형식은 한 명의 사회자가 후보자에게 질문을 하고, 후
보자들은 테이블에 앉거나 단상에 서 있는 상태에서 사회자의 질문에 답변
하는 형식으로 진행된다. 이 토론 형식에서는 같은 질문에 대해 후보자들

이 2분~2분 30초간 교대로 답변을 하고, 상대 후보의 답변에 대해 1분 30초간 반론을 제기할 수 있는 기회가 주어진다. 토론 중간에 후보자들이 상호 질문하며 토론하는 시간이 있으며, 토론 말미에는 각 후보자들이 2분간 마무리 발언을 할 수 있다. 청중은 토론에 참가할 수 없고, 토론 도중 박수를 치거나 야유하는 등의 표현을 할 수 없다. 이 형식은 주제에 대한 후보자들의 입장을 안정감 있게 들을 수 있다는 장점이 있다. 그러나 사회자 한 사람이 질문을 하고 후보자들이 번갈아 가며 답하는 단조로운 형식과 후보자들 간 또는 후보자와 청중 간의 상호작용이 제한되어 나타나는 부족한 역동성은 단점으로 지적된다. 2012년 우리나라 대선 세 차례 후보자 TV 토론회와 미국 대선 1차와 3차 TV 토론회가 단독 사회자 형식으로 진행되었다.

(2) 패널 토론

패널 형식은 한 명의 토론 사회자가 진행을 하며, 4~5명의 패널들이 순서에 따라 같은 질문을 후보자들에게 교대로 던지는 토론 형식이다. 패널 선정은 토론회를 주관하는 대통령후보토론위원회가 양 후보 측과 합의하여 결정된다. 사회자는 질문을 할 수 없으며, 패널들은 질문을 던진 이후 후보자들의 답변에 대해 추가 질문을 할 수 있다. 질문하는 방식과 규정은 사회자 단독 진행 형식과 대체로 같다.

이 토론 형식은 질문을 사회자 한 사람에게 의지하지 않고 다양한 전문가 패널들이 질문에 참여한다는 장점이 있으며, 사회자 한 사람에게 집중된 단조로운 형식의 좋은 대안이 될 수 있다. 또한 이 형식의 토론회에서는 사회자가 토론 진행에만 집중할 수 있는 장점도 가진다.

(3) 타운 홀 미팅

타운 홀 미팅 형식의 토론회는 지지 후보를 결정하지 않은 유권자들이 정해진 순서에 따라 후보자들에게 질문하고, 후보자들은 의자에 앉거나 단상에 서 있다가 청중이 자신에게 질문할 때 무대 앞으로 나와 질문을 듣고 답변하는 형식이다. 이때 후보자는 청중과 가깝게 있게 되며, 무대에서 어느 정도 이동하며 발언할 수 있다. 다른 토론회 형식과 마찬가지로 후보자들은 청중에게 교대로 질문을 받으며, 2분 안에 답변하고, 답변에

그림 12-13 2015 미국 대선 타운 홀 미팅 토론회

대해 상대 후보는 1분~1분 30초간 반론을 제기할 수 있다. 토론 말미에는 후보자들에게 마무리 발언의 기회가 각각 2분간 주어진다.

타운 홀 미팅 토론 방식의 장점은 청중과 상호작용이 가능하며, 후보자들이 무대 위에서 보다 역동적으로 발언할 수 있다는 점을 들 수 있다. 그러나 이 역시 사전에 정해진 대로 청중이 질문을 하며 청중과의 자유로운 토론은 불가능하다. 또한 청중의 예상치 못한 행동에 따른 돌발사태의 우려가 있어 안정감이 다소 떨어진다는 단점이 있다.

7. 뉴미디어와 정치

1) 뉴미디어의 정의와 특징

뉴미디어란 우리 사회에 새롭게 등장하여 커뮤니케이션에 이용되는 기기(device)나 서비스(service)를 말하는 것으로 텔레비전, 신문, 라디오, 잡지 등의 올드미디어와 대비되는 개념이다. 커뮤니케이션 영역에서 뉴미디어란 구체적으로 스마트폰이나 태블릿 PC와 같은 신형 통신 기기나 소셜네트워킹서비스(SNS 또는 소셜 미디어)나 팟캐스트(Podcast)와 같은 온라인 서비스(채널)를 포함한다.

뉴미디어 중에서 최근 정치 커뮤니케이션 영역에서 가장 크게 주목을 받는 것은 소셜 미디어다. '소셜(social)'은 '관계적(relational)'의 의미로 소셜 미디어 이용자들은 플랫폼 안에서 지인들과 친구관계(friends) 네트워크를 형성하고 그 안에서 정보를 공유한다. 또한 소셜 미디어는 텍스트, 이미지, 동영상 등 다양한 형태의 정보를 표현할 수 있는 대표적인 디지털 미디어로 누구나 무료로 손쉽게 가입하여 사용할 수 있고, 정보의 제공과 소비, 그리고 이용자들의 상호작용이 빠르고 자유로운 개방형 플랫폼을 가진다. 우리나라에서 비교적 이용률이 높은 대표적인 소셜 미디어들로는 페이스북(Facebook), 트위터(Twitter), 유튜브(Youtube), 카카오스토리 등이 있다.

소셜 미디어의 이러한 속성은 정치 커뮤니케이션에서 다음과 같은 의미를 가진다.

첫째, 소셜 미디어에서는 정치 정보의 확산 속도가 매우 빠르다. 특히 부정적(negative) 정보는 긍정적(positive) 정보에 비해 훨씬 더 급속도로 퍼져 나간다. 후보자 토론회에서 후보자가 질문에 효과적으로 답하지 못하거나 질문의 의도를 파악하지 못하여 동문서답하는 영상이 소셜 미디어를 통해 빠르게 퍼져나가 상당한 타격을 입는 경우가 많이 있었다. 또한 준비가 미흡한 상태에서 청문회에 임한 공직 후보자가 청문회 직후 그 영상이 소셜 미디어에서 공유되어 후보자 임명에 강한 반대 여론이 생겨 곤혹을 치른 사실도 있다.

둘째, 소셜 미디어에서는 정보의 공급이 전적으로 이용자들에게 달려 있기 때문에 정보와 여론의 흐름이 기존 매체와는 달리 독립적으로 형성된다. 이는 여론의 인식과 형성이 기존 미디어를 중심으로 이루어졌던 과거와 달리 이용자들이 정보의 선택과 흐름을 주도할 수 있고 여론이 언론에 휘둘리지 않게 되는 이용자 중심의 환경을 형성했다는 의미가 있다.

셋째, 소셜 미디어에서는 계정에 글을 남기거나 다른 이용자의 게시글에 댓글을 남기는 형식으로 자유로운 상호 토론이 가능하다. 소셜 미디어 안에서 이루어지는 정치 토론은 정치적 사안에 대한 여러 이용자들의 다양한 입장과 시각을 접할 수 있는 효과가 있을 뿐만 아니라, 자신의 의견을 표명하는 과정에서 생각을 구체화하고 합리적인 논거를 모아 의견을 체계화시키는 인지 정교화(cognitive elaboration) 단계를 거치기 때문에 이용자들의 정치 지식과 관심도를 높이는 효과도 있다(정낙원, 2012). 만약 소셜 미디어가 자유롭고 활발한 의견 교환이 이루어지는 공론의 장으로서 온전히 기능하게 되면 이를 통해 민주적이고 합리적인 정치적 결정에 도달하는 숙의 민주주의(deliberative democracy)적 집단 지성을 형성하는 데 기여할 것으로 기대를 모으고 있다.

넷째, 소셜 미디어는 '친구들'과 형성된 네트워크이기 때문에 이곳에서 호응을 얻는 정보는 집단 규범의 성격을 가지게 되어 그 파급력이 크다. 사회적 속성을 지닌 인간은 사안에 대한 태도와 행동을 결정할 때 다른 사람들의 태도와 행동에 의해 큰 영향을 받는다. 특히 자신이 속해 있는 집단의 구성원들이 집합적으로 보이는 태도와 행동은 개인에게 집단 규범으로 작용하여 큰 효과를 미친다. 조회 수나 '좋아요'가 많은 정보는 집단의 여론 동향을 보여 주는 요소로 작용하여 동화(accommodation) 효과를 보이기도 하고, 선거일에 누군가 '투표 인증 숏'을 소셜 미디어에 올리기 시작하면 그것이 또래 집단의 트렌드와 규범으로 인식되어 다수가 투표 참여하고 인증 숏 올리기에 동참하는 결과로 이어지기도 한다.

마지막으로 소셜 미디어에서 형성된 네트워크는 오프라인에서 결집을 이루는 효과를 보이기도 한다. 2007년 미국 대선에서 오바마 후보는 소셜 미디어를 효과적으로 이용하여 승리하였는데, 이때 소셜 미디어 캠페인 전략의 핵심적인 성공 요인은 소셜 미디어에서 형성된 오바마 지지자들이 오프라인에서 결집되어 오바마를 지원한 것이었다.

2) 소셜 미디어를 이용한 정치 캠페인 사례

소셜 미디어의 정치적 효과를 가장 분명하게 보여 주는 사례는 미국 역사상 최초의 흑인 대통령인 버락 오바마가 당선된 2008년 미국 대통령 선거다. 민주당 예비 선거 당시 다른 후보들에 비해 인지도가 높지 않았던 오바마 후보는 페이스북, 트위터, 마이스페이스(Myspace), 유튜브 등 여러 소셜 미디어에 선거 캠페인을 위한 계정을 개설하고 젊은 유권자들에게 효과적으로 다가가 지지도를 높였다. 오바마 후보는 소셜 미디어에 지속적으로 캠페인 정보를 업데이트하여 매일 만나는 것처럼 친근감을 불러일으켰고, 이용자들의 '친구' 신청이나 게시글에 적극적으로 반응하면서 이용자들의 호의적인 반응과 참여를 이끌어 내었다. 이후 지지층이 소셜 미디어를 통해 지역별로 결집하여 그룹을 형성하였고 이들이 오프라인 선거 운동에 참여함으로써 오바마 후보의 선거 캠페인은 큰 힘을 얻게 되었다. 또한 오바마 후보는 자신의 소셜 미디어 계정과 캠페인 웹 사이트인 마이보(www.mybo.com)를 잘 연계해 이용자들이 캠페인 물품 구매나 정치 자금 기부를 할 수 있게 하는 '소액 자금 모금(micro fundraising)' 방법으로 막대한 캠페인 자금을 모으는 데 성공하기도 하였다.

이후 2010년 미국 중간 선거에서도 소셜 미디어가 선거 결과에 큰 영향을 미친 것으로 조사되었으며, 2012년 대통령 선거에서도 오바마 대통령의 재선에 상당 부분 기여한 것으로 평가되고 있다.

우리나라에서 소셜 미디어가 선거에 본격적으로 영향을 미치기 시작한 시기는 2011년 지방 재·보궐 선거로 보고 있다. 2011년 4월에 실시된 강원도지사 보궐선거에서는 민주당 최문순 후보가 젊은 유권자들이 활발히 참여한 소셜 미디어 캠페인에 힘입어 초반 열세를 극복하고 당선되었고, 같은 해 10월에 실시된 서울시장 보궐선거에서도 무소속 박원순 후보가 소셜 미디어를 선거에 효과적으로 활용한 것으로 평가되고 있다. 이후 2012년 4월 총선과 12월 대선에서는 소셜 미디어 효과가 두드러지지 않았던 것으로 평가되긴 하나, 20~30대 젊은 유권자들의 투표율이 과거에 비해 크게 높아진 것은 소셜 미디어의 효과라는 분석도 있다.

이외에, 선거 맥락이 아닌 사회 운동의 확산에 소셜 미디어가 기여한 사례들도 많이 보고되고 있다. 우리나라 촛불 집회와 반값 등록금 운동, 케냐 등 아프리카 민주화 운동, 그리고 튀니지, 리비아, 이집트 등지에서 발발한 중동 민주화 운동 등은 모두 소셜 미디어의 결집과 확산 능력에 기인한 결과들로 평가되고 있다.

요약

정치 커뮤니케이션이란 국가 기관, 정당, 정치인, 언론사, 시민 단체, 일반 시민들과 같은 사회 구성체들이 정치적 맥락에서 정치적 사안과 관련하여 정보를 주고받는 행위를 뜻한다. 즉, 하나의 정치 체제 안에서 그 구성원으로서의 역할이 부여된 주체들이 정치적 메시지를 교환하는 행위가 정치 커뮤니케이션이다. 정치 커뮤니케이션의 메시지는 기자 회견, 보도 자료, 정치 뉴스, 선거 후보자들의 선거 캠페인, 시민들의 정치 토론 등을 포함한다.

정치권의 입장에서 정치 커뮤니케이션은 정치적 입장을 설명하고 그에 대한 지지를 호소하여 국민들의 태도와 행동을 바꾸기 위한 설득적 목적을 가지는 '설득 커뮤니케이션' 성격을 갖는다. 기자 회견, 보도 자료 배포, 정치 연설, 대 국민 담화와 같은 정치적 홍보 활동이나 선거 때의 정치 광고는 설득적 정치 커뮤니케이션의 범주에 들어간다.

이러한 정치권의 메시지는 많은 경우 미디어에 의해 매개되어 시민들에게 전달된다. 여기서 미디어란 신문, 방송, 라디오, 잡지와 같은 전통적 매스미디어와 웹, 팟캐스트, 모바일 앱(application)과 같은 새로운 형식의 뉴미디어를 모두 포함한다. 최근에는 페이스북(Facebook), 유튜브(Youtube), 트위터(Twitter)와 같은 소셜네트워킹서비스(Social Net- working Service)가 이용자 간에 정치적 정보를 직접 공유하는 뉴스미디어로서의 기능을 갖게 되었다. 정치적 정보가 확산되고 정치적 의견이 공유되는 채널인 미디어는 정치 커뮤니케이션에서 매우 중요한 기능을 수행한다.

정치 커뮤니케이션 과정에서 언론의 역할은 매우 중요하다. 특히 선거 상황에서는 언론 보도가 국민들에게 후보자들의 정책과 공약을 보도하고 그들의 능력과 자질에 대한 면면을 객관적이고 공정하게 보도해야 한다. 후보자들의 정책과 공약 보도는 그들을 단순히 소개하는 차원을 넘어 효과와 실현 가능성을 분석, 검증하여 유권자들이 정책의 장단점을 파악하는 데 활용할 수 있는 가치 있는 정보를 제공하고, 후보자들의 인기영합주의 공약 남발을 방지하는 기능을 수행해야 한다. 그러나 언론의 선거 보도는 경마식 보도, 가십성 보도, 부정적 캠페인 대변인 노릇하기 보도 등 아직 시정되어야 할 관행이 많다.

최근 정치 커뮤니케이션 연구에서 주목을 받는 대상은 소셜 미디어와 같은 이용자 중심 온라인 서비스들의 정치적 기능과 역할이다. 미디어에서 수용자로 이동하던 일방적 정보의 흐름이 서서히 바뀌기 시작한 시기는 일반 시민 기자에 의해 뉴스가 공급되는 시민 저널리즘인 '오마이뉴스'가 탄생한 2000년부터다. 이후 2000년대 초반부터는 상호작용적 웹 플랫폼(platform)이 등장하여 이용자들이 온라인 커뮤니티, 게시판, 댓글의 공간에서 정치적 사안에 대한 자신들의 목소리를 내기 시작했다. 그 전까지는 정치 커뮤니케이션 과정에서 일방적으로 정보를 소비하는 수동적인 역할에 머물렀던 일반 시민들이 정보를 직접 생산하여 공유하는 능동적인 존재가 된 것이다.

2000년도 중반부터는 디지털 압축 기술이 발달하고 페이스북이나 트위터와 같이 상호작용적 기능이 한층 더 진보된 웹 플랫폼인 소셜 미디어가 등장함에 따라 이미지, 오디오, 동영상, 애니메이션, 멀티미디어 등 다양한 형태의 정보를 생산하고 더 빠르게 공유하는 일이 가능해졌다. 소셜 미디어는 미국에서 2000년도 후반부터, 우리나라에서는 2010년대에 들어서면서부터 본격적으로 정치 정보가 생산되고 유통되는 정치 커뮤니케이션의 채널로 기능하기 시작하였다. 특히 소셜 미디어는 2008년 미국 대선과 2010년 미국 중간 선거에서 선거 판세에 결정적인 영향을 미친 동력이었던 것으로 평가되면서 소셜 미디어의 기능과 효과에 대한 관심이 집중되었다. 우리나라에서도 2011년 재보궐 선거에서 젊은 층을 중심으로 소셜 미디어의 정치적 이용이 두드러졌던 것으로 평가되고 있다.

규범적 언론관에서 바라보았을 때, 일각에서는 상호작용적 온라인 서비스가 정치적 정보를 확산시키고 자유로운 시민 토론을 촉진시켜 집단 지성에 의한 합리적인 합의를 이루어 가는 숙의 민주주의를 구현하는 데 기여할 수 있다는 기대 섞인 시각도 있었다. 이처럼 정치 커뮤니케이션의 채널로서 뉴미디어의 기능과 역할은 다양하게 논의될 수 있다.

정치 커뮤니케이션을 잘 이해하기 위해서는 정치 커뮤니케이션의 주체들이 무엇인지를 알고, 그 주체들 사이에서 어떠한 정보가 어떻게 흘러

가는지와 각각의 주체가 가지는 역할을 파악하는 것이 중요하다. 즉, 정치적 정보의 흐름에서 정치권, 시민, 뉴스 미디어의 기능과 역할, 그리고 그들의 역학 관계(dynamics)를 탐구하는 것이 정치 커뮤니케이션 연구의 핵심이다. 덧붙여 나날이 새롭게 등장하는 뉴미디어가 정치 커뮤니케이션 역학에 어떠한 영향을 미치는지 주의 깊게 관찰하는 것도 중요한 일이다.

주요 용어

정치 커뮤니케이션	프레이밍 효과	시민토론
여론 형성	인지적 편향성	정치적 태도 형성
여론 인지	뉴미디어	선거 보도
의제 설정 효과	경마식 보도	프라이밍 효과
정치 참여	가십성 보도	정치 홍보
퍼블리시티	정치 광고	긍정 광고
부정 광고	정치적 냉소주의	정책 광고
이미지 광고	네거티브 캠페인	광고 기법
후보자 TV 토론회	타운 홀 미팅	패널 토론 형식
소셜네트워킹서비스	상호작용적 온라인 플랫폼	
부정적 캠페인 대변하기		

연습문제

1. 의제 설정의 1차, 2차 효과를 설명하고 의제 설정의 결과로 나타날 수 있는 효과들을 나열하시오.
2. 상호 토론은 어떠한 인지적 작용을 수반하며, 시민 상호 토론이 가져올 수 있는 정치적 결과물들은 어떤 것들이 있는지 나열하시오.
3. 정치 홍보는 무엇이며 정치 광고와 어떤 차이가 있는지 설명하시오.
4. 정치 광고는 전달하고자 하는 대상에 따라 크게 네 가지로 구분할 수 있는데, 그것이 무엇인지를 나열하시오.

5. 정치 광고 기법에는 어떠한 것들이 있는지 나열하고 각각의 기법을 설명하시오.

6. 후보자 TV 토론회 형식을 세 가지 나열하고, 각 형식이 가지는 특징을 설명하시오.

7. 소셜네트워킹서비스의 기능을 후보자와 유권자 입장에서 분석하고 이 것이 참여 민주주의에 기여하는 측면을 논하시오.

8. 매스미디어를 통해 여론을 인지하는 두 가지 경로를 구분하고, 상호 작용적 온라인 플랫폼에서는 이용자들이 어떤 요소들을 통해 여론을 인 지할 수 있는지를 나열하시오.

9. 언론 매체 이용의 결과 발생하는 정치 지향적 결과물들을 나열하시오.

10. 언론의 선거 보도에서 바람직하지 못한 관행들을 나열하시오.

심화토론문제

1. 소셜네트워킹서비스와 같이 상호 작용성이 증가한 온라인 미디어의 발달은 정치적 정보 확산과 정치 토론의 활성화를 통해 정보화된 시민 을 양산하는 데 기여할 것으로 기대를 모았다. 실제로 정보 확산과 정 치 토론 활성화에서 온라인 미디어가 얼마나 어떻게 기여하고 있는지 논의해 보자.

2. 2012년 우리나라 대선 뉴스 보도의 문제점을 생각해 보고 개선점들을 논의해 보자.

3. 정치권에서 프레이밍을 통한 홍보 사례를 찾아보고 그것이 국민들에 게 어떠한 영향을 미쳤는지 논의해 보자.

4. 동일한 사건에 대해 뉴스 매체에 따라 다른 프레임으로 보도한 기사들 을 비교해 보고 그러한 차이가 발생하는 조직적 요인에 대해 논의해 보자.

5. 2012년 우리나라와 미국의 대선 때 제작된 영상 정치 광고를 본문에 제시된 틀과 사용된 소구를 기준으로 분석해서 비교해 보자.

참고문헌

김춘식(2005), 『대통령 선거와 정치 광고』, 한국방송광고진흥공사.

이강형(2004), 대통령 후보의 텔레비전 토론, 후보 이미지, 유권자 감정, 이슈 근접성: 제16대 대통령 선거 후보 토론회 패널 조사 연구. ≪한국언론학보≫ 48권 2호, 346~374.

정낙원(2012), 대학생들의 소셜 미디어 이용의 정치 참여 효과 메커니즘 분석: '친구들'을 통한 장보습득과 규범 인지를 중심으로, ≪충남대학교 사회과학 연구≫ 24권, 273~294.

Ajzen, I.(1991), The theory of planned behavior. *Organizational Behavior and Human Decision Processes 50*, 179~211.

Benoit, W. L., Blaney, J. R., & Pier, P. M.(1996), *Campaign 96: A Functional Analysis of Acclaiming, Attacking, and Defending*, Greenwood Publishing Group.

Cho, J., Shah, D., McLeod, J. M., McLeod, D. M., Scholl, R. M., & Gotlieb, M. R.(2009), Campaigns, reflection, and deliberation: Advancing an O-S-R-O-R model of communication effects, *Communication Theory 19*, 66~88.

Davison, W. P.(1983), The third person effect in communication. *Public Opinion Quarterly 47*, 1~15.

Gunther, C. A.(1998), The persuasive press inference: Effects of mass media on perceived public opinion. *Communication Research 25*, 486~504.

Jung, N., Kim, Y., & Gil de Zuniga, H.(2011), The mediating role of knowledge and efficacy in the effects of communication on political participation, *Mass Communication & Society 14*, 407~430.

McCombs, M. E., and D. L. Shaw(1972), The agenda-setting function of mass media. *Public Opinnion Quarterly 36*, 176~187.

McCombs, M. E., Llamas, J. P., Lopez-Escobar, E., & Rey, F.(1997), Candidate images in Spanish Elections: Second-level agenda-setting effects. *Journalism & Mass Communication Quarterly 74*, 703~717.

Noelle-Neumann, E.(1974), The spiral of silence: A thery of public opinion. *Journal of Communication 24(2)*, 43~51.

Vallone, R. P., Ross, L., & Lepper, M. R.(1985), The hostile media phenomenon: Biased perception and perceptions of media bias in coverage of the Beirut massacre. *Journal of Personality and Social Psychology 49(3)*, 577~585.

Shoemaker, P. J., and Reese, S. D.(1991), *Mediating the message: Theories of influences on mass media content*, New York: Longman.

13
문화연구와 젠더

학습목표

이 장에서는 단순히 즐기고 소비하는 문화를 넘어 계급의 재생산과정을 통제하는 권력으로서 문화의 특징에 접근하고자 한다. 구체적으로 문화연구(cultural study)라고 불리는 학문에서 다루는 문화의 정의와 형태를 소개하고 문화연구의 중요한 부분을 차지하는 페미니즘, 이른바 여성주의 연구에 대해 다룰 것이다. 이 장에서 무게를 두는 것은 몇 가지 이론을 암기하고 비교하는 것이 아니라 새로운 인식의 패러다임, 우리가 지금까지 당연하게 수용하고 적용해 왔던 주류의 사회인식 프레임과 차별화되는 대안적 시각을 소개하고 이를 통해 주위를 재정비하는 경험을 나누는 것이다. 여성주의는 이러한 대안적 패러다임의 중요한 예이며 여성주의 시각으로 바라본 사회와 역사가 어떠한 프레임으로 재해석될 수 있는가에 대해 흥미로운 질문을 던지고 독자로 하여금 새로운 대답의 가능성을 찾도록 돕는 것이 이 장의 주요 목적이다.

첫째, '문화연구란 무엇인가'라는 주제로 프랑크푸르트학파의 대중문화론, 홀을 중심으로 한 버밍엄대학교 현대문화연구소의 문화와 이데올로기론, 부르디외의 문화자본론을 비교한다.

둘째, 문화연구와 페미니즘이라는 주제에서는 페미니즘에 대한 기본적인 이해와 페미니즘이 제시하는 대안적 시각을 다룬다.

셋째, 마지막으로 문화연구에서 페미니즘적 문제의식이 가져오는 학문적 성과물을 소개한다.

1. 문화연구란 무엇인가?

문화라는 단어는 어디에나 어울린다. 일상생활을 하면서 흔하게 들을 수 있는 용어만 떠올려 봐도 그렇다. 청소년 문화, 노인 문화, 직장 문화, 극장 문화, 식당 문화, 인터넷 문화, 교통 문화 등의 예를 보자. 경우에 따라 '문화'는 특정 공동체가 공유하는 특정한 행동양식을 구분하는 기준(청소년 문화, 노인 문화, 십대 문화)이 되기도 하며 어떤 형태의 소비 행위를 즐길 수 있는 별도의 공간(홍대 문화, 가로수길 문화)을 의미하기도 한다. 그런가 하면 여러 사람이 함께 살아가는 데 필요한 보편적인 예절(인터넷 문화, 극장 문화, 교통 문화)을 지칭하는 무난한 표현으로 쓰이기도 한다.

우리는 흔히 '문화'를 지루한 일상과는 다른 조금은 여유롭고 격조 있는 활동으로 이해한다. 주말에 영화를 보러 가는 일이나 늘 먹는 식사보다는 와인을 곁들인 스테이크를 먹는 일을 '문화생활'이라는 말로 표현하지 않는가? 하지만 문화연구에서 말하는 '문화'의 분석은 오히려 우리에게 익숙한 일상의 행위에 묻혀 잘 드러나지 않는 보편적인(혹은 보편적으로 보이는) 행위와 태도, 사고방식 등을 대상으로 이루어진다.

이 장에서는 문화의 정의와 형태에 대한 문화연구(cultural study) 영역의 논의들 가운데 대표적으로 프랑크푸르트학파(Frankfurt School)의 대중문화론, 스튜어트 홀(Stuart Hall)을 중심으로 한 영국 버밍엄대학교 현대문화연구소의 문화와 이데올로기론, 프랑스 사회학자 피에르 부르디외(Pierre Bourdieu)의 문화자본론을 소개한다.

1) 프랑크푸르트학파의 대중문화 비판

문화라는 용어가 학문의 세계에 본격적으로 등장한 것은 아무래도 근대화와 함께 등장한 대중 미디어의 발달과 함께이다. 물론 봉건주의적 계급 사회에도 문화라 부를 수 있는 다양한 취향과 행위가 계급별로 존재했지만 오페라나 클래식 음악, 미술 감상은 그것을 즐길 만한 시간과 돈이 있는 일부 부유 계급의 전유물이었을 뿐, 먹고 살기에 바쁜 서민들에게는 그다지 와 닿지 않은 사치스러운 행위였을 것이다.

근대화와 함께 임금노동이 등장하고 이로 인해 직업과 생활공간의 재정비가 이루어지면서 공동체의 개념이 변화한다. 성(姓)을 공유하는 혈족, 혹은 지역 공동체가 사라지고 그 자리를 직업을 찾아 모여든 불특정 다수의 임금노동자(주로 남성)와 그를 가장으로 형성된 핵가족이 대신하게 된 것이다. 임금노동으로 생계가 유지되고 자녀들의 교육과 그로 인한 계급의 재생산이 주요 기능이라는 점 외에는 별다른 공통점이 없는 익명의 가족, 익명의 대중을 연결하는 끈은 대중매체와 이를 통해 생산되는 '대중문화'다. 이때 대중문화란 가능한 많은 사람을 만족시키기 위해 몇몇 전문가들(방송국, 잡지사, 영화사 등)에 의해 조직적으로 관리되고 만들어진 것이다. 대규모 자본을 이용해 대량생산되는 까닭에 가능한 많은 소비자를 만족시킬 수 있는 상품성과 대중성이 관건이 되며 많은 경우 예술적 가치를 위한 창작의 노력보다는 상업성이 입증된 내용을 되풀이하는 복제의 성격이 강한 것이 대중문화의 특징이다.

대량생산과 대량소비, 그리고 보다 많은 소비자를 공략하기 위한 상업성과 복제라는 대중문화의 특성은 적지 않은 비판의 가능성을 열어 놓는다. 대표적 예가 독일 프랑크푸르트학파의 '문화산업론'이다. 호르크하이머, 아도르노, 마르쿠제 등의 사상가들이 포진한 프랑크푸르트학파는 20세기 자본주의를 마르크스주의 시각에서 비판하는데 문화연구에서 이들의 관점은 고급문화와 대중문화를 엄격히 구분하는 '문화와 문명'주의와 유사한 관점을 보인다.

리비스주의로 대표되는 '문화와 문명'주의자들은 대중의 취향을 쉽게 만족케 하는 평이하고 상업적인 대중문화의 천박함을 강하게 비판한다. 이들은 대중문화가 노동계급에게 값싸고 획일적인 휴식을 제공해 그들이 가져야 할 정치의식을 훼손하고 자본가의 착취에 별다른 의문을 제기하지 않는 수동적 존재로 길들인다고 주장한다(Storey, 2002). 고민 없이 즐길 수 있는 대중문화가 대중에게 잠깐의 휴식을 제공하고 그 결과로 스스로 생각하고 비판할 수 있는 능력을 둔감하게 만드는 반면 아방가르드 예술같이 이해하기 위해 고민과 학습을 요구하는 고급문화는 획일적인 사고방식에 도전할 수 있는 비판능력을 키운다는 것이 고급문화·대중문화에 대한 프랑크푸르트학파의 의견이다.

이윤을 추구하는 산업으로서의 대중문화가 상업적이고 보수적인 내용으로 사회의 부조리와 구조적 차별을 감추고 화려하지만 모방 가능한 문화상품을 소비하는 쾌감으로 수용자들의 눈과 귀를 가렸다는 프랑크 푸르트학파의 대중문화 비판은 오늘날 더욱 유효한 것으로 보인다. 매체의 다양화, 강력해진 현실 재현, 정교한 복제 능력의 혜택으로 현대야말로 대중문화의 소비를 통해 현실보다 화려한 가상현실을 맛볼 수 있는 최적의 시기이다. 팬케이크와 와플 브런치를 먹으며 미드에 등장하는 뉴요커가 된 듯한 착각을, 연예인의 공항패션에 단골로 등장하는 패션 소품을 걸치고 유명 연예인과 나란히 패션의 첨단을 걷는 듯한 즐거움을 경험한다. 보드리야르(Baudrillard, 1970/2004)는 우리가 실제라고 인식하는 세상이 실상은 세분화된 이미지의 조합이며 우리는 이러한 이미지를 소비하며 본질 없는 가상의 세계에 살고 있음을 지적한다. 모방과 소비로 누릴 수 있는 잠시의 즐거움은 대학졸업장을 가지고도 정규직 취업이 어려운 삼포세대의 현실을 가리고 개인의 노력으로는 해결할 수 없는 구조적 모순을 향한 분노와 비애를 위로한다.

물론 대중문화의 긍정적인 면 또한 무시할 수는 없다. 무엇보다 저렴한 가격으로 다양한 즐거움을 경험하는 통로가 된다는 점, 동시대의 사람들과 동일한 콘텐츠를 공유함으로 문화공동체를 형성하도록 돕는다는 점, 풍부하고 다양한 콘텐츠를 기반으로 세분화된 하위문화의 발전을 가능하게 한다는 점 등을 들 수 있을 것이다. 한 편의 드라마가 유행하면 그 드라마를 원본으로 열혈 시청자가 상상력을 발휘한 외전이나 패러디가 등장하고 드라마의 여러 장면을 편집한 맞춤형 뮤직비디오가 등장해 즐거움을 주는 것도 대중문화라는 장이 없다면 불가능한 일이다. 문제는 문화의 주체적인 소비자로서의 시청자가 어떤 기준과 잣대로 선택권을 행사하며 나름의 비판적인 안목으로 문화 이면의 정치적 역학관계를 바라볼 수 있는가일 것이다.

2) 문화와 이데올로기

대중의 비판의식을 둔화해 완전하지 못한 사회체제에 적응하도록 만드는 문화의 힘은 무엇이며 어떤 이름으로 불리는가? 그러한 문화의 힘은 구체적으로 어떤 방식으로 능력을 발휘하는가? 대중은 과연 그러한 문화의 힘에 수동적으로 끌려만 다니는 무력한 존재인가? 이 장에서는 이러한 질문에 대한 답변을 제시한 집단으로 레이먼드 윌리엄스, E.P. 톰슨, 리처드 호가트, 스튜어트 홀 등의 이론가들이 이끈 영국 버밍엄대학교의 현대문화연구소와 이들의 이론적 논의를 소개한다.

1960년대의 버밍엄대학교 현대문화연구소는 대중문화의 연구에서 지배세력의 이데올로기가 문화적 생산물에 영향을 미친다는 마르크스주의적 시각과 기호학의 구조주의적 접근, 연구 대상의 설정과 방법론에 개인의 경험을 중시하는 문화주의적 시각을 도입한다. 이데올로기란 단어를 한번에 이해하기는 어렵다. 여기서는 이데올로기를 특정 사회에 존재하는 지배-피지배의 사회적 관계를 재생산하는 실천 행위로 지배계급의 이해에 따라 사회에 존재하는 착취와 억압을 보편적이고 필연적인 것으로 만든다는 알튀세르의 정의를 이용하기로 하자(Althusser, 1997). 이데올로기의 중요한 역할은 계급갈등에 의해 야기되는 구조적 문제들에 대해 일시적인 거짓 해결책을 제시하고 사회를 닫힌 체제로 유지하는 것인데 이러한 일이 이루어지는 대표적인 장(場)이 바로 문화 산업, 즉 대중문화이다.

문화와 이데올로기의 관계를 연구하기 위해 이들이 관심을 기울이는 것은 특정한 이벤트가 아닌 매일의 평범한 일상에서 벌어지는 문화적 실천이다. 옷을 입는 것, 영화를 보는 것, 저녁 외출을 위한 식당을 고르는 것, 거실 벽에 걸 그림을 선택하는 것 등 평범한 일상적 행위에서 지배와 피지배의 정치적 관계를 읽어낼 수 있다는 것이 이들이 제시하는 발상의 전환이다. 다시 말해 이데올로기의 영향력은 우리의 모든 일상에 스며들어 있으며 우리가 경험하는 소설이나 패션, TV 프로그램, 그림, 음악 등의 모든 문화적 텍스트 또한 예외가 아니라는 것이다. 그러므로 우리가 이 시대에 접할 수 있는 있는 모든 유형, 또는 무형의 대중문화 상품은 당대의 정치적이고도 역사적인 상황과의 연관 속에서 해석되어야 하며 그것을 소비하는 우리의 행동도 역시나 이러한 맥락에서 거시적으로 읽힐 가치가 있음을 의미하는 것이다.

그렇다면 문화 소비자로서 일반 대중인 우리는 어떠한 존재인가? 어떠한 문화적 실천을 하건 우리의 선택은 결국은 지배계급의 이익을 위한 이데올로기에 의해 호명된 결과이며 기존의 체제를 유지하는 일상적 실천에 불과한 것일까? 버밍엄대학교 현대문화연구소의 학자들은 그렇지 않다고 대답한다. 대중문화를 소비하는 수용자 역할에 대해서는 다양한 논의들이 존재하지만 대표적인 예로 스튜어트 홀의 이론을 소개한다.

스튜어트 홀은 발신자가 메시지를 만들어 내고 고정시키면 그것이 수신자에게 직접, 그리고 투명하게 전달된다는 매스커뮤니케이션 연구의 발신자-메시지-수신자의 일직선 모델을 비판한다. 대신에 그는 메시지가 생산되는 순간(기호화)과 그것이 수용하는 순간(기호해독) 사이에는 불일치가 존재한다고 주장한다(Hall, 1996). 쉽게 말해 같은 메시지라 하더라도 해석하는 사람의 정치적 입장에 따라 전혀 다른 의미로 해석될 수 있다는 것이다. 메시지의 생산(기호화)은 투명하게 이루어지지 않는다. 하나의 사건이나 현상은 전달을 위해 이야기로 변형되며 기호체계를 통과해야 한다. 홀은 이 대목에서 기호들의 정치적 함의를 강조한다. 서사를 위해 선택된 기호들은 '상식' 혹은 '자연스러움'의 이름으로 지배 이데올로기를 반영하며 지배계급의 이익에 따른 사회, 문화, 정치세계의 분류체계를 강제하고 그 정당성을 설득한다.

기호화된 메시지는 수신자의 해독 과정을 거쳐 메시지로서 완성되는데 홀은 기호화가 특정한 기호 해독을 선호할 수는 있지만 규정할 수는 없다는 표현으로 생산자의 의도와는 다른 의미를 만들어 내는 수용자의 역할을 강조한다. 즉, 홀은 지배적 의미대로 해독하는 지배-헤게모니적 입장의 기호 해독자, 지배적 의미를 수용하며 동시에 그것에 저항하는 잠재력을 지닌 타협적 입장의 기호 해독자, 마지막으로 지배적 의미에 저항하는 대항적 입장의 기호 해독자가 공존함과 이데올로기의 재생산도구인 미디어가 소비자의 해독 방식에 따라서 이데올로기 투쟁의 장이 될 수도 있음을 주장하는 것이다.

3) 남과 다른 나, 구별 짓기의 수단으로서 문화 자본

이 장에서는 대중문화의 이데올로기적 기능에 대한 다양한 연구와 논의 가운데 구별 짓기를 통한 문화의 이데올로기적 특성을 자세히 들여다보자.

오페라와 인디음악을 예로 들어 생각해 보자. 오페라와 인디음악을 구별 짓는 기준은 무엇일까? 흔히 인디밴드라 하면 홍대 앞의 작은 카페에서 실험적인 음악을 하는 비상업적인 음악가를 떠올린다. 반면 오페라는 아리아를 부르는 프리마돈나의 화려하고 우아한 이미지와 연결된다. 오페라나 인디음악을 좋아하는 사람들도 구별 짓기가 가능하다. 두 가지 취향 모두 자신이 좋아하는 대상을 위해 일정한 시간(공연을 관람하는)과 경제적인 투자(공연티켓이나 CD를 구입하는)를 한다는 공통점은 있지만 오페라 애호가에게는 고상한 취향과 고전음악에 대한 지식의 소유자라는 지위를, 인디음악 팬에게는 독특한 개성과 감각의 소유자라는 구별된 지위를 부여한다. 인디밴드로 알려진 음악가들이 TV에 진출해 부와 명성을 갖게 되면 '인디성'을 잃은 것으로 간주되는 현상에서 알 수 있듯이 음악에의 고독한 열정을 불태우는 인디밴드의 모습은 일견 낭만적인 듯하나 동시에 인디라는 이름으로 열악한 대우와 경제적인 어려움을 감수하게 강요하는 불편한 명분이 되기도 한다.

프랑스의 사회학자 부르디외는 이렇듯 개인의 취향을 구분하는 문화적 소비 행위를 문화 자본으로 이름 짓는다(Bourdieu, 1986). 이는 앞에 언급된 음악에 대한 취향 같은 규격화된 문화 상품의 선택에서부터 즐겨 입는 티셔츠의 브랜드, 휴가지로 택하는 장소, 학위 등을 포함한다. 흥미로운 점은 이러한 문화 자본이 지배계급의 우월함을 당연시하고 피지배계급에 대한 지배계급의 지배를 합리화하는 지배전략으로서 이데올로기적 기능을 수행한다는 점이다.

앞서 언급되었듯이 오페라 감상이라는 문화적 소비 행위는 보통사람보다는 중상 계층에게 어울리는 고급스럽고 품위 있는 취미라는 사회적 인식이 존재한다. 여기서 간과되기 쉬운 점은 오페라 감상이 진정한 취미가 되기 위해서는 단순히 음악적 취향만으로는 부족하다는 사실이다. 일단 오페라 공연 티켓의 값은 인디밴드보다 몇 배 더 비싸다. 또한 대중매체를 통해 쉽게 접할 수 있는 가요나 팝음악과는 달리 오페라의 레퍼토리를 제대로 이해하고 감상하기 위해서는 오페라만이 가진 음악적 특성에 익숙해지기 위한 별도의 학습이 필요하다. 다시 말해 오페라 감상이라는 문화 자본을 획득하기 위해서는 오페라 학습에 투자할 수 있는 시간적 여유와 경제적 능력이라는 사회경제적 배경이 필요하다는 것이다.

이러한 조건을 간과한 채 오페라 감상을 순수한 음악적 취향으로만 보는 것은 그러한 문화적 자본 획득의 배경이 되는 중상 계층의 사회경제적 기득권을 당연시하는 결과로 이어질 수 있다. 부르디외는 바로 이러한 점을 지적하며 순수해 보이는 문화적 소비행위가 왜 지배 계급의 자본 독점이라는 정치적 행위로 읽혀야 하는지 설명한다.

문화 자본의 차별화를 통해 자신들의 기득권에 당위성을 부여하려는 지배계급의 전략은 상징적 폭력이라는 용어로 구체화한다(Bourdieu, 1984). 상징적 폭력이란 지배계급이 언어나 태도, 취향, 라이프스타일 등 문화 자본 전반에 걸쳐 자신들의 문화 자본을 피지배계급의 그것보다 우월한 것으로 위계질서를 설정하고 지배계층의 문화는 우월하고 고상한 것으로, 피지배계급의 문화는 평범하고 열등한 것으로 구별하는 경계를 형성한다는 것이다. 이러한 문화 자본의 차별화는 우월하고 고상한 문화를 지닌 계층이 그렇지 못한 계층의 우위를 점하고 지배력을 행사하는 현상을 자연스럽고 당연한 것으로 설득하는 결과를 가져온다.

이쯤에서 이런 질문을 던져 보자. 이러한 문화 자본의 구별 짓기와 계급의 재생산이라는 공식을 현대에 어떻게 적용할 것인가? 이제 대중문화는 우열의 가치가 아닌 취향이나 개인적 욕망의 상징으로 횡적 확장을 한 것은 아닐까? 아이돌 그룹의 춤과 노래에 열광하는 30대 직장인들의 모습이나 팬픽을 통해 취향 공동체를 형성하는 여성들의 즐거움, SNS를 통해 스타와 눈높이를 맞추며 소통하는 팬덤의 형성은 대중문화가 종적 구분이 아닌 횡적 구분의 도구로 쓰이는 좋은 예이다. 프랑크푸르트학파의 대중문화 비판과 문화의 이데올로기적 역할에 대한 논의에 이어 현재의 시점에서 바라본 대중문화는 이렇듯 더욱 다양하고 흥미로운 질문을 향해 열려 있으며 그만큼 문화연구를 통해 탐구할 수 있는 학문의 영역 또한 확장되었다 할 것이다.

2. 페미니즘에 대한 몇 가지 질문들

'당신은 페미니스트입니까?'라는 질문을 받았다. 당신의 대답은 무엇인가? 1번, 나는 페미니스트가 아니라 인권주의자다. 2번, 나는 페미니스트는 아니지만 여성들이 현실적으로 이런저런 불평등을 겪는 경향이 있다고는 생각한다. 3번, 페미니즘이 문제가 아니라 요즈음은 남성들이 역차별을 당하는 시대이다. 공기업이나 언론사 입사시험에 합격하는 여성의 수가 남성 합격자를 앞지른다는 이른바 알파걸의 시대에 페미니즘, 여성혐오, 남성 역차별, 군대 가산점등은 여전히 우리 사회의 논쟁거리이다. 이 장에서는 우리 사회에서 페미니즘을 둘러싸고 벌어지는 현재진행형의 논의를 소개하고자 한다.

1) 페미니즘과 여성혐오

페미니스트의 사전적 정의는 여권신장, 혹은 남녀평등을 주장하는 사람이다. 다시 말해 여성이기에 경험하는 크고 작은 권리침해가 있음을 인식하고 이에 대한 개선의 필요를 느끼는 사람이라면 자신을 페미니스트라고 불러도 무방하다. 독박육아로 인한 여성의 경력단절, 비정규직 여성의 저임금과 고용안정성, 직장 성희롱, 여성 공공 화장실의 몰래카메라 등의 문제에 고개를 끄덕이는 사람이라면 누구나 스스로를 페미니스트로 부를 수 있다는 의미이다.

하지만 현실은 그렇지 아니하다. 서두에 쓴 것처럼 사람들은 자신을 페미니스트로 인정하기보다는 보편적인 인권주의자나 '나는 페미니스트는 아니지만…'이라는 우회적 표현으로 혹시 있을지 모르는 공격으로부터 자신을 보호한다. 페미니스트에 대한 한국 사회의 인상이 어떠하기에 자신을 페미니스트라 칭하기를 어려워하는가? 기가 센, 그래서 남성들의 사랑을 받지 못하는 지혜롭지 못한 여자, 웃자고 하는 사소한 성적 농담에 일일이 불편함을 드러내는 여자, 여성과 남성의 근본적인(생물학적) 차이를 있는 그대로 받아들이지 못하고 아내, 특히 어머니라는 성스러운 역할에 의문을 제기하는 피곤한 여자, 남들은 다 즐거워하는 걸그룹의 섹시댄스에 성 상품화 운운하는 프로 불편러, 여성문제를 강조해 역설적으로 여성의 한계에 스스로를 가두는 여자, 여성이 겪는 사소한 차별에만 목소리를 높이고 정작 우리 사회가 안고 있는 보다 거대한 사회적 부조리에는 눈을 돌리지 못하는 안목 좁고 이기적인 여자, 남성 못지않은 거친 용어로 남성을 공격하는 메갈리아나 워마드ー인터넷을 포함한 미디어에 희화화되어 표현되는 페미니스트의 부정적인 모습은 대부분 이 가운데 하나다.

이런 상황에서 페미니스트임을 묻는 질문에 '나는 인권주의자다'라고 대답하는 것은 여러 사회적 소수자 가운데 여성의 차별에만 관심을 갖는다는 편협함의 공격에 대한 자기 방어의 의미를 갖는다. 혹은 남성 역차별에 대한 불만을 표시하는 것이기도 하다. 페미니즘에 대한 사회적 관심이 뜨거워진 것은 2016년 서울 강남역의 공공화장실에서 벌어진 여성 살인 사건을 통해서이다. 조현병 환자로 밝혀진 살인범이 평소 여성에 대한 피해의식을 가지고 있던 남성이었으며 화장실에 숨어서 여성이 들어오기를 기다렸다는 사실이 밝혀지며 여성을 향한 일상화된 폭력에 대한 여성들의 집단적 고발에 물꼬가 트였다. '그 자리에 내가 있었다면 나도 희생자가 될 수 있었다'는 말로 집약되는 여성들의 자각은 성폭력, 성희롱을 포함해 여성들이 경험하는 일상적인 폭력에 대한 고발과 함께 여성이라서 감수해야 하는 여러 형태의 불평등에 대한 비판으로 이어졌다. 이는 또한 여성을 차별하고 폄하하는 한국사회의 여성혐오에 대한 문제제기로 이어진다. 생각건대 '여성혐오'란 단어가 이토록 대중적이고 논쟁적인 지위를 획득한 적은 이전에 없었는데 이것은 단순히 한국 사회에 새롭게 등장한 기호로서 '여성혐오'가 주는 낯섦과 거부감이라기보다는 해당 기호가 명시하는 일상적인 성차별적 현상을 인정하는 것에 대한 불편함으로 이해할 수 있다(홍지아, 2017).

미소지니(Misogyny), 여성혐오는 여성을 열등하고 동물적인 존재로 집단화함으로 남성의 우월함을 유지하는 가부장제의 대표적인 집단혐오이다. 우에노 치즈코(2010/2012)는 열등한 존재로 호명된 여성을 배제하고 차별함으로 남성끼리의 동질성과 우월함을 확인하며 남성지배사회를 유지하는 중요한 정서적 기제로서 여성혐오를 정의한다. 남성보다 열등한 존재로 여성을 상정하고 정당한 근거나 이유 없이 여성을 무시하는 문

그림 13-1 2016년 강남역 여성 살인 사건에 대한 여성 단체의 항의 시위

화적 태도가 여성혐오이며 이는 나아가 여성에 대한 제도적 차별을 정당화하는 근거가 된다는 주장이다.

여성을 말하는 것은 불편하다. 대화가 깊어지면 우리는 이것이 단순히 여성이 경험하는 한두 개의 불평등한 사례에 대한 불평이 아니라 세상을 이해하는 인식의 틀 자체를 흔드는, 특히 남성들이 당연하게 누려온 일상적 기득권에 도전하는 위험한 문제 제기로 이어짐을 알게 된다. 누구나 공감하는 불평등 사례를 지적하는 일은 어렵지 않지만 내가 세상을 살아가는 인식의 틀이 흔들리는 것은 당연히 불편하다. 파렴치한 유아 성폭행범을 규탄하는 것은 쉬운 일이지만 기왕이면 예쁘고 어린 여직원이 따른 술을 마시고 싶다는 남성 상사를 성희롱으로 비판하는 일은 불편하다. 비정규직 청소부 아주머니의 열악한 근로조건에 동정을 표하기는 쉽지만 경쟁 상대인 여직원이 출산휴가를 챙기고 모성보호를 요구하는 것은 불편하다. 이러한 문제 제기는 남성만이 아니라 여성에게도 혼란스럽다. 나와 다른 사회적 이해와 경험을 가진 타인의 입장에서 지금껏 편안하게 살아온 사회를 새롭게 바라보라는 요구는 남성과 여성을 떠나 누구에게나 불편하고 때로는 화가 나는 일이기 때문이다.

남성의 여성 지배는 가부장제 탄생 이전의 일이다(Lerner, 2004). 많은 학자와 이론가, 혁명가들은 가부장제나 자본주의 등 사회구조적인 문제가 해결되면 여성이 경험하는 불평등 또한 해결된다고 주장해 왔지만 역사적으로 그것이 불가능함이 입증되었을 뿐이다.[1] 어느 사회, 어느 정권에서도 여성의 문제는 언제나 우선적 과제가 아닌 나중의 문제, 더 큰 사회적 대의(민주주의, 노동해방, 계급해방, 혹은 정권교체)가 이루어지면 그제야 논의할 가치가 있는 사소하고 이차적인 것이었다.

염려스러운 것은 '나는 페미니스트는 아니지만', '이제는 남성역차별의 시대', '먹고 살만하니까 배가 불러서'라는 페미니즘에 대한 불만과 불편함이 여성의 관점, 나아가 사회적 소수자의 관점에서 제기하는 새로운 문제의식에 대한 거부감으로 이어질 수 있다는 가능성이다. 이러한 거부감은 현재 우리 사회 곳곳에서 자행되는 여성, 혹은 사회적 소수자에 대한 일상적 차별과 폭력에 대한 진지한 염려와 논의를 가로막는 이유가 될 수 있기 때문이다. 이제껏 당연하게 여겨왔던 관행과 제도들이 입장을 바꿔 바라보면 차별과 폭력이 될 수 있다는 새로운 경험은 분명 낯설고 불편하다. 그러나 그렇다고 해서 그러한 고민을 중단한다면 여전히 하나의 프레임, 하나의 인식만이 가능한 닫힌 사회에 우리를 가두어 대안적이고 다양한 사고에 대한 발전 가능성을 가로막는 제한된 결과로 이어질 것이다.

---

1) 페미니즘 이론은 선진국 1세계 여성 중심의 자유주의 페미니즘, 진보주의 페미니즘, 사회주의 페미니즘, 마르크시스트 페미니즘의 네 가지로 구분된다. 사회주의 여성운동은 계급해방이 이루어지면 여성의 문제도 해결될 것이라 주장했지만 사회주의 사회에서도 여성의 몸은 사회적 자산인 출산을 위해 엄격히 통제된다. 자유주의 페미니스트들은 여성에게 남성과 동일한 교육과 취업의 기회가 주어지면 남녀평등이 이루어질 거라 믿었지만 고학력 전문직의 중상계층 여성들도 자녀양육문제에서만큼은 남성(남편)에게는 요구되지 않는 과도한 책임 앞에서 좌절하고 성역할이 최고경영자의 자리를 가로막는 유리천장(glass ceiling)으로 작용함을 고백한다. 이러한 예들은 한두 가지의 제도적 모순이 해결되는 것으로는 근본적인 양성평등이 이루어지기 어렵다는 것과 여성의 생물학적, 사회적 성역할이 체제와 이념을 뛰어넘어 여성의 해방을 가로막는 요인이 되고 있음을 반증한다. 각 이론에 대한 세부적인 설명은 생략한다. 중요한 것은 각 이론들이 어떠한 시대적, 사회적 배경에서 출발되었으며 어떠한 한계를 가지고 있는가를 이해하는 일이다. 모든 여성의 문제를 아우르는 절대적인 이론은 없다. 왜냐하면 여성은 여성이라는 이유만으로 보편화될 수 없는, 각자가 속한 국가사회적 환경, 계급, 교육정도, 종교 등에 따라 각자의 정체성이 다른, 그러면서도 유사한 생물사회학적 성역할을 지닌 같으면서도 다른 존재이기 때문이다.

기존의 것과 다른 시각으로 인식의 틀을 바꾸는 것은 자신의 입장을 설득하기 위해 상황을 과장하거나 왜곡하는 것과는 다르다. '남자는(여자는) 다 그렇다' 식의 감정적인 일반화나 일방적인 피해의식 역시 논의의 진전에 도움을 주지 않는다. 지금까지와는 다른 것, 새롭고 불편한 것에 대해 가능성을 열어 두는 것은 자신이 틀렸음을 인정해야 할지도 모르는 질문을 스스로에게 던지는 용기다. 우드(Wood, 2006)의 표현대로 우리 모두는 젠더에 갇혀 있다. 갇힌 틀을 깨는 작업은 누구에게나 용기와 시간, 그리고 아픔을 필요로 한다.

2) 여성문제는 왜 복잡한가?

근대 이후 지금까지 사회는 가사 및 정서노동자인 여성과 가장으로서의 의무와 권리를 행사하는 남성이라는 양분화된 역할 분담에 의해 유지되어 왔다. 특히 단시간에 집약적인 경제성장을 이루어 온 한국 사회에서 사랑과 모성이라는 이름으로 여성이 제공해 온 무보수 가사와 육아 노동은 일터에서 남성의 무한 충성과 비약적인 기업 성장을 가능케 한 일등공신이었다. 이런 사회가 지지하는 여성은 일터에 나간 남편을 대신해 가정의 대소사를 처리하는 아내와 미래의 노동자인 자식을 잘 공부시키는 현명한 어머니로 집약된다. 또한 여성의 성공이 남성을 통해 대리 성취되는 사회구조상 보다 능력 있는 남성에게 선택받기 위한 성의 상품화는 계급에 따라 차이는 있지만 여성의 생존 전략으로 자리 잡아 왔다.

한국 사회는 이 틀에 들어맞지 않는 여성을 향해 집단적 적개심을 드러낸다. (된장녀로 통칭되는) 자신의 성적 매력을 경제적 가치로 환산하는 여성, (김 여사로 통칭되는) 가정을 벗어나 밖으로 돌아다니며 경제적 소비 행위를 하는 중년 여성이 대표적 예이며 이외에도 모성 본능에 충실하지 않고 남성의 영역에서 일하는 여성, 남성의 성적대상으로서 여성의 성역할을 거부하는 여성등도 이에 해당한다. 보육시설 실태보도에서 '돈 얼마 벌겠다고(전업주부의 경우는 자기 편하겠다고) 말도 못하는 어린 것을 보육시설에 맡기는 매정한 엄마'에 대한 질책이 빠지지 않는 것과 성폭력 대책 논의에서 '야한 옷 입고 늦은 밤에 돌아다니는' 여성에 대한 경고가 빠지지 않는 것도 성문제를 바라보는 한국 사회 인식의 틀이 어느 쪽을 향하고 있는가를 보여 준다.

남성은 공적 영역에서 경쟁하는 이성적인 존재이며 이러한 남성을 위한 정서적 피난처로 아내와 가정이 존재한다는 공사 구분의 신화는 우리 사회가 지지하는 몇 가지 대표적 성역할 가치관을 가져왔다. 가정은 사회가 아니므로 가정에서 일하는 여성의 노동은 정당한 노동으로 평가하지 않는다는 것(노동으로 평가하기에는 너무 숭고하다는 접근도 가능하지만 여성의 가사노동이 '돈으로 환산하기에는 적합하지 않은 노동'이라는 결론에 이르기는 마찬가지다), 남성의 영역인 사회에 참여하기 원하는 여성은 남성의 경쟁 심리와 이성적 판단 능력을 배워야 한다는 것, 돌봄과 사랑의 감정을 타고난 여성에게 가장 어울리는 장소는 가정이며 공적인 영역에 진출하더라도 여성에게 적합한 직업(승무원, 고객 접대원, 각종 도우미, 보모 등의 감정노동자)은 따로 있다는 것 등이 대표적 예다.

사실 신자유주의 경제의 거센 물결 속에서 혼자 힘으로 아내와 자식을 부양하는 능력 있는 아빠 이미지는 상류계층과 고소득 전문 직종의 남성을 제외하고는 말 그대로 환상이다. 평범한 임금노동자 남성이 월급으로 내 집을 장만하는 것은 현실적으로 거의 불가능한 일이며 그러한 직장조차도 언제 그만둬야 할지 모른다. 여성의 경제활동은 사회적 흐름이 된 반면 이러한 여성과 어떻게 어우러져 일을 할 것인가에 대한 훈련은 남성과 여성 모두에게 부족하다. 여성의 시각과 입장을 존중하며 동등한 파트너십을 가져본 경험이 부족한 남성은 성희롱 및 폭력에 대한 여성의 거부감을 위협으로 느낀다. 여성들은 직장이라는 새로운 공간에서 자신들의 여성성을 어떻게 주장해야 할지 혼란스러워 하고 기혼 여성은 전업주부 어머니 세대가 가르쳐 온 '좋은 엄마' 노릇과 직장과 육아의 이중부담에 갈등한다.

여성문제에 대한 논의를 복잡하게 하는 또 다른 이유는 여성이 하나의 익명적 집단으로 일반화되는 획일적인 존재가 아니라는 사실이다. 여성이라고 해서 다 같은 여성이 아니라는 것이다. '여성이기에' 경험하는 공통의 문제도 있지만 여성이 속한 계급, 인종, 성 정체성, 결혼 여부에 따라 여성마다 전혀 다른 사회적 경험을 하며 권리와 차별에 대한 이해관계 또한 다르다. 일례로 고학력 전문직 여성이 근무하는 일터에서 남성상사에 의한 성희롱 사건이 발생하는 일은 상대적으로 적다. 대부분의 기업은 구성원들에게 정기적인 성폭력 예방교육을 실시하고 중상층 여성에 대한 가시화된 차별이 기업이미지에 가져올 불이익을 염려한다. 그러나 비정규직 여성에게 가해지는 남성 상사의 성희롱은 직장을 유지하기 위해 감수해야 할 일상적인 폭력 가운데 하나인 경우가 많다. 전업주부와 일하는 엄마의 갈등, 시어머니와 며느리의 갈등, 동서 간의 갈등, 중상층 여성과 가사도우미의 갈등 또한 여성 개인의 문제에 앞서 여성이 처한 사회적 위치에 따라 서로의 이해가 다름을 보여 주는 예가 될 것이다.

지금까지 한국 사회가 이러한 여성의 다양성에 접근하는 방식은 (남성이 누리는 사회적 권리를 박탈당한 하위계급 여성을) 불쌍히 여기거나, (남성이 누리는 사회적 권리와 취업, 승진 등의 사회적 자본을 공유하고자 하는 중상계층 여성을) 적대시하는 이분법에 가깝다. 베트남이나 필리핀 등 경제후진국 출신 결혼이주여성들의 예를 보자. 그들이 순종적이고 희생적인 아내와 며느리 역할을 충실히 수행하는 한 한국 사회는 그들을 불쌍히 여기며 감싸주고 편을 들어 준다. 그러나 이들이 수동적인 피해자이기를 거부하고 금전적 욕심과 계층상승에 대한 욕망을 드러내는 순간, 이들은 경계해야 할 사회의 암적인 존재, 순진한 농촌 총각을 울리는 영악한 범죄자로 비난받는다.

여성, 혹은 남성으로서의 정체성은 절대적인 것이 아니라 사회적으로 구성되며 자신이 속한 계급, 환경, 종교, 지역을 포함한 그 외의 사회적 조건에 따라 선택되며 필요에 따라 전략적으로 구성된다. 그런 의미에서 페미니즘이 제기하는 여성 문제는 새로우면서도 동시에 오래된 것이다. 오래전부터 존재했으나 들리거나 보이지 않았던, 혹은 본인의 의지가 아닌 다른 사람에 의해 왜곡되어 재현되었던 다양한 계급, 다양한 이해관계의 여성과 그녀들이 제기하는 목소리가 들리기 시작한다. 이들의 목소리는 기존의 단순하고 이분법적인 시선을 흔들며 깊고 연쇄적인 파장을 일으킨다. 여성의 문제는 그래서 불편하고 복잡하다.

3. 문화연구와 페미니즘의 만남

이 장에서는 문화연구와 페미니즘, 그리고 미디어가 만날 때 생길 수 있는 질문들을 살펴본다. 크게 세 가지로 나누고 구체적인 예를 살펴볼 것인데 첫째 미디어가 재현하는 여성의 모습에 대한 연구, 둘째 여성의 문화적 경험에 대한 관심, 마지막으로 여성적 시각으로 낯설게, 혹은 다르게 바라보기가 그것이다.

1) 미디어가 재현하는 여성의 모습에 대한 연구

미디어는 우리 사회의 가장 강력한 사회화 도구다. 과거에는 소규모의 밀집된 공동체에서 사람들과의 관계를 통해 사회를 바라보는 방식, 생활의 태도, 가치관, 말투 등을 배웠다면 현재에는 그러한 역할을 미디어가 대신한다. TV를 시청하는 시간이 많을수록 TV가 제공하는 이상적인 성역할을 자신의 것으로 받아들일 확률이 높다거나 폭력적인 콘텐츠에 노출되는 시간이 많은 수용자일수록 폭력에 대한 관용도가 높다는 연구 등이 이러한 사실을 뒷받침한다.

다양한 미디어와 그러한 미디어에서 만들어 내는 다양한 콘텐츠 가운데 이 장에서는 TV 드라마에서 재현되는 여성의 모습을 집중적으로 살펴보고자 한다. 한국의 TV드라마는 여성의 모습을 재현할 때 어떤 특징을 보이고 있는가. 계급과 연령에서 어떠한 유형의 여성이 드라마에 주로 등장하며 주인공이나 악역으로 등장하는 여성은 어떠한 특징을 띠고 있는가. 여성의 해피엔딩은 어떻게 그려지고 있으며 해피엔딩의 주인공이 되는 여성은 어떠한 여성인가 등을 살펴볼 것이다. 이 논의는 2000년부터 2007년까지 시청률 상위 50위에 드는 드라마 가운데 시대극이나 절기극(추석, 설 특집 등)을 제외한 26편의 드라마를 분석한 자료를 토대로 이루어졌다(홍지아, 2009).

절대다수의 TV 드라마에서 여성의 해피엔딩은 남성 주인공, 혹은 가족과의 관계에서 결정된다. 드라마에 등장하는 여성들은 재력이나 직업적 성공, 외모와 무관하게 남성의 사랑을 얻기 위해 경쟁한다. 드라마의 결말에 이르러 여성에게 절대적인 사랑과 경제적 안정, 계급 상승을 안겨

줄 수 있는 남성 주인공의 선택을 받는 것은 경쟁 상대에 비해 사회적인 조건은 열등하지만 남성의 요구에 맞춰 자신을 변화시킬 수 있는 유순하고 보수적인 성역할에 충실한 여성들이다. 때로는 아이를 가진 하위계급의 여성이 상위계급 미혼남의 선택을 받기도 하는데 이때는 모성과 남을 배려하는 마음이 여성의 가장 큰 매력으로 그려진다.

드라마의 이러한 공식은 결국 여성의 삶에서 가장 중요한 것은 어떤 남성을 만나는가이며 이상적인 남성의 선택을 받기위해서는 남성과 가족을 자신보다 앞에 둘 수 있는 헌신적인 성품을 가져야 함을 보여 준다. 그런 점에서 드라마에 등장하는 어머니들의 절반이 넘는 수가 가족 돌보기에 전념할 수 있는 전업주부로 그려지는 것은 당연한 결과다. 직업을 가지면 갤러리 운영, 호텔 사장 등의 화려한 직업이나 청소부, 반찬가게, 식당 주방 일 등 저임금 노동으로 나뉘는 극단 현상을 보인다. 이에 비해 일반 전문 사무직에 종사하는 30∼40대 어머니의 수는 출연 인물 92명 가운데 단 5명에 불과해 드라마가 재현하는 현실과 실제 현실의 차이를 보여 준다. 일하는 어머니의 모습을 재현할 때 현실에 기반을 둔 동등한 재현이 아닌 소수의 예를 다수의 것으로 확대하는 과장이나 평가절하의 현상은 어머니의 직장생활에 대한 사회의 평가가 어떠함을 드러내는 것이며 드라마가 선호하는 여성의 공간이 가정임을 보여 준다.

대부분 드라마에서 여성 주인공은 20∼30대 여성이다. 중년이나 노년의 나이에 이른 여성은 주인공의 (시)어머니나 (시)할머니로 주인공의 사랑을 방해하거나 지지하거나, 스토리의 흐름상 구색을 맞추는 역할로 등장한다. 노인, 특히 여성 노인을 나이가 가져오는 지혜로움이나 성취보다는 늙고 추한 몸, 병듦, 여성도 남성도 아닌 늙은이의 주책이 강조된 무성적 존재로 그리는 것은 한국 TV 드라마의 오래된 관행이다. 이러한 관행을 조금 더 거슬러 올라가면 여성의 가치는 남성에게 얼마나 성적 매력을 가진 존재로 보이는가에 달려 있으며 여성의 아름다움을 결정하는 것은 여성이 아닌 남성의 시선이라는 사회적 가치와 마주친다. 이는 남성 노인에게 나이에 걸맞은 성공한 기업인이나 재력과 지혜를 겸비한 집안의 어른으로 등장하는 기회가 주어지는 것과는 대조되는 것으로 같은 생물학적 노인이라 해도 여성의 늙음은 남성에 비해 초라하고 추하다는 젠더-연령주의의 결과를 드러낸다(이경숙, 2012; 연점숙, 2012).

극적 요소가 강한 가상의 현실을 만들어 내기 위해 드라마는 필요에 따라 현실을 과장하거나 축소한다. 불특정 다수를 대상으로 시청률 경쟁을 벌이는 드라마는 그래서 사람들이 가장 이상적으로 욕망하는 국민 동생을, 국민 연하남을, 국민 며느리를, 국민 언니를 만들어 내며 필요하면 모두가 미워할 수 있는 공공의 적을 만들어 내기도 한다. 이들은 현실의 바탕 위에서 이상적인 매력을 강조하기 위해 필요한 과장과 생략의 과정을 거친다. 때로는 시청자들이 원하는 모습을 충실하게 재현하면서, 때로는 시청자들에게 욕망해야 할 대상을 제시하면서 미디어는 대중과 소통한다. 사회가 지지하는 주류의 모습을 재현하는 동시에 사회가 보고 학습할 가치를 재생산하는 순환적인 역할을 수행하는 것이다. 드라마에 등장하는 어머니나 여성들의 모습이 현실을 있는 그대로 반영해야 할 의무나 책임은 없다. 극의 재미와 필요에 따라 이들의 모습은 적절히 과장되거나 생략된다. 그러나 이들의 과장과 생략이 어떠한 규칙에 따라 이루어지는지, 그리고 그러한 규칙의 배경에 어떠한 성역할의 가치관이 자리 잡고 있는지를 이해하는 노력 또한 필요할 것이다.

이런 점에서 여성노인들의 우정을 다룬 드라마 〈디어 마이 프렌즈〉(2016), 여성 노배우가 중심이 되어 식당을 운영하는 리얼리티 프로그램 〈윤식당〉(2017, 2018) 등은 새로운 여성노인, 어머니의 모습을 소개한다는 점에서 긍정적 의미를 지닌다.

2) 여성의 문화적 경험에 대한 관심

가부장 문화에서 남성의 즐거움은 공적인 장소에서 이루어지는 공적인 논의의 대상이지만 여성의 즐거움은 사적인 장소에서 이루어지는 은밀하고 개인적인 일이다. 성매매 금지법 제정 과정에서 보듯이 한국 사회에서 남성의 욕망은 사회적 배려의 대상이다. 남성이 성욕을 풀 수 있는 창구인 성매매를 금지한다면 성범죄가 증가할 것이라는 주장은 남성의 성욕을 당연한 것으로 인정하고 지지하는 사회적 관습을 바탕으로 가능하다. 그에 비해 여성의 욕망은 과거에 비해 많이 열려 있다고는 하나 사회의 제재를 피하기 위해 적절한 선에서 적절하게 표현되어야 하는 자기검

열의 대상이다. 소녀 가수들의 섹시댄스처럼 보이기 위한 성은 남성의 입장에서 부축임의 대상이 되나 여성 자신의 쾌락을 위한 요구는 아직도 사회적 금기에 가깝다. 성적 행위가 자칫 임신으로 이어져 감당하기 어려운 사회적 처벌을 감수해야 할지 모른다는 두려움 또한 여성 스스로 자신의 성욕을 부정하는 자기검열의 이유다.

이러한 여성의 욕망에 대한 자기검열의 맥락을 이해할 때 동일한 문화적 텍스트라도 즐기는 주체가 여성이라면 남성과는 다르게 읽을 필요가 있음을 알게 된다. TV 트렌디 드라마, 그 가운데서도 〈커피프린스〉(2007), 〈미남이시네요〉(2009), 〈성균관 스캔들〉(2010)로 이어지는 유사 동성애 드라마를 예로 들어보자. 세 드라마의 특징은 남성들의 공간(남성 웨이터만 채용하는 카페, 남성 아이돌 합숙소, 조선시대 남성들의 배움터인 성균관)에서 평범한 여성이 남장을 하고 생활하다가 남성들 가운데 한 명과 사랑을 하게 된다는 것이다. 남장 여성이 여성인 줄 모르는 상대방 남성은 남성을 사랑하는 자신의 감정에 크게 괴로워하지만 사랑 앞에 솔직해지기로 하고 자신이 동성애자임을 인정한다. 남성 주인공이 사랑을 위해 자신의 모든 것을 포기하려는 순간 극적으로 여성의 성별이 밝혀지고 두 연인은 해피엔딩에 이른다는 것이 이들 유사 동성애 드라마의 공통점이다.

일반 시청자들에게는 설정이 다소 특이한 로맨스 드라마 정도지만 이중 삼중의 성적 검열을 경험하는 10~20대 미혼 여성들에게 이러한 설정은 다른 이들은 이해하지 못하는 그들만의 즐거움을 선사한다. 이들은 모든 조건이 뛰어난 남성 주인공이 동성애와 사회적 금기 사이에서 괴로워하는 모습을 로맨틱하게 받아들인다. 드라마에서 동성애가 재현되는 방식은 성적 소수자에 대한 사회적 폭력과 인권, 성적 소수자를 규정하는 사회적 방식 등의 무거운 성정치적 주제를 비껴서 사회적 금기를 뛰어넘는 사랑의 절대성을 강조하는 서사적 장치 역할을 한다. 여자 못지않게 아름다운 외모의 주인공이 등장하고 등장인물들의 직업이 사진작가나 음악가, 디자이너 등의 평범하지 않은 전문직으로 설정되는 것도 주인공의 사랑을 방해하는 일상의 지루함을 최소화하고 주인공의 사랑을 돋보이게 하려는 극적 장치로 이해할 수 있다.

연예인을 향한 욕망이나 남성 밴드의 멤버들을 가상의 동성애 커플로 설정하고 그 관계를 즐기는 이른바 '야오이 팬덤'[2]에 문화연구 진영이 관심을 갖게 되고 이러한 현상의 주체인 여성들의 문화적 소비에 대한 학문적 성과물이 발표되기 시작한 것은 1990년대 중반부터다. 다시 말해 이러한 현상을 직접 경험한 주체들이 자신들의 경험을 그냥 한때의 유치한 경험이 아닌 한국 사회에 존재하는 하나의 문화적 현상으로 설명할 수 있는 자격을 갖추게 되면서부터이다. 1980~1990년대 학창시절을 보내며 다양한 대중문화를 경험한 팬덤 주체들이 대학원에 진학하고 학위논문 등을 통해 학계의 공식적인 논의에 자신들의 목소리를 보태기 시작하면서 가능해진 것이다. 경험의 주체들이 자신의 목소리를 낼 수 있는 적절한 훈련과 자격을 갖추면서 '철없는 10대 빠순이들의 집단행동'에 팬덤이라는 명칭과 학문적 논의 대상이 될 수 있는 가치를 부여한 것이다.

여성이기에 다르게 경험하는, 혹은 여성이라서 공유하는 사회문화적 행위에 대한 예는 다양하게 찾아볼 수 있을 것이다. 육아와 살림으로 집 밖의 공간으로 나오기 어려운 전업주부의 온라인 커뮤니티 활동은 일

---

2) 야오이는 일본어로 클라이맥스가 없고(야마나시), 이야기의 완결이 없고(오치나시), 이야기의 까닭이 없다(이미나시)의 약어로 여성들이 즐기는 남성들 사이의 동성애를 다룬 텍스트를 의미한다.

반 취미 중심의 동호회와는 다르고 결혼으로 인한 시집 식구들과의 관계 갈등을 하소연하기 위한 '수다'와 '자기 치유'의 공간으로 인터넷을 사용하는 여성들의 경험은 그에 적합한 사회문화적 맥락에서 이해되고 설명되어야 할 일이다. 이외에도 희생과 헌신이라는 한 가지 모습으로 그려온 어머니 되기의 다양화, 모바일 기기의 등장으로 가능해진 원거리 어머니 노릇, 다이어트 체험 등 여성이라서 가능한 여러 가지 경험이 학문적 논의의 대상이 되고 있다.

3) 여성적 시각으로 낯설게, 혹은 다르게 보기

시대적 담론의 대표적 재생산 도구는 미디어다. 어떠한 사건이나 행위를 설명하고 기록하는 다양한 서사 가운데 역사는 대표적인 한 가지를 선택해 기억한다. 그리고 그 한 가지를 결정하는 힘은 당대의 권력층에서 나온다. 광주민주화운동을 둘러싼 역사적 힘겨루기를 살펴보자. 1979년 군사쿠데타에 반발해 일어난 광주민주화운동은 진압의 주체인 군부가 권력을 장악하면서 사회 불만 세력이 벌인 집단적 폭력시위로 규정지어졌다. 그러나 군부정권이 퇴진하고 선거를 통한 정권 교체가 이루어지면서 광주민주화운동의 진위를 가리는 청문회가 실시되었고 장기간 논의 끝에 그 의미와 권위가 회복되었다.

피스크와 하틀리(Fiske & Hartley, 1997)는 현대사회의 매스미디어가 원시종교사회의 의례가 그러했듯이 사회의 구성원들에게 합의된 약호와 관습에 따른 메시지를 내보내 현실을 해석하는 문화적 합의의 경계선을 분명히 하는 제의적 역할을 수행한다고 지적한다. 미디어는 시대가 요구하는 대표적 서사를 생산하는 기관으로 시대가 요구하는 개인이나 집단의 대표적 모습, 즉 시대적 정체성의 제시와 특정 사건에 대한 집단의 기억을 형성하는 데 영향력을 행사한다. 때로는 집단적 기억이 실제로 한 개인의 직접적인 경험과 일치하지 않는 경우가 있는데 이때 그 개인은 심각한 균열과 갈등을 경험한다. 광주민주화운동을 배경으로 만든 영화 〈26년〉에서 알코올중독자로 세상에 등을 돌리고 살다가 끝내 분신자살로 생을 마감한 주인공 미진의 아버지가 그 예가 될 것이다.

교육과 공직 진출의 기회가 남성에게 집중된 근대 가부장 사회를 살

그림 13-3 일본 제국주의에 희생된 정신대 여성

아온 여성의 경험과 기억은 어떠할까? 공적인 의사 결정 과정에서 소외되어 사적 영역인 가정을 중심으로 살아온 여성의 기억은 같은 시간과 공간을 경험하더라도 남성과 그것과는 현저하게 다르다. 또한 출산이라는 생물학적 재생산을 담당하는 여성의 신체는 기근이나 전쟁 등 극한상황에서 여성에게 남성과는 다른 경험을 요구한다. 정치적 영향력을 가진 공식적인 해석과 기억, 다시 말해 남성의 관점에서 이해되고 해석된 역사만이 시대적 정체성을 구성하는 과정에서 여성의 경험은 사소하고 개인적인 것으로 평가절하되거나 혹은 수치스럽고 잊어버리고 싶은 기억으로 애써 망각된다. 영화 '아이 캔 스피크(2017)'에서 몇십년의 세월이 지난 후에야 비로소 '말할 수 있는(can speak)' 종군위안부, 옥분이 그 예이다.

그렇다면 여성의 경험을 얘기한다는 것은 무엇을 의미할까? 사건을 연대기식으로 기억하는 경향이 강한 남성과 비교해 여성들은 '큰 아이가 몇 살이었을 때', '막내가 아팠던 무렵'으로 기억하는 특징을 보인다(Cabezali, Cuevas, & Chicote, 2010). 여성의 경험을 복원한다는 것은 무엇보다 관찰과 기록의 시선을 공적 영역에서 사적 영역인 가정으로 전환하는 것이며 그 가운데서도 그동안 개인적이고 사소한 일로 치부되었던 일상, 정서적 경험, 희로애락 등에 무게와 관심을 돌리는 것이다. 어떠한 공간에서 살아가건 개인은 당대의 집단정체성과 소통하며 자신의 서사를 구성한다. 여성이 경험하고 이해하는 자기 서사 또한 '나는…'이라는 지극히 주관적이고 개인적인 서술로 시작하지만 당시의 사회문화적 맥락에서 해석되어야 하며 나아가 주관적으로 구성되는 그 기억이 어떠한 것을 기억하고 생략했는가를 파악해 시대가 요구하는 집단기억과의 협상 과정을 추적하는 것이 필요하다.

여성들의 기억은 그 시대를 살아가는 사람들이 공유하는 기억이면서 동시에 여성이기에 겪어야하는 이중의 아픔이 반영된 젠더화된 역사다. 국내의 여성사 연구는 식민지 경험과 6·25전쟁으로 대표되는 이념 대립의 역사에서 여성이기에 경험하는 특수한 경험을 불러내고 이를 여성주의적 역사관으로 설명하기에 집중한다. 6·25전쟁을 전후해 벌어진 남성들의 이념 투쟁에서 가정 해체를 경험한 여성들(윤택림, 2003; 최정기 외, 2008; 표인주 외, 2003), 일본 제국주의의 조직적 성폭력에 희생된 정신대 여성(한국정신대문제대책협의회, 2001), 여성 빨치산(최기자, 2002), 4·3사건 이후의 제주 여성의 삶(김성례, 1991) 등이 대표적 예다.

이 연구들은 단지 숨겨진 역사를 복원하는 수준을 넘어 이들의 경험이 사소한 기억으로 축소되거나 잊혀진 이유와 남성과 다른 여성만의 경험이 지닌 여성주의적 의미와 가치를 탐구한다. 예를 들어 여성 빨치산 연구에서는 입산할 당시 대부분 20대 초·중반이었던 여성들이 입산 시절을 암담하기보다 아름답게 회상하고 있음을 보여 준다. 입산 시절이야말로 여성 빨치산들이 생애 처음으로 자기 의견을 가진 인격체로 대우받고 교육받을 수 있는 자기성장의 시간이었던 것이다. 또한 공동생활을 통해 외부의 적만이 아니라 여성 동지들에게 살림과 돌봄을 요구하는 남성 빨치산들의 가부장 의식도 여성의 적임을 인식하게 된다. 4·3사건으로 남편을 잃은 신산한 삶을 설화 속 '바리공주'로 승화시킨 제주 여성 무속인 연구에서는 한 개인이 감당하기 어려운 고통을 신화와 접목하며 이겨내는 자기 서사의 힘을 증거하며 정신대 할머니 연구에서는 구조적 성폭력의 희생자인 이들이 상처받은 한국 남성의 집단적 자존심의 그늘에서 오랫동안 보이지 않는 존재로 방치되어야 했던 모순을 지적한다(홍지아, 2011).

여성주의적 시각으로 역사를 본다는 것은 주류 담론이 제시하는 지배적 정체성 속에서 여성의 서사가 어떻게 만들어지고 기억되는지를 이

해하는 것이다. 때로 이러한 시도는 사소하고 개인적인 것, 수치스러운
것으로 부정된 여성의 경험에 의미를 부여하고 남성의 관점으로 기록된
주류의 역사, 권력이 만든 시대적 정체성에 저항하는 결과를 가져오기도
한다. 세상을 살아가는 사람들의 수만큼 다양한 역사의 기억에 관심을 가
지고 새로운 시각, 대안적 인식의 틀로 세상을 다시 보는 것은 분명 불편
하지만 한편으로는 설레는 일이 될 것이다.

여성의 시각으로, 젠더화된 시각으로 세상을 바라보는 일은 새롭고 불편하다. 틀지어진 질서에 의문을 제기하는 것을 허락하지 않는 권력과 기득권을 기득권으로 인정하지 않는 우리의 이기심에 맞서는 것은 결기와 의지를 필요로 한다. 또한 일상의 편안함을 거부하며 새로운 인식의 틀을 찾는 것은 수많은 시행착오와 오류를 감수해야 하는, 짧게 보면 안 하니만 못한 일이 될 수도 있다. 문화연구는, 특히 문화연구와 페미니즘이 만나는 지점은 이렇듯 시끄러운 시행착오와 논쟁, 비판과 자기방어로 떠들썩하다. 그러나 이러한 시행착오와 논란을 거쳐 젠더의 나침반으로 재정비된 대안적 인식을 고민하는 것은 보다 넓고 다양한 세계를 만나는 몇 안 되는 방법임에 분명하다. 이 장을 함께하는 모든 학생들, 독자들에게 이러한 도전에 함께 나서기를 초대한다.

요약

근대화와 함께 진행된 임금노동제의 확산과 생활공동체의 변화는 사회화 수단으로서 대중문화의 위상을 높였고 이에 따라 대중문화의 순기능과 역기능에 대한 학문적 관심 또한 증가하였다. 문화와 문명주의, 프랑크푸르트학파에서는 대중문화가 길들이는 사회적 순응을 경계한 반면 버밍엄대학교 현대문화연구소의 이론가들은 문화가 계급과 주류이데올로기의 재생산 과정에서 행사하는 일상적 권력과 이를 받아들이는 수용자의 영향력에 관심을 보였다. 결국 문화연구란 문화가 단순한 일상적 소비와 즐거움의 대상을 넘어 우리가 사회를 바라보는 방식을 결정하고 특정한 가치를 자연스러운 것으로 받아들이도록 유도하는 권력임을 파악하고 비판하는 작업인 것이다. 사회 인식의 틀에 도전하는 대표적 문제의식으로 페미니즘을 들 수 있는데 이는 사회와 역사를 바라보는 새로운 관점을 제안하는 인식론적 패러다임의 전환으로 이해할 수 있다. 페미니즘이 문화연구에 제기하는 연구문제로는 첫째 미디어가 재현하는 여성의 모습에 대한 연구, 둘째 여성의 문화적 경험에 대한 관심, 마지막으로 여성적 시각으로 낯설게, 혹은 다르게 바라보기를 들 수 있다.

주요 용어

대중문화   이데올로기   프랑크푸르트학파

문화산업   문화자본   구별짓기

팬덤   상징적 폭력   페미니즘

기호   재현   여성사

현대문화연구소(CCCS)

연습문제

1. 프랑크푸르트학파의 대중문화론과 버밍엄 현대문화연구소의 시각에서 바라본 '문화'의 차이를 정리해 보자.

2. 부르디외의 문화자본은 어떠한 개념인가? 또한 우리 주변에서 문화자본으로 설명될 수 있는 물건이나 현상의 예를 들어 보자.

3. 기호의 생산과 수용과정에서 홀이 제시하는 세 가지 형태의 기호해독 유형은 무엇인가?

4. 여성적 수용자연구의 예로 텍스트가 소개하는 사례는 무엇이며 텍스트의 어떠한 점이 여성적 즐거움의 이유로 제시되는가?

심화토론문제

1. 우리는 대중문화의 부정적 영향력에 어느 정도 노출되어 있는가? 혹은 남과 다른 나만의 특수한 문화적 체험을 한 경험이 있는지, 그리고 그 경험이 나에게 어떠한 영향을 미쳤는지를 설명해 보자.

2. 우리가 행하는 문화적 소비행위 가운데 정치적 시각으로 해석될 수 있는 사례를 찾아보자.

3. 여성주의적 시각으로 바라볼 때 지금까지와는 다른 해석이 가능한 특정 사건이나 행위로는 어떠한 것이 있는지 토론해 보자.

참고문헌

김성례(1991), 한국무속에 나타난 여성체험:구술생애사의 서사분석,
≪한국여성학≫ (7), 7~40.

우에노 치즈코(上野 千鶴子) (2010). 女ぎらいーニッポンのミソジニー 나일등
역 (2012). 여성 혐오를 혐오한다. 서울: 은행나무.

윤택림(2003), 『인류학자의 과거여행:한 빨갱이 마을의 역사를 찾아서』,
역사비평사.

최기자(2002), 역사의 재발견:여성빨치산의 삶과 투쟁, ≪여성과 사회≫,
158~179.

최정기 외(2008), 『전쟁과 재현:마을 공동체의 고통과 그 대면』, 서울:
한울아카데미.

표인주 외(2003), 『전쟁과 사람들:아래로부터의 한국전쟁 연구』, 서울:
한울아카데미.

한국정신대문제대책협의회(2001), 『기억으로 다시 쓰는 역사:강제로 끌려간
조선인 군위안부들 4』, 서울:풀빛.

홍지아(2009), TV드라마에 재현된 모성재현의 서사전략과 상징적 경계의 구축,
≪한국방송학보≫ 23(6), 284~323.

홍지아(2011), 1인칭 다큐멘터리에 드러난 결혼이주여성들의 자기 재현과
정체성의 자리매김, ≪미디어, 젠더&문화≫ (18), 147~181.

홍지아(2017). 젠더화된 폭력에 대한 뉴스보도: 4개 언론사(조선일보, 동아일보,
한겨레, 경향신문)의 강남역 여성살인 사건 보도를 중심으로.
≪언론정보학보≫ (83), 186~218.

Althusser, L.(1997), 『철학에 대하여』, 서관모, 백승욱역, 서울:동문선.

Baudrillard, J(1970), La Societe de Consommation, 이상률 역(2004), 『소비의
사회』, 서울:문예출판사.

Bourdieu,P.(1966), Le Distinction, 최종철 역(2005), 『구별짓기:문화와 취향의
사회학』, 서울:새물결

Bourdieu, P.(1986), The Forms of Capital. In Richardson, G(Eds.), *Handbook
of Theory and Research for the Sociology of Education*(pp241~254),
Westport: Greenwood Press.

Cabezali, Cuevas, Chicote(1990), *Myth as Suppression:Motherhood and the
historical consciousness of the women of Madrid*, 1936-9.

Fiske, J., & Hartley, J.(1978), *Reading Television*, 이익성·이은호 역(1997),
『TV읽기』, 서울:현대미학사.

Hall, S.(1996), 기호화와 기호해독, 임영호(편역), 『스튜어트 홀의 문화이론 』

(287~304쪽), 서울: 한나래 출판사, (원저 출판연도 1980).

Hall, S.(1996), 이데올로기의 재발견, 임영호(편역), 『스튜어트 홀의 문화이론』(235~285쪽), 서울: 한나래출판사, (원저출판연도 1982).

Lerner, L.(2004), 『가부장제의 탄생』, 강세영(역)(2004), 서울: 당대출판사.

Storey. J.(2002), 『대중문화와 대중연구』, 박만준(역), 서울: 경문사,

Wood, J.(2006), 『젠더에 갇힌 삶: 젠더 문화 그리고 커뮤니케이션』, 한희정(역), 서울: 커뮤니케이션북스.

14
언론 자유와 법

학습목표

언론의 자유는 자유민주주의 국가의 존립과 발전에 필수불가결한 요소이다. 언론·출판의 자유 즉, 표현의 자유는 전통적으로 사상 또는 의견의 자유로운 표명(발표의 자유)과 그것을 전파할 자유(전달의 자유)를 의미한다. 또한 개인이 인간으로서 존엄과 가치를 유지하고 행복을 추구하며 국민주권을 실현하는 중요한 요소다.

그런데 언론의 자유는 모든 권리의 구심점인 인격권 및 타 법익과 서로 충돌하는 사례가 종종 일어나고 있다. 언론 자유가 자유민주주의 국가에서 중요한 기능을 수행한다고 하더라도 인간의 존엄성에서 유래하는 개인의 일반적 인격권을 함부로 침해할 수 없다.

한편 현대사회는 전자기술의 발전, 컴퓨터의 발달과 정보통신망의 보급에 따라 정보화 사회를 급격히 확장시키고 있다. 세계를 하나로 묶는 초고속화 정보통신 사회는 문명의 발전에 기여하는 면도 많으나, 부정적인 면도 적지 않다. 사생활침해, 개인정보유출, 음란한 표현물의 급속한 확산 등이 사회적 문제로 대두되고 있다.

언론의 자유는 절대적인 것이 아니라 내재적 한계를 가지고 있는 상대적 자유이다. 따라서 언론의 자유와 타 법익과의 충돌 문제를 어떻게 조화롭게 해결할 것인지를 고찰하는 것이 이 장의 학습목표이다.

첫째, 언론 자유의 중요성과 언론 자유의 확대 배경을 안다.
둘째, 언론 자유와 일반적 인격권인 명예훼손에 관한 문제를 알아본다.
셋째, 새로운 권리의 하나인 프라이버시권 침해에 관한 문제를 살펴본다.

1. 언론의 자유

1) 언론 자유의 중요성

언론·출판의 자유는 현대 자유민주주의의 존립과 발전에 필수불가결한 기본권이며 이를 최대 한도로 보장하는 것은 자유민주주의 헌법의 기본 원리 중 하나이다.

헌법 제21조 제1항은 "모든 국민은 언론·출판의 자유와 집회·결사의 자유를 가진다"고 언론·출판의 자유 즉, 표현의 자유를 규정하고 있다. 이 자유는 전통적으로는 사상 또는 의견의 자유로운 표명(발표의 자유)과 그것을 전파할 자유(전달의 자유)를 의미한다. 이것은 개인이 인간으로서의 존엄과 가치를 유지하고 행복을 추구하며 국민주권을 실현하는 데 필수불가결하고, 오늘날 민주국가에서 국민이 갖는 가장 중요한 기본권의 하나로 인식되고 있다.

민주정치에서 정치 활동은 사상, 의견의 자유로운 표현과 교환을 통하여 이루어지는 것이므로 언론·출판의 자유가 보장되지 않는 상황에서 민주주의는 시행될 수 없으며 표현의 자유가 보장되어 있지 않은 나라는 엄격한 의미에서 민주국가라 하기 어렵다. 따라서 언론의 자유는 바로 민주국가의 존립과 발전을 위한 기초가 되기 때문에 특히 우월적인 지위를 지니는 것이 현대 헌법의 특징이다.

2) 헌법적 보장과 제한

(1) 헌법적 보장

헌법 제21조는 "① 모든 국민은 언론·출판의 자유와 집회·결사의 자유를 가진다. ② 언론·출판에 대한 허가나 검열과 집회·결사에 대한 허가는 인정되지 아니한다. ③ 통신·방송의 시설기준과 신문의 기능을 보장하기 위하여 필요한 사항은 법률로 정한다. ④ 언론·출판은 타인의 명예나 권리 또는 공중도덕이나 사회윤리를 침해하여서는 아니된다. 언론·출판이 타인의 명예나 권리를 침해한 때에는 피해자는 이에 대한 피해의 배상을 청구할 수 있다"고 규정하고 있다. 즉 헌법은 언론·출판의 자유, 언론·출판에 대한 허가·검열의 금지, 통신·방송의 시설기준 등의 법

정주의(法定主義)와 언론·출판의 자유의 내재적(內在的) 한계를 규정하고 있다.

현대사회에서 언론사가 중요한 사회적 기능을 수행하고 있으므로 언론·출판의 자유를 누리지만, 한편으로 언론사는 사회적 영향력이 지대한 만큼 공공의 이익뿐만 아니라 개인의 기본권과도 관련이 깊으므로 그에 따른 헌법상의 책임과 의무도 수반된다.

(2) 언론 자유의 제한

언론의 자유는 결코 무제한적인 자유가 아니다. 언론의 자유가 보장된다고 해서 그것이 공동체의 존립 자체를 파괴하거나 다른 구성원의 인격권을 파괴하는 것을 용인하는 것은 아니다. 따라서 헌법 제21조 제4항은 "언론·출판은 타인의 명예나 권리 또는 공중도덕이나 사회윤리를 침해하여서는 아니 된다"고 규정하고 있고, 헌법 제37조 제2항은 국가안전보장·질서유지 또는 공공복리를 위하여 필요한 경우에 한하여 법률로 제한할 수 있도록 하고 있다.

헌법 규정 이외에도 헌법의 일반적 법률 유보에 따라서 제정된 법률들이 언론 자유를 규율하고 있다.

3) 언론 자유의 내용

일반적으로 헌법상의 언론·출판의 자유의 내용은, 의사표현·전파의 자유, 신문의 자유 및 방송·방영의 자유, 알권리, 액세스권 등이 있다.

(1) 의사 표현과 전달의 자유

의사의 개념에는 어떤 사항에 대한 평가적인 의사뿐만 아니라 사실에 대한 의사도 포함된다. 개인의 의사 표시에 의한 사실의 전달은 신문·방송 등 언론기관 보도의 자유와는 구별된다(정종섭, 2009).

의사 표현·전달의 자유에 의사 표현 또는 전달의 매체는 어떠한 형태이건 가능하며 그 제한이 없다. 즉 담화·연설·토론·연극·방송·음악·영화·가요 등과 문서·소설·시가·도화·사진·조각·서화·음반 및 비디오물 등 모든 형상의 의사 표현 또는 의사 전달의 매체를 포함한다.

(2) 보도의 자유

보도는 알리는 것이어서 특정한 사상을 표명하는 것이 아니지만, 보도의 자유도 표현의 자유의 보장에 포함된다. 이것은 보도를 위해서 보도 내용을 편집하는 지적인 작업을 통해서 발신자의 의견이 표명되는 점에서도, 특히 언론사의 보도가 국민의 알 권리에 봉사하는 중요한 의의를 가진다는 점에서도 이론(異論)이 없다.

언론사의 보도는 민주주의 사회에서 국민이 국정에 관여할 때에 중요한 판단자료를 제공하고, 국민의 알 권리에 봉사함으로써, 현대에서 보도 기관의 중요성을 정확하게 표현하고 있다(芦部信喜, 2007). 보도의 자유는 ① 언론기관의 설립의 자유, ② 편집·보도의 자유, ③ 취재의 자유, ④ 언론 기관 내부의 자유 등을 그 내용으로 한다(정종섭, 2009).

(3) 알 권리

표현의 자유는 사상·정보를 발표하고 전달하는 자유이지만, 정보화가 진전된 현대사회에서는, 그 개념을 '알권리'라는 관점을 가미해서 재구성해야 했다.

표현의 자유는 정보를 전달하는 자유이기 때문에, 본래 '수용자'의 존재를 전제로 하고 있고, 알 권리를 보장하는 의미도 포함하고 있지만, 19세기 시민사회에서는 수용자의 자유를 특별히 중요시할 필요가 없었다. 그런데 20세기에 들어와서 사회적으로 큰 영향력을 가진 매스미디어가 발달하고, 매스미디어에서 대량의 정보가 일방적으로 유포되고, 정보의 '발신자'인 매스 미디어와 정보의 '수용자'인 일반 국민 사이에 분리 형상이 현저해졌다. 게다가 정보가 사회생활에서 갖는 의의도 비약적으로 증대했다.

그래서 표현의 자유를 일반 국민의 입장에서 재구성할 필요가 생겼고, 수용자 표현의 자유(들을 자유, 읽을 자유, 볼 자유)를 보장하기 위해서 '알 권리'로 파악하게 되었다(芦部信喜, 2007).

(4) 액세스권

알 권리와 관련해서 언론사에 대한 액세스권(right to access)이 주장되었다. 액세스권은 접근하는 권리인데, 여러 가지에 사용된다. 정부 정보에 대한 액세스권은 정부 정보의 공개청구권을 의미하며 알 권리와 동일한 의미다.

　일반적으로 언론사에 대한 알 권리, 즉 정보 수용자인 일반 국민이 정보 발신자인 언론사에게 자기의견을 발표할 장소를 제공할 것을 요구하는 권리(구체적으로는 의견 광고 및 반론 기사의 게재, 지면ㆍ프로그램의 참가 등)의 의미로 많이 사용된다. 그러나 사기업의 형태를 가진 언론사에게 액세스권을 헌법 제21조에서 직접 도출하는 것이 불가능하기 때문에, 이것이 구체적인 권리가 되기 위해서는 특별한 법률('반론권법'이라고 부르는 것이 많다)이 제정되어야 한다(芦部信喜, 2007).

4) 표현의 자유의 확대

표현의 자유가 확대된 배경은 크게 두 가지인데, 하나는 인터넷의 개발과 퍼스널 컴퓨터의 개발이다(高橋和之ㆍ松井茂記 編, 2004).

　인터넷의 개발은 미국의 정부기관 및 대학의 연구자ㆍ기술자의 제휴에 의해서이고, 그 관리자도 연구자 및 기술자 등 비정부ㆍ비영리의 조직에 의해 이루어졌다. 인터넷은 호스트와 호스트 중간에 관리 조직 없이 서로 접속하는 통신 수단이고, 점점 일반 시민과 기업에도 보급되었다. 인터넷은 은행의 온라인 시스템처럼 폐쇄된 네트워크가 아니라 오픈된 네트워크다. 나아가서 이용자를 선별하지 않는 중립적 프로토콜에 기초해, 여러 가지 통신 형태를 개발해서 이용할 수 있다. 이러한 관점에서 인터넷은 자유로운 통신수단이다.

　1970년에 인텔(Intel)사가 마이크로 프로세스4004를 개발해서 컴퓨터의 소형화가 시작되고, 그 후에 사람들이 자유롭게 사용할 수 있는 컴퓨터 개발을 시작했다. 1970년대는 젊은이들의 자유로운 정보 교환과 창의에 의한 퍼스널 컴퓨터 개발의 시대이고, 그 결과 일반인들이 자유롭게 컴퓨터에 접속할 수 있게 되었다.

　이상과 같은 배경에서 전개된 인터넷은 표현의 자유를 비약적으로 확대시켰다고 할 수 있는데, 여기에는 두 가지 의미, 즉 ① 커뮤니케이션을 그 물리적 제약 조건에서 상당한 정도로 해방시킨 것, ② 커뮤니케이션을 가치적인 면에서 자유를 확대시킨 것이다(酒匂一郎, 2003).

커뮤니케이션을 그 물리적 제약조건에서 상당한 정도로 해방시켰다. 19세기 후반의 전신·전화는 원격지와 일대 일의 실시간 커뮤니케이션을 가능하게 하고, 20세기 초에 라디오, 텔레비전은 같은 모양으로 일대다(多)의 커뮤니케이션을 가능하게 했다. 그러나 정보의 디지털화, 컴퓨터에 의한 처리, 네트워크에 의한 전달이라는 기술의 전개는 커뮤니케이션을 물리적 제약 조건에서 비약적으로 해방시켰다. 원근을 막론하고, 일대일, 일대다(多), 다대다, 실시간, 비실시간, 일방향, 쌍방향 등 모든 형태의 커뮤니케이션을 가능하게 만들었다.

또한 음성, 문자, 화상, 동영상 등 모든 형태의 정보가 0과 1의 비트 열로 환원되어 디지털화된 정보는 쉽게 복제, 변경, 축적, 검색 등이 가능하다. 따라서 간단한 메시지의 교환뿐만 아니라 매매 및 투표 등 커뮤니케이션으로서 대부분 모든 사회적 행위를 네트워크에서 가능하다.

또한 커뮤니케이션의 자유를 가치적인 면에서 확대시켰다. 통신이 간편해진 것뿐만 아니라 누구나 출판 및 방송에 가까운 행위를 하는 것이 가능하다. 이것은 표현의 자유의 가치를 증대시키는 것을 의미한다. 또한 익명과 가명에 의한 정보 발신의 가능성은 검열이 없는 정부 비판과 내부 고발을 가능하게 한다.

또한 모르는 타인과 쉽게 접촉(contact)해서 세계를 넓히고, 온라인 커뮤니티라는 형태의 모임을 만들 수 있다. 지역 커뮤니케이션을 활성화하고, 세계적으로 사람들을 사귈 수 있다. 이러한 점에서 고도 정보통신 기술의 발달은 근대법의 기본적인 가치 이념을 보다 실질적으로 실현할 가능성을 가지고 있다.

2. 명예훼손

1) 형법과 명예훼손

명예란 사람의 사회적 평가를 말한다. 형법은 일반 명예훼손죄(제307조), 사자의 명예훼손죄(제308조), 출판물 등에 의한 명예훼손죄(제309조)에서 형법상의 명예훼손에 관한 죄를 규정하고 있다. 명예훼손죄는 피해자의 명시한 의사에 반하여 공소를 제기할 수 없는 반의사불벌죄이다(법 제312조 제2항).

(1) 일반 명예훼손

공연히 사실을 적시(摘示)하여 사람의 명예를 훼손한 자는 2년 이하의 징역이나 금고 또는 500만 원 이하의 벌금에 처한다(법 제307조 제1항). 그리고 공연히 허위의 사실을 적시하여 사람의 명예를 훼손한 자는 5년 이하의 징역, 10년 이하의 자격정지 또는 1천만 원 이하의 벌금에 처한다(법 제307조 제2항).

일반 명예훼손죄의 객관적 성립 요건은 공연성, 사실의 적시(또는 허위사실의 적시), 명예훼손이다. 여기서 공연성이란 '불특정 또는 다수인이 인식할 수 있는 상태'를 의미하는 데 의견이 일치하고 있고(배종대, 2006) 판례도 통설과 같다.

한편 대법원은 전파성 이론을 공연성과 같이 본다. '전파성의 이론'이란 사실을 적시한 상대방이 특정한 한 사람이라 하더라도 그 말을 들은 사람이 불특정 또는 다수인에게 그 말을 전파할 가능성이 있는 때에는 공연성을 인정하자는 것을 말한다. 개별적으로 한 사람에게 사실을 유포하더라도 불특정 또는 다수인에게 전파될 가능성이 있다면 공연성의 요건을 충족한다.

사실의 적시는 사실, 적시, 적시의 방법으로 나누어 생각해 볼 수 있다.

사실이란 가치판단(價値判斷)이나 평가를 내용으로 하는 의견 표현에 대치되는 개념이다. 동시에 사실이란 시간과 공간적으로 구체적인 과거 또는 현재의 사실관계에 관한 보고 내지 진술을 의미하며, 그 표현 내용이 증거에 의하여 입증이 가능한 것을 말한다.

적시된 내용에 의견 표현과 사실의 적시가 혼재되어 있는 경우에는, 두 가지를 분리하지 않고 전체적으로 보아 사실을 적시하여 비방한 것인지 여부를 판단한다. 적시된 사실이 허위의 사실인지를 판단하는 데는 적시된 사실의 내용 전체의 취지를 살펴볼 때 중요한 부분이 객관적 사실과 합치되는 경우에는 세부(細部)에서 진실과 약간 차이가 나거나 다소 과장된 표현이 있어도 허위의 사실이라고 볼 수 없다.

적시된 사실은 특정인의 가치가 침해될 수 있을 정도로 구체적이어야 한다. 따라서 구체적인 사실을 적시하지 않고 주관적 판단을 표시하거나, 단순히 모욕적인 추상적 판단을 표시한 때에는 명예훼손죄를 구성하지 않는다. 한편, 사실의 적시는 사실을 직접적으로 표현한 경우에만 한정되는 것이 아니고 간접적이고 우회적인 표현에 의하더라도, 그 표현의 전취지(全趣旨)에 비추어 그와 같은 사실의 존재를 암시하여 특정인의 사회적 가치 내지 평가가 침해될 가능성이 있을 정도의 구체성이 있으면 족하다. 행위자가 직접 경험한 사실을 주장하는 경우든, 들은 사실을 전파하는 경우든 묻지 않는다.

사실의 적시는 피해자가 특정되어야 한다. 반드시 사람의 성명을 명시하여야만 하는 것은 아니고 사람의 성명을 명시하지 않더라도 그 표현 내용을 주위 사정과 종합해 볼 때 그 표시가 누구인지를 짐작할 수 있을 정도면 피해자가 특정된다고 할 수 있다.

사실 적시의 방법은 제한이 없다. 즉 연극이나 소설에서 등장인물의 입을 빌어 하건, 언어 · 문서 · 그림 · 만화 · 만문에 의하건, 신문 · 잡지 · 라디오 · 텔레비전 · 기타 출판물에 의하건 묻지 않는다.

명예에 관한 죄는 사람에 대한 사회적 평가가 현실적으로 침해되어야 하는 것은 아니고, 불특정 또는 다수인이 인식할 수 있는 상태에 이르면 범죄는 완성된다. 상대방이 이것을 인지해야 하는 것은 아니다. 또한 명예에 관한 죄는 해당 형벌법규가 보호하고자 하는 법익이 현실적으로 피해를 받는 것을 구성 요건의 요소로 하지 않는 추상적 위험범이다(이재상, 2007; 김일수 · 서보학, 2007).

한편, 주관적 구성 요건과 관련하여 명예훼손죄가 성립하기 위해서는 타인의 명예를 훼손하는 데 적합한 사실을 적시한다는 고의(故意)가 있어야 한다. 명예훼손죄의 고의는 피해자의 명예를 훼손하는 데 적합한 사실 또는 허위사실을 적시한다는 인식 인용이며 미필적 고의로도 족하다.

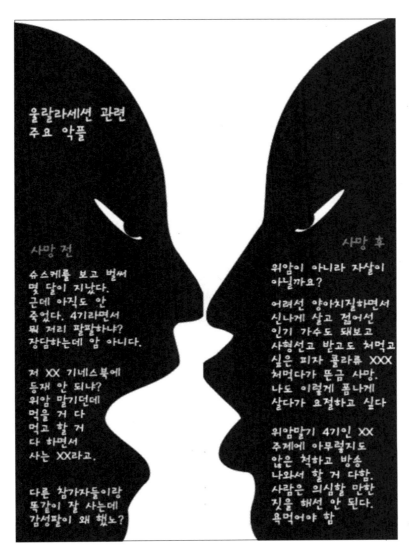

그림 14-1 인터넷 악성 댓글

(2) 사자의 명예훼손

사자(死者)의 명예훼손죄는 공연히 허위의 사실을 적시하여 사자의 명예를 훼손함으로써 성립하는 범죄이다(법 제308조). 사실을 적시한 때에도 사자의 명예훼손죄가 성립한다면 역사적 인물에 대한 공정한 평가도 처벌받게 되어 역사의 정확성과 진실이 은폐될 수 있기 때문이다. 보호법익은 사자에 대한 사회적·역사적 평가이므로 그 구성요건으로서의 사실의 적시는 허위의 사실일 것을 필요로 한다.

사자의 명예훼손죄가 성립하려면 주관적 성립요건으로서 사자의 명예를 훼손하는 데 적합한 허위의 사실을 적시한다는 고의가 있어야 한다. 적시한 사실이 허위라는 점에 대하여 확정적 고의를 요하고 단순한 미필적 고의로는 족하지 않다. 사자의 명예훼손죄는 친고죄이다(법 제312조 제1항).

(3) 출판물 등에 의한 명예훼손

"사람을 비방할 목적으로 신문·잡지 또는 라디오 기타 출판물에 의하여 제307조 제1항의 죄를 범한 자는 3년 이하의 징역이나 금고 또는 700만 원 이하의 벌금에 처한다"(법 제309조 제1항). 또한 "제1항의 방법으로 제307조 제2항의 죄를 범한 자는 7년 이하의 징역, 10년 이하의 자격정지 또는 1천 5백만 원 이하의 벌금에 처한다(법 제309조 제2항).

출판물등에 의한 명예훼손죄는 제307조의 명예훼손에 대하여 행위의 양태 때문에 형이 가중되는 가중적 구성요건이다. 그 이유는, 주관적 구성요건은 단순히 미필적 고의로 족하지 않고 초과주관적 요소인 비방의 목적을 필요로 할 뿐만 아니라, 명예를 훼손하는 방법이 신문·잡지·라디오·기타 출판물에 의하므로 그 위험성이 커진다는 점에 있다.

출판물등에 의한 명예훼손죄는 반의사불벌죄다. 따라서 피해자의 명시한 의사에 반하여 공소를 제기할 수 없다. 다만 처벌을 희망하는 의사표시나 처벌을 희망하지 않는 의사표시의 철회는 제1심판결 선고 전에 제출하여야 그 효력이 인정된다. 출판물 등에 의한 명예훼손죄는 간접정범에 의하여도 범하여질 수 있다.

객관적 성립요건과 관련, 사람의 명예를 훼손하는 방법은 신문·잡지·라디오·기타 출판물에 의하여 한다. 뉴미디어·멀티미디어 시대가 본격화된 오늘날에는 전통적인 의미의 출판물 외에 통신망을 이용하지 아니하고 컴퓨터 등의 장치에 의하여 문자 등의 정보를 보거나 듣거나 읽을 수 있도록 제작된 간행물도 출판물의 개념에 포함된다. 따라서 텔레비전·영화·CD롬·카세트 테이프·비디오 테이프·사보·뉴스레터 등도 출판물에 포함된다.

출판물등에 의한 명예훼손죄는 추상적 위험범·거동범이므로 출판물 등에 의하여 사실을 적시함으로써 불특정 또는 다수인이 인식할 수 있는 상태에 이르면 성립한다. 따라서 출판물이나 언론 매체가 불특정 또는 다수인이 보거나 시청할 수 있을 정도로 배포되었거나 전파되었으면, 실제 불특정 또는 다수인이 그 사실을 인식하지 못했더라도 출판물등에 의한 명예훼손죄는 성립한다(김일수·서보학, 2007). 그리고 사실적시에 의하여 그 대상이 특정되어야 한다.

반면에 주관적 성립요건과 관련, 출판물등에 의한 명예훼손죄는 목적범이므로 고의 이외에 특별한 주관적 불법요소로서 비방할 목적이 있어야 한다. '비방할 목적'이란 사람의 명예를 훼손시키기 위하여 인격적 평가를 저하시키는 목적을 말한다. 비방할 목적이 있으면 진실한 사실을 적시한 경우에도 제310조의 규정이 적용되지 않는다.

(4) 위법성 조각사유

위법성(違法性) 조각사유(阻却事由)란 형식적으로 불법 행위로 범죄가 되지만 실질적으로 범죄행위 또는 불법행위로서의 성격이 정지되는 여러 가지 사유를 말한다. 일반적 위법성 조각사유가 형법 제307조 제1항 사실적시에 적용됨은 물론이지만, 형법 제310조는 특수한 위법성 조각사유를 규정하고 있다.

일반적 위법성조각사유의 경우 피해자의 승낙과 정당행위가 있다. 명예는 그 법익 주체가 처분할 수 있는 개인적 법익이므로, 피해자의 승낙이 있는 때에는 위법성이 조각(阻却)된다. 그 승낙은 명시적이어야 한다. 또한 신문·라디오·텔레비전 등 언론사의 보도는 진지한 정보의 이익이 존재하고 국민의 알 권리를 충족시키는 범위에서 정당한 업무 행위가 된다. 학술 또는 예술작품에 대한 공정한 논평도 정당 행위로서 위법성이 조각될 수 있다.

반면에 형법 제310조의 위법성 조각사유의 경우 "제307조 제1항의 행위가 진실한 사실로서 오로지 공공의 이익에 관한 때에는 처벌하지 아니 한다"고 규정하고 있다. 이 조항에 따라서 위법성이 조각되어 처벌되지 않기 위해서는 ① 적시된 사실이 객관적으로 볼 때 공공의 이익에 관

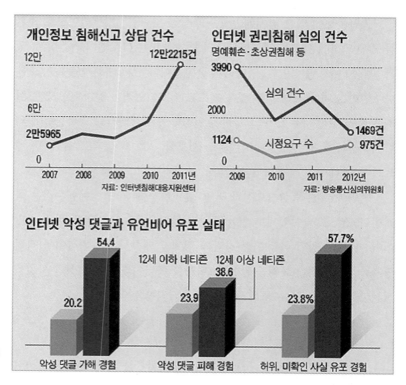

그림 14-2 인터넷 악성
댓글 실태

한 것으로서 행위자도 공공의 이익을 위하여 그 사실을 적시한 것이어야
할 뿐만 아니라 ② 그 적시된 사실이 진실한 것이거나 적어도 행위자가
그 사실을 진실한 것으로 믿었고, 또 그렇게 믿을 만한 상당한 이유가 있
어야 한다. 이 규정은 제307조 제1항의 단순명예훼손죄에 대해서만 적용
되며, 명예에 관한 다른 죄에는 적용되지 않는다.

2) 민법과 명예훼손

민법 제750조는 "고의 또는 과실로 인한 위법행위로 타인에게 손해를 가
한 자는 그 손해를 배상할 책임이 있다"고, 민법 제751조 제1항은 "타인의
신체, 자유 또는 명예를 해하거나 기타 정신상 고통을 가한 자는 재산이
외의 손해에 대하여도 배상할 책임이 있다"고 규정하고 있다. 또한 민법
제764조는 "타인의 명예를 훼손한 자에 대하여 법원은 피해자의 청구에

의하여 손해배상에 갈음하거나 손해배상과 함께 명예회복에 적당한 처분을 명할 수 있다"고 규정하고 있다. 이것은 명예에 대한 침해가 불법행위임을 밝히고 있다.

민법상 불법행위가 되는 명예훼손이란 사람의 품성·덕행·명성·신용 등 인격적 가치에 대해서 사회로부터 받는 객관적 평가를 침해하는 행위를 말한다. 명예훼손에 의한 불법행위의 성립요건은 ① 주관적 요건으로 가해자의 고의 또는 과실, ② 객관적 요건으로 가해행위의 위법성 및 ③가해행위에 의한 손해발생이다.

'고의'란 가해자가 특정인에게 손해가 발생하리라는 것을 알면서도 그 행위를 했다면 가해자에게 고의가 있었다고 한다. '과실'이란 일정한 결과가 발생한다는 것을 알고 있어야 함에도 불구하고, 부주의 즉 주의를 게을리하였기 때문에 그것을 알지 못하고서 어떤 행위를 하는 심리상태를 말한다. 그 입증 책임은 원칙적으로 고의·과실은 불법행위의 적극적인 성립요건이므로 불법행위의 성립을 주장하는 피해자(원고)가 부담한다. 민법상 명예훼손의 피해에 대한 구제방법은 손해배상(위자료 포함), 명예회복에 적당한 처분, 금지청구가 있다.

3) 정보통신망법에 의한 명예훼손

정보통신망이용촉진및정보보호등에관한법률(이하 '정보통신망법'이라고 부른다) 제70조 제1항은 "사람을 비방할 목적으로 정보통신망을 통하여 공공연하게 사실을 드러내어 다른 사람의 명예를 훼손한 자는 3년 이하의 징역이나 금고 또는 2천만원 이하의 벌금에 처한다". 제2항은 "사람을 비방할 목적으로 정보통신망을 통하여 공공연하게 거짓의 사실을 드러내어 다른 사람의 명예를 훼손한 자는 7년 이하의 징역, 10년 이하의 자격정지 또는 5천만원 이하의 벌금에 처한다". 제3항은 "제1항과 제2항의 죄는 피해자가 구체적으로 밝힌 의사에 반하여 공소를 제기할 수 없다".

정보통신망이란 전기통신기본법에 따른 전기통신설비를 이용하거나 전기통신설비와 컴퓨터 및 컴퓨터의 이용기술을 활용하여 정보를 수집·가공·저장·검색·송신 또는 수신하는 정보통신체제를 말한다.

정보통신망법 제70조의 '사람을 비방할 목적'이란 형법 제309조 제

1항의 '사람을 비방할 목적'과 마찬가지다. 여기서 '비방할 목적'이란 가해의 의사 내지 목적을 요하는 것이다. 적시한 사실이 공공의 이익에 관한 것인 경우에는 특별한 사정이 없는 한 비방할 목적은 부인된다.

공연성은 불특정 또는 다수인이 인식할 수 있는 상태를 의미한다. 인터넷 포털 사이트에 댓글을 게시하는 것은 해당 사이트를 이용하는 불특정 다수의 이용자들이 쉽게 그 내용을 확인할 수 있으므로 당연히 공연성이 있다. 한편, 개인 블로그의 비공개 대화방은 대화내용을 불특정 또는 다수에게 전파할 가능성이 있으므로 공연성을 인정할 여지가 있다.

정보통신망법 제70조 제3항은 "제1항과 제2항의 죄는 피해자가 구체적으로 밝힌 의사에 반하여 공소를 제기할 수 없다"고 규정하고 있어서, 반의의 불법죄에 해당한다.

(1) 위법성 조각사유

피해자의 승낙 및 정당행위는 다른 명예훼손죄와 같다. 그러나 정보통신망에 의한 명예훼손 행위에는 위법성 조각에 관한 형법 제310조가 적용될 수 없다.

정보통신망법 제70조의 '사람을 비방할 목적'이란 가해의 의사 내지 목적을 요하는 것으로서, 공공의 이익을 위한 것과는 행위자의 주관적 의도의 방향에 있어 서로 상반되는 관계에 있다고 할 것이므로, 형법 제310조의 공공의 이익에 관한 때에는 처벌하지 아니한다는 규정은 사람을 비방할 목적이 있어야 하는 정보통신망법 제70조의 소정의 행위에 대해서는 적용되지 아니한다.

(2) 온라인서비스제공자의 책임

'인터넷 종합 정보제공 사업자'는 정보통신망법 제2조 제1항 제3호의 정보통신서비스 제공자를 말한다. 그 사업자는 인터넷 가상공간 내에 있는 각종 정보제공 장소('사이트'라고 부른다)들에 게재된 정보에 대한 분야별 분류 및 검색 기능을 비롯하여 인터넷 이용자가 직접 자신의 의견이나 각종 정보를 게시·저장하거나 이를 다른 이용자들과 공유·교환할 수 있는 인터넷 게시 공간('블로그', '미니 홈페이지', '인터넷 동아리', '카페'

등)을 제공한다. 또한 전자우편, 게임 이용 서비스를 제공하는 등 인터넷에 관한 종합적인 서비스를 제공한다.

인터넷 종합 정보제공 사업자의 불법 행위 책임과 관련하여 의무를 명시하고 있다. 인터넷 게시 공간에 게시된 명예훼손적 게시물의 불법성이 명백하고, 그 사업자가 명예를 훼손당한 피해자로부터 구체적 · 개별적인 게시물의 삭제 및 차단 요구를 받은 경우가 해당된다. 이때 그 사업자는 그 게시물을 삭제하고 향후 같은 인터넷 게시공간에 유사한 내용의 게시물이 게시되지 않도록 차단할 주의 의무가 있다. 동시에 피해자로부터 직접적인 요구를 받지 않더라도 그 게시물이 게시된 사정을 구체적으로 인식하고 있었거나 그 게시물의 존재를 인식할 수 있었음이 외관상 명백히 드러나며, 또한 기술적, 경제적으로 그 게시물에 대한 관리 · 통제가 가능한 때에도 그 사업자에게 같은 주의 의무가 있다. 따라서 그 게시물 삭제 등의 처리를 위하여 필요한 상당 기간이 지나도록 그 처리를 하지 아니함으로써 타인에게 손해가 발생한 때에는 부작위에 의한 불법 행위 책임이 성립한다.

한편 게시물의 삭제, 검색 차단과 관련하여서는 종합적인 판단이 요구되고 있다. 즉, 사업자의 삭제 의무가 있는지는 게시의 목적, 내용, 게시기간과 방법, 그로 인한 피해 정도, 게시자와 피해자의 관계, 반론 또는 삭제 요구의 유무 등 게시에 관련한 쌍방의 대응태도, 당해 사이트의 성격 및 규모 · 영리 목적의 유무, 개방 정도, 운영자가 게시물의 내용을 알았거나 알 수 있었던 시점, 삭제의 기술적 · 경제적 난이도 등을 종합하여 판단하여야 한다. 특별한 사정이 없다면 단지 홈페이지 운영자가 제공하는 게시판에 다른 사람에 의하여 제3자의 명예를 훼손하는 글이 게시되고 그 운영자가 이를 알았거나 알 수 있었다는 사정만으로 항상 운영자가 그 글을 즉시 삭제할 의무를 지게 된다고 할 수는 없다.

3. 프라이버시 침해

1) 법규와 보호 법익

보호 법규는 헌법과 일반 법규로 나눌 수 있다. 헌법 제10조는 "모든 국민은 인간으로서의 존엄과 가치를 가지며, 행복을 추구할 권리를 가진다"고, 제17조는 "모든 국민은 사생활의 비밀과 자유를 침해받지 아니 한다"고 규정하고 있다. 헌법 제17조의 사생활의 비밀과 자유는 비교적 새로운 권리로 프라이버시권(the right to privacy)이라고도 한다(홍성방, 2008; 김철수, 2009; 권영성, 1995).

일반 법규를 보면, 사생활의 비밀과 보호에 관련된 법, 즉 프라이버시 관련 규정은 형법(제319조 주거침입 등), 국회법, 개인정보보호법, 공공기관의정보공개에관한법률, 금융실명거래및비밀보장에관한법률, 예금자보호법, 주민등록법, 신용정보의이용및보호에관한법률, 통신비밀보호법, 정보화촉진기본법 등이 있다. 범죄 피해자의 보호에 관한 법률은 성폭력범죄의처벌및피해자보호등에관한법률, 특정강력범죄의처벌에관한특례법 등이 있다.

한편, 보호 법익과 법적 성격과 관련하여 프라이버시의 주체를 알 필요가 있다. 프라이버시 주체는 인간의 권리이기 때문에 원칙적으로 모든 인간이다. 따라서 국민뿐만 아니라 외국인도 주체가 될 수 있다(이준일, 2005; 정종섭, 2009). 그러나 프라이버시는 인간의 존엄과 인격적 가치를 보호하는 것이므로, 법인 등은 원칙적으로 그 주체가 될 수 없다. 다만, 공개되는 것을 원하지 않거나 비닉(秘匿)하고 있는 기업비밀·기타 업무상의 비밀 등은 법인의 사생활에 관한 것으로서 법적 보호를 받는다.

사자(死者)는 프라이버시의 침해로 인한 정신적 고통을 받지 않으므로 원칙적으로 그 주체가 되지 않는다. 사자에게는 정신적 고통을 가할 수 없고, 그 권리는 사망과 더불어 소멸한다고 보기 때문이다. 다만 사자의 프라이버시의 권리침해가 생존자의 프라이버시 권리침해가 되는 경우에, 이것을 피침해이익으로 불법 행위의 성립을 인정하면 족할 것이다(정종섭, 2009; 이준일, 2005)

프라이버시권은 사적 사항·인격적 징표(성명, 초상, 경력, 이미지 등 본인에게 고유한 속성임) · 사생활의 자유 등 특정인에게 고유한 사항을 그 보호법익으로 하므로 일신전속적 권리(一身專屬的 權利)이다. 사적 사항이 공개되거나 인격적 징표를 손상당하거나 자유로운 사생활을 방해받음으로써 입게 되는 해악이나 고통을 배제하려는 것이 그 보호법익이다(홍성방, 2008; 정종섭, 2009).

2) 프라이버시권의 내용

프라이버시권의 내용은 ① 사생활의 비밀의 불가침(사생활의 내용을 공개당하지 아니할 권리), ② 사생활자유의 불가침(사생활의 자유로운 형성과 전개를 방해받지 아니할 권리), ③ 자기정보의 관리통제(자신에 관한 정보를 스스로 관리 · 통제할 수 있는 권리) 등 복합적인 성질의 권리다(성낙인, 2007).

사생활 비밀의 불가침은 ① 개인에 관한 난처한 사적 사항의 불가침, ② 오인케 하는 사적 사항의 불가침, ③ 인격적 징표의 불가침이 있다. 사생활의 자유의 불가침은 ① 사생활 평온의 불가침, ② 자유로운 사생활의 형성과 유지의 불가침이 있다. 자기정보의 관리통제권은 ① 개인정보열람, ② 개인정보의 정정 · 삭제, ③ 자기정보의 처리정지 등이 있다.

3) 프라이버시침해에 대한 구제

프라이버시 침해에 대한 구제에는 형법적 구제와 민법적 구제가 있다. 형법적 구제를 보면, 형법 제316조(비밀침해), 제317조(업무상비밀누설)에는 개인의 사생활의 비밀과 평온을 보호하기 위하여 일정한 개인의 비밀을 침해하거나 누설하는 행위를 처벌하는 규정을 두고 있다.

민법적 구제에는 손해배상(위자료), 회복적 조치, 금지의 청구가 있다. 개인의 사생활의 비밀에 관한 사항은 비밀로 보호되어야 하므로, 그것이 공공의 이해와 관련되어 공중의 정당한 관심의 대상이 되는 사항이 아닌 한 부당하게 공개하는 것은 불법 행위를 구성한다.

회복적 조치에는 반론보도가 있는데, 프라이버시 침해에 대한 반론보도 청구는 명예훼손과 달리 원칙적으로 배제된다. 그러나 사사(私事)의 공표에 관한 반론은 실효성이 없지만, 특히 오인케 한 기사에 대한 반론보도는 의미가 있다.

한편, 손해배상 등 사후적 구제수단은 침해된 프라이버시를 회복하는 데 실효성이 적다. 따라서 프라이버시침해가 이루어지면, 명예훼손과는 달리 피해자의 반론 등으로는 구제가 어렵기 때문에 사전금지 처분이 유효한 조치다.

따라서 인격권 침해 가운데 특히 프라이버시 침해에 대한 가장 실현성이 있는 구제수단은 침해 행위의 사전억제인 방해예방청구 및 이미 발생해서 지속되는 침해행위의 정지·제거인 방해정지·배제청구(일괄해서 금지청구라고 부른다)가 등장한다.

4. 초상권·퍼블리시티권

1) 초상권

먼저 초상권의 개념을 살펴보자. '초상권'이란 개인의 동일성을 파악할 수 있게끔 하는 모든 가시적인 개성들, 즉 자신의 얼굴이나 용모 또는 신체적 특징 기타 사회통념상 특정인임을 식별할 수 있는 개인이 가지는 일체의 이익을 내용으로 하는 인격적·재산적 이익을 말한다. 구체적 내용으로 ① 얼굴 기타 사회통념상 특정인임을 알 수 있는 신체적 특징을 함부로 촬영 또는 그림묘사되지 아니할 권리(촬영·작성 거절권), ② 촬영된 사진 또는 작성된 초상이 함부로 공표·복제되지 아니할 권리(공표 거절권), ③ 초상이 함부로 영리적 목적에 이용되지 아니할 권리(초상영리권)를 포함한다. ③의 권리가 재산권에 가까운데 비해 ①, ②의 권리는 인격적 권리라고 할 수 있다(③의 권리는 퍼블리시티권의 일부라고 볼 수 있다).

상권에 대하여 현행 법령상 명문 규정은 없으나, 헌법 제10조에서 "모든 국민은 인간으로서의 존엄과 가치를 가지며 행복을 추구할 권리를 가진다"고 규정하고 있다. 이 규정은 국가가 보장하여야 할 인간으로서의 존엄과 가치는 생명권·명예권·성명권 등을 포괄하는 일반적 인격권을 의미하고, 이 일반적 인격권에는 개별적 인격권으로서 초상권이 포함된다. 한편, 민법 제750조 제1항이 "타인의 신체, 자유 또는 명예를 해하거나 기타 정신상 고통을 가한 자는 재산 이외의 손해에 대하여도 배상할 책임이 있다"고 규정하고 있으므로, 이러한 규정들이 초상권을 인정하는 근거가 된다. 그러므로 초상권은 인간의 존엄 및 개인의 사생활의 자유와 비밀을 보장하는 헌법 정신에 비추어 볼 때 법적으로 보호받아야 할 개인의 인격권의 일부로서 개인의 프라이버시에 관한 것이다.

초상권 또는 사생활의 비밀과 자유의 침해행위의 위법성 판단기준은, 첫째 침해 행위의 영역에 속하는 고려 요소로 침해 행위로 달성하려는 이익의 내용 및 그 중대성, 침해 행위의 필요성과 효과성, 침해 행위의 보충성과 긴급성, 침해 방법의 상당성 등이 있다. 둘째, 피해 이익의 영역에 속하는 고려요소는 피해 법익의 내용과 중대성 및 침해 행위로 인하여 피해자가 입는 피해의 정도, 피해 이익의 보호가치 등이 있다.

초상권은 정신적 고통 등으로부터 개인을 보호하고자 하는 것이므로, 공표된 초상이 반드시 은거(隱居)에 대한 침입에 의하여 획득될 것을 필요로 한다고 보기에는 어려우므로(다만 은거에 대한 침입에 의하여 이루어진 경우, 초상권 침해에 따른 위자료를 산정하는 데 참작사유가 될 수는 있을 것이다) 일반인의 접근이 허용된 공개된 장소에서 촬영한 행위라도 불법 행위를 구성한다.

촬영되고 공표된 사진이 초상 본인의 얼굴을 아는 사람들이 보면 금방 알아볼 수 있을 정도로 식별이 가능해야 한다. 통상 공표를 원하지 않는 개인의 거실에서의 자태, 의복으로 감추고자 하는 신체부분 등을 몰래 촬영한 사진을 공표하는 것은 초상권 침해로서 프라이버시의 권리 침해가 된다(竹田 稔, 1982).

사자(死者)는 원칙적으로 초상권 등 인격권의 주체가 될 수 없고, 인격권은 일신전속적 권리로서 상속의 대상이 되지 않으므로, 사자의 초상을 공표하면서 유족들의 동의를 구하지 않았더라도 사자 자신의 초상을 침해하는 행위에 해당하지 않는다. 다만, 사자의 초상을 공표하는 방식에 따라서 사자의 명예를 훼손할 수가 있고, 이때 그로 인하여 유족의 사자에 대한 경애추모의 감정이 침해되면 그 유족에 대한 불법 행위를 구성할 수 있다.

한편 가사소송법, 소년법은 용모 등에 의하여 그 본인임을 미루어 짐작할 수 있는 정도로 사진을 보도할 수 없다고 규정하고 있다.

2) 퍼블리시티권

퍼블리시티권(right of publicity)이라 함은 사람이 가진 성명, 초상이나 기타의 동일성(identity)을 상업적으로 이용하고 통제할 수 있는 배타적 권리를 말한다. 그런데 실질적으로는 특히 배우, 예능인, 스포츠선수 등의 이른바 '유명인의 네임밸류'에 의해 가져오는 경제효과를 법적으로 보호하는 것이다(山田 健太, 2010).

퍼블리시티권은 일찍이 광고 산업이 발달한 미국에서 판례와 각 주의 성문법에 의하여 보호되기 시작하였으며, 일본과 우리나라에서도 이러한 권리를 인정한 하급심 판결을 다수 찾을 수 있다. 이 권리에 관하여 우리 법에 명시적으로 규정한 실정법이 존재하지 않으나 인격권, 행복추구권에서 파생된 것이고, 대부분의 국가가 법령 또는 판례에 의하여 이를 인정하고 있다.

비록 퍼블리시티권의 양도 및 상속성, 보호 대상과 존속 기간, 구제 수단 등을 구체적으로 규정한 우리나라의 실정법이나 확립된 관습법이 존재하지는 않으나, 어떤 사람의 성명; 초상 등에 대하여 형성된 경제적 가치가 이미 광고업 등 관련 업계에서 널리 인정되고 있는 이상, 이를 침해하는 행위는 초상 본인에 대한 관계에서는 명백히 민법상의 불법 행위를 구성한다고 볼 것이다.

한편, 동일성을 침해하는 것은 ① 민법상의 불법 행위에 해당하는 점, ② 사회의 발달에 따라 이러한 권리를 보호할 필요성이 점차 증대하고 있는 점, ③ 유명인이 스스로의 노력에 의하여 획득한 명성, 사회적인 평가, 지명도 등으로부터 생기는 독립한 경제적 이익 또는 가치는 그 자체로 보호할 가치가 충분한 점 등에 비추어 해석상 이를 독립적인 권리로 인정할 수 있다. 따라서 이것은 사람의 인격으로부터 파생된 것이기는 하나 사람의 인격권과는 독립된 별개의 재산권으로 보아야 한다.

퍼블리시티권은 유명인뿐 아니라 일정한 경우 일반인에게도 인정될 수 있으며(山田 健太, 2010), 그 대상은 성명, 사진, 초상, 기타 개인의 이미지를 형상화하는 경우 특정인을 연상시키는 물건 등에 널리 인정될 수 있다. 퍼블리시티권의 대상이 초상이면 초상권 중 재산권으로서의 초상권과 동일한 권리가 된다.

이처럼 법적 권리로 보장받고 있기 때문에 퍼블리시티권 침해행위로 인하여 피해자가 입게 된 재산상 손해는 위자료가 지급되는데, 퍼블리시티권자의 승낙을 받아 성명·초상을 사용할 경우에 그에게 지급하여야 할 대가 상당액이다. 퍼블리시티권자가 자신의 성명에 관하여 사용계약을 체결하거나 사용료를 받은 적이 전혀 없다면 일응 그 업계에서 일반화되어 있는 사용료를 손해액 산정에서 한 기준으로 삼을 수 있다.

한편 유명인의 성명권, 초상권은 일반인들의 그것과 달리 재산권인 퍼블리시티권으로 특별히 보호받으므로 타인의 불법 행위로 그 초상권 등이 침해된 경우, 특별한 사정이 없는 한 그 재산상 손해 외에 정신적 손해가 발생한다고 보기 어렵다.

5. 음란표현과 언론자유

1) 음란의 의미

'음란'이라 함은 사회통념상 일반 보통인의 성욕을 자극하여 성적 흥분을 유발하고 정상적인 성적 수치심을 해하여 성적 도의관념에 반하는 것이다. 또한, 표현물을 전체적으로 관찰·평가해 볼 때 단순히 저속하다거나 문란한 느낌을 준다는 정도를 넘어서서 존중·보호되어야 할 인격을 갖춘 존재인 사람의 존엄성과 가치를 심각하게 훼손·왜곡하고, 사회적으로 유해한 영향을 끼칠 위험성이 있다고 평가할 수 있을 정도로, 노골적인 방법에 의하여 성적 부위나 행위를 적나라하게 표현 또는 묘사한 것이다. 동시에 사회통념에 비추어 전적으로 또는 지배적으로 성적 흥미에만 호소하고 하등의 문학적·예술적·사상적·과학적·의학적·교육적 가치를 지니지 아니하는 것을 뜻한다.

2) 음란표현물의 평가방법

개인의 사생활 영역에 속하는 내밀한 성적 문제에 국가 형벌권이 지나치게 적극적으로 개입하는 것은 필요 최소한의 범위 내로 제한함으로써 개인의 성적 자기결정권 또는 행복추구권이 부당하게 제한되지 않도록 해야 한다. 또한 특정 표현물을 형사처벌의 대상이 될 음란표현물이라고 하기 위하여 그 표현물이 단순히 성적인 흥미에 관련되어 저속하다거나 문란한 느낌을 준다는 정도만으로는 부족하다.

표현물의 음란 여부 판단은 해당 표현물의 성에 관한 노골적이고 상세한 묘사·서술의 정도와 그 수법, 묘사·서술이 그 표현물 전체에서 차지하는 비중, 거기에 표현된 사상 등과 묘사·서술의 관련성, 표현물의 구성이나 전개 또는 예술성·사상성 등에 의한 성적 자극의 완화 정도, 이들의 관점에서 당해 표현물을 전체로 보았을 때 주로 그 표현물을 보는 사람들의 호색적 흥미를 돋우느냐의 여부 등 여러 점을 고려하여야 한다. 동시에 표현물 제작자의 주관적 의도가 아니라 그 사회의 평균인의 입장에서 그 시대의 건전한 사회 통념에 따라 객관적이고 규범적으로 평가하여야 한다.

3) 음란표현의 헌법적 보장

헌법 제21조 제4항은 "언론·출판은 타인의 명예나 권리 또는 공중도덕이나 사회윤리를 침해하여서는 아니 된다"고 규정하고 있다. 이것은 언론·출판의 자유에 따르는 책임과 의무를 강조하는 동시에 언론·출판의 자유에 대한 제한의 요건을 명시한 규정으로, 헌법상 표현의 자유의 보호 영역 한계를 설정한 것이라고 볼 수 없다. 따라서 음란표현도 헌법 제21조가 규정하는 언론·출판의 자유의 보호 영역에는 해당하나, 헌법 제37조 제2항에 따라 국가 안전보장·질서유지 또는 공공복리를 위하여 제한할 수 있다고 해석하여야 할 것이다. 결국 음란표현은 헌법 제21조가 규정하는 언론·출판의 자유의 보호영역 내에 있다.

4) 법률

형법 제243조(음화반포 등)는 "음란한 문서, 도화, 필름 기타 물건을 반포, 판매 또는 임대하거나 공연히 전시 또는 상영한 자는 1년 이하의 징역 또는 500만원 이하의 벌금에 처한다"고 규정하고 있다.

정보통신망법은 "누구든지 정보통신망을 통하여 '음란한 부호·문언·음향·화상 또는 영상을 배포·판매·임대하거나 공연히 전시하는 내용의 정보'를 유통하여서는 아니 되고"(법 제44조의7 제1항 제1호 참조), 이 규정을 위반할 때에는 1년 이하의 징역 또는 1천 만원 이하의 벌금에 처한다(법 제74조 제1항 제2호 참조).

5) 음란물유포죄

초고속 정보통신망의 광범위한 구축과 그 이용촉진 등에 따른 음란물의 폐해를 막기 위하여, 정보통신망법 제74조 제1항 제2호는 정보통신망을 통하여 '음란한 부호·문언·음향·화상 또는 영상을 배포·판매·임대하거나 공연히 전시한 자를 처벌하도록' 규정하고 있다. 여기서 '공연히 전시'한다는 의미는 불특정 또는 다수인이 실제로 음란한 부호·문언·음향 또는 영상을 인식할 수 있는 상태에 두는 것을 말한다.

음란한 부호 등이 담겨져 있는 웹사이트를 인터넷에 직접 개설하는 행위는 당연히 법 제74조 제1항 제2호의 규정의 위반행위에 해당하고, 다만 음란한 부호 등이 담겨져 있는 다른 웹사이트나 웹페이지 또는 음란한 부호 등으로의 링크(link)를 포함한 일련의 연결 수단 부여 행위가 음란한 부호 등을 전시한 경우와 같게 볼 수 있는지 여부가 문제다.

공연 전시의 요건은 음란한 부호 등으로 링크를 해 놓는 행위자의 의사의 내용, 그 행위자가 운영하는 웹사이트의 성격 및 사용된 링크기술의 구체적인 방식, 음란한 부호 등이 담겨져 있는 다른 웹사이트의 성격 및 다른 웹사이트 등이 음란한 부호 등을 실제로 전시한 방법 등 모든 사정을 종합하여 본다.

이때 링크를 포함한 일련의 행위 및 범의가 다른 웹사이트 등을 단순히 소개·연결할 뿐이거나 또는 다른 웹사이트 운영자의 실행행위를 방조하는 정도를 넘어, 이미 음란한 부호 등이 불특정·다수인에 의하여 인식될 수 있는 상태에 놓여 있는 다른 웹사이트를 링크의 수법으로 사실상 지배·이용하면 그 실질에 있어서 음란한 부호 등을 직접 전시하는 것과 다를 바 없다고 평가된다. 이에 따라 불특정·다수인이 이러한 링크를 이용하여 별다른 제한 없이 음란한 부호 등에 바로 접할 수 있는 상태가 실제로 조성된다면, 그러한 행위는 전체적으로 보아 음란한 부호 등을 공연히 전시한다는 구성요건을 충족한다고 봄이 상당하다.

6) 인터넷 서비스 제공사업자의 책임

(1) 의무 부담

인터넷 서비스 제공사업자는, 사이트를 개설한 목적이 주로 영업이익을 창출하기 위한 것으로서 사이트의 운영 및 이용정도에 상당한 이해관계가 있다. 정보제공업체가 성인정보를 제공하는 경우에 음란한 정보를 제공하게 될 위험성이 크므로 웹서버의 공간을 제공하는 포털사이트의 운영자는 이를 방지하기 위하여 각별한 주의를 기울여야 한다.

따라서 인터넷 서비스 제공사업자는 사이트의 일부를 할당받아 유료로 정보를 제공하는 정보제공업체들이 음란한 정보를 반포·판매하지 않도록 통제하거나 저지하여야 할 조리상의 의무를 부담한다.

(2) 방조범

인터넷 서비스 제공사업자가 콘텐츠 제공업체들의 음란한 콘텐츠를 관리·감독할 권한과 능력을 가지고 있고 음란내용들이 지속적으로 게재되고 있다는 사실을 안 경우에, 그 콘텐츠 제공업체들에게 그 삭제를 요구할 조리상의 의무가 있다. 그러므로 이를 방치하는 인터넷 서비스 제공사업자에게 그 작위의무가 있다고 판단되어 정보통신망법 제74조 제1항 제2호를 위반한 방조죄로 처벌할 수 있다.

요약

이 장에서는 언론의 자유가 자유민주주의 국가에서 아주 중요한 가치라는 점을 우선 강조하였다. 동시에 언론의 자유와 언론의 책임에 대한 조화도 강조했다. 언론자유는 헌법이 추구하는 최고의 가치이지만, 그 내재적 한계를 가지고 있다는 점을 분명히 했다. 언론자유가 아무리 중요하다고 해도 타 기본권을 함부로 침해해도 된다는 의미는 아니다.

따라서 언론자유는 절대적 자유가 아니기 때문에 헌법 및 일반 법률에 의해서 규제를 받는다. 언론 자유의 중요성, 일반적 인격권인 명예권 · 프라이버시권 · 초상권 · 퍼블리시티권과 언론 자유의 관계를 고찰했다.

한편 정보화 사회의 발전에 따라서 '정보의 바다'가 '음란의 바다'로 변하는 문제가 이슈가 되고 있다. 음란 표현도 헌법이 보장하는 표현의 자유 가운데 하나이지만, 형법적으로 음란한 표현은 처벌을 받는다.

주요 용어

언론의 자유	헌법 제21조 제1항	헌법 제37조 제2항
민주정치	우월적 지위	국민주권
내재적 한계	언론 자유의 제한	언론 자유의 내용
보도의 자유	알 권리	액세스권
인터넷의 개발	디지털화	컴퓨터의 개발
명예훼손	명예훼손죄	사자의 명예훼손죄
공연성	사실의 적시	허위사실의 적시
객관적 성립 요건	주관적 성립 요건	가치 판단
고의	과실	뉴미디어
위법성 조작 사유	형법 제310조	민법과 명예훼손
불법 행위	손해배상	정보통신망법
공연성	온라인서비스제공자	인터넷 게시 공간
게시물의 삭제	검색 차단	프라이버시 침해

헌법 제17조 　　　　 프라이버시권 　　　　 프라이버시권의 내용초

상권 　　　　　　　 퍼블리시티권 　　　　 음란

음란물죄 　　　　　 공연전시 　　　　　　 의무 부담

방조범 　　　　　　 출판물등에 의한 명예훼손죄

명예회복에 적당한 처분

연습문제

1. 언론의 자유란 무엇이며, 왜 중요한가?

2. 헌법 제21조는 언론 자유의 무엇을 규정하고 있는가?

3. 언론 자유의 확대는 무엇 때문이고, 그 변화는 무엇인가?

4. 언론 자유와 인격권은 왜 충돌하며, 그 해결 방법은 무엇인가?

5. 명예훼손과 관련된 법률은 무엇인가?

6. 프라이버시권의 탄생 배경과 언론 보도와의 관계는 무엇인가?

7. 프라이버시권의 내용은 무엇인가?

8. 뉴미디어 사회에서 초상권과 퍼블리시티권이 문제가 된 이유는 무엇
   인가?

9. 초상권과 퍼블리시티권의 차이점은 무엇인가?

10. 음란한 표현은 무엇인가?

심화토론문제

1. 언론 자유는 자유민주주의 국가에서 필수불가결한 가치이고 헌법이
   보장하고 있는데, 언론 자유는 누가 침해하며, 그 이유는 무엇인가?

2. 명예는 인간이 사회생활을 영위하는 데 필요한 사회적 가치인데 언론
   보도가 타인의 명예를 훼손하는 일이 빈번하게 발생하는데, 그 이유는
   무엇이고 그 예방책은 없는가?

3. 인터넷이 발달하면서 초상권 침해, 퍼블리시티권 침해가 새로운 분쟁

으로 나타났는데, 그 이유는 무엇이며 사용자가 법률을 위반하지 않는
방법은 없는가?
4. 성은 아름다운 것이고 인간이 가지는 아주 은밀한 사적 영역이다. 성
   을 죄악시하는 사회적 풍토는 없는지? 있다면, 그 이유는 무엇이고 형
   법적 음란한 표현의 영역을 어디까지 설정해야 하는가?

참고문헌

배종대(2006), 『형법각론』 제6전정판, 홍문사.
김일수·서보학(2007), 『새로 쓴 형법각론』, 제 7 판, 박영사 .
이재상(2007), 『형법각론』 5판 보정신판, 박영사.
권영성(1995), 『신판 헌법학원론』, 법문사.
김철수(2009), 『헌법학신론』 제19전정신판, 박영사.
성낙인(2007), 『헌법학』 제 7 판 , 법문사.
임병국(2011), 『언론법제와 보도』 개정 4 판, 나남.
정종섭(2009), 『헌법학원론』 제4판, 박영사.
홍성방(2008), 『헌법학개론』 개 정 5 판, 현암사.
山田 健太(2010), 『法とジャーナリズム』 第2版, 學陽書房.
竹田 稔(1991), 『名譽·プライバシ-侵害に 關する民事責任の研究』, 酒井書店.
酒匂一浪, 『インタ-ネット法』, (東 京 : 信 山 社, 2003)

헌법재판소 1992.2.25. 선고 89헌가104 결정
헌법재판소 1992.6.26. 선고 90헌가23 결정
헌법재판소, 1999.6.24. 선고 97헌마265 결정
헌법재판소 2009.5.28. 선고 2006헌바109 판결

대법원 1968.12.24 선고 68도1569 판결
대법원 1981.10.27. 선고 81도1023 판결
대법원 1981.11.24. 선고 81도2280 판결
대법원 1983.10.25. 선고 83도1520 판결
대법원 1985.2.8. 선고 84도2682 판결
대법원 1985.4.23. 선고 85도431 판결
대법원 1985.10.22. 선고 85도1629 판결

대법원 1986.5.27.선고 85도785판결

대법원 1986.10.14.선고 86도1603판결

대법원 1987.2.10.선고 86도2338판결

대법원 1988.9.20.선고 86도2683판결

대법원 1988.9.27.선고 88도1008판결

대법원 1989.3.14.선고 88도1397판결

대법원 1991.5.14.선고 91도420판결

대법원 1992.5.26.선고 92도445판결

대법원 1993.9.24.선고 93도1732판결

대법원 1994.4.26.선고 93도1689판결

대법원 1994.8.26.선고 94도237판결

대법원 1995.6.16.선고 94도2413판결

대법원 1996.5.28.선고 94다33828판결

대법원 1997.4.25.선고 96도2910판결

대법원 1997.6.10.선고 97도956판결

대법원 1997.4.11.선고 97도88판결

대법원 1997.8.27.선고 97도937판결

대법원 1998.3.24.선고 97도2956판결

대법원 1998.9.4.선고 96다11327판결

대법원 1998.10.9.선고 97도158판결

대법원 1999.10.22.선고 99도3213판결

대법원 2000.2.25.선고 99도4757판결

대법원 2000.2.25.선고 98도2188판결

대법원 2000.10.27.선고 98도679판결

대법원 2003.1.24.선고 2000다37647판결

대법원 2003.5.16.선고 2003도601,2003감도9판결

대법원 2003.7.8.선고 2001도1335판결

대법원 2003.12.26.선고 2003도6036판결

대법원 2004.6.25.선고 2003도4934판결

대법원 2005.2.17.선고 2004도8484판결

대법원 2005.4.29.선고 2003도2137판결

대법원 2005.10.14.선고 2005도5068판결

대법원 2006.4.28.선고 2003도4128판결

대법원 2006.9.28.선고 2004도6371판결

대법원 2006.10.13.선고 2004다16280판결

대법원 2006.10.26.선고 2004도5288판결

대법원 2008.2.1.선고 2007도8286판결

대법원 2008.2.4.선고 2007도8155판결

대법원 2008.2.14.선고 2007도8155판결

대법원 2008.3.13.선고 2006도3558판결

대법원 2008.4.11.선고 2008도254판결

대법원 2008.6.12.선고 2006도4067판결

대법원 2008.7.10.선고 2008도2422판결

대법원 2008.10.23.선고 2008도6999판결

대법원 2009.5.14.선고 2008도10914판결

서울고등법원 1995.8.26.선고 94구39262판결

서울고등법원 1996.2.2.선고 95나25819판결

서울고등법원 1996.6.18.선고 96나282판결

서울지방법원 남부지원 1992.2.20.선고 89가합13975판결

서울민사지방법원 1994.3.30.선고 93나31886판결

서울민사지방법원 1994.10.20.선고 94가합36754판결

서울중앙지법 2005.9.27. 선고 2004가단235324 판결

서울중앙지법 2006.4.19. 선고 2005가합80450 판결

서울중앙지법 2007.11.28. 선고 2007가합2393 판결

서울동부지방법원 2006.12.21.선고 2006가합6780판결

서울서부지법 2010.4.21.선고 2010카합245판결

지은이

한균태

경희대학교 언론정보학과 교수다. 경희대학교 신문방송학과를 졸업하고
미국 유타주립대학교에서 언론학 석사, 텍사스대학교에서 언론학 박사
를 취득했다. 한국언론학회 회장, 편집위원장, 신문발전위원회 부위원장
을 역임했다. 주요 논문으로 "한국신문의 공정성에 대한 고찰: 미디어 관
련법 개정보도에 대한 프레임분석을 중심으로"(2010), "대선보도와 여론
조사: 여론조사 공표 금지조항 개정을 중심으로"(2009) 등이 있다.

홍원식

동덕여자대학교 교양교직학부 부교수다. 경희대학교 신문방송학과를 졸
업하고, 미국 텍사스대학교 오스틴에서 저널리즘 전공으로 석사와 박사
학위를 받았다. 2005년부터 2010년까지 SBS 편성책임연구원을 역임했
고, 2011년부터 동덕여자대학교에서 언론학 분야 강의를 담당하고 있다.
박사 학위논문은 "Toward Understanding of the Cyclical Formation of
Public Opinion(여론의 순환적 형성에 관한 연구)"이다.

이인희

경희대학교 언론정보학과 교수다. 경희대학교 사학과를 졸업하고, 미국
볼주립대학교와 럿거스대학교에서 정보방송학 석사와 박사 학위를 받았
다. 1995년부터 경희대학교에서 뉴미디어와 방송영상 분야를 가르치고
있다. 2012년 세계인명사전 *Marquis Who's Who in the World*에 등재되
었다. 저서로 『미디어는 왜 중요할까요?』(2012), 역서로 『뉴미디어 올드
뉴스: 디지털 시대의 언론과 민주주의』(2011), 『뉴스의 역사(개정판)』
(2010, 공역) 등이 있다.

이종혁

경희대학교 언론정보학과 교수다. 서울대학교 언론정보학과를 졸업하고 미국 미주리대학교에서 저널리즘 석사와 시라큐스대학교에서 커뮤니케이션 박사 학위를 받았다. 전공 분야는 저널리즘과 정치커뮤니케이션 등이다. 주요 논문으로는 "뉴스 미디어 레퍼토리와 주제 관심도 관계 분석"(2017), "다매체환경에서의 뉴스 가치 판단 기준에 대한 종합적 구조적 접근"(2013, 공저), "News values, media coverage, and audience attention"(2009) 등이 있다.

채영길

한국외국어대학교 미디어커뮤니케이션학부 교수다. 한국외국어대학교 신문방송학과를 졸업하고, 미국 텍사스대학교 오스틴에서 석사와 박사 학위를 취득했다. 주요 연구 분야는 글로벌 커뮤니케이션, 다문화주의, 대안 미디어, 커뮤니티 미디어 등이다. 주요 저서로 『커뮤니케이션 이론과 실천』(2015), *Understanding Journalism in Korea*(공저, 2015)이 있고 최근 논문으로 "네이버·다음 모바일 포털 뉴스 플랫폼의 19대 대통령 선거기사 분석"(2017) 등이 있다.

이기형

경희대학교 언론정보학과 교수다. 연세대학교 영어영문학과를 졸업하고, 미국 일리노이대학교에서 사회학 석사와 동 대학원 커뮤니케이션학 박사 학위를 받았다. 전공 분야는 미디어연구와 문화연구, 민속지학과 생산자연구 등이다. 주요 저서로는 『TV 이후의 텔레비전』(2012, 공저), 『한국사회의 소통 위기』(2011, 공저), 『Asian Media Studies』(2004, 공저), 『미디어 문화연구와 문화정치학으로의 초대』(2011) 등이 있다.

이두황

경희대학교 언론정보학과 교수다. 한국외국어대학교 언론정보학과를 졸업하고, 미국 조지아대학교와 미국 미시간주립대학교 텔레커뮤니케이션학과에서 언론학 석사와 박사 학위를 받았다. 미국 앨라배마대학교 텔레

커뮤니케이션학과 교수를 거쳐 현재 경희대학교 언론정보학과 교수로 재직하고 있다. 연구 분야는 인간과 컴퓨터의 상호작용(HCI)에 기반을 둔 뉴미디어 이용과 사회심리적인 효과이다.

이훈

경희대학교 언론정보학과 조교수다. 연세대학교 정치외교학과를 졸업하고, 미국 스탠퍼드대학교에서 정치학 학사를, 미시간대학에서 통계학 석사와 언론정보학 박사 학위를 받았다. 2013년부터 2014년까지 미시간대학교 방문조교수를 지냈고, 2015년부터 경희대학교에서 강의하고 있다. 박사학위 논문은 "The Affect Effect of Late-Night Humor(심야 정치풍자 프로그램의 감정적 영향력에 대한 연구)"이다. 최근 논문으로 "Mobile use, personal values, and connectedness with civic life"(2018) 등이 있다.

이정교

경희대학교 언론정보학과 교수다. 한국외국어대학교에서 무역학을 전공하고, 미국 텍사스대학교 오스틴에서 광고학 석사를 미주리대학교에서 언론학 박사 학위를 받았다. 미국 노스플로리다대학교에서 교수직을 지냈고, 2004년부터 경희대학교에서 광고와 소비자 심리 관련 강의를 하고 있다. 주요 연구 분야는 광고모델 전략과 효과, 소비자 심리, 브랜드 관리, 뉴미디어 광고다. 저서로『유명인 광고의 이해: 이론과 전략』(2012) 등이 있다.

박종민

경희대학교 언론정보학과 교수, 독립기념관 이사다. 미국 미주리대학교에서 광고PR학으로 박사 학위를 받았다. 한국언론학회, 한국광고홍보학회, 한국PR학회의 총무이사, ≪홍보학연구≫, ≪사회과학연구≫의 편집위원장을 역임했다. 국가안전보장회의 위기관리센터, 기획재정부, 환경부, 해양수산부, 국가보훈처, 국민권익위원회의 정책홍보자문위원, 독립기념관 이사를 지냈다. 저서로『정책PR론』(공저, 2015) 등이 있다.

이상원

경희대학교 언론정보학과 교수다. 연세대학교 행정학과를 졸업하고, 미국 조지워싱턴대학에서 통신학 석사, 플로리다대학에서 미디어경제학 박사 학위를 받았다. 국제전기통신연합 컨설턴트, 미국 센트럴미시간대학교 교수와 한국언론학회 총무이사를 지냈다. 주요 저서로는 *Beyond Broadband Access: Developing Data-Based Information Policy Strategies*(2013, 공저)가 있으며 "An Empirical Analysis of Fixed and Mobile Broadband Diffusion"(2011) 등의 국제 논문이 있다.

정낙원

서울여자대학교 언론영상학부 교수다. 한국외국어대학교 신문방송학과를 졸업하고 미국 텍사스주립대학교에서 저널리즘 석사와 박사 학위를 받았다. 전공 분야는 정치커뮤니케이션, 저널리즘, 미디어효과론, 디지털미디어다. 미국 테네시공과주립대학교에서 웹 커뮤니케이션 전공 주임교수를 지냈다. 주요 논문으로는 "소셜미디어 이용 정도 및 이용 동기가 사회자본에 미치는 영향: 개방형/폐쇄형 소셜미디어 비교"(2014) 등이 있다.

홍지아

경희대학교 언론정보학과 교수다. 이화여자대학교 신문방송학과를 졸업하고 1988년부터 1997년까지 CBS 프로듀서로 일했다. 미국 아메리칸대학교에서 영화 및 전자 미디어 제작으로 제작석사(MFA)를, 이화여자대학교에서 문화연구로 박사 학위를 받았다. 2003년부터 경희대학교에서 TV비평, 영상제작, 문화연구를 가르치고 있다. 저서로『TV 이후의 텔레비전』(2012, 공저),『현대사회와 언론』(2014,공저) 등이 있다.

임병국

경희대학교 언론정보학과 객원교수다. 경희대학교 신문방송학과를 졸업하고, 동 대학원에서 석사와 박사 학위를 받았다. 언론중재위원회 본부장을 역임했다. 주요 연구 분야는 언론법과 미디어 저작권이다. 저서로『언론법제와 보도』(2009),『현대사회와 언론』(2006, 공저)이 있다.